中華古籍保護計劃

ZHONG HUA GU JI BAO HU JI HUA CHENG GUO

·成果·

西南大學圖書館古籍普查登記目録

全國古籍普查登記目録

國家圖書館出版社
National Library of China Publishing House

圖書在版編目(CIP)數據

西南大學圖書館古籍普查登記目録/《西南大學圖書館古籍普查登記目録》編委會編. --北京:國家圖書館出版社,2017.1

(全國古籍普查登記目録)

ISBN 978-7-5013-5986-8

Ⅰ.①西… Ⅱ.①西… Ⅲ.①院校圖書館—古籍—圖書館目録—重慶 Ⅳ.①Z838

中國版本圖書館 CIP 數據核字(2016)第 266423 號

書　　名 西南大學圖書館古籍普查登記目録
著　　者 《西南大學圖書館古籍普查登記目録》編委會　編
責任編輯 趙　嫄

出　　版 國家圖書館出版社(100034　北京市西城區文津街7號)
(原書目文獻出版社　北京圖書館出版社)
發　　行 010-66114536　66126153　66151313　66175620
66121706(傳真)　66126156(門市部)
E-mail nlcpress@nlc.cn(郵購)
Website www.nlcpress.com→投稿中心
經　　銷 新華書店
印　　裝 河北三河弘翰印務有限公司
版　　次 2017年1月第1版　2017年1月第1次印刷

開　　本 787×1092(毫米) 1/16
印　　張 25.25
字　　數 480千字

書　　號 ISBN 978-7-5013-5986-8
定　　價 220.00圓

《全國古籍普查登記目録》

工作委員會

《全國古籍普查登記目録》

序　言

全國古籍普查登記工作是"中華古籍保護計劃"的首要任務,是全面開展古籍搶救、保護和利用工作的基礎,也是有史以來第一次由政府組織、參加收藏單位最多的全國性古籍普查登記工作。

2007年國務院辦公廳發佈《關於進一步加强古籍保護工作的意見》(國辦發[2007]6號),明確了古籍保護工作的首要任務是對全國公共圖書館、博物館和教育、宗教、民族、文物等系統的古籍收藏和保護狀況進行全面普查,建立中華古籍聯合目録和古籍數字資源庫。2011年12月,文化部下發《文化部辦公廳關於加快推進全國古籍普查登記工作的通知》(文辦發[2011]518號),進一步落實了全國古籍普查登記工作。根據文化部2011年518號文件精神,國家古籍保護中心擬訂了《全國古籍普查登記工作方案》,進一步規範了古籍普查登記工作的範圍、内容、原則、步驟、辦法、成果和經費。目前進行的全國古籍普查登記工作的中心任務是通過每部古籍的身份證——"古籍普查登記編號"和相關信息,建立古籍總臺賬,全面瞭解全國古籍存藏情況,開展全國古籍保護的基礎性工作,加强各級政府對古籍的管理、保護和利用。

《全國古籍普查登記工作方案》規定了全國古籍普查登記工作的三個主要步驟:一、開展古籍普查登記工作;二、在古籍普查登記基礎上,編纂出版館藏古籍普查登記目録,形成《全國古籍普查登記目録》;三、在古籍普查登記工作基本完成的前提下,由省級古籍保護中心負責編纂出版本省古籍分類聯合目録《中華古籍總目》分省卷,由國家古籍保護中心負責編纂出版《中華古籍總目》統編卷。

在黨和政府領導下,在各地區、各有關部門和全社會共同努力下,古籍普查登記工作得以扎實推進。古籍普查已在除臺、港、澳之外的全國各省級行政區域開展,普查内容除漢文古籍外,還包括各少數民族文字古籍,特别是於2010年分别啓動了新疆古籍保護和西藏古籍保護專項,因地制宜,開展古籍普查登記工作;國家古籍保護中心研製的"全國古籍普查登記平臺"已覆蓋到全國各省級古籍保護中心,並進一步研發了"中華古籍索引庫",爲及時展現古籍普查成果提供有力支持;截至目前,已有11375部古籍進入《國家珍貴古籍名録》,浙江、江蘇、山東、河北等省公佈了省級《珍貴古籍名録》,古籍分級保護機制初步形成。

《全國古籍普查登記目録》是古籍普查工作的階段性成果,旨在摸清家底,揭示館藏,反映古籍的基本信息。原則上每申報單位獨立成册,館藏量少不能獨立成册者,則在本省範圍内幾個館目合併成册。無論獨立成册還是合併成册,均編製獨立的書名筆畫索引附於書後。著録的必填基本項目有:古籍普查登記編號、索書號、題名卷數、著者(含著作方式)、版本、册數及存缺卷數。其他擴展項目有:分類、批校題跋、版式、裝幀形式、叢書子目、書影、破損狀况等。有條件的收藏單位多著録的一些擴展項目,也反映在《全國古籍普查登記目録》上。目録編排按古籍普查登記編號排序,内在順序給予各古籍收藏單位較大自由度,可按分類排列古籍普查登記編號,也可按排架號、按同書名等排列古籍普查登記編號,以反映各館特色。

此次全國古籍普查登記工作,克服了古籍數量多、普查人員少、普查難度大等各種困難,也得到了全國古籍保護工作者的極大支持。在古籍普查登記過程中,國家古籍保護中心、各省古籍保護中心爲此舉辦了多期古籍普查、古籍鑒定、古籍普查目録審校等培訓班,全國共1600餘家單位參加了培訓,爲古籍普查登記工作培養了大量人才。同時在古籍普查登記工作中,也鍛煉了普查員的實踐能力,爲將來古籍保護事業發展奠定了良好的基礎。

《全國古籍普查登記目録》的出版,將摸清我國古籍家底,爲古籍保護和利用工作提供依據,也將是古籍保護長期工作的一個里程碑。

國家古籍保護中心

2013年10月

《全國古籍普查登記目録》

編纂凡例

一、收録範圍爲我國境内各收藏機構或個人所藏，産生於1912年以前，具有文物價值、學術價值和藝術價值的文獻典籍，包括漢文古籍和少數民族文字古籍以及甲骨、簡帛、敦煌遺書、碑帖拓本、古地圖等文獻。其中，部分文獻的收録年限適當延伸。

二、以各收藏機構爲分册依據，篇幅較小者，適當合併出版。

三、一部古籍一條款目，複本亦單獨著録。

四、著録基本要求爲客觀登記、規範描述。

五、著録款目包括古籍普查登記編號、索書號、題名卷數、著者、版本、册數、存缺卷等。古籍普查登記編號的組成方式是：省級行政區劃代碼—單位代碼—古籍普查登記順序號。

六、以古籍普查登記編號順序排序。

七、編製各館藏目録書名筆畫索引附於書後，以便檢索。

《西南大學圖書館古籍普查登記目録》

編委會

《西南大學圖書館古籍普查登記目録》

前　言

西南大學溯源於清光緒三十二年(1906)建立的川東師範學堂,2005 年 7 月,由原西南師範大學、西南農業大學合併組建而成,是教育部直屬重點高等學府,國家"211 工程"建設學校。西南大學圖書館所藏古籍主要來源於西南師範大學的館藏,共計 14 萬餘冊,包含善本文獻 15800 餘冊、普通古籍近 6 萬冊,民國綫裝書及新中國成立後綫裝書近 7 萬冊。

爲保護並繼承文化遺產,西南大學圖書館一直很重視古籍整理工作,20 世紀 80 年代參加了《中國古籍善本書目》申報;90 年代參編了四川省教委、高校圖工委主持的《四川省高校圖書館古籍善本聯合目録》編纂;近年來,在全國大力推進古籍保護工作之際,先後編撰出版了《西南大學圖書館藏珍貴古籍圖録》《中國古籍珍本叢刊・西南大學圖書館卷》等。

目前編撰出版的《西南大學圖書館古籍普查登記目録》是西南大學圖書館自參與"中華古籍保護計劃"以來,取得的又一項重要成果,這不僅摸清了自己的館藏家底,同時還形成了一份翔實的館藏古籍"固定資産賬目"。本書收録刊印、抄寫於 1912 年以前具有中國古典裝幀形式的古籍,凡 5786 部 7 萬餘冊。

本書所收録古籍種類包括經、史、子、集、叢五類,時間跨度自宋至清末,版本形式包括刻本、抄本、稿本、套印本、石印本、活字本等等。館藏古籍除稀見宋元版本外,名人刻本收藏很有代表性,清人文集、語言文字方面的文獻頗具特色。目前有 22 部珍稀古籍入選《國家珍貴古籍名録》,200 部珍貴古籍入選《重慶市珍貴古籍名録》,如:元刻本《楚辭集註》八卷、明正統十二年(1447)内府刻本《五倫書》六十二卷、明嘉靖七年(1528)龔雷影宋刻本《鮑氏國策》十卷、清稿本《方輿考證》一百卷等等,這些善本古籍存世量極少,有的爲海内外孤本,具有珍貴的文獻價值和文物價值。

此次普查工作的開展厘清了館藏古籍的品種、數量和價值,爲進一步推進古籍保護工作奠定了基礎;將進一步加大古籍保護工作力度,推進古籍修復及開發工作,尤其是數字化本館特色古籍資源,以更好繼承和弘揚傳統文化。

本書得以順利出版,很感謝參與普查的工作人員。由於數量大、時間緊、人員欠缺等因素,編製完成的書目難免有疏漏,望專家學者與業界同仁指疵修謬,以匡不逮。

編者
2016 年 10 月

目　　録

500000－8741－0000001　GJ0001(011/I－469)
藏書紀事詩七卷　葉昌熾撰　清宣統二年(1910)刻本　六册

500000－8741－0000002　GJ0002(011/I－469)
藏書紀事詩七卷　葉昌熾撰　清宣統二年(1910)刻本　六册

500000－8741－0000003　GJ0003(011/I－469)
藏書紀事詩七卷　葉昌熾撰　清宣統二年(1910)刻本　六册

500000－8741－0000004　GJ0004(011/M444)
宋元舊本書經眼録三卷附録二卷　(清)莫友芝撰　清同治十二年(1873)莫繩孫金陵刻本　一册　存三卷(宋元舊本書經眼録三卷)

500000－8741－0000005　GJ0005(011/M444)
宋元舊本書經眼録三卷附録二卷　(清)莫友芝撰　清同治十二年(1873)莫繩孫金陵刻本　一册

500000－8741－0000006　GJ0006(011/Y469)
藏書紀事詩六卷　葉昌熾撰　清光緒二十三年(1897)刻本　六册

500000－8741－0000007　GJ0007(011.57/I434)
留真譜初編十二卷　楊守敬編　清光緒二十七年(1901)宜都楊氏刻本　十二册

500000－8741－0000008　GJ0008(011.6/C720)
經籍跋文一卷　(清)陳鱣著　清道光十七年(1837)海寧蔣氏刻本　一册

500000－8741－0000009　GJ0009(011.6/C854)
曝書雜記三卷　(清)錢泰吉撰　清同治七年(1868)刻本　一册

500000－8741－0000010　GJ0010(011.6/C880)
讀書敏求記四卷　(清)錢曾撰　清道光五年(1825)小琅嬛仙館刻本　二册

500000－8741－0000011　GJ0011(011.6/F223)
華延年室題跋三卷　(清)傅以禮撰　清宣統元年(1909)餘杭俞氏鉛印本　三册

500000－8741－0000012　GJ0012(011.6/F223)
華延年室題跋三卷　(清)傅以禮撰　清宣統元年(1909)餘杭俞氏鉛印本　三册

500000－8741－0000013　GJ0013(011.6/L733)
儀顧堂題跋十六卷　(清)陸心源撰　清光緒十六年(1890)刻本　四册

500000－8741－0000014　GJ0014(011.6/L733b)
儀顧堂續跋十六卷　(清)陸心源撰　清光緒十八年(1892)刻本　四册

500000－8741－0000015　GJ0015(011.6/Q854)
曝書雜記三卷　(清)錢泰吉撰　清刻本　一册

500000－8741－0000016　GJ0016(011.6/U246)
拜經樓藏書題跋記五卷附録一卷　(清)吳壽暘撰　清道光二十七年(1847)海寧蔣氏刻本　三册

500000－8741－0000017　GJ0017(011.6/U246)
拜經樓藏書題跋記五卷附録一卷　(清)吳壽暘撰　清道光二十七年(1847)海寧蔣氏刻本　二册

500000－8741－0000018　GJ0018(011.6/U246－1)
拜經樓藏書題跋記五卷附録一卷附經籍跋文一卷　(清)吳壽暘撰　清道光二十七年(1847)海寧蔣氏刻本　四册

500000－8741－0000019　GJ0019(011.6/V262)
勞氏碎金三卷　吳昌綬輯　清宣統元年(1909)雙照樓鉛印本　一册

500000－8741－0000020　GJ0020(011.6/X411a)
士禮居藏書題跋記六卷　(清)黄丕烈撰　清光緒八年(1882)吳縣潘氏刻本　四册

500000－8741－0000021　GJ0021(011.6/X411a)
士禮居藏書題跋記六卷　(清)黄丕烈撰　清光緒八年(1882)吳縣潘氏刻本　四册

500000－8741－0000022　GJ0022(011.6/X411a－1)
士禮居藏書題跋記六卷　(清)黄丕烈撰　清光緒十年(1884)滂喜齋刻本　二册

500000－8741－0000023　GJ0023(011.6/X411a－2)
士禮居藏書題跋記六卷續録不分卷　(清)黄丕烈撰　清光緒二十二年(1896)元和江氏刻

本　十二册

500000－8741－0000024　GJ0024(011.6/Z－228－1)
開有益齋讀書志六卷續記一卷金石文字記一卷　(清)朱緒曾撰　清光緒六年(1880)金陵翁氏茹古閣刻本　八册

500000－8741－0000025　GJ0025(011.6/Z－228－2)
開有益齋讀書志六卷續記一卷金石文字記一卷　(清)朱緒曾撰　清末刻本　四册

500000－8741－0000026　GJ0026(011.67/C685)
昭德先生郡齋讀書志二十卷附志二卷　(宋)晁公武撰　清光緒十年(1884)長沙王氏刻本　十册

500000－8741－0000027　GJ0027(011.67/C685)
昭德先生郡齋讀書志二十卷附志二卷　(宋)晁公武撰　清光緒十年(1884)長沙王氏刻本　十册

500000－8741－0000028　GJ0028(011.67/C685)
昭德先生郡齋讀書志二十卷附志二卷　(宋)晁公武撰　清光緒十年(1884)長沙王氏刻本　十册

500000－8741－0000029　GJ0029(011.67/C751)
直齋書錄解題二十二卷　(宋)陳振孫撰　清光緒九年(1883)江蘇書局刻本　六册

500000－8741－0000030　GJ0030(011.67/C751－3)
直齋書錄解題二十二卷　(宋)陳振孫撰　清光緒十一年(1885)富順攷雋堂刻本　八册

500000－8741－0000031　GJ0031(011.67/C751－3)
直齋書錄解題二十二卷　(宋)陳振孫撰　清光緒十一年(1885)富順攷雋堂刻本　十册

500000－8741－0000032　GJ0032(011.67/C751－3)
直齋書錄解題二十二卷　(宋)陳振孫撰　清光緒九年(1883)江蘇書局刻本　六册

500000－8741－0000033　GJ0033(011.67/C751－4)
直齋書錄解題二十二卷　(宋)陳振孫撰　清光緒九年(1883)江蘇書局刻本　六册

500000－8741－0000034　GJ0034(011.67/C751－5)
直齋書錄解題二十二卷　(宋)陳振孫撰　清乾隆三十九年(1774)武英殿聚珍版本　十二册

500000－8741－0000035　GJ0035(011.7/I479)
古今僞書考一卷　(清)姚際恒撰　清光緒三年(1877)蘇州文學山房木活字印本　一册

500000－8741－0000036　GJ0036(011.67/L456)
今古學攷二卷　廖平述　清刻本　一册

500000－8741－0000037　GJ0037(011.67/L456)
群書校補一百卷　(清)陸心源輯　清刻本　二十四册

500000－8741－0000038　GJ0038(011.67/L456)
群書校補一百卷　(清)陸心源輯　清刻本　二十四册

500000－8741－0000039　GJ0039(011.8/S100)
札迻十二卷　(清)孫詒讓撰　清光緒二十一年(1895)刻本　四册

500000－8741－0000040　GJ0040(011.8/S100)
札迻十二卷　(清)孫詒讓撰　清光緒二十一年(1895)刻本　四册

500000－8741－0000041　GJ0041(011.8/S100)
札迻十二卷　(清)孫詒讓撰　清光緒二十一年(1895)刻本　四册

500000－8741－0000042　GJ0042(011.8/S100)
札迻十二卷　(清)孫詒讓撰　清光緒二十一年(1895)刻本　四册

500000－8741－0000043　GJ0043(011.8/S100)
札迻十二卷　(清)孫詒讓撰　清光緒二十一年(1895)刻本　四册

500000－8741－0000044　GJ0044(011.8/Z－496)
斠補隅錄不分卷　(清)蔣光煦輯　清光緒九年(1883)别下齋刻本　六册

500000－8741－0000045　GJ0045(012/Y227)
書城偶輯不分卷　(□)□□輯　清抄本　六册

500000－8741－0000046　GJ0046(012.6/S147)
四庫簡明目錄標注二十卷附錄一卷　(清)邵

懿辰撰　清宣統三年（1911）仁和邵氏半巖廬刻本　六冊

500000－8741－0000047　GJ0047（012.6/S147）
四庫簡明目錄標注二十卷附錄一卷　（清）邵懿辰撰　清宣統三年（1911）仁和邵氏半巖廬刻本　六冊

500000－8741－0000048　GJ0048（013.2/B852）
八史經籍志十種三十卷　（日本）□□輯　清光緒九年（1883）日本刻鎮海張壽榮印本　十六冊

500000－8741－0000049　GJ0049（013.2/B852）
八史經籍志十種三十卷　（日本）□□輯　清光緒九年（1883）日本刻鎮海張壽榮印本　十六冊

500000－8741－0000050　GJ0050（013.2/B852）
八史經籍志十種三十卷　（日本）□□輯　清光緒九年（1883）日本刻鎮海張壽榮印本　十六冊

500000－8741－0000051　GJ0051（013.221/B160w）
漢書藝文志攷證十卷　（宋）王應麟撰　清光緒十年（1884）成都志古堂刻本　四冊

500000－8741－0000052　GJ0052（013.222/Z843）
補後漢書藝文志一卷攷十卷　（清）曾樸撰　清光緒二十一年（1895）常熟曾氏木活字印本　六冊

500000－8741－0000053　GJ0053（013.227/W228z）
隋經籍志考證十三卷　（清）章宗源撰　清光緒三年（1877）湖北崇文書局刻本　四冊

500000－8741－0000054　GJ0054（013.242/G341）
補五代史藝文志一卷　（清）顧櫰三撰　清光緒二十三年（1897）江寧傅氏晦齋刻本　一冊

500000－8741－0000055　GJ0055（013.27/Ch111）
皇朝經籍志六卷　（清）黄本驥輯　清道光二十五年（1845）刻本　二冊

500000－8741－0000056　GJ0056（013.2923/Z800）
浙江採集遺書總錄十卷閏集一卷　（清）鍾音等輯　清乾隆四十年（1775）刻本　十冊

500000－8741－0000057　GJ0057（014.1/D110）
善本書室藏書志四十卷附錄一卷　（清）丁丙輯　清光緒二十七年（1901）錢塘丁氏刻本　十六冊

500000－8741－0000058　GJ0058（014.1/I－422）
楹書隅錄五卷續編四卷　（清）楊紹和輯　清宣統三年（1911）海王村潭宅刻本　三冊

500000－8741－0000059　GJ0059（014.1/L733）
皕宋樓藏書志一百二十卷續志四卷　（清）陸心源編　清光緒八年（1882）歸安陸心源十萬卷樓刻本　四十冊

500000－8741－0000060　GJ0060（014.1/M444）
宋元舊本書經眼錄三卷附錄二卷　（清）莫友芝編　清刻本　二冊

500000－8741－0000061　GJ0061（014.1/M444）
宋元舊本書經眼錄三卷附錄二卷　（清）莫友芝編　清刻本　二冊

500000－8741－0000062　GJ0062（014.1/M444）
宋元舊本書經眼錄三卷附錄二卷　（清）莫友芝編　清同治十二年（1873）莫繩孫金陵刻本　一冊

500000－8741－0000063　GJ0063（014.15/T131）
欽定天祿琳琅書目十卷後編二十卷　（清）于敏中初編　（清）彭元瑞續編　清光緒十年（1884）長沙王氏刻本　十冊

500000－8741－0000064　GJ0064（014.15/T131）
欽定天祿琳琅書目十卷後編二十卷　（清）于敏中初編　（清）彭元瑞續編　清光緒十年（1884）長沙王氏刻本　十冊

500000－8741－0000065　GJ0065（014.2/L741）
征訪明季遺書目一卷　劉世瑗輯　清宣統二年（1910）石印本　一冊

500000－8741－0000066　GJ0066（014.2/L741）
征訪明季遺書目一卷　劉世瑗輯　清宣統二年（1910）石印本　一冊

500000－8741－0000067　GJ0067（014.4/G452）
禁書總目一卷　（清）姚覲元輯　清光緒九年

(1883)歸安姚氏咫進齋刻本　二册

500000－8741－0000068　GJ0068(014.6/F335)
彙刻書目二十卷　(清)顧修編　清光緒十二年至十五年(1886－1889)上海福瀛書局刻本　十九册

500000－8741－0000069　GJ0069(014.6/G327a)
彙刻書目初編十卷　(清)顧修編　清光緒元年(1875)長洲陳氏無夢園刻本　十册

500000－8741－0000070　GJ0070(014.6/Z209)
行素堂目睹書録十編　(清)朱記榮輯　**汲古閣珍藏秘本書目**　(清)毛扆書　清光緒十年(1884)古吴白堤孫谿槐廬刻本　十册

500000－8741－0000071　GJ0071(015.3/L334)
西學書目表三卷附一卷讀西學書法一卷　梁啟超編　清光緒二十三年(1897)沔陽盧氏刻本　一册

500000－8741－0000072　GJ0072(015.3/L334)
西學書目表三卷附一卷讀西學書法一卷　梁啟超編　清光緒二十三年(1897)沔陽盧氏刻本　一册

500000－8741－0000073　GJ0073(015.8/T133)
直隸津局運售各省書籍總目不分卷　(清)天津海防支應局編　清光緒九年(1883)刻本　一册

500000－8741－0000074　GJ0074(016.09/I－499)
式古堂目録十七卷　(清)尤瑩編　清光緒十九年(1893)石印本　四册

500000－8741－0000075　GJ0075(016.09/L031)
經籍舉要一卷附録一卷　(清)龍啟瑞撰　(清)袁昶增訂　**家塾課程一卷**　(清)龍啟瑞撰　**尊經閣募捐藏書章程一卷祀典録一卷中江尊經閣藏書目一卷中江講院建立經誼治事兩齋章程一卷**　(清)袁昶撰　清光緒十九年(1893)桐廬袁氏中江講院刻本　一册

500000－8741－0000076　GJ0076(016.09/L356)
皇清經解縮本編目十六卷　(清)淩忠照輯　清光緒二十二年(1896)上海鴻文書局石印本　四册

500000－8741－0000077　GJ0077(016.09/T731)
皇清經解敬修堂編目十六卷　陶治元編　清光緒十二年(1886)石印本　四册

500000－8741－0000078　GJ0078(016.09/Z228)
經義考三百卷目録二卷　(清)朱彝尊録　清光緒二十三年(1897)浙江書局刻本　五十册

500000－8741－0000079　GJ0079(016.09/Z228b)
經義考補正十二卷　(清)翁方綱撰　清乾隆五十七年(1792)刻蘇齋叢書本　二册

500000－8741－0000080　GJ0080(016.221/Z－846)
閱藏知津四十四卷總目四卷　(清)釋智旭輯　清光緒十八年(1892)金陵刻經處刻本　十册

500000－8741－0000081　GJ0081(016.802/S036)
小學考五十卷　(清)謝啓昆撰　清咸豐二年(1852)刻本　十六册

500000－8741－0000082　GJ0082(016.802/S036－3)
小學考五十卷　(清)謝啓昆撰　清光緒十四年(1888)浙江書局刻本　十九册　存四十七卷(四至五十)

500000－8741－0000083　GJ0083(016.802/S036－3)
小學考五十卷　(清)謝啓昆撰　清光緒十四年(1888)浙江書局刻本　二十册

500000－8741－0000084　GJ0084(016.853/W162－1)
曲録六卷　王國維撰　清宣統元年(1909)晨風閣刻本　三册

500000－8741－0000085　GJ0085(018.1/G267)
欽定四庫全書總目提要二百卷首一卷　(清)紀昀等輯　清同治七年(1868)廣東書局刻本　一百二十册

500000－8741－0000086　GJ0086(018.1/G267b)
欽定四庫全書簡明目録二十卷首一卷總目類敘一卷　(清)紀昀等輯　清光緒元年(1875)成都志古堂刻本　十六册

500000－8741－0000087　GJ0087(018.1/G267g)
欽定四庫全書簡明目録二十卷首一卷　(清)

紀昀等輯　清光緒二年（1876）京都琉璃廠刻本　十二册

500000－8741－0000088　GJ0088（018.1/G267g）
欽定四庫全書簡明目錄二十卷首一卷　（清）紀昀等輯　清光緒二年（1876）京都琉璃廠刻本　十二册

500000－8741－0000089　GJ0089（018.1/G267g1）
欽定四庫全書簡明目錄二十卷　（清）紀昀等輯　清善成堂刻本　十册

500000－8741－0000090　GJ0090（018.1/G2671）
四庫全書書目表四卷附四庫未收書目表一卷　李滋然編　清宣統三年（1911）京師京華印書局鉛印本　四册

500000－8741－0000091　GJ0091（018.1/G341）
欽定四庫全書總目提要四部類敘一卷　（清）紀昀撰　清光緒二十二年（1896）貴州官書局刻本　一册

500000－8741－0000092　GJ0092（018.1/S147）
四庫簡明目錄標注二十卷附錄一卷　（清）邵懿辰撰　清宣統三年（1911）仁和邵氏刻本　六册

500000－8741－0000093　GJ0093（018.1/Y185）
欽定天祿琳琅書目十卷後編二十卷　（清）于敏中初編　（清）彭元瑞續編　清光緒十年（1884）長沙王氏刻本　十册

500000－8741－0000094　GJ0094（018.18/Z443）
直隸津局運售各省書籍總目不分卷　（清）天津海防支應局編　清光緒九年（1883）刻本　一册

500000－8741－0000095　GJ0095（018.323/G444）
古越藏書樓書目二十卷首一卷　（清）徐樹蘭編　清光緒三十年（1904）崇實書局石印本　八册

500000－8741－0000096　GJ0096（018.323/G444）
古越藏書樓書目二十卷首一卷　（清）徐樹蘭編　清光緒三十年（1904）崇實書局石印本　八册

500000－8741－0000097　GJ0097（018.622/S235）
仙源書院藏書目錄初編八卷首一卷續編四卷　（清）陳之澍等編　清光緒啟元堂、景元堂刻本　三册

500000－8741－0000098　GJ0098（018.87/C724）
帶經堂書目四卷附錄一卷　（清）陳徵芝藏　（清）陳樹杓編　清宣統順德鄧氏風雨樓鉛印本　一册

500000－8741－0000099　GJ0099（018.87/C724）
帶經堂書目四卷附錄一卷　（清）陳徵芝藏　（清）陳樹杓編　清宣統順德鄧氏風雨樓鉛印本　一册

500000－8741－0000100　GJ0100（018.87/H436）
五桂樓書目四卷　（清）黃澄量藏並編　清光緒二十一年（1895）姚江黃氏刻本　一册

500000－8741－0000101　GJ0101（018.87/I－710）
天一閣書目四卷　（明）范欽藏　（清）范邦甸等編　清嘉慶十三年（1808）揚州阮元文選樓刻本　十册

500000－8741－0000102　GJ0102（018.87/I－710－4）
天一閣見存書目四卷首一卷末一卷　（明）范欽藏　（清）薛福成編　清光緒十五年（1889）無錫薛氏刻本　四册

500000－8741－0000103　GJ0103（018.87/K680）
鐵琴銅劍樓藏書目錄二十四卷　（清）瞿鏞編　清光緒二十四年（1898）常熟瞿氏刻本　十册

500000－8741－0000104　GJ0104（018.87/K680）
鐵琴銅劍樓藏書目錄二十四卷　（清）瞿鏞編　清光緒二十四年（1898）常熟瞿氏刻本　十册

500000－8741－0000105　GJ0105（018.87/K680－2）
鐵琴銅劍樓藏書目錄二十四卷　（清）瞿鏞編　清光緒二十三年（1897）誦芬室刻本　十册

500000－8741－0000106　GJ0106（018.87/L442）
五萬卷閣書目記四卷　（清）李嘉績藏並編　清光緒三十年（1904）華清閣官舍刻本　一册

500000 - 8741 - 0000107　GJ0107(018.87/S162)
平津館鑒藏記書籍三卷補遺一卷續編一卷　(清)孫星衍撰　清末刻本　一册

500000 - 8741 - 0000108　GJ0108(018.87/S170)
孫氏祠堂書目内編四卷外編三卷　(清)孫星衍藏並撰　清光緒九年(1883)李氏木犀軒刻本　一册

500000 - 8741 - 0000109　GJ0109(018.87/U211 - 2)
揚州吴氏測海樓藏書目録十二卷　(清)吴引孫藏並編　清宣統二年(1910)揚州吴氏石印本　六册

500000 - 8741 - 0000110　GJ0110(018.87/X749)
學古堂藏書目不分卷　(□)□□編　清末刻本　二册

500000 - 8741 - 0000111　GJ0111(018.87/Z181)
愛日精廬藏書志三十六卷續志四卷　(清)張金吾撰　清光緒十三年(1887)吴縣徐氏靈芬閣木活字印本　十册

500000 - 8741 - 0000112　GJ0112(018.87/Z181)
愛日精廬藏書志三十六卷續志四卷　(清)張金吾撰　清光緒十三年(1887)吴縣徐氏靈芬閣木活字印本　十册

500000 - 8741 - 0000113　GJ0113(018.87/Z - 228)
潛采堂書目四種四卷　(清)朱彝尊編　清末沈氏晨風閣刻本　一册

500000 - 8741 - 0000114　GJ0114(018.88/M241)
藝風藏書記八卷續記八卷　繆荃孫撰　清光緒二十六年至民國二年(1900 - 1913)刻本　五册

500000 - 8741 - 0000115　GJ0115(018.88/M241)
藝風藏書記八卷　繆荃孫撰　清光緒二十六年至二十七年(1900 - 1901)刻本　二册

500000 - 8741 - 0000116　GJ0116(019.2/G342)
讀書紀數略五十四卷　(清)宮夢仁輯　清康熙四十六年(1707)宮氏刻本　十二册

500000 - 8741 - 0000117　GJ0117(019.2/L130)
學古堂日記四十種五十四卷　(清)雷浚(清)汪之昌輯　清光緒十六年至二十年(1890 - 1894)刻本　二十五册　缺一卷(讀爾雅補記一卷)

500000 - 8741 - 0000118　GJ0118(019.636/L434)
萬卷樓藏書總目不分卷　(清)白鍾元　(清)范右文編　清光緒八年(1882)刻本　一册

500000 - 8741 - 0000119　GJ0119(029/S123)
藏書記要一卷　(清)孫從添撰　**流通古書約一卷**　(清)曹溶撰　清光緒仁和許增娱園刻本　一册

500000 - 8741 - 0000120　GJ0120(029.77/L733)
皕宋樓藏書源流攷一卷　(日本)島田翰撰　清光緒三十三年(1907)武進董康刻本　一册

500000 - 8741 - 0000121　GJ0121(029.778/L733)
皕宋樓藏書源流攷一卷　(日本)島田翰撰　清光緒三十三年(1907)武進董康刻朱印本　一册

500000 - 8741 - 0000122　GJ0122(030.5/G673)
國學叢刊二十卷　(清)國學研究會編　清宣統三年(1911)石印本　三册

500000 - 8741 - 0000123　GJ0123(041/K440)
西學時務總纂大成九十一卷　求志齋主人纂輯　清光緒二十三年(1897)上海鴻文書局石印本　二十四册

500000 - 8741 - 0000124　GJ0124(041/X430)
西學通攷三十六卷　(清)胡兆鸞輯　清光緒二十七年(1901)上海書局石印本　十二册

500000 - 8741 - 0000125　GJ0125(041/Y437)
類林新詠三十六卷　(清)姚之駰撰　清康熙四十六年(1707)刻本　十册

500000 - 8741 - 0000126　GJ0126(041/Y440)
角山樓增補類腋六十七卷　(清)姚培謙撰　(清)趙克宜增輯　清咸豐九年(1859)角山樓刻本　二十四册

500000 - 8741 - 0000127　GJ0127(041/Y440)
角山樓增補類腋六十七卷　(清)姚培謙撰　(清)趙克宜增輯　清末刻本　六册　存三十

八卷(天部八卷、地部二十四卷、人部一至六)

500000-8741-0000128　GJ0128(041/Y440)
角山樓增補類腋六十七卷　(清)姚培謙撰　(清)趙克宜增輯　清光緒十二年(1886)上海同文書局石印本　五册　存五十七卷(天部八卷、地部二十四卷、人部十五卷、物部十一至二十)

500000-8741-0000129　GJ0129(041/Z-441)
五洲事類匯表五十卷　(清)趙士元　(清)孔昭紱編　清光緒二十九年(1903)上海仁記書局石印本　二十册

500000-8741-0000130　GJ0130(041.1/D110)
善本書室藏書志四十卷附録一卷　(清)丁丙輯　清光緒二十七年(1901)錢塘丁氏刻本　十六册

500000-8741-0000131　GJ0131(041.1/D110)
善本書室藏書志四十卷附録一卷　(清)丁丙輯　清光緒二十七年(1901)錢塘丁氏刻本　十六册

500000-8741-0000132　GJ0132(041.1/D110)
善本書室藏書志四十卷附録一卷　(清)丁丙輯　清光緒二十七年(1901)錢塘丁氏刻本　十六册

500000-8741-0000133　GJ0133(041.1/D110)
善本書室藏書志四十卷附録一卷　(清)丁丙輯　清光緒二十七年(1901)錢塘丁氏刻本　十六册

500000-8741-0000134　GJ0134(041.237/D486)
編珠二卷補遺二卷續編珠二卷　題(隋)杜公瞻撰　(清)高士奇編　**歲華記麗四卷**　(唐)韓鄂撰　(清)高士奇校　**謝華啟秀八卷**　(明)楊慎撰　(清)高士奇校　清康熙三十七年(1698)高氏清吟堂刻本　三册　存六卷(編珠二卷、補遺二卷、續編珠二卷)

500000-8741-0000135　GJ0135(041.237/D486-2)
編珠二卷補遺二卷續編珠二卷　題(隋)杜公瞻撰　(清)高士奇編　**歲華記麗四卷**　(唐)韓鄂撰　(清)高士奇校　**謝華啟秀八卷**　(明)楊慎撰　(清)高士奇校　清康熙三十七年(1698)高氏清吟堂刻本　十册

500000-8741-0000136　GJ0136(041.241/B271-1)
唐宋白孔六帖一百卷目録二卷　(唐)白居易　(宋)孔傳輯　明刻本　五十册

500000-8741-0000137　GJ0137(041.241/O-770)
藝文類聚一百卷　(唐)歐陽詢輯　明正德十年(1515)華堅蘭雪堂銅活字印本　一册　存一卷(六十)

500000-8741-0000138　GJ0138(041.241/O-770)
藝文類聚一百卷　(唐)歐陽詢輯　清光緒五年(1879)華陽宏達堂刻本　三十二册

500000-8741-0000139　GJ0139(041.241/X270)
初學記三十卷附校刊補遺一卷　(唐)徐堅等撰　清光緒十四年(1888)藴石齋刻本　十六册

500000-8741-0000140　GJ0140(041.241/X270)
初學記三十卷附校刊補遺一卷　(唐)徐堅等撰　清光緒十四年(1888)藴石齋刻本　十六册

500000-8741-0000141　GJ0141(041.241/X270)
初學記三十卷附校刊補遺一卷　(唐)徐堅等撰　清光緒十四年(1888)藴石齋刻本　十六册

500000-8741-0000142　GJ0142(041.241/Y244)
北堂書鈔一百六十卷　(唐)虞世南輯　(明)陳禹謨補註　明萬曆二十八年(1600)陳禹謨刻本　三十二册

500000-8741-0000143　GJ0143(041.241/Y244-1)
北堂書鈔一百六十卷首一卷　(唐)虞世南輯　清光緒十四年(1888)南海孔氏萬卷堂刻本　二十册

500000-8741-0000144　GJ0144(041.241/Y244-1)
北堂書鈔一百六十卷首一卷　(唐)虞世南輯　清光緒十四年(1888)南海孔氏萬卷堂刻本　二十册

500000-8741-0000145　GJ0145(041.25/L460)

太平御覽一千卷附編目十五卷　(宋)李昉等撰　清光緒十八年(1892)南海李氏刻本　一百二冊

500000－8741－0000146　GJ0146(041.25/L460－2)
太平御覽一千卷附編目十五卷　(宋)李昉等撰　清嘉慶二十三年(1818)刻本　一百二十冊

500000－8741－0000147　GJ0147(041.25/Z326)
新編古今事文類聚前集六十卷後集五十卷續集二十八卷別集三十二卷　(宋)祝穆輯　**新集三十六卷外集十五卷**　(元)富大用輯　**遺集十五卷**　(元)祝淵輯　明書林明實堂刻本　劉善渥跋　四十八冊　存五集二百六卷(前集六十卷、後集五十卷、續集二十八卷、別集三十二卷、新集三十六卷)

500000－8741－0000148　GJ0148(041.25/Z－326－4)
新編古今事文類聚前集六十卷後集五十卷續集二十八卷別集三十二卷　(宋)祝穆輯　**新集三十六卷外集十五卷**　(元)富大用輯　**遺集十五卷**　(元)祝淵輯　明萬曆三十二年(1604)書林唐富春德壽堂刻本　八十冊

500000－8741－0000149　GJ0149(041.251/G824)
錦繡萬花谷前集四十卷後集四十卷續集四十卷　(宋)□□撰　明嘉靖十四年(1535)徽藩崇古書院翻宋刻本(有抄配)　二十四冊

500000－8741－0000150　GJ0150(041.251/G824b)
錦繡萬花谷前集四十卷後集四十卷續集四十卷別集三十卷　(宋)□□撰　明嘉靖十五年(1536)錫山秦汴繡石書屋刻本　六冊　存三十卷(別集三十卷)

500000－8741－0000151　GJ0151(041.251/L477)
新箋決科古今源流至論前集十卷後集十卷續集十卷　(宋)林駧撰　**別集十卷**　(明)黃履翁撰　明嘉靖十六年(1537)白玶刻本　四十冊

500000－8741－0000152　GJ0152(041.251/P322)
記纂淵海一百卷　(宋)潘自牧撰　(明)王嘉賓補遺　明萬曆七年(1579)王嘉賓刻本　四十一冊

500000－8741－0000153　GJ0153(041.251/P336)
宋稗類鈔八卷　(清)潘永因輯　清宣統元年(1909)上海有正書局鉛印本　八冊

500000－8741－0000154　GJ0154(041.251/P336－2)
宋稗類鈔八卷　(清)潘永因輯　清康熙八年(1669)刻本　八冊

500000－8741－0000155　GJ0155(041.251/S020)
古今合璧事類備要前集六十九卷後集八十一卷續集五十六卷　(宋)謝維新輯　**別集九十四卷外集六十六卷**　(宋)虞載輯　明萬曆錫山秦氏刻本　四十六冊

500000－8741－0000156　GJ0156(041.251/S020－1)
古今合璧事類備要前集六十九卷後集八十一卷續集五十六卷　(宋)謝維新輯　**別集九十四卷外集六十六卷**　(宋)虞載輯　明嘉靖三十一年至三十五年(1552－1556)三衢夏相刻本　五十八冊

500000－8741－0000157　GJ0157(041.251/T024)
帝王經世圖譜六卷附錄一卷　(宋)唐仲友撰　清道光二十八年(1848)刻本　四冊

500000－8741－0000158　GJ0158(041.251/U237)
事類賦三十卷　(宋)吳淑撰註　(明)華麟祥校　明嘉靖十一年(1532)錫山華麟祥刻本　六冊

500000－8741－0000159　GJ0159(041.251/U237a)
事類賦三十卷　(宋)吳淑撰註　(明)華麟祥校　清乾隆二十九年(1764)刻本　四冊

500000－8741－0000160　GJ0160(041.251/U237b)
廣事類賦四十卷　(清)華希閔撰　清乾隆二十九年(1764)刻本　八冊

500000－8741－0000161　GJ0161(041.251/W100)
玉海二百四卷附刻十三種六十一卷　(宋)王應麟撰　清嘉慶十一年(1806)刻本　九十六冊

500000－8741－0000162　GJ0162(041.251/X440)
新編簪纓必用翰苑新書前集十二卷後集七卷

續集八卷别集二卷　(宋)□□撰　明萬曆仁壽堂刻本　二十册

500000-8741-0000163　GJ0163(041.26/C728/RB)
潛確居類書一百二十卷　(明)陳仁錫輯　明崇禎金閶映雪草堂刻本　八十四册

500000-8741-0000164　GJ0164(041.26/C728/VB)
潛確居類書一百二十卷　(明)陳仁錫輯　明崇禎刻本　八十册

500000-8741-0000165　GJ0165(041.26/C728-2)
潛確居類書一百二十卷　(明)陳仁錫輯　明刻本　四十册

500000-8741-0000166　GJ0166(041.26/C790)
天中記六十卷　(明)陳耀文輯　明萬曆刻本　三十册

500000-8741-0000167　GJ0167(041.26/D441)
廣博物志五十卷　(明)董斯張纂　(明)楊鶴等訂　清光緒五年(1879)學海堂刻本　二十四册

500000-8741-0000168　GJ0168(041.26/D441)
廣博物志五十卷　(明)董斯張纂　(明)楊鶴等訂　清光緒五年(1879)學海堂刻本　三十六册

500000-8741-0000169　GJ0169(041.26/D441)
廣博物志五十卷　(明)董斯張纂　(明)楊鶴等訂　清光緒五年(1879)學海堂刻本　三十册

500000-8741-0000170　GJ0170(041.26/D441)
廣博物志五十卷　(明)董斯張纂　(明)楊鶴等訂　清光緒五年(1879)學海堂刻本　三十册

500000-8741-0000171　GJ0171(041.26/F314)
經濟類編一百卷　(明)馮琦輯　明萬曆三十二年(1604)刻本　五十册

500000-8741-0000172　GJ0172(041.26/G121)
古今類書纂要增删十二卷　(明)璩昆玉輯　明崇禎七年(1634)吳門童晉之刻本　三册

500000-8741-0000173　GJ0173(041.26/I-494)
丹鉛總錄二十七卷　(明)楊慎撰　明嘉靖三十三年(1554)梁佐刻本　十册

500000-8741-0000174　GJ0174(041.26/P348)
修辭指南二十卷　(明)浦南金輯　明嘉靖三十六年(1557)浦氏五樂堂刻本　十二册

500000-8741-0000175　GJ0175(041.26/P441)
山堂肆考二百四十卷　(明)彭大翼撰　明萬曆四十七年(1619)刻本　八十册

500000-8741-0000176　GJ0176(041.26/P441-2)
山堂肆考二百四十卷　(明)彭大翼撰　明萬曆二十三年(1595)金陵書林周顯刻本　五十册

500000-8741-0000177　GJ0177(041.26/S033)
五雜俎十六卷　(明)謝肇淛撰　明萬曆四十四年(1616)潘膺祉如韋館刻本(卷七至八、十三至十四爲補配)　十六册

500000-8741-0000178　GJ0178(041.26/T023)
新刊唐荊川先生稗編一百二十卷目錄三卷　(明)唐順之輯　明萬曆九年(1581)茅一相文霞閣刻本　三十二册

500000-8741-0000179　GJ0179(041.26/W142)
彙苑詳註三十六卷　(明)王世貞撰　(明)鄒善長輯　明萬曆二十三年(1595)刻本　二册

500000-8741-0000180　GJ0180(041.26/W184)
册府元龜一千卷目錄十卷　(宋)王欽若等撰　清嘉慶十九年(1814)刻本　二百四十册

500000-8741-0000181　GJ0181(041.26/X214)
喻林一百二十卷　(明)徐元太輯　明萬曆四十三年(1615)刻本　二十四册

500000-8741-0000182　GJ0182(041.26/X437)
博物典彙二十卷　(明)黄道周撰　明崇禎刻本　十二册

500000-8741-0000183　GJ0183(041.26/X437)
博物典彙二十卷　(明)黄道周撰　明崇禎刻本　十一册

500000-8741-0000184　GJ0184(041.26/X437)
重訂博物典彙十六卷　(明)黄道周撰　(清)

蔡方炳刪補　清康熙二年(1663)金閶葉敬溪、葉繼照刻本　四冊

500000－8741－0000185　GJ0185(041.26/Y444)
增訂二三場羣書備考六卷　(明)袁黄撰　(明)袁儼註　明崇禎刻本　十冊

500000－8741－0000186　GJ0186(041.26/Y444－2)
增訂二三場羣書備考四卷　(明)袁黄撰　(明)袁儼註　明崇禎徐行敏刻本　四冊

500000－8741－0000187　GJ0187(041.26/Y834)
詩雋類函一百五十卷　(明)俞安期匯纂　(明)梅鼎祚增定　(明)曹學佺訂校　明萬曆三十七年(1609)俞氏自刻本(有抄補)　三十八冊

500000－8741－0000188　GJ0188(041.26/Y834)
詩雋類函一百五十卷　(明)俞安期匯纂　(明)梅鼎祚增定　(明)曹學佺訂校　明萬曆三十七年(1609)俞氏自刻本　三十冊

500000－8741－0000189　GJ0189(041.26/Y834t)
唐類函二百卷目錄二卷　(明)俞安期輯　明萬曆三十一年(1603)俞氏刻本　九十六冊

500000－8741－0000190　GJ0190(041.26/Y834t)
唐類函二百卷目錄二卷　(明)俞安期輯　明萬曆三十一年(1603)俞氏刻本　四十八冊

500000－8741－0000191　GJ0191(041.26/Z231)
彙書詳註三十六卷　(明)王世貞撰　明萬曆梅墅石渠閣刻本　二十四冊

500000－8741－0000192　GJ0192(041.26/Z－267)
卓氏藻林八卷　(明)卓明卿輯　明萬曆刻本　八冊

500000－8741－0000193　GJ0193(041.27/C313)
御定駢字類編二百四十卷　(清)張廷玉等纂　清光緒十三年(1887)上海同文書局石印本　四十八冊

500000－8741－0000194　GJ0194(041.27/C313)
御定駢字類編二百四十卷　(清)張廷玉等纂　清光緒十三年(1887)上海同文書局石印本　四十八冊

500000－8741－0000195　GJ0195(041.27/C435)
策學備纂三十二卷首一卷　(清)蔡啟盛集　清光緒十九年(1893)上海點石齋石印本　四十八冊

500000－8741－0000196　GJ0196(041.27/C710)
格致鏡原一百卷　(清)陳元龍撰　清光緒二十三年(1897)石印本　十六冊

500000－8741－0000197　GJ0197(041.27/F052)
古事比五十二卷　(清)方中德撰　清康熙四十五年(1706)書種齋刻本　十六冊

500000－8741－0000198　GJ0198(041.27/F0532)
物理小識十二卷　(清)方以智撰　清光緒十年(1884)寧靜堂刻本　六冊

500000－8741－0000199　GJ0199(041.27/G042)
三才彙編六卷　(清)龔在升纂輯　(清)顧理美增　清康熙六年(1667)刻本　六冊

500000－8741－0000200　GJ0200(041.27/G042)
三才彙編六卷　(清)龔在升纂輯　(清)顧理美增　清康熙六年(1667)毛氏汲古閣刻本　八冊

500000－8741－0000201　GJ0201(041.27/G342)
讀書紀數略五十四卷　(清)宫夢仁撰　清光緒六年(1880)懺花盦刻本　十冊

500000－8741－0000202　GJ0202(041.27/G342－3)
讀書紀數略五十四卷　(清)宫夢仁撰　清康熙四十八年(1709)刻本　十二冊

500000－8741－0000203　GJ0203(041.27/G342－1)
讀書紀數略五十四卷　(清)宫夢仁撰　清光緒六年(1880)刻本　十六冊

500000－8741－0000204　GJ0204(041.27/G342－4)
讀書紀數略五十四卷　(清)宫夢仁撰　清康熙四十八年(1709)刻本　十冊

500000－8741－0000205　GJ0205(041.27/K421)
時務通攷三十一卷　(清)杞廬主人輯　清光緒二十四年(1898)點石齋石印本　二十四冊

500000－8741－0000206　GJ0206(041.27/L762)
策府統宗六十五卷　(清)劉昌齡輯　清光緒

十九年(1893)上海積山書局石印本　十九册　存六十三卷(三至六十五)

500000－8741－0000207　GJ0207(041.27/L774)
小知錄十二卷　(清)陸鳳藻輯　清同治十二年(1873)淮南書局刻本　二册

500000－8741－0000208　GJ0208(041.27/S244)
玉譜類編四卷　(清)徐壽基編　清光緒十五年(1889)源陽官署刻本　四册

500000－8741－0000209　GJ0209(041.27/T795)
三才藻異三十三卷　(清)屠粹忠著　清康熙二十八年(1689)刻本　十六册

500000－8741－0000210　GJ0210(041.27/W222)
壹是紀始二十二卷補遺一卷　(清)魏崧纂　清光緒十七年(1891)刻本　六册

500000－8741－0000211　GJ0211(041.27/W222)
壹是紀始二十二卷補遺一卷　(清)魏崧纂　清光緒十七年(1891)刻本　六册

500000－8741－0000212　GJ0212(041.27/X144)
識小類編六卷　(清)夏大觀編輯　清嘉慶四年(1799)刻本　四册

500000－8741－0000213　GJ0213(041.27/Y237)
子史精華一百六十卷　(清)允祿等撰　清末廣益書局刻本　一册　存十八卷(一百四十三至一百六十)

500000－8741－0000214　GJ0214(041.27/Y237)
子史精華一百六十卷　(清)允祿等撰　清雍正五年(1727)刻本　四十册

500000－8741－0000215　GJ0215(041.27/Y237－3)
子史精華一百六十卷　(清)允祿等撰　清光緒十年(1884)上海同文書局石印本　八册

500000－8741－0000216　GJ0216(041.27/Z－131)
通俗編三十八卷　(清)翟灝編　清乾隆十六年(1751)無不宜齋刻本　八册

500000－8741－0000217　GJ0217(041.27/Z418m)
欽定古今圖書集成目錄四十卷　(清)蔣廷錫等輯　清光緒十年(1884)上海同文書局石印本　二十册

500000－8741－0000218　GJ0218(041.27/Z418m)
欽定古今圖書集成目錄四十卷　(清)蔣廷錫等輯　清光緒十年(1884)上海同文書局石印本　二十册

500000－8741－0000219　GJ0219(041.27/Z－727)
類書纂要三十三卷　(清)周魯輯　清康熙姑蘇三槐堂刻本　十六册

500000－8741－0000220　GJ0220(041.31/Y321)
和名類聚鈔十卷　(日本)源順撰　清光緒三十二年(1906)刻本　四册

500000－8741－0000221　GJ0221(041.6/W121)
二如亭群芳譜三十卷首一卷　(明)王象晉輯　(清)毛晉校正　清刻本　二十四册

500000－8741－0000222　GJ0222(041.7/C317－1)
古香齋新刻袖珍淵鑑類函四百五十卷目錄四卷　(清)張英等纂　清末刻本　一百五十八册　存四百四十九卷(四至四百三十三、四百三十六至四百五十,目錄四卷)

500000－8741－0000223　GJ0223(041.7/C317)
淵鑑類函四百五十卷目錄四卷　(清)張英等編　清康熙四十九年(1710)内府刻本　九十册

500000－8741－0000224　GJ0224(041.7/C317－3)
淵鑑類函四百五十卷目錄四卷　(清)張英等編　清康熙高士奇刻本　一百五十册

500000－8741－0000225　GJ0225(041.7/C317－3)
淵鑑類函四百五十卷目錄四卷　(清)張英等編　清康熙高士奇刻本　一百四十册

500000－8741－0000226　GJ0226(041.7/C317－7)
淵鑑類函四百五十卷目錄四卷　(清)張英等纂　清光緒十三年(1887)上海同文書局石印本　四十八册

500000－8741－0000227　GJ0227(041.7/S170)
新義錄一百卷首一卷　(清)孫璧文撰　清光緒二十七年(1901)兩湖書院刻本　四十八册

500000－8741－0000228　GJ0228(042/Y227)
類書集典不分卷　(□)□□輯　清末至民國

間抄本　六冊

500000－8741－0000229　GJ0229(042.27/Z414)
山海精良三卷　(清)永理撰　清稿本　三冊

500000－8741－0000230　GJ0230(042.57/L742)
隱居通議三十一卷　(元)劉壎撰　清光緒十一年(1885)刻本　六冊

500000－8741－0000231　GJ0231(042.7/Y443)
角山樓增補類腋六十七卷　(清)姚培謙撰　(清)趙克宜增輯　清咸豐九年(1859)角山樓刻本　二十四冊

500000－8741－0000232　GJ0232(043/D192)
韻府約編二十四卷　(清)鄧愷撰　清乾隆二十四年(1759)綰秀閣刻本　二十四冊

500000－8741－0000233　GJ0233(043/P739)
御定駢字類編二百四十卷　(清)張廷玉纂　清光緒十三年(1887)上海同文書局石印本　四十八冊

500000－8741－0000234　GJ0234(043/S127)
韻海鴛鴦十六卷　(清)甘棠編　清道光二十四年(1844)尋樂軒刻本　六冊

500000－8741－0000235　GJ0235(043/Y765)
新增說文韻府群玉二十卷　(元)陰時夫輯　(元)陰中夫註　明刻本　二十冊

500000－8741－0000236　GJ0236(043/Z115－3)
佩文韻府一百六卷拾遺一百六卷　(清)張玉書等撰　清康熙刻本　二百二十冊

500000－8741－0000237　GJ0237(043/Z1154)
佩文韻府一百六卷拾遺一百六卷　(清)張玉書等撰　清光緒八年(1882)上海點石齋石印本　十冊

500000－8741－0000238　GJ0238(043.26/L338)
古今萬姓統譜一百四十卷歷代帝王姓系統譜六卷氏族博攷十四卷　(明)淩迪知輯　明汲古閣刻本　四十冊

500000－8741－0000239　GJ0239(043.52/I－765)
新增說文韻府群玉二十卷　(元)陰時夫輯　(元)陰中夫註　明文光堂刻本　二十冊

500000－8741－0000240　GJ0240(043.52/I－765)
新增說文韻府群玉二十卷　(元)陰時夫輯　清聚錦堂刻本　二十冊

500000－8741－0000241　GJ0241(043.52/I－765)
新增說文韻府群玉二十卷　(元)陰時夫輯　清刻本　二十冊

500000－8741－0000242　GJ0242(043.52/I－765)
新增說文韻府群玉二十卷　(元)陰時夫輯　清刻本　二十冊

500000－8741－0000243　GJ0243(044.26/W168b)
三才圖會一百六卷　(明)王圻撰　(明)王思義續集　明刻本　八冊　存四卷(時令一至四)

500000－8741－0000244　GJ0244(052/G410)
格致新報不分卷　(清)格致新報館編　清光緒二十四年(1898)上海商務印書館鉛印本　十二冊

500000－8741－0000245　GJ0245(052/I－058)
譯書公會報不分卷　譯書公會編　清光緒二十三年(1897)譯書公會鉛印本　十三冊

500000－8741－0000246　GJ0246(052/S435)
便蒙叢編不分卷　蘇州中西小學堂編　清末刻本　七冊

500000－8741－0000247　GJ0247(059.21/S614)
時務報五十期　梁啟超等主編　清光緒二十二年至二十三年(1896－1897)鉛印本　五十冊

500000－8741－0000248　GJ0248(059/S652)
時事報圖畫雜俎不分卷　(清)時事報館編　清宣統元年(1909)石印本　三冊

500000－8741－0000249　GJ0249(059/X340)
滬報新聞畫(1900－1908年)　(□)□□編　清光緒三十四年(1908)滬報鉛印本　一冊　存一年(1908年)

500000－8741－0000250　GJ0250(059/Y706)
圖畫新聞不分卷　(清)輿論時事報館編　清宣統元年(1909)鉛印本　二冊

500000－8741－0000251　GJ0251(071/F046)
甕存二卷　(清)方旭撰　清光緒二十四年(1898)刻本　四冊

500000－8741－0000252　GJ0252(071.51/W100)
困學紀聞二十卷　(宋)王應麟撰　清末汪氏桐華書塾刻本　六冊

500000－8741－0000253　GJ0253(071.51/W100－7)
困學紀聞注二十卷首一卷　(清)翁元圻撰　清光緒八年(1882)新都廖氏家塾刻本　十四冊

500000－8741－0000254　GJ0254(071.51/W100－8)
困學紀聞注二十卷　(清)翁元圻撰　清道光六年(1826)刻本　十六冊

500000－8741－0000255　GJ0255(071.52/W144)
陳眉公重訂野客叢書十二卷附錄一卷　(宋)王楙輯　明萬曆三十一年(1603)陳繼儒刻本　六冊

500000－8741－0000256　GJ0256(071.52/X344)
容齋隨筆十六卷續筆十六卷三筆十六卷四筆十六卷五筆十卷　(宋)洪邁撰　清光緒二十年(1894)刻本　十六冊

500000－8741－0000257　GJ0257(071.52/X344－2)
容齋隨筆十六卷續筆十六卷三筆十六卷四筆十六卷五筆十卷　(宋)洪邁撰　明崇禎三年(1630)松江馬元調刻清康熙三十九年(1700)洪璟補刻本　十四冊

500000－8741－0000258　GJ0258(071.6/C727)
金罍子四十四卷　(明)陳絳撰　明萬曆刻本　十六冊

500000－8741－0000259　GJ0259(071.6/F028)
通雅五十二卷首三卷附刊誤補遺一卷　(清)方以智撰　清光緒六年(1880)桐城方氏刻本　二十冊

500000－8741－0000260　GJ0260(071.6/F028)
通雅五十二卷首三卷　(清)方以智撰　清康熙五年(1666)姚氏刻本　三十二冊

500000－8741－0000261　GJ0261(071.6/F028－2)
通雅五十二卷首三卷　(清)方以智撰　清康熙五年(1666)姚氏刻本　二十冊

500000－8741－0000262　GJ0262(071.6/I－453)
水東日記四十卷　(明)葉盛撰　明刻本　八冊

500000－8741－0000263　GJ0263(071.7/C334)
銅熨斗齋隨筆八卷　(清)沈濤撰　清末刻本　二冊

500000－8741－0000264　GJ0264(071.7/I－741)
潛邱劄記六卷　(清)閻若璩撰　清乾隆十三年(1748)太原閻氏眷西堂刻本　六冊

500000－8741－0000265　GJ0265(071.7/S264)
煙嶼樓讀書志十六卷筆記八卷　(清)徐時棟撰　清光緒元年(1875)鉛印本　八冊

500000－8741－0000266　GJ0266(071.7/T673)
西圃叢辨七卷　(清)田同之編　清乾隆七年(1742)刻本　六冊

500000－8741－0000267　GJ0267(071.7/T673)
西圃叢辨七卷　(清)田同之編　清乾隆七年(1742)刻本　八冊

500000－8741－0000268　GJ0268(071.7/W165)
蛾術編八十二卷　(清)王鳴盛撰　清道光二十一年(1841)沈懋悳刻本　三十二冊

500000－8741－0000269　GJ0269(071.7/W165)
蛾術編八十二卷　(清)王鳴盛撰　清道光二十一年(1841)沈懋悳刻本　六十冊

500000－8741－0000270　GJ0270(071.7/X291)
義門讀書記五十八卷附行狀一卷　(清)何焯撰　(清)蔣維鈞編　清乾隆三十四年(1769)石香齋刻本　八冊

500000－8741－0000271　GJ0271(071.7/X291)
義門讀書記五十八卷附行狀一卷　(清)何焯撰　(清)蔣維鈞編　清乾隆三十四年(1769)石香齋刻本　十二冊

500000－8741－0000272　GJ0272(071.7/X379)
讀書叢錄二十四卷　(清)洪頤煊撰　清道光元年(1821)刻本　六冊

500000－8741－0000273　GJ0273(071.72/C229)
省軒考古類編十二卷　(清)柴紹炳撰　(清)姚廷謙評　清雍正四年(1726)刻本　四冊

500000－8741－0000274　GJ0274(071.72/C229)
省軒考古類編十二卷　(清)柴紹炳撰　(清)姚廷謙評　清乾隆二十三年(1758)刻本　四冊

500000－8741－0000275　GJ0275(071.72/C313)
康熙幾暇格物編二卷　(清)盛昱錄　清石印本　二冊

500000－8741－0000276　GJ0276(071.72/F057)
古今釋疑十八卷　(清)方中履著　清康熙十八年(1679)汗青閣刻本　十六冊

500000－8741－0000277　GJ0277(071.72/T488)
援鶉堂筆記五十卷　(清)姚範　(清)方東樹撰　清道光十六年(1836)刻本　二十冊

500000－8741－0000278　GJ0278(071.74/G830)
全謝山先生經史問答十卷　(清)全祖望撰　(清)史夢蛟重校　清刻本　一冊

500000－8741－0000279　GJ0279(071.74/U260)
易堂問目四卷　(清)吳鼎撰　(清)李適可校　清思益山房抄本　四冊

500000－8741－0000280　GJ0280(071.74/W104)
柳南隨筆六卷續筆四卷　(清)王應奎撰　清光緒四年(1878)申報館鉛印本　四冊

500000－8741－0000281　GJ0281(071.75/C846)
十駕齋養新錄二十卷餘錄三卷　(清)錢大昕撰　**錢辛楣先生[大昕]年譜一卷竹汀居士[錢大昕]年譜續編一卷**　(清)錢大昕編　(清)錢慶曾校注　**竹汀居士[錢大昕]年譜續編一卷**　(清)錢慶曾述　清光緒二年(1876)浙江書局刻本　八冊

500000－8741－0000282　GJ0282(071.75/I616)
娛親雅言六卷　(清)嚴元照撰　清光緒十一年(1885)䪨園王氏木活字印本　四冊

500000－8741－0000283　GJ0283(071.75/S143)
讀書脞錄七卷續編四卷　(清)孫志祖撰　清嘉慶十二年(1807)刻本　三冊

500000－8741－0000284　GJ0284(071.75/S143)
讀書脞錄七卷續編四卷　(清)孫志祖撰　清嘉慶四年(1799)刻本　四冊

500000－8741－0000285　GJ0285(071.75/S143)
讀書脞錄七卷續編四卷　(清)孫志祖撰　清光緒十三年(1887)醉六堂刻本　五冊

500000－8741－0000286　GJ0286(071.75/S143－1)
讀書脞錄七卷　(清)孫志祖撰　清嘉慶四年(1799)文學山房木活字印本　二冊

500000－8741－0000287　GJ0287(071.75/S143－2)
讀書脞錄七卷　(清)孫志祖撰　清光緒十三年(1887)醉六堂刻本　四冊

500000－8741－0000288　GJ0288(071.76/D114)
雙研齋筆記五卷　(清)鄧廷楨撰　清光緒二十二年(1896)刻本　五冊

500000－8741－0000289　GJ0289(071.76/H448)
竇存四卷　(清)胡式鈺撰　清道光二十一年(1841)刻本　二冊

500000－8741－0000290　GJ0290(071.76/W181)
讀書雜志八十二卷餘編二卷　(清)王念孫撰　清同治九年(1870)金陵書局刻本　二十四冊

500000－8741－0000291　GJ0291(071.76/W181)
讀書雜志八十二卷餘編二卷　(清)王念孫撰　清同治九年(1870)金陵書局刻本　二十四冊

500000－8741－0000292　GJ0292(071.76/X379－2)
讀書叢錄二十四卷　(清)洪頤煊撰　清光緒十三年(1887)吳氏醉六堂刻本　六冊

500000－8741－0000293　GJ0293(071.76/X379－3)
讀書叢錄二十四卷　(清)洪頤煊撰　清光緒十三年(1887)吳氏醉六堂刻本　八冊

500000－8741－0000294　GJ0294(071.76/Y819)
癸巳類稿十五卷　(清)俞正燮撰　清光緒五年(1879)刻本　十二冊

500000－8741－0000295　GJ0295(071.76/Y819－2)
癸巳類稿十五卷　(清)俞正燮撰　清光緒五年(1879)會稽章氏刻本　八册

500000－8741－0000296　GJ0296(071.76/Y819y)
癸巳存稿十五卷　(清)俞正燮撰　清光緒十年(1884)刻本　八册

500000－8741－0000297　GJ0297(071.76/Y819y)
癸巳存稿十五卷　(清)俞正燮撰　清光緒十年(1884)刻本　六册

500000－8741－0000298　GJ0298(071.76/Z252)
鄭堂札記五卷　(清)周中孚撰　清刻本　二册

500000－8741－0000299　GJ0299(071.76/Z423)
讀書偶記八卷　(清)趙紹祖撰　清道光四年(1824)刻本　四册

500000－8741－0000300　GJ0300(071.77/F344)
校邠廬抗議二卷　(清)馮桂芬著　清咸豐十一年(1861)鉛印本　二册

500000－8741－0000301　GJ0301(071.77/L034)
愈愚録六卷　(清)劉寶楠撰　清光緒十五年(1889)廣雅書局刻本　二册

500000－8741－0000302　GJ0302(071.77/L462)
硯桂緒録十六卷　(清)林昌彝撰　清同治五年(1866)刻本　八册

500000－8741－0000303　GJ0303(071.77/L947)
讀書雜識十二卷　(清)勞格撰　清光緒四年(1878)吳興丁氏刻本　四册

500000－8741－0000304　GJ0304(071.77/L947)
讀書雜識十二卷　(清)勞格撰　清光緒四年(1878)吳興丁氏刻本　六册

500000－8741－0000305　GJ0305(071.77/S264)
煙嶼樓讀書志十六卷筆記八卷　(清)徐時棟撰　清光緒元年(1875)鉛印本　八册

500000－8741－0000306　GJ0306(071.77/S264)
煙嶼樓讀書志十六卷筆記八卷　(清)徐時棟撰　清光緒元年(1875)鉛印本　八册

500000－8741－0000307　GJ0309(071.77/Z442)
麗濾薈録十四卷附爽鳩要録二卷　(清)蔣超伯著　清同治五年(1866)刻本　八册

500000－8741－0000308　GJ0310(071.77/Z442)
麗濾薈録十四卷附爽鳩要録二卷　(清)蔣超伯著　清同治五年(1866)刻本　六册

500000－8741－0000309　GJ0311(071.78/C735)
漢儒通義七卷　(清)陳澧輯　清咸豐七年(1857)番禺陳氏刻本　二册

500000－8741－0000310　GJ0312(071.78/C735－2)
東塾讀書記十五卷　(清)陳澧輯　清刻本　六册

500000－8741－0000311　GJ0313(071.78/C735－2)
東塾讀書記二十五卷　(清)陳澧輯　清光緒七年(1881)刻本　五册

500000－8741－0000312　GJ0314(071.78/C735－3)
東塾讀書記二十五卷　(清)陳澧輯　清光緒二十四年(1898)紉蘭書館刻本　一册

500000－8741－0000313　GJ0315(071.78/K372)
阮盦筆記五種八卷香東漫筆二卷　況周儀撰　清光緒三十三年(1907)白門刻本　三册

500000－8741－0000314　GJ0316(071.78/W347)
十二硯齋隨録四卷　(清)汪鋆撰　清同治十一年(1872)刻本　一册

500000－8741－0000315　GJ0317(071.78/Z234)
群書札記十六卷　(清)朱亦棟撰　清光緒四年(1878)竹簡齋刻本　六册

500000－8741－0000316　GJ0318(071.78/Z234)
群書札記十六卷　(清)朱亦棟撰　清光緒四年(1878)竹簡齋刻本　六册

500000－8741－0000317　GJ0319(071.79/W122)
存古學堂叢刻不分卷　王仁俊撰　清光緒三十三年(1907)存古學堂鉛印本　五册

500000－8741－0000318　GJ0320(072.21/I041)
風俗通義十卷　(漢)應劭撰　清刻本　二册

500000－8741－0000319　GJ0321(072.353/L046)

新論十卷　（南朝梁）劉勰著　清光緒三年（1877）刻本　二册

500000－8741－0000320　GJ0322(072.51/S352－1)
夢溪筆談二十六卷補三卷　（宋）沈括撰　**校字記一卷**　（清）陶福祥撰　清光緒三十二年（1906）番禺陶氏愛廬刻本　四册

500000－8741－0000321　GJ0323(072.52/I－494)
避暑録話二卷　（宋）葉夢得撰　（清）毛晉訂　明崇禎毛氏汲古閣刻本　四册

500000－8741－0000322　GJ0324(072.52/Z730)
齊東野語二十卷　（宋）周密撰　明刻本　六册

500000－8741－0000323　GJ0325(072.6/D446)
畫禪室隨筆四卷　（明）董其昌撰　（清）楊補編　（清）陳王賓校　清康熙五十九年（1720）大魁堂刻本　二册

500000－8741－0000324　GJ0326(072.6/L314)
七修類藁五十一卷續藁七卷　（明）郎瑛著述　清光緒六年（1880）翰墨園刻本　十六册

500000－8741－0000325　GJ0327(072.6/L314)
七修類藁五十一卷續藁七卷　（明）郎瑛著述　清光緒六年（1880）翰墨園刻本　十二册

500000－8741－0000326　GJ0328(072.6/L314)
七修類藁五十一卷續藁七卷　（明）郎瑛著述　清光緒六年（1880）翰墨園刻本　十二册

500000－8741－0000327　GJ0329(072.6/S413)
薛文清公讀書録八卷　（明）薛瑄撰　清咸豐三年（1853）刻本　四册

500000－8741－0000328　GJ0330(072.6/T031)
棗林雜俎六集　（明）談遷撰　清宣統三年（1911）上海國學扶輪社鉛印本　六册

500000－8741－0000329　GJ0331(072.6/T732)
輟耕録三十卷　（明）陶宗儀撰　明刻本　六册

500000－8741－0000330　GJ0332(072.6/T777)
鴻苞節録十卷　（明）屠隆著　（清）屠繼烈編　清咸豐七年（1857）章邱縣署刻本　十册

500000－8741－0000331　GJ0333(072.6/X215)
餘冬録六十一卷　（明）何孟春輯　清同治三年（1864）刻本　八册

500000－8741－0000332　GJ0334(072.62/X413)
讀書録十一卷續録十二卷　（明）薛瑄撰　清乾隆十一年（1746）薛氏刻本　四册

500000－8741－0000333　GJ0335(072.7/G391x)
日知録集釋三十二卷　（清）顧炎武撰　（清）黄汝成集釋　**刊誤二卷續刊誤二卷**　（清）黄汝成撰　清同治八年（1869）刻本　佚名批　十六册

500000－8741－0000334　GJ0336(072.7/G391－x2)
日知録集釋三十二卷　（清）顧炎武撰　（清）黄汝成集釋　**刊誤二卷續刊誤二卷**　（清）黄汝成撰　清同治八年（1869）廣州述古堂刻本　佚名批　十六册

500000－8741－0000335　GJ0337(072.7/K248)
蘿藦亭札記八卷　（清）喬松年撰　清同治十二年（1873）刻本　四册

500000－8741－0000336　GJ0338(072.7/S544)
止園筆談八卷　（清）史夢蘭撰　清光緒四年（1878）刻本　四册

500000－8741－0000337　GJ0339(072.7/W107)
重論文齋筆録十二卷　（清）王端履撰　清道光二十六年（1846）刻本　六册

500000－8741－0000338　GJ0340(072.7/Z174)
海南日抄三十卷　（清）張眉大撰　清嘉慶元年（1796）刻本　十二册

500000－8741－0000339　GJ0341(072.7/Z417)
陔餘叢考四十三卷　（清）趙翼撰　清乾隆五十五年（1790）刻本　十二册

500000－8741－0000340　GJ0342(072.7/Z417)
陔餘叢考四十三卷　（清）趙翼撰　清乾隆五十五年（1790）刻本　十二册

500000－8741－0000341　GJ0343(072.7/Z417)
陔餘叢考四十三卷　（清）趙翼撰　清乾隆五十五年（1790）刻本　十二册

500000－8741－0000342　GJ0344(072.72/G391)
日知錄三十二卷之餘四卷菰中隨筆一卷
(清)顧炎武撰　清道光十二年(1832)刻本
十六册

500000－8741－0000343　GJ0345(072.72/G391－2)
日知錄三十二卷　(清)顧炎武撰　清康熙三十四年(1695)潘耒刻本　二十册

500000－8741－0000344　GJ0346(072.72/G391b)
日知錄之餘四卷　(清)顧炎武撰　清宣統二年(1910)石印本　二册

500000－8741－0000345　GJ0347(072.72/R710)
揅經室一集十四卷　(清)阮元撰　清道光二年(1822)刻本　五册

500000－8741－0000346　GJ0348(072.72/W143)
池北偶談二十六卷　(清)王士禛撰　清康熙四十年(1701)刻本　十二册

500000－8741－0000347　GJ0349(072.72/W143－4)
池北偶談二十六卷　(清)王士禛撰　清光緒十年(1884)桐陰山館刻本　八册

500000－8741－0000348　GJ0350(072.72/W143g)
居易錄三十四卷　(清)王士禛撰　清雍正刻本　八册

500000－8741－0000349　GJ0351(072.72/W143x)
香祖筆記十二卷　(清)王士禛撰　清康熙刻王漁洋遺書本　四册

500000－8741－0000350　GJ0352(072.75/F348)
槐廳載筆二十卷　(清)法式善編　清嘉慶刻本　六册

500000－8741－0000351　GJ0353(072.75/Z417－2)
陔餘叢考四十三卷　(清)趙翼撰　清上海文瑞樓鴻章書局刻本　十六册

500000－8741－0000352　GJ0354(072.76/F037)
夢園叢説内篇八卷　(清)方濬頤撰　清同治十三年(1874)揚州刻本　四册

500000－8741－0000353　GJ0355(072.76/F037－2)
夢園叢説内篇八卷　(清)方濬頤撰　清上海申報館鉛印本　二册

500000－8741－0000354　GJ0356(072.76/G246)
癡説八卷　(清)紀蔭田撰　清道光元年(1821)刻本　八册

500000－8741－0000355　GJ0357(072.76/G910)
有不為齋隨筆十卷　(清)光聰諧撰　清光緒十四年(1888)蘇州藩署刻本　二册

500000－8741－0000356　GJ0358(072.76/G910)
有不為齋隨筆十卷　(清)光聰諧撰　清光緒十四年(1888)蘇州藩署刻本　二册

500000－8741－0000357　GJ0359(072.76/L308)
退菴隨筆二十二卷　(清)梁章鉅撰　清道光十七年(1837)刻本　十册

500000－8741－0000358　GJ0360(072.76/L308)
退菴隨筆二十二卷　(清)梁章鉅撰　清道光十七年(1837)刻本　八册

500000－8741－0000359　GJ0361(072.76/L725)
合肥學舍札記十二卷　(清)陸繼輅撰　清道光十六年(1836)刻本　四册

500000－8741－0000360　GJ0362(072.76/R710)
定香亭筆談四卷　(清)阮元撰　清嘉慶五年(1800)揚州阮氏琅嬛僊館刻本　二册

500000－8741－0000361　GJ0363(072.76/T375)
翼駉稗編八卷　(清)湯用中撰　(清)徐廷華評　清同治八年(1869)刻本　八册

500000－8741－0000362　GJ0364(072.76/W780)
淮南雜識四卷　(清)聞益撰　清同治七年(1868)刻本　二册

500000－8741－0000363　GJ0365(072.77/L462)
海天琴思錄八卷　(清)林昌彝撰　清同治三年(1864)刻本　四册

500000－8741－0000364　GJ0366(072.77/L462;2)
海天琴思續錄八卷　(清)林昌彝撰　清同治八年(1869)刻本　四册

500000－8741－0000365　GJ0367(072.77/X240)
讀書雜釋十四卷　(清)徐鼒撰　清咸豐十一年(1861)刻本　四册

500000－8741－0000366　GJ0368(072.77/Y413)
竹葉亭雜記八卷　(清)姚元之撰　清光緒十九年(1893)刻本　二册

500000－8741－0000367　GJ0369(072.77/Z806)
亦若是夋隨筆十二卷　(清)鄭敦曜撰　清同治十一年(1872)刻本　六册

500000－8741－0000368　GJ0370(072.78/G407)
敬廬隨筆不分卷　(清)□□撰　清光緒十八年(1892)抄本　蔣師輒跋　五册

500000－8741－0000369　GJ0371(072.78/G882)
劬書室遺集十六卷理學庸言二卷　(清)金錫齡撰　清光緒二十一年(1895)刻本　五册
存十六卷(遺集十六卷)

500000－8741－0000370　GJ0372(072.78/L021)
食舊悳齋雜箸二卷　(清)劉嶽雲撰　清光緒二十二年(1896)刻本　二册

500000－8741－0000371　GJ0373(072.78/L021)
食舊悳齋雜箸二卷　(清)劉嶽雲撰　清光緒二十二年(1896)刻本　二册

500000－8741－0000372　GJ0374(072.78/Y856)
茶香室叢鈔二十三卷續鈔二十五卷三鈔二十九卷　(清)俞樾撰　清光緒九年(1883)刻本　十六册

500000－8741－0000373　GJ0375(072.78/Z102)
舒藝室雜箸甲編二卷乙編二卷　(清)張文虎撰　清光緒五年(1879)刻本　三册

500000－8741－0000374　GJ0376(072.78/Z102)
舒藝室雜箸甲編二卷乙編二卷　(清)張文虎撰　清光緒五年(1879)刻本　三册

500000－8741－0000375　GJ0377(072.78/Z－133)
輶軒語不分卷　(清)張之洞撰　清刻本　一册

500000－8741－0000376　GJ0378(072.78/Z－133)
輶軒語不分卷　(清)張之洞撰　清刻本　一册

500000－8741－0000377　GJ0379(072.78/Z－133)
輶軒語不分卷　(清)張之洞撰　清刻本　一册

500000－8741－0000378　GJ0380(072.78/Z210)
無邪堂答問五卷　(清)朱一新撰　清光緒二十八年(1902)成都知新書屋刻本　五册

500000－8741－0000379　GJ0381(074.6/C567－1)
新增格古要論十三卷　(明)曹昭撰　(明)王佐增補　明萬曆新都黄正位刻本　八册

500000－8741－0000380　GJ0382(074.6/D426)
鐵網珊瑚二十卷　(明)都穆撰　清乾隆二十三年(1758)光霽山房刻本　六册

500000－8741－0000381　GJ0383(074.6/D426－2)
鐵網珊瑚二十卷　(明)都穆撰　清乾隆二十四年(1759)繼貴粤東刻本　八册

500000－8741－0000382　GJ0384(074.78/L422)
行素齋雜記二卷　(清)李佳繼昌撰　清光緒二十七年(1901)湖南臬署刻本　二册

500000－8741－0000383　GJ0385(075/F049)
湘報類纂六卷　(清)覺睡齋主人編輯　清光緒二十八年(1902)上海中華編譯印書館鉛印本　八册

500000－8741－0000384　GJ0386(075.6/M767)
快書五十種五十卷　(明)閔景賢輯　明天啟刻本　十二册

500000－8741－0000385　GJ0387(075.6/S202)
玉芝堂談薈三十六卷首一卷　(明)徐應秋撰輯　清刻本　三十四册

500000－8741－0000386　GJ0388(075.6/Z166)
琅邪代醉編四十卷　(明)張鼎思輯　明萬曆刻本(卷一至二、九至十抄配)　二十四册

500000－8741－0000387　GJ0389(075.7/L133)
學古堂日記四十種五十四卷　(清)雷浚　(清)汪之昌輯　清光緒十六年至二十二年(1890－1896)刻本　二十六册

500000－8741－0000388　GJ0390(075.7/L312)
庭立記聞四卷　(清)梁學昌輯　清嘉慶十七年(1812)刻本　一册

500000－8741－0000389　GJ0391(075.7/S331)
巾經纂二十卷　(清)宋宗元撰　清同治七年(1868)刻本　五冊

500000－8741－0000390　GJ0392(075.76/I－426)
恩福堂筆記二卷　(清)英和撰　清道光十七年(1837)刻本　一冊

500000－8741－0000391　GJ0393(075.76/P346)
讀史鏡古編三十二卷　(清)潘世恩輯　清道光四年(1824)刻本　八冊

500000－8741－0000392　GJ0394(075.77/D103)
醒睡錄初集十卷　(清)鄧文濱輯　清申報館仿聚珍版鉛印本　六冊

500000－8741－0000393　GJ0395(075.77/Z－442)
榕堂續錄四卷　(清)蔣超伯撰　清同治六年(1867)刻本　三冊

500000－8741－0000394　GJ0396(075.78/L133)
學古堂日記四十種五十四卷　(清)雷浚　(清)汪之昌輯　清光緒十六年至二十二年(1890－1896)刻本　二十六冊

500000－8741－0000395　GJ0397(075.78/Z－439)
恪靖侯盾鼻餘瀋一卷附聯語一卷　(清)柳葆元錄　清光緒七年(1881)刻本　一冊

500000－8741－0000396　GJ0398(078/G290)
光緒壬寅補行庚子辛丑恩正併科鄉墨不分卷　(□)□□選　清光緒華北書局鉛印本　二冊

500000－8741－0000397　GJ0399(078/Z143)
政藝叢書壬寅全書三篇六十四卷　鄧實編　清光緒二十九年(1903)上洋書局石印本　十二冊

500000－8741－0000398　GJ0400(080/B118)
子書百家一百種　(□)□□輯　清光緒元年(1875)湖北崇文書局刻本　一百十冊

500000－8741－0000399　GJ0401(080/G249)
諸子彙函九十二種二十六卷首一卷　(明)歸有光輯　明天啟五年(1625)立達堂刻本　二十七冊

500000－8741－0000400　GJ0402(080/G642)
國朝名人著述叢編十三種十六卷　(清)□□輯　清光緒五年(1879)上海淞隱閣鉛印本　六冊

500000－8741－0000401　GJ0403(080/U174)
文子纘義十二卷　(元)杜道堅撰　清光緒二十三年(1897)文瑞樓鉛印本　一冊

500000－8741－0000402　GJ0404(080/W117)
十子全書十種一百二十九卷　(清)王子興輯　清嘉慶九年(1804)刻本　三十一冊

500000－8741－0000403　GJ0405(080/Z335)
二十二子二十二種三百三十九卷　(清)浙江書局輯　清光緒元年至三年(1875－1877)浙江書局刻本　五十五冊　存二十種三百十四卷(老子道德經二卷附音義一卷、莊子十卷、管子二十四卷、列子八卷、墨子十六卷附篇目考一卷、新書十卷、董子春秋繁露十七卷附錄一卷、揚子法言十三卷附音義一卷、文子纘義十二卷、補注黃帝內經素問二十四卷素問遺篇一卷靈樞十二卷、竹書紀年統箋十二卷前編一卷雜述一卷、商君書五卷附考一卷、韓非子二十卷附識誤三卷、淮南子二十一卷、山海經十八卷、荀子二十卷附校勘補遺一卷、尸子二卷存疑一卷、孔子集語十七卷、晏子春秋七卷附音義二卷校勘記二卷、呂氏春秋二十六卷附考一卷)

500000－8741－0000404　GJ0406(080/Z335.2)
二十二子二十二種三百三十九卷　(清)浙江書局輯　清光緒元年至三年(1875－1877)浙江書局刻本　八十冊　存二十種三百三十六卷(老子道德經二卷附音義一卷、莊子十卷、管子二十四卷、列子八卷、墨子十六卷附篇目考一卷、新書十卷、董子春秋繁露十七卷附錄一卷、揚子法言十三卷附音義一卷、文子纘義十二卷、補注黃帝內經素問二十四卷素問遺篇一卷靈樞十二卷、竹書紀年統箋十二卷前編一卷雜述一卷、商君書五卷附考一卷、韓非子二十卷附識誤三卷、淮南子二十一卷、山海經十八卷、荀子二十卷附校勘補遺一卷、孔子集語十七卷、晏子春秋七卷附音義二卷校勘

記二卷、呂氏春秋二十六卷附考一卷、文中子中說十卷、孫子十家注十三卷附敘錄一卷遺說一卷）

500000－8741－0000405　GJ0407(080/Z335.2)
孔子集語十七卷　（清）孫星衍撰　清光緒二十三年（1897）文瑞樓鉛印本　二冊

500000－8741－0000406　GJ0408(081.1/Z440)
九經補韻一卷附錄一卷　（宋）楊伯喦撰　清光緒十年（1884）常熟鮑氏刻後知不足齋叢書本　一冊

500000－8741－0000407　GJ0409(081.3/C299)
漢魏叢書三十八種二百五十卷　（漢）京房撰（明）程榮輯校　明萬曆新安程氏刻本　二十八冊

500000－8741－0000408　GJ0410(081.3/C299－2)
增訂漢魏叢書八十六種四百五十一卷　（明）程榮輯　清光緒三年（1877）刻本　一百冊

500000－8741－0000409　GJ0411(081.3/M210)
津逮秘書一百四十一種七百五十一卷　（清）毛晉輯　明崇禎毛氏汲古閣刻本　一百七十一冊

500000－8741－0000410　GJ0412(081.3/W042)
文林綺繡六種五十九卷　（明）凌迪知輯　明萬曆三十六年（1608）建陽書林余德彰萃慶堂刻本　三十冊

500000－8741－0000411　GJ0413(082/L482)
惜陰軒叢書續編一種二十一卷　（明）呂柟撰　清咸豐八年（1858）刻本　十冊

500000－8741－0000412　GJ0414(082/L733)
十萬卷樓叢書初編十六種一百八十一卷　（清）陸心源輯　清光緒五年（1879）刻本　三十六冊　存十三種一百五十八卷（書經注十二卷、資治通鑑釋文三十卷、註陸宣公奏議十五卷、東萊呂紫微師友雜志一卷、東萊呂紫微雜說一卷、可書一卷、東原錄一卷、地理葬書集註一卷附錄葬書問對一卷、醫經正本書一卷、人倫大統賦二卷、乙巳占十卷、太上老子道德經集解二卷、夷堅志甲集二十卷乙集二十卷丙集二十卷丁集二十卷）

500000－8741－0000413　GJ0415(082/U147)
九域志十卷　（宋）王存等撰　清刻本　一冊　存三卷（三至五）

500000－8741－0000414　GJ0416(082/W123o)
重刊拜經樓叢書七種二十三卷　（清）吳騫輯　清光緒十一年（1885）會稽章氏刻本　六冊

500000－8741－0000415　GJ0417(082/W288)
魏稼孫先生全集四種四卷　（清）魏錫曾撰　清光緒九年（1883）刻本　十冊

500000－8741－0000416　GJ0418(082/Z209x)
槐廬叢書五編四十六種二百三十六卷　（清）朱記榮輯　清光緒吳縣朱氏家塾刻本　七十三冊　存五編四十三種二百十八卷（初編三十六卷，二編五十六卷，三編四十六卷，四編：論語孔注辨偽二卷、營平二州地名記一卷、明季實錄一卷、廣川書跋十卷、金石稱例四卷續一卷、金石綜例四卷、石經閣金石跋文一卷、中吳紀聞六卷，五編：孟子時事略一卷、讀孟質疑二卷、金石錄補二十七卷續跋七卷、漢學商兌三卷、遜志堂雜鈔十卷）

500000－8741－0000417　GJ0419(082.17/R710－2)
經籍籑詁一百六卷附補遺一百六卷　（清）阮元撰　清刻本　十九冊　存三十六卷（九至十一、二十至二十七、四十七至五十二、六十七至六十九、七十一至七十九、八十三至八十四、九十一至九十二、九十六至九十七、一百下）

500000－8741－0000418　GJ0420(082.17/R710－2)
經籍籑詁一百六卷附補遺一百六卷　（清）阮元撰　清刻本　十四冊　存二十九卷（二至三、五至六、八至二十二、二十六至三十四、三十六）

500000－8741－0000419　GJ0421(082.17/R710－2)
經籍籑詁一百六卷附補遺一百六卷　（清）阮元撰　清刻本　八冊　存二十四卷（三十四下至五十四、七十三至七十五）

500000－8741－0000420　GJ0422(082.17/R710－2)

經籍籑詁一百六卷附補遺一百六卷　(清)阮元撰　清刻本　四冊　存三卷(七至八、二十六)

500000－8741－0000421　GJ0423(082.2/C533)
孟子年譜二卷　(清)曹之升編　清嘉慶十八年(1813)遂初堂刻本　二冊

500000－8741－0000422　GJ0424(082.2/W161)
檀几叢書一百五十七種一百三卷　(清)王晫輯　清康熙新安張氏霞舉堂刻本　十四冊

500000－8741－0000423　GJ0425(082.2/Z137)
昭代叢書十一集五百六十種　(清)張潮　(清)張漸輯　(清)楊復吉　(清)沈楙悳續輯　清道光吳江沈氏世楷堂刻本　一百七十二冊

500000－8741－0000424　GJ0426(082.2/Z－137b)
昭代叢書乙集五十卷　(清)張潮輯　清刻本　十六冊

500000－8741－0000425　GJ0427(082.3/Z122)
正誼堂全書六十三種　(清)張伯行輯　(清)楊浚重輯　清同治八年(1869)福州正誼書院刻本　一百六十冊

500000－8741－0000426　GJ0428(082.4/B723)
龍威秘書十集一百六十八種　(清)馬俊良輯　清乾隆五十九年(1794)大酉山房刻本　七十九冊　缺一種(搜神記)

500000－8741－0000427　GJ0429(082.4/G420)
古香齋袖珍十種九百三卷　(清)內府輯　清刻本　三百三十四冊

500000－8741－0000428　GJ0430(082.4/K123)
微波榭叢書十七種　(清)孔繼涵編　清乾隆曲阜孔氏刻本　四十二冊　存十種一百五十七卷(戴氏遺書:東原文集十卷、毛鄭詩考正四卷首一卷、杲溪詩經補注二卷、考工記圖二卷、聲韻攷四卷、聲類表九卷首一卷、原善三卷、原象一卷、續天文略二卷、水地記一卷、方言疏證十三卷,算經十書:周髀算經二卷附音義一卷、九章算術九卷附音義一卷策算一卷、海島算經一卷、孫子算經三卷、五曹算經五卷、夏侯陽算經三卷、張丘建算經三卷、五經算術二卷附考證一卷、緝古算經一卷、數術記遺一卷、句股割圜記三卷,春秋地名一卷,春秋長歷一卷,春秋金鎖匙一卷,國語補音三卷,孟子十四卷附音義二卷,五經文字三卷附五經文字疑一卷,新加九經字樣一卷,水經注四十卷)

500000－8741－0000429　GJ0431(082.4/K123)
微波榭叢書十七種　(清)孔繼涵編　清乾隆曲阜孔氏刻本　五十四冊　存十種一百五十九卷(戴氏遺書:東原文集十卷、毛鄭詩考正四卷首一卷、考工記圖二卷、孟子字義疏證三卷、聲韻攷四卷、聲類表九卷首一卷、原善三卷、原象一卷、續天文略二卷、水地記一卷、方言疏證十三卷,算經十書:周髀算經二卷附音義一卷、九章算術九卷附音義一卷策算一卷、海島算經一卷、孫子算經三卷、五曹算經五卷、夏侯陽算經三卷、張丘建算經三卷、五經算術二卷附考證一卷、緝古算經一卷、數術記遺一卷、句股割圜記三卷,春秋地名一卷,春秋長歷一卷,春秋金鎖匙一卷,國語補音三卷,孟子十四卷附音義二卷,五經文字三卷附五經文字疑一卷,新加九經字樣一卷附九經字樣疑一卷,水經注四十卷)

500000－8741－0000430　GJ0432(082.4/L268)
雅雨堂藏書十三種一百三十八卷　(清)盧見曾輯　清乾隆二十一年(1756)德州盧氏刻本　二十冊　存十三種一百三十六卷(李氏易傳十七卷附周易音義一卷、鄭氏周易三卷、周易爻辰圖一卷、鄭司農集一卷、周易乾鑿度二卷、尚書大傳四卷附補遺一卷、大戴禮記十三卷、戰國策三十三卷、匡謬正俗八卷、摭言十五卷、北夢瑣言二十卷、封氏聞見記十卷、文昌雜錄六卷補遺一卷)

500000－8741－0000431　GJ0433(082.4/M723)
龍威秘書十集一百六十八種　(清)馬俊良輯　清乾隆五十九年至嘉慶元年(1794－1796)石門馬氏大酉山房刻本　四十四冊　存四集二十三種(二集四庫論錄十三種、三集歷代詩話八種、六集一種、十集一種)

500000－8741－0000432　GJ0434(082.4/U147)

絜齋集二十四卷　(宋)袁燮撰　清刻本　四冊　存十卷(五至十四)

500000－8741－0000433　GJ0435(082.4/U147)

武英殿聚珍板書一百四十九種　(清)傅以禮纂　清光緒二十一年(1895)刻本　一千四十六冊　存一百四十七種二千九百二十七卷(周易口訣義六卷、易說六卷、吳園周易解九卷附錄一卷、易原八卷、郭氏傳家易說十一卷首一卷、誠齋易傳二十卷、易象意言一卷、易學濫觴一卷、易緯十二卷、禹貢指南四卷、尚書詳解二十六卷首一卷、禹貢說斷四卷、尚書詳解五十卷、融堂書解二十卷、詩總聞二十卷、續呂氏家塾讀詩記三卷、絜齋毛詩經筵講義四卷、儀禮識誤三卷、儀禮集釋三十卷、儀禮釋宮一卷、大戴禮記十三卷、春秋釋例十五卷附校勘記二卷、春秋集傳纂例十卷附校勘記一卷、春秋傳說例一卷、春秋經解十五卷、春秋辨疑四卷附校勘記一卷、春秋攷十六卷、春秋集註四十卷、春秋繁露十七卷附錄一卷校勘記二卷、鄭志三卷拾遺一卷附校勘記一卷、論語意原四卷、欽定詩經樂譜全書三十卷樂律正俗一卷、輶軒使者絕代語釋別國方言十三卷、兩漢刊誤補遺十卷附校勘記一卷、三國志辨誤三卷、新唐書糾謬二十卷附校勘記二卷、五代史纂誤三卷、東觀漢記二十四卷、御選明臣奏議四十卷、魏鄭公諫續錄二卷、元朝明臣事略十五卷附校勘記一卷、鄴中記一卷、蠻書十卷、琉球國志略十六卷首一卷、元和郡縣志四十卷、元豐九域志十卷、輿地廣記三十八卷附校勘記二卷、水經注四十卷附御製熱河考一卷、畿輔安瀾志五十六卷、嶺表錄異三卷、河朔訪古記三卷、麟臺故事五卷拾遺二卷附考異一卷、唐會要一百卷、五代會要三十卷附校勘記一卷、宋朝事實二十卷、建炎以來朝野雜記甲集二十卷乙集二十卷附校勘記五卷、西漢會要七十卷、東漢會要四十卷、漢官舊儀二卷補遺一卷、幸魯盛典四十卷、欽定武英殿聚珍版程式一卷、直齋書錄解題二十二卷、欽定四庫全書總目二百卷首四卷、絳帖平六卷總錄一卷、淳化閣帖釋文十卷、唐史論斷三卷附校勘記一卷、唐書直筆四卷、傅子一卷、傅子五卷、帝範四卷、公是弟子記四卷、明本釋三卷、項氏家說十卷附錄二卷、農桑輯要七卷、農書三十六卷、周髀算經二卷附音義一卷、九章算術九卷附音義一卷、孫子算經三卷、海島算經一卷、五曹算經五卷、夏侯陽算經三卷、五經算術二卷、寶真齋法書贊二十八卷、墨法集要一卷、鶡冠子三卷、白虎通義四卷校勘記四卷、猗覺寮雜記二卷、能改齋漫錄十八卷拾遺一卷、雲谷雜記四卷首一卷末一卷、學林十卷、甕牖閒評八卷、攷古質疑六卷、朝野類要五卷、欽定四庫全書考證一百卷、澗泉日記三卷、敬齋古今黈八卷拾遺五卷、意林六卷拾遺一卷、帝王經世圖譜十六卷、涑水記聞十六卷、唐語林八卷拾遺一卷附校勘記二卷、歸潛志十四卷、老子道德經二卷、文子纘義十二卷、張燕公集二十五卷、文忠集十六卷拾遺四卷、小畜集三十卷外集十三卷拾遺一卷、南陽集六卷拾遺一卷、元憲集三十六卷、景文集六十二卷拾遺二十二卷、文恭集四十卷拾遺一卷、祠部集三十五卷、華陽集四十卷、公是集五十四卷拾遺一卷續拾遺一卷、彭城集四十卷、淨德集三十八卷、忠肅集二十卷拾遺一卷、山谷內集詩注二十卷外集詩注十七卷別集詩注二卷外集補四卷別集補一卷、后山詩十二卷、柯山集五十卷拾遺十二卷續拾遺一卷、陶山集十六卷、學易集八卷、西臺集二十卷、浮沚集九卷、毘陵集十六卷拾遺一卷、浮溪集三十二卷附拾遺三卷、簡齋集十六卷、茶山集八卷拾遺一卷、文定集二十四卷拾遺一卷、雪山集十六卷、攻媿集一百十二卷拾遺一卷、乾道稿二卷淳熙稿二十卷章泉稿五卷、止堂集十八卷、絜齋集二十四卷拾遺一卷、南澗甲乙稿二十二卷拾遺一卷、蒙齋集二十卷拾遺一卷、恥堂存稿八卷、拙軒集六卷、金淵集六卷、牧庵集三十六卷附牧庵年譜一卷、御製詩文十全集五十四卷、文苑英華辨證十卷拾遺一卷、悅心集五卷、萬壽衢歌樂章六卷、詩倫二卷、歲寒堂詩話二卷、碧溪詩話十卷、浩然齋雅談三卷)

500000－8741－0000434　GJ0436(082.4/U294)

藝海珠塵八集一百六十四種三百十七卷

(清)吳省蘭輯　清嘉慶南匯吳氏聽彝堂刻本　六十四冊　存八集一百六十三種三百十四卷(金集:易象意言一卷,詩論一卷,春秋或辯一卷,春秋三傳異同考一卷,春秋識小錄三種:春秋職官考略三卷、春秋地名辨異三卷附晉書地理志證今一卷、左傳人名辨異三卷,中文孝經一卷,孝經外傳一卷,箴膏肓一卷起廢疾一卷發墨守一卷,讀書瑣記一卷,轉注古義考一卷,官韻考異一卷,續方言二卷,續方言補正二卷,七十二候考一卷,江漢叢談二卷,說叩一卷,夾漈遺稾三卷,可儀堂文集二卷,聲調譜一卷,談龍錄一卷;石集:春秋經玩四卷:春秋左傳分國土地名二卷、左傳職官一卷、左傳器物宮室一卷,五經贊一卷,婦學一卷,天問略一卷,海國聞見錄一卷附圖一卷,備邊屯田車銃議一卷車銃圖一卷倭情屯田議一卷,番社采風圖考一卷,維西見聞紀一卷,金川瑣紀六卷,朝鮮志二卷,至游子二卷,夢占逸旨八卷,五總志一卷,孔氏談苑五卷,讀書偶見一卷,學福齋雜著一卷,岳忠武王集一卷,丁孝子詩集三卷,圭塘欸乃集一卷,刻燭集一卷;絲集:鄭敷文書說一卷,舜典補亡一卷,論語筆解二卷,論語絕句一卷,孟子外書四篇四卷,駁五經異義一卷補遺一卷,駢字分箋二卷,武宗外紀一卷,勝朝彤史拾遺記六卷,蜀檮杌二卷,東南防守利便三卷,炳燭偶鈔一卷,讀史論略一卷,異魚圖贊四卷,龜經一卷,古算器考一卷,歷學疑問補二卷,半村野人閒談一卷,抱璞簡記一卷;竹集:春秋傳說例一卷,饗禮補亡一卷,魯齋述得一卷,唐史論斷三卷,滇載記一卷,奉使俄羅斯行程錄一卷,外國竹枝詞一卷,附日本雜詩一卷,異域竹枝詞三卷,海潮說三卷,三垣疏稿三卷,閩中海錯疏三卷,伸蒙子三卷,廣成子解一卷,二儀銘補注一卷,歷學答問一卷,蘇氏演義二卷,投甕隨筆一卷,風月堂雜識一卷,學圃餘力一卷,王義士輞川詩鈔六卷;匏集:北郊配位尊西向議一卷,昏禮辨正一卷,大小宗通繹一卷,四書索解四卷,紀元要略二卷附補一卷,山海經補註一卷,海潮輯說二卷,吾師錄一卷,聰訓齋語二卷,恆產瑣言一卷,中星表一卷,木棉譜一卷,宜齋野乘一卷,東原錄一卷,文錄一卷,呵凍漫筆二卷,墨畬錢鎛一卷,瓠里子筆談一卷,洗硯新錄一卷,蓉塘記聞一卷,夏內史集九卷附錄一卷;土集:易緯乾坤鑿度二卷,易緯是類謀一卷,洪範統一一卷,說學齋經說一卷,辨定嘉靖大禮議二卷,儒林譜一卷,雲間第宅志一卷,恥言二卷,修慝餘編一卷,太玄解一卷,潛虛解一卷,素履子三卷,握奇經解一卷附握奇經續圖一卷八陣總述一卷,黃帝授三子玄女經一卷,冐絮錄一卷,東皋雜鈔三卷,茶餘客話十二卷,古今風謠一卷,古今諺一卷,聲調譜拾遺一卷,古詩十九首解一卷;革集:易稽覽圖二卷,詩說一卷,詩疑二卷,左氏蒙求註一卷,匡謬正俗八卷,皇朝武功紀盛四卷,山海經圖讚一卷補遺一卷,明洪武四年進士登科錄一卷,社事始末一卷,淞故述一卷,南華經傳釋一卷,經天該一卷,地理古鏡歌一卷,翻卦挨星圖訣考著一卷,蘇沈良方八卷,一草亭目科全書一卷,雲仙散錄一卷,燕魏雜記一卷,叩舷憑軾錄一卷,交行摘稿一卷,貞蕤稾略文一卷詩一卷,拜經樓詩話四卷;木集:正易心法一卷,學校問一卷,郊社禘祫問一卷,小國春秋一卷,小兒語一卷,續小兒語一卷,捕蝗考一卷,滇南新語一卷,松江衢歌一卷,淞南樂府一卷,遠鏡說一卷,滇南憶舊錄一卷,紀聽松菴竹鑪始末一卷,雜詠百二十首二卷,月山詩集四卷,月山詩話一卷,鐮山草堂詩合鈔二卷,四繪軒詩鈔一卷,杜詩雙聲疊韻譜括略八卷)

500000－8741－0000435　GJ0437(082.4/U294)

藝海珠塵八集一百六十四種三百十七卷

(清)吳省蘭輯　清嘉慶南匯吳氏聽彝堂刻本　四十四冊　存八集一百五十種二百七十九卷(金集:易象意言一卷,詩論一卷,春秋或辯一卷,春秋三傳異同考一卷,春秋識小錄三種:春秋職官考略三卷、春秋地名辨異三卷附晉書地理志證今一卷、左傳人名辨異三卷,中文孝經一卷,孝經外傳一卷,箴膏肓一卷起廢疾一卷發墨守一卷,讀書瑣記一卷,轉注古義考一卷,官韻考異一卷,續方言二卷,續方言補正二卷，七十二候考一卷，江漢叢談二卷，說叩一卷，夾漈遺稟三卷，可儀堂文集二卷，聲調譜一卷，談龍錄一卷；石集：讀書偶見一卷，學福齋雜著一卷，岳忠武王集一卷，丁孝子詩集三卷，圭塘欸乃集一卷，刻燭集一卷；絲集：鄭敷文書說一卷，舜典補亡一卷，論語筆解二卷，論語絕句一卷，孟子外書四篇四卷，駁五經異義一卷補遺一卷，駢字分箋二卷，武宗外紀一卷，勝朝彤史拾遺記六卷，蜀檮杌二卷，東南防守利便三卷，炳燭偶鈔一卷，讀史論略一卷，異魚圖贊四卷，龜經一卷，古算器考一卷，歷學疑問補二卷，半村野人閒談一卷，抱璞簡記一卷，一樅居詩稿二卷；竹集：春秋傳說例一卷，饗禮補亡一卷，魯齋述得一卷，唐史論斷三卷，滇載記一卷，奉使俄羅斯行程錄一卷，外國竹枝詞一卷，附日本雜詩一卷，異域竹枝詞三卷，海潮說三卷，三垣疏稿三卷，閩中海錯疏三卷，伸蒙子三卷，廣成子解一卷，二儀銘補注一卷，歷學答問一卷，蘇氏演義二卷，投甕隨筆一卷，風月堂雜識一卷，學圃餘力一卷，王義士輞川詩鈔六卷；匏集：北郊配位尊西嚮議一卷，昏禮辨正一卷，大小宗通繹一卷，四書索解四卷，紀元要略二卷附補一卷，山海經補註一卷，海潮輯說二卷，吾師錄一卷，聰訓齋語二卷，恆產瑣言一卷，中星表一卷，木棉譜一卷，宜齋野乘一卷，東原錄一卷，文錄一卷，呵凍漫筆二卷，墨畬錢鎛一卷，瓠里子筆談一卷，洗硯新錄一卷，蓉塘記聞一卷，夏內史集九卷附錄一卷；土集：易緯乾坤鑿度二卷，易緯是類謀一卷，洪範統一一卷，說學齋經說一卷，辨定嘉靖大禮議二卷，儒林譜一卷，雲間第宅志一卷，恥言二卷，修慝餘編一卷，太玄解一卷，潛虛解一卷，素履子三卷，握奇經解一卷附握奇經續圖一卷八陣總述一卷，黃帝授三子玄女經一卷，冐絮錄一卷，東皐雜鈔三卷，茶餘客話十二卷，古今風謠一卷，古今諺一卷，聲調譜拾遺一卷，古詩十九首解一卷；革集：易稽覽圖二卷，詩說一卷，詩疑二卷，左氏蒙求註一卷，匡謬正俗八卷，皇朝武功紀盛四卷，山海經圖讚一卷補遺一卷，明洪武四年進士登科錄一卷，社事始末一卷，淞故述一卷，南華經傳釋一卷，經天該一卷，地理古鏡歌一卷，翻卦挨星圖訣考著一卷，蘇沈良方八卷，一草亭目科全書一卷，雲仙散錄一卷，燕魏雜記一卷，叩舷憑軾錄一卷，交行摘稿一卷，貞蕤稾略文一卷詩一卷，拜經樓詩話四卷；木集：正易心法一卷，學校問一卷，郊社禘祫問一卷，小國春秋一卷，小兒語一卷，續小兒語一卷，捕蝗考一卷，滇南新語一卷，松江衢歌一卷，淞南樂府一卷，遠鏡說一卷，滇南憶舊錄一卷，紀聽松菴竹鑪始末一卷，雜詠百二十首二卷，月山詩集四卷，月山詩話一卷，鏞山草堂詩合鈔二卷，四繪軒詩鈔一卷，杜詩雙聲疊韻譜括略八卷）

500000－8741－0000436　GJ0438(082.4/W343)
秘書廿一種一百二十三卷　（清）汪士漢輯　清乾隆七年(1742)刻本　二十冊

500000－8741－0000437　GJ0439(082.4/Z738)
貸園叢書初集十二種四十九卷　（清）周永年輯　清刻本　十四冊

500000－8741－0000438　GJ0440(082.5/B214)
翰苑群書二卷　（宋）洪遵輯　清刻本　二冊

500000－8741－0000439　GJ0441(082.5/B621)
經訓堂叢書二十一種一百七十一卷　（清）畢沅輯　清刻本　四十冊

500000－8741－0000440　GJ0442(082.5/B631－1)
經訓堂叢書十七種一百十一卷　（清）畢沅輯　清乾隆鎮陽畢氏刻本　二十四冊

500000－8741－0000441　GJ0443(082.5/G327)
讀畫齋叢書八集四十六種二百二卷　（清）顧修輯　清嘉慶四年(1799)刻本　六十三冊
存四十五種一百九十七卷（甲集：文選理學權輿八卷，文選理學權輿補一卷，文選考異四卷，文選李注補正四卷；乙集：李氏易解勝意三卷，錦里耆舊傳八卷（原缺卷一至四），明畫錄八卷，好古堂書畫記二卷續記一卷，香研居詞麈五卷；丙集：隱居通議三十一卷，精選名儒草堂詩餘三卷；丁集：金華子雜編二卷，五代春秋二卷，泊宅編十卷，泊宅編三卷，遂昌山人雜録一卷，北牕炙輠二卷，洞天清禄集一卷，清波小志二卷，清波小志補一卷，皇朝武功紀盛四卷；戊集：梅磵詩話三卷，文淵閣書目二十卷；己集：長短經九卷，琴操二卷補一卷，御史臺精舍碑題名一卷，郎官石柱題名一卷，新刊秘訣三命指迷賦一卷，乾元秘旨一卷，質疑二卷；庚集：吹劍録一卷，佩韋齋輯聞四卷，文瑞樓藏書目録十二卷，學治臆説二卷續説一卷説贅一卷，蕉窗日記二卷，月滿樓詩别集八卷；晉十六國詠史詩一卷、北齊詠史詩一卷、南都詠史詩一卷、南唐雜事詩一卷、五代詠史詩一卷、勝國宫闈詩一卷、懷師友詩二卷；辛集：宣和北苑貢茶録一卷，北苑别録一卷，讀畫録四卷，優古堂詩話一卷，娱書堂詩話二卷，雲莊四六餘話一卷，玉山璞稿二卷，玉山逸稿四卷續補一卷附録一卷，滄浪櫂歌一卷）

500000－8741－0000442　GJ0444(082.5/G875)

詒經堂藏書七種十六卷附三種三卷　(清)金長春輯　清嘉慶十八年(1813)刻本　五册　存七種十四卷(正朔考一卷、還寃志一卷、古今考一卷、風月堂詩話二卷、文則二卷、入屬記四卷、丙丁龜鑑一至三)

500000－8741－0000443　GJ0445(082.5/L401)

函海一百五十二種八百五十七卷　(清)李調元輯　清道光五年(1825)刻本　一百六十六册　存一百四十八種八百三十一卷(華陽國志十二卷，郭子翼莊一卷，古今同姓名録二卷，素履子三卷，説文解字韻譜五卷，緝古算經一卷，主客圖一卷，蘇氏演義二卷，寶藏論一卷，心要經一卷，金華子雜編二卷，易傳燈四卷，鄭氏古文尚書十卷，程氏考古編十卷，敷文鄭氏書説一卷，洪範統一一卷，孟子外書四篇四卷，續孟子二卷，伸蒙子三卷，廣成子解一卷，唐史論斷三卷，東坡烏臺詩案一卷，藏海詩話一卷，益州名畫録三卷，韓氏山水純全集一卷，月波洞中記一卷，蜀檮杌二卷，產育寶慶集二卷，顱顖經一卷，出行寶鏡一卷圖一卷，翼元十二卷，農書三卷，芻言三卷，常談一卷，靖康傳信録三卷，淳熙薦士録一卷，江南餘載二卷，江淮異人録二卷，青溪弄兵録一卷，張氏可書一卷，珍席放談二卷，鶴山筆録一卷，建炎筆録三卷，辯誣筆録一卷，采石瓜洲斃亮記一卷，家訓筆録一卷，舊聞證誤四卷，建炎以來朝野襍記甲集二十卷乙集二十卷，州縣提綱四卷，諸藩志二卷，省心襍言一卷，三國雜事二卷，三國紀年一卷，五國故事二卷，東原録一卷，肎綮録一卷，燕魏雜記一卷，夾漈遺稿三卷，龍龕手鑑四卷，雪履齋筆記一卷，日聞録一卷，吳中舊事一卷，鳴鶴餘音一卷，升菴經説十四卷，檀弓叢訓二卷，世説舊注一卷，山海經補註一卷，莊子闕誤一卷，秇林伐山二十卷，古雋八卷，謝華啟秀八卷，哲匠金桴五卷，均藻四卷，譚苑醍醐八卷，升庵韻學七種：轉注古音略五卷古音後語一卷、古音叢目五卷、古音獵要五卷、古音附録一卷、古音餘五卷、奇字韻五卷、古音略例一卷，古音駢字五卷，古音複字五卷，希姓録五卷，升菴詩話十二卷補遺二卷，詞品六卷拾遺一卷，墨池瑣録二卷，法帖神品目一卷，名畫神品目一卷，書品一卷，畫品一卷，風雅逸篇十卷，古今風謠一卷，古今諺一卷，俗言一卷，麗情集一卷庥麗情集一卷，墐戶録一卷，雲南山川志一卷，滇載記一卷，丹鉛雜録十卷，玉名詁一卷，異魚圖贊四卷，升庵先生年譜一卷，異魚圖贊四卷，大學古本旁註一卷，月令氣候圖説一卷，尚書古文考一卷，詩音辯略二卷，左傳事緯四卷，夏小正箋一卷，蜀語一卷，蜀碑記十卷，中麓畫品一卷，卮辭一卷，周禮摘箋五卷，儀禮古今考二卷，禮記補註四卷，易古文三卷，逸孟子一卷，十三經注疏錦字四卷，左傳官名考二卷，春秋三傳比二卷，蜀碑記補十卷，卍齋璅録十卷，諸家藏畫薄十卷，博物要覽十二卷，金石存十五卷，通俗編十五卷，南越筆記十六卷，賦話十卷，詩話四卷，詞話二卷，曲話二卷，六書分毫三卷，古音合二卷，尾蔗叢談四卷，奇字名十二卷，樂府侍兒小名二卷，通詁二卷，勦説四卷，四家選集：小倉選集八卷、夢樓選集四卷、甌北選集五卷、童山選集十二卷，制義科瑣記四卷，然犀志二卷，出口程記一卷，方言藻二卷，粵風四卷：粵歌一卷、猺歌一卷、苗歌一卷、獞歌一卷，蜀雅二十卷，醒園錄二卷，萬善堂集十卷李石亭文集六卷，全五代詩一百卷又補遺一卷，童山詩集四十二卷文集二十卷蠢翁詞二卷文集補遺一卷，粵東皇華集四卷，淡墨錄十六卷，羅江縣志十卷）

500000－8741－0000444　GJ0446(082.5/S162)
續古文苑二十卷　（清）孫星衍纂　清刻本　三册　存十卷（八至十七）

500000－8741－0000445　GJ0447(082.5/S162)
重刻平津館叢書十集三十八種　（清）孫星衍輯　清光緒十一年（1885）刻本　四十册

500000－8741－0000446　GJ0448(082.6/D112)
五經歲徧齋校書三種三十二卷　（清）翟云升輯　清道光東萊翟氏刻本　十册

500000－8741－0000447　GJ0449(082.6/G331)
賜硯堂叢書新編四集四十種四十二卷　（清）顧沅輯　清道光十年（1830）長洲顧氏刻本　十二册

500000－8741－0000448　GJ0450(082.6/I415)
青照堂叢書摘要三編四十三種　（清）劉際清　（清）李元春編　清道光十五年（1835）朝邑劉氏刻本　三十册

500000－8741－0000449　GJ0451(082.6/I－490)
連筠簃叢書十二種一百十一卷　（清）楊尚文輯　清道光二十八年（1848）靈石楊氏刻本　三十六册

500000－8741－0000450　GJ0452(082.6/L482)
惜陰軒叢書三十四種三百三卷續編一種二十一卷　（清）李錫齡輯　清道光二十六年（1846）宏道書院刻本　一百二十四册

500000－8741－0000451　GJ0453(082.6/L482)
惜陰軒叢書三十四種三百三卷續編一種二十一卷　（清）李錫齡輯　清道光二十六年（1846）宏道書院刻本　一百四册　存三十二種二百七十四卷（玩易意見二卷，石渠意見四卷拾遺二卷補缺一卷，學易記五卷，周易本義爻徵二卷，虛字說一卷，戰國策十卷，雲南機務抄黄一卷，東西洋考十二卷，會稽三賦註四卷，授經圖二十卷，京畿金石考二卷，雍州金石記十卷記餘一卷，北溪字義二卷嚴陵講義一卷，正蒙會稿四卷，宋四子抄釋二十一卷：周子抄釋三卷、二程子抄釋十卷、張子抄釋六卷、朱子抄釋二卷，陣紀四卷，書法離鉤十卷，六如畫譜三卷，新增格古要論十三卷，兩山墨談十八卷，見物五卷，元城語錄解三卷行錄解一卷，事物紀原十卷，書敘指南二十卷，表異錄二十卷，清異錄二卷，唐語林八卷，世說新語三卷，老子集解二卷考異一卷，古文周易參同契註八卷，楚辭補註十七卷，古文苑二十一卷）

500000－8741－0000452　GJ0454(082.6/L482x)
惜陰軒叢書續編一種二十一卷　（明）呂柟撰　清咸豐八年（1858）宏道書院刻本　十册

500000－8741－0000453　GJ0455(082.6/P325)
海山仙館叢書五十六種四百八十八卷　（清）潘仕成輯　清道光二十五年至咸豐元年（1845－1851）刻本　一百十五册　存五十四種四百七十五卷（遂初堂書目一卷，易大義一卷，讀書敏求記四卷，尚書註考一卷，讀詩拙言一卷，四書逸箋六卷，一切經音義二十五卷，史記短長說二卷，順宗實錄五卷，九國志十二卷，靖康傳信錄三卷，庚申外史二卷，二十二史感應錄二卷，洛陽名園記一卷，廣名將傳二十卷，高僧傳十三卷，酌中志二十四卷，火攻挈要三卷圖一卷，慎守要錄九卷，明夷待訪錄一卷，考古質疑六卷，隱居通議三十一卷，洞天清祿集一卷，調燮類編四卷，菰中隨筆一卷，雲谷雜紀四卷首一卷末一卷，龍筋鳳髓判四卷，桂苑筆耕集二十卷，敬齋古今黈八卷，晁具茨先生詩集十五卷，揭曼碩詩三卷，青藤書屋文集三十卷，婦人集一卷附補一卷，漁隱叢話六十卷後集四十卷，四溟詩話四卷，宋四六話十二卷，詞苑叢談十二卷，竹雲題跋四卷，讀畫錄四卷，續三十五舉一卷，茶董補二卷，酒顛補三卷，尺牘新鈔十二卷，顏氏家藏尺牘四卷姓氏考一卷，幾何原本六卷，同文算指前編二卷通編八卷，圜容較義一卷，測量法義一卷，測量異同一卷，句股義一卷，翼梅八卷：厤學補論一卷、歲實消長辯一卷、恒氣註厤辯一卷、冬至權度一卷、七政衍一卷、金水發微一卷、中西合法擬草一卷、算牘一卷，海錄一卷，新釋地理備考全書十卷，全體新論十卷）

500000－8741－0000454　GJ0456(082.6/R710)
文選樓叢書十五種一百二十七卷　（清）阮亨輯　清嘉慶儀徵阮氏刻本　四十八冊

500000－8741－0000455　GJ0457(082.6/S284)
古棠書屋叢書十八種一百五十七卷　（清）孫澍　（清）孫錤輯　清道光十四年至十七年(1834－1837)岷陽孫氏鵜溪村舍刻本　三十冊　存十四種一百三十七卷（史部：杜主開明前志四卷岷陽古帝墓祠後志八卷、國朝古文選二卷，子部：楊文憲公年譜一卷、學宮禮器圖一卷，集部：何竹有詩集二卷、岳容齋詩集四卷、許水南詩集二卷、掣鯨堂詩選九卷、童山詩選五卷、小方壺試律詩二卷附錄一卷、孫春臯詩集二卷文鈔二卷外集二卷、虞文靖公道園全集詩八卷詩遺稿八卷文四十四卷、蜀詩十五卷、瘦石文鈔十三卷外集二卷）

500000－8741－0000456　GJ0458(082.6/X018)
敏果齋七種六十四卷　（清）許乃釗輯　清道光十二年至二十九年(1832－1849)刻本　十八冊

500000－8741－0000457　GJ0459(082.6/X232)
春暉堂叢書十二種三十七卷　（清）徐渭仁輯　清道光二十一年(1841)刻本　十二冊　存十一種三十六卷（來齋金石刻考略三卷、寓意錄四卷、煙霞萬古樓詩選二卷、仲瞿詩錄一卷、秋紅丈室遺詩一卷、陔南池館遺集二卷、雙樹生詩草一卷、紀半樵詩一卷、思適齋集十八卷、儀鄭堂殘稾二卷、賜硯齋題畫偶錄一卷）

500000－8741－0000458　GJ0460(082.6/X411)
士禮居黃氏叢書十八種附二種　（清）黃丕烈輯　清光緒十三年(1887)上海蜚英館石印本　二十七冊　存十六種一百七十二卷附二種九卷（周禮十二卷附札記一卷，儀禮十七卷附校錄一卷續校一卷，夏小正戴氏傳四卷附校錄一卷，夏小正經傳集解四卷，國語二十一卷附札記一卷，戰國策三十三卷附札記三卷，梁公九諫一卷，輿地廣記三十八卷附札記二卷，汲古閣珍藏秘本書目一卷，延令宋版書目一卷，藏書記要一卷，焦氏易林十六卷，博物誌十卷，新刊宣和遺事前集一卷後集一卷，百宋一廛賦一卷，汪本隸釋刊誤一卷，附：船山詩選六卷、同人唱和詩三卷）

500000－8741－0000459　GJ0461(082.6/X411－3)
士禮居黃氏叢書十八種附二種　（清）黃丕烈輯　清嘉慶至道光吳縣黃氏刻本　七冊　存七種三十九卷（百宋一廛賦一卷，汪本隸釋刊誤一卷，新刊宣和遺事前集一卷後集一卷，焦氏易林十六卷，博物誌十卷，附：船山詩選六卷、同人唱和詩集三卷）

500000－8741－0000460　GJ0462(082.6/X457)
三長物齋叢書二十五種二百五十九卷附刻三種附錄補遺八卷　（清）黃本驥輯　清道光二十七年(1847)知敬學齋刻本　六十冊

500000－8741－0000461　GJ0463(082.6/Y448)
數書九章十八卷附札記四卷　（宋）秦九韶撰　（清）宋景昌撰　清道光二十二年(1842)刻宜稼堂叢書本　五冊　存十四卷（四至十二、十六至十八，札記一至二）

500000－8741－0000462　GJ0464(082.6/Y448)
宜稼堂叢書七種二百五十六卷　（清）郁松年輯　清道光二十年至二十二年(1840－1842)郁氏刻本　七十二冊

500000－8741－0000463　GJ0465(082.6/Z112)
五經歲徧齋校書三種三十二卷　（清）翟云升輯　清道光東萊翟氏刻本　十冊

500000－8741－0000464　GJ0466(082.6/Z134)
二酉堂叢書二十一種三十一卷　（清）張澍輯　清道光元年(1821)刻本　十二冊

500000－8741－0000465　GJ0467(082.6/Z134)
二酉堂叢書二十一種三十一卷　（清）張澍輯　清道光元年(1821)刻本　八冊

500000－8741－0000466　GJ0468(082.7/D150)

當歸草堂叢書八種十六卷 （清）丁丙輯 清同治錢塘丁氏當歸草堂刻本 八冊

500000－8741－0000467 GJ0469（082.7/L491）
守約篇叢書三集六十三種一百七十四卷 （清）李光廷輯 清同治十三年（1874）廣東富文齋刻本 四十八冊

500000－8741－0000468 GJ0470（082.7/L731）
槐軒全書二十三種一百七十八卷 （清）劉沅撰 清光緒十年（1884）豫誠堂刻本 一百五冊

500000－8741－0000469 GJ0471（082.7/L731）
槐軒全書二十三種一百七十八卷 （清）劉沅撰 清光緒十年（1884）豫誠堂刻本 一百七冊

500000－8741－0000470 GJ0472（082.7/Q828）
屑玉叢談初集六卷 （清）錢徵 蔡爾康輯 清光緒四年（1878）上海中華圖書館石印本 六冊

500000－8741－0000471 GJ0473（082.7/U226）
鄭志三卷 （三國魏）鄭小同撰 清光緒十年（1884）刻後知不足齋本 一冊

500000－8741－0000472 GJ0474（082.7/U226）
粵雅堂叢書二十集一百二十種 （清）伍崇曜輯 清道光至光緒南海伍氏刻本 二百四十冊

500000－8741－0000473 GJ0475（082.7/U226－1）
粵雅堂叢書三編三十集一百八十種 （清）伍崇曜輯 清道光至光緒南海伍氏刻本 四百六冊 缺七卷（二十一集羣英書義二卷、二十九集蜀中名勝紀一至五）

500000－8741－0000474 GJ0476（082.7/U226b）
粵雅堂叢書續集五十種 （清）伍崇曜輯 清咸豐南海伍氏刻本 八十二冊

500000－8741－0000475 GJ0477（082.7/X412）
琳琅秘室叢書三十種一百八十四卷 （清）胡珽輯 （清）董金鑑補校 清光緒十四年（1888）會稽董氏取斯堂刻本 二十四冊

500000－8741－0000476 GJ0478（082.7/X424）
遜敏堂叢書三十五種四十卷 （清）黃秩模輯 清道光至咸豐木活字印本 六冊

500000－8741－0000477 GJ0479（082.7/Z128）
悔廬全集五種二十卷 （清）張崇蘭撰 清光緒二十三年（1897）刻本 十二冊

500000－8741－0000478 GJ0480（082.7/Z430）
長恩書室叢書甲集十種乙集十種 （清）莊肇麟輯 清咸豐五年（1855）新昌莊氏過客軒刻本 十二冊

500000－8741－0000479 GJ0481（082.74/R230）
心齋十種二十一卷 （清）任兆麟撰 清乾隆震澤任氏刻本 八冊

500000－8741－0000480 GJ0482（082.75/C750）
湖海樓叢書十二種一百十卷 （清）陳春輯 清嘉慶十七年至二十四年（1812－1819）蕭山陳氏湖海樓刻本 三十二冊

500000－8741－0000481 GJ0483（082.77/C588）
洛陽曹氏叢書九種十六卷 （清）曹曾矩輯 清光緒二十五年（1899）洛陽曹氏刻本 七冊 存八種十三卷（春秋輯說彙解一卷、淡和堂經說一卷、芝亭舊稿一卷、小亭信口吟一卷、遲悔齋年譜一卷、洛學拾遺補編二卷、遲悔齋經說一卷、遲悔齋文鈔二至六）

500000－8741－0000482 GJ0484（082.77/G336）
小石山房叢書三十八種六十四卷 （清）顧湘編 清同治十三年（1874）虞山顧氏刻本 十五冊 存三十四種五十七卷（四書講義一卷、淮雲問答一卷續編一卷、論學酬答一卷、韋庵經說一卷、毋欺錄一卷、潘瀾筆記二卷、懺摩錄一卷、東觀奏記三卷、承華事略一卷、明夷待訪錄一卷、岳陽風土記一卷、校正朝邑志一卷、吳門耆舊記一卷、松窗快筆一卷、海虞畫苑略一卷補遺一卷、疑年錄四卷、續疑年錄四卷、稼書先生年譜一卷、汲古閣校刻書目一卷補遺一卷刻板存亡考一卷、隱綠軒題識一卷、砥齋題跋一卷、尋花日記二卷、看花雜詠一卷、冬心先生畫竹題記一卷、冬心先生三體詩一卷、詞評一卷、墨井詩鈔二卷、三巴集一卷、

墨井題跋一卷、海珊詩鈔一卷、藝庵遺詩一卷、明人詩品二卷、夢曉樓隨筆一卷、虞東先生文錄八卷）

500000－8741－0000483　GJ0485(082.77/L769)
述古叢鈔四集二十四種一百五十六卷　（清）劉晚榮輯　清同治九年至光緒十年(1870－1884)翠琅玕館刻本　四十六册　存二十二種一百五十卷（第一集：藏書紀要一卷、裝璜志一卷、畫筌析覽一卷、清秘藏二卷、昭代名人尺牘小傳二十四卷、廣川畫跋六卷、廣川畫跋校勘記六卷、靈棋經二卷、月波洞中記一卷，第二集：書苑菁華二十卷、遼詩話二卷、無聲詩史七卷，第三集：南唐書三十卷、南唐書十八卷音釋一卷、玉臺書史一卷、玉臺畫史五卷別錄一卷，第四集：詒晉齋集八卷後集一卷隨筆一卷、芳堅館題跋四卷、壽親養老新書四卷、藥症忌宜一卷、經絡歌訣一卷、傷寒六經定法一卷）

500000－8741－0000484　GJ0486(082.78/F030)
柏堂遺書八種一百五十九卷　（清）方宗誠撰　清光緒刻本　四十八册

500000－8741－0000485　GJ0487(082.78/W213)
傳硯齋叢書十種二十六卷　（清）吳丙湘輯　清光緒十一年(1885)刻本　三册　存二種九卷（邗記六卷、古今青白眼三卷）

500000－8741－0000486　GJ0488(082.78/Z474)
鐵華館叢書六種　（清）蔣鳳藻輯　清光緒長洲蔣氏刻本　六册

500000－8741－0000487　GJ0489(082.8/B212)
後知不足齋叢書十六種七十三卷　（清）鮑廷爵輯　清光緒十年(1884)常熟鮑氏刻本　三十二册

500000－8741－0000488　GJ0490(082.8/B212)
後知不足齋叢書十六種七十三卷　（清）鮑廷爵輯　清光緒十年(1884)常熟鮑氏刻本　三十二册

500000－8741－0000489　GJ0491(082.8/B212)
後知不足齋叢書十六種七十三卷　（清）鮑廷爵輯　清光緒十年(1884)常熟鮑氏刻本　三十二册

500000－8741－0000490　GJ0492(082.8/C205)
三十三種叢書（崇文書局彙刻書）二百八十七卷　崇文書局輯　清光緒元年(1875)湖北崇文書局刻本　七十册　存二十九種二百五十六卷（周易姚氏學十六卷、尚書大傳四卷附補遺一卷續補遺一卷考異一卷、周書十卷逸文一卷、韓詩外傳十卷、左傳舊疏考正八卷、春秋繁露十七卷、儀禮古今文疏義十七卷、相臺書塾刊正九經三傳沿革例一卷、刊謬正俗八卷、隋經籍志考證十三卷、御覽闕史二卷、鑑誡錄十卷、涑水記聞十六卷補遺一卷、水經注十七至四十、今水經一卷表一卷、意林五卷補遺一卷、老學庵筆記十卷、世說新語六卷、淮南天文訓補注二卷、酉陽雜俎二十卷續集十卷、人譜正篇一卷續篇一卷三篇一卷、人譜類記增訂六卷、葬經内篇一卷、黃帝宅經二卷、楚辭集註八卷辯證二卷、離騷集傳一卷、離騷草木疏四卷、離騷箋二卷、文心雕龍十卷）

500000－8741－0000491　GJ0493(082.8/C205)
三十三種叢書（崇文書局彙刻書）二百七十三卷　崇文書局輯　清光緒三年(1877)湖北崇文書局刻本　八十册

500000－8741－0000492　GJ0494(082.8/C842)
小萬卷樓叢書十七種　（清）錢培名編　清咸豐五年(1855)刻本　十六册

500000－8741－0000493　GJ0495(082.8/D135)
月河精舍叢鈔五種四十六卷　（清）丁寶書輯　清光緒六年(1880)苕溪丁氏刻本　十册　存四種十八卷（安定言行錄二卷、風水祛惑一卷、唐御史臺精舍題名考三卷、讀書雜識十二卷）

500000－8741－0000494　GJ0496(082.8/D135－2)
月河精舍叢鈔五種四十六卷　（清）丁寶書輯　清光緒六年(1880)苕溪丁氏刻本　二十二册

500000－8741－0000495　GJ0497(082.8/F243)
益雅堂叢書十八種九十六卷　（清）傅世洵輯

清光緒萩林山房刻本　二十四冊

500000－8741－0000496　GJ0498(082.8/G021)

說文統釋序一卷附音同義異辨一卷　(清)錢大昭撰　清光緒八年(1882)郭氏金峨山館刻本　一冊

500000－8741－0000497　GJ0499(082.8/G021)

望三益齋叢書十一種三十二卷　(清)郭傳璞編　清光緒二十年(1894)鎮海邵氏刻本　十二冊

500000－8741－0000498　GJ0500(082.8/G075)

廣雅書局叢書一百五十九種二千三百七十卷　(清)廣雅書局輯　清光緒廣雅書局刻本　一百八十六冊　存四十五種六百十七卷(雜箸:無邪堂答問五卷、親屬記二卷、先聖生卒年月日攷二卷,史學:人表攷九卷補一卷附錄一卷、三國志考證八卷、三國志旁證三十卷、三國志補注續一卷、三國志注證遺四卷補四卷、晉書地理志新補正五卷、晉書校勘記五卷、晉書校勘記三卷、晉宋書故一卷、宋州郡志校勘記一卷、魏書校勘記一卷、新舊唐書互證二十卷、遼史拾遺補五卷、金史詳校十卷末一卷、史記天官書補目一卷、楚漢諸侯疆域志三卷、補續漢書蓺文志一卷、補三國蓺文志四卷、三國紀年表一卷、補晉兵志一卷、補晉書藝文志四卷補遺一卷附錄一卷附刊誤一卷、東晉南北朝輿地表二十八卷、補五代史藝文志一卷、宋史藝文志補一卷、補遼金元蓺文志一卷、補三史蓺文志一卷、補元史蓺文志四卷、元史氏族表三卷、廿二史攷異一百卷、諸史考異十八卷附讀書叢錄七卷、欽定歷代職官表七十二卷、歷代地理沿革表四十七卷、廿一史四譜五十四卷、十六國春秋輯補一百卷年表一卷、十六國春秋纂錄校本十卷附校勘記一卷、國語翼解六卷、戰國策釋地二卷,集部:屈子離騷彙訂三卷雜文箋略二卷首一卷、屈原賦注七卷通釋二卷附音義三卷、楚辭天問箋一卷、韓集補注一卷、范石湖詩集注三卷)

500000－8741－0000499　GJ0501(082.8/G341)

元和江氏靈鶼閣叢書五十六種　(清)江標輯　清光緒元和江氏湖南使院刻本　四十八冊

500000－8741－0000500　GJ0502(082.8/G341)

元和江氏靈鶼閣叢書五十六種　(清)江標輯　清光緒元和江氏湖南使院刻本　四十八冊

500000－8741－0000501　GJ0503(082.8/G426)

嘯園叢書五十九種一百八十六卷　(清)葛元煦輯　清光緒九年(1883)刻本　三十九冊

500000－8741－0000502　GJ0504(082.8/G426)

嘯園叢書五十九種一百八十六卷　(清)葛元煦輯　清光緒九年(1883)刻本　三十三冊

500000－8741－0000503　GJ0505(082.8/L078)

知服齋叢書五集二十五種八十六卷　(清)龍鳳鑣輯　清光緒順德龍氏知服齋刻本　二十三冊

500000－8741－0000504　GJ0506(082.8/L458)

木犀軒叢書二十七種一百四十三卷　(清)李盛鐸輯　清嘉慶二十一年(1816)德化李氏刻本　四十冊

500000－8741－0000505　GJ0507(082.8/L458－1)

木犀軒叢書二十七種一百四十三卷　(清)李盛鐸輯　清光緒十三年(1887)德化李氏木犀軒刻本　四十冊

500000－8741－0000506　GJ0508(082.8/L464)

集虛草堂叢書甲集九種七十卷　李國松輯　清光緒三十年至三十二年(1904－1906)合肥李氏刻本　二十四冊

500000－8741－0000507　GJ0509(082.8/L741)

聚學軒叢書六十種二百九十一卷　劉世珩輯　清光緒中貴池劉氏刻本　一百冊

500000－8741－0000508　GJ0510(082.8/L741)

聚學軒叢書六十種二百九十一卷　劉世珩輯　清光緒中貴池劉氏刻本　一百冊

500000－8741－0000509　GJ0511(082.8/P330)

南菁札記十四種二十三卷　(清)溥良輯　清光緒二十年(1894)江陰使署刻本　六冊　存十三種二十二卷(爾雅稗疏四卷、前漢紀校釋三卷、後漢記校釋三卷、讀四元玉鑑記一卷、讀代數術記一卷、盈朒演代一卷、代數盈朒細草一卷、古文官書一卷、倉頡篇補本續一卷、纂要一卷、桂苑珠叢一卷補遺一卷、括地志一卷、兩京新記二卷）

500000－8741－0000510　GJ0512(082.8/P334)
滂喜齋叢書五十種九十六卷　（清）潘祖蔭輯　清同治至光緒北京潘氏八喜齋刻本　三十二冊

500000－8741－0000511　GJ0513(082.8/P334)
功順堂叢書十八種　（清）潘祖蔭輯　清光緒吳縣潘氏刻本　三十二冊

500000－8741－0000512　GJ0514(082.8/P334)
滂喜齋叢書五十種九十六卷　（清）潘祖蔭輯　清同治至光緒北京潘氏八喜齋刻本　三十二冊

500000－8741－0000513　GJ0515(082.8/P334)
功順堂叢書十八種　（清）潘祖蔭輯　清光緒吳縣潘氏刻本　三十二冊

500000－8741－0000514　GJ0516(082.8/P334)
滂喜齋叢書五十種九十六卷　（清）潘祖蔭輯　清同治至光緒北京潘氏八喜齋刻本　三十二冊

500000－8741－0000515　GJ0517(082.8/S216)
積學齋叢書二十種六十三卷　徐乃昌編　清光緒南陵徐氏刻本　八冊　存十一種二十七卷（周易考占一卷、尚書伸孔篇一卷、韓詩內傳徵四卷敘錄二卷補遺一卷疑義一卷、周禮故書考一卷、周官禮經注正誤一卷、冕服考四卷、孟子七篇諸國年表一卷說一卷、爾雅注疏本正誤五卷、說文徐氏新補新附攷證一卷、補續漢書藝文志二卷、後漢郡國令長攷一卷）

500000－8741－0000516　GJ0518(082.8/S216－2)
炳燭室雜文一卷　（清）江藩撰　清刻本　一冊

500000－8741－0000517　GJ0519(082.8/S216－2)
積學齋叢書二十種六十三卷　徐乃昌編　清光緒南陵徐氏刻本　十五冊　存十八種四十五卷（周易考占一卷、尚書伸孔篇一卷、韓詩內傳徵四卷敘錄二卷補遺一卷疑義一卷、周禮故書考一卷、周官禮經注正誤一卷、冕服考四卷、爾雅注疏本正誤四至五、說文徐氏新補新附攷證一卷、補續漢書藝文志二卷、後漢郡國令長攷一卷、水經釋地八卷、劉更生年表一卷、管子義證八卷、臨川答問一卷、同度記一卷、增廣新術二卷、炳燭室雜文一卷、南陵縣建置沿革表一卷）

500000－8741－0000518　GJ0520(082.8/S233)
國朝名人著述叢編十三種十六卷　（清）□□輯　清刻本　四冊　存七種八卷（漫堂說詩一卷、論學三說一卷、詞統源流一卷、說詩晬語二卷、詩學纂聞一卷、唐人試律說一卷、讀賦卮言一卷）

500000－8741－0000519　GJ0521(082.8/S233)
國朝名人著述叢編十三種十六卷　（清）□□輯　清光緒五年(1879)上海淞隱閣鉛印本　六冊

500000－8741－0000520　GJ0522(082.8/S248)
邵武徐氏叢書二十二種一百五十一卷　（清）徐幹輯　清光緒邵武徐氏刻本　四十冊

500000－8741－0000521　GJ0523(082.8/T023)
半厂叢書初編八十四卷　（清）譚獻輯　清光緒刻本　二十冊

500000－8741－0000522　GJ0524(082.8/T023)
半厂叢書初編八十四卷　（清）譚獻輯　清光緒刻本　二十冊

500000－8741－0000523　GJ0525(082.8/U211)
有福讀書堂叢刻前編八種十六卷後編八種二十一卷　吳引孫輯　清光緒二十七年(1901)揚州吳氏刻本　十四冊

500000－8741－0000524　GJ0526(082.8/U218)
傳硯齋叢書十種二十六卷　（清）吳丙湘輯　清光緒十一年(1885)孱守山莊刻本　八冊

500000－8741－0000525　GJ0527(082.8/W120)
南菁書院叢書八集四十一種一百四十五卷　王先謙　繆荃孫輯　清光緒十四年(1888)江陰南菁書院刻本　四十冊

500000－8741－0000526　GJ0528(082.8/W149)
天壤閣叢書十六種五十四卷　(清)王懿榮輯　清同治至光緒福山王氏刻本　十四册

500000－8741－0000527　GJ0529(082.8/W364)
荔牆叢刻十三種四十卷　(清)汪曰楨編　清光緒五年(1879)刻本　十一册　存七種三十卷(四聲切韻表三卷首一卷末一卷、歷代長術輯要十卷附古今推步諸術考二卷、戴氏三俊集三卷、傳書樓詩稿一卷、壽花軒詩略一卷、瀘月軒詩集二卷續集二卷文集一卷續集一卷詩餘一卷、荔牆詞一卷)

500000－8741－0000528　GJ0530(082.8/W364)
荔牆叢刻十三種四十卷　(清)汪曰楨編　清光緒五年(1879)刻本　十一册　存七種三十卷(四聲切韻表三卷首一卷末一卷、歷代長術輯要十卷附古今推步諸術考二卷、戴氏三俊集三卷、傳書樓詩稿一卷、壽花軒詩略一卷、瀘月軒詩集二卷續集二卷文集一卷續集一卷詩餘一卷、荔牆詞一卷)

500000－8741－0000529　GJ0531(082.8/X048)
榆園叢刻十五種七十卷附一種十五卷　(清)許增輯　清同治至光緒仁和許增榆園刻本　十六册

500000－8741－0000530　GJ0532(082.8/X048)
榆園叢刻十五種七十卷附一種十五卷　(清)許增輯　清同治至光緒仁和許增榆園刻本　十六册

500000－8741－0000531　GJ0533(082.8/X048)
榆園叢刻十五種七十卷附一種十五卷　(清)許增輯　清同治至光緒仁和許增榆園刻本　十六册

500000－8741－0000532　GJ0534(082.8/X048)
榆園叢刻十五種七十卷附一種十五卷　(清)許增輯　清同治至光緒仁和許增榆園刻本　十六册

500000－8741－0000533　GJ0535(082.8/X048)
榆園叢刻十五種七十卷附一種十五卷　(清)許增輯　清同治至光緒仁和許增榆園刻本　十五册　存十五種七十卷附一種十二卷(榆園叢刻十五種七十卷,附娱園叢刻:藏書記要一卷附流通古書約一卷、閒者軒帖考一卷、漫堂墨品一卷、雪堂墨品一卷、筆史一卷、金粟箋說一卷、陽羨名陶錄二卷、書畫說鈐一卷、頻羅庵論書一卷、賞延秦心錄一卷)

500000－8741－0000534　GJ0536(082.8/X048y)
娱園叢刻十種十五卷　(清)許增輯　清光緒十五年(1889)仁和許增榆園刻本　八册

500000－8741－0000535　GJ0537(082.8/X226)
會稽徐氏鑄學齋叢書十三種三十四卷　(清)徐維則輯　清光緒八年(1882)會稽徐氏刻本　八册　存五種十九卷(易卦變圖說一卷、說文繫傳考異四卷附錄一卷、家語證偽十一卷、退庵隨筆一卷、退庵賸稿一卷)

500000－8741－0000536　GJ0538(082.8/X244)
融經館叢書十一種九十九卷　(清)徐友蘭輯　清光緒十三年(1887)會稽徐氏八杉齋刻本　三十五册

500000－8741－0000537　GJ0539(082.8/X249)
觀自得齋叢書二十三種七十二卷別集六種六卷　(清)徐士愷輯　清光緒十八年(1892)石埭徐氏觀自得齋刻本　二十四册

500000－8741－0000538　GJ0540(082.8/X249)
觀自得齋叢書二十三種七十二卷別集六種六卷　(清)徐士愷輯　清光緒十八年(1892)石埭徐氏觀自得齋刻本　二十四册

500000－8741－0000539　GJ0541(082.8/X438)
漸學廬叢書第一集十五種四十五卷　(清)胡祥鑅編　清光緒二十三年(1897)石印本　八册　存八種三十七卷(塞北紀行一卷、西北域記一卷、寧古塔紀略一卷、西遊記金山以東釋一卷、帕米爾圖說一卷、帕米爾輯略一卷、澳大利亞洲志譯本一卷、咸豐以來功臣別傳三十卷)

500000－8741－0000540　GJ0542(082.8/Y436)
漸西村舍叢刻□□種□□卷　(清)袁昶輯　清光緒桐廬袁氏刻本　六十七册　存三十四

種二百二十二卷(校正元親征錄一卷,元朝祕史十五卷,吉林外記十卷,寧古塔記略一卷,黑龍江外記八卷,鑾書十卷,衛藏通志十六卷首一卷附校字記一卷,嚴州圖經三卷附校字記一卷,景定嚴州續志十卷,雲氣占候二卷,相雨書一卷,汪氏兵學三書:太公兵法逸文一卷、武侯八陣兵法輯略一卷附用陣雜錄一卷、衛公兵法輯本三卷附舊唐書李靖傳攷證一卷,經籍舉要一卷附錄一卷附家塾課程一卷,尊經閣募捐藏書章程一卷祀典錄一卷,中江講院建立經誼治事兩齋章程一卷,湛然居士文集十四卷,守身執玉軒遺文一卷,桐溪耆隱集一卷補錄一卷,榆園雜興詩一卷,漸西村人初集十三卷,安般簃集十卷,于湖小集六卷金陵雜事詩一卷,袁氏藝文志一卷文錄一卷詩錄一卷金石錄一卷附錄一卷,于湖題襟集十卷,齊民要術十卷,廣雅碎金四卷附錄一卷,老子翼八卷,農桑輯要七卷,蠶事要略一卷,黃帝内經太素三十卷,黃帝内經明堂一卷附錄一卷,會典簡明錄一卷,香嚴老人壽言一卷,合肥相國壽言一卷)

500000 - 8741 - 0000541　GJ0543(082.8/Z050)
式訓堂叢書三集四十一種一百五十二卷　(清)章壽康輯　清光緒會稽章氏刻本　二十四冊　存二集二十八種九十六卷(初集十五種四十三卷、二集十三種五十三卷)

500000 - 8741 - 0000542　GJ0544(082.8/Z050)
式訓堂叢書三集四十一種一百五十二卷　(清)章壽康輯　清光緒會稽章氏刻本　四冊　存四種十九卷(平津館鑒藏記書籍三卷補遺一卷續編一卷、家語疏證六卷、癖談六卷、疑年表一卷太歲超辰表一卷)

500000 - 8741 - 0000543　GJ0545(082.8/Z209)
校經山房叢書二十七種八十九卷　(清)朱記榮輯　清光緒三十年(1904)孫谿朱氏槐廬刻本　三十二冊

500000 - 8741 - 0000544　GJ0546(082.8/Z238)
結一廬朱氏賸餘叢書四種一百十二卷　(清)朱澄輯　清光緒三十一年(1905)仁和朱氏刻本　二十冊

500000 - 8741 - 0000545　GJ0547(082.8/Z320)
津河廣仁堂所刻書□□種□□卷　(清)□□輯　清光緒津河廣仁堂刻本　三十八冊　存三十種一百三卷(程氏家塾讀書分年日程三、明賢蒙正錄二卷、觀瀾講義一卷、讀書舉要二卷、蠶桑實濟六卷、潘豐豫莊本書一卷、恒產瑣言一卷、聰訓齋語一卷、莅政摘要二卷、愧訥集十二卷、柏廬外集四卷、鄉塾正誤二卷、小學六卷、弟子規一卷、童蒙須知韻語一卷、小兒語一卷、程氏性理字訓一卷、訓子語二卷、教諭語四卷補一卷、演教諭語一卷、陸桴亭先生文集五卷、況太守集十六卷補遺一卷首一卷、懿言日錄一卷、乙丑禮闈分校日記一卷、恒齋日記二卷、衛道編二卷、弟子箴言十六卷、陸清獻公年譜定本二卷附錄一卷、庭訓格言一卷、校邠廬抗議一卷)

500000 - 8741 - 0000546　GJ0548(082.8/Z320)
柏廬外集四卷　(清)朱用純撰　清廣仁堂刻本　一冊　存二卷(三至四)

500000 - 8741 - 0000547　GJ0549(082.8/Z428)
求實齋叢書十五種二十六卷　蔣德鈞輯　清光緒十七年(1891)湘鄉蔣氏刻本　十冊

500000 - 8741 - 0000548　GJ0550(082.8/Z430)
仰視千七百二十九鶴齋叢書四十種八十五卷　(清)趙之謙輯　清光緒六年(1880)會稽趙氏刻本　二十四冊　存三十一種五十七卷(一至四集)

500000 - 8741 - 0000549　GJ0551(082.8/I - 441)
咫進齋叢書□□種□□卷　(清)姚覲元輯　清歸安姚氏刻本　十二冊　存十四種三十七卷(孝經疑問一卷,說文答問疏證六卷,瘞鶴銘圖考一卷,蘇齋唐碑選一卷,姚氏藥言一卷,咽喉脈證通論一卷,務民義齋算學:測圜密率三卷、橢圜正術一卷、截球解義一卷、弧三角拾遺一卷、朔食九服里差三卷、用表推日食三差一卷、造各表簡法一卷,大雲山房十二章圖說二卷,大雲山房雜記二卷,說文引經攷二卷補遺一卷,前徽錄一卷,中州金石目四卷補遺一卷,漢印偶存一卷,姚氏印存一卷)

500000－8741－0000550　GJ0552(082.8/I－441－4)
咫進齋叢書三集三十七種九十三卷　(清)姚覲元輯　清光緒九年(1883)歸安姚氏刻本　二十四冊

500000－8741－0000551　GJ0553(082.8/I－441－4)
咫進齋叢書三集三十七種九十三卷　(清)姚覲元輯　清光緒九年(1883)歸安姚氏刻本　二十四冊

500000－8741－0000552　GJ0554(082.8/Z442)
大亭山館叢書十八種四十二卷　(清)楊葆彝輯　清光緒刻本　六冊　存十七種四十卷(經類:六書叚借經徵四卷,六書例解一卷,形聲類篇五卷;史類:東南紀略一卷,夏蟲自語一卷;子類:曼先生語錄一卷,青囊天玉通義五卷,區田圖說一卷,握奇經定本一卷正義一卷圖一卷;集類:劉海峯文鈔一卷,玉餘外編文鈔一卷,柏堂賸稿三卷,毗陵楊氏詩存五種附編三種:匪石山房詩鈔一卷、南蘭紀事詩鈔二卷、白雲樓詩鈔一卷詩話一卷、逸齋詩鈔一卷、抱璞山房詩鈔一卷,附編:絡緯吟一卷、錢左才集一卷,蓉湖草堂存稿一卷,吳瑟甫歌詩一卷,梧玟經一卷,夢萱室遺詩一卷)

500000－8741－0000553　GJ0555(082.8/Z474)
鐵華館叢書六種　(清)蔣鳳藻輯　清光緒刻本　六冊

500000－8741－0000554　GJ0556(082.82/M244)
雲自在龕叢書五集十九種一百十九卷　繆荃孫輯　清光緒江陰繆氏刻本　二十六冊

500000－8741－0000555　GJ0557(082.9/C732)
寂園叢書十一種二十八卷　(清)陳瀏撰　清宣統二年(1910)鉛印本　二十冊　存十一種二十三卷(匋雅三卷,孤圓山莊詩賸十種:茶半軒集一卷、二山唱和集一卷、雄樹堂集一卷、鬭杯堂詩集一卷、杯隱堂詩集一卷,杯史一卷,寂園說印一卷,大山詩集七卷,睇海樓詩一卷,繡詩樓詩一卷,問字樓詩一卷,浦鐸不分卷,閩鹽正告書不分卷,福建鹽務公牘不分卷)

500000－8741－0000556　GJ0558(083/G343)
墨緣小錄一卷　(清)潘曾瑩撰　清刻本　一冊

500000－8741－0000557　GJ0559(083/I429)
觀古堂彙刻書十五種五十卷　葉德輝輯　清光緒二十八年(1902)湘潭葉氏刻本　十六冊

500000－8741－0000558　GJ0560(083/I429)
觀古堂彙刻書十五種五十卷　葉德輝輯　清光緒二十八年(1902)湘潭葉氏刻本　十六冊

500000－8741－0000559　GJ0561(083/I429－1)
觀古堂彙刻書十五種五十卷　葉德輝輯　清光緒二十八年(1902)湘潭葉氏刻本　十六冊

500000－8741－0000560　GJ0562(083/I－429s)
雙楳景闇叢書十六種二十六卷　葉德輝輯　清光緒至宣統長沙葉氏郎園刻本　五冊　存十四種二十四卷(素女經一卷、素女方一卷、玉房祕訣一卷玉房指要一卷、洞玄子一卷、天地陰陽交歡大樂賦一卷、青樓集一卷、板橋雜記三卷、吳門畫舫錄一卷、燕蘭小譜五卷、海漚小譜一卷、觀劇絶句三卷、木皮散人鼓詞一卷附歸莊萬古愁曲一卷、乾嘉詩壇點將錄一卷、秦雲擷英小譜一卷)

500000－8741－0000561　GJ0563(083/I－429s)
雙楳景闇叢書十六種二十六卷　葉德輝輯　清光緒至宣統長沙葉氏郎園刻本　四冊　存九種十八卷(青樓集一卷、板橋雜記三卷、吳門畫舫錄一卷、燕蘭小譜五卷、海漚小譜一卷、觀劇絶句三卷、木皮散人鼓詞一卷附歸莊萬古愁曲一卷、乾嘉詩壇點將錄一卷、秦雲擷英小譜一卷)

500000－8741－0000562　GJ0564(083/L651y)
玉簡齋叢書二集二十二種七十五卷　羅振玉輯　清宣統二年(1910)上虞羅氏刻本　十八冊

500000－8741－0000563　GJ0565(083/M241)
對雨樓叢書五種三十五卷　繆荃孫輯　清光緒江陰繆氏刻本　十冊

500000－8741－0000564　GJ0566(083/M241y)
藕香零拾三十九種九十七卷　繆荃孫輯　清

光緒至宣統刻本　三十二冊

500000－8741－0000565　GJ0567(083/S216)
懷豳雜俎十二種十七卷　徐乃昌輯　清宣統三年(1911)南陵徐氏刻本　八冊

500000－8741－0000566　GJ0568(083/S216x)
懷豳雜俎十二種十七卷　徐乃昌輯　清宣統三年(1911)南陵徐氏刻本　八冊

500000－8741－0000567　GJ0569(083/S216x2)
懷豳雜俎十二種十七卷　徐乃昌輯　清宣統元年(1909)南陵徐氏刻本　十冊

500000－8741－0000568　GJ0570(083/S216x2)
懷豳雜俎十二種十七卷　徐乃昌輯　清宣統元年(1909)南陵徐氏刻本　十冊

500000－8741－0000569　GJ0571(083/S374)
萬物炊累室類稿三編四種十八卷　(清)沈同芳撰　清宣統三年(1911)北京中國圖書公司鉛印本　五冊

500000－8741－0000570　GJ0572(083/S374)
萬物炊累室類稿三編四種十八卷　(清)沈同芳撰　清宣統三年(1911)北京中國圖書公司鉛印本　五冊

500000－8741－0000571　GJ0573(083/W142)
西學輯存六種六卷　(清)王韜輯　清光緒十五年(1889)長洲王氏淞隱廬鉛印本　二冊

500000－8741－0000572　GJ0574(083/X216)
積學齋叢書二十種六十三卷　徐乃昌輯　清光緒十九年(1893)南陵徐乃昌刻本　十六冊

500000－8741－0000573　GJ0575(083/X216)
積學齋叢書二十種六十三卷　徐乃昌輯　清光緒十九年(1893)南陵徐乃昌刻本　十六冊

500000－8741－0000574　GJ0576(083/X216s)
隨盦徐氏叢書十種五十二卷續編十種四十一卷　徐乃昌輯　清光緒至民國五年(1916)南陵徐氏刻本　十八冊

500000－8741－0000575　GJ0577(083/X216sa)
隨盦徐氏叢書十種五十二卷　徐乃昌輯　清光緒至民國南陵徐氏刻本　十二冊

500000－8741－0000576　GJ0578(083/X216sa)
隨盦徐氏叢書十種五十二卷　徐乃昌輯　清光緒至民國南陵徐氏刻本　十二冊

500000－8741－0000577　GJ0579(083/X216sa)
隨盦徐氏叢書十種五十二卷　徐乃昌輯　清光緒至民國南陵徐氏刻本　十二冊

500000－8741－0000578　GJ0580(083/X216x)
鄦齋叢書二十種四十七卷　徐乃昌輯　清光緒二十六年(1900)南陵徐氏刻本　十六冊

500000－8741－0000579　GJ0581(083/X216x)
鄦齋叢書二十種四十七卷　徐乃昌輯　清光緒二十六年(1900)南陵徐氏刻本　十六冊

500000－8741－0000580　GJ0582(083/X216x)
鄦齋叢書二十種四十七卷　徐乃昌輯　清光緒二十六年(1900)南陵徐氏刻本　二十冊

500000－8741－0000581　GJ0583(083/Y429c)
葉刻七種　葉德輝編　清光緒長沙葉氏郎園刻本　四冊

500000－8741－0000582　GJ0584(083/Z182g)
今古學攷二卷　廖平述　清刻本　一冊

500000－8741－0000583　GJ0585(083/Z－182g)
張氏適園叢書第一集七種　張鈞衡撰　清宣統三年(1911)刻本　十冊

500000－8741－0000584　GJ0586(083/Z545)
國朝宋學淵源記二卷附記一卷國朝經師經義目錄一卷　(清)江藩輯　清刻本　一冊

500000－8741－0000585　GJ0587(083/Z545)
駢體文鈔三十一卷　(清)李兆洛輯　(清)譚獻評　清末刻本　一冊　存二卷(十八至十九)

500000－8741－0000586　GJ0588(083/Z545)
船山遺書五十七種二百八十八卷　(清)王夫之撰　清同治四年(1865)湘鄉曾氏金陵節署刻本　十五冊　存一種三十一卷(讀通鑑論三十卷、末一卷)

500000－8741－0000587　GJ0589(084/M764)
玉函山房輯佚書五百九十四種　(清)馬國翰

編　清光緒九年(1883)長沙嫏嬛館刻本　一百冊

500000－8741－0000588　GJ0590(084/M764)
玉函山房輯佚書五百九十四種　(清)馬國翰編　清光緒九年(1883)長沙嫏嬛館刻本　一百冊

500000－8741－0000589　GJ0591(084/T132－1)
佚存叢書十七種一百十卷　(日本)天瀑山人輯　清光緒八年(1882)滬上黄氏木活字印本　三十六冊

500000－8741－0000590　GJ0592(084/W104)
漢魏遺書鈔一百十三卷　(清)王謨輯　清嘉慶五年(1800)金谿王氏刻本　八冊

500000－8741－0000591　GJ0593(084/X440)
漢學堂叢書二百六種　(清)黄奭輯　清光緒十九年(1893)刻本　八十冊

500000－8741－0000592　GJ0594(086.117/W131)
聰山集八卷　(清)申涵光著　(清)劉佑雲選　清刻本　一冊

500000－8741－0000593　GJ0595(086.117/W131)
畿輔叢書一百二十六種一千四百九十四卷　(清)王灝輯　清刻本　三百九十六冊　存一百十種一千四百七十六卷(荀子二十卷附校勘補遺一卷,董子春秋繁露十七卷附淩注校正十七卷,董子文集一卷,韓詩外傳校注十卷附校注拾遺一卷補遺一卷,戰國策三十三卷,廣雅疏證十卷附博雅音十卷,人物志三卷,古今注三卷,花王閣賸稿一卷,劉子十卷,魏鄭公文集三卷詩集一卷,蒙求三卷,封氏聞見記十卷,元和郡縣圖志四十卷附攷證三十四卷逸文一卷,李相國論事集六卷遺文一卷,劉隨州詩集十卷文集一卷,朝野簽載一卷,李衛公會昌一品集二十卷別集十卷外集四卷補遺一卷,盧昇之集七卷,劉賓客文集三十卷補遺一卷,李元賓文集六卷文編三卷外編二卷續編一卷,盧仝集三卷,長江集十卷閬仙詩附集一卷,羣經音辨七卷,春明退朝録三卷,近事會元五卷附校勘記一卷考證一卷,盡言集十三卷,忠肅集二十卷,學易集八卷,明本釋三卷,李忠愍公集一卷,閑閑老人滏水文集二十卷補遺一卷附一卷,滹南遺老集四十五卷詩集一卷續編詩集一卷,元朝名臣事略十五卷,靜修先生文集十二卷,安默庵先生文集五卷,敬齋古今八卷,汝南遺事四卷,困學齋雜録一卷,易經增註十卷考一卷,元城語録三卷附行録一卷,元城語録解三卷行録解一卷,典故紀聞十八卷,古今律歷考七十二卷戊申立春考證一卷,王少司馬奏疏二卷,蘭臺奏疏三卷,鄉約一卷,塞語一卷,觀心約一卷,平播全書十五卷,洨濱語録二十卷,味檗齋文集十四卷遺筆一卷,宋布衣集三卷,清平閣唱和詩一卷,楊忠愍公集二卷,東田文集三卷詩集三卷,認眞草十六卷,車營百八叩一卷,范文忠公集十卷,金忠潔集六卷附年譜一卷,史忠正公集四卷首一卷附録一卷,孫夏峯遺書:夏峯先生集十四卷、語録二卷、答問二卷、孫夏峯先生年譜二卷、孝友堂家規一卷、孝友堂家訓一卷,乾坤大略十卷補遺一卷,王制管窺一卷,潛室劄記二卷,玉臺新詠考異十卷,明書一百七十一卷,明史紀事本末八十卷,兼濟堂集十二卷附瓊琚佩語一卷年譜一卷,朱子學歸二十三卷,政學録五卷,黄崑圃先生年譜三卷,臺海使槎録八卷,顔習齋遺書:顔習齋先生年譜二卷、習齋記餘十卷、顔習齋先生言行録二卷闢異録二卷,李恕谷遺書:李恕谷先生年譜五卷、聖經學規纂二卷、論學二卷、小學稽業五卷、大學辨業四卷、學禮五卷、學射録二卷、閲史郄視四卷續一卷、擬太平策七卷、評乙古文一卷、恕谷後集十三卷、平書訂十四卷,居業堂文集二十卷,永年申氏遺書:申端愍公文集二卷詩集八卷首一卷末一卷、聰山集三卷、聰山詩選八卷、荊園小語一卷,荊園進語一卷、省心短語一卷、通鑑評語五卷、忠裕堂集一卷、耐俗軒新樂府一卷、西巖贅語一卷、申氏拾遺集二卷、申鳧盟先生年譜一卷,留耕堂詩集一卷,積書巖詩集一卷,柿葉庵詩選一卷,玉暉堂詩集五卷,尹健餘先生全集:健餘先生文集十卷、尹少宰奏議十卷、健餘先生尺牘四卷、健餘先生撫豫條敎四卷、健餘先生讀書筆記六卷、尹健餘先生年譜三卷、四鑑錄十六卷、呂語集粹四卷，陳學士文集十五卷，知足齋文集六卷進呈文藁二卷，笥河文集十六卷，瓶水齋詩集十七卷別集二卷，論語附記二卷，孟子附記二卷，詩附記四卷，禮記附記六卷，崔東壁遺書：考信錄提要二卷、補上古考信錄二卷、唐虞考信錄四卷、夏考信錄二卷、商考信錄二卷、豐鎬考信錄八卷、洙泗考信錄四卷、豐鎬考信別錄三卷、洙泗考信餘錄三卷、孟子事實錄二卷、考信附錄二卷、考古續說二卷、讀風偶識四卷、五服異同彙考三卷，萬善花室文藁七卷，介庵經說十卷補一卷，古經服緯三卷附釋問一卷，世本二卷附考證一卷，廣陽雜記五卷，沈氏四聲考二卷，審定風雅遺音二卷，重斠唐韻攷五卷，樵香小記二卷，歷代諱名考一卷，潞城考古錄二卷，歌麻古韻考四卷，周秦名字解故附錄一卷，成周徹法演四卷，漢書西域傳補注二卷，唐兩京城坊考五卷，簡通錄二卷，古本大學輯解二卷，古本中庸本解二卷）

500000－8741－0000594　GJ0596(086.157/Z375)
浦城宋元明儒遺書十四種一百七卷　（清）祝昌泰輯　清嘉慶浦城祝氏留香室刻本　十二冊

500000－8741－0000595　GJ0597(086.167/Z423)
涇川叢書四十四種續涇川叢書七種　（清）趙紹祖　（清）趙繩祖輯　清道光十二年（1832）刻本　二十四冊

500000－8741－0000596　GJ0598(086.217/G813)
江陰叢書三十一種七十八卷　金武祥輯　清光緒三十三年（1907）江陰金氏粟香室刻本　二十冊

500000－8741－0000597　GJ0599(086.217/G813s)
粟香室叢書五十六種一百二十七卷　金武祥輯　清光緒江陰金氏刻本　三十六冊

500000－8741－0000598　GJ0600(086.217/S033)
望炊樓叢書五種十卷附三種三卷　（清）謝家福輯　清光緒吳縣謝氏刻本　八冊

500000－8741－0000599　GJ0601(086.217/S111)
婁東雜著七集五十六種五十九卷　（清）邵廷烈輯　清道光十三年（1833）太倉東陵氏刻棣香齋叢書本　八冊

500000－8741－0000600　GJ0602(086.217/S－539)
常州先哲遺書第一集四十一種三百六十七卷附三種七十四卷　盛宣懷輯　清光緒二十五年（1899）武進盛氏刻本　六十四冊

500000－8741－0000601　GJ0603(086.237/S133)
檇李遺書二十種五十六卷　（清）孫福清輯　清光緒四年（1878）秀水孫氏望雲仙館刻本　二十四冊

500000－8741－0000602　GJ0604(086.237/S349)
台州叢書甲集四種十九卷乙集三種六十卷　（清）宋世犖輯　清嘉慶至道光臨海宋氏刻本　二十冊

500000－8741－0000603　GJ0605(086.237/U142)
武林往哲遺箸五十五種三百十五卷後編十種一百三十五卷　（清）丁丙輯　清光緒錢塘丁氏嘉惠堂刻本　九十六冊

500000－8741－0000604　GJ0606(086.237/U149)
武林掌故叢編一百七十五種五百七十一卷　（清）丁丙輯　清光緒錢塘丁氏嘉惠堂刻本　二百八冊

500000－8741－0000605　GJ0607(086.237/X244)
紹興先正遺書四集　（清）徐友蘭輯　清光緒會稽徐氏鑄學齋刻本　四十八冊

500000－8741－0000606　GJ0608(086.257/Z495)
湖北叢書三十種二百九十一卷　（清）趙尚輔輯　清光緒十七年（1891）三餘草堂刻本　一百冊

500000－8741－0000607　GJ0609(086.337/U214)
嶺南遺書六集五十九種三百四十三卷　（清）伍元薇　（清）伍崇曜輯　清道光至同治南海伍氏粵雅堂文字歡娛室刻本　九十八冊　存六集五十三種三百三十三卷（一集：雙槐歲鈔十卷、廣州人物傳二十四卷、翰林記二十卷、革除遺事節本六卷、春秋別典十五卷、百越先賢志四卷，二集：劉希仁文集一卷、理學簡言一卷、平定交南錄一卷、白沙語要一卷、甘泉新論一卷、元祐黨籍碑考一卷、疑耀七卷、海語三卷、郭給諫疏稿二卷、算迪八卷、春秋詩話五卷，三集：崔清獻公集五卷、崔清獻公言行錄三卷、羅浮志十卷、小學古訓一卷、龐氏家訓一卷、昭代經濟言十四卷、周易爻物當名二卷、正學續四卷、史見二卷、迂言百則一卷，四集：周易本義註六卷、賡和錄二卷、救荒備覽四卷、周易略解八卷附羣經互解一卷算署一卷、周髀算經述一卷、粵臺徵雅錄一卷、重訂三家詩拾遺十卷，五集：五山志林八卷、測天約術一卷、呂氏春秋正誤一卷、楚詞辨韻一卷、袁督師事蹟一卷、嶺南荔支譜六卷、南漢紀五卷、南漢地理志一卷、南漢金石志二卷、端溪硯史三卷、粵詩蒐逸四卷、春秋古經說二卷、穀梁禮證二卷、補後漢書藝文志四卷、補三國藝文志四卷，六集：毛詩通考三十卷、毛詩識小三十卷、虞書命義和章解一卷、蠡勺編四十卷）

500000－8741－0000608　GJ0610(086.337/U214)
嶺南遺書六集五十九種三百四十三卷　(清)伍元薇　(清)伍崇曜輯　清道光至同治南海伍氏粵雅堂文字歡娛室刻本　六十冊

500000－8741－0000609　GJ0611(088/D308)
竇氏叢書十四種七十四卷附一種十卷　(清)竇克勤輯　清光緒十年(1884)大興黃振河刻本　五十一冊

500000－8741－0000610　GJ0612(088/G108)
故城賈氏躬自厚齋叢書十二種二十八卷　(清)賈臻輯　清咸豐至同治故城賈氏躬自厚齋刻本　十四冊

500000－8741－0000611　GJ0613(088/X448)
留書種閣集四種十二卷　(清)黃炳垕撰　清同治至光緒黃氏留書種閣刻本　四冊

500000－8741－0000612　GJ0614(088/Z112)
海鹽張氏涉園叢刻七種十五卷　張元濟輯　清宣統三年(1911)上海商務印書館鉛印本　八冊

500000－8741－0000613　GJ0615(088/Z－442)
蔣氏遺編三種五卷　(清)蔣鳴奎撰　(清)胡兆春輯　清同治十一年(1872)黃陵磯從善堂刻本　二冊

500000－8741－0000614　GJ0616(089.3/Z243)
朋壽室經說六卷附策問　(清)鄒壽祺撰　清宣統元年(1909)刻本　四冊

500000－8741－0000615　GJ0617(089.6/L645)
呂新吾全集二十三種六十卷　(明)呂坤撰　清康熙十三年(1674)呂氏刻本　三十六冊

500000－8741－0000616　GJ0618(089.66/S130)
經史全書五種八卷　(明)邵寶輯　明崇禎刻清康熙十二年(1673)補修本　六冊

500000－8741－0000617　GJ0619(089.67/L645)
呂新吾全集二十種五十七卷　(明)呂坤撰　明萬曆至清嘉慶刻本　三十六冊

500000－8741－0000618　GJ0620(089.67/X400)
少室山房筆叢四十八卷　(明)胡應麟撰　清光緒二十二年(1896)廣雅書局刻本　十二冊

500000－8741－0000619　GJ0621(089.67/X400)
少室山房筆叢四十八卷　(明)胡應麟撰　清光緒二十二年(1896)廣雅書局刻本　六冊

500000－8741－0000620　GJ0622(089.72/G391)
亭林先生遺書彙輯二十三種六十四卷附三種四卷首一卷　(清)顧炎武撰　(清)席威　(清)朱記榮輯　清光緒十四年(1888)吳縣朱氏校經山房刻本　二十四冊

500000－8741－0000621　GJ0623(089.72/G391)
亭林先生遺書彙輯二十三種六十四卷附三種四卷首一卷　(清)顧炎武撰　(清)席威　(清)朱記榮輯　清光緒十四年(1888)吳縣朱氏校經山房刻本　二十四冊　存二十五種六十六卷(左傳杜解補正三卷，九經誤字一卷，韻補正一卷，顧氏譜系考一卷，五經同異三卷，聖安紀事二卷，明季實錄一卷，歷代宅京帝紀二十卷，營平二州地名記一卷，昌平山水記二卷，京東攷古錄一卷，山東攷古錄一卷，譎觚十事一卷，求古錄一卷，金石文字記六卷，石經考一卷，菰中隨筆一卷，亭林雜錄一卷，亭林文集六卷，亭林詩集五卷，亭林餘集

一卷，亭林軼詩一卷，附：顧亭林先生年譜一卷附一卷、亭林先生神道表一卷、同志贈言一卷，首一卷）

500000－8741－0000622　GJ0624(089.72/G391)
亭林先生遺書彙輯二十三種六十四卷附三種四卷首一卷　（清）顧炎武撰　（清）席威（清）朱記榮輯　清光緒十四年（1888）吳縣朱氏校經山房刻本　二十冊

500000－8741－0000623　GJ0625(089.72/G391－3)
顧亭林先生遺書十種二十七卷　（清）顧炎武撰　清蓬瀛閣刻本　八冊

500000－8741－0000624　GJ0626(089.72/G391－4)
亭林先生補遺十種十五卷　（清）顧炎武撰（清）朱記榮輯　清光緒十一年（1885）刻本　七冊

500000－8741－0000625　GJ0627(089.72/L731)
陸雲士雜著九種二十卷　（清）陸次雲撰　清康熙二十二年（1683）刻本　二十冊

500000－8741－0000626　GJ0628(089.72/L742－1)
陸桴亭先生遺書二十一種四十卷附一種一卷　（清）陸世儀撰　清末刻本　十冊　存十九種二十八卷（志學錄一卷、桴亭先生文集六卷補遺一卷、性善圖說一卷、月道疏一卷附月行九道圖併解、分野說一卷、治鄉三約一卷、制科議一卷、家祭禮一卷、蘇松浮糧考一卷、婁江條議一卷、桑梓五防一卷、支更說一卷、避地三策一卷附改折始末論、論學酬答四卷、甲申臆議一卷、家平權法一卷、虛齋格致傳補注一卷、八陣發明一卷、淮雲問答輯存一卷）

500000－8741－0000627　GJ0629(089.72/L742)
陸桴亭先生遺書二十一種四十卷附一種一卷　（清）陸世儀撰　清光緒二十五年（1899）京師刻本　二十冊

500000－8741－0000628　GJ0630(089.72/M242)
西河合集一百十八種四百九十七卷　（清）毛奇齡撰　清嘉慶刻本　一百冊　缺一卷（文集首一）

500000－8741－0000629　GJ0631(089.72/M242)
西河合集一百十八種四百九十七卷　（清）毛奇齡撰　清康熙書留草堂刻乾隆三十五年（1770）修補印本　一百冊　缺二卷（文集首一、集課記一）

500000－8741－0000630　GJ0632(089.72/M242－2)
西河合集一百十八種四百九十七卷　（清）毛奇齡撰　清康熙書留草堂刻乾隆三十五年（1770）修補印本　七十二冊　缺一卷（文集首一）

500000－8741－0000631　GJ0633(089.72/S143)
孫夏峰全集十二種一百四十七卷　（清）孫奇逢撰　**徵君孫先生年譜二卷**　（清）湯斌等撰　清康熙刻道光至光緒遞刻本　五十一冊　存九種八十卷（書經近指六卷、四書近指一至十七、中州人物考八卷、游譜一卷、理學宗傳二十六卷、孝友堂家規一卷家訓一卷、夏峯答問一卷、夏峯先生集十四卷補遺二卷首一卷，徵君孫先生年譜二卷）

500000－8741－0000632　GJ0634(089.72/T303)
湯文正公集五種九卷　（清）湯斌著　清同治十年（1871）繡谷麗澤書屋刻本　十冊

500000－8741－0000633　GJ0635(089.72/W153)
船山遺書五十七種二百八十八卷　（清）王夫之撰　清同治四年（1865）湘鄉曾氏金陵節署刻本　一百十冊

500000－8741－0000634　GJ0636(089.72/W153)
船山遺書五十七種二百八十八卷　（清）王夫之撰　清同治四年（1865）湘鄉曾氏金陵節署刻本　七十七冊　存四十一種二百三十九卷（周易内傳一下至六、周易内傳發例一卷、周易大象解一卷、周易稗疏四、周易考異一卷、周易外傳七卷、書經稗疏四卷、尚書引義六卷、詩經稗疏四卷、詩經攷異一卷、詩經叶韻辨一卷、禮記章句四十九卷、春秋家說三卷、春秋稗疏二卷、春秋世論五卷、續春秋左氏傳博議二卷、讀四書大全說十卷、四書稗疏一卷、四書攷異一卷、說文廣義三卷、宋論十五卷、永曆實錄二十六卷、蓮峯志五卷、張子正蒙注九卷、黃書一卷、識小錄一卷、老子衍一卷、莊子解三十三卷、莊子通一卷、愚鼓詞一卷、楚辭通釋十四卷末一卷、薑齋文集十卷、五十自定稿一卷、六十自定稿一卷、七十自定稿一卷、柳岸吟一卷、落花詩一卷、遣興詩一卷、和梅花百詠一卷、洞庭秋詩一卷、經義一卷）

500000－8741－0000635　GJ0637（089.72/W153）

船山遺書五十七種二百八十八卷　（清）王夫之撰　清同治四年（1865）湘鄉曾氏金陵節署刻本　三十六册　存十四種六十八卷（周易内傳六卷，周易内傳發例一卷，周易大象解一卷，周易稗疏四卷，周易考異一卷，周易外傳七卷，書經稗疏四卷，尚書引義六卷，詩經稗疏一卷，詩廣傳五卷，禮記章句一至十二、十七至三十，春秋家説三卷，春秋稗疏二卷，春秋世論一卷）

500000－8741－0000636　GJ0638（089.72/W153）

船山遺書五十七種二百八十八卷　（清）王夫之撰　清同治四年（1865）湘鄉曾氏金陵節署刻本　五册　存十種十一卷（周易内傳一卷、詩經稗疏二至三、詩廣傳四、和梅花百詠詩一卷、洞庭秋詩一卷、雁字詩一卷、倣體詩一卷、嶽餘集一卷、薑齋詩賸稿一卷、鼓棹初集一卷）

500000－8741－0000637　GJ0639（089.72/W153）

船山遺書五十七種二百八十八卷　（清）王夫之撰　清同治四年（1865）湘鄉曾氏金陵節署刻本　二十九册　存二十五種六十二卷（周易内傳一下至六、周易内傳發例一卷、周易大象解一卷、周易稗疏四卷、周易考異一卷、周易外傳七卷、書經稗疏一至四上、尚書引義六卷、讀四書大全説六卷、張子正蒙注一至三上、薑齋文集四至十、五十自定稿一卷、六十自定稿一卷、七十自定稿一卷、柳岸吟一卷、落花詩一卷、遣興詩一卷、鼓棹初集一卷二集一卷、夕堂永日緒論外編一卷、南窗漫記一卷、龍舟會雜劇一卷、經義一卷、薑齋詩編年稿一卷、薑齋詩分體稿一、薑齋文集補遺一至二）

500000－8741－0000638　GJ0640（089.72/W153）

船山遺書五十七種二百八十八卷　（清）王夫之撰　清同治四年（1865）湘鄉曾氏金陵節署刻本　九十二册　存四十六種二百六十二卷（周易内傳六卷；周易内傳發例一卷；周易大象解一卷；周易稗疏四卷；周易考異一卷；周易外傳七卷；書經稗疏三至四；尚書引義六卷；詩經稗疏四卷；詩經攷異一卷；詩經叶韻辨一卷；詩廣傳五卷；禮記章句四十九卷；春秋家説三卷；春秋稗疏二卷；春秋世論五卷；讀四書大全説十卷；四書稗疏一卷；四書攷異一卷；説文廣義三卷；讀通鑑論一至二、六至三十，末一；宋論十五卷；永曆實録二十六卷；張子正蒙注一下至九；思問録内篇一卷外篇一卷；俟解一卷；噩夢一卷；莊子解三十三卷；莊子通一卷；愚鼓詞一卷；楚辭通釋十四卷末一卷；六十自定稿一卷；七十自定稿一卷；柳岸吟一卷；落花詩一卷；遣興詩一卷；和梅花百詠一卷；洞庭秋詩一卷；雁字詩一卷；瀟湘怨詞一卷；夕堂永日緒論内編一卷外編一卷；南窗漫記一卷；龍舟會雜劇一卷；經義一卷；薑齋詩賸稿一卷；王船山叢書校勘記二卷）

500000－8741－0000639　GJ0641（089.72/W153）

船山遺書五十七種二百八十八卷　（清）王夫之撰　清同治四年（1865）湘鄉曾氏金陵節署刻本　九十五册　存五十種二百二十八卷（周易内傳一上，周易外傳四至七，書經稗疏四卷，尚書引義一至二、五至六，詩經稗疏四卷，詩經攷異一卷，詩經叶韻辨一卷，詩廣傳五卷，禮記章句一至四、六至四十九，春秋家説三卷，春秋世論五卷，續春秋左氏傳博議二卷，讀四書大全説一至二、四至十，四書稗疏一卷，四書攷異一卷，説文廣義三卷，讀通鑑論一至十一、十四至十七、二十至二十九，宋論一至九、十二至十五，永曆實録一至七、二十一至二十六，張子正蒙注九卷，思問録内篇一卷外篇一卷，俟解一卷，噩夢一卷，黄書一卷，識小録一卷，龍源夜話一卷，老子衍一卷，莊子解一至十四、二十一至三十三，楚辭通釋二至四，薑齋文集十卷，七十自定稿一卷，柳岸吟一卷，落花詩一卷，遣興詩一卷，和梅花百詠一卷，洞庭秋詩一卷，雁字詩一卷，倣體詩一卷,嶽餘集一卷,鼓棹初集一卷二集一卷,瀟湘怨詞一卷,詩譯一卷,夕堂永日緒論内編一卷外編一卷,南窗漫記一卷,憶得一卷,龍舟會雜劇一卷,經義一卷,薑齋文集補遺二卷,王船山叢書校勘記二卷,薑齋詩賸稿一卷)

500000-8741-0000640　GJ0642(089.72/W153)
船山遺書五十七種二百八十八卷　(清)王夫之撰　清同治四年(1865)湘鄉曾氏金陵節署刻本　七十四冊　存二十九種二百八卷(周易内傳五至六;周易内傳發例一卷;周易大象解一卷;書經稗疏四下;詩經稗疏一;詩廣傳五卷;禮記章句一至八、二十六至四十九;春秋家說三卷;春秋稗疏二卷;春秋世論五卷;續春秋左氏傳博議二卷;讀四書大全說一至五、八至十;四書稗疏一卷;四書攷異一卷;說文廣義二;讀通鑑論一至十二、十五至三十,末一卷;宋論十五卷;永曆實錄二十六卷;蓮峯志五卷;張子正蒙注三下至九;思問錄内篇一卷外篇一卷;俟解一卷;噩夢一卷;老子衍一卷;莊子解三十三卷;莊子通一卷;愚鼓詞一卷;楚辭通釋十四卷末一卷;薑齋文集一至三;經義一卷)

500000-8741-0000641　GJ0643(089.72/W153)
船山遺書五十七種二百八十八卷　(清)王夫之撰　清刻本　五十七冊　存三十九種一百五十卷(書經稗疏四卷、讀四書大全說十卷、四書稗疏一卷、四書攷異一卷、說文廣義三卷、讀通鑑論三十卷末一卷、宋論一至八、蓮峯志五卷、張子正蒙注三至九、思問錄内篇一卷外篇一卷、俟解一卷、噩夢一卷、黃書一卷、識小錄一卷、老子衍一卷、莊子解三十三卷、莊子通一卷、愚鼓詞一卷、楚辭通釋十四卷末一卷、五十自定稿一卷、六十自定稿一卷、七十自定稿一卷、柳岸吟一卷、落花詩一卷、遣興詩一卷、和梅花百詠詩一卷、洞庭秋詩一卷、鴈字詩一卷、倣體詩一卷、嶽餘集一卷、薑齋詩賸稿一卷、鼓棹初集一卷二集一卷、瀟湘怨詞一卷、詩譯一卷、夕堂永日緒論内編一卷外編一卷、南窗漫記一卷、龍舟會雜劇一卷、經義一卷、王船山叢書校勘記二卷)

500000-8741-0000642　GJ0644(089.74/C761)
文道十書四種十二卷　(清)陳景雲撰　清乾隆十九年(1754)陳黃中樸茂齋刻本　六冊

500000-8741-0000643　GJ0645(089.74/E200)
徐位山六種□□種□□卷　(清)徐文靖撰　清雍正至乾隆間志寧堂刻本　二十六冊　存六種八十七卷(天下山河兩戒考十四卷圖一卷、禹貢會箋十二卷圖一卷、竹書紀年統箋十二卷前編一卷雜述一卷、管城碩記三十卷、經言拾遺十四卷、詩賦全集一卷)

500000-8741-0000644　GJ0646(089.74/K104)
顨軒孔氏所著書七種六十卷　(清)孔廣森撰　清嘉慶二十二年(1817)刻本　十冊

500000-8741-0000645　GJ0647(089.74/N231-8)
空山堂全集八種一百一卷　(清)牛運震撰　清嘉慶五年(1800)空心堂刻本　十冊　存四種二十五卷(周易解九卷、考工記論文一卷、詩志八卷、孟子論文七卷)

500000-8741-0000646　GJ0648(089.74/P346)
潘相所著書七種六十七卷附二種三十一卷　(清)潘相撰　清刻本　四十八冊　存五種六十一卷附一種三十卷(經學八書:周易尊翼五卷、周禮撮要三卷、禮記釐編十卷、春秋比事參義一卷、春秋應舉輯要十二卷、春秋尊孟一卷、尚書可解輯粹二卷、毛詩古音參義五卷首一卷,琉球入學見聞錄四卷,澧志舉要三卷,事友錄五卷,巒文書屋集略八卷尺牘略一卷,附:俎豆集三十卷)

500000-8741-0000647　GJ0649(089.74/S244)
徐靈胎先生雜著五種七卷　(清)徐大椿撰　清光緒十四年(1888)江左書林刻本　二冊　存二種三卷(道德經注二卷、樂府傳聲一卷)

500000-8741-0000648　GJ0650(089.74/W323)
汪雙池先生叢書二十八種二百三十卷　(清)汪紱撰　清同治至光緒皖婺蘇浙等地刻本　一百四十六冊　存二十五種二百二十卷(周易詮義十四卷首一卷、書經詮義十二卷首二卷、詩經詮義十二卷首一卷末二卷、四書詮義三十八卷、易經如話十二卷首一卷、讀困知記三卷、孝經章句一卷或問一卷、春秋集傳十六卷首一卷末一卷、禮記章句十卷、禮記或問八卷、六禮或問十二卷首一卷末一卷、樂經或問三卷、讀近思錄一卷、讀陰符經一卷、讀參同契三卷、山海經存九卷首一卷、參讀禮志疑二卷、讀讀書錄二卷、理學逢源十二卷、儒先晤語二卷、戊笈談兵十卷首一卷補校錄一卷附四翼附編四卷奇門遁甲啓悟一卷、大風集四卷、立雪齋琴譜二卷首一卷、策略六卷、雙池先生年譜四卷)

500000－8741－0000649　GJ0651(089.74/X447)
杭氏七種十五卷　(清)杭世駿撰　清咸豐元年(1851)長沙小娜環山館刻本　六册

500000－8741－0000650　GJ0652(089.74/X447)
杭氏七種十五卷　(清)杭世駿撰　清咸豐元年(1851)長沙小娜環山館刻本　四册

500000－8741－0000651　GJ0653(089.74/Z253)
朱文端公藏書十三種一百八十三卷　(清)朱軾撰　清光緒二十三年(1897)刻本　八十三册

500000－8741－0000652　GJ0654(089.75/C750)
左海全集十種三十四卷　(清)陳壽祺撰　清嘉慶至道光三山陳氏刻本　二十册

500000－8741－0000653　GJ0655(089.75/C846)
嘉定錢氏潛研堂全書二十一種二百六十三卷　(清)錢大昕撰　清光緒十年(1884)長沙龍氏家塾刻本　六十册

500000－8741－0000654　GJ0656(089.75/D430)
董方立遺書九種十六卷　(清)董祐誠撰　清道光九年(1829)京都琉璃廠文德齋刻本　三册

500000－8741－0000655　GJ0657(089.75/D714)
經韻樓叢書七種一百十卷　(清)段玉裁撰　清道光元年(1821)金壇段氏刻本　十六册

500000－8741－0000656　GJ0658(089.75/G244)
紀愼齋先生全集十二種六十五卷　(清)紀大奎撰　清嘉慶十三年(1808)刻本　二十八册

存十一種六十一卷(雙桂堂稿十卷續編九卷、雙桂堂時文稿一卷附錄一卷、課子遺編一卷、敬義堂家訓三卷、雙桂堂易說二種、古律經傳附考五卷、地理末學六卷、筆算便覽五卷、老子約說四卷、薛文清公讀書錄鈔一卷讀書續錄鈔一卷、甑峯先生遺稿二卷)

500000－8741－0000657　GJ0659(089.75/G333)
介亭全集十一種三十一卷　(清)江濬源撰　清同治十三年(1874)刻本　八册

500000－8741－0000658　GJ0660(089.75/I417)
惜抱軒遺書三種十一卷　(清)姚鼐撰　清光緒五年(1879)桐城徐氏刻本　四册

500000－8741－0000659　GJ0661(089.75/I417)
惜抱軒全集十四種八十八卷　(清)姚鼐撰　清光緒三十三年(1907)上海校經山房刻本　十六册

500000－8741－0000660　GJ0662(089.75/l312)
清白士集六種二十八卷　(清)梁玉繩撰　清嘉慶五年(1800)刻本　十册

500000－8741－0000661　GJ0663(089.75/L375)
頻羅庵遺集七種十六卷　(清)梁同書撰　清刻本　十二册

500000－8741－0000662　GJ0664(089.75/L725－1)
劉端臨先生遺書八卷　(清)劉台拱撰　清道光十四年(1834)刻本　四册

500000－8741－0000663　GJ0665(089.75/L725)
劉端臨先生遺書四卷續刊三卷　(清)劉台拱撰　清嘉慶十一年(1806)揚州阮氏刻本[續刊爲清嘉慶十三年(1808)刻本]　三册

500000－8741－0000664　GJ0666(089.75/L725－2)
劉端臨先生遺書八卷　(清)劉台拱撰　清末廣雅書局刻本　二册

500000－8741－0000665　GJ0667(089.75/U120)
授堂遺書七種六十九卷附錄二卷　(清)武億撰　清道光二十三年(1843)偃師武氏刻本　十七册

500000－8741－0000666　GJ0668(089.75/U120)
授堂遺書七種六十九卷附錄二卷　(清)武億

撰　清道光二十三年(1843)偃師武氏刻本　十六册

500000－8741－0000667　GJ0669(089.75/W317)
古愚老人消夏錄十七種六十四卷　(清)汪汲撰　清乾隆至嘉慶古愚山房刻本　二十四册

500000－8741－0000668　GJ0670(089.75/W317)
古愚老人消夏錄十七種六十四卷　(清)汪汲撰　清乾隆至嘉慶古愚山房刻本　二十四册

500000－8741－0000669　GJ0671(089.75/W393)
龍莊遺書四種十五卷　(清)汪輝祖撰　清光緒十五年(1889)江蘇書局刻本　六册

500000－8741－0000670　GJ0672(089.75/X304)
洪北江全集三十三種二百二十二卷附年譜一卷　(清)洪亮吉撰　清光緒三年至五年(1877－1879)授經堂刻本　八十四册

500000－8741－0000671　GJ0673(089.75/X304)
洪北江全集三十三種二百二十二卷附年譜一卷　(清)洪亮吉撰　清光緒三年至五年(1877－1879)授經堂刻本　八十四册

500000－8741－0000672　GJ0674(089.75/Z－134)
小窻遺稿四種二十六卷　(清)張漪述　清嘉慶十九年(1814)懷來張氏惜陰書屋刻本　八册

500000－8741－0000673　GJ0675(089.75/Z222)
焦氏遺書二十一種一百二十二卷　(清)焦循撰　清光緒二年(1876)衡陽魏氏刻本　四十册

500000－8741－0000674　GJ0676(089.75/Z222)
焦氏遺書二十一種一百二十二卷　(清)焦循撰　清刻本　四十册

500000－8741－0000675　GJ0677(089.75/Z222－2)
焦氏叢書十四種一百卷　(清)焦循撰　清刻本　四十册

500000－8741－0000676　GJ0678(089.75/Z417)
甌北全集七種一百七十五卷　(清)趙翼撰　清乾隆至嘉慶間刻本　四十八册

500000－8741－0000677　GJ0679(089.75/Z417)
甌北全集七種一百七十五卷　(清)趙翼撰　清光緒三年(1877)四川官印刷局刻本　六十册

500000－8741－0000678　GJ0680(089.75/Z433)
珍埶宧遺書十二種三十九卷　(清)莊述祖撰　清嘉慶至道光武進莊述祖脊令舫刻本　二十四册

500000－8741－0000679　GJ0681(089.76/C734)
養志居僅存稿十八卷首一卷　(清)陳宗起撰　(清)陳克劬編　清光緒十一年(1885)丹徒陳氏刻本　八册

500000－8741－0000680　GJ0682(089.76/G344)
節甫老人雜著六種二十三卷　(清)江藩撰　清道光九年(1829)刻本　六册

500000－8741－0000681　GJ0683(089.76/I－453)
姚伯山先生全集四種二十九卷　(清)姚柬之撰　清道光二十八年(1848)内鄉王氏刻本　十二册

500000－8741－0000682　GJ0684(089.76/L308)
二思堂叢書六種五十一卷　(清)梁章鉅撰　清光緒元年(1875)浙江書局刻本　十六册

500000－8741－0000683　GJ0685(089.76/L314)
藤花亭十種六十四卷　(清)梁廷枏撰　清道光十年(1830)刻本　十二册

500000－8741－0000684　GJ0686(089.76/L366)
蜚雲閣淩氏叢書六種三十二卷　(清)淩曙撰　清嘉慶至道光江都淩氏蜚雲閣刻本　二十四册

500000－8741－0000685　GJ0687(089.76/L424)
脩本堂叢書十種八十三卷　(清)林伯桐撰　清道光二十四年(1844)番禺林氏刻本　十四册

500000－8741－0000686　GJ0688(089.76/L424)
脩本堂叢書十種八十三卷　(清)林伯桐撰　清道光二十四年(1844)番禺林氏刻本　十二册

500000－8741－0000687　GJ0689(089.76/M444)

郘亭詩鈔六卷　（清）莫友芝撰　清同治五年（1866）江寧三山客舍刻本　一冊

500000－8741－0000688　GJ0690（089.76/M444）
郘亭遺文八卷　（清）莫友芝撰　清刻本　一冊

500000－8741－0000689　GJ0691（089.76/M444）
郘亭遺詩八卷　（清）莫友芝撰　清光緒元年（1875）刻本　一冊

500000－8741－0000690　GJ0692（089.76/W181）
高郵王氏四種一百六十二卷　（清）王念孫（清）王引之撰　清刻本　六十四冊

500000－8741－0000691　GJ0693（089.76/W181－3）
高郵王氏四種一百六十二卷　（清）王念孫（清）王引之撰　清光緒二十一年（1895）上海鴻文書局石印本　八冊

500000－8741－0000692　GJ0694（089.76/X442）
郝氏遺書二十三種一百六十九卷　（清）郝懿行撰　清光緒八年（1882）郝聯薇順天府東路廳署刻本　六十一冊

500000－8741－0000693　GJ0695（089.76/Z114）
宛鄰書屋叢書十二種七十五卷　（清）張琦編　清道光張氏宛鄰書屋刻本　十六冊　存十一種六十一卷（戰國策釋地二卷、素問釋義十卷、宛鄰書屋古詩錄十二卷、緯青遺稿一卷、東海記一卷附錄一卷、傷寒懸解十四卷首一卷末一卷、詞選二卷附錄一卷、續詞選二卷、賴古齋文集八卷、莊氏慈幼二書一卷、素靈微藴四卷）

500000－8741－0000694　GJ0696（089.76/Z114－1）
宛鄰書屋叢書□□種□□卷　（清）張琦編　清道光張氏宛鄰書屋刻本　十六冊　存十二種四十三卷（戰國策釋地二卷、宛鄰書屋古詩錄十二卷、宛鄰詩二卷附蓬室偶吟一卷、立山詞一卷、宛鄰文二卷、緯青遺稿一卷、明發錄一卷、詞選二卷附錄一卷、賴古齋文集八卷、東海記一卷附錄一卷、素靈微藴四卷、鄰雲友月之居詩初稿四卷）

500000－8741－0000695　GJ0697（089.76/Z743）
三山陳氏家刻左海全集十種三十六卷　（清）陳壽祺撰　清嘉慶至道光刻陳紹墉補刻本　三十冊

500000－8741－0000696　GJ0698（089.77/B247－1）
安吳四種三十六卷首一卷　（清）包世臣撰　清同治十一年（1872）注經堂刻本　十六冊

500000－8741－0000697　GJ0699（089.77/B247）
安吳四種三十六卷首一卷　（清）包世臣撰　清光緒十四年（1888）刻本　十六冊

500000－8741－0000698　GJ0700（089.77/B247－2）
安吳四種三十六卷首一卷　（清）包世臣撰　清道光二十六年（1846）白門倦游閣刻本　十六冊

500000－8741－0000699　GJ0701（089.77/C744）
求志居集三十六卷外集一卷附經說二十四卷　（清）陳世鎔撰　清道光二十五年（1845）獨秀山莊刻本［經說爲清同治四年（1865）脈望齋刻本］　十四冊

500000－8741－0000700　GJ0702（089.77/D427）
戴氏四種四卷　（清）戴槃撰　清同治七年（1868）刻本　四冊

500000－8741－0000701　GJ0703（089.77/G349）
武陵山人遺書十二種十六卷附顧氏二種八卷　（清）顧觀光撰　清光緒九年（1883）獨山莫祥芝刻本［顧氏二種爲清光緒二十八年（1902）刻本］　十二冊

500000－8741－0000702　GJ0704（089.77/G349）
武陵山人遺書十二種十六卷　（清）顧觀光撰　清光緒九年（1883）獨山莫祥芝刻本　八冊

500000－8741－0000703　GJ0705（089.77/G349）
武陵山人遺書十二種十六卷　（清）顧觀光撰　清光緒九年（1883）獨山莫祥芝刻本　六冊

500000－8741－0000704　GJ0706（089.77/I499）
中復堂全集十種九十八卷附年譜一卷　（清）姚瑩撰　清同治六年（1867）姚濬昌安福縣署刻本　二十八冊

500000－8741－0000705　GJ0707（089.77/L424）

脩本堂叢書十種八十三卷　（清）林伯桐撰　清道光二十四年（1844）番禺林氏刻本　六冊　存六種二十卷（脩本堂稿五卷、月亭詩鈔一卷、史記蠡測一卷、供冀小言一卷、學海堂志一卷、古諺箋十一卷）

500000－8741－0000706　GJ0708（089.77/L453）
竹柏山房十五種附刻四種九十六卷　（清）林春溥撰輯　清嘉慶至咸豐刻本　四十冊　存十四種八十三卷（開闢傳疑二卷、古史紀年十四卷、古史考年異同表二卷後說一卷、武王克殷日記一卷、春秋經傳比事二十二卷、戰國紀年六卷地輿一卷年表一卷、竹書紀年補證四卷本末一卷後案一卷、孔門師弟年表一卷後說一卷孟子時事年表一卷後說一卷、孔子世家補訂一卷、孟子列傳纂一卷、孟子外書補證一卷、四書拾遺六卷、古書拾遺四卷、開卷偶得十卷）

500000－8741－0000707　GJ0709（089.77/L453）
竹柏山房十五種附刻四種九十六卷　（清）林春溥撰輯　清嘉慶至咸豐刻本　四十冊　存十四種八十三卷（開闢傳疑二卷、古史紀年十四卷、古史考年異同表二卷後說一卷、武王克殷日記一卷、春秋經傳比事二十二卷、戰國紀年六卷地輿一卷年表一卷、竹書紀年補證四卷本末一卷後案一卷、孔門師弟年表一卷後說一卷孟子時事年表一卷後說一卷、孔子世家補訂一卷、孟子列傳纂一卷、孟子外書補證一卷、四書拾遺六卷、古書拾遺四卷、開卷偶得十卷）

500000－8741－0000708　GJ0710（089.77/L634）
羅忠節公遺集六種十五卷附年譜二卷　（清）羅澤南撰　清道光至同治刻本　九冊

500000－8741－0000709　GJ0711（089.77/S042）
詠梅軒四種　（清）謝蘭生撰　清咸豐至同治刻本　四冊

500000－8741－0000710　GJ0712（089.77/S167）
蒼莨集三種二十七卷　（清）孫鼎臣撰　清咸豐五年（1855）刻本　十冊

500000－8741－0000711　GJ0713（089.77/W126）
巴山七種二十二卷　（清）王侃撰　清同治四年（1865）光裕堂刻本　八冊

500000－8741－0000712　GJ0714（089.77/W221）
倭文端公遺書十卷首二卷　（清）倭仁撰　清光緒三年（1877）粵東翰元樓刻本　六冊

500000－8741－0000713　GJ0715（089.77/X192）
景紫堂全書十七種八十一卷　（清）夏炘撰　清同治六年（1867）刻本　四十冊

500000－8741－0000714　GJ0716（089.77/Z236）
鄒叔子遺書七種三十卷　（清）鄒漢勛撰　清光緒九年（1883）鄒代鈞刻本　十三冊

500000－8741－0000715　GJ0717（089.77/Z236）
鄒叔子遺書七種三十卷　（清）鄒漢勛撰　清光緒九年（1883）鄒代鈞刻本　十六冊

500000－8741－0000716　GJ0718（089.77/Z240）
春雨樓叢書七種三十三卷　（清）朱士端撰　清同治元年至四年（1862－1865）寶應朱氏刻本　六冊

500000－8741－0000717　GJ0719（089.77/Z818）
鄭子尹遺書五種二十四卷　（清）鄭珍撰　清咸豐至同治刻本　十三冊

500000－8741－0000718　GJ0720（089.77/Z818）
鄭子尹遺書五種二十四卷　（清）鄭珍撰　清咸豐至同治刻本　十一冊

500000－8741－0000719　GJ0721（089.77/Z818）
鄭子尹遺書五種二十四卷　（清）鄭珍撰　清咸豐至同治刻本　十一冊

500000－8741－0000720　GJ0722（089.77/Z864）
曾文正公全集十五種一百八十三卷首一卷　（清）曾國藩撰　（清）李瀚章輯　清同治至光緒傳忠書局刻本　一百二十冊　存十三種一百七十一卷（曾文正公奏稿三十六卷、十八家詩鈔二十八卷、經史百家雜鈔二十六卷、經史百家簡編二卷、鳴原堂論文二卷、曾文正公詩集三卷文集三卷、曾文正公書札三十三卷、曾文正公批牘六卷、曾文正公雜著二卷、求闕齋讀書錄十卷、求闕齋日記類鈔二卷、曾文正公

年譜十二卷、孟子要略五卷,首一卷)

500000－8741－0000721　GJ0723(089.78/C705)
陳氏叢書三十八種四十四卷　(清)陳溥等撰　(清)伍肇齡編　清光緒九年(1883)成都刻本　三十六冊

500000－8741－0000722　GJ0724(089.78/C735)
番禺陳氏東塾叢書初函三種三十三卷附一種一卷　(清)陳澧撰　清咸豐至光緒刻本　九冊

500000－8741－0000723　GJ0725(089.78/C735)
番禺陳氏東塾叢書初函三種三十三卷附一種一卷　(清)陳澧撰　清咸豐至光緒刻本　九冊

500000－8741－0000724　GJ0726(089.78/C735)
番禺陳氏東塾叢書初函三種三十三卷附一種一卷　(清)陳澧撰　清咸豐至光緒刻本　九冊

500000－8741－0000725　GJ0727(089.78/D160)
頤志齋叢書二十二種四十一卷　(清)丁晏學　清道光至同治山陽丁氏六藝堂刻本　十六冊

500000－8741－0000726　GJ0728(089.78/D160)
頤志齋叢書二十二種四十一卷　(清)丁晏學　清道光至同治山陽丁氏六藝堂刻本　十六冊

500000－8741－0000727　GJ0729(089.78/D180)
田園雜著三種七卷　(清)丁午撰　清光緒七年(1881)刻本　四冊

500000－8741－0000728　GJ0730(089.78/D454)
桐華閣叢書六種四十二卷　(清)杜貴墀撰　清光緒二十五年至三十一年(1899－1905)巴陵杜氏刻本　十冊

500000－8741－0000729　GJ0731(089.78/D454)
桐華閣叢書六種四十二卷　(清)杜貴墀撰　清光緒二十五年至三十一年(1899－1905)巴陵杜氏刻本　十一冊

500000－8741－0000730　GJ0732(089.78/D454)
桐華閣叢書六種四十二卷　(清)杜貴墀撰　清光緒二十五年至三十一年(1899－1905)巴陵杜氏刻本　十冊

500000－8741－0000731　GJ0733(089.78/G130)
求益齋全集五種二十卷　(清)強汝詢撰　清光緒二十四年(1898)江蘇書局刻本　八冊

500000－8741－0000732　GJ0734(089.78/G130)
求益齋全集五種二十卷　(清)強汝詢撰　清光緒二十四年(1898)江蘇書局刻本　六冊
存四種十八卷(求益齋讀書記六卷、求益齋隨筆二卷、漢州群縣吏治考二卷、求益齋文集八卷)

500000－8741－0000733　GJ0735(089.78/L133)
雷刻八種三十三卷續刻二種二卷　(清)雷浚撰　清光緒八年至二十一年(1882－1895)吳縣雷氏刻本　十二冊

500000－8741－0000734　GJ0736(089.78/L409)
愛梅樓襍著十種二十九卷　(清)林慶炳撰　清光緒二十年(1894)侯官林氏刻本　十七冊

500000－8741－0000735　GJ0737(089.78/L620)
觀象廬叢書二十二種五十六卷　(清)呂調陽撰　清光緒十四年(1888)刻本　二十四冊

500000－8741－0000736　GJ0738(089.78/L733)
潛園總集十七種六百七十卷　(清)陸心源撰輯　清同治至光緒歸安陸氏刻本　一百三十六冊

500000－8741－0000737　GJ0739(089.78/L777)
説文解字雙聲疊韻譜一卷　(清)鄧廷楨撰　清光緒七年(1881)刻後知不足齋本　一冊

500000－8741－0000738　GJ0740(089.78/L777)
古桐書屋遺書六種二十卷　(清)劉熙載撰　清同治至光緒刻本　十冊

500000－8741－0000739　GJ0741(089.78/P322)
希鄭堂叢書第一集七種十二卷　潘任撰　清光緒二十年(1894)木活字印本　四冊

500000－8741－0000740　GJ0742(089.78/P324)
南海潘氏三種七卷　(清)潘衍桐撰　清光緒

十七年(1891)刻本　三冊

500000－8741－0000741　GJ0743(089.78/P381)
香禪精舍集八種二十一卷附七種十三卷　(清)潘鍾瑞撰　清光緒長洲潘氏香禪精舍刻本　十三冊　存八種二十一卷附三種九卷(奉思錄四卷,庚申噩夢記二卷,蘇臺麋鹿記二卷附逆黨姓名紀略一卷,香禪精舍游記三卷,鄂行日記二卷,歙行日記二卷,虎阜石刻僅存錄一卷附舊佚錄一卷舊存今佚錄一卷,金石文字跋尾二卷,附:紀游草四卷、香禪詞四卷、貞烈編一卷)

500000－8741－0000742　GJ0744(089.78/P407)
皮氏八種二十三卷　(清)皮錫瑞撰　清光緒湖南思賢書局刻本　十二冊

500000－8741－0000743　GJ0745(089.78/P481)
師伏堂叢書二十一種八十七卷　(清)皮錫瑞撰　清光緒十九年至三十年(1893－1904)善化皮氏師伏堂刻本　四十冊

500000－8741－0000744　GJ0746(089.78/P481b)
皮氏八種二十三卷　(清)皮錫瑞撰　清光緒湖南思賢書局刻本　十四冊

500000－8741－0000745　GJ0747(089.78/U232)
桐城吴先生全書一種五卷附錄三種十三卷　(清)吴汝綸撰　清光緒三十年(1904)桐城吴氏家刻本　二十二冊

500000－8741－0000746　GJ0748(089.78/X231)
學壽堂叢書十二種八十九卷　(清)徐灝撰　清光緒二十五年(1899)番禺徐氏刻本　二十六冊

500000－8741－0000747　GJ0749(089.78/X244)
志學齋集七種三十三卷　(清)徐壽基撰　清光緒五年至十三年(1879－1887)武進徐氏刻本　十四冊

500000－8741－0000748　GJ0750(089.78/X427)
儆居遺書十二種九十七卷　(清)黄式三撰　清同治至光緒刻本　四十六冊

500000－8741－0000749　GJ0751(089.78/X427－2)
儆季襍箸五種二十一卷附二種四卷　(清)黄以周撰　清光緒二十一年(1895)江蘇南菁講舍刻本　十冊

500000－8741－0000750　GJ0752(089.78/Y443d)
第一樓叢書九種三十卷　(清)俞樾撰　清同治十年(1871)刻本　八冊

500000－8741－0000751　GJ0753(089.78/Y843)
春在堂全書三十七種四百九十六卷　(清)俞樾撰　清光緒二十八年(1902)德清俞氏刻本　一百五十三冊　存三十三種四百六十六卷(羣經平議三十五卷、諸子平議三十五卷、第一樓叢書三十卷、曲園雜纂五十卷、俞樓雜纂一至四十三、賓萌集六卷外集四卷、春在堂雜文二卷續編五卷三編四卷四編八卷五編八卷六編十卷補遺六卷、春在堂詩編二十三卷詞錄三卷、春在堂隨筆十卷、春在堂尺牘六卷、楹聯錄存五卷附錄一卷、挽言一卷、四書文一卷、茶香室叢鈔二十三卷續鈔二十五卷三鈔二十九卷四鈔二十九卷、茶香室經說十六卷、經課續編八卷、九九銷夏錄十四卷、金剛般若波羅蜜經注二卷、太上感應篇纘義二卷、游藝錄六卷、小蓬萊謠一卷、袖中書二卷、東瀛詩記二卷、東海投桃集一卷、慧福樓幸草一卷、曲園自述詩一卷、曲園墨戲一卷、曲園三要一卷、瓊英小錄一卷、春在堂全書錄要一卷、春在堂全書校勘記一卷、春在堂傳奇二種二卷、新定牙牌數一卷)

500000－8741－0000752　GJ0754(089.78/Y843)
春在堂全書三十七種四百九十六卷　(清)俞樾撰　清光緒二十八年(1902)德清俞氏刻本　一百六十冊　存三十三種四百八十一卷(羣經平議三十五卷、諸子平議三十五卷、第一樓叢書三十卷、曲園雜纂五十卷、俞樓雜纂一至四十三卷、賓萌集六卷外集四卷、春在堂雜文二卷續編五卷三編四卷四編八卷五編八卷六編十卷補遺六卷、春在堂詩編二十三卷詞錄三卷、春在堂隨筆十卷、春在堂尺牘六卷、楹聯錄存五卷附錄一卷、挽言一卷、四書文一卷、右台仙館筆記十六卷、茶香室叢鈔二十三卷續鈔二十五卷三鈔二十九卷四鈔二十九卷、茶香室經說十六卷、經課續編八卷、九九銷夏録十四卷、太上感應篇纘義二卷、游藝録六卷、小蓬萊謠一卷、袖中書二卷、東瀛詩記二卷、東海投桃集一卷、慧福樓幸草一卷、曲園自述詩一卷補遺一卷、曲園墨戲一卷、曲園三耍一卷、瓊英小録一卷、春在堂全書録要一卷、春在堂全書校勘記一卷、春在堂傳奇二種二卷、新定牙牌數一卷）

500000 - 8741 - 0000753　GJ0755(089.78/Z053)
章震福先生遺著五種七卷　（清）章震福撰　清光緒三十四年(1908)鉛印本　二册

500000 - 8741 - 0000754　GJ0756(089.78/Z161)
寒松閣集五種二十卷　（清）張鳴珂撰　清光緒十年至二十四年(1884 - 1898)江西書局刻本　六册

500000 - 8741 - 0000755　GJ0757(089.78/Z210)
拙庵叢稿四種二十卷　（清）朱一新撰　清光緒二十二年(1896)順德葆真堂刻本　十四册

500000 - 8741 - 0000756　GJ0758(089.79/X111)
富陽夏氏叢刻七種二十一卷　（清）夏震武（清）夏鼎武撰　清光緒富陽夏氏刻本　四册

500000 - 8741 - 0000757　GJ0759(089.8/G046)
寶樹堂遺書三種七卷　（清）郭夢星撰　清光緒二十一年(1895)刻本　四册

500000 - 8741 - 0000758　GJ0760(089.8/I429)
觀古堂所著書第一集八種十六卷第二集八種二十卷　葉德輝輯　清光緒二十八年(1902)湘潭葉氏刻本　十六册

500000 - 8741 - 0000759　GJ0761(089.8/I429)
觀古堂所著書第一集八種十六卷第二集八種二十卷　葉德輝輯　清光緒二十八年(1902)湘潭葉氏刻本　十六册

500000 - 8741 - 0000760　GJ0762(089.8/I429 - 1)
觀古堂所著書第一集八種十六卷第二集八種二十卷　葉德輝輯　清光緒二十八年(1902)湘潭葉氏刻民國重印本　十三册　存二集十四種三十七卷（第一集：天文本單經論語校勘記一卷、輯孟子劉熙注一卷、輯蔡邕月令章句四卷、古今夏時表一卷、六書古微十卷、釋人疏證二卷，第二集：山公啓事一卷佚事一卷、輯孫子瑞應圖記一卷、輯鬻子二卷、輯郭氏玄中記一、輯許慎淮南鴻烈閒詁二卷、輯淮南萬畢術二卷、輯傅子三卷、輯晉詞隸校尉傅玄集三卷、藏書十約一卷游藝卮言一卷）

500000 - 8741 - 0000761　GJ0763(089.82/C721)
金陵通傳四十五卷補遺四卷續編一卷續傳一卷補傳一卷附金陵通紀十卷續四卷　陳作霖撰　清光緒三十年(1904)瑞華館刻本　十六册

500000 - 8741 - 0000762　GJ0764(089.82/C721)
金陵瑣志五種續志二種十一卷　陳作霖編　清光緒二十六年(1900)刻本　五册

500000 - 8741 - 0000763　GJ0765(089.82/C721)
可園文存十六卷詩存二十八卷詞存四卷　陳作霖撰　清宣統元年(1909)刻本　十册

500000 - 8741 - 0000764　GJ0766(089.82/C721)
養龢軒隨筆一卷　陳作霖編　清光緒二十四年(1898)江寧傅氏晦齋刻本　一册

500000 - 8741 - 0000765　GJ0767(089.82/C721)
金陵先正言行録六卷　陳作霖編　清南京江楚書局刻本　一册

500000 - 8741 - 0000766　GJ0768(089.82/W173)
湘綺樓全書十九種二百四十三卷　王闓運撰　清光緒至宣統刻本　七十九册

500000 - 8741 - 0000767　GJ0769(089.84/L010)
新訂六譯館叢書八十九種二百二十八卷　廖平撰　清光緒三十四年(1908)成都中學堂刻本　四册　存一種十二卷（左氏春秋古經說十二卷）

500000 - 8741 - 0000768　GJ0770(090/B160)
白虎通德論四卷　（漢）班固纂　清光緒三年(1877)刻本　二册

500000 - 8741 - 0000769　GJ0771(090/K043)
新學僞經考十四卷　康有爲撰　清光緒十七年(1891)武林望雲樓石印本　八册

500000－8741－0000770　GJ0772(090/W241－2)
相臺五經九十三卷　(宋)岳珂輯　清刻本　四十冊

500000－8741－0000771　GJ0773(090/Y843)
羣經平議三十五卷　(清)俞樾撰　清光緒十五年(1889)刻本　十二冊

500000－8741－0000772　GJ0774(090.7/W120)
經讀考異八卷補一卷句讀敍述二卷補一卷附翟晴江四書考異内句讀一卷群經義證八卷　(清)武億編　清道光二十三年(1843)偃師武氏刻本　三冊

500000－8741－0000773　GJ0775(090.8/K354)
重刊宋本十三經注疏附校勘記十三種八百三十二卷附一種四卷　(清)阮元撰校勘記　(清)盧宣旬摘錄　清光緒十三年(1887)脈望仙館石印本　三十七冊　存十二種八百四卷(周易兼義九卷附音義一卷注疏校勘記九卷釋文校勘記一卷、附釋音尚書注疏二十卷附校勘記二十卷、附釋音毛詩注疏七十卷附校勘記七十卷、附釋音周禮注疏四十二卷附校勘記四十二卷、儀禮注疏五十卷附校勘記五十卷、附釋音禮記注疏六十三卷附校勘記六十三卷、附釋音春秋左傳注疏六十卷附校勘記六十卷、監本附音春秋公羊注疏二十八卷附校勘記二十八卷、監本附音春秋穀梁注疏二十卷附校勘記二十卷、論語注疏解經二十卷附校勘記二十卷、孝經注疏九卷附校勘記九卷、爾雅疏十卷附校勘記十卷)

500000－8741－0000774　GJ0776(090.8/K354－2)
十三經注疏附考證十三種三百四十七卷　(清)張廷玉等編校　清同治十年(1871)廣東書局刻本　一百四十冊

500000－8741－0000775　GJ0777(090.8/K354－3)
重刊宋本十三經注疏附校勘記八百三十二卷附一種四卷　(清)阮元撰校勘記　(清)盧宣旬摘錄　清嘉慶二十年(1815)江西南昌府學刻本　一百六十冊　存十三種八百三十二卷(周易兼義九卷附音義一卷注疏校勘記九卷釋文校勘記一卷、附釋音尚書注疏二十卷附校勘記二十卷、附釋音毛詩注疏七十卷附校勘記七十卷、附釋音周禮注疏四十二卷附校勘記四十二卷、儀禮注疏五十卷附校勘記五十卷、附釋音禮記注疏六十三卷附校勘記六十三卷、附釋音春秋左傳注疏六十卷附校勘記六十卷、監本附釋音春秋公羊注疏二十八卷附校勘記二十八卷、監本附音春秋穀梁注疏二十卷附校勘記二十卷、論語注疏經解二十卷附校勘記二十卷、孝經注疏九卷附校勘記九卷、爾雅疏十卷附校勘記十卷、孟子注疏經解十四卷附校勘記十四卷)

500000－8741－0000776　GJ0778(090.8/K354－3)
重刊宋本十三經注疏附校勘記八百三十二卷附一種四卷　(清)阮元撰校勘記　(清)盧宣旬摘錄　清嘉慶二十年(1815)江西南昌府學刻本　一百五十八冊　存十三種八百三十二卷(周易兼義九卷附音義一卷注疏校勘記九卷釋文校勘記一卷、附釋音尚書注疏二十卷附校勘記二十卷、附釋音毛詩注疏七十卷附校勘記七十卷、附釋音周禮注疏四十二卷附校勘記四十二卷、儀禮注疏五十卷附校勘記五十卷、附釋音禮記注疏六十三卷附校勘記六十三卷、附釋音春秋左傳注疏六十卷附校勘記六十卷、監本附釋音春秋公羊注疏二十八卷附校勘記二十八卷、監本附音春秋穀梁注疏二十卷附校勘記二十卷、論語注疏經解二十卷附校勘記二十卷、孝經注疏九卷附校勘記九卷、爾雅疏十卷附校勘記十卷、孟子注疏經解十四卷附校勘記十四卷)

500000－8741－0000777　GJ0779(090.8/K354b)
袖珍十三經注十五種　(清)毛晉輯　清同治十二年(1873)江西稽古樓刻本　一百四冊

500000－8741－0000778　GJ0780(090.8/K354w)
十三經注疏校勘記識語四卷　(清)汪文臺撰　清光緒三年(1877)江西書局刻本　二冊

500000－8741－0000779　GJ0781(090.8/S447)
仿宋相臺五經九十六卷附考證　(宋)岳珂輯　清刻本　五十冊

500000－8741－0000780　GJ0782(090.8/S447－2)

仿宋相臺五經九十六卷附考證　（宋）岳珂輯　清刻本　四十冊

500000－8741－0000781　GJ0783(090.9/G344－2)
國朝漢學師承記八卷附經師經義目錄一卷宋學淵源記二卷附記一卷　（清）江藩撰　清光緒二十二年（1896）成都志古堂刻本　四冊

500000－8741－0000782　GJ0784(090.9/G344－4)
國朝漢學師承記八卷附經師經義目錄一卷　（清）江藩撰　清光緒二十二年（1896）寶慶勸學書社刻本　三冊

500000－8741－0000783　GJ0785(090.9/G344－5)
國朝漢學師承記八卷　（清）江藩撰　清光緒二十二年（1896）成都志古堂刻本　三冊

500000－8741－0000784　GJ0786(090.9/G344－6)
國朝漢學師承記八卷　（清）江藩撰　清光緒十二年（1886）萬卷書室刻本　三冊

500000－8741－0000785　GJ0787(091/J030)
易傳三卷　（清）王謨輯　清王謨刻漢魏叢書本　一冊

500000－8741－0000786　GJ0788(091/J030g)
關氏易傳一卷略例一卷古三墳一卷　（清）王謨輯　清王謨刻漢魏叢書本　一冊

500000－8741－0000787　GJ0789(091/W468)
經學輯要二十四卷首一卷　（清）吳潁炎編　清光緒二十年（1894）上海點石齋石印本　三十二冊

500000－8741－0000788　GJ0790(095/K043)
春秋董氏學八卷附傳一卷　康有為撰　清光緒二十四年（1898）上海大同譯書局刻萬木草堂叢書本　二冊

500000－8741－0000789　GJ0791(095.1/F328)
左繡三十卷首一卷　（清）馮李驊　（清）陸浩輯　清乾隆三十三年（1768）刻本　十二冊

500000－8741－0000790　GJ0792(095.1/F347)
說左約箋二卷　（清）馮李驊編撰　（清）夏大觀注　**春秋左傳分類賦四卷**　（清）夏大觀撰　（清）夏大鼎注　清咸豐元年（1851）刻本　三冊

500000－8741－0000791　GJ0793(095.22/H224)
春秋公羊註疏二十八卷　（漢）何休註　（唐）陸德明音義　明萬曆二十一年（1593）北京國子監刻十三經注疏本　八冊

500000－8741－0000792　GJ0794(095.5/L010)
起起穀梁癈疾一卷　廖平撰　清光緒十一年（1885）福山王懿榮刻本　一冊

500000－8741－0000793　GJ0795(097/X400)
增訂四書通典人物備考十二卷　（明）薛應旂輯　（明）陳仁錫增定　清乾隆五十五年（1790）經元堂刻本　八冊

500000－8741－0000794　GJ0796(097.5/L673)
呂晚村先生四書講義四十三卷　（清）呂留良撰　（清）陳鏦編　清康熙二十五年（1686）刻本　佚名朱批　四冊

500000－8741－0000795　GJ0797(098/F523)
皇朝五經彙解二百七十卷　（清）抉經心室主人輯　清光緒十四年（1888）上海鴻文書局石印本　三十二冊

500000－8741－0000796　GJ0798(098/G409)
南海桂氏經學叢書八種十九卷　（清）桂文燦撰　清咸豐至光緒刻本　十五冊

500000－8741－0000797　GJ0799(098/S256)
七經孟子考文並補遺二百卷　（日本）山井鼎撰　（日本）物觀補遺　清嘉慶二年（1797）阮元小琅嬛仙館刻本　二十冊

500000－8741－0000798　GJ0800(098/W244)
皇清經解續編一千四百三十卷　王先謙輯　清光緒十四年（1888）刻本　二百七十九冊　存二百七種一千四百二十三卷（九經誤字一卷，周易稗疏四卷，詩經稗疏四卷，春秋稗疏二卷，四書稗疏三卷，春秋占筮書三卷，續詩傳鳥名三卷，白鷺洲主客說詩一卷，郊社禘祫問一卷，大小宗通繹一卷，孝經問一卷，禮記偶箋三卷，尚書古文疏證九卷，易圖明辨十卷，春秋長歷十卷，儀禮釋宮增注一卷，儀禮釋例一卷，禮記訓義擇言八卷，春秋大事表六十六卷輿圖一卷，天子肆獻祼饋食禮纂二卷，朝廟宮室考竝圖一卷附田賦考一卷，易例二卷，易漢學八卷，明堂大道錄八卷，禘說二卷，晚書訂疑三卷，卦氣解一卷，周官記五卷，周官說二卷，周官補三卷，儀禮管見十七卷，爾雅補郭二卷，鄭氏儀禮目錄校證一卷，深衣釋例三卷，詩聲類十二卷詩聲分例一卷，詩傳小記一卷，國語補校一卷，逸周書雜志四卷，爾雅古義二卷，爾雅釋地四篇注一卷，車制攷一卷，羣經義證八卷，釋服二卷，孟子四攷四卷，毛詩攷證四卷，毛詩周頌口義三卷，五經小學述二卷，詩書古訓一至三、六至十，春秋左傳詁二十卷，左通補釋三十二卷，周易述補五卷，易圖條辨一卷，虞氏易事二卷，虞氏易言二卷，虞氏易候一卷，儀禮圖六卷，讀儀禮記二卷，書序述聞一卷，尚書今古文集解三十卷，卦本圖攷一卷，尚書大傳輯校三卷，禹貢鄭注釋二卷，羣經宮室圖二卷，隸經文四卷，說文聲類十六卷聲類出入表一卷，周易攷異二卷，尚書略說二卷，尚書譜一卷，大學古義說二卷，論語說義十卷，孟子趙注補正六卷，小爾雅訓纂六卷，過庭錄五卷，毛詩傳箋通釋三十二卷，毛詩後箋三十卷，儀禮古今文疏義十七卷，讀書叢錄一卷，爾雅匡名二十卷，周官故書攷四卷，儀禮今古文異同疏證五卷，論語魯讀攷一卷，頑石廬經說十卷，周禮學二卷，儀禮學一卷，易經異文釋六卷，詩經易文釋十六卷，春秋左傳異文釋十卷，春秋公羊傳異文釋一卷，春秋穀梁傳異文釋一卷，夏小正分箋四卷，夏小正異義二卷，春秋左氏古義六卷，春秋左氏傳補注十二卷，春秋左氏傳地名補注十二卷，儀禮經注疏正譌十七卷，周易虞氏略例一卷，論語孔注辨僞二卷，國語發正二十一卷，說文諧聲譜九卷，春秋穀梁傳時月日書法釋例四卷，求古錄禮說十五卷補遺一卷，鄉黨正義一卷，說文解字音均表十七卷，儀禮正義四十卷，禘祫問答一卷，實事求是齋經義二卷，十三經詁答問六卷，左傳舊疏考正八卷，春秋朔閏異同二卷，春秋左傳賈服注輯述二十卷，喪禮經傳約一卷，詩毛氏傳疏三十卷，釋毛詩音四卷，毛詩說一卷，毛詩傳義類一卷，鄭氏箋攷徵一卷，公羊逸禮攷徵一卷，周禮注疏小箋四卷，大戴禮注補十三卷，癸巳類稿六卷，癸巳存稿四卷，尚書餘論一卷，禹貢錐指正誤一卷，詩譜攷正一卷，孝經徵文一卷，齊詩翼氏學四卷，公羊禮疏十一卷，公羊問答二卷，春秋繁露注十七卷，周易姚氏學十六卷，春秋公羊傳曆譜十一卷，論語古注集箋二十卷，虞氏易消息圖說一卷，大誓答問一卷，春秋決事比一卷，輪輿私箋二卷，儀禮私箋八卷，巢經巢經說一卷，禹貢圖一卷，東塾讀書記十卷，春秋古經說二卷，穀梁禮證二卷，說文聲讀表七卷，學禮管釋十八卷，開有益齋經說五卷，穀梁大義述三十卷，春秋釋一卷，攷工記攷辨八卷，逸周書集訓校釋十卷逸文一卷，詩地理徵七卷，喪服會通說四卷，讀儀禮錄一卷，論語正義二十四卷，釋穀四卷，今文尚書經說攷三十八卷，尚書歐陽夏侯遺說攷一卷，三家詩遺說攷：魯詩遺說攷二十卷、齊詩遺說攷十二卷、韓詩遺說攷十七卷，毛詩鄭箋改字說四卷，詩經四家異文攷五卷，齊詩翼氏學疏證二卷，禮堂經說二卷，禮記鄭讀攷六卷，爾雅經注集證三卷，公羊義疏七十六卷，白虎通疏證十二卷，禮經通論一卷，周易爻辰申鄭義一卷，禹貢鄭氏略例一卷，書古微十二卷，詩古微十七卷，讀書偶識十卷附一卷，劉貴陽經說一卷，穀梁補注二十四卷，周易舊疏考正一卷，尚書舊疏考正一卷，讀易漢學私記一卷，孟子音義攷證二卷，達齋叢說一卷，周易互體徵一卷，九族考一卷，詩名物證古一卷，士昏禮對席圖一卷，禮記異文箋一卷，禮記鄭讀考一卷，玉佩考一卷，鄭君駁正三禮考一卷，春秋名字解詁補義一卷，論語鄭義一卷，續論語駢枝一卷，羣經平議三十五卷，古書疑義舉例七卷，禹貢說一卷，周易釋爻例一卷，尚書曆譜二卷，禹貢班義述三卷，春秋日南至譜一卷，何休注訓論語述一卷，禮記天算釋一卷，先聖生卒年月日考二卷，禮說略三卷，經說略二卷，漢孳室文鈔二卷，昏禮重別論對駁義二卷，隸經賸義一卷，毛詩譜一卷，駁春秋名字解詁一卷，經述三卷）

500000－8741－0000799　GJ0801（098/W244－2）

皇清經解續編一千四百三十卷　王先謙輯　清光緒十四年(1888)刻本　三百二十册

500000－8741－0000800　GJ0802(098/W244－3)
皇清經解續編一千四百三十卷　王先謙輯　清光緒十四年(1888)刻本　三百七十二册

500000－8741－0000801　GJ0803(098/X437)
石齋先生經傳九種五十六卷　(明)黄道周集傳　清康熙三十二年(1693)晉安鄭肇刻本　三十六册

500000－8741－0000802　GJ0804(098/Y021)
新鐫六經纂要不分卷　(明)顏茂猷纂　(明)徐嘉之　(明)李仲懃訂　明刻本　一册

500000－8741－0000803　GJ0805(098/Y798)
皇清經解一千四百八卷首一卷　(清)阮元撰　清咸豐十年(1860)刻本　二百九十九册

500000－8741－0000804　GJ0806(098/Y798－2)
皇清經解一千四百八卷首一卷　(清)阮元撰　清咸豐十年(1860)刻本　三百六十册

500000－8741－0000805　GJ0807(098/Y798－2)
皇清經解一千四百八卷首一卷　(清)阮元撰　清道光九年(1829)廣東學海堂刻咸豐十年(1860)補刻本　三百五十四册　存一百八十八種一千三百八十二卷(左傳杜解補正三卷,音論一卷,易音三卷,詩本音十卷,日知錄二卷,四書釋地一卷續一卷又續一卷三續一卷,孟子生卒年月考一卷,潛邱劄記二卷,禹貢錐指二十卷例畧圖一卷,學禮質疑二卷,學春秋隨筆十卷,毛詩稽古編三十卷,仲氏易三十卷,春秋毛氏傳三十六卷,春秋簡書刊誤二卷,春秋屬辭比事記四卷,經問十四卷補一卷,論語稽求篇七卷,四書賸言四卷補二卷,詩說三卷附錄一卷,湛園札記一卷,經義雜記十卷,解春集二卷,尚書地理今釋一卷,易說六卷,禮說十四卷,春秋說十五卷,白田草堂存稿一卷,周禮疑義舉要七卷,深衣考誤一卷,春秋地理考實四卷,羣經補義五卷,鄉黨圖考十卷,儀禮章句十七卷,觀象授時十四卷,經史問答七卷,質疑一卷,尚書注疏考證一卷,禮記注疏考證一卷,春秋左傳注疏考證二卷,春秋公羊傳注疏考證一卷,春秋穀梁傳注疏考證一卷,周官祿田考三卷,尚書小疏一卷,儀禮小疏八卷,春秋左傳小疏一卷,果堂集一卷,周易述二十一卷,古文尚書考二卷,春秋左傳補注六卷,九經古義十六卷,春秋正辭十一卷春秋舉例一卷春秋要指一卷,鍾山札記一卷,龍城札記一卷,尚書集注音疏卷一至八、十一至十三上,尚書經師系表一卷,尚書後案卷一至二十五、二十九至三十一,周禮軍賦說四卷,十駕齋養新錄三卷餘錄一卷,潛研堂文集六卷,四書考異三十六卷,尚書釋天六卷,讀書脞錄二卷續編二卷,弁服釋例八卷,釋繒一卷,爾雅正義二十卷,宗法小記一卷,儀禮喪服文足徵記十卷,釋宮小記一卷,考工創物小記四卷,磬折古義一卷,溝洫疆理小記一卷,禹貢三江考三卷,水地小記一卷,解字小記一卷,聲律小記一卷,九穀考四卷,釋草小記一卷,釋蟲小記一卷,禮箋三卷,考工記圖二卷,戴東原集二卷,古文尚書撰異二至三十二,毛詩故訓傳三十卷,詩經小學四卷,周禮漢讀考六卷,儀禮漢讀考一卷,說文解字注十五卷,六書音均表五卷,經韻樓集六卷,廣雅疏證十卷,讀書雜志二卷,春秋公羊通義十二卷敘一卷,禮學卮言一至五,經學卮言六卷,溉亭述古錄二卷,羣經識小八卷,經讀考異八卷,尚書今古文注疏三十九卷,問字堂集一卷,儀禮釋官九卷,禮經釋例十三卷,校禮堂文集一卷,劉氏遺書一卷,述學二卷,經義知新記一卷,大戴禮記正誤一卷,曾子注釋四卷,周易校勘記九卷略例校勘記一卷釋文校勘記一卷,尚書校勘記二十卷釋文校勘記二卷,毛詩校勘記七卷釋文校勘記三卷,周禮校勘記十二卷釋文校勘記二卷,儀禮校勘記十七卷釋文校勘記一卷,禮記校勘記六十三卷釋文校勘記四卷,春秋左傳校勘記三十六卷釋文校勘記六卷,春秋公羊傳校勘記十一卷釋文校勘記一卷,春秋穀梁傳校勘記十二卷釋文校勘記一卷,論語校勘記十卷釋文校勘記一卷,孝經校勘記三卷釋文校勘記一卷,爾雅校勘記六卷釋文校勘記二卷,孟子校勘記十四卷音義校勘記二卷,考工記車制圖解二卷，積古齋鐘鼎彝器款識二卷，疇人傳九卷，揅經室集七卷，撫本禮記鄭注考異二卷，易章句十二卷，易通釋二十卷，易圖略八卷，孟子正義三十卷，周易補疏二卷，尚書補疏二卷，毛詩補疏五卷，禮記補疏三卷，春秋左傳補疏五卷，論語補疏二卷，周易述補四卷，拜經日記八卷，拜經文集一卷，瞥記一卷，經義述聞二十八卷，經傳釋詞十卷，周易虞氏義九卷，周易虞氏消息二卷，虞氏易禮二卷，周易鄭氏義二卷，周易荀氏九家義一卷，易義别錄十四卷，五經異義疏證三卷，左海經辨二卷，左海文集二卷，鑑止水齋集二卷，爾雅義疏二十卷，春秋左傳補注三卷，公羊春秋經何氏釋例十卷，春秋公羊何氏解詁箋一卷，發墨守評一卷，穀梁廢疾申何二卷，左氏春秋考證二卷，箴膏肓評一卷，論語述何二卷，燕寢考三卷，研六室雜著一卷，春秋異文箋十三卷，寶甓齋札記一卷，寶甓齋文集一卷，夏小正疏義四卷異字記一卷釋音一卷，秋槎雜記一卷，吾亦廬稿四卷，論語偶記一卷，經書算學天文攷一卷，四書釋地辨證二卷，毛詩紬義二十四卷，公羊禮說一卷，禮說四卷，孝經義疏一卷，經傳攷證八卷，甓齋遺稿一卷，說緯一卷，經義叢鈔三十卷，國朝石經攷異一卷，漢石經攷異一卷，魏石經攷異，唐石經攷異一卷，蜀石經攷異一卷，北宋石經攷異一卷，三家詩異文疏證二卷）

500000－8741－0000806　GJ0808(098/Z447)
味經齋遺書七種四十一卷　（清）莊存與撰　清光緒八年(1882)刻本　十册

500000－8741－0000807　GJ0809(098.1/C423)
十一經初學讀本十一種　（清）萬廷蘭輯　清光緒二年(1876)四川學院衙門刻本　二十三册　存九種七十八卷（易經初學讀本不分卷、書經初學讀本不分卷、詩經初學讀本不分卷、周禮初學讀本六卷、儀禮初學讀本十七卷、禮記初學讀本四十九卷、春秋初學讀本不分卷、公羊傳初學讀本不分卷、穀梁傳初學讀本不分卷）

500000－8741－0000808　GJ0810(098.1/C551)
九經今義二十八卷　成本璞撰　清光緒三十一年(1905)長沙刻通雅齋叢書本　四册

500000－8741－0000809　GJ0811(098.1/N149)
通志堂經解一百三十九種　（清）納蘭成德輯　清同治十二年(1873)粵東書局刻本　四百九十九册　存一百三十八種一千八百八卷（子夏易傳十一卷，易數鉤隱圖三卷遺論九事一卷，橫渠先生易說三卷，易學一卷，紫巖居士易傳十卷，漢上易傳十一卷周易卦圖三卷周易叢說一卷，易璇璣三卷，周易義海撮要十二卷，易小傳六卷，復齋易說六卷，古周易一卷，童溪王先生易傳三十卷，易裨傳一卷外篇一卷，易圖說三卷，易學啓蒙通釋二卷圖一卷，周易玩辭十六卷，東谷鄭先生易翼傳二卷，三易備遺十卷，丙子學易編一卷，易學啓蒙小傳一卷古經傳一卷，水村易鏡一卷，晦菴先生朱文公易說二十三卷，大易緝說十卷，周易輯聞六卷易雅一卷筮宗一卷，周易傳義附錄十四卷首一卷，學易記九卷首一卷，讀易私言一卷，俞氏易集說十三卷，周易本義附錄纂注十五卷，周易發明啓蒙翼傳三卷外篇一卷，周易本義通釋十二卷輯錄雲峯文集易義一卷，易纂言十二卷首一卷，周易本義集成十二卷首一卷，易圖通變五卷，易象圖說内篇三卷外篇三卷，大易象數鉤深圖三卷，周易參義十二卷，合訂刪補大易集義粹言八十卷，書文訓十六卷，三山拙齋林先生尚書全解四十卷，程尚書禹貢論二卷後論一卷山川地理圖二卷，尚書說七卷，增修東萊書說三十五卷首一卷，書疑九卷，書集傳或問二卷，杏溪傅氏禹貢集解二卷，尚書詳解十三卷，尚書表注二卷，尚書纂傳四十六卷，書傳六卷，書纂言四卷，書蔡氏傳輯錄纂注六卷首一卷，尚書句解十三卷，書集傳纂疏六卷首一卷，尚書通考十卷，王耕野先生讀書管見二卷，定正洪範集說一卷首一卷，毛詩指說一卷，詩本義十五卷鄭氏詩譜補亡一卷，李迂仲黄實夫毛詩集解四十二卷首一卷，毛詩名物解二十卷，詩說一卷，詩疑二卷，詩傳遺說六卷，逸齋詩補傳三十卷篇目一卷，詩集傳名物鈔八卷，詩經疑問七卷附編一卷，詩解頤四卷，春秋尊王發微十二卷附錄一卷，春秋皇綱論五卷，春秋劉氏傳十五卷，春秋權衡十七卷，劉氏春秋意林二卷，春秋年表一卷，春秋名號歸一圖二卷，春秋臣傳三十卷，西疇居士春秋本例二十卷，木訥先生春秋經筌十六卷，石林先生春秋傳二十卷，止齋先生春秋後傳十二卷，春秋集解三十卷，左氏傳說二十卷，春秋左氏傳事類始末五卷附錄一卷，春秋提綱十卷，春秋王霸列國世紀編三卷，春秋通說十三卷，春秋集注十一卷綱領一卷，春秋或問二十卷，春秋五論一卷，則堂先生春秋集傳詳說三十卷綱領一卷，春秋類對賦一卷，春秋諸國統紀六卷，春秋本義三十卷首一卷，春秋或問十卷，春秋集傳十五卷，春秋屬辭十五卷，春秋師說三卷附錄二卷，春秋左氏傳補注十卷，春秋諸傳會通二十四卷首一卷，春秋集傳釋義大成十二卷首一卷，清全齋讀春秋編十二卷，春秋春王正月考一卷辨疑一卷，新定三禮圖二十卷，東巖周禮訂義八十卷首一卷，鬳齋考工記解二卷，儀禮圖十七卷旁通圖一卷，禮記集說一百六十卷，禮經會元四卷，太平經國之書十一卷首一卷，夏小正戴氏傳四卷，儀禮集說十七卷，儀禮逸經傳一卷，經禮補逸九卷附錄一卷，禮記陳氏集說補正三十八卷，孝經注解一卷，孝經大義一卷，孝經一卷，晦菴先生所定古文孝經句解一卷，南軒先生論語解十卷，論語集說十卷，南軒先生孟子說七卷，孟子集疏十四卷，孟子音義二卷，大學纂疏一卷中庸纂疏一卷論語纂疏十卷孟子纂疏十四卷，大學集編一卷中庸集編一卷論語集編十卷孟子集編十四卷，大學通一卷中庸通一卷論語通十卷孟子通一至七、十二至十四，大學章句或問通證一卷中庸章句或問通證一卷論語集注通證二卷孟子集注通證二卷，大學章句纂箋一卷大學或問纂箋一卷中庸章句纂箋一卷中庸或問纂箋一卷論語集注纂箋十卷孟子集注纂箋十四卷，四書通旨六卷，四書辨疑十五卷，大學集說啓蒙一卷中庸集說啓蒙一卷，經典釋文三十卷，公是先生七經小傳三卷，六經奧論六卷首一卷，六經正誤六卷，熊先生經說七卷，十一經問對五卷，五經蠡測六卷）

500000－8741－0000810　GJ0812(098.1/Z808)

古經解彙函十七種二百八十三卷　（清）鍾謙鈞等輯　清同治十二年(1873)粵東書局刻本　六十四册

500000－8741－0000811　GJ0813(098.1/Z808)

古經解彙函十七種二百八十三卷　（清）鍾謙鈞等輯　清同治十二年(1873)粵東書局刻本　八十册

500000－8741－0000812　GJ0814(098.1/Z808－1)

古經解彙函十七種二百八十三卷　（清）鍾謙鈞等輯　清光緒十四年(1888)上海蜚英館石印本　十七册　存十七種二百二十三卷（鄭氏周易注三卷補遺一卷，陸氏周易述一卷，周易集解十七卷，周易口訣義六卷，易緯八種：易緯乾坤鑿度二卷、易緯乾鑿度二卷、易緯稽覽圖二卷、易緯通卦驗二卷、易緯乾元序制記一卷、易緯是類謀一卷、易緯坤靈圖一卷，尚書大傳三卷附序錄一卷辨一卷，韓詩外傳十卷附校注拾遺一卷，毛詩草木鳥獸蟲魚疏二卷，春秋繁露十七卷附錄一卷，春秋釋例十五卷，春秋啖趙集傳纂例十卷，春秋微旨三卷，春秋啖趙二先生集傳辯疑十卷，論語集解義疏十卷，論語筆解二卷，鄭志三卷補遺一卷，小學彙函：說文解字繫傳四十卷附校勘記三卷、說文解字篆韻譜五卷附錄一卷、大廣益會玉篇三十卷、干祿字書一卷、五經文字三卷、新加九經字様一卷、大宋重修廣韻五卷、廣韻五卷）

500000－8741－0000813　GJ0815(098.2/Y487)

鄭氏佚書二十三種七十九卷　（漢）鄭玄撰　（清）袁鈞輯　清光緒十四年(1888)浙江書局刻本　十册

500000－8741－0000814　GJ0816(098.2/Y487)

鄭氏佚書二十三種七十九卷　（漢）鄭玄撰　（清）袁鈞輯　清光緒十四年(1888)刻本　十册

500000－8741－0000815　GJ0817(098.3/C842)

經義雜記三十卷敘錄一卷　（清）臧琳撰　清嘉慶四年(1799)武進臧氏拜經堂刻本　六册

500000－8741－0000816　GJ0818(098.3/F343)
雪樵經解三十卷附錄三卷　(清)馮世瀛輯　清光緒十一年(1885)慈水馮氏辨齋錫字版印本　八冊

500000－8741－0000817　GJ0819(098.3/I419)
經義尋中十二卷　(清)楊琪光著　清光緒刻本　二冊　存二卷(二至三)

500000－8741－0000818　GJ0820(098.3/I419)
經義尋中十二卷　(清)楊琪光著　清光緒刻本　二冊　存二卷(二至三)

500000－8741－0000819　GJ0821(098.3/I419－2)
經義尋中十二卷　(清)楊琪光著　清光緒十年(1884)刻本　十二冊

500000－8741－0000820　GJ0822(098.3/W444)
萬充宗先生經學五書十九卷　(清)萬斯大撰　清乾隆二十四年至二十六年(1759－1761)萬氏辨志堂刻本　六冊

500000－8741－0000821　GJ0823(098.3/W444)
萬充宗先生經學五書十九卷　(清)萬斯大撰　清乾隆二十四年至二十六年(1759－1761)萬氏辨志堂刻本　六冊

500000－8741－0000822　GJ0824(098.3/Z434)
五經小學述二卷　(清)莊述祖著　清光緒十六年(1890)四川尊經書局刻本　一冊

500000－8741－0000823　GJ0825(098.4/I－424)
九經圖不分卷　(清)楊魁植輯　(清)楊文源增訂　清乾隆三十七年(1772)信芳書房刻本　四冊

500000－8741－0000824　GJ0826(098.4/Z－832)
六經圖二十四卷　(清)鄭之僑輯　清乾隆九年(1744)潮陽鄭氏述堂刻本　十二冊

500000－8741－0000825　GJ0827(098.5/C794)
經傳繹義五十卷　(清)陳煒編　清嘉慶九年(1804)校字齋刻本　二十四冊

500000－8741－0000826　GJ0828(098.5/C794－2)
經傳繹義五十卷　(清)陳煒編　清嘉慶九年(1804)校字齋刻本　二十冊

500000－8741－0000827　GJ0829(098.5/C794－2)
經傳繹義五十卷　(清)陳煒編　清嘉慶九年(1804)校字齋刻本　二十四冊

500000－8741－0000828　GJ0830(098.5/W188)
鄂宰四稿四卷　(清)王筠撰　清咸豐二年(1852)鄉寧賀蓉刻本　二冊

500000－8741－0000829　GJ0831(098.5/X304b)
傳經表補正十二卷附經傳建立博士表一卷　(清)汪大鈞撰　清光緒十九年(1893)刻愈安闕齋所著書本　四冊

500000－8741－0000830　GJ0832(098.6/Y448)
群經大義不分卷　(清)楊士欽撰　清光緒三十四年(1908)重慶廣益書局鉛印本　一冊

500000－8741－0000831　GJ0833(098.7/C435)
經窺十六卷　(清)蔡啟盛撰　清光緒十六年(1890)刻本　四冊

500000－8741－0000832　GJ0834(098.7/G330)
江慎修先生讀書隨筆十二卷　(清)江永著　清乾隆五十七年(1792)方起泰、方起謙刻本　二冊

500000－8741－0000833　GJ0835(098.7/W242)
經傳攷證八卷　(清)朱彬撰　清道光十六年(1836)刻本　二冊

500000－8741－0000834　GJ0836(098.7/W242－2)
經傳攷證八卷　(清)朱彬撰　清道光二年(1822)刻本　二冊

500000－8741－0000835　GJ0837(098.7/Z234)
十三經札記二十二卷　(清)朱亦棟撰　清光緒四年(1878)武林竹簡齋刻本　六冊

500000－8741－0000836　GJ0838(098.7/Z234)
十三經札記二十二卷　(清)朱亦棟撰　清光緒四年(1878)武林竹簡齋刻本　六冊

500000－8741－0000837　GJ0839(098.9/S147)
古微書三十六卷　(明)孫瑴編　清光緒十四年(1888)對山問月樓刻本　六冊

500000－8741－0000838　GJ0840(099.9/C732)
蜀石經殘字不分卷　(清)陳宗彝輯　清道光

六年(1826)三山陳氏刻本　一冊

500000－8741－0000839　GJ0841(099.9/G391)
石經彙函十種四十五卷　王秉恩輯　清光緒十六年(1890)四川尊經書局刻本　十二冊

500000－8741－0000840　GJ0842(099.9/I614)
唐石經校文十卷　(清)嚴可均撰　清嘉慶九年(1804)元尚居刻本　四冊

500000－8741－0000841　GJ0843(099.9/I614)
唐石經校文十卷　(清)嚴可均撰　清嘉慶九年(1804)元尚居刻本　四冊

500000－8741－0000842　GJ0844(099.9/R710)
儀禮石經校勘記四卷　(清)阮元撰　清乾隆六十年(1795)七錄書閣刻本　一冊

500000－8741－0000843　GJ0845(120.2/M726－2)
意林五卷　(唐)馬總編　清光緒三年(1877)湖北崇文書局刻本　二冊　存二卷(二至三)

500000－8741－0000844　GJ0846(121.08/G204)
新鍥二太史彙選註釋九子全書評林十四卷首一卷　(明)焦竑註釋　(明)翁正春評林　明萬曆詹聖澤刻本　八冊

500000－8741－0000845　GJ0847(121.08/S358)
百家類纂四十卷　(明)沈津輯　明萬曆七年(1579)刻本(有抄配)　六十冊

500000－8741－0000846　GJ0848(121.08/U232)
桐城吴先生點刊諸子讀本七種一百一卷　(清)吴汝綸點勘　清宣統二年(1910)衍星社鉛印本　十一冊

500000－8741－0000847　GJ0849(121.1/Q244)
喬氏易俟十八卷圖一卷　(清)喬萊撰　清康熙喬氏竹深荷靜之堂刻本　四冊

500000－8741－0000848　GJ0850(121.1/W114)
易翼述信十二卷　(清)王又樸撰　清刻詩禮堂全集本　十二冊

500000－8741－0000849　GJ0851(121.1/W153)
周易大象解一卷　(清)王夫之撰　清同治四年(1865)湘鄉曾氏金陵節署刻本　一冊

500000－8741－0000850　GJ0852(121.1/Y446)
誠齋易傳二十卷　(宋)楊萬里撰　清光緒二十一年(1895)湖北官書處刻本　八冊

500000－8741－0000851　GJ0853(121.11/P455)
易經解注傳義辯正四十四卷首一卷圖説辯證二卷　(清)彭申甫編輯　清光緒十二年(1886)吴氏刻本　二十四冊

500000－8741－0000852　GJ0854(121.11/Z240)
易經體注大全合參四卷　(清)李兆賢輯　清學源堂刻本　一冊

500000－8741－0000853　GJ0855(121.115/S494)
易經精華六卷末一卷　(清)薛悟村輯　清光緒十一年(1885)新都墨耕堂刻增訂四經精華本　三冊

500000－8741－0000854　GJ0856(121.115/S494)
易經精華六卷末一卷　(清)薛悟村輯　清光緒十一年(1885)新都墨耕堂刻增訂四經精華本　三冊

500000－8741－0000855　GJ0857(121.12/K123)
周易兼義九卷附周易音義一卷附校勘記一卷　(三國魏)王弼注　(唐)孔穎達疏　清光緒十八年(1892)湖南寶慶務本書局刻本　五冊

500000－8741－0000856　GJ0858(121.12/K123－2)
周易兼義九卷附周易音義一卷附校勘記一卷　(三國魏)王弼注　(唐)孔穎達疏　清光緒十八年(1892)湖南寶慶務本書局刻本　六冊

500000－8741－0000857　GJ0859(121.12/L482)
來瞿唐先生易注十五卷首一卷末一卷圖像一卷　(明)來知德撰　清嘉慶二十二年(1817)刻民國十四年(1925)補刻本　二十冊

500000－8741－0000858　GJ0860(121.12/L494)
御纂周易折中二十二卷首一卷　(清)李光地等撰　清康熙五十四年(1715)内府刻本　十冊

500000－8741－0000859　GJ0861(121.12/L731)
周易恆解五卷首一卷　(清)劉沅註釋　清光緒三十一年(1905)刻本　六冊

500000－8741－0000860　GJ0862(121.12/S332)
易憲四卷圖說一卷　(明)沈泓疏　(明)沈權之等增訂　(清)許王猷　(清)張仕遇校　清乾隆刻本　佚名批　四冊

500000－8741－0000861　GJ0863(121.12/Z047)
周易人事疏證八卷　(清)章世臣輯　清宣統二年(1910)同文書局鉛印本　八冊

500000－8741－0000862　GJ0864(121.12/Z107)
篤志齋經解周易三卷春秋二卷　(清)張應譽著　清同治十年(1871)南皮張氏刻本　二冊

500000－8741－0000863　GJ0865(121.12/Z132)
周易義傳合訂十五卷　(清)張道緒音釋　清嘉慶十六年(1811)刻本　八冊

500000－8741－0000864　GJ0866(121.12/Z150)
張皋文箋易詮全集十四種五十二卷　(清)張惠言箋　清嘉慶至道光刻本　二十冊

500000－8741－0000865　GJ0867(121.12/Z150－1)
張皋文箋易詮全集十四種五十二卷　(清)張惠言箋　清嘉慶至道光刻本　八冊

500000－8741－0000866　GJ0868(121.12/Z240)
周易四卷筮儀一卷卦歌一卷圖一卷　(宋)朱熹本義　清光緒十七年(1891)金陵奎壁齋刻本　四冊

500000－8741－0000867　GJ0869(121.17/W232)
易說二卷　(清)吳汝綸編　清光緒三十年(1904)吳氏刻桐城吳先生全書本　二冊

500000－8741－0000868　GJ0870(121.2/K124)
孔叢二卷　(漢)孔鮒著　清光緒三年(1877)戎州盧秉鈞刻本　一冊

500000－8741－0000869　GJ0871(121.211/G480)
四書益智錄二十卷　(清)桂含章輯　清光緒八年(1882)石埭務本堂刻本　二十冊

500000－8741－0000870　GJ0872(121.211/W153)
四書稗疏一卷四書考異一卷　(清)王夫之撰　清同治四年(1865)曾氏刻本　一冊

500000－8741－0000871　GJ0873(121.212/Z－171)
四書集注闡微直解二十七卷　(明)張居正撰　清八旗經正書院刻本　十二冊

500000－8741－0000872　GJ0874(121.212/Z240)
新刻四書批點讀本十九卷　(宋)朱熹撰　清道光七年(1827)粵東藝芳齋刻朱墨套印本　六冊

500000－8741－0000873　GJ0875(121.212/Z240－2)
新刻四書批點讀本十九卷　(宋)朱熹撰　清道光七年(1827)粵東藝芳齋刻朱墨套印本　六冊

500000－8741－0000874　GJ0876(121.212/Z－240－4)
四書集注正本十二卷　(宋)朱熹集註　清光緒十七年(1891)新都墨耕堂刻本　六冊

500000－8741－0000875　GJ0877(121.212/Z240－7)
監本四書章句十九卷　(宋)朱熹撰　清光緒十五年(1889)京都善成東記刻本　六冊

500000－8741－0000876　GJ0878(121.212/Z240－8)
四書十卷　(日本)後藤松陰訓點　清宣統二年(1910)刻本　十冊

500000－8741－0000877　GJ0879(121.214/Y－741)
四書釋地一卷續一卷又續一卷三續一卷孟子生卒年月考一卷　(清)閻若璩撰　清乾隆五十二年(1787)吳照聽雨齋刻本　三冊

500000－8741－0000878　GJ0880(121.214/Y－741－2)
四書釋地補一卷續一卷又續二卷三續二卷　(清)閻若璩撰　清嘉慶二十一年(1816)梅陽海涵堂刻本　六冊

500000－8741－0000879　GJ0881(121.215/D491)
四書圖考十三卷　(清)杜炳雲撰　清光緒十三年(1887)鴻文書局石印本　一冊

500000－8741－0000880　GJ0882(121.215/G330)
鄉黨圖考十卷　(清)江永撰　清道光五年(1825)元茂堂刻本　四冊

500000－8741－0000881　GJ0883(121.217/L402)
四書蠹簡六卷　(清)李詒經撰　清道光十年(1830)慎思堂刻本　五冊

500000－8741－0000882　GJ0884(121.217/L461)
四書反身錄十七卷　(清)李顒著　清嘉慶七

年(1802)合川會善堂刻本　四册

500000－8741－0000883　GJ0885(121.217/L461－2)
四書反身錄五卷　(清)李顒撰　清宣統二年(1910)國學研究會刻本　四册

500000－8741－0000884　GJ0886(121.217/L673)
呂晚村先生四書講義四十三卷　(清)呂留良撰　(清)陳鏦編　清康熙二十五年(1686)刻本　六册

500000－8741－0000885　GJ0887(121.217/L673b)
駁呂留良四書講義八卷　(清)朱軾等撰　清雍正九年(1731)内府刻本　八册

500000－8741－0000886　GJ0888(121.22/L633－2)
論語正義二十四卷　(清)劉寶楠學　清同治五年(1866)代州馮志沂刻本　六册

500000－8741－0000887　GJ0889(121.22/L633－2)
論語正義二十四卷　(清)劉寶楠學　清同治五年(1866)代州馮志沂刻本　十二册

500000－8741－0000888　GJ0890(121.22/L633－4)
論語正義二十四卷　(清)劉寶楠學　清光緒十八年(1892)黄岡嘯園范氏刻本　八册

500000－8741－0000889　GJ0891(121.22/Z240p)
朱子論語集注訓詁攷二卷　(清)潘衍桐輯　清光緒十七年(1891)浙江書局刻本　二册

500000－8741－0000890　GJ0892(121.222/C488)
論語集説十卷　(宋)蔡節編　清同治十二年(1873)粤東書局刻通志堂經解本　三册

500000－8741－0000891　GJ0893(121.222/C720)
論語古訓十卷　(清)陳鱣述　清光緒九年(1883)浙江書局刻本　二册

500000－8741－0000892　GJ0894(121.222/X260)
論語注疏解經十卷附札記一卷　(三國魏)何晏集解　(宋)邢昺疏　清光緒三十年(1904)玉海棠刻本　二册

500000－8741－0000893　GJ0895(121.222/X260－1)
論語注疏解經二十卷附校勘記二十卷　(三國魏)何晏集解　(宋)邢昺疏　清光緒十八年(1892)湖南寶慶務本書局刻本　五册

500000－8741－0000894　GJ0896(121.222/X490)
論語通十卷　(元)胡炳文撰　清同治十二年(1873)粤東書局刻通志堂經解本　四册

500000－8741－0000895　GJ0897(121.222/Z143)
南軒先生論語解十卷　(宋)張栻撰　清同治十二年(1873)粤東書局刻通志堂經解本　二册

500000－8741－0000896　GJ0898(121.222/Z－240)
論語十卷　(宋)朱熹集註　清光緒二十五年(1899)精宏書局刻本　二册

500000－8741－0000897　GJ0899(121.222/Z422)
論語集編十卷　(宋)真德秀撰　清同治十二年(1873)粤東書局刻通志堂經解本　二册

500000－8741－0000898　GJ0900(121.23/D414)
孔子編年四卷　(清)狄子奇輯　清光緒十三年(1887)浙江書局刻本　一册

500000－8741－0000899　GJ0901(121.23/D414)
孟子編年四卷　(清)狄子奇輯　清光緒十三年(1887)浙江書局刻本　一册

500000－8741－0000900　GJ0902(121.23/H421)
孔子編年五卷　(宋)胡仔撰　清嘉慶二十三年(1818)刻本　一册

500000－8741－0000901　GJ0903(121.23/H421－2)
孔子編年五卷　(宋)胡仔撰　清同治九年(1870)孔氏刻本　二册

500000－8741－0000902　GJ0904(121.23/L010)
知聖篇二卷　廖平撰　清宣統三年(1911)上海國學扶輪社鉛印本　一册

500000－8741－0000903　GJ0905(121.23/S162)
孔子集語十七卷　(清)孫星衍撰　清光緒三年(1877)浙江書局刻本　四册

500000－8741－0000904　GJ0906(121.23/W150)
孔子家語十卷札記一卷　(三國魏)王肅注　清光緒二十四年(1898)貴池劉世珩玉海堂影宋刻本　四册

500000－8741－0000905　GJ0907(121.23/Y488)
先聖大訓六卷　(宋)楊簡輯注　(明)鄭光弼

（明）俞汝楫訂　明萬曆刻本　十二册

500000－8741－0000906　GJ0908（121.234/K113c）
孔子家語疏證十卷　（清）陳士珂撰　清光緒十七年（1891）三餘草堂刻本　八册

500000－8741－0000907　GJ0909（121.2512/J660）
大學集説啓蒙一卷中庸集説啟蒙一卷　（元）景星集説　清同治十二年（1873）粵東書局刻通志堂經解本　一册

500000－8741－0000908　GJ0910（121.2512/X490）
四書通二十六卷　（元）胡炳文通　清同治十二年（1873）粵東書局刻通志堂經解本　一册　存二卷（大學通一卷、中庸通一卷）

500000－8741－0000909　GJ0911（121.2512/Z232）
大學章句纂箋一卷大學或問纂箋一卷中庸章句纂箋一卷中庸或問纂箋一卷　（元）詹道傳纂箋　清同治十二年（1873）粵東書局刻通志堂經解本　二册

500000－8741－0000910　GJ0912（121.2512/Z421）
四書纂疏二十六卷　（宋）趙順孫纂疏　清同治十二年（1873）粵東書局刻通志堂經解本　七册　存十六卷（大學纂疏一卷、中庸纂疏一卷、孟子纂疏十四卷）

500000－8741－0000911　GJ0913（121.2512/Z422）
大學集編一卷中庸集編一卷孟子集編十四卷　（宋）真德秀撰　清同治十二年（1873）粵東書局刻通志堂經解本　三册

500000－8741－0000912　GJ0914（121.26/D414）
孟子編年四卷　（清）狄子奇輯　清道光十一年（1831）刻本　一册

500000－8741－0000913　GJ0915（121.262/C444）
孟子集疏十四卷　（宋）蔡模集疏　**音義二卷**　（宋）孫奭撰　清同治十二年（1873）粵東書局刻通志堂經解本　三册

500000－8741－0000914　GJ0916（121.262/S824－1）
孟子注疏解經十四卷附校勘記十四卷　（漢）趙岐注　清光緒十八年（1892）湖南寶慶務本書局刻本　七册

500000－8741－0000915　GJ0917（121.262/Z240）
孟子七卷　（宋）朱熹集註　清光緒二十五年（1899）精宏書局刻本　三册

500000－8741－0000916　GJ0918（121.267/Z228）
孟子弟子考補正一卷　（清）朱彝尊撰　（清）陳矩補正　清光緒二十四年（1898）刻靈峯草堂叢書本　一册

500000－8741－0000917　GJ0919（121.267/Z－240）
孟子要略五卷　（宋）朱熹撰　清光緒十四年（1888）山東書局刻本　一册

500000－8741－0000918　GJ0920（121.267/Z240）
孟子要略五卷　（宋）朱熹撰　清同治十三年（1874）傳忠書局刻朱子遺書本　一册

500000－8741－0000919　GJ0921（121.271/I－420）
荀子二十卷　（戰國）荀況撰　（唐）楊倞註　明虞九章刻本　二册

500000－8741－0000920　GJ0922（121.271/I－420－1）
荀子二十卷　（唐）楊倞注　清光緒十七年（1891）刻本　六册

500000－8741－0000921　GJ0923（121.271/Y420）
荀子二十卷　（唐）楊倞注　清光緒二年（1876）浙江書局刻本　六册

500000－8741－0000922　GJ0924（121.271/Y420）
荀子二十卷　（唐）楊倞注　清光緒二年（1876）浙江書局刻本　六册

500000－8741－0000923　GJ0925（121.271/Y420）
荀子二十卷　（唐）楊倞注　清光緒二年（1876）浙江書局刻本　六册

500000－8741－0000924　GJ0926（121.29/W198）
言子文學錄三卷首一卷末一卷　（清）言如泗增輯　清光緒二十三年（1897）刻本　一册

500000－8741－0000925　GJ0927（121.31/G018）
老子證義二卷　（清）高延第撰　清光緒十二年（1886）涌翠山房刻本　一册

500000－8741－0000926　GJ0928（121.31/W153）
老子衍一卷　（清）王夫之撰　清同治四年（1865）曾氏金陵節署刻船山遺書本　一册

500000－8741－0000927　GJ0929(121.31/Y417)
老子章義二卷　(清)姚鼐撰　清同治九年(1870)吳氏刻本　一冊

500000－8741－0000928　GJ0930(121.311/L627)
道德經注釋一卷附老子道德經一卷　(春秋)太上李老君著輯　(唐)呂純陽衍義　清刻本　四冊

500000－8741－0000929　GJ0931(121.311/M743－2)
莊子故八卷　馬其昶注　清光緒三十一年(1905)集虛草堂刻本　四冊

500000－8741－0000930　GJ0932(121.311/U232)
莊子十卷　(清)吳汝綸編　清宣統二年(1910)衍星社鉛印本　二冊

500000－8741－0000931　GJ0933(121.311/W117)
老子道德經二卷　(三國魏)王弼注　清光緒元年(1875)浙江書局刻本　一冊

500000－8741－0000932　GJ0934(121.311/W117)
老子道德經二卷　(三國魏)王弼注　清光緒元年(1875)浙江書局刻本　一冊

500000－8741－0000933　GJ0935(121.311/X328)
道德經評注二卷　(漢)河上公章句　清嘉慶九年(1804)姑蘇聚文堂刻本　二冊

500000－8741－0000934　GJ0936(121.32/L123)
列子八卷　(唐)盧重元撰　清嘉慶八年(1803)秦恩復石研齋刻本　二冊

500000－8741－0000935　GJ0937(121.321/Z134)
列子八卷　(晉)張湛注　清光緒二年(1876)浙江書局刻本　二冊

500000－8741－0000936　GJ0938(121.321/Z134)
列子八卷　(晉)張湛注　清光緒二年(1876)浙江書局刻本　二冊

500000－8741－0000937　GJ0939(121.33/L418)
莊子因六卷　(清)林雲銘評述　清光緒六年(1880)白雲精舍刻本　六冊

500000－8741－0000938　GJ0940(121.33/W153)
莊子通一卷附愚鼓詞一卷　(清)王夫之撰　清同治四年(1865)曾氏金陵節署刻船山遺書本　一冊

500000－8741－0000939　GJ0941(121.33/X214)
南華經四卷引言一卷　(清)徐廷槐抄　清乾隆六年(1741)黎照樓刻本　四冊

500000－8741－0000940　GJ0942(121.33/Z477g)
南華真經十卷　(晉)郭象撰　(唐)陸德明音義　明嘉靖十二年(1533)吳郡顧春世德堂刻六子全書本　六冊

500000－8741－0000941　GJ0943(121.331/C734)
南華真經本義十六卷附錄八卷　(明)陳治安撰　明崇禎刻本　十二冊

500000－8741－0000942　GJ0944(121.331/C746)
南華真經正義内篇七卷外篇十五卷雜篇十一卷識餘三種不分卷　(清)陳壽昌輯　清光緒十九年(1893)怡顏齋刻本　六冊

500000－8741－0000943　GJ0945(121.331/D235)
莊子内篇註四卷　(明)釋德清註　清光緒十四年(1888)金陵刻經處刻本　二冊

500000－8741－0000944　GJ0946(121.331/G004－1)
莊子集釋十卷　(清)郭慶藩輯　清光緒二十年(1894)思賢書局刻本　八冊

500000－8741－0000945　GJ0947(121.331/G027－7)
莊子十卷　(晉)郭象注　(唐)陸德明音義　清光緒二年(1876)浙江書局刻本　四冊

500000－8741－0000946　GJ0948(121.331/G027－7)
莊子十卷　(晉)郭象注　(唐)陸德明音義　清光緒二年(1876)浙江書局刻本　四冊

500000－8741－0000947　GJ0949(121.331/G027－7)
莊子十卷　(晉)郭象注　(唐)陸德明音義　清光緒二年(1876)浙江書局刻本　四冊

500000－8741－0000948　GJ0950(121.331/G027－7b)
南華真經評註十卷　(晉)郭象輯註　(明)歸有光評閱　明竺塢刻本　四冊

500000－8741－0000949　GJ0951(121.331/G027－7c)
南華經解三卷首一卷末一卷　(清)方文通評　清光緒二十二年(1896)桐城方氏刻本　三冊

500000－8741－0000950　GJ0952(121.331/L418)
莊子因六卷　(清)林雲銘評選　清光緒六年(1880)白雲精舍刻本　四册

500000－8741－0000951　GJ0953(121.331/L418)
莊子因六卷　(清)林雲銘撰　清康熙五十五年(1716)挹奎樓刻本　四册

500000－8741－0000952　GJ0954(121.331/L716)
南華副墨八卷　(明)陸西星述　(明)陸律校　清光緒十一年(1885)傳薪書室刻本　七册

500000－8741－0000953　GJ0955(121.331/L744)
莊子雪三卷　(清)陸樹芝輯注　清粵東儒雅堂刻本　六册

500000－8741－0000954　GJ0956(121.331/L744)
莊子雪三卷　(清)陸樹芝輯注　清粵東書局刻本　六册

500000－8741－0000955　GJ0957(121.331/S321)
南華經解不分卷　(清)宣穎撰　清康熙六十年(1721)海清樓刻本　三册

500000－8741－0000956　GJ0958(121.331/S937)
南華發覆八卷　(明)釋性通注　(明)方應祥校　明天啟刻本　六册

500000－8741－0000957　GJ0959(121.331/W173)
莊子注二卷　王闓運注　清同治八年(1869)刻本　一册

500000－8741－0000958　GJ0960(121.331/X404)
莊子獨見不分卷　(清)胡文英評釋　清乾隆十六年(1751)同德堂刻本　佚名批注　六册

500000－8741－0000959　GJ0961(121.331/X404－1)
莊子獨見不分卷　(清)胡文英評釋　清乾隆十六年(1751)文淵堂刻本　佚名臨姚鼐評　三册

500000－8741－0000960　GJ0962(121.36/T634－3)
文子纘義十二卷　(元)杜道堅撰　清光緒三年(1877)浙江書局刻本　二册

500000－8741－0000961　GJ0963(121.36/T634－3)
文子纘義十二卷　(元)杜道堅撰　清光緒三年(1877)浙江書局刻本　二册

500000－8741－0000962　GJ0964(121.4/K124)
詰墨一卷　(漢)孔鮒著　**新語二卷**　(漢)陸賈著　清光緒三年(1877)刻本　一册

500000－8741－0000963　GJ0965(121.41/B631)
墨子十六卷　(清)畢沅撰　清光緒二年(1876)浙江書局刻本　佚名朱墨筆批注　四册

500000－8741－0000964　GJ0966(121.41/M617)
墨子注不分卷　王闓運注　清光緒三十年(1904)江西官書局刻本　二册

500000－8741－0000965　GJ0967(121.41/W168)
墨商三卷補遺一卷　(清)王景羲撰　清宣統二年(1910)刻本　二册

500000－8741－0000966　GJ0968(121.411/B631)
墨子十六卷　(清)畢沅撰　清光緒二年(1876)浙江書局刻本　四册

500000－8741－0000967　GJ0969(121.411/B631)
墨子十六卷　(清)畢沅撰　清光緒二年(1876)浙江書局刻本　四册

500000－8741－0000968　GJ0970(121.411/S838－1)
墨子閒詁十五卷目錄一卷附錄一卷後語二卷　(清)孫詒讓撰　清光緒三十三年(1907)刻本　八册

500000－8741－0000969　GJ0971(121.411/S838－2)
墨子閒詁十五卷目錄一卷附錄一卷後語二卷　(清)孫詒讓撰　清光緒二十一年(1895)蘇州毛上珍鉛印本　八册

500000－8741－0000970　GJ0972(121.411/W144)
墨子斠注補正二卷　王樹枏注　清光緒十三年(1887)文莫室刻本　一册

500000－8741－0000971　GJ0973(121.411/W168)
墨商三卷補遺一卷　(清)王景羲撰　清宣統二年(1910)刻本　二册

500000－8741－0000972　GJ0974(121.411/W173)
墨子注不分卷　王闓運注　清光緒三十年(1904)江西官書局刻本　四册

500000－8741－0000973　GJ0975(121.5/C240c)

朱子語類日鈔五卷 （清）陳澧撰　清咸豐十一年（1861）刻本　一冊

500000－8741－0000974　GJ0976（121.6/G460）
管韓合刻四十四卷 （春秋）管仲　（戰國）韓非撰　明崇禎十一年（1638）葛鼎刻本　六冊

500000－8741－0000975　GJ0977（121.61/D407）
管子校正二十四卷 （清）戴望撰　清抄本　三冊

500000－8741－0000976　GJ0978（121.611/F302－6）
管子二十四卷 （唐）房玄齡註釋　清嘉慶九年（1804）聚文堂刻本　八冊

500000－8741－0000977　GJ0979（121.611/F302－7）
管子二十四卷 （唐）房玄齡注　清光緒二年（1876）浙江書局刻本　六冊

500000－8741－0000978　GJ0980（121.611/Z－140）
管子纂二卷 （明）張榜撰　明刻本　一冊

500000－8741－0000979　GJ0981（121.62/I646）
商君書五卷附攷一卷 （戰國）商鞅撰　（清）嚴萬里（嚴可均）校　清光緒二年（1876）浙江書局刻本　一冊

500000－8741－0000980　GJ0982（121.62/I646）
商君書五卷附攷一卷 （戰國）商鞅撰　（清）嚴萬里（嚴可均）校　清光緒二年（1876）浙江書局刻本　一冊

500000－8741－0000981　GJ0983（121.67/H411）
韓非子二十卷識誤三卷 （戰國）韓非撰　清光緒二十三年（1897）圖書集成局影印本　二冊

500000－8741－0000982　GJ0984（121.67/X410－3）
韓子迂評二十卷 題（明）門無子評　**附錄一卷**　明萬曆七年（1579）刻本　二冊

500000－8741－0000983　GJ0985（121.67/X411）
韓非子二十卷識誤三卷 （戰國）韓非撰　清光緒元年（1875）浙江書局刻本　六冊

500000－8741－0000984　GJ0986（121.67/X411－2）
韓非子二十卷識誤三卷 （戰國）韓非撰　清嘉慶刻本　六冊

500000－8741－0000985　GJ0987（121.67/X411－4）
韓非子二十卷 （戰國）韓非撰　明萬曆十年（1582）趙用賢刻管韓合刻本　八冊

500000－8741－0000986　GJ0988（121.671/U232）
韓非子二十卷 （清）吳汝綸點評　清宣統二年（1910）衍星社鉛印桐城吳先生點勘諸子七種本　二冊

500000－8741－0000987　GJ0989（121.671/W129.1）
韓非子集解二十卷首一卷 （清）王先慎集解　清光緒二十二年（1896）長沙王氏刻本　六冊

500000－8741－0000988　GJ0990（121.671/W129.1）
韓非子集解二十卷首一卷 （清）王先慎集解　清光緒二十二年（1896）長沙王氏刻本　六冊

500000－8741－0000989　GJ0991（121.671/Z－140）
韓非子纂二卷 （明）張榜撰　明刻本　一冊

500000－8741－0000990　GJ0992（121.671/Z140－2）
韓非子二卷 （明）張榜撰　明刻本　二冊

500000－8741－0000991　GJ0993（121.677/T730）
讀諸子札記一卷 （清）陶鴻慶撰　清末抄本　一冊

500000－8741－0000992　GJ0994（121.82/W324）
尸子二卷存疑一卷 （清）汪繼培輯　清光緒三年（1877）浙江書局刻本　一冊

500000－8741－0000993　GJ0995（121.82/W324）
尸子二卷存疑一卷 （清）汪繼培輯　清光緒三年（1877）浙江書局刻本　一冊

500000－8741－0000994　GJ0996（121.82/W324（2））
尸子二卷商君書五卷 （清）汪繼培輯　（清）嚴萬里（嚴可均）校　清光緒二十三年（1897）圖書集成局石印本　一冊

500000－8741－0000995　GJ0997（121.871/G002－3）
呂氏春秋二十六卷附攷一卷 （漢）高誘注　清光緒元年（1875）浙江書局刻本　六冊

500000－8741－0000996　GJ0998（121.871/L615）
呂氏春秋二十六卷 （戰國）呂不韋撰　（漢）

高誘注　清光緒二十三年(1897)上海文瑞樓刻本　二册

500000－8741－0000997　GJ0999(122.1/J133)
賈子新書十卷　(漢)賈誼撰　清光緒二十三年(1897)上海文瑞樓刻本　一册

500000－8741－0000998　GJ1000(122.1/Y189－41)
新纂門目五臣音注揚子法言十卷　(漢)揚雄撰　清嘉慶九年(1804)刻本　三册

500000－8741－0000999　GJ1001(122.1/Y189－4)
揚子法言十三卷音義一卷　(漢)揚雄撰　清光緒二年(1876)浙江書局刻本　一册

500000－8741－0001000　GJ1002(122.2/L730)
淮南子三卷　(漢)劉安撰　明隆慶元年(1567)沈津刻百家類纂本　三册

500000－8741－0001001　GJ1003(122.2/L730)
淮南子二十八卷　(漢)劉安撰　明嘉靖九年(1530)王鎣刻本　六册

500000－8741－0001002　GJ1004(122.21/G002－4)
淮南子二十一卷　(漢)高誘注　清光緒二年(1876)浙江書局刻本　六册

500000－8741－0001003　GJ1005(122.21/G002－4)
淮南子二十一卷　(漢)高誘注　清光緒二年(1876)浙江書局刻本　六册

500000－8741－0001004　GJ1006(122.21/G032)
淮南子二十一卷　(漢)劉安撰　清嘉慶九年(1804)姑蘇聚文堂刻本　四册

500000－8741－0001005　GJ1007(122.21/L730)
淮南鴻烈解二十一卷　(漢)劉安著　清刻本　八册

500000－8741－0001006　GJ1008(122.21/L730)
淮南鴻烈解二十八卷　(漢)劉安撰　(漢)許慎　(漢)高誘註釋　明萬曆刻中立四子集本　六册

500000－8741－0001007　GJ1009(122.217/T701)
淮南許注異同詁四卷　(清)陶方琦述　清光緒七年(1881)湘南使院刻本　二册

500000－8741－0001008　GJ1010(122.25/L730)
淮南天文訓補注二卷　(清)錢塘綴述　清道光八年(1828)刻本　一册

500000－8741－0001009　GJ1011(122.25/L730－1)
淮南天文訓補注二卷　(清)錢塘綴述　清光緒三年(1877)崇文書局刻本　一册

500000－8741－0001010　GJ1012(122.3/X430－4)
鹽鐵論十二卷　(漢)桓寬撰　清光緒三年(1877)刻本　三册

500000－8741－0001011　GJ1013(122.3/X430－6)
鹽鐵論十卷　(漢)桓寬撰　**校勘小識一卷**　(清)張敦仁撰　清光緒十七年(1891)思賢講舍刻本　二册

500000－8741－0001012　GJ1014(122.42/S000)
新序十卷　(漢)劉向著　清光緒刻本　二册

500000－8741－0001013　GJ1015(122.42/S000－2)
新序十卷　(漢)劉向撰　清光緒元年(1875)崇文書局刻本　二册

500000－8741－0001014　GJ1016(122.44/S044)
說苑二十卷　(漢)劉向著　清光緒三年(1877)刻本　六册

500000－8741－0001015　GJ1017(122.44/S044－2)
說苑二十卷　(漢)劉向撰　清光緒元年(1875)崇文書局刻本　四册

500000－8741－0001016　GJ1018(122.5/G103－2)
新書十卷　(漢)賈誼撰　清光緒元年(1875)浙江書局刻本　二册

500000－8741－0001017　GJ1019(122.5/G103－2)
新書十卷　(漢)賈誼撰　清光緒元年(1875)浙江書局刻本　二册

500000－8741－0001018　GJ1020(122.5/G103－7)
新書十卷　(漢)賈誼著　清刻本　二册

500000－8741－0001019　GJ1021(122.5/G103－8)
賈子十六卷　(清)王耕心詁　清光緒二十九年(1903)刻本　二册

500000－8741－0001020　GJ1022(122.5/Y440)

揚子法言十三卷　(漢)揚雄撰　(晉)李軌注　鶡冠子三卷　(宋)陸佃注　清光緒二十三年(1897)影印本　一冊

500000－8741－0001021　GJ1023(122.5/Y542)
法言十卷　(漢)揚雄著　清刻本　一冊

500000－8741－0001022　GJ1024(122.6/X430)
秘傳天祿閣寓言外史八卷　題(漢)黃憲撰　明嘉靖刻本　二冊

500000－8741－0001023　GJ1025(122.7/W100b)
論衡三十卷　(漢)王充著　清光緒三年(1877)刻本　十冊

500000－8741－0001024　GJ1026(122.8/S498－1)
申鑒五卷　(漢)荀悅著　清刻本　一冊

500000－8741－0001025　GJ1027(122.8/W188)
潛夫論十卷　(漢)王符撰　(清)汪繼培箋　清光緒十七年(1891)思賢講舍刻本　四冊

500000－8741－0001026　GJ1028(122.8/W188－4)
潛夫論十卷　(漢)王符著　清刻本　三冊

500000－8741－0001027　GJ1029(123.11/L717－1)
人物志三卷　(三國魏)劉劭撰　清刻本　一冊

500000－8741－0001028　GJ1030(123.42/G434)
抱朴子内篇二十卷外篇五十卷附篇　(晉)葛洪撰　清光緒十一年(1885)朱氏槐廬家塾刻本　八冊

500000－8741－0001029　GJ1031(123.5/I426x)
物理論一卷　(晉)楊泉撰　清金陵劉文奎刻本　一冊

500000－8741－0001030　GJ1032(123.91/W137)
中說二卷　(隋)王通著　清光緒三年(1877)刻漢魏叢書本　一冊

500000－8741－0001031　GJ1033(123.911/R737)
文中子中說十卷　(宋)阮逸註　清光緒二年(1876)浙江書局刻本　二冊

500000－8741－0001032　GJ1034(123.911/R737)
文中子中說十卷　(宋)阮逸註　清光緒二年(1876)浙江書局刻本　二冊

500000－8741－0001033　GJ1035(123.911/R737)
文中子中說十卷　(宋)阮逸註　清光緒二年(1876)浙江書局刻本　二冊

500000－8741－0001034　GJ1036(123.911/R737－2)
中說十卷　(宋)阮逸註　清嘉慶九年(1804)刻本　二冊

500000－8741－0001035　GJ1037(124.8/T029)
齊丘子一卷　(五代)譚峭撰　明萬曆四年至五年(1576－1577)刻子彙本　一冊

500000－8741－0001036　GJ1038(124.8/T029－2)
化書新聲六卷　(五代)譚峭撰　(明)王一清註　明萬曆刻本　四冊

500000－8741－0001037　GJ1039(125/P346)
正學編八卷　(清)潘世恩輯　清同治六年(1867)刻本　四冊

500000－8741－0001038　GJ1040(125/S143)
理學宗傳二十六卷　(清)孫奇逢輯　清光緒六年(1880)浙江書局刻本　十二冊

500000－8741－0001039　GJ1041(125.14/Z240)
張子全書九種十五卷　(宋)張載撰　清康熙高安朱軾刻本　四冊

500000－8741－0001040　GJ1042(125.29/I464)
楊龜山先生集四十二卷首一卷　(宋)楊時撰　清康熙刻光緒五年(1879)補修本　十冊

500000－8741－0001041　GJ1043(125.29/I464)
楊龜山先生集四十二卷首一卷　(宋)楊時撰　清康熙刻光緒五年(1879)補修本　十冊

500000－8741－0001042　GJ1044(125.4/Z446)
蔡氏九儒書四卷首一卷　(明)蔡有鵾輯　清同治七年(1868)三餘書屋刻本　八冊

500000－8741－0001043　GJ1045(125.5/L202)
朱子語類一百四十卷　(宋)朱熹撰　(宋)黎靖德編　清同治十一年(1872)應元書院刻本　四十八冊

500000－8741－0001044　GJ1046(125.5/T714)

朱子經濟文衡類編前集二十五卷後集二十五卷續集二十二卷 （宋）滕珙編　清乾隆四年(1739)徽州府署刻本　十冊

500000－8741－0001045　GJ1047(125.5/X267)
淵鑒齋御纂朱子全書六十六卷 （清）熊賜履等纂修　清康熙至乾隆刻本　四十冊

500000－8741－0001046　GJ1048(125.5/X267－6)
淵鑒齋御纂朱子全書六十六卷 （清）熊賜履等纂修　清同治八年(1869)刻本　四十冊

500000－8741－0001047　GJ1049(125.51/G230－2)
近思錄十四卷 （清）江永集注　清同治七年(1868)崇文書局刻本　六冊

500000－8741－0001048　GJ1050(125.51/G330－3)
近思錄十四卷 （清）江永集註　清乾隆七年(1742)刻本　二冊

500000－8741－0001049　GJ1051(125.51/G330－3)
近思錄十四卷 （清）江永集註　清乾隆七年(1742)刻本　二冊

500000－8741－0001050　GJ1052(125.54/S977)
小學六卷 （清）高愈纂註　清刻本　四冊

500000－8741－0001051　GJ1053(125.54/S977－2)
小學六卷 （清）高愈纂註　清光緒二十三年(1897)善成堂刻本　四冊

500000－8741－0001052　GJ1054(125.54/S977－4)
小學集解六卷 （清）張伯行輯註　清同治六年(1867)崇文書局刻本　四冊

500000－8741－0001053　GJ1055(125.6/L743)
陸象山先生文集三十六卷附錄一卷 （宋）陸九淵撰　清同治十年(1871)刻本　十二冊

500000－8741－0001054　GJ1056(125.7/X410)
慈溪黃氏日鈔分類九十七卷附古今紀要十九卷 （宋）黃震撰　清乾隆三十二年(1767)新安汪佩鍔芸暉閣刻本　二十冊

500000－8741－0001055　GJ1057(125.7/X410－8)
慈溪黃氏日鈔分類九十七卷 （宋）黃震撰　清光緒耕餘樓刻本　二十六冊

500000－8741－0001056　GJ1058(125.7/Z－422)
大學衍義四十三卷補一百六十卷首一卷 （宋）真德秀彙輯　（明）陳仁錫評閱　明崇禎五年(1632)刻本　四十冊

500000－8741－0001057　GJ1059(126.4/W132－0)
王文成公全書三十八卷 （明）王守仁撰　清刻本　二十九冊

500000－8741－0001058　GJ1060(126.42/S066)
陽明先生集要四卷 （明）施四明輯　清光緒五年(1879)黔南刻本　十四冊

500000－8741－0001059　GJ1061(126.9/L645)
呻吟語六卷語疑一卷 （明）呂坤著　清道光七年(1827)開封府署刻本　六冊

500000－8741－0001060　GJ1062(126.9/L645－2)
呻吟語六卷 （明）呂坤著　清乾隆五十一年(1786)新安呂燕昭刻本　一冊　存二卷(一至二)

500000－8741－0001061　GJ1063(126.9/L645－6)
呻吟語六卷語疑一卷 （明）呂坤著　清成都東青寄廬刻本　六冊

500000－8741－0001062　GJ1064(126.9/L645c)
呻吟語節錄二卷 （明）呂坤著　清光緒十四年(1888)解梁書院刻本　二冊

500000－8741－0001063　GJ1065(126.9/X137)
中庸衍義十七卷 （明）夏良勝撰　清同治十年(1871)刻本　八冊

500000－8741－0001064　GJ1066(127.07/G344－3)
國朝宋學淵源記二卷附記一卷 （清）江藩輯　清光緒二十二年(1896)寶慶勸學書社刻本　一冊

500000－8741－0001065　GJ1067(127.07/G344－5)
國朝宋學淵源記二卷附記一卷國朝經師經義目錄一卷 （清）江藩輯　清光緒二十二年(1896)成都志古堂刻本　一冊

500000－8741－0001066　GJ1068(127.1/M242)
新節毛西河四種四卷 （清）毛奇齡稿　清光緒六年(1880)刻本　二冊

500000－8741－0001067　GJ1069(127.1/X410)
繹志十九卷　(清)胡承諾撰　清同治十一年(1872)浙江書局刻本　八册

500000－8741－0001068　GJ1070(127.21/D407)
顔氏學記十卷　(清)戴望述　清光緒二十年(1894)龍山白巖書院刻本　四册

500000－8741－0001069　GJ1071(127.6/X083)
許松濱先生全集四十三卷首一卷末一卷　(清)許錫祺著　清光緒十七年(1891)刻本　八册

500000－8741－0001070　GJ1072(127.8/S477)
翼教叢編六卷　(清)蘇輿編　清光緒二十四年(1898)武昌刻本　四册

500000－8741－0001071　GJ1073(127.8/S477)
翼教叢編六卷附一卷　(清)蘇輿編　清刻本　三册

500000－8741－0001072　GJ1074(127/T088－2)
學案小識十四卷末一卷　(清)唐敬楷撰　清光緒十年(1884)刻本　十二册

500000－8741－0001073　GJ1075(190.8/C730)
五種遺規十二卷　(清)陳弘謀輯　清道光六年(1826)刻本　十册

500000－8741－0001074　GJ1076(190/M633)
五倫書六十二卷　(明)宣宗朱瞻基撰　明正統十二年(1447)内府刻本　三十二册

500000－8741－0001075　GJ1077(192/L337)
蕺山先生人譜類記二卷　(明)劉宗周撰　清勉行堂刻本　四册

500000－8741－0001076　GJ1078(192/L337)
人譜正篇一卷續編二卷人譜類記增訂六卷　(明)劉宗周著　清同治七年(1868)吳興丁氏濟南公廨刻本　二册

500000－8741－0001077　GJ1079(192/S1791)
我箴釋證十五卷　(清)李庚乾著　清光緒二十二年(1896)刻本　四册

500000－8741－0001078　GJ1080(193/H226)
慮得集四卷附錄二卷　(明)華悰韡撰　明萬曆四十二年(1614)刻本　一册

500000－8741－0001079　GJ1081(192.1/G040)
嘉懿集初鈔四卷續鈔四卷　(清)高螗撰　清乾隆五十四年(1789)刻本　八册

500000－8741－0001080　GJ1082(192.1/L413)
蘗言賸稿四卷蘗言四卷冰言十卷冰言補錄十卷　(清)李惺原編　清光緒三十三年(1907)江蘇提學署刻本　四册

500000－8741－0001081　GJ1083(192.1/X433)
弟子箴言二卷　(清)胡達源著　清道光十五年(1835)刻本　二册

500000－8741－0001082　GJ1084(192.3/X393)
佐治藥言一卷　(清)汪輝祖纂　清乾隆五十年(1785)刻本　一册

500000－8741－0001083　GJ1085(192.8/Z802)
愼餘錄二卷　(清)鄭言紹編輯　清光緒十五年(1889)刻本　二册

500000－8741－0001084　GJ1086(192.9/W245)
最樂編正集六卷續集二卷　(明)魏大中定　清同治十三年(1874)翰文齋刻字鋪刻本　一册

500000－8741－0001085　GJ1087(192.9/Y833)
得一錄八卷首一卷　(清)余治輯　清光緒十三年(1887)四川臬署刻本　八册

500000－8741－0001086　GJ1088(192.91/W302)
坐花誌果八卷　(清)汪道鼎撰　清光緒十四年(1888)廣百宋齋刻本　二册

500000－8741－0001087　GJ1089(193/L412)
厚德錄四卷　(宋)李元綱撰　(明)商維濬校　明刻本　一册

500000－8741－0001088　GJ1090(193/Q313)
庭訓格言一卷　(清)聖祖玄燁撰　清光緒十五年(1889)四川監務總局刻本　一册

500000－8741－0001089　GJ1091(193/Q313)
庭訓格言一卷　(清)聖祖玄燁撰　清光緒十五年(1889)四川監務總局刻本　一册

500000－8741－0001090　GJ1092(193/Q751)
習是編二卷　(清)屈成霖輯　清乾隆十三年(1748)刻本　四册

500000－8741－0001091　GJ1093(193/Y453－1)
顔氏家訓二卷　(北齊)顔之推撰　明萬曆程榮刻本　二册

500000－8741－0001092　GJ1094(193/Z－144)
聰訓齋語一卷　(清)張英著　清光緒二年(1876)解梁書院刻本　一册

500000－8741－0001093　GJ1095(193.1241/T003)
孝經注解一卷　(唐)玄宗李隆基注　(宋)司馬光指解　(宋)范祖禹説　**孝經大義一卷**　(元)董鼎撰　**晦菴先生所定古文孝經句解一卷**　(元)朱申撰　**孝經一卷**　(元)吴澄校定　清同治十二年(1873)粤東書局刻通志堂經解本　一册

500000－8741－0001094　GJ1096(193.1241/T003－1)
孝經注疏九卷附校勘記　(宋)邢昺注疏　(清)阮元校勘　清光緒十八年(1892)湖南寶慶務本書局刻本　二册

500000－8741－0001095　GJ1097(220.7/D330b)
弘明集十四卷　(南朝梁)釋僧祐撰　明萬曆刻本　四册

500000－8741－0001096　GJ1098(220.7/S234b)
廣弘明集三十卷　(唐)釋道宣撰　明萬曆刻本　八册

500000－8741－0001097　GJ1099(220.7/S243－2)
弘明集十四卷　(南朝梁)釋僧祐集　清光緒二十二年(1896)刻本　四册

500000－8741－0001098　GJ1100(220.7/S443)
東坡禪喜集十四卷　(宋)蘇軾撰　(明)馮夢禎批點　(明)淩濛初輯　明天啟元年(1621)淩濛初刻朱墨套印本　六册

500000－8741－0001099　GJ1102(221.2/T337)
大方廣圓覺脩多羅了義經近釋六卷　(明)釋通潤釋　清光緒十二年(1886)金陵刻經處刻本　一册

500000－8741－0001100　GJ1103(221.2/T337)
大方廣圓覺脩多羅了義經近釋六卷　(明)釋通潤釋　清光緒十二年(1886)金陵刻經處刻本　二册

500000－8741－0001101　GJ1104(221.5/Z846)
妙法蓮華經臺宗會義十六卷　(清)釋智旭述　清光緒十九年(1893)江北刻經處刻本　八册

500000－8741－0001102　GJ1105(221/G406y)
思益梵天所問經四卷　(後秦)釋鳩摩羅什譯　清光緒五年(1879)金陵刻經處刻本　一册

500000－8741－0001103　GJ1106(221/Z114)
五百弟子自説本起經一卷　(晉)釋竺法護譯　清宣統二年(1910)常州天寧寺刻本　一册

500000－8741－0001104　GJ1107(222.4/C291)
維摩詰所説經無我疏十二卷　(明)釋傳燈著　清光緒二十三年(1897)天台山真覺寺刻本　六册

500000－8741－0001105　GJ1108(222.4/K323)
維摩經疏八卷　(唐)釋湛然略　清光緒八年(1882)長沙刻經處刻本　八册

500000－8741－0001106　GJ1109(222.7/S846g)
大佛頂首楞嚴經正見十卷　(清)釋濟時述　清光緒二十四年(1898)刻本　五册

500000－8741－0001107　GJ1110(222.7/Z112)
首楞嚴經疏二十卷　(宋)釋子璿集　清光緒三十二年(1906)刻本　八册

500000－8741－0001108　GJ1111(229.1/Q280)
釋迦如來應化事蹟不分卷　(□)□□撰　清乾隆五十八年(1793)刻本　四册

500000－8741－0001109　GJ1112(229.9/P422)
居士傳五十六卷　(清)彭紹升撰　清乾隆四十年(1775)王延言刻本　四册

500000－8741－0001110　GJ1113(233/X545)
太上感應篇一卷　(清)惠棟箋註　清末刻本　一册

500000－8741－0001111　GJ1114(238/C781)

長春道教源流八卷　(清)陳銘珪著　清光緒五年(1879)刻本　八册

500000－8741－0001112　GJ1115(239/L727)
列仙傳校正本二卷仙讚一卷　(清)王照圓撰　清刻本　一册

500000－8741－0001113　GJ1116(239/S221)
新刻黄掌綸先生評訂神仙鑒二十二卷圖一卷　(清)徐道輯　清康熙刻本　二十三册

500000－8741－0001114　GJ1117(290.1/I540)
太玄四卷　(漢)揚雄撰　清道光十一年(1831)青棠書屋影宋刻本　四册

500000－8741－0001115　GJ1118(290.1/S100)
皇極經世緒言九卷首二卷　(宋)邵雍著　(明)黄畿註釋　(清)劉斯組述　清道光十年(1830)錢塘徐樹堂刻本　八册

500000－8741－0001116　GJ1119(292.1/Z－201－3)
焦氏易林四卷　(漢)焦贛撰　明毛氏汲古閣刻本　二册

500000－8741－0001117　GJ1120(292.2/K662)
大唐開元占經一百二十卷　(唐)釋瞿曇悉達等撰　清乾隆五十一年(1786)恆德堂刻本　二十四册

500000－8741－0001118　GJ1121(294.2/L721)
藜照堂地理秘書十卷　(清)劉仁輯　清乾隆十年(1745)朱墨抄本　十册

500000－8741－0001119　GJ1122(298.11/G290)
紀慎齋先生祈雨全書二卷　(清)紀大奎撰　清光緒三十年(1904)山東歷城縣刻本　一册

500000－8741－0001120　GJ1123(308/M406)
梅氏叢書輯要六十二卷　(清)梅文鼎撰　清同治十三年(1874)刻本　二十八册

500000－8741－0001121　GJ1124(310/444)
學算筆談十二卷　(清)華蘅芳撰　清光緒十一年(1885)金匱華氏刻行素軒算稿本　四册

500000－8741－0001122　GJ1125(310/444)
華氏中西算學全書四集十四種八十四卷　(清)華蘅芳撰　清光緒二十三年(1897)慎記書莊賜書堂石印本　十二册

500000－8741－0001123　GJ1126(310/L738)
毖緯瑣言不分卷　(清)厲之鄂纂　清邢壽恭刻本　一册

500000－8741－0001124　GJ1127(310/S319)
御製數理精蘊上編五卷下編五卷表八卷　(清)聖祖玄燁撰　清光緒三十二年(1906)上海通時書局石印本　二十四册

500000－8741－0001125　GJ1128(310/S319－2)
御製數理精蘊上編五卷下編五卷表八卷　(清)聖祖玄燁撰　清光緒二十二年(1896)上海博文書局石印本　八册

500000－8741－0001126　GJ1129(311/K123)
算經十書三十八卷　(清)孔繼涵編　清光緒十六年(1890)上海刻本　十册

500000－8741－0001127　GJ1130(311.57/Z242)
四元玉鑑細艸三卷釋例一卷　(元)朱士傑撰　清道光十六年(1836)刻本　六册

500000－8741－0001128　GJ1131(311.7/L413)
古籌算考釋六卷跋一卷　勞乃宣撰　清光緒十二年(1886)完縣官舍刻朱墨套印本　六册

500000－8741－0001129　GJ1132(312.8/C242)
增删算法統宗十一卷首一卷　(明)程大位編　(清)梅瑴成增删　清光緒二十四年(1898)江蘇書局刻本　四册

500000－8741－0001130　GJ1133(312.8/C242)
增删算法統宗十一卷首一卷校算記一卷　(明)程大位編　(清)梅瑴成增删　(清)賈步緯校記　清光緒刻本　四册

500000－8741－0001131　GJ1134(320/S242)
高厚蒙求初集一卷二集一卷三集二卷四集二卷五集一卷　(清)徐朝俊纂　清嘉慶十二年至道光九年(1807－1829)刻本　六册

500000－8741－0001132　GJ1135(323/C735)
三統術詳説四卷　(清)陳澧撰　清光緒刻本　一册

500000－8741－0001133　GJ1136(323/C735)

三統術詳說四卷　(清)陳澧撰　清光緒刻本　一冊

500000－8741－0001134　GJ1137(323/L173)
古經天象考十二卷附圖說一卷　(清)雷學淇撰　清道光十五年(1835)左寶翰樓刻本　十冊

500000－8741－0001135　GJ1138(323/W100)
六經天文編二卷　(宋)王應麟撰　清光緒十年(1884)成都志古堂刻本　二冊

500000－8741－0001136　GJ1139(323.02/G480)
星經二卷　(漢)甘公　(漢)石申撰　(清)李溶校　清光緒刻本　一冊

500000－8741－0001137　GJ1140(323.82/Y220)
恆星赤道經緯度圖一卷皇朝一統輿地全圖一卷　(清)六嚴繪　清咸豐元年(1851)刻三色套印本　十六冊

500000－8741－0001138　GJ1141(327/Z390)
荊楚歲時記一卷　(南朝梁)宗懍著　**南方草木狀三卷**　(晉)嵇含著　清光緒刻本　一冊

500000－8741－0001139　GJ1142(327.1/C540)
月令粹編二十四卷圖說一卷　(清)秦嘉謨編　清嘉慶十七年(1812)秦氏琳琅仙館刻本　八冊

500000－8741－0001140　GJ1143(327.1/C540)
月令粹編二十四卷圖說一卷　(清)秦嘉謨編　清嘉慶十七年(1812)秦氏琳琅仙館刻本　六冊

500000－8741－0001141　GJ1144(327.3/X116)
古今律曆考七十二卷　(明)邢雲路輯　明萬曆二十七年(1599)徐安刻本　二十八冊

500000－8741－0001142　GJ1145(327.327/L724)
御製曆象考成後編十卷附奏議一卷　(清)顧琮等彙編　清光緒二十二年(1896)勵志書屋刻本　一冊

500000－8741－0001143　GJ1146(327.4/W245－1)
歷代長術輯要十卷附古今推步諸術攷二卷　(清)汪曰楨撰　清同治六年(1867)刻本　六冊

500000－8741－0001144　GJ1147(327.75/C523)
平浙紀略十六卷　(清)秦緗業　(清)陳鐘英輯　清同治十三年(1874)刻本　四冊

500000－8741－0001145　GJ1148(327.75/C523)
平浙紀略十六卷　(清)秦緗業　(清)陳鐘英輯　清光緒元年(1875)申報館鉛印本　四冊

500000－8741－0001146　GJ1149(327.75/C523)
平浙紀略十六卷　(清)秦緗業　(清)陳鐘英輯　清光緒元年(1875)申報館鉛印本　四冊

500000－8741－0001147　GJ1150(362/H273)
赫胥黎天演論二卷　(英國)赫胥黎撰　嚴復譯　清光緒二十八年(1902)志古堂刻本　一冊

500000－8741－0001148　GJ1151(375.9/U243－2)
植物名實圖考三十八卷　(清)吳其濬撰　清光緒二十八年(1902)刻本　六十冊

500000－8741－0001149　GJ1152(413.12/W132)
補注黃帝内經素問二十四卷　(宋)高保衡　(宋)林億注　清光緒十九年(1893)鴻文書局鉛印本　一冊

500000－8741－0001150　GJ1153(413.12/W132(2))
黃帝内經二十四卷素問遺篇靈樞十二卷　(唐)啟玄子注　(宋)林億等校　清光緒二十二年(1896)圖書集成局刻本　四冊

500000－8741－0001151　GJ1154(413.16/Z112)
儒門事親十五卷　(金)張子和著　(明)吳勉學校　清宣統二年(1910)石印本　六冊

500000－8741－0001152　GJ1155(430/G164－7)
齊民要術十卷　(北魏)賈思勰撰　清光緒二十二年(1896)中江榷署刻本　四冊

500000－8741－0001153　GJ1156(430/J221)
御製耕織圖不分卷　(清)聖祖玄燁編　清光緒十二年(1886)點石齋石印本　二冊

500000－8741－0001154　GJ1157(430/Q313)
御製耕織圖不分卷　(清)聖祖玄燁編　清光緒五年(1879)點石齋石印本　二冊

500000－8741－0001155　GJ1158(430/W121)
佩文齋廣群芳譜一百卷目錄二卷　(清)汪灝編補　清康熙四十七年(1708)刻本　四十八冊

500000－8741－0001156　GJ1159(430/W121)
佩文齋廣群芳譜一百卷目錄二卷　(清)汪灝編補　清康熙四十七年(1708)刻本　三十二冊

500000－8741－0001157　GJ1160(430/X150)
欽定授時通考七十八卷　(清)蔣溥　(清)張照纂修　(清)鄂爾泰　(清)張廷玉總裁　清道光六年(1826)刻本　二十四冊

500000－8741－0001158　GJ1161(430/X272)
撫郡農產攷略二卷　(清)何剛德撰　清光緒三十三年(1907)蘇省印刷局鉛印本　二冊

500000－8741－0001159　GJ1162(430.8/L651)
農學叢書二百十八種六百五卷　羅振玉輯　清光緒二十六年(1900)江南總農會石印本　九十二冊

500000－8741－0001160　GJ1163(434.1/L734)
釋穀四卷　(清)劉寶楠撰　清光緒十四年(1888)廣雅書局刻本　一冊

500000－8741－0001161　GJ1164(434.93/D423)
竹譜一卷禽經一卷古今刀劍錄一卷　(南朝宋)戴凱之撰　清刻本　一冊

500000－8741－0001162　GJ1165(435/X210)
花傭月令一卷　(清)徐石麒撰　清光緒十一年(1885)刻傳硯齋叢書本　一冊

500000－8741－0001163　GJ1166(438/C774)
蠶桑萃編十五卷首一卷　(清)衛傑編輯　清光緒二十六年(1900)浙江書局刻本　八冊

500000－8741－0001164　GJ1167(440/Y482)
海寧念汛大口門二限三限石塘圖說不分卷　(清)李輔耀撰　清光緒七年(1881)刻本　一冊

500000－8741－0001165　GJ1168(443.21/C722b)
續纂江蘇水利全案正編四十卷附編十二卷首一卷　(清)李慶雲纂　清光緒十五年(1889)水利工程局鉛印本　二十二冊

500000－8741－0001166　GJ1169(443.6/G400)
靳文襄公奏疏八卷　(清)靳輔撰　清乾隆刻本　八冊

500000－8741－0001167　GJ1170(443.6/G400)
靳文襄公奏疏八卷　(清)靳輔撰　清乾隆刻本　八冊

500000－8741－0001168　GJ1171(443.684/M720)
長江圖說十二卷首一卷　(清)馬徵麟著　清同治十年(1871)湖北崇文書局刻本　五冊

500000－8741－0001169　GJ1172(443.685/G453)
治河方畧十卷首一卷　(清)靳輔著　清嘉慶四年(1799)刻本　十一冊

500000－8741－0001170　GJ1173(443.685/P327)
河防一覽十四卷　(明)潘季馴撰　明萬曆十八年(1590)潘氏刻清乾隆三十五年(1770)平治山堂修補印本　十二冊

500000－8741－0001171　GJ1174(443.686/F330)
淮揚水利圖說一卷淮揚治水論一卷　(清)馮道立著　清道光十九年(1839)刻朱墨套印本　一冊

500000－8741－0001172　GJ1175(443.686/F330)
淮揚水利圖說一卷淮揚治水論一卷　(清)馮道立著　清道光十九年(1839)刻朱墨套印本　一冊

500000－8741－0001173　GJ1176(443.68911/P386)
畿輔水利四案補一卷附錄一卷　(清)潘錫恩輯　清道光刻本　六冊

500000－8741－0001174　GJ1177(443.68923/W172)
浙西水利備考不分卷　(清)王鳳生撰　清光緒四年(1878)浙江書局刻朱墨套印本　四冊

500000－8741－0001175　GJ1178(443.68923/W172)
浙西水利備考不分卷　(清)王鳳生撰　清光緒四年(1878)浙江書局刻朱墨套印本　四冊

500000－8741－0001176　GJ1179(464/L433－2)
景德鎮陶錄十卷　(清)藍浦著　(清)鄭廷桂

補輯　清光緒十七年(1891)石印本　四冊

500000－8741－0001177　GJ1180(479.9/T028)
文房肆攷圖說八卷　(清)唐秉鈞撰　(清)康愷繪圖　清乾隆四十三年(1778)嘉定唐氏刻本　六冊

500000－8741－0001178　GJ1181(479.9/T028)
文房肆攷圖說八卷　(清)唐秉鈞撰　(清)康愷繪圖　清乾隆四十年(1775)嘉定唐氏刻本　四冊

500000－8741－0001179　GJ1182(520.926/X424)
明貢舉考畧二卷　(清)黃崇蘭輯　清末刻本　一冊

500000－8741－0001180　GJ1183(520.927/X424)
國朝貢舉考畧三卷　(清)黃崇蘭輯　清末刻本(有抄配)　一冊

500000－8741－0001181　GJ1184(520.927/Y450)
庠序錄一卷　(清)楊泰亨撰　清光緒抄本　一冊

500000－8741－0001182　GJ1185(521.9/Z738)
先正讀書訣一卷　(清)周永年輯　清光緒七年(1881)刻本　一冊

500000－8741－0001183　GJ1186(525.99/Z105)
正誼書院會課不分卷　(清)□□撰　清光緒十年(1884)抄本　一冊

500000－8741－0001184　GJ1187(525.9911/D444)
東林書院志二十二卷　(清)高廷輯　清光緒七年(1881)刻本　八冊

500000－8741－0001185　GJ1188(525.9924/B200)
白鹿書院志十九卷　(清)毛德琦原訂　清同治十年(1871)刻本　八冊

500000－8741－0001186　GJ1189(530.7/L308)
南省公餘錄八卷　(清)梁章鉅撰　清嘉慶刻本　四冊

500000－8741－0001187　GJ1190(531/T444)
儀禮韻言二卷　(清)檀萃纂　清光緒八年(1882)掃葉山房刻本　二冊

500000－8741－0001188　GJ1191(531/W120)
三禮義證十二卷　(清)武億撰　清道光二十三年(1843)刻本　二冊

500000－8741－0001189　GJ1192(531.1/Z150)
儀禮圖六卷　(清)張惠言述　清同治九年(1870)崇文書局刻本　三冊

500000－8741－0001190　GJ1193(531.11/G224)
儀禮彙說十七卷　(清)焦以恕著　清乾隆三十七年(1772)刻本　四冊

500000－8741－0001191　GJ1194(531.12/CH192－1)
儀禮疏五十卷附校勘記　(唐)賈公彥疏　清光緒十八年(1892)務本書局刻本　十六冊

500000－8741－0001192　GJ1195(531.12/L494)
儀禮述註十九卷　(清)李光坡選註　清乾隆三十二年(1767)李氏清白堂刻本　十冊

500000－8741－0001193　GJ1196(531.12/X448a)
儀禮經傳通解三十七卷　(宋)朱熹撰　**續二十九卷**　(宋)黃幹撰　清康熙禦兒呂氏寶誥堂刻本　十六冊

500000－8741－0001194　GJ1197(531.12/X448b)
儀禮經傳通解續二十九卷　(宋)黃幹撰　清刻本　二十冊

500000－8741－0001195　GJ1198(531.12/Z511)
禮經校釋二十二卷　曹元弼學　清光緒十八年(1892)刻本　十一冊

500000－8741－0001196　GJ1199(531.12/Z－800－2)
儀禮十七卷　(漢)鄭玄注　清嘉慶十九年(1814)刻本　二冊

500000－8741－0001197　GJ1200(531.12/Z800－3)
禮經箋十七卷　(漢)鄭玄注　清末刻本　六冊

500000－8741－0001198　GJ1201(531.17/T444)
檀氏儀禮韻言塾課藏本二卷　(清)檀萃纂　清光緒六年(1880)刻本　二冊

500000－8741－0001199　GJ1202(531.2/Z217)
寄敬山房塾課纂輯禮記全文脩旨十一卷　(清)鄒聖脈纂輯　(清)鄒廷猷編次　清乾隆

四十三年(1778)刻本　五冊　存九卷(一至五、八至十一)

500000－8741－0001200　GJ1203(531.2/Z242)
禮記訓纂四十九卷　(清)朱彬輯　清咸豐元年(1851)刻本　十冊

500000－8741－0001201　GJ1204(531.2/Z800)
禮記四十六卷　(漢)鄭玄注　王闓運箋　清末刻本　六冊

500000－8741－0001202　GJ1205(531.2/Z828)
禮記集傳十卷附錄一卷　(明)黄道周輯　(清)鄭開極重訂　清康熙三十二年(1693)鄭開極刻本　十冊

500000－8741－0001203　GJ1206(531.22/C734)
禮記集説十六卷　(元)陳澔集説　(明)汪應魁句讀　明汪氏貽經堂刻本　八冊

500000－8741－0001204　GJ1207(531.22/C734－2)
禮記十卷　(元)陳澔集説　清同治七年(1868)崇文書局刻本　十冊

500000－8741－0001205　GJ1208(531.22/C734－3)
禮記十卷　(元)陳澔集説　明末清初刻本　十冊

500000－8741－0001206　GJ1209(531.22/C734)
禮記十卷　(元)陳澔集説　清光緒十二年(1886)湖北官書處刻本　十冊

500000－8741－0001207　GJ1210(531.22/C734－3)
禮記十卷　(元)陳澔集説　明末清初刻本　十冊

500000－8741－0001208　GJ1211(531.22/K123)
附釋音禮記注疏六十三卷附校勘記　(唐)孔穎達撰　清光緒十八年(1892)寶慶務本書局刻本　二十七冊

500000－8741－0001209　GJ1212(531.22/K123－2)
附釋音禮記註疏六十三卷　(唐)孔穎達撰　清乾隆六十年(1795)和珅刻本　十一冊　存五十八卷(一至三十五、四十一至六十三)

500000－8741－0001210　GJ1213(531.22/R233)
禮記章句十卷　(宋)朱熹章句　(清)任啟運注　清光緒二十一年(1895)萱蔭堂刻本　十冊

500000－8741－0001211　GJ1214(531.22/W236)
禮記集説一百六十卷　(宋)衛湜撰　清同治十二年(1873)粤東書局刻本　四十一冊

500000－8741－0001212　GJ1215(531.27/G840)
禮記子思子言鄭注補正四卷　(清)簡朝亮述　清光緒至民國讀書堂刻本　五冊

500000－8741－0001213　GJ1216(531.27/Z431)
讀禮記十二卷　(清)趙紹祖著　清嘉慶十七年(1812)刻本　三冊　存九卷(一至六、十至十二)

500000－8741－0001214　GJ1217(531.3/D424－1)
大戴禮記十三卷　(漢)戴德著　清光緒刻本　二冊

500000－8741－0001215　GJ1218(531.3/D424－2)
大戴禮記十三卷　(漢)戴德撰　清宣統三年(1911)影印本　二冊

500000－8741－0001216　GJ1219(531.32/D424)
大戴禮管箋十三卷首一卷　(漢)戴德撰　(清)孔廣森補注　(清)丁宗洛箋　清道光十八年(1838)刻本　八冊

500000－8741－0001217　GJ1220(531.32/L200)
大戴禮記十三卷　(漢)戴德撰　(北周)盧辯注　清乾隆二十五年(1760)刻本　佚名批　二冊

500000－8741－0001218　GJ1221(531.32/L200)
大戴禮記十三卷　(漢)戴德撰　(北周)盧辯注　清乾隆二十五年(1760)刻本　四冊

500000－8741－0001219　GJ1222(531.381/D420)
夏小正一卷　(漢)戴德撰　清光緒三十年(1904)石印本　一冊

500000－8741－0001220　GJ1223(531.68/Z－864)
皇明三禮述二卷　(明)鄭曉撰　明嘉靖二十五年(1546)刻本　二冊

500000－8741－0001221　GJ1224(531.81/L462)
三禮通釋二百八十卷　(清)林昌彝撰　清末

刻本　四十八册

500000－8741－0001222　GJ1225(531.851/C733)
禮書一百五十卷　(宋)陳祥道撰　清光緒二年(1876)刻本　十四册

500000－8741－0001223　GJ1226(531.851/C733－2)
禮書一百五十卷　(宋)陳祥道撰　清嘉慶九年(1804)刻本　二十四册

500000－8741－0001224　GJ1227(531.851/N128)
新定三禮圖二十卷　(宋)聶崇義集註　清康熙通志堂刻本　四册

500000－8741－0001225　GJ1228(531.857/V231)
吴文正公三禮攷註六十四卷首一卷　(元)吴澄撰　清乾隆二年(1737)刻本　二十册

500000－8741－0001226　GJ1229(531.87/G330)
禮書綱目八十五卷首三卷　(清)江永編　清嘉慶十五年(1810)刻本　三十册

500000－8741－0001227　GJ1230(531.87/G330)
禮書綱目八十五卷首三卷　(清)江永編　清嘉慶十五年(1810)刻本　十册

500000－8741－0001228　GJ1231(531.87/U120)
三禮義證十二卷　(清)武億著　清道光二十三年(1843)刻本　二册

500000－8741－0001229　GJ1232(531.87/X545)
明堂大道錄八卷禘説二卷　(清)惠棟撰　清抄本　二册

500000－8741－0001230　GJ1233(532/C546)
五禮通考二百六十二卷首四卷總目二卷　(清)秦蕙田撰　清光緒六年(1880)江蘇書局刻本　一百册

500000－8741－0001231　GJ1234(532/C546－6)
五禮通考二百六十二卷首四卷總目二卷　(清)秦蕙田撰　清乾隆刻本　一百二十册

500000－8741－0001232　GJ1235(532/G867)
求古録禮説十六卷補遺一卷校勘記三卷　(清)金鶚撰　清光緒二年(1876)刻本　十册

500000－8741－0001233　GJ1236(532/L426)
大清通禮五十四卷　(清)來保等修　(清)李玉鳴等纂　(清)穆克登額等續修　(清)恆泰等續纂　清刻本　十二册

500000－8741－0001234　GJ1237(532/L426)
大清通禮五十四卷　(清)來保等修　(清)李玉鳴等纂　(清)穆克登額等續修　(清)恆泰等續纂　清刻本　十二册

500000－8741－0001235　GJ1238(532/L459)
讀禮叢鈔十六種十六卷　(清)李輔耀輯　清光緒十七年(1891)李氏鞠園懷翼草廬刻本　六册

500000－8741－0001236　GJ1239(532.21/L459)
讀禮叢鈔十六種十六卷　(清)李輔耀輯　清光緒十七年(1891)李氏鞠園懷翼草廬刻本　二册　存五種五卷(喪服今制表一卷、喪服雜説一卷、制服表一卷、制服成誦篇一卷、喪服通釋一卷)

500000－8741－0001237　GJ1240(532/W343)
經禮補逸九卷　(元)汪克寬撰　清末刻本　二册

500000－8741－0001238　GJ1241(532/X427)
禮書通故五十卷　(清)黄以周述　清光緒十九年(1893)黄氏試館刻本　三十二册

500000－8741－0001239　GJ1242(532/X427)
禮書通故五十卷　(清)黄以周述　清光緒十九年(1893)黄氏試館刻本　三十二册

500000－8741－0001240　GJ1243(532/X457)
三禮從今三卷　(清)黄本驥撰　清道光二十四年(1844)刻本　一册

500000－8741－0001241　GJ1244(532/Y237)
皇朝禮器圖式十八卷首一卷　(清)允祿等撰　清乾隆武英殿刻本　三十六册

500000－8741－0001242　GJ1245(532/Y237)
皇朝禮器圖式十八卷首一卷　(清)允祿等撰　清乾隆武英殿刻本　十六册

500000－8741－0001243　GJ1246(532.2/L526)
大清通禮品官士庶人喪禮傳二卷　(清)劉人

熙撰　清光緒十一年(1885)刻本　二冊

500000－8741－0001244　GJ1247(532.2/X247)
讀禮通考一百二十卷　(清)徐乾學撰　清康熙三十五年(1696)徐氏冠山堂刻本　四十冊

500000－8741－0001245　GJ1248(532.2/X427)
讀禮通考一百二十卷　(清)徐乾學撰　清光緒七年(1881)江蘇書局刻本　三十一冊

500000－8741－0001246　GJ1249(532.28/K043)
禮運注一卷　康有為著　清末鉛印本　一冊

500000－8741－0001247　GJ1250(533.2/S162)
建立伏博士始末二卷　(清)孫星衍撰　清嘉慶十一年(1806)刻本　一冊

500000－8741－0001248　GJ1251(533.24/L781)
文廟祀位考畧六卷　(清)劉棨輯　清同治九年(1870)刻本　四冊

500000－8741－0001249　GJ1252(533.24/P081)
文廟祀典考五十卷　(清)龐鐘璐編輯　清光緒五年(1879)刻本　七冊　存四十九卷(二至五十)

500000－8741－0001250　GJ1253(536.29/C204)
[光緒]雲南通志二百四十二卷首四卷附錄四十一卷　(清)岑毓英修　(清)陳燦纂　清光緒二十年(1894)刻本　一冊　存五卷(一百八十二至一百八十六)

500000－8741－0001251　GJ1254(537.07/H493)
庸書内篇二卷外篇二卷　(清)陳熾撰　清光緒二十二年(1896)刻本　四冊

500000－8741－0001252　GJ1255(538.28/G337)
清嘉錄十二卷　(清)顧祿撰　清道光十年(1830)刻本　六冊

500000－8741－0001253　GJ1256(538.8/R226)
全地五大洲女俗通考十集二十一卷首一卷　(美國)林樂知輯　清光緒二十九年(1903)廣學會鉛印本　二十一冊

500000－8741－0001254　GJ1257(539.92/D403)
古謠諺一百卷　(清)杜文瀾輯　清咸豐十一年(1861)刻本　十六冊

500000－8741－0001255　GJ1258(539.92/F430)
越諺三卷賸語二卷　(清)范寅輯　清光緒八年(1882)谷應山房刻本　三冊

500000－8741－0001256　GJ1259(539.92/M414)
揚州方言韻語長短句不分卷　夢雨老人撰　清末至民國抄本　一冊

500000－8741－0001257　GJ1260(554.8/F041)
畿輔義倉圖不分卷　(清)方觀承撰　清乾隆十八年(1753)刻本　六冊

500000－8741－0001258　GJ1261(554.8/L782)
欽定康濟錄四卷　(清)陸曾禹撰　(清)倪国璉釐正　清同治三年(1864)刻本　三冊

500000－8741－0001259　GJ1262(554.9/G044)
閩産錄異六卷　(清)郭柏蒼輯　清光緒十二年(1886)刻本　五冊

500000－8741－0001260　GJ1263(554.9/G044－2)
閩産錄異六卷　(清)郭柏蒼輯　清光緒十二年(1886)刻本　三冊

500000－8741－0001261　GJ1264(554.942/Z841)
乙巳考察印錫茶土日記不分卷　(清)鄭世璜纂　清光緒三十一年(1905)刻本　一冊

500000－8741－0001262　GJ1265(557.45/G824)
海道圖說十五卷附長江圖說一卷　(英國)金約翰輯　(英國)傅蘭雅口譯　清光緒二十二年(1896)上海書局石印本　八冊

500000－8741－0001263　GJ1266(557.47/C338g)
欽定戶部漕運全書九十六卷首一卷　(清)載齡等修　(清)福祉等纂　清光緒二年(1876)刻本　四十八冊

500000－8741－0001264　GJ1267(557.47/D497)
江北運程四十卷　(清)董恂輯　清咸豐十年(1860)刻本　四十一冊

500000－8741－0001265　GJ1268(557.47/X472)
江蘇海運全案十二卷　(清)賀長齡等纂　清道光六年(1826)刻本　十二冊

500000－8741－0001266　GJ1269(557.47/X472b)

重訂江蘇省海運全案續編八卷 （清）李鴻章奏 清光緒刻本 八册

500000－8741－0001267 GJ1270(558.5/D421)
理財節畧一卷 （英國）戴樂爾撰 （清）袁昶批 清光緒二十六年(1900)浙江書局刻本 一册

500000－8741－0001268 GJ1271(558.82/L434)
勸業會旬報□□期 （清）南洋勸業會事務所編輯 清宣統元年(1909)鉛印本 十二册 存十二期(一至十二)

500000－8741－0001269 GJ1272(561.92/P318)
中國之金融四十章 （清）潘承鍔編譯 清光緒三十四年(1908)中國圖書公司鉛印本 二册

500000－8741－0001270 GJ1273(567.3/G455)
甘肅秦州直隸州禮縣光緒十六年應催徵十四、五年民欠仍未完糧石徵信冊不分卷 （清）□□編 清光緒十七年(1891)木活字印本 一册

500000－8741－0001271 GJ1274(567.3/Z726)
蘇松田賦備考五卷 （清）周象明 （清）侯開國輯 清抄本 一册

500000－8741－0001272 GJ1275(567.4/D134)
四川鹽法志四十卷首一卷 （清）丁寶楨等纂 清光緒八年(1882)刻本 二十册

500000－8741－0001273 GJ1276(567.4/D134)
四川鹽法志四十卷首一卷 （清）丁寶楨等纂 清光緒八年(1882)刻本 二十册

500000－8741－0001274 GJ1277(567.4/F317)
福建鹽法志二十二卷首一卷 （清）□□輯 清道光刻本 八册

500000－8741－0001275 GJ1278(567.4/L785)
淮北票鹽志餘不分卷 （清）劉鉞集 清光緒二十六年(1900)木活字印本 一册

500000－8741－0001276 GJ1279(567.4/L785－2)
議挽北鹽罪言一卷續一卷再續一卷 （清）劉鉞撰 清光緒二十九年(1903)刻本 三册

500000－8741－0001277 GJ1280(567.4/S336)
山東鹽法志二十二卷續增備考六卷 （清）宋湘等纂 清光緒刻本 三十三册

500000－8741－0001278 GJ1281(570/S100)
周禮政要四卷 （清）孫詒讓著 清光緒二十八年(1902)瑞安普通學堂刻本 一册

500000－8741－0001279 GJ1282(572.42/Z142)
入幕須知五種贅言十則 （清）張廷驤輯 清光緒十年(1884)刻本 六册

500000－8741－0001280 GJ1283(573.017/X438e)
明夷待訪錄糾謬一卷 李滋然撰 清宣統三年(1911)鉛印本 一册

500000－8741－0001281 GJ1284(573.07/L434)
李文襄公奏議二卷奏疏十卷首一卷別錄六卷 （清）李之芳撰 **年譜一卷** （清）程光裋纂 清康熙刻本 十二册

500000－8741－0001282 GJ1285(573.07/S302)
庸書內篇二卷 （清）陳熾撰 清光緒二十四年(1898)慎記書莊刻本 四册

500000－8741－0001283 GJ1286(573.07/S695)
蜀學報不分卷 蜀學報學會主編 清光緒二十四年(1898)刻本 六册

500000－8741－0001284 GJ1287(573.07/W393)
龍莊遺書四種十五卷 （清）汪輝祖撰 清同治元年(1862)江蘇書局刻本 六册

500000－8741－0001285 GJ1288(573.077/F443)
樊山政書二十卷 樊增祥撰 清宣統二年(1910)上海政學社鉛印本 十册

500000－8741－0001286 GJ1289(573.077/Y150)
于清端公政書六卷首編一卷外集一卷 （清）于成龍撰 （清）蔡方炳 （清）諸匡鼎編 清康熙刻本 十六册

500000－8741－0001287 GJ1290(573.1/C229)
九通提要十二卷 （清）柴紹炳纂 清光緒二十八年(1902)鉛印本 一册

500000－8741－0001288 GJ1291(573.1/F434)
典制備類初編四集四卷 （清）胡海南編

(清)王鳳鳴　(清)詹士俊參選　清乾隆五十四年(1789)三多齋刻本　四冊

500000－8741－0001289　GJ1292(573.1/G214)
皇朝文獻通考三百卷　(清)嵇璜等編　清光緒二十八年(1902)貫吾齋石印本　二十冊

500000－8741－0001290　GJ1293(573.1/K028)
三通序五卷　(清)康綸鈞輯　清道光十三年(1833)刻本　四冊

500000－8741－0001291　GJ1294(573.1/K028－2)
三通序三卷　(清)康綸鈞輯　清光緒二十九年(1903)刻本　一冊

500000－8741－0001292　GJ1295(573.1/M707)
文獻通考三百四十八卷　(元)馬端臨撰　明嘉靖三年(1524)司禮監刻本　七十冊　存二百四十八卷(一至二百四十八)

500000－8741－0001293　GJ1296(573.1/M757)
三通考詳節三種七十六卷　平陽主人編　清光緒二十七年(1901)鴻寶齋書局石印本　二十冊

500000－8741－0001294　GJ1297(573.1/M757)
三通考詳節三種七十六卷　平陽主人編　清光緒二十七年(1901)鴻寶齋書局石印本　二十冊

500000－8741－0001295　GJ1298(573.1/S138:1)
通典二百卷　(唐)杜佑撰　清光緒二十七年(1901)上海圖書集成局石印本　十六冊

500000－8741－0001296　GJ1299(573.1/S138:1)
通典二百卷　(唐)杜佑撰　清光緒二十七年(1901)上海圖書集成局石印本　十五冊　存一百八十八卷(十三至二百)

500000－8741－0001297　GJ1300(573.1/S138:2)
通志二百卷　(宋)鄭樵撰　清光緒二十七年(1901)上海圖書集成局石印本　六十冊

500000－8741－0001298　GJ1301(573.1/S138:2)
通志二百卷　(宋)鄭樵撰　清光緒二十七年(1901)上海圖書集成局石印本　六十冊

500000－8741－0001299　GJ1302(573.1/S138:3)
文獻通考三百四十八卷　(元)馬端臨著　清光緒二十七年(1901)上海圖書集成局石印本　四十四冊

500000－8741－0001300　GJ1303(573.1/S138:3)
文獻通考三百四十八卷　(元)馬端臨著　清光緒二十七年(1901)上海圖書集成局石印本　四十四冊

500000－8741－0001301　GJ1304(573.1/S138:4)
欽定續通典一百五十卷　(清)嵇璜等纂　清光緒二十七年(1901)上海圖書集成局石印本　十六冊

500000－8741－0001302　GJ1305(573.1/S138:4)
欽定續通典一百五十卷　(清)嵇璜等纂　清光緒二十七年(1901)上海圖書集成局石印本　十二冊

500000－8741－0001303　GJ1306(573.1/S138:4)
欽定續通典一百五十卷　(清)嵇璜等纂　清光緒二十七年(1901)上海圖書集成局石印本　十二冊

500000－8741－0001304　GJ1307(573.1/S138:5)
欽定續通志六百四十卷　(清)嵇璜等纂　清光緒二十七年(1901)上海圖書集成局石印本　六十冊

500000－8741－0001305　GJ1308(573.1/S138:5)
欽定續通志六百四十卷　(清)嵇璜等纂　清光緒二十七年(1901)上海圖書集成局石印本　六十冊

500000－8741－0001306　GJ1309(573.1/S138:6)
欽定續文獻通考二百五十卷　(清)嵇璜等纂　清光緒二十七年(1901)上海圖書集成局石印本　三十六冊

500000－8741－0001307　GJ1310(573.1/S138:6)
欽定續文獻通考二百五十卷　(清)嵇璜等纂　清光緒二十七年(1901)上海圖書集成局石印本　三十六冊

500000－8741－0001308　GJ1311(573.1/S138:7)
皇朝通典一百卷　(清)嵇璜等纂　清光緒二

十七年(1901)上海圖書集成局石印本　十二册

500000－8741－0001309　GJ1312(573.1/S138:7)
皇朝通典一百卷　(清)嵇璜等纂　清光緒二十七年(1901)上海圖書集成局石印本　十一册

500000－8741－0001310　GJ1313(573.1/S138:8)
皇朝通志一百二十六卷　(清)嵇璜等纂　清光緒二十七年(1901)上海圖書集成局石印本　十二册

500000－8741－0001311　GJ1314(573.1/S138:8)
皇朝通志一百二十六卷　(清)嵇璜等纂　清光緒二十七年(1901)上海圖書集成局石印本　十二册

500000－8741－0001312　GJ1315(573.1/S138:9)
皇朝文獻通考三百卷　(清)嵇璜等纂　清光緒二十七年(1901)上海圖書集成局石印本　四十八册

500000－8741－0001313　GJ1316(573.1/S138:9)
皇朝文獻通考三百卷　(清)嵇璜等纂　清光緒二十七年(1901)上海圖書集成局石印本　四十册

500000－8741－0001314　GJ1317(573.1/S138－2)
通典二百卷　(唐)杜佑撰　清同治十年(1871)廣東學海堂刻本　六十册

500000－8741－0001315　GJ1318(573.1/S138b)
策海全書六卷續四卷　(元)馬端臨著　清刻本　十册

500000－8741－0001316　GJ1319(573.1/T343－1)
三通考輯要三種七十六卷　湯壽潛輯　清光緒二十八年(1902)新化三味書局刻本　三十四册

500000－8741－0001317　GJ1320(573.1/T343－2)
三通考輯要三種七十六卷　湯壽潛輯　清光緒二十五年(1899)圖書集成局鉛印本　三十册

500000－8741－0001318　GJ1321(573.1/T343－3)
三通考輯要三種七十六卷　湯壽潛輯　清光緒二十八年(1902)蜀東善成堂刻本　三十册

500000－8741－0001319　GJ1322(573.1/T343－4)
三通考輯要三種七十六卷　湯壽潛輯　清光緒二十五年(1899)圖書集成局刻本　二十册

500000－8741－0001320　GJ1323(573.1/W048)
文獻通考紀要二卷　(□)□□撰　清光緒二十八年(1902)濟南大學堂刻本　二册

500000－8741－0001321　GJ1324(573.1/Z225)
治平畧增定全書三十三卷　(明)朱健　(清)朱徽撰　(清)蔣先庚等訂　清道光二十九年(1849)刻本　二十册

500000－8741－0001322　GJ1325(573.105/X413)
歷代政要表二卷　(清)胡子清編輯　清光緒二十九年(1903)長沙刻本　二册

500000－8741－0001323　GJ1326(573.1152/K493)
周禮全經集釋十二卷附錄二卷　(明)柯尚遷集釋　明隆慶四年(1570)張大忠刻本　十一册　存十二卷(周禮全經集釋十二卷)

500000－8741－0001324　GJ1327(573.115/C730)
周禮十八卷　(明)陳深注　**考工記二卷**　(唐)杜牧註　明天啟武林段景亭刻本　四册

500000－8741－0001325　GJ1328(573.115/L731)
周官恆解六卷　(清)劉沅輯註　清道光元年(1821)刻本　六册

500000－8741－0001326　GJ1329(573.115/S100－3)
周禮正義八十六卷　(清)孫詒讓學　清光緒三十一年(1905)鉛印本　二十册

500000－8741－0001327　GJ1330(573.11515/C704)
周禮精華六卷首一卷　(清)陳龍標編輯　清嘉慶十一年(1806)古香閣魏氏刻本　四册

500000－8741－0001328　GJ1331(573.11515/C704)
周禮精華六卷首一卷　(清)陳龍標編輯　清嘉慶十一年(1806)古香閣魏氏刻本　四册

500000－8741－0001329　GJ1332(573.11515/X421)
周禮節訓六卷　(清)黄叔琳輯　清雍正十年(1732)黄氏古音堂刻本　二册

500000－8741－0001330　GJ1333(573.1152/P233)
周官注釋十二卷　(清)鮑梁纂輯　清嘉慶十年(1805)天德堂刻本　六冊

500000－8741－0001331　GJ1334(573.1152/Z248)
周書十一卷　(清)朱右曾校釋　清光緒三年(1877)湖北崇文書局刻本　二冊

500000－8741－0001332　GJ1335(573.1152/Z800－7)
周禮六卷　(漢)鄭玄注　(唐)陸德明音義　清嘉慶十一年(1806)李光明莊刻本　六冊

500000－8741－0001333　GJ1336(573.1152/Z－800b)
周禮補注六卷　(清)呂飛鵬學　清道光二十九年(1849)旌德呂氏立誠軒刻本　四冊

500000－8741－0001334　GJ1337(573.121/S210)
西漢會要七十卷　(宋)徐天麟撰　清光緒五年(1879)嶺南學海堂刻本　十冊

500000－8741－0001335　GJ1338(573.121/S210)
西漢會要七十卷　(宋)徐天麟撰　清光緒五年(1879)嶺南學海堂刻本　十冊

500000－8741－0001336　GJ1339(573.121/W100)
漢志攷四卷　(宋)王應麟撰　清光緒十年(1884)成都志古堂刻本　二冊

500000－8741－0001337　GJ1340(573.122/S210)
東漢會要四十卷　(宋)徐天麟撰　清光緒五年(1879)嶺南學海堂刻本　八冊

500000－8741－0001338　GJ1341(573.123/I460)
三國會要二十二卷首一卷　(清)楊晨纂　清光緒二十六年(1900)江蘇書局刻本　六冊

500000－8741－0001339　GJ1342(573.123/I460)
三國會要二十二卷首一卷　(清)楊晨纂　清光緒二十六年(1900)江蘇書局刻本　六冊

500000－8741－0001340　GJ1343(573.141/T003)
大唐六典三十卷　(唐)玄宗李隆基撰　清光緒二十一年(1895)廣雅書局刻本　六冊

500000－8741－0001341　GJ1344(573.141/W133)
唐會要一百卷　(宋)王溥撰　清刻本　二十八冊

500000－8741－0001342　GJ1345(573.142/W133)
五代會要三十卷　(宋)王溥撰　清刻本　六冊

500000－8741－0001343　GJ1346(573.151/L428－1)
宋朝事實二十卷　(宋)李攸撰　清光緒刻本　八冊

500000－8741－0001344　GJ1347(573.152/L432)
建炎以來朝野雜記甲集二十卷　(宋)李心傳撰　清刻本　六冊

500000－8741－0001345　GJ1348(573.16/S271)
國朝典彙二百卷　(明)徐學聚撰　明天啟四年(1624)徐與參刻本(卷一至二抄配)　三十六冊

500000－8741－0001346　GJ1349(573.171/K277)
欽定大清會典一百卷首一卷　(清)昆岡等修　清宣統元年(1909)商務印書館石印本　十冊

500000－8741－0001347　GJ1350(573.171/K277－1)
欽定大清會典一百卷首一卷　(清)昆岡等修　清光緒三十四年(1908)商務印書館石印本　十冊

500000－8741－0001348　GJ1351(573.171/K277s)
欽定大清會典事例一千二百二十卷　(清)昆岡等修　清宣統元年(1909)商務印書館石印本　一百五十冊

500000－8741－0001349　GJ1352(573.171/K277s－1)
欽定大清會典事例一千二百二十卷　(清)昆岡等修　清光緒三十四年(1908)商務印書館石印本　一百五十冊

500000－8741－0001350　GJ1353(573.178/S077)
大清新法令十三類附錄三種　商務印書館編輯　清宣統元年(1909)商務印書館鉛印本　二十冊

500000－8741－0001351　GJ1354(573.41/F348)
清秘述聞十六卷　(清)法式善原編　清嘉慶四年(1799)刻本　四冊

500000－8741－0001352　GJ1355(573.41/L308)

樞垣記畧十六卷 （清）梁章鉅撰 清刻本 四冊

500000－8741－0001353 GJ1356(573.41/L500)
吏部文選司銓選則例不分卷 （清）吏部編 清末至民國間抄本 二冊

500000－8741－0001354 GJ1357(573.41/Z111b)
皇朝詞林典故六十四卷 （清）秀寧等撰 清宣統元年(1909)石印本 三十三冊

500000－8741－0001355 GJ1358(573.42/L321)
仕宦要言不分卷附庸吏余談 （清）劉衡撰 清道光十一年(1831)刻本 四冊

500000－8741－0001356 GJ1359(573.42/L721)
州縣須知一卷 （清）劉衡存稿 清咸豐九年(1859)刻本 二冊

500000－8741－0001357 GJ1360(573.42/X018)
宦海指南五種八卷 （清）許乃普輯 清咸豐九年(1859)錢塘許氏刻本 三冊 存三種五卷(欽頒州縣事宜一卷、學治臆說二卷續說一卷、折獄便覽一卷)

500000－8741－0001358 GJ1361(573.42/Y433)
圖民錄四卷 （清）袁守定著 清光緒五年(1879)江蘇書局刻本 二冊

500000－8741－0001359 GJ1362(573.42/Z－171)
帝鑑圖說不分卷 （明）張居正撰 明萬曆刻本 三冊

500000－8741－0001360 GJ1363(573.914/Z813－2)
晉政輯要四十卷 （清）剛毅等修 （清）安頤等纂 清光緒十五年(1889)刻本 三十二冊

500000－8741－0001361 GJ1364(573.914/Z831)
晉政輯要八卷 （清）鄭源璹等纂輯 清乾隆五十五年(1790)刻本 八冊

500000－8741－0001362 GJ1365(573.914/Z831)
晉政輯要八卷 （清）鄭源璹等纂輯 清乾隆五十五年(1790)刻本 八冊

500000－8741－0001363 GJ1366(573.94/S246)
東三省政畧十二卷總目一卷附地圖 徐世昌編 清宣統三年(1911)鉛印本 四十冊

500000－8741－0001364 GJ1367(578.2348/C892)
中俄界約斠注七卷首一卷 （清）錢恂撰 清光緒刻本 二冊

500000－8741－0001365 GJ1368(578.241/Z－542b)
英國續議通商行船條約不分卷 吕海寰擬定 清光緒二十八年(1902)刻本 一冊

500000－8741－0001366 GJ1369(578.28/S017)
辛丑各國和約一卷附件一卷 （清）外務部編 清光緒二十七年(1901)刻本 一冊

500000－8741－0001367 GJ1370(579/F520)
各國交涉公法論三集十六卷附校勘記一卷中西紀年一卷 （英國）費利摩羅巴德著 （英國）傅蘭雅口譯 （清）俞世爵筆述 清光緒二十年(1894)江南製造局翻譯館鉛印本 十六冊

500000－8741－0001368 GJ1371(579/W211)
公法便覽四卷總論一卷續一卷 （美國）吳爾璽撰 （美國）丁韙良譯 清光緒三年(1877)鉛印本 六冊

500000－8741－0001369 GJ1372(580.079/D445c)
大清律例增修統纂集成四十卷附督捕則例二卷 （清）陶東皋撰 （清）陶曉篔增修 清宣統二年(1910)石印本 二十四冊

500000－8741－0001370 GJ1373(580.9/D444)
漢律輯證六卷附讀書法彙一卷 （清）杜貴墀撰 清光緒二十五年(1899)湘水較經堂刻本 一冊

500000－8741－0001371 GJ1374(580.92/Q325)
大清律集解附例三十卷附一卷圖一卷新例一卷刑部題准新例一卷 （清）剛林等纂修 清康熙八年(1669)刻本 六冊

500000－8741－0001372 GJ1375(580.92/S280)
大清律例四十七卷 （清）徐本等纂修 清乾隆五年(1740)武英殿刻本 二十冊

500000－8741－0001373 GJ1376(580.92/Z712)
故唐律疏議三十卷附律音義一卷洗冤集錄五卷 （唐）長孫無忌等撰 清光緒十七年

(1891)錢塘諸可寶書刻本　八册

500000－8741－0001374　GJ1377(582.079/D445)
大清律集解附例箋釋三十卷首一卷附錄一卷　(清)李枏訂　(清)蔡方炳校　清康熙刻本　十三册

500000－8741－0001375　GJ1378(582/M625b)
大明律集解附例三十卷　(明)高舉纂　清光緒三十四年(1908)刻本　十册

500000－8741－0001376　GJ1379(582/M625b)
大明律集解附例三十卷　(明)高舉纂　清光緒三十四年(1908)刻本　十册

500000－8741－0001377　GJ1380(583.31/L722)
日本法規大全二十五類首一卷　(清)劉崇杰等譯校　**日本法規解字一卷**　(清)錢恂　(清)董鴻禕編纂　清光緒三十三年(1907)上海商務印書館鉛印本　八十一册

500000－8741－0001378　GJ1381(585.8/G207)
各部院通行條例不分卷　(□)□□編　清刻本　七册

500000－8741－0001379　GJ1382(585.8/G400)
說帖輯要十四卷　(清)□□輯　清桂芳齋朱欄抄本　十二册

500000－8741－0001380　GJ1383(585.8/Z114)
問心齋學治雜錄二卷續四卷　(清)張聯桂撰　清光緒十一年(1885)刻本　六册

500000－8741－0001381　GJ1384(586.55/G449)
棠陰比事一卷　(宋)桂萬榮撰　清光緒三十年(1904)刻本　一册

500000－8741－0001382　GJ1385(586.65/X045)
洗冤錄詳義四卷首一卷　(清)許槤編　**摭遺二卷**　(清)葛元旭編　**摭遺補一卷**　(清)張開運編　清光緒十六年(1890)湖北官書處刻本　六册

500000－8741－0001383　GJ1386(589.91/D454)
漢律輯證六卷　(清)杜貴墀撰　清光緒二十五年(1899)湘水校經堂刻本　一册

500000－8741－0001384　GJ1387(589.91/Q472)
乾隆條例不分卷　(清)□□編　清刻本　十六册　存(三十一至三十六年、四十至四十一年、四十三年條例)

500000－8741－0001385　GJ1388(589.91/S150)
大清律例彙輯便覽四十卷附督捕則例二卷五軍道里表一卷三流道里表一卷　(清)三泰等撰　清同治十一年(1872)湖北讞局刻本　三十二册

500000－8741－0001386　GJ1389(589.92/L445)
大清律集解附例箋釋三十卷首一卷附錄一卷　(清)李枏訂　(清)蔡方炳校　清康熙刻本　二十四册

500000－8741－0001387　GJ1390(590/C732)
權制八卷　陳澹然述　清光緒二十六年(1900)長沙徐崇立刻本　六册

500000－8741－0001388　GJ1391(590/W164)
登壇必究四十卷　(明)王鳴鶴編輯　明萬曆二十七年(1599)王氏刻本　三十二册

500000－8741－0001389　GJ1392(592/D116)
兵鏡備考十三卷或問二卷孫子集註一卷　(清)鄧廷羅纂輯　清桐石山房刻本　十二册

500000－8741－0001390　GJ1393(592/L405)
衛公兵法輯本三卷　(唐)李靖撰　清光緒十四年(1888)漸西村舍刻本　一册

500000－8741－0001391　GJ1394(592/L405)
李衛公望江南一卷　(□)□□撰　清抄本　一册

500000－8741－0001392　GJ1395(592/S113)
孫子集解十三卷　(春秋)孫武撰　(清)顧福棠集解　清光緒二十六年(1900)木活字印本　二册

500000－8741－0001393　GJ1396(592/S113g)
孫子十家注十三卷本傳一卷　(春秋)孫武撰　(宋)吉天保輯　(清)孫星衍　(清)吳人驥校　**敘錄一卷**　(清)畢以珣撰　**遺說一卷**　(宋)鄭友賢撰　清光緒三年(1877)浙江書局刻本　六册

500000－8741－0001394　GJ1397(592/S113g)
孫子十家注十三卷本傳一卷　(春秋)孫武撰　(宋)吉天保輯　(清)孫星衍　(清)吳人驥校　**敘錄一卷**　(清)畢以珣撰　**遺說一卷**　(宋)鄭友賢撰　清光緒三年(1877)浙江書局刻本　六册

500000－8741－0001395　GJ1398(592/S113g1)
孫子十家注十三卷本傳一卷　(春秋)孫武撰　(宋)吉天保輯　(清)孫星衍　(清)吳人驥校　**敘錄一卷**　(清)畢以珣撰　**遺說一卷**　(宋)鄭友賢撰　清咸豐五年(1855)淡香齋木活字印本　六册

500000－8741－0001396　GJ1399(592/S113g8)
孫子十家注十三卷本傳一卷　(春秋)孫武撰　(宋)吉天保輯　(清)孫星衍　(清)吳人驥校　**敘錄一卷**　(清)畢以珣撰　**遺說一卷**　(宋)鄭友賢撰　清光緒三年(1877)浙江書局刻本　四册　存十一卷(一至八、本傳一卷、敘錄一卷、遺說一卷)

500000－8741－0001397　GJ1400(592/X543)
洴澼百金方十四卷　(清)袁宮桂編　清刻本　十册

500000－8741－0001398　GJ1401(592.9/X441)
讀史兵略四十六卷　(清)胡林翼纂　清咸豐十一年(1861)武昌節署刻本　十六册

500000－8741－0001399　GJ1402(592.94/W144)
歐洲列國戰事本末二十二卷　王樹枏撰　清光緒二十八年(1902)中衛縣署刻陶廬叢稿本　二册　存五卷(一至二、九至十一)

500000－8741－0001400　GJ1403(592.94/W144－1)
歐洲列國戰事本末二十二卷　王樹枏撰　清光緒二十九年(1903)陝西官運書局石印陶廬叢稿本　六册

500000－8741－0001401　GJ1404(593/C529)
紀效新書十八卷傳一卷首一卷　(明)戚繼光撰　(清)許乃釗校　清河南聚文齋刻本　四册

500000－8741－0001402　GJ1405(593/C529)
紀效新書十八卷傳一卷首一卷　(明)戚繼光撰　(清)許乃釗校　清道光二十三年(1843)刻本　四册

500000－8741－0001403　GJ1406(593/C52gl)
練兵實紀坿各國旗號九卷　(明)戚繼光撰　清光緒二十一年(1895)上海醉經廔鉛印本　四册

500000－8741－0001404　GJ1407(595.9/G045)
演砲圖說一卷　(清)龔振麟撰　清道光刻本　一册

500000－8741－0001405　GJ1408(595.9/G0457)
鐵模圖說一卷　(清)龔振麟撰　清道光刻本　一册

500000－8741－0001406　GJ1409(596/Z534)
操演九進十連環鳥槍大陣圖說不分卷　(清)□□繪　清彩繪本　一册

500000－8741－0001407　GJ1410(597.6/X063)
外國師船圖表八卷雜說三卷圖一卷　(清)許景澄撰　清光緒二十二年(1896)浙江官書局印本　四册

500000－8741－0001408　GJ1411(599/Z217)
防守集成十六卷　(清)朱璐編次　清咸豐四年(1854)刻本　十二册

500000－8741－0001409　GJ1412(601/L782p2)
史通通釋二十卷附錄一卷　(唐)劉知幾撰　(清)浦起龍釋　清乾隆十七年(1752)梁溪浦氏求放心齋刻本(卷十一至十三抄配)　八册

500000－8741－0001410　GJ1413(601/L782p7)
史通通釋二十卷附錄一卷　(唐)劉知幾撰　(清)浦起龍釋　清乾隆十七年(1752)梁溪浦氏求放心齋刻本　清陳鶴校並跋　清江文鳳跋　六册

500000－8741－0001411　GJ1414(601/L782x)
史通訓故補二十卷　(唐)劉知幾撰　(清)黄叔琳補註　清乾隆十二年(1747)黄氏養素堂刻本　八册

500000－8741－0001412　GJ1415(601/L782x2)

史通訓故補二十卷 （唐）劉知幾撰 （清）黄叔琳補註 清乾隆十二年(1747)刻本 四冊

500000－8741－0001413 GJ1416(601/Z070－2)
文史通義八卷校讐通義三卷 （清）章學誠著 清光緒二十四年(1898)長沙經文書局刻本 七冊 存七卷(一至四、六至八)

500000－8741－0001414 GJ1417(601/Z070－2)
文史通義八卷校讐通義三卷 （清）章學誠著 清光緒二十四年(1898)長沙經文書局刻本 八冊

500000－8741－0001415 GJ1418(601.3/G267)
史通削繁四卷 （唐）劉知幾撰 （清）紀昀削繁 （清）浦起龍注 清道光十三年(1833)兩廣節署刻本 四冊

500000－8741－0001416 GJ1419(601.3/G267－4)
史通削繁四卷 （唐）劉知幾撰 （清）紀昀削繁 （清）浦起龍注 清光緒元年(1875)刻本 四冊

500000－8741－0001417 GJ1420(601.3/X381)
史目表一卷 （清）洪飴孫撰 清光緒二十五年(1899)京都官書局石印本 一冊

500000－8741－0001418 GJ1421(602/C367)
歷代帝王年表三卷 （清）齊召南編 清光緒十二年(1886)蘇州掃葉山房刻本 三冊

500000－8741－0001419 GJ1422(602/L754)
帝王廟謚年諱譜一卷 （清）陸費墀撰 清刻本 一冊

500000－8741－0001420 GJ1423(607/C735)
史見二卷附迂言百則一卷 （清）陳遇夫撰 清道光三十年(1850)南海伍氏粵雅堂刻本 一冊

500000－8741－0001421 GJ1424(608/Z144)
洋務叢鈔十九卷 （清）張樹聲編訂 清光緒十年(1884)敦懷書屋刻本 八冊

500000－8741－0001422 GJ1425(610/L714－2)
重訂路史全本四十七卷 （宋）羅泌撰 明天啟至崇禎刻本 二十冊

500000－8741－0001423 GJ1426(610/L714－3)
重訂路史全本四十七卷 （宋）羅泌撰 （宋）羅苹註 清乾隆元年(1736)刻本 十六冊

500000－8741－0001424 GJ1427(610/L714v)
路史節讀十卷 （宋）羅泌撰 （清）廖文錦節訂 清光緒二十七年(1901)刻本 四冊

500000－8741－0001425 GJ1428(610/N113)
支那通史四卷 （日本）那珂通世編 清光緒二十五年(1899)東文學社石印本 五冊

500000－8741－0001426 GJ1429(610/N113)
續支那通史二卷 （日本）那珂通世編 清光緒二十九年(1903)石印本 二冊

500000－8741－0001427 GJ1430(610.02/Z810)
二十一史約編八卷首一卷 （清）鄭元慶撰 清刻本 八冊

500000－8741－0001428 GJ1431(610.1/W137)
元經十卷首一卷 （隋）王通撰 **北燕錄一卷夏錄一卷** （北魏）崔鴻撰 清刻漢魏叢書本 四冊

500000－8741－0001429 GJ1432(610.11/S1221)
史記評林一百三十卷附史記正義論例一卷謚法解一卷列國分野一卷補史記一卷 （漢）司馬遷撰 （明）凌稚隆輯校 清刻本 四十冊

500000－8741－0001430 GJ1433(610.11/L312)
史記志疑三十六卷附瞥記三卷 （清）梁玉繩撰 清光緒十三年(1887)廣雅書局刻本 十六冊

500000－8741－0001431 GJ1434(610.11/N231)
空山堂史記評注十二卷 （清）牛運震撰 清刻本 七冊 存十卷(一至十)

500000－8741－0001432 GJ1435(610.11/S122)
史記一百三十卷 （漢）司馬遷撰 清同治五年至九年(1866－1870)金陵書局刻本 二十冊

500000－8741－0001433 GJ1436(610.11/S122.11)
史記一百三十卷 （漢）司馬遷撰 清刻本 二十冊

500000－8741－0001434　GJ1437(610.11/S122.13)
史記一百三十卷　(漢)司馬遷撰　清同治五年至九年(1866－1870)金陵書局刻本　二十册

500000－8741－0001435　GJ1438(610.11/S122.6)
史記一百三十卷　(漢)司馬遷撰　清光緒二十一年(1895)畊餘堂主人石印本　十册

500000－8741－0001436　GJ1439(610.11/S122.8)
史記一百三十卷　(漢)司馬遷撰　清光緒四年(1878)金陵書局刻本　二十册

500000－8741－0001437　GJ1440(610.11/S122)
史記一百三十卷　(漢)司馬遷撰　(南朝宋)裴駰集解　明崇禎十四年(1641)毛氏汲古閣刻十七史本　清丁嘉葆校並録明歸有光評點　十二册

500000－8741－0001438　GJ1441(610.11/S122－10)
史記一百三十卷　(漢)司馬遷撰　清同治十一年(1872)成都書局刻本　二十六册

500000－8741－0001439　GJ1442(610.11/S122－10)
史記一百三十卷　(漢)司馬遷撰　清同治十一年(1872)成都書局刻本　二十六册

500000－8741－0001440　GJ1443(610.11/S122－10)
史記一百三十卷　(漢)司馬遷撰　清同治十一年(1872)成都書局刻本　二十六册

500000－8741－0001441　GJ1444(610.11/S122－12)
史記評林一百三十卷首一卷　(漢)司馬遷撰　清光緒二十七年(1901)上海天章書局石印本　十二册

500000－8741－0001442　GJ1445(610.11/S122－3)
史記一百三十卷　(漢)司馬遷撰　清光緒十三年(1887)蒲圻但氏刻本　四十册

500000－8741－0001443　GJ1446(610.11/S122－7)
史記一百三十卷　(漢)司馬遷撰　清光緒三十年(1904)武林竹簡齋石印本　八册

500000－8741－0001444　GJ1447(610.11/S122c)
史記一百三十卷　(漢)司馬遷撰　(南朝宋)裴駰集解　(唐)司馬貞索隱　(唐)張守節正義　(明)陳仁錫評　**正義謚法解一卷世系圖一卷地圖一卷難字直音一卷**　明崇禎懷德堂刻本　二十四册

500000－8741－0001445　GJ1448(610.11/S122g)
史記摘要一卷莊子因摘要一卷　(□)□□撰　清抄本　一册

500000－8741－0001446　GJ1449(610.11/S122i)
望雲寄廬讀史記臆説五卷　(清)楊琪光撰　清光緒十年(1884)刻本　一册

500000－8741－0001447　GJ1450(610.11/S122s)
史記刪二卷　(清)蘇真符抄　清嘉慶二年(1797)抄本　清蘇真符批校並跋　二册

500000－8741－0001448　GJ1451(610.11/S173)
史記一百三十卷　(漢)司馬遷撰　(明)陳仁錫評　明崇禎十四年(1641)毛氏刻十七史本　十二册

500000－8741－0001449　GJ1452(610.11/W188)
史記斠不分卷　(清)王筠輯　清道光十一年(1831)績溪胡培翬抄本　一册

500000－8741－0001450　GJ1453(610.11/Z102)
校刊史記集解索隱正義札記五卷　(清)張文虎撰　清同治十一年(1872)金陵書局刻本　二册

500000－8741－0001451　GJ1454(610.11/Z102)
校刊史記集解索隱正義札記五卷　(清)張文虎撰　清同治十一年(1872)金陵書局刻本　二册

500000－8741－0001452　GJ1455(610.11/Z102)
校刊史記集解索隱正義札記五卷　(清)張文虎撰　清同治十一年(1872)金陵書局刻本　二册

500000－8741－0001453　GJ1456(610.1115/Z－467)
史記菁華錄六卷　(清)姚苧田輯　清光緒九年(1883)廣州翰墨園刻朱墨套印本　六册

500000－8741－0001454　GJ1457(610.1115/Z－467－3)
史記菁華錄三卷　(清)姚苧田輯　清光緒十九年(1893)蜀西蘊古齋刻本　三册

500000－8741－0001455　GJ1458(610.113/F044)
史記注補正一卷　(清)方苞撰　清刻本　一冊

500000－8741－0001456　GJ1459(610.117/D160)
史記毛本正誤一卷　(清)丁晏學　清末刻本　一冊

500000－8741－0001457　GJ1460(610.117/W151)
歸方評點史記合筆六卷附評點史記例意一卷劉海峰氏論文偶記一卷　(清)王拯纂　清同治五年(1866)刻本　四冊

500000－8741－0001458　GJ1461(610.19/L444)
藏書六十八卷　(明)李贄輯著　(明)陳仁錫評正　明天啟元年(1621)刻本　十六冊

500000－8741－0001459　GJ1462(610.19/L444－1)
藏書六十八卷　(明)李贄輯著　(明)沈汝楫　(明)金嘉謨重訂　(明)沈繼震校閲　明萬曆刻本　十六冊

500000－8741－0001460　GJ1463(610.19/L444－1)
續藏書二十七卷　(明)李贄撰　(明)陳仁錫評　明天啟三年(1623)刻本　八冊

500000－8741－0001461　GJ1464(610.19/L444b)
續藏書二十七卷　(明)李贄撰　明萬曆三十九年(1611)王若屏刻本　十冊

500000－8741－0001462　GJ1465(610.21/H432－1)
竹書紀年二卷　(清)洪頤煊校　清嘉慶十一年(1806)平津館刻本　二冊

500000－8741－0001463　GJ1466(610.21/S200)
竹書紀年統箋十二卷前編一卷雜述一卷　(南朝梁)沈約附注　(清)徐文靖統箋　清光緒三年(1877)浙江書局刻本　四冊

500000－8741－0001464　GJ1467(610.21/S200)
竹書紀年統箋十二卷前編一卷雜述一卷　(南朝梁)沈約附注　(清)徐文靖統箋　清光緒三年(1877)浙江書局刻本　四冊

500000－8741－0001465　GJ1468(610.21/S327)
竹書紀年二卷　(南朝梁)沈約附註　(清)王謨校　清刻本　一冊

500000－8741－0001466　GJ1469(610.21/S327(2))
竹書紀年統箋十二卷前編一卷雜述一卷　(南朝梁)沈約注　(清)徐文靖統箋　清光緒二十三年(1897)圖書集成局刻本　二冊

500000－8741－0001467　GJ1470(610.21/X442)
竹書紀年校正十四卷通考一卷　(南朝梁)沈約附注　(清)郝懿行撰　清光緒五年(1879)東路廳署刻本　二冊

500000－8741－0001468　GJ1471(610.23/L434)
讀通鑑綱目條記二十卷首一卷　(清)李述來撰　清刻本　六冊

500000－8741－0001469　GJ1472(610.23/L746)
資治通鑑外紀十卷目錄五卷　(宋)劉恕編集　清同治十年(1871)江蘇書局刻本　十冊

500000－8741－0001470　GJ1473(610.23/S122－2)
資治通鑑二百九十四卷附兩朝御批新校資治通鑑敘錄三卷　(宋)司馬光編集　(元)胡三省注　清光緒二十九年(1903)重慶廣學書局刻本　一百冊

500000－8741－0001471　GJ1474(610.23/S122－3)
資治通鑑二百九十四卷目錄三十卷　(宋)司馬光編集　(元)胡三省註　清光緒二十六年(1900)圖書集成局石印本　四十四冊

500000－8741－0001472　GJ1475(610.23/S122－5)
資治通鑑二百九十四卷目錄三十卷　(宋)司馬光編集　(元)胡三省注　清光緒三十一年(1905)成都官書局石印本　一百五十九冊　存二百九十二卷(一至六、九至二百九十四)

500000－8741－0001473　GJ1476(610.23/S122－7)
資治通鑑二百九十四卷附釋文辨誤十二卷　(宋)司馬光編集　(元)胡三省註　清刻本　一百四冊

500000－8741－0001474　GJ1477(610.23/S122－8)
資治通鑑補正二百九十四卷首一卷　(宋)司馬光編集　(元)胡三省註　(明)嚴衍補正　清光緒二十八年(1902)上海益智書局石印本　四十八冊

500000－8741－0001475　GJ1478(610.23/S122b1)
續資治通鑑二百二十卷　（清）畢沅撰　清光緒十四年(1888)上海蜚英館石印本　二十冊

500000－8741－0001476　GJ1479(610.23/S122b3)
續資治通鑑二百二十卷　（清）畢沅撰　清光緒二十六年(1900)圖書集成局石印本　二十八冊

500000－8741－0001477　GJ1480(610.23/S122b6)
續資治通鑑二百二十卷　（清）畢沅撰　清同治六年至八年(1867－1869)江蘇書局刻本　八十冊

500000－8741－0001478　GJ1481(610.23/S122bl)
續資治通鑑長編五百二十卷目錄二卷　（宋）李燾撰　清光緒七年(1881)浙江書局刻本　一百二十冊

500000－8741－0001479　GJ1482(610.23/S122bl)
續資治通鑑長編五百二十卷目錄二卷　（宋）李燾撰　清光緒七年(1881)浙江書局刻本　一百二十冊

500000－8741－0001480　GJ1483(610.23/S122c)
資治通鑑補二百九十四卷　（宋）司馬光編撰　（元）胡三省音註　（明）嚴衍補　（明）談允厚參　清光緒二年(1876)思補樓刻本　八十冊

500000－8741－0001481　GJ1484(610.23/S122c)
資治通鑑補二百九十四卷　（宋）司馬光編撰　（元）胡三省音註　（明）嚴衍補　（明）談允厚參　清光緒二年(1876)思補樓刻本　八十冊

500000－8741－0001482　GJ1485(610.23/S122ml)
資治通鑑目錄三十卷　（宋）司馬光編　清同治八年(1869)江蘇書局仿宋刻本　十冊

500000－8741－0001483　GJ1486(610.23/S341)
通鑑總類二十卷　（宋）沈樞撰　清光緒十七年(1891)讀我書齋刻本　二十冊

500000－8741－0001484　GJ1487(610.23/U274)
資治通鑑地理今釋十六卷　（清）吳熙載撰　清刻本　三冊

500000－8741－0001485　GJ1488(610.23/U274－2)
資治通鑑地理今釋十六卷　（清）吳熙載撰　清光緒二十三年(1897)廣東經史閣刻本　四冊

500000－8741－0001486　GJ1489(610.23/W100)
通鑑地理通釋十四卷　（宋）王應麟撰　清浙江書局刻玉海本　三冊

500000－8741－0001487　GJ1490(610.23/W152－1)
讀通鑑論三十卷目錄一卷末一卷　（清）王夫之撰　清刻本　十三冊

500000－8741－0001488　GJ1491(610.23/W152－4)
讀通鑑論三十卷末一卷　（清）王夫之撰　清光緒二十八年(1902)志古堂刻本　十六冊

500000－8741－0001489　GJ1492(610.24/Z051)
讀通鑑綱目劄記二十卷　（清）章邦元著　清光緒十六年至十八年(1890－1892)刻本　八冊

500000－8741－0001490　GJ1493(610.24/Z－240)
資治通鑑綱目前編二十五卷　（明）南軒撰　（明）陳仁錫評閱　清嘉慶八年(1803)宏道堂刻本　十冊

500000－8741－0001491　GJ1494(610.24/Z240)
通鑑綱目釋地補註六卷糾謬六卷　（清）張庚撰　清乾隆十八年(1753)刻本　四冊

500000－8741－0001492　GJ1495(610.24/Z240－2)
資治通鑑綱目五十九卷　（宋）朱熹撰　清康熙九年(1670)徽州張朝珍刻本　八十冊

500000－8741－0001493　GJ1496(610.24/Z－240b)
資治通鑑綱目五十九卷　（宋）朱熹編　（明）陳仁錫評閱　清刻本　九十二冊　存五十八卷(一至二十一、二十三至四十三、四十四下至五十九)

500000－8741－0001494　GJ1497(610.24/Z－240c)
續資治通鑑綱目二十七卷末一卷　（明）商輅編　（明）陳仁錫評閱　清刻本　三十一冊　存二十六卷(一至九、十一至二十七)

500000－8741－0001495　GJ1498(610.24/Z－240d)
資治通鑑綱目三編二十卷　(清)張廷玉編　清刻本　四册

500000－8741－0001496　GJ1499(610.29/F291)
御批歷代通鑑輯覽一百二十卷　(清)傅恆等撰　清乾隆刻本　十六册

500000－8741－0001497　GJ1500(610.29/F291)
歷代通鑑輯覽一百二十卷　(清)傅恆等纂　清光緒五年(1879)刻本　五十八册

500000－8741－0001498　GJ1501(610.29/F291)
歷代通鑑輯覽一百二十卷　(清)傅恆等纂　清光緒五年(1879)刻本　五十八册

500000－8741－0001499　GJ1502(610.29/F291－2)
歷代通鑑輯覽一百二十卷　(清)傅恆等纂　清光緒二十八年(1902)三省堂石印本　二十册

500000－8741－0001500　GJ1503(610.29/G343)
少微通鑑節要五十卷外紀四卷　(宋)江贄輯　**資治通鑑節要續編三十卷**　(明)張光啓撰　明正德九年(1514)司禮監刻本　四十册

500000－8741－0001501　GJ1504(610.29/L722)
歷代紀年十卷　(宋)晁公邁撰　清抄本　四册　存九卷(二至十)

500000－8741－0001502　GJ1505(610.29/S179)
稽古錄二十卷　(宋)司馬光撰　清同治十年(1871)湖北崇文書局刻本　四册

500000－8741－0001503　GJ1506(610.29/S391)
歷代世系紀年編一卷　(清)沈炳震撰　清末翠琅玕館刻本　二册

500000－8741－0001504　GJ1507(610.29/U244－2)
尺木堂綱鑑易知錄九十二卷明鑑易知錄十五卷　(清)吳楚材等輯　清末刻本　四十七册　存九十卷(三至九十二)

500000－8741－0001505　GJ1508(610.29/Y444)
袁王綱鑑合編三十九卷　(清)張廷玉等編　清光緒三十年(1904)商務印書館鉛印本　十六册

500000－8741－0001506　GJ1509(610.3/Y441)
通鑑紀事本末二百三十九卷　(宋)袁樞輯　(明)章溥論正　清同治十二年(1873)江西書局刻本　八十册

500000－8741－0001507　GJ1510(610.3/Y441)
通鑑紀事本末二百三十九卷　(宋)袁樞輯　(明)章溥論正　清同治十二年(1873)江西書局刻本　八十册

500000－8741－0001508　GJ1512(610.4/D118)
函史上編八十二卷下編二十一卷　(明)鄧元錫撰　明萬曆刻本　六十册

500000－8741－0001509　GJ1513(610.4/Y884)
渚宫舊事五卷補遺一卷　(唐)余知古撰　清嘉慶十九年(1814)平津館刻本　二册

500000－8741－0001510　GJ1514(610.5/C014)
歷代帝王年表不分卷　(清)齊召南編　(清)阮福續編　清同治二年(1863)武林葉敦怡刻本　五册

500000－8741－0001511　GJ1515(610.5/C014－2)
歷代帝王年表八卷　(清)齊召南編　清光緒二十九年(1903)寶慶勸學書舍刻本　二册

500000－8741－0001512　GJ1516(610.5/C014－3)
歷代帝王年表不分卷　(清)齊召南編　清道光四年(1824)小琅嬛仙館刻本　二册

500000－8741－0001513　GJ1517(610.5/C014－3)
歷代帝王年表不分卷　(清)齊召南編　清道光四年(1824)小琅嬛仙館刻本　四册

500000－8741－0001514　GJ1518(610.5/D774)
廿四史三表三種十九卷　(清)段長基編　清光緒元年(1875)味古山房刻本　二十四册

500000－8741－0001515　GJ1519(610.5/S391)
廿一史四譜五十四卷　(清)沈炳震抄　清同治十年(1871)武林吳氏清來堂刻本　十六册

500000－8741－0001516　GJ1520(610.5/S391)
廿一史四譜五十四卷　(清)沈炳震抄　清同治十年(1871)武林吳氏清來堂刻本　十六册

500000－8741－0001517　GJ1521(610.5/S418)

史鑑年表彙編十四卷 （清）蕭承笏編　清光緒十年(1884)江右養雲書屋刻本　八冊

500000－8741－0001518　GJ1522(610.5/W447)
歷代史表五十九卷首一卷 （清）萬斯同撰　清光緒十五年(1889)廣雅書局刻本　六冊

500000－8741－0001519　GJ1523(610.5/X457)
歷代紀元表一卷附年號分韻錄一卷 （清）黄本驥編　（清）蔣瓌校　清道光二十八年(1848)刻本　一冊

500000－8741－0001520　GJ1524(610.7/K685)
鑑撮四卷附讀史論畧一卷 （清）曠敏本編　清刻本　八冊

500000－8741－0001521　GJ1525(610.7/T023)
歷代史纂左編一百四十二卷目錄一卷 （明）唐順之輯　明萬曆刻本　一百冊

500000－8741－0001522　GJ1526(610.7/X412)
廿二史劄記三十六卷附補遺一卷 （清）趙翼撰　清光緒二十五年(1899)湖南書局刻本　十二冊

500000－8741－0001523　GJ1527(610.7/Z417)
廿二史劄記三十六卷附補遺一卷 （清）趙翼撰　清光緒二十八年(1902)成都同文會刻本　十六冊

500000－8741－0001524　GJ1528(610.7/Z417－3)
廿二史劄記三十六卷附補遺一卷 （清）趙翼撰　清光緒二十八年(1902)大關唐氏怡蘭堂刻本　十六冊　存三十五卷(一、三至三十六)

500000－8741－0001525　GJ1529(610.7/Z810)
廿四史約編不分卷 （清）鄭元慶述　清末石印本　八冊

500000－8741－0001526　GJ1530(610.71/G455)
古史輯要六卷首一卷 （清）□□撰　清道光二十五年(1845)刻本　四冊

500000－8741－0001527　GJ1531(610.71/I－472)
歷代史畧十段錦詞話旁註二卷附歷代帝王紀一卷 （明）楊慎撰　（明）程中秩註　明刻朱墨套印本　二冊

500000－8741－0001528　GJ1532(610.71/S172b)
史緯三百三十卷 （漢）司馬遷撰　（清）陳允錫刪修　（清）羅大春補　清光緒二十九年(1903)文來書局石印本　六十冊

500000－8741－0001529　GJ1533(610.71/S361)
二十一史文鈔五十八卷 （明）沈國元輯　明崇禎十二年(1639)沈氏大來堂刻本　三十二冊

500000－8741－0001530　GJ1534(610.71/Z446)
趙忠毅公儕鶴先生史韻補注四卷 （明）趙南星撰　（清）陳鍾祥等補註　清同治元年(1862)刻本　四冊

500000－8741－0001531　GJ1535(610.73/Z055)
諸史提要五卷 （□）□□撰　清朱欄抄本　二冊

500000－8741－0001532　GJ1536(610.74/L431)
讀史記畧四卷 （清）蕭濬纂　清道光二十年(1840)楊氏澹靜齋刻本　四冊

500000－8741－0001533　GJ1537(610.74/W180g)
十七史蒙求十六卷附補注六卷 （宋）王令撰　清光緒五年(1879)刻本　一冊

500000－8741－0001534　GJ1538(610.74/X409)
讀史碎金註八十卷讀史碎金六卷 （清）胡文炳撰　清光緒元年至二年(1875－1876)刻本　八十冊

500000－8741－0001535　GJ1539(610.74/Y484)
史筌五卷首一卷 （清）楊銘柱撰　清道光二十六年(1846)刻本　四冊

500000－8741－0001536　GJ1540(610.8/K462)
史畧歌論十二卷首一卷 （清）裘曰和輯　清道光二十一年(1841)聰訓堂刻本　六冊

500000－8741－0001537　GJ1541(610.8/L781)
歷代說約四卷 （清）劉曾璵纂　清道光十二年(1832)京都琉璃廠文光堂刻本　四冊

500000－8741－0001538　GJ1542(610.8/S573)
史學叢書初集三十六卷二集四十八卷 （清）

□□輯　清光緒二十八年(1902)上海文瀾書局石印本　三十二册

500000－8741－0001539　GJ1543(610.8/X304)
歷代史案二十卷首一卷　(清)洪亮吉編　清末刻本　六册

500000－8741－0001540　GJ1544(610.8/Y423)
伽藍記五卷　(北魏)楊衒之撰　清刻本　二册

500000－8741－0001541　GJ1545(610.81/G044)
歷代史論十二卷宋史論三卷元史論一卷明史論四卷　(明)張溥等撰　清光緒上海掃葉山房石印本　八册

500000－8741－0001542　GJ1546(610.81/G336)
史鑑總論二卷　(明)顧回撰　清光緒三十年(1904)成都書局刻本　二册

500000－8741－0001543　GJ1547(610.81/G804)
歷代史事政治論三百八卷附目錄一卷　(清)金詠榴等合編　清光緒二十九年(1903)上海點石齋石印本　二十八册

500000－8741－0001544　GJ1548(610.81/X143)
讀史提要錄十二卷　(清)夏之蓉編　清光緒二十八年(1902)上海石印書局刻石印本　四册

500000－8741－0001545　GJ1549(610.81/Y192)
讀史漫錄十四卷　(明)于慎行撰　明萬曆四十二年(1614)于緯刻本　十六册

500000－8741－0001546　GJ1550(610.81/Z313)
治平寶鑒二十卷　(清)張之邁等撰　清抄本　二十册

500000－8741－0001547　GJ1551(610.81/Z801)
歷代史事論海三十二卷　(清)知新子撰　清光緒二十八年(1902)石印本　三十二册

500000－8741－0001548　GJ1552(610.83/C846)
廿二史攷異一百卷　(清)錢大昕撰　清光緒二十年(1894)廣雅書局刻本　十八册

500000－8741－0001549　GJ1553(610.83/C846)
廿二史攷異一百卷　(清)錢大昕撰　清光緒二十年(1894)廣雅書局刻本　二十册

500000－8741－0001550　GJ1554(610.83/C846s)
諸史拾遺五卷附三史拾遺五卷　(清)錢大昕撰　清嘉慶十二年(1807)嘉興郡齋刻本　一册　存五卷(三史拾遺五卷)

500000－8741－0001551　GJ1555(610.83/C847s2)
諸史拾遺五卷附三史拾遺五卷　(清)錢大昕撰　清嘉慶十二年(1807)嘉興郡齋刻本　二册

500000－8741－0001552　GJ1556(610.83/L651)
五史斠議五卷　羅振玉學　清光緒二十九年(1903)刻本　一册

500000－8741－0001553　GJ1557(610.83/U223)
歷代帝王曆祚考八卷歷代紹運國系之圖一卷歷代年號考同一卷歷代紹統年表一卷音釋一卷　(明)吳繼安編輯　(明)吳明春考正　明萬曆二十九年(1601)吳氏商山季園刻本　八册

500000－8741－0001554　GJ1558(610.83/W165)
十七史商榷一百卷附目錄一卷　(清)王鳴盛述　清光緒六年(1880)太原王氏刻本　二十四册

500000－8741－0001555　GJ1559(610.83/W165)
十七史商榷一百卷附目錄一卷　(清)王鳴盛述　清光緒六年(1880)太原王氏刻本　二十四册

500000－8741－0001556　GJ1560(610.83/W165－3)
十七史商榷一百卷　(清)王鳴盛撰　清乾隆五十二年(1787)洞涇草堂刻本　二十册

500000－8741－0001557　GJ1561(610.83/W447)
歷代紀元彙考五卷　(清)萬斯同撰　清乾隆十五年(1750)吳之黼刻本　二册

500000－8741－0001558　GJ1562(610.83/W447)
歷代紀元彙考五卷　(清)萬斯同編　清抄本　二册

500000－8741－0001559　GJ1563(610.83/X304)
四史發伏十卷　(清)洪亮吉著　清光緒八年

(1882)刻本　二冊

500000－8741－0001560　GJ1564(610.83/Z836)
歷代建元考二卷書目一卷總論一卷前編一卷外編四卷類考一卷　(清)鍾淵映撰　清末刻本　六冊

500000－8741－0001561　GJ1565(610.9/S777)
史要二卷　(日本)桑原騭藏撰　樊炳清譯　清光緒二十九年(1903)鉛印本　二冊

500000－8741－0001562　GJ1566(610.9/S777－2)
史要二卷　(日本)桑原騭藏撰　樊炳清譯　清光緒二十五年(1899)鉛印本　四冊

500000－8741－0001563　GJ1567(610.9/S777d)
東洋史要二卷　(日本)桑原騭藏撰　樊炳清譯　清光緒二十五年(1899)東文學社鉛印本　一冊

500000－8741－0001564　GJ1568(610.99/Z420)
碧血錄五卷　(清)莊仲方撰　清光緒八年(1882)上海同文書局石印本　五冊

500000－8741－0001565　GJ1569(621.01/L481)
尚史七十卷附世系圖一卷序傳一卷　(清)李鍇撰　清乾隆三十八年(1773)悅道樓刻本　二十四冊

500000－8741－0001566　GJ1570(621.01/L481)
尚史七十卷附世系圖一卷序傳一卷　(清)李鍇撰　清乾隆三十八年(1773)悅道樓刻本　二十八冊

500000－8741－0001567　GJ1571(621.01/L481.1)
尚史七十卷附世系圖一卷序傳一卷　(清)李鍇撰　清乾隆三十八年(1773)悅道樓刻本　二十冊

500000－8741－0001568　GJ1572(621.01/L4811)
補尚史論贊二卷　(清)李祖陶撰　清刻本　一冊

500000－8741－0001569　GJ1573(621.03/M725－2)
繹史一百六十卷附世系圖一卷年表一卷　(清)馬驌撰　清同治七年(1868)刻本　四十冊

500000－8741－0001570　GJ1574(621.03/M725－2)
繹史一百六十卷附世系圖一卷年表一卷　(清)馬驌撰　清康熙刻本　四十四冊　存一百五十九卷(一至五、九至一百六十,世系圖一卷,年表一卷)

500000－8741－0001571　GJ1575(621.03/M725－3)
繹史一百六十卷附世系圖一卷年表一卷　(清)馬驌撰　清光緒十五年(1889)金匱浦氏刻本　四十八冊

500000－8741－0001572　GJ1576(621.1/F487)
書經體註六卷　(宋)蔡沈集注　清刻本　四冊

500000－8741－0001573　GJ1577(621.1/L630s)
增修東萊書說三十五卷　(宋)呂祖謙述　清同治十二年(1873)粵東書局刻本　六冊

500000－8741－0001574　GJ1578(621.1/Q743)
書經六卷　(宋)蔡沈集傳　清光緒十年(1884)善成堂刻本　一冊　存二卷(一至二)

500000－8741－0001575　GJ1579(621.1/W173)
書經精華十卷首一卷　(清)王巨源編　清末古香閣刻本　六冊

500000－8741－0001576　GJ1580(621.1/W173)
書經精華十卷首一卷　(清)王巨源編　清末古香閣刻本　六冊

500000－8741－0001577　GJ1581(621.1/Z434)
書經六卷　(宋)蔡沈集傳　清光緒十二年(1886)湖北官書處刻本　四冊

500000－8741－0001578　GJ1582(621.1/Z434)
書經六卷　(宋)蔡沈集傳　清光緒二十一年(1895)湖北官書處刻本　四冊

500000－8741－0001579　GJ1583(621.12/K123－2)
附釋音尚書注疏二十卷　(唐)孔穎達等撰　清光緒十八年(1892)湖南寶慶務本書局刻本　五冊　存十四卷(一至十四)

500000－8741－0001580　GJ1584(621.12/L731)
書經恆解六卷　(清)劉沅輯註　清光緒三十一年(1905)刻本　六冊

500000－8741－0001581　GJ1585(621.12/L744)
尚書彙編十二卷末一卷　(清)陸士楷撰輯　清光緒十二年(1886)雅浦陸氏善慶堂刻本　四冊

500000－8741－0001582　GJ1586(621.12/W165)
尚書後案三十卷後辨一卷　(清)王鳴盛撰　清乾隆四十五年(1780)刻本　八冊

500000－8741－0001583　GJ1587(621.12/W602)
尚書讀本二卷　(清)吳京卿勘定　清光緒三十四年(1908)保陽書局鉛印本　二冊

500000－8741－0001584　GJ1588(621.12/X400)
尚書說七卷　(宋)黄度著　清同治十二年(1873)粤東書局刻本　二冊

500000－8741－0001585　GJ1589(621.12/Z800)
尚書大傳七卷　(漢)鄭玄注　王闓運補注　清光緒十一年(1885)王氏刻本　一冊

500000－8741－0001586　GJ1590(621.12/Z800－2)
尚書大傳七卷　(漢)鄭玄注　王闓運補注　清光緒十二年(1886)成都尊經書院刻本　一冊

500000－8741－0001587　GJ1591(621.1241/K123r)
附釋音尚書注疏二十卷校勘記二十卷　(唐)孔穎達等撰　清嘉慶二十年(1815)江西南昌府學刻本　九冊

500000－8741－0001588　GJ1592(621.1252/R873)
尚書表注二卷　(宋)金履祥表注　清同治十二年(1873)粤東書局刻本　一冊

500000－8741－0001589　GJ1593(621.1362/C748)
書集傳或問二卷　(宋)陳大猷撰　清同治十二年(1873)粤東書局刻本　一冊

500000－8741－0001590　GJ1594(621.15/S131)
欽定書經圖說五十卷　(清)孫家鼐等修　清光緒三十一年(1905)石印本　十六冊

500000－8741－0001591　GJ1595(621.17/M408)
尚書考異六卷　(明)梅鷟撰　清光緒十八年(1892)浙江書局刻本　四冊

500000－8741－0001592　GJ1596(621.17/U232)
尚書故三卷附錄一卷　(清)吳汝綸撰　清光緒三十年(1904)吳氏刻本　三冊

500000－8741－0001593　GJ1597(621.17/W105)
讀書管見二卷　(元)王充耘撰　清同治十二年(1873)粤東書局刻本　二冊

500000－8741－0001594　GJ1598(621.17/W120)
尚書孔傳參正三十六卷　王先謙撰　清光緒三十年(1904)虛受堂刻本　六冊

500000－8741－0001595　GJ1599(621.17/Z347)
古文尚書辨八卷　(清)焦循撰　清光緒十八年(1892)刻本　三冊

500000－8741－0001596　GJ1600(621.1752/W149)
書疑九卷　(宋)王柏著　清同治十二年(1873)粤東書局刻本　一冊

500000－8741－0001597　GJ1601(621.181/C548)
禹貢班義述三卷附漢糜水入尚龍谿考一卷　(清)成蓉鏡撰　清光緒十四年(1888)廣雅書局刻本　一冊

500000－8741－0001598　GJ1602(621.181/I438)
禹貢本義一卷　楊守敬撰　清光緒三十二年(1906)鄂城菊灣刻本　一冊

500000－8741－0001599　GJ1603(621.181/L492)
禹貢易知編十二卷　(清)李慎儒輯　清光緒二十五年(1899)刻本　四冊

500000－8741－0001600　GJ1604(621.181/M723)
禹貢圖不分卷　(清)馬俊良撰　清抄本　一冊

500000－8741－0001601　GJ1605(621.181/X436)
禹貢錐指二十卷圖一卷　(清)胡渭撰　清康熙四十四年(1705)漱六軒刻本　十冊

500000－8741－0001602　GJ1606(621.181/Z－222)
禹貢鄭注釋二卷　(清)焦循學　清道光八年(1828)刻本　一冊

500000－8741－0001603　GJ1607(621.201/F464c)
續後漢書九十卷　(元)郝經撰　**重刻續後漢書札記一卷**　(清)郁松年撰　清道光二十一年(1841)刻宜稼堂叢書本　二十三冊

500000－8741－0001604　GJ1608(621.3/W212)
夏書禹貢攷畧一卷春秋攷畧二卷　(清)魏延獻撰　清咸豐三年(1853)刻本　三册

500000－8741－0001605　GJ1609(621.5/K351－2)
汲塚周書十卷　(晉)孔晁註　清末刻本　二册

500000－8741－0001606　GJ1610(621.5/K351－5)
逸周書十卷　(晉)孔晁注　清末刻本　二册

500000－8741－0001607　GJ1611(621.5/K351c)
逸周書二十二卷首一卷末一卷　(晉)孔晁注　(清)陳逢衡補注　清道光五年(1825)梅山刻本　二十册

500000－8741－0001608　GJ1612(621.5/Z248y)
周書十一卷　(清)朱右曾校釋　清光緒三年(1877)湖北崇文書局刻本　二册

500000－8741－0001609　GJ1613(621.502/X441)
周季編略九卷　(清)黄式三纂　清同治十二年(1873)浙江書屋刻儆居遺書本　四册

500000－8741－0001610　GJ1614(621.502/X441)
周季編略九卷　(清)黄式三纂　清同治十二年(1873)浙江書屋刻儆居遺書本　四册

500000－8741－0001611　GJ1615(621.502/Z248)
汲冢紀年存真二卷　(清)朱右曾輯錄　清刻本　二册

500000－8741－0001612　GJ1616(621.7/H448)
春秋非左二卷　(明)郝敬撰　**春秋楚地答問一卷**　(清)易本烺撰　清光緒十七年(1891)用海東刻湖北叢書本　一册

500000－8741－0001613　GJ1617(621.7/L731)
春秋恆解八卷　(清)劉沅輯註　清光緒三十一年(1905)刻本　八册

500000－8741－0001614　GJ1618(621.7/L731)
春秋恆解八卷　(清)劉沅輯註　清光緒三十一年(1905)刻本　八册

500000－8741－0001615　GJ1619(621.7/L731)
春秋恆解八卷　(清)劉沅輯註　清光緒三十一年(1905)刻本　八册

500000－8741－0001616　GJ1620(621.7/Z106)
春秋屬辭辨例編六十卷首二卷　(清)張應昌學　清同治十二年(1873)江蘇書局刻本　三十二册

500000－8741－0001617　GJ1621(621.71/G880)
春秋公羊傳不分卷　(漢)何休注　(明)閔齊伋撰　清刻本　三册

500000－8741－0001618　GJ1622(621.71/G880－2)
春秋公羊傳十二卷　(明)閔齊伋注　明天啟元年(1621)閔氏刻本　四册

500000－8741－0001619　GJ1623(621.711/Y446)
監本附音春秋穀梁注疏二十卷附校勘記一卷　(明)楊士勛疏　(清)阮元校　清光緒十八年(1892)湖南寶慶務本書局刻本　五册

500000－8741－0001620　GJ1624(621.7122/X224s)
監本附音春秋公羊注疏二十八卷附校勘記一卷　(漢)何休學　(清)阮元撰　清光緒十八年(1892)湖南寶慶務本書局刻本　九册

500000－8741－0001621　GJ1625(621.717/L010)
何氏公羊解詁一卷　廖平撰　清宣統三年(1911)國學扶輪社鉛印適園叢書本　一册

500000－8741－0001622　GJ1626(621.721/F430)
春秋穀梁傳十二卷　(晉)范甯集解　清尺木堂刻本　三册

500000－8741－0001623　GJ1627(621.73/F464)
春秋左傳釋人十二卷附錄一卷　(清)范照藜輯　清嘉慶七年(1802)如不及齋刻本　六册

500000－8741－0001624　GJ1628(621.73/G044)
左傳紀事本末五十三卷　(清)高士奇編　清同治十二年(1873)江西書局刻本　十二册

500000－8741－0001625　GJ1629(621.73/G044)
左傳紀事本末五十三卷　(清)高士奇編　清同治十二年(1873)江西書局刻本　十二册

500000－8741－0001626　GJ1630(621.73/W159)
欽定春秋傳説彙纂三十八卷首二卷　(清)王掞撰　清刻本　二十册　存三十七卷(三至三十八、首一)

500000－8741－0001627　GJ1631(621.73/W159－4)
欽定春秋傳說彙纂三十八卷首二卷　(清)王掞撰　清光緒二十年(1894)萬選書局石印本　四冊

500000－8741－0001628　GJ1632(621.73/Z253)
春秋鈔十卷首一卷　(清)朱軾輯　清乾隆元年(1736)刻本　四冊

500000－8741－0001629　GJ1633(621.73/Z741)
左傳翼三十八卷　(清)周大璋輯評　清遂初堂刻本　十六冊

500000－8741－0001630　GJ1634(621.730/M125)
左傳事緯前書八卷左傳事緯十二卷　(清)馬驌編　清康熙刻本　十冊

500000－8741－0001631　GJ1635(621.731/P481)
左傳淺說二卷　(清)皮錫瑞撰　清光緒二十五年(1899)刻本　二冊

500000－8741－0001632　GJ1636(621.732/G845)
左傳統箋三十五卷　(清)姜希轍集注　清康熙十五年(1676)刻本　十六冊

500000－8741－0001633　GJ1637(621.732/W242)
選批左傳十六卷　(清)魏朝俊選　清光緒十四年(1888)刻本　八冊

500000－8741－0001634　GJ1638(621.732/W242)
選批左傳十六卷　(清)魏朝俊選　清光緒十四年(1888)刻本　八冊

500000－8741－0001635　GJ1639(621.732/W242)
選批左傳十六卷　(清)魏朝俊選　清光緒十四年(1888)刻本　八冊

500000－8741－0001636　GJ1640(621.732/W242)
選批左傳十六卷　(清)魏朝俊選　清光緒十四年(1888)刻本　五冊　存十卷(五至十四)

500000－8741－0001637　GJ1641(621.732/W242)
選批左傳十六卷　(清)魏朝俊選　清光緒十四年(1888)刻本　九冊　存十四卷(三至十六)

500000－8741－0001638　GJ1642(621.732/X304)
春秋左傳詁二十卷　(清)洪亮吉學　清光緒四年(1878)授經堂刻本　八冊

500000－8741－0001639　GJ1643(621.7323/D411)
附釋音春秋左傳注疏六十卷　(晉)杜預注　(唐)孔穎達等撰　清光緒十八年(1892)湖南寶慶務本書局刻本　三十冊

500000－8741－0001640　GJ1644(621.7323/D411)
附釋音春秋左傳注疏六十卷　(晉)杜預注　(唐)孔穎達等撰　清光緒十八年(1892)湖南寶慶務本書局刻本　二十八冊

500000－8741－0001641　GJ1645(621.737/C771)
春秋規過考信三卷　(清)陳熙晉撰　清光緒十五年(1889)廣雅書局刻本　四冊

500000－8741－0001642　GJ1646(621.737/F347)
春秋經傳集解三十卷首一卷　(晉)杜預註　(清)馮李驊增訂　清李光明莊刻本　十六冊

500000－8741－0001643　GJ1647(621.737/F347－2)
春秋經傳集解三十卷首一卷　(晉)杜預註　(清)馮李驊增訂　清末善成堂刻本　十六冊

500000－8741－0001644　GJ1648(621.737/W151)
春秋世論五卷　(清)王夫之撰　清光緒二十八年(1902)刻本　二冊

500000－8741－0001645　GJ1649(621.737/W234)
左傳經世鈔二十三卷　(清)魏禧評點　清乾隆十三年(1748)夏邑彭氏刻本　十二冊

500000－8741－0001646　GJ1650(621.74/C779)
春秋世族譜一卷　(清)陳厚耀　(清)葉蘭撰　清光緒二十五年(1899)兩湖書院正學堂刻朱印本　一冊

500000－8741－0001647　GJ1651(621.74/D425－2)
董子春秋繁露十七卷　(漢)董仲舒撰　(清)董慎行校　清光緒二年(1876)浙江書局刻本　二冊

500000－8741－0001648　GJ1652(621.74/D425－2)
董子春秋繁露十七卷　(漢)董仲舒撰　(清)董慎行校　清光緒二年(1876)浙江書局刻本　二冊

500000－8741－0001649　GJ1653(621.75/C779)

春秋世族譜二卷 (清)陳厚耀 (清)葉蘭撰 清嘉慶五年(1800)刻本 二册

500000－8741－0001650 GJ1654(621.75/D425－3)
董子春秋繁露十七卷 (漢)董仲舒撰 (清)湯朝鏞校 清刻本 三册

500000－8741－0001651 GJ1655(621.75/D425－4)
春秋繁露十七卷附録一卷 (漢)董仲舒撰 (明)程榮校 明萬曆二十年(1592)程榮刻漢魏叢書本 四册

500000－8741－0001652 GJ1656(621.75/D428)
春秋繁露十七卷附録一卷 (漢)董仲舒撰 (明)孫鑛評 明天啟五年(1625)沈鼎花齋刻本 二册

500000－8741－0001653 GJ1657(621.75/D428(2))
春秋繁露十七卷 (漢)董仲舒撰 清光緒二十三年(1897)刻本 一册

500000－8741－0001654 GJ1658(621.75/T383)
品峰齋春秋四傳刈實十二卷春秋世次本末一卷提要一卷纂言一卷 (清)涂錫禧撰 清乾隆十二年(1747)涂氏品峰齋刻本 十册

500000－8741－0001655 GJ1659(621.75/X120)
春秋希通不分卷 (清)夏程廷撰 清咸豐十一年(1861)刻本 一册

500000－8741－0001656 GJ1660(621.75/X233)
春秋體註大全四卷 (宋)胡安國傳 (清)金甌纂 (清)徐寅賓新纂 清乾隆五十三年(1788)刻本 四册

500000－8741－0001657 GJ1661(621.752/D425)
春秋繁露義證十七卷首一卷附春秋繁露攷證一卷 (漢)董仲舒撰 (清)蘇輿校 清宣統二年(1910)刻本 四册

500000－8741－0001658 GJ1662(621.77/D442)
國語正義二十一卷 (清)董增齡撰集 清光緒六年(1880)會稽章氏式訓堂刻本 八册

500000－8741－0001659 GJ1663(621.77/D442)
國語正義二十一卷 (清)董增齡撰集 清光緒六年(1880)會稽章氏式訓堂刻本 八册

500000－8741－0001660 GJ1664(621.77/W331)
國語校注本三種二十九卷 (清)汪遠孫撰 清道光二十六年(1846)振綺堂汪氏刻本 四册

500000－8741－0001661 GJ1665(621.77/W331)
國語校注本三種二十九卷 (清)汪遠孫撰 清道光二十六年(1846)振綺堂汪氏刻本 六册

500000－8741－0001662 GJ1666(621.77/W331)
國語校注本三種二十九卷 (清)汪遠孫撰 清道光二十六年(1846)振綺堂汪氏刻本 五册

500000－8741－0001663 GJ1667(621.77W477)
國語二十一卷附校勘明道本韋氏解國語札記一卷國語明道本攷異四卷 (清)汪遠孫撰 清同治八年(1869)湖北崇文書局刻本 五册

500000－8741－0001664 GJ1668(621.79/G340)
春秋大事表五十卷輿圖一卷附録一卷 (清)顧棟高撰 清乾隆十三年(1748)顧氏萬卷樓刻本 二十四册

500000－8741－0001665 GJ1669(621.79/Y774－2)
越絕書十五卷 (明)任如棠校 清刻本 二册

500000－8741－0001666 GJ1670(621.79/Z464－4)
吴越春秋十卷 (漢)趙曄撰 (元)徐天祐音註 明萬曆十四年(1586)武林馮念祖臥龍山房刻本 三册

500000－8741－0001667 GJ1671(621.79/Z464－5)
吴越春秋六卷 (漢)趙曄撰 (清)王謨校 清光緒三年(1877)刻本 二册

500000－8741－0001668 GJ1672(621.8/Z668)
鮑氏國策十卷 (宋)鮑彪校注 明嘉靖七年(1528)龔雷影宋刻本 八册

500000－8741－0001669 GJ1673(621.8/Z6681)
戰國策去毒二卷 (清)陸隴其評定 清同治九年(1870)六安求我齋刻本 二册

500000－8741－0001670 GJ1674(621.8/Z668－3)

戰國策三十三卷　(漢)高誘注　**重刻剡川姚氏本戰國策札記三卷**　(清)黄丕烈撰　清光緒二年(1876)刻本　五册

500000－8741－0001671　GJ1675(621.8/Z668－3)
戰國策三十三卷　(漢)高誘注　**重刻剡川姚氏本戰國策札記三卷**　(清)黄丕烈撰　清光緒二年(1876)刻本　五册

500000－8741－0001672　GJ1676(621.8/Z－668－9)
戰國策十八卷巵言一卷名公評論一卷　(清)張星徵評點　清雍正十三年(1735)塞翁亭刻本　十册

500000－8741－0001673　GJ1677(621.805/W120)
鮮虞中山國事表疆域圖説一卷　王先謙撰　清光緒九年(1883)長沙王氏刻本　一册

500000－8741－0001674　GJ1678(621.805/W120)
鮮虞中山國事表疆域圖説一卷　王先謙撰　清光緒九年(1883)長沙王氏刻本　一册

500000－8741－0001675　GJ1679(621.81/G002)
戰國策三十三卷　(漢)高誘注　**重刻剡川姚氏本戰國策札記三卷**　(清)黄丕烈撰　清同治八年(1869)湖北崇文書局刻本　五册

500000－8741－0001676　GJ1680(621.81/Y430)
重刻剡川姚氏本戰國策札記三卷　(清)黄丕烈撰　清嘉慶八年(1803)吴門黄氏讀未見書齋刻本　一册

500000－8741－0001677　GJ1681(622.05/L131)
兩漢三國人表不分卷附子史格言一卷　(□)□□撰　清末至民國間抄本　一册

500000－8741－0001678　GJ1682(622.073/Y212)
兩漢碎金一卷　(清)侯登岸撰　清刻本　二册

500000－8741－0001679　GJ1683(622.1/B160－1)
前漢書補注一百卷首一卷　(漢)班固撰　(漢)班昭續　(唐)顔師古注　王先謙補注　清光緒二十六年(1900)長沙王氏刻本　三十一册　存九十五卷(一至四十九、五十五至一百)

500000－8741－0001680　GJ1684(622.1/B160－1)
前漢書補注一百卷首一卷　(漢)班固撰　(漢)班昭續　(唐)顔師古注　王先謙補注　清光緒二十六年(1900)長沙王氏刻本　三十二册

500000－8741－0001681　GJ1685(622.1/P181)
漢書一百卷　(漢)班固撰　(唐)顔師古注　清同治八年(1869)金陵書局刻本　十六册

500000－8741－0001682　GJ1686(622.1/P182－9a)
漢書注校補五十六卷　(清)周壽昌撰　清光緒十七年(1891)廣雅書局刻本　十册

500000－8741－0001683　GJ1687(622.101/B160)
前漢書一百二十卷　(漢)班固撰　(唐)顔師古注　明崇禎十五年(1642)琴川毛氏汲古閣刻本　十六册

500000－8741－0001684　GJ1688(622.101/B1601)
姚惜抱先生前漢書點評一卷　(清)姚鼐點評　清光緒十六年(1890)天津石印本　一册

500000－8741－0001685　GJ1689(622.101/B160－10)
漢書評林一百卷　(明)凌稚隆輯校　清光緒十七年(1891)星沙養翮書齋刻本　三十九册　存九十七卷(一至三十、三十四至一百)

500000－8741－0001686　GJ1690(622.101/B160－11)
鹿門先生批點漢書九十三卷　(漢)班固撰　(明)茅坤評釋　明崇禎八年(1635)茅氏刻本　十九册

500000－8741－0001687　GJ1691(622.101/B16012)
兩漢刊誤補遺十卷　(宋)吴仁傑撰　清同治七年(1868)金陵書局鉛印本　二册

500000－8741－0001688　GJ1692(622.101/B160－2)
前漢書一百卷　(漢)班固撰　(唐)顔師古注　清同治十年(1871)成都書局刻本　三十二册

500000－8741－0001689　GJ1693(622.101/B160－2)
前漢書一百卷　(漢)班固撰　(唐)顔師古注　清同治十年(1871)成都書局刻本　三十二册

500000－8741－0001690　GJ1694(622.101/B160－3)
漢書一百卷　(漢)班固撰　(唐)顔師古注　清同治八年(1869)金陵書局刻本　十六册

500000－8741－0001691　GJ1695(622.101/B160－3)
前漢書一百二十卷　(漢)班固撰　(唐)顔師古注　明崇禎十五年(1642)毛氏汲古閣刻十七史本　清沈欽韓批校並跋　四十册

500000－8741－0001692　GJ1696(622.101/B160－6)
前漢書一百卷　(漢)班固撰　(唐)顔師古注　清光緒二十一年(1895)上海畊餘主人石印本　十四册

500000－8741－0001693　GJ1697(622.101/B160－7)
漢書一百卷首一卷　(漢)班固撰　(唐)顔師古注　清光緒二十九年(1903)點石齋石印本　八册

500000－8741－0001694　GJ1698(622.101/B160－8)
漢書一百卷首一卷　(漢)班固撰　(唐)顔師古注　清光緒十三年(1887)金陵書局刻本　二十九册　存九十四卷(一至三十四、四十一至一百)

500000－8741－0001695　GJ1699(622.101/B160－9)
前漢書一百卷　(漢)班固撰　(唐)顔師古注　清光緒三十一年(1905)上海久敬齋石印本　十二册

500000－8741－0001696　GJ1700(622.101/P160－9)
漢書注校補五十六卷　(清)周壽昌撰　清光緒十年(1884)小對竹軒刻本　十二册

500000－8741－0001697　GJ1701(622.101/B160l)
兩漢刊誤補遺十卷　(宋)吴仁傑撰　清乾隆武英殿聚珍本　二册

500000－8741－0001698　GJ1702(622.101/B160z)
漢書校注補五十六卷　(清)周壽昌撰　清光緒十年(1884)思益堂刻本　十四册

500000－8741－0001699　GJ1703(622.101/N260)
班馬異同三十五卷　(宋)倪思撰　(宋)劉辰翁評　明萬曆刻本　六册

500000－8741－0001700　GJ1704(622.101/N260)
班馬異同三十五卷　(宋)倪思撰　(宋)劉辰翁評　明萬曆二十年(1592)刻本　十册

500000－8741－0001701　GJ1705(622.101/N432)
漢書故實錄五卷　(清)南溪撰　清抄本　五册

500000－8741－0001702　GJ1706(622.101/S384)
漢書疏證三十六卷　(清)沈欽韓撰　清光緒二十六年(1900)浙江書局刻本　二十四册

500000－8741－0001703　GJ1707(622.101/S384)
漢書疏證三十六卷　(清)沈欽韓撰　清光緒二十六年(1900)浙江書局刻本　二十四册

500000－8741－0001704　GJ1708(622.102/S498)
前漢紀三十卷　(漢)荀悦撰　清光緒二年(1876)嶺南述古堂刻本　六册

500000－8741－0001705　GJ1709(622.105/S397)
前漢匈奴表三卷附錄一卷後漢匈奴表二卷　沈惟賢述　清光緒十九年(1893)刻學古堂日記本　三册

500000－8741－0001706　GJ1710(622.105/X199)
校漢書八表八卷　(清)夏燮撰　清光緒十六年(1890)江城公所刻本　六册

500000－8741－0001707　GJ1711(622.105/X199)
校漢書八表八卷　(清)夏燮撰　清光緒十六年(1890)江城公所刻本　六册

500000－8741－0001708　GJ1712(622.11/L634)
續漢志三十卷　(南朝梁)劉昭注補　清光緒六年(1880)刻本　二册

500000－8741－0001709　GJ1713(622.2/F153)
後漢書九十卷　(唐)李賢注　清同治八年(1869)金陵書局刻本　十四册

500000－8741－0001710　GJ1714(622.201/F464)
後漢書九十卷　(南朝宋)范曄撰　(唐)李賢注　**志三十卷**　(晉)司馬彪撰　(南朝梁)劉昭注　明崇禎十六年(1643)毛氏汲古閣刻本　十五册

500000－8741－0001711　GJ1715(622.201/F464－11)
後漢書一百二十卷　(南朝宋)范曄撰　(南

朝梁)劉昭補志　(唐)李賢注　清光緒三十一年(1905)上海久敬齋石印本　八冊

500000－8741－0001712　GJ1716(622.201/F464－2)
後漢書九十卷　(南朝宋)范曄撰　(唐)李賢注　**志三十卷**　(晉)司馬彪撰　(南朝梁)劉昭注　明崇禎十六年(1643)毛氏汲古閣刻本　佚名批　四十冊

500000－8741－0001713　GJ1717(622.201/F464－4)
後漢書一百二十卷　(南朝宋)范曄撰　(唐)李賢注　清同治十年(1871)成都書局刻本　二十八冊

500000－8741－0001714　GJ1718(622.201/F464－4)
後漢書九十卷　(南朝宋)范曄撰　(唐)李賢注　**志三十卷**　(晉)司馬彪撰　(南朝梁)劉昭注　明嘉靖十六年(1537)廣東崇正書院刻本(有抄配)　二十二冊

500000－8741－0001715　GJ1719(622.201/F464－5)
後漢書一百二十卷　(南朝宋)范曄撰　(唐)李賢注　清光緒二十一年(1895)上海畊餘主人石印本　十二冊

500000－8741－0001716　GJ1720(622.201/F464－7)
後漢書九十卷　(南朝宋)范曄撰　(南朝梁)劉昭補志　(唐)李賢注　清光緒二十九年(1903)上海點石齋石印本　五冊

500000－8741－0001717　GJ1721(622.201/F464－8)
後漢書九十卷　(南朝宋)范曄撰　(南朝梁)劉昭補志　(唐)李賢注　清光緒十三年(1887)金陵書局刻本　十七冊

500000－8741－0001718　GJ1722(622.201/F464－9)
後漢書九十卷　(南朝宋)范曄撰　(唐)李賢注　**志三十卷**　(晉)司馬彪撰　(南朝梁)劉昭注　清同治八年(1869)金陵書局刻本　十六冊

500000－8741－0001719　GJ1723(622.201/F464b)
續後漢書四十二卷音義四卷　(宋)蕭常撰　**續後漢書札記四卷**　(清)郁松年撰　清道光二十一年至二十二年(1841－1842)刻宜稼堂叢書本　九冊

500000－8741－0001720　GJ1724(622.201/F464i)
後漢書贅語三卷　(清)李祖陶撰　清道光十二年(1832)刻本　一冊

500000－8741－0001721　GJ1725(622.201/S384)
後漢書疏證三十卷　(清)沈欽韓撰　清光緒二十六年(1900)浙江官書局刻本　十六冊

500000－8741－0001722　GJ1726(622.201/S384)
後漢書疏證三十卷　(清)沈欽韓撰　清光緒二十六年(1900)浙江官書局刻本　十六冊

500000－8741－0001723　GJ1727(622.201/Z746)
後漢書注補八卷　(清)周壽昌撰　清光緒八年(1882)思益堂刻本　二冊

500000－8741－0001724　GJ1728(622.202/Y430)
後漢紀三十卷　(晉)袁宏撰　清光緒二年(1876)嶺南述古堂刻本　八冊

500000－8741－0001725　GJ1729(622.205/S244)
後漢書朔閏攷五卷　徐紹楨學　清光緒十七年(1891)刻本　二冊

500000－8741－0001726　GJ1730(622.208/C846)
後漢書辨疑九卷　(清)錢大昭撰　清光緒十三年(1887)廣雅書局刻本　三冊

500000－8741－0001727　GJ1731(622.213/F149)
後漢書一百二十卷　(南朝宋)范曄撰　(唐)李賢注　清同治十年(1871)成都書局刻本　二十六冊

500000－8741－0001728　GJ1732(622.3/C389)
三國志六十五卷　(晉)陳壽撰　(南朝宋)裴松之注　清同治九年(1870)金陵書局刻本　八冊

500000－8741－0001729　GJ1733(622.3/C740－1)
三國志六十五卷　(晉)陳壽撰　(南朝宋)裴松之注　清光緒十三年(1887)江南書局刻本　十冊

500000－8741－0001730　GJ1734(622.3/C740－13)
三國志六十五卷　(晉)陳壽撰　(南朝宋)裴松之注　清同治九年(1870)金陵書局刻本　八冊

500000－8741－0001731　GJ1735(622.3/C740－4)
三國志六十五卷　(晉)陳壽撰　(南朝宋)裴松之注　清同治十年(1871)成都書局刻本　十六冊

500000－8741－0001732　GJ1736(622.3/C740－5)
三國志六十五卷　(晉)陳壽撰　(南朝宋)裴松之注　清光緒二十一年(1895)上海畊餘主人石印本　六冊

500000－8741－0001733　GJ1737(622.3/C740a)
三國志旁證三十卷　(清)梁章鉅撰　清光緒十六年(1890)廣雅書局刻本　六冊

500000－8741－0001734　GJ1738(622.3/C740a)
三國志旁證三十卷　(清)梁章鉅撰　清光緒十六年(1890)廣雅書局刻本　六冊

500000－8741－0001735　GJ1739(622.3/C740b)
三國志質疑六卷　徐紹楨學　清光緒十二年(1886)羊城刻本　二冊

500000－8741－0001736　GJ1740(622.3/C740c)
三國志裴注述二卷　(清)林國贊撰　清光緒十六年(1890)學海堂刻本　一冊

500000－8741－0001737　GJ1741(622.3/C740c)
三國志裴注述二卷　(清)林國贊撰　清光緒十六年(1890)學海堂刻本　一冊

500000－8741－0001738　GJ1742(622.3/C740d)
三國志辨疑三卷　(清)錢大昭撰　清光緒十五年(1889)廣雅書局刻本　一冊

500000－8741－0001739　GJ1743(622.3/C740i)
讀三國志書後一卷附讀明史雜著一卷　(清)李祖陶撰　清道光刻本　一冊

500000－8741－0001740　GJ1744(622.3/C740z)
三國志注證遺四卷補四卷五代史記纂誤補續一卷　(清)周壽昌撰　清光緒八年(1882)思益堂刻本　二冊

500000－8741－0001741　GJ1745(622.301/S071)
季漢書六十卷正論一卷問答一卷　(明)謝陛撰　(明)臧懋循訂　明萬曆刻本　十二冊

500000－8741－0001742　GJ1746(622.308/C824)
三國志證聞三卷　(清)錢儀吉撰　清光緒十一年(1885)江蘇書局刻本　二冊

500000－8741－0001743　GJ1747(622.308/P377)
三國志攷證八卷　(清)潘眉撰　清光緒十五年(1889)廣雅書局刻本　二冊

500000－8741－0001744　GJ1748(622.313/W642)
三國郡縣表八卷　(清)吳增僅學　清光緒二十二年(1896)盱眙吳氏木活字印本　四冊

500000－8741－0001745　GJ1749(622.601/C740)
三國志六十五卷目錄三卷　(晉)陳壽撰　(南朝宋)裴松之注　明萬曆二十四年(1596)南京國子監刻本　佚名錄清何焯批　十冊

500000－8741－0001746　GJ1750(622.601/C740－3)
三國志六十五卷目錄三卷　(晉)陳壽撰　(南朝宋)裴松之注　明萬曆二十四年(1596)南京國子監刻本　六冊　存二十卷(吳書一至二十)

500000－8741－0001747　GJ1751(623.01/C823)
兩晉南北朝史合纂四十卷　(明)錢岱纂　明萬曆刻本　二十冊

500000－8741－0001748　GJ1752(623.03/X304)
擬兩晉南北史樂府二卷　(清)洪禮吉撰　清乾隆三十六年(1771)刻本　一冊

500000－8741－0001749　GJ1753(623.1/F188)
晉書一百三十卷　(唐)房玄齡等撰　**音義三卷**　(唐)何超撰　清同治十年(1871)金陵書局刻本　二十冊

500000－8741－0001750　GJ1754(623.101/F320)
晉書一百三十卷　(唐)房玄齡等撰　明崇禎七年(1634)毛氏汲古閣刻本　十六冊

500000－8741－0001751　GJ1755(623.104/C775)
晉書詮要十二卷　(明)陳臣忠輯　(明)吳三省　(明)吳如麟校　明末刻本　十二冊

500000－8741－0001752　GJ1756(623.4/L337)
北齊書五十卷　(唐)李百藥撰　清同治十三年(1874)金陵書局刻本　四冊

500000－8741－0001753　GJ1757(623.4/L567)

周書五十卷 （唐）令狐德棻撰 清同治十三年（1874）金陵書局刻本 四册

500000－8741－0001754 GJ1758（623.404/C823）
南北史纂四十卷 （明）錢岱輯 （明）姚宗儀校 明萬曆掃葉山房刻本 十六册

500000－8741－0001755 GJ1759（623.404/W343）
南北史補志十四卷贊一卷 （清）汪士鐸撰 清光緒四年（1878）淮南書局刻本 六册

500000－8741－0001756 GJ1760（623.404/W343）
南北史補志十四卷贊一卷 （清）汪士鐸撰 清光緒四年（1878）淮南書局刻本 六册

500000－8741－0001757 GJ1761（623.404/W343）
南北史補志十四卷贊一卷 （清）汪士鐸撰 清光緒四年（1878）淮南書局刻本 六册

500000－8741－0001758 GJ1762（623.404/W343－2）
南北史補志十四卷贊一卷 （清）汪士鐸撰 清光緒四年（1878）淮南書局刻本 五册

500000－8741－0001759 GJ1763（623.405/Z748）
南北史表五卷帝王世系表一卷 （清）周嘉猷撰 清光緒十八年（1892）廣雅書局刻本 四册

500000－8741－0001760 GJ1764（623.408/S324）
南北史識小錄二十八卷 （清）沈名蓀 （清）朱昆田輯 （清）張應昌補正 清同治十年（1871）武林吳氏清來堂刻本 八册

500000－8741－0001761 GJ1765（623.408/S324）
南北史識小錄二十八卷 （清）沈名蓀 （清）朱昆田輯 （清）張應昌補正 清同治十年（1871）武林吳氏清來堂刻本 八册

500000－8741－0001762 GJ1766（623.408/S324－2）
南北史識小錄二十八卷 （清）沈名蓀 （清）朱昆田輯 （清）張應昌補正 清同治十年（1871）武林吳氏清來堂刻本 十二册

500000－8741－0001763 GJ1767（623.408/S324b）
南史識小錄十四卷 （清）沈名蓀 （清）朱昆田輯 （清）張應昌補正 清刻本 六册

500000－8741－0001764 GJ1768（623.5/L347）
南史八十卷 （唐）李延壽撰 清同治十一年（1872）金陵書局刻本 十二册

500000－8741－0001765 GJ1769（623.501/L414）
南史八十卷 （唐）李延壽撰 明崇禎十三年（1640）毛氏汲古閣刻本 八册

500000－8741－0001766 GJ1770（623.504/X022）
建康實錄二十卷 （唐）許嵩撰 清光緒二十八年（1902）江寧甘氏桑泊艸堂翻宋刻本 六册

500000－8741－0001767 GJ1771（623.504/X022）
建康實錄二十卷 （唐）許嵩撰 清光緒二十八年（1902）江寧甘氏桑泊艸堂翻宋刻本 六册

500000－8741－0001768 GJ1772（623.51/S433）
宋書一百卷 （南朝梁）沈約撰 清同治十二年（1873）金陵書局刻本 十六册

500000－8741－0001769 GJ1773（623.5101/S433）
宋書一百卷 （南朝梁）沈約撰 明崇禎琴川毛氏汲古閣刻本 二十册

500000－8741－0001770 GJ1774（623.52/S437）
南齊書五十九卷 （南朝梁）蕭子顯撰 清同治十三年（1874）金陵書局刻本 六册

500000－8741－0001771 GJ1775（623.5201/S416）
南齊書五十九卷 （南朝梁）蕭子顯撰 明崇禎十年（1637）琴川毛氏汲古閣刻本 八册

500000－8741－0001772 GJ1776（623.53/Y261）
梁書五十六卷 （唐）姚思廉撰 清同治十三年（1874）金陵書局刻本 六册

500000－8741－0001773 GJ1777（623.5301/Y460）
梁書五十六卷 （唐）姚思廉撰 明崇禎六年（1633）琴川毛氏汲古閣刻本 四册

500000－8741－0001774 GJ1778（623.54/Y261）
陳書三十六卷 （唐）姚思廉撰 清同治十一年（1872）金陵書局刻本 四册

500000－8741－0001775 GJ1779（623.5401/Y460）
陳書三十六卷 （唐）姚思廉撰 明崇禎四年（1631）琴川毛氏汲古閣刻本 二册

500000－8741－0001776　GJ1780(623.6/L347)
北史一百卷　(唐)李延壽撰　清同治十一年(1872)金陵書局刻本　二十册

500000－8741－0001777　GJ1781(623.601/L414)
北史一百卷　(唐)李延壽撰　明崇禎十二年(1639)琴川毛氏汲古閣刻本　十四册

500000－8741－0001778　GJ1782(623.61/W228)
魏書一百三十卷　(北齊)魏收撰　明崇禎九年(1636)琴川毛氏汲古閣刻十七史本　十六册

500000－8741－0001779　GJ1783(623.61/W329)
魏書一百十四卷　(北齊)魏收撰　清同治十一年(1872)金陵書局刻本　二十册

500000－8741－0001780　GJ1784(623.631/S036)
西魏書二十四卷敘錄一卷　(清)謝啟昆撰　清乾隆六十年(1795)刻本　六册

500000－8741－0001781　GJ1785(623.631/S036)
西魏書二十四卷敘錄一卷　(清)謝啟昆撰　清乾隆六十年(1795)刻本　六册

500000－8741－0001782　GJ1786(623.631/S036－1)
西魏書二十四卷敘錄一卷　(清)謝啟昆撰　清乾隆六十年(1795)刻本　十二册

500000－8741－0001783　GJ1787(623.64/L414)
北齊書五十卷　(唐)李百藥撰　明崇禎十一年(1638)琴川毛氏汲古閣刻本　四册

500000－8741－0001784　GJ1788(623.65/L842)
周書五十卷　(唐)令狐德棻撰　明崇禎五年(1632)琴川毛氏汲古閣刻本　六册

500000－8741－0001785　GJ1789(623.7/W326)
隋書八十五卷　(唐)魏徵撰　清同治十年(1871)淮南書局刻本　十六册

500000－8741－0001786　GJ1790(623.701/U228)
隋書八十五卷　(唐)魏徵撰　明崇禎八年(1635)琴川毛氏汲古閣刻本　八册

500000－8741－0001787　GJ1791(624.1/L656)
舊唐書二百卷　(五代)劉昫等撰　清同治十一年(1872)浙江書局刻本　四十册

500000－8741－0001788　GJ1792(624.1/O146)
唐書二百二十五卷　(宋)歐陽修　(宋)宋祁等撰　清同治十二年(1873)浙江書局刻本　四十八册

500000－8741－0001789　GJ1793(624.101/L767－3)
舊唐書二百卷　(五代)劉昫等撰　清同治十一年(1872)定遠方氏懼盈齋刻本　四十八册

500000－8741－0001790　GJ1794(624.101/L767c)
舊唐書逸文十二卷　(清)岑建功輯　清同治十一年(1872)定遠方氏懼盈齋刻本　四册

500000－8741－0001791　GJ1795(624.101/L768x)
舊唐書校勘記六十六卷　(清)羅士琳等撰　清同治十一年(1872)定遠方氏懼盈齋刻本　二十八册

500000－8741－0001792　GJ1796(624.101/O－772)
唐書二百二十五卷　(宋)歐陽修　(宋)宋祁等撰　明崇禎二年(1629)琴川毛氏汲古閣刻本　三十六册

500000－8741－0001793　GJ1797(624.101/O772－3)
唐書二百二十五卷　(宋)歐陽修　(宋)宋祁等撰　清同治十二年(1873)浙江書局刻本　四十册

500000－8741－0001794　GJ1798(624.101/O772u)
新唐書糾謬二十卷　(宋)吴鎮撰　明海虞趙開美刻本　六册

500000－8741－0001795　GJ1799(624.13/Z423)
新舊唐書互證二十卷　(清)趙紹祖撰　清光緒十七年(1891)廣雅書局刻本　四册

500000－8741－0001796　GJ1800(624.2/O146)
五代史七十四卷　(宋)歐陽修撰　(宋)徐無黨注　清同治十一年(1872)湖北崇文書局刻本　八册

500000－8741－0001797　GJ1801(624.2/S463)
舊五代史一百五十卷　(宋)薛居正等撰　清同治十一年(1872)湖北崇文書局刻本　十六册

500000－8741－0001798　GJ1802(624.201/D－772c)

五代史補五卷 (宋)陶岳撰 **五代史闕文一卷** (宋)王禹偁撰 明崇禎琴川毛氏汲古閣刻本 一册

500000－8741－0001799 GJ1803(624.201/O772)
五代史七十四卷校勘札記七十四卷 (宋)歐陽修撰 (宋)徐無黨注 清光緒十七年(1891)味經書院刻本 十四册

500000－8741－0001800 GJ1804(624.201/O－772)
五代史七十四卷 (宋)歐陽修撰 (宋)徐無黨注 明崇禎三年(1630)琴川毛氏汲古閣刻十七史本 六册

500000－8741－0001801 GJ1805(624.201/O772－4)
五代史記七十四卷 (宋)歐陽修撰 (宋)徐無黨注 (清)彭元瑞注 清道光八年(1828)刻本 四十册

500000－8741－0001802 GJ1806(624.201/O772－4)
五代史記七十四卷 (宋)歐陽修撰 (宋)徐無黨注 (清)彭元瑞注 清道光八年(1828)刻本 四十册

500000－8741－0001803 GJ1807(624.201/O772－6)
五代史七十四卷 (宋)歐陽修撰 (宋)徐無黨注 清同治十一年(1872)湖北崇文書局刻本 八册

500000－8741－0001804 GJ1808(624.201/O772－8)
五代史七十四卷 (宋)歐陽修撰 (宋)徐無黨注 清光緒元年(1875)成都書局刻本 十册

500000－8741－0001805 GJ1809(624.201/O772a)
五代史纂誤三卷 (宋)吴縝撰 清乾隆武英殿聚珍版叢書本 二册

500000－8741－0001806 GJ1810(624.201/O772b)
五代史纂誤補四卷附録一卷 (清)吴蘭庭撰 清嘉慶八年(1803)刻本 四册

500000－8741－0001807 GJ1811(624.201/O772c)
五代史纂誤續補六卷 (清)吴光耀撰 清光緒十四年(1888)江夏吴氏刻本 六册

500000－8741－0001808 GJ1812(624.8/F449)
吴越備史四卷補遺一卷 題(宋)范坰 題(宋)林禹撰 清康熙錢氏燕喜堂刻本 二册

500000－8741－0001809 GJ1813(624.8/L738)
南唐書十八卷 (宋)陸游撰 **焚椒録一卷** (遼)王鼎撰 **音釋一卷** (元)戚光撰 明毛氏汲古閣刻本 四册

500000－8741－0001810 GJ1814(624.8/M780)
南唐書三十卷 (宋)馬令編 (明)陳繼儒訂 **南堂近事三卷** (宋)鄭文寶編 明陳繼儒讀書坊刻本 四册

500000－8741－0001811 GJ1815(624.8/U227)
十國春秋一百十四卷 (清)吴任臣撰 **拾遺一卷備考一卷** (清)周昂撰 清乾隆五十八年(1793)周氏此宜閣刻本 二十册

500000－8741－0001812 GJ1816(624.8/U227－7)
十國春秋一百十四卷 (清)吴任臣撰 **拾遺一卷備考一卷** (清)周昂撰 清乾隆五十八年(1793)周氏此宜閣刻本 二十册

500000－8741－0001813 GJ1817(624.8/U242)
南漢記五卷 (清)吴蘭修撰 清道光十三年(1833)鄭氏淳一堂刻本 二册

500000－8741－0001814 GJ1818(624.804/W294)
十國宫詞一百首一卷 (清)吴省蘭撰 清同治十二年(1873)淮南書局刻本 一册

500000－8741－0001815 GJ1819(624.804/W294)
十國宫詞一百首一卷 (清)吴省蘭撰 (清)范重棨註 **五代宫詞一百首一卷** (清)吴省蘭撰 (清)諸嘉樂註 清刻聽彝堂偶存稿本 一册

500000－8741－0001816 GJ1820(625/S047)
宋遼金元别史五種三百七卷 (清)席安臣輯 清嘉慶三年(1798)掃葉山房刻本 四十册

500000－8741－0001817 GJ1821(625.01/Q577)
契丹蒙古遼金元紀年不分卷 (□)□□撰 清海□樓抄本 一册

500000－8741－0001818 GJ1822(625.101/T718－2)
宋史四百九十六卷目録三卷 (元)脱脱等撰

清光緒元年(1875)浙江書局刻本　一百十九册

500000－8741－0001819　GJ1823(625.101/T718－7)
宋史四百九十六卷目錄三卷　(元)脱脱等撰　清光緒十年(1884)上海同文書局石印本　一百册

500000－8741－0001820　GJ1824(625.101/W121)
東都事略一百三十卷　(宋)王偁撰　清光緒九年(1883)淮南書局刻本　八册

500000－8741－0001821　GJ1825(625.101/W121－9)
東都事畧一百三十卷　(宋)王偁撰　清刻本　十六册

500000－8741－0001822　GJ1826(625.101/W231)
元史九十五卷　(清)魏源撰　清光緒三十一年(1905)邵陽魏慎微堂刻本　三十二册

500000－8741－0001823　GJ1827(625.103/F314)
宋元紀事本末一百九卷　(明)馮琦原編　(明)陳邦瞻增訂　(明)張溥論正　清同治十三年(1874)江西書局刻本　二十册

500000－8741－0001824　GJ1828(625.103/F314)
宋元紀事本末一百九卷　(明)馮琦原編　(明)陳邦瞻增訂　(明)張溥論正　清同治十三年(1874)江西書局刻本　二十册

500000－8741－0001825　GJ1829(625.103/F314)
宋元紀事本末一百九卷　(明)馮琦原編　(明)陳邦瞻增訂　(明)張溥論正　清同治十三年(1874)江西書局刻本　二十册

500000－8741－0001826　GJ1830(625.103/S244)
三朝北盟會編二百五十卷　(宋)徐夢莘撰　清光緒三十四年(1908)刻本　四十册

500000－8741－0001827　GJ1831(625.103/S244)
三朝北盟會編二百五十卷　(宋)徐夢莘撰　清光緒三十四年(1908)刻本　四十册

500000－8741－0001828　GJ1832(625.103/S244－2)
三朝北盟會編二百五十卷首一卷附校勘記二卷補遺一卷　(宋)徐夢莘撰　清光緒四年(1878)越東集印本　四十册

500000－8741－0001829　GJ1833(625.1081/W153)
宋論十五卷　(清)王夫之撰　清光緒二十八年(1902)志古堂刻本　四册

500000－8741－0001830　GJ1834(625.1081/W153－1)
宋論十五卷　(清)王夫之撰　清刻本　四册

500000－8741－0001831　GJ1835(625.109/Z817)
隆平集二十卷　(宋)曾鞏撰　清康熙四十年(1701)彭期七業堂刻本　六册

500000－8741－0001832　GJ1836(625.109/Z817)
隆平集二十卷　(宋)曾鞏撰　清康熙四十年(1701)彭期七業堂刻本　八册

500000－8741－0001833　GJ1837(625.1604/S000)
南燼紀聞錄一卷　(宋)辛棄疾撰　清末抄本　一册

500000－8741－0001834　GJ1838(625.2/C730)
武林舊事十卷附錄一卷　(宋)周密撰　清光緒三年(1877)正脩堂丁氏刻本　三册

500000－8741－0001835　GJ1839(625.2/C842)
南宋書六十八卷　(明)錢士升撰　清嘉慶二年(1797)南沙席氏刻本　十六册

500000－8741－0001836　GJ1840(625.2/X472)
翠微南征錄十一卷首一卷翠微北征錄十二卷　(宋)華岳撰　清光緒二十九年(1903)刻本　三册

500000－8741－0001837　GJ1841(625.204/L731)
錢塘遺事十卷　(元)劉一清撰　(清)席士臣訂　清嘉慶四年(1799)掃葉山房刻本　二册

500000－8741－0001838　GJ1842(625.204/L767)
南宋雜事詩七卷　(清)沈嘉轍等撰　清同治十一年(1872)淮南書局刻本　二册

500000－8741－0001839　GJ1843(625.204/L767)
南宋雜事詩七卷　(清)沈嘉轍等撰　清同治十一年(1872)淮南書局刻本　四册

500000－8741－0001840　GJ1844(625.204/L767)
南宋襍事詩七卷　(清)沈嘉轍等撰　清康熙武林芹香齋刻本　四册

500000－8741－0001841　GJ1845(625.204/L767－2)
南宋雜事詩七卷首一卷目錄一卷　(清)沈嘉轍等撰　清道光九年(1829)扶荔山房刻本　八冊

500000－8741－0001842　GJ1846(625.204/L767－4)
南宋襍事詩七卷　(清)沈嘉轍等撰　清康熙武林芹香齋刻本　劉靜之識　二冊

500000－8741－0001843　GJ1847(625.21/L432)
建炎以來繫年要錄二百卷　(宋)李心傳撰　清光緒五年(1879)仁壽蕭氏刻本　六十冊

500000－8741－0001844　GJ1848(625.21/L432)
建炎以來繫年要錄二百卷　(宋)李心傳撰　清光緒五年(1879)仁壽蕭氏刻本　六十冊

500000－8741－0001845　GJ1849(625.21/Y711)
鄂國金陀粹編二十八卷續編三十卷　(宋)岳珂編　清光緒九年(1883)浙江書局刻本　十二冊

500000－8741－0001846　GJ1850(625.21/Y711)
鄂國金陀粹編二十八卷續編三十卷　(宋)岳珂編　清光緒九年(1883)浙江書局刻本　十二冊

500000－8741－0001847　GJ1851(625.33/Z188)
西夏紀事本末三十六卷首二卷　(清)張鑑撰　清光緒十一年(1885)金陵刻本　四冊

500000－8741－0001848　GJ1852(625.33/Z188)
西夏紀事本末三十六卷首二卷　(清)張鑑撰　清光緒十一年(1885)金陵刻本　四冊

500000－8741－0001849　GJ1853(625.4/S150)
欽定遼史語解十卷金史語解十二卷元史語解二十四卷　(清)高宗弘曆敕撰　清光緒四年(1878)江蘇書局刻本　十冊

500000－8741－0001850　GJ1854(625.4/S150)
欽定遼史語解十卷金史語解十二卷元史語解二十四卷　(清)高宗弘曆敕撰　清光緒四年(1878)江蘇書局刻本　八冊

500000－8741－0001851　GJ1855(625.4/S150)
欽定遼史語解十卷金史語解十二卷元史語解二十四卷　(清)高宗弘曆敕撰　清光緒四年(1878)江蘇書局刻本　十冊

500000－8741－0001852　GJ1856(625.4/S150－2)
欽定遼史語解十卷金史語解十二卷元史語解二十四卷　(清)高宗弘曆敕撰　清道光四年(1824)刻本　十二冊

500000－8741－0001853　GJ1857(625.401/L353)
欽定遼史語解十卷　(清)高宗弘曆敕撰　清光緒四年(1878)江蘇書局刻本　一冊

500000－8741－0001854　GJ1858(625.5/T513)
遼史一百十五卷　(元)脫脫等修　清同治十二年(1873)江蘇書局刻本　十六冊

500000－8741－0001855　GJ1859(625.501/L767)
遼史拾遺二十四卷附遼史紀年表一卷　(清)厲鶚撰　清光緒元年(1875)江蘇書局振綺堂刻本　八冊

500000－8741－0001856　GJ1860(625.501/L767)
遼史拾遺二十四卷附遼史紀年表一卷　(清)厲鶚撰　清光緒元年(1875)江蘇書局振綺堂刻本　八冊

500000－8741－0001857　GJ1861(625.501/L767:2)
遼史拾遺補五卷　(清)楊復吉撰　清光緒三年(1877)江蘇書局振綺堂刻本　二冊

500000－8741－0001858　GJ1862(625.501/L767:2)
遼史拾遺補五卷　(清)楊復吉撰　清光緒三年(1877)江蘇書局振綺堂刻本　二冊

500000－8741－0001859　GJ1863(625.53/L499－3)
遼史紀事本末四十卷首一卷　(清)李有棠撰　清光緒十九年(1893)同文書局石印本　四冊

500000－8741－0001860　GJ1864(625.53/L499－4)
遼史紀事本末四十卷首一卷末一卷　(清)李有棠撰　清光緒二十九年(1903)李栘鄂樓刻本　八冊

500000－8741－0001861　GJ1865(625.53/L499－4)
遼史紀事本末四十卷首一卷末一卷　(清)李有棠撰　清光緒二十九年(1903)李栘鄂樓刻

本　八冊

500000－8741－0001862　GJ1866(625.6/T513)
金史一百三十五卷附欽定金國語解一卷　(元)脱脱等撰　清同治十三年(1874)江蘇書局刻本　二十四冊

500000－8741－0001863　GJ1867(625.6/T545s)
金史詳校十卷首一卷附史論五答一卷　(清)施國祁撰　清光緒六年(1880)會稽章氏刻本　十一冊

500000－8741－0001864　GJ1868(625.6/T545s)
金史詳校十卷首一卷附史論五答一卷　(清)施國祁撰　清光緒六年(1880)會稽章氏刻本　十冊

500000－8741－0001865　GJ1869(625.63/L449－3)
金史紀事本末五十二卷首一卷　(清)李有棠撰　清光緒十九年(1893)同文書局石印本　六冊

500000－8741－0001866　GJ1870(625.63/L449－4)
金史紀事本末五十二卷首一卷末一卷　(清)李有棠撰　清光緒二十九年(1903)李移鄂樓刻本　十一冊

500000－8741－0001867　GJ1871(625.63/L449－4)
金史紀事本末五十二卷首一卷末一卷　(清)李有棠撰　清光緒二十九年(1903)李移鄂樓刻本　十二冊

500000－8741－0001868　GJ1872(625.64/S063)
金源札記二卷金源又札一卷史論五答一卷吉貝居暇唱一卷　(清)施國祁撰　清嘉慶十七年至二十一年(1812－1816)刻本　四冊

500000－8741－0001869　GJ1873(625.7/S131)
元史類編四十二卷　(清)邵遠平撰　清乾隆六十年(1795)席氏掃葉山房刻本　十六冊

500000－8741－0001870　GJ1874(625.7/S663)
元史二百十卷目錄一卷　(明)宋濂等修　清同治十三年(1874)江蘇書局刻本　五十冊

500000－8741－0001871　GJ1875(625.7/X361)
蒙古史二卷　(日本)河野元三述　(清)歐陽瑞驊譯　清宣統三年(1911)江南圖書館鉛印本　二冊

500000－8741－0001872　GJ1876(625.7/X361)
蒙古史二卷　(日本)河野元三述　(清)歐陽瑞驊譯　清宣統三年(1911)江南圖書館鉛印本　二冊

500000－8741－0001873　GJ1877(625.7/X361)
蒙古史二卷　(日本)河野元三述　(清)歐陽瑞驊譯　清宣統三年(1911)江南圖書館鉛印本　二冊

500000－8741－0001874　GJ1878(625.7/X361)
蒙古史二卷　(日本)河野元三述　(清)歐陽瑞驊譯　清宣統三年(1911)江南圖書館鉛印本　二冊

500000－8741－0001875　GJ1879(625.701/S663y)
欽定元史語解二十四卷　(清)高宗弘曆敕撰　清光緒四年(1878)江蘇書局刻本　三冊

500000－8741－0001876　GJ1880(625.701/S663y)
欽定元史語解二十四卷　(清)高宗弘曆敕撰　清光緒四年(1878)江蘇書局刻本　五冊

500000－8741－0001877　GJ1881(625.701/Z800)
元書一百二卷首一卷　曾廉撰　清宣統三年(1911)刻本　二十冊

500000－8741－0001878　GJ1882(625.703/C756－1)
元史紀事本末二十七卷　(明)陳邦瞻編　(明)臧懋循補輯　(明)張溥論正　清同治十三年(1874)江西書局刻本　六冊

500000－8741－0001879　GJ1883(625.703/C756－1)
元史紀事本末二十七卷　(明)陳邦瞻編　(明)臧懋循補輯　(明)張溥論正　清同治十三年(1874)江西書局刻本　四冊

500000－8741－0001880　GJ1884(625.703/C756－1)
元史紀事本末二十七卷　(明)陳邦瞻編　(明)臧懋循補輯　(明)張溥論正　清同治十三年(1874)江西書局刻本　四冊

500000－8741－0001881　GJ1885(625.703/C756－1)
元史紀事本末二十七卷　(明)陳邦瞻編

(明)臧懋循補輯　(明)張溥論正　清同治十三年(1874)江西書局刻本　四冊

500000-8741-0001882　GJ1886(625.704/M938)
元朝祕史十五卷首一卷　(元)□□撰　(清)李文田注　清光緒二十二年(1896)通隱堂刻本　四冊

500000-8741-0001883　GJ1887(625.704/S110x)
何覯元聖武親征錄一卷　(清)何秋濤撰　清光緒小漚巢刻本　一冊

500000-8741-0001884　GJ1888(625.705/C846)
元史氏族表三卷藝文志四卷　(清)錢大昕撰　清同治至光緒江蘇書局刻本　二冊　存三卷(元史氏族表三卷)

500000-8741-0001885　GJ1889(625.705/Q846)
元史氏族表三卷藝文志四卷　(清)錢大昕撰　清同治至光緒江蘇書局刻本　三冊

500000-8741-0001886　GJ1890(625.73/X382)
元史譯文證補三十卷　(清)洪鈞撰　清光緒二十年(1894)廣雅書局刻本　六冊

500000-8741-0001887　GJ1891(626/C313)
明史三百三十二卷目錄四卷　(清)張廷玉等修　清光緒三年(1877)湖北崇文書局刻本　八十冊

500000-8741-0001888　GJ1892(626/L112)
晴雪齋漫錄十四卷　(清)笨老人輯　清康熙抄本　六冊

500000-8741-0001889　GJ1893(626/T303)
潛菴先生擬明史稿二十卷　(清)湯斌撰　(清)田蘭芳評　清康熙二十七年(1688)刻本　十二冊　存十二卷(九至二十)

500000-8741-0001890　GJ1894(626.01/W132)
明史藁三百十卷目錄三卷附二卷　(清)王鴻緒撰　清雍正敬慎堂刻本　八十冊

500000-8741-0001891　GJ1895(626.01/W132)
明史藁三百十卷目錄三卷附二卷　(清)王鴻緒撰　清雍正敬慎堂刻本　八十冊

500000-8741-0001892　GJ1896(626.02/C747-3)
明紀六十卷　(清)陳鶴輯　清同治十年(1871)江蘇書局刻本　二十冊

500000-8741-0001893　GJ1897(626.02/X199)
明通鑑九十卷前編四卷首一卷坿編六卷　(清)夏燮撰　清光緒二十三年(1897)湖北官書局刻本　四十冊

500000-8741-0001894　GJ1898(626.02c/T535)
欽定明鑑二十四卷首一卷　(清)胡敬等撰　清同治九年(1870)湖北崇文書局刻本　十冊

500000-8741-0001895　GJ1899(626.03/G805)
明史紀事本末八十卷　(清)谷應泰編輯　清同治十三年(1874)江西書局刻本　二十冊

500000-8741-0001896　GJ1900(626.03/G805)
明史紀事本末八十卷　(清)谷應泰編輯　清同治十三年(1874)江西書局刻本　二十冊

500000-8741-0001897　GJ1901(626.03/G805-2)
明朝紀事本末八十卷　(清)谷應泰撰　清順治十五年(1658)刻本　二十四冊

500000-8741-0001898　GJ1902(626.04/G004.2)
明季北略二十四卷　(清)計六奇輯　清光緒十三年(1887)上海圖書集成印書局鉛印本　六冊

500000-8741-0001899　GJ1903(626.04/G004)
明季北略二十四卷　(清)計六奇輯　清末都城琉璃廠半松居士鉛印本　十一冊

500000-8741-0001900　GJ1904(626.04/G004)
明季北略二十四卷　(清)計六奇輯　清末都城琉璃廠半松居士鉛印本　十一冊

500000-8741-0001901　GJ1905(626.04/G004b)
明季南畧十八卷　(清)計六奇輯　清道光都城琉璃廠半松居士木活字印本　九冊

500000-8741-0001902　GJ1906(626.04/G004b)
明季南畧十八卷　(清)計六奇輯　清道光都城琉璃廠半松居士木活字印本　九冊

500000-8741-0001903　GJ1907(626.04/G004b2)
明季南略十八卷　(清)計六奇輯　清光緒十三年(1887)上海圖書集成印書局鉛印本

四册

500000－8741－0001904　GJ1908(626.04/I－427)
擬明史樂府不分卷　(清)尤侗撰　清康熙朱蘭抄本　二册

500000－8741－0001905　GJ1909(626.04/S137)
二申野錄八卷　(清)孫之騄撰　清末刻本　四册

500000－8741－0001906　GJ1910(626.04/S137)
二申野錄八卷　(清)孫之騄撰　清刻本　四册

500000－8741－0001907　GJ1911(626.04/S328)
野獲編三十卷首一卷補遺四卷　(明)沈德符撰　清道光七年(1827)扶荔山房刻本　二十册

500000－8741－0001908　GJ1912(626.04/S328)
野獲編三十卷首一卷補遺四卷　(明)沈德符撰　清道光七年(1827)扶荔山房刻本　胡薇元跋並批　二十册

500000－8741－0001909　GJ1913(626.04/S328)
野獲編三十卷首一卷補遺四卷　(明)沈德符撰　清道光七年(1827)扶荔山房刻本　十六册　存三十一卷(野獲編三十卷、首一卷)

500000－8741－0001910　GJ1914(626.04/Z733)
荆駝逸史五十八種九十七卷　(清)陳湖逸士輯　清道光刻本　二十四册　存四十九種七十六卷(三朝野紀七卷、東林本末三卷、啟禎兩朝剝復錄三卷、熹朝忠節死臣列傳一卷、甲申忠佞記事一卷、甲申紀變錄一卷、北使紀畧一卷、汴圍濕襟錄二卷、所知錄三卷、聖安本紀六卷、江陰城守紀二卷、荊溪盧司馬殉忠錄一卷、袁督師計斬毛文龍始末一卷、入長沙記一卷、粵中偶記一卷、航澥遺聞一卷、平蜀記事一卷、李仲達被逮紀畧一卷、念陽徐公定蜀記一卷、攻渝紀事一卷、遇變紀略一卷、四王合傳一卷、江變紀畧二卷、東塘日劄二卷、滄州紀事一卷、倣指南錄一卷、兩粵夢遊記一卷、恩恤諸公志略二卷、孫高陽前後督師略跋一卷附車營百八叩二卷、東陽兵變一卷、閩游月記二卷、風倒梧桐記二卷、揚州十日記一卷、庚寅十一月初五日始安事畧一卷、平回紀略一卷、平吳事畧一卷、人變述略一卷、全吳紀略一卷、歷年城守記一卷、明亡述畧二卷、劉公旦先生死義記一卷、僞官據城記一卷、懿安事略一卷、江陵紀事一卷、孫愷陽先生殉城論一卷、永歷紀事一卷、平定耿逆記一卷、錢氏家變錄一卷、平臺紀略一卷)

500000－8741－0001911　GJ1915(626.3/D464)
大明英宗睿皇帝實錄不分卷　(明)孫繼宗(明)陳文等纂修　清抄本　七册

500000－8741－0001912　GJ1916(626.7/I－404－2)
萬曆三大徵考不分卷　(明)茅瑞徵撰　清苕上愚公抄本　二册

500000－8741－0001913　GJ1917(626.704/U208)
兩朝剝復錄六卷首一卷校正一卷　(明)吳應箕輯　(清)夏燮校正　清同治二年(1863)江西刻本　四册

500000－8741－0001914　GJ1918(626.8/L210)
明季稗史彙編十六種二十七卷　(清)留雲居士編　清光緒二十二年(1896)上海圖書集成印書局鉛印本　六册

500000－8741－0001915　GJ1919(626.8/L210－2)
明季稗史彙編十六種二十七卷　(清)留雲居士編　清末都城琉璃廠刻本　十六册

500000－8741－0001916　GJ1920(626.8/L210)
明季稗史彙編十六種二十七卷　(清)留雲居士編　清末都城琉璃廠刻本　二十册

500000－8741－0001917　GJ1921(626.8/U223)
綏寇紀畧十二卷補遺三卷　(清)吳偉業撰輯　清嘉慶照曠閣刻本　八册

500000－8741－0001918　GJ1922(626.804/M210b)
平叛記二卷　(清)毛霦撰　清抄本　二册

500000－8741－0001919　GJ1923(626.804/T133)
天啟逸史五卷　(□)□□撰　清抄本　一册

500000－8741－0001920　GJ1924(626.804/Z－234m)
明季南北遺聞四卷　(清)鄒漪輯　清光緒三

十四年(1908)上海國學社鉛印本　一册

500000－8741－0001921　GJ1925(626.84/Y210－1)
痛史二十種五十二卷　樂天居士輯　清宣統三年(1911)鉛印本　十册

500000－8741－0001922　GJ1926(626.9/W153)
永曆實錄二十六卷　(清)王夫之撰　清同治四年(1865)金陵節署刻本　三册

500000－8741－0001923　GJ1927(626.901/L310)
南天痕二十六卷附錄一卷　(清)淩雪纂修　清宣統二年(1910)復古社鉛印本　六册

500000－8741－0001924　GJ1928(626.901/S240)
小腆紀傳六十五卷　(清)徐鼒撰　**補遺一卷**　(清)徐承禮撰　清光緒十三年(1887)金陵刻本　十六册

500000－8741－0001925　GJ1929(626.904/D132)
螳臂錄四卷　(清)丁業撰　清嘉慶二十五年(1820)刻本　二册

500000－8741－0001926　GJ1930(626.904/L412)
南疆繹史勘本三十卷首二卷繹史摭遺十八卷繹史卹謚攷八卷　(清)溫睿臨撰　清道光十年(1830)都城琉璃廠半松居士木活字印本　十六册

500000－8741－0001927　GJ1931(626.904/L412)
繹史摭遺十八卷繹史卹謚攷八卷　(清)溫睿臨撰　清道光十年(1830)蕭山葉氏刻本　六册

500000－8741－0001928　GJ1932(626.904/W834)
海東逸史十八卷　(清)翁洲老民撰　清光緒邵武徐氏刻本　二册

500000－8741－0001929　GJ1933(626.92/S240)
小腆紀年附攷二十卷　(清)徐鼒撰　清咸豐十一年(1861)刻本　十六册

500000－8741－0001930　GJ1934(627/A744)
皇清開國方略三十二卷首二卷　(清)阿桂等撰　清光緒十三年(1887)廣百宋齋石印本　六册

500000－8741－0001931　GJ1935(627/Ts721)
欽定大清會典一百卷首一卷　(清)昆岡等修　清光緒二十五年(1899)京師官書局石印本　二十四册

500000－8741－0001932　GJ1936(627.02/W120)
十朝東華錄五百二十五卷附東華錄續錄一百卷(同治朝)　王先謙編　清光緒二十五年(1899)石印本(嘉慶朝東華錄卷十二至十七係補配)　九十册

500000－8741－0001933　GJ1937(627.02/W120－3)
東華錄一百二十卷續錄十三卷(天命朝至道光朝)　王先謙編　清光緒十年(1884)鉛印本　六十册

500000－8741－0001934　GJ1938(627.02/W120－4)
東華錄五十卷(嘉慶朝)　王先謙編　清石印本　六册　存四十卷(十一至五十)

500000－8741－0001935　GJ1939(627.02/W120b)
東華續錄二百二十卷(光緒朝)　朱壽朋編　(清)潘鴻鼎校　清宣統元年(1909)鉛印本　六十四册

500000－8741－0001936　GJ1940(627.04/K304)
皇朝藩部要略十八卷世系表四卷　(清)祁韻士纂　(清)毛嶽生編　清光緒十年(1884)浙江書局筠淥山房刻本　八册

500000－8741－0001937　GJ1941(627.04/W231)
聖武記十四卷　(清)魏源撰　清道光二十二年(1842)刻本　十册

500000－8741－0001938　GJ1942(627.04/W231)
聖武記十四卷　(清)魏源撰　清道光二十二年(1842)刻本　十册

500000－8741－0001939　GJ1943(627.04/W231－3)
聖武記十四卷　(清)魏源撰　清光緒七年(1881)粵垣刻本　十二册

500000－8741－0001940　GJ1944(627.04/W231－4)
聖武記十四卷　(清)魏源撰　清道光二十四年(1844)刻本　十二册

500000－8741－0001941　GJ1945(627.04/Z240)
盛世危言十四卷　鄭觀應著　清光緒二十四

年(1898)石印本　五冊　存九卷(一至九)

500000－8741－0001942　GJ1946(627.04/Z－261－2)
清史攬要六卷　(日本)貢田增撰　清末上海商務印書館鉛印本　二冊

500000－8741－0001943　GJ1947(627.04/Z－261－2)
清史攬要六卷　(日本)貢田增撰　清末上海商務印書館鉛印本　四冊

500000－8741－0001944　GJ1948(627.04/Z437)
東華錄三十二卷(雍正朝)　(清)蔣良騏撰　清刻本　十六冊

500000－8741－0001945　GJ1949(627.04/Z437－1)
東華錄三十二卷(雍正朝)　(清)蔣良騏撰　清末京都琉璃廠鉛印本　十二冊

500000－8741－0001946　GJ1950(627.04/Z840)
盛世危言十四卷　鄭觀應著　清光緒十九年(1893)石印本　一冊　存三卷(十二至十四)

500000－8741－0001947　GJ1951(627.081/D348)
讀東華錄一卷　(清)竇士鏞著　清宣統三年(1911)鉛印本　一冊

500000－8741－0001948　GJ1952(627.09/G873)
國朝事略八卷　金陵江楚編譯官書局編輯　清光緒三十二年(1906)石印本　四冊

500000－8741－0001949　GJ1953(627.103/A744)
皇清開國方略三十二卷首一卷　(清)阿桂等撰　清乾隆内府刻本　十六冊

500000－8741－0001950　GJ1954(627.103/A744)
皇清開國方略三十二卷首一卷　(清)阿桂等撰　清乾隆内府刻本　八冊　存十六卷(一至十六)

500000－8741－0001951　GJ1955(627.104/L613)
國初沙溪兵荒記略一卷附雍正十年潮灾紀略一卷　(清)□□撰　清道光二十四年(1844)陸匯泉抄本　一冊

500000－8741－0001952　GJ1956(627.2/W120－1)
東華錄一百九十五卷續錄三百三十卷　王先謙編　清光緒十四年(1888)長沙王氏刻本　一百九十冊　存五百十二卷(天命四卷、天聰十一卷、崇德八卷、順治三十六卷、康熙一百十卷、雍正二十六卷、乾隆一百二十卷、嘉慶五十卷、道光六十卷、咸豐一至八十七)

500000－8741－0001953　GJ1957(627.4/G010)
南巡盛典一百二十卷　(清)高晉撰　清光緒八年(1882)上海點石齋石印本　七冊　存一百四卷(十七至一百二十)

500000－8741－0001954　GJ1958(627.402/W120)
東華續錄一百二十卷(乾隆朝)　王先謙編　清光緒五年(1879)刻本　四十八冊

500000－8741－0001955　GJ1959(627.504/L482)
靖逆記六卷　(清)蘭簃外史纂　清嘉慶二十五年(1820)文盛堂刻本　二冊

500000－8741－0001956　GJ1960(627.6404/W101－2)
石渠餘記六卷　(清)王慶雲撰　清刻本　六冊

500000－8741－0001957　GJ1961(627.65/S942)
省城紀事一卷附奏稿　(清)□□撰　清抄本　一冊

500000－8741－0001958　GJ1962(627.6503/C702)
道光英艦破鎮江記一卷　陳慶年撰　清光緒二十三年(1897)稿本　一冊

500000－8741－0001959　GJ1963(627.7/C708)
同治蜀軍平黔記一卷　陳慶年撰　清抄本　一冊

500000－8741－0001960　GJ1964(627.7/L430)
李文忠公朋僚函稿二十四卷　(清)吳汝綸編　清光緒蓮池書院鉛印本　十二冊

500000－8741－0001961　GJ1965(627.7/L439)
李文忠公全集六種一百六十五卷首一卷　(清)吳汝綸編　清光緒三十四年(1908)金陵刻本　一百冊

500000－8741－0001962　GJ1966(627.74/T767)
貞豐里庚甲見聞錄二卷　(清)陶煦撰　清光緒八年(1882)刻本　一冊

500000－8741－0001963　GJ1967(627.75/D425.5)

春秋繁露十七卷 (漢)董仲舒撰 清末抱經堂刻本 八冊

500000－8741－0001964 GJ1968(627.75/G236)
繡像剿逆圖考二卷 (□)□□撰 清光緒十八年(1892)上海書局石印本 二冊

500000－8741－0001965 GJ1969(627.75/W133)
湘軍記二十卷 (清)王定安撰 清光緒十五年(1889)上海書局石印本 四冊

500000－8741－0001966 GJ1970(627.75/W173)
湘軍志十六卷 王闓運撰 清末付刻底本 四冊

500000－8741－0001967 GJ1971(627.78/D403－1)
平定粵匪紀略十八卷附記四卷 (清)杜文瀾撰 清同治八年(1869)群玉齋刻本 十冊

500000－8741－0001968 GJ1972(627.78/D403g)
平定粵寇紀畧十八卷附記四卷 (清)杜文瀾撰 清光緒元年(1875)詒穀堂刻本 四冊

500000－8741－0001969 GJ1973(627.78/I151)
豫軍紀略十二卷 (清)尹耕雲等纂 清同治十一年(1872)刻本 十二冊

500000－8741－0001970 GJ1974(627.78/Z－743－2)
淮軍平捻記十二卷 (清)周世澄輯 清末刻本 六冊

500000－8741－0001971 GJ1975(627.8/S143)
洋務經濟通攷十六卷 應祖錫纂 清光緒二十四年(1898)上海鴻寶齋石印本 十二冊

500000－8741－0001972 GJ1976(627.804/G341)
經濟實學考八卷 (清)江標輯 清光緒上海博劑書局石印本 十二冊

500000－8741－0001973 GJ1977(627.804/R432)
肉房收使野味總冊不分卷 (□)□□撰 清光緒十三年(1887)手抄本 一冊

500000－8741－0001974 GJ1978(627.804/S133)
西甯軍務節略不分卷 (清)奎順等撰 清石印本 一冊

500000－8741－0001975 GJ1979(627.84/T062)
請纓日記十卷(光緒八年七月九日至十二年九月二十二日) (清)唐景崧撰 清光緒十九年(1893)臺灣布政使署刻本 八冊

500000－8741－0001976 GJ1980(627.84/T434)
征南輯畧八卷 (清)都啟模撰 清光緒十年(1884)粵東華玉堂刻本 十二冊

500000－8741－0001977 GJ1981(627.86/G078)
中東戰紀本末十六卷 (美國)林樂知撰譯 蔡爾康輯 清光緒二十二年(1896)圖書集成局鉛印本 十五冊

500000－8741－0001978 GJ1982(627.86/I489)
東方兵事紀略四卷 姚錫光撰 清光緒二十四年(1898)京都琉璃廠石印本 五冊

500000－8741－0001979 GJ1983(627.86/X308)
臺灣戰紀二卷 (清)洪棄父纂 清光緒刻本 二冊

500000－8741－0001980 GJ1984(627.86/X308)
臺灣戰紀二卷 (清)洪棄父纂 清光緒刻本 二冊

500000－8741－0001981 GJ1985(627.87/I－429)
覺述要錄四卷 葉德輝編 清光緒三十一年(1905)刻本 二冊

500000－8741－0001982 GJ1986(627.88/G463)
西巡迴鑾始末記六卷 (日本)吉田良太郎輯 清末石印本 六冊

500000－8741－0001983 GJ1987(627.88/I－135)
庚子都門紀事詩六卷 (清)延清撰 清光緒二十八年(1902)鉛印本 一冊 存三卷(四至六)

500000－8741－0001984 GJ1988(627.88/I－135－2)
庚子都門紀事詩六卷首一卷 (清)延清撰 清光緒二十八年(1902)京江刻本 二冊

500000－8741－0001985 GJ1989(627.88/L633)
庚子海外紀事四卷 呂海寰編 清光緒二十七年(1901)上海辦理商約行轅鉛印本 四冊

500000－8741－0001986 GJ1990(627.88/L913)
義和拳教門源流考一卷 勞乃宣撰 清光緒

二十五年(1899)刻本　一册

500000－8741－0001987　GJ1991(627.88/S114)
光緒西巡大事記不分卷　(□)□□撰　清光緒抄本　二册

500000－8741－0001988　GJ1992(627.88/Z276)
拳匪紀事六卷　(日本)佐原篤介等輯　清光緒二十七年(1901)刻本　六册

500000－8741－0001989　GJ1993(628.83/X202)
迴瀾紀要二卷　(清)徐瑞撰　清光緒十一年(1885)刻本　四册

500000－8741－0001990　GJ1994(629.13/K046)
晉乘蒐略三十二卷　(清)康基田撰　清嘉慶十六年(1811)刻本　三十五册

500000－8741－0001991　GJ1995(629.21/C721)
金陵通紀四卷　陳作霖撰　清光緒三十三年(1907)瑞夢館刻本　四册

500000－8741－0001992　GJ1996(629.21/W350)
廣陵通典十卷　(清)汪中撰　清同治八年(1869)揚州書畫局刻本　二册

500000－8741－0001993　GJ1997(629.21/W350)
廣陵通典十卷　(清)汪中撰　清同治八年(1869)揚州書畫局刻本　二册

500000－8741－0001994　GJ1998(629.21/W350－2)
廣陵通典十卷　(清)汪中撰　清道光三年(1823)刻本　四册

500000－8741－0001995　GJ1999(629.21/X208)
揚州歷代疆域沿革圖説不分卷　(清)徐庭曾　(清)汪桂森編輯　清刻本　一册

500000－8741－0001996　GJ2000(629.22/L741)
貴池縣沿革表一卷　劉世珩撰　清光緒二十三年(1897)刻本　一册

500000－8741－0001997　GJ2001(629.27/C468)
籌蜀記七卷　(清)蔡壽祺撰　清咸豐十一年(1861)抄本　一册

500000－8741－0001998　GJ2002(629.27/G026－2)
蜀鑑十卷　(宋)郭允蹈撰　清吴氏詒穀堂刻本　二册

500000－8741－0001999　GJ2003(629.27/L762)
蜀龜鑑七卷首一卷　(清)劉景伯撰　清宣統三年(1911)裴氏刻本　四册

500000－8741－0002000　GJ2004(629.27/L762)
蜀龜鑑七卷首一卷　(清)劉景伯撰　清宣統三年(1911)裴氏刻本　四册

500000－8741－0002001　GJ2005(629.27/L762)
蜀龜鑑七卷首一卷　(清)劉景伯撰　清宣統三年(1911)裴氏刻本　四册

500000－8741－0002002　GJ2006(629.27/L762)
蜀龜鑑七卷首一卷　(清)劉景伯撰　清宣統三年(1911)裴氏刻本　四册

500000－8741－0002003　GJ2007(629.27/P433)
蜀碧四卷附記一卷　(清)彭遵泗撰　清光緒二十六年(1900)刻本　一册

500000－8741－0002004　GJ2008(629.27/P433s)
蜀故二十七卷　(清)彭遵泗撰　清光緒二十四年(1898)玉元堂刻本　八册

500000－8741－0002005　GJ2009(629.27/P433s－1)
蜀故二十七卷　(清)彭遵泗撰　清刻本　四册

500000－8741－0002006　GJ2010(629.27/P443－3)
蜀碧四卷　(清)彭遵泗撰　清光緒肇慶堂刻本　二册

500000－8741－0002007　GJ2011(629.276/Z－291)
蜀事紀略一卷牟生始末一卷　(明)朱爕元撰　**乘城日錄一卷**　(明)周宇編次　清周柔強抄本　一册

500000－8741－0002008　GJ2012(629.35/F315)
滇考二卷　(清)馮甦輯　清道光臨海宋氏刻本　二册

500000－8741－0002009　GJ2013(629.35/I494)
增訂南詔野史二卷　(明)楊慎編輯　(清)胡蔚羡訂　清刻本　二册

500000－8741－0002010　GJ2014(629.42/S333)

吉林紀事詩四卷首一卷末一卷　沈兆禔著　清宣統三年(1911)金陵湯明林聚珍書局鉛印本　二册

500000－8741－0002011　GJ2015(629.43/S230)

黑龍江述略六卷　(清)徐宗亮撰　清光緒十七年(1891)徐氏觀自得齋刻本　二册

500000－8741－0002012　GJ2016(629.66/S263)

西藏通覽二編　(日本)山縣初男撰　西藏研究會編譯　清宣統元年(1909)成都文倫書局石印本　四册

500000－8741－0002013　GJ2017(629.66/S263)

西藏通覽二編　(日本)山縣初男撰　西藏研究會編譯　清宣統元年(1909)成都文倫書局石印本　四册

500000－8741－0002014　GJ2018(629.66/S263)

西藏通覽二編　(日本)山縣初男撰　西藏研究會編譯　清宣統元年(1909)成都文倫書局石印本　三册

500000－8741－0002015　GJ2019(632.1/S444)

東藩紀要十二卷附補録一卷　(清)薛培榕輯　(清)吳承裕校訂　清光緒八年(1882)刻本　四册

500000－8741－0002016　GJ2020(633/C514)

俄國西伯利東偏紀要一卷　(清)曹廷杰撰　清光緒刻本　一册

500000－8741－0002017　GJ2021(639.269/Z730)

平定猺匪紀略二卷　(清)周宜亭撰　清道光十三年(1833)抄本　二册

500000－8741－0002018　GJ2022(641.3/W135)

國朝柔遠記二十卷　(清)王之春編　(清)彭玉麟訂　清光緒十七年(1891)廣雅書局刻本　六册

500000－8741－0002019　GJ2023(641.3/X199)

中西紀事二十四卷首一卷　(清)夏燮撰　清咸豐九年(1859)刻本　八册

500000－8741－0002020　GJ2025(641.3/X199－2)

中西紀事二十四卷首一卷　(清)夏燮撰　清光緒二十三年(1897)慎行書莊石印本　八册

500000－8741－0002021　GJ2026(641.3/X199－4)

中西紀事二十四卷首一卷　(清)夏燮撰　清光緒二十四年(1898)藜照書屋刻本　六册

500000－8741－0002022　GJ2027(641.7/S435)

庸庵全集十種四十七卷　(清)薛福成撰　清光緒十年至二十四年(1884－1898)無錫薛氏刻本　四十四册

500000－8741－0002023　GJ2028(641.7/S435)

庸庵全集十種四十七卷　(清)薛福成撰　清光緒十三年(1887)刻本　四十八册

500000－8741－0002024　GJ2029(641.7/S435b)

出使英法義比四國日記六卷(光緒十六年一月十一日至二月三十日)　(清)薛福成撰　清光緒二十年(1894)孫谿校經堂刻本　六册

500000－8741－0002025　GJ2030(641.7/S435b)

出使英法義比四國日記六卷(光緒十六年一月十一日至二月三十日)　(清)薛福成撰　清光緒二十年(1894)孫谿校經堂刻本　六册

500000－8741－0002026　GJ2034(641.7/X088)

許竹篔先生出使函稿十四卷　(清)許景澄撰　清光緒鉛印本　四册

500000－8741－0002027　GJ2035(643.83/L727)

越事備考十一卷首一卷奏議三卷芻言六卷案略二卷　(清)劉名譽編輯　清光緒二十一年(1895)慕畬氏桂林刻本　四册

500000－8741－0002028　GJ2036(651.73/Y010)

硃批諭旨不分卷　(清)世宗胤禛纂　清光緒十三年(1887)上海點石齋石印本　六十册

500000－8741－0002029　GJ2037(651.73/Y010s)

上諭内閣一百五十九卷　(清)允祿等編　清刻本　三十二册

500000－8741－0002030　GJ2038(652/T023/)

荆川先生右編四十卷　(明)唐順之編纂　(明)劉曰寧補遺　(明)朱國禎校定　明萬曆三十三年(1605)南京國子監刻本　二十册

500000－8741－0002031　GJ2039(652/T023)

荆川先生右編四十卷　(明)唐順之編纂　(明)劉曰寧補遺　(明)朱國禎校定　明萬曆三十三年(1605)南京國子監刻本　二十四册

500000－8741－0002032　GJ2040(652/T023b)
右編補十卷　(明)姚文蔚編　明萬曆三十九年(1611)劉伸刻本　六册

500000－8741－0002033　GJ2041(652/Z133)
歷代名臣奏議三百五十卷目錄一卷　(明)黄淮　(明)楊士奇等輯　(明)張溥刪正　明崇禎八年(1635)東觀閣刻本　九十四册

500000－8741－0002034　GJ2042(652.06/Z－138)
皇明疏議輯畧三十七卷　(明)張瀚輯　明嘉靖三十年(1551)大名府刻本　三十二册

500000－8741－0002035　GJ2043(652.07/K127)
皇清奏議六十八卷首一卷　(清)琴川居士輯　清都城國史館琴川居士木活字印本　四十八册

500000－8741－0002036　GJ2044(652.07/W117)
皇朝道咸同光奏議六十四卷　(清)王延熙　(清)王樹敏編輯　清光緒二十八年(1902)上海久敬齋石印本　二十八册

500000－8741－0002037　GJ2045(652.077/C712)
同治中興京外奏議約編八卷　(清)陳弢輯　清光緒元年(1875)篋劍囊琴之室刻本　八册

500000－8741－0002038　GJ2046(652.077/D712s)
聖朝名公奏議八卷　(清)陳弢編輯　清光緒二十七年(1901)上海宏文閣石印本　六册

500000－8741－0002039　GJ2047(652.078/P235)
變法奏議叢鈔不分卷　(□)□□輯　清光緒石印本　一册

500000－8741－0002040　GJ2048(652.1/L721)
劉文莊公奏議八卷　(清)劉秉璋撰　(清)朱孔章編　清光緒鉛印本　八册

500000－8741－0002041　GJ2049(652.1/L755)
唐陸宣公奏議讀本四卷首一卷　(清)汪銘謙輯　清宣統元年(1909)石印本　二册

500000－8741－0002042　GJ2050(652.1/TS681)
左文襄公奏疏初編三十八卷續編七十六卷三編六卷　(清)左宗棠撰　清光緒十六年(1890)上海圖書集成局鉛印本　二十册

500000－8741－0002043　GJ2051(652.1147/D134)
丁文誠公奏稿二十六卷首一卷附十五弗齋詩存一卷　(清)丁寶楨撰　清光緒十九年(1893)刻本　二十八册

500000－8741－0002044　GJ2052(652.168/L226)
明大司馬盧公奏議十二卷首一卷　(明)盧象昇撰　清光緒元年(1875)刻本　八册

500000－8741－0002045　GJ2053(652.17/D134－2)
丁文誠公奏稿二十六卷首一卷　(清)丁寶楨撰　清光緒二十二年(1896)刻本　二十六册

500000－8741－0002046　GJ2054(652.17/G024)
郭侍郎奏疏十二卷　(清)郭嵩燾撰　清光緒十八年(1892)刻本　十二册

500000－8741－0002047　GJ2055(652.17/G024)
郭侍郎奏疏十二卷　(清)郭嵩燾撰　清光緒十八年(1892)刻本　十一册

500000－8741－0002048　GJ2056(652.17/L430)
李肅毅伯奏議二十卷　(清)李鴻章撰　清光緒二十五年(1899)鴻文書局石印本　二十册

500000－8741－0002049　GJ2057(652.17/L462)
林文忠公政書甲集九卷乙集十七卷丙集十一卷　(清)林則徐撰　清光緒二年(1876)刻本　十四册

500000－8741－0002050　GJ2058(652.17/L462)
林文忠公政書甲集九卷乙集十七卷丙集十一卷　(清)林則徐撰　清光緒二年(1876)刻本　十五册

500000－8741－0002051　GJ2059(652.17/L744)
劉中丞奏議二十卷　(清)劉蓉著　清光緒十一年(1885)刻本　三册

500000－8741－0002052　GJ2060(652.17/P410)
彭剛直公奏稿八卷　(清)彭玉麟撰　清光緒十七年(1891)刻本　六册

500000－8741－0002053　GJ2061(652.174/T608)

撫豫宣化錄四卷 （清）田文鏡編 清咸豐九年（1859）抄本 五冊

500000－8741－0002054 GJ2062（652.176/L463）
李文恭公奏議二十二卷首一卷行述一卷 （清）李星沅撰 清同治五年（1866）刻本 二十五冊

500000－8741－0002055 GJ2063（652.176/N105）
平番奏議四卷 （清）那彥誠撰 清咸豐三年（1853）刻本 四冊

500000－8741－0002056 GJ2064（652.176/X441）
胡文忠公遺集八十六卷首一卷 （清）胡林翼撰 清同治六年（1867）刻本 三十二冊

500000－8741－0002057 GJ2065（652.176/X441）
胡文忠公遺集八十六卷首一卷 （清）胡林翼撰 清同治六年（1867）刻本 四十冊

500000－8741－0002058 GJ2066（652.176/X441－2）
胡文忠公遺集八十六卷首一卷 （清）胡林翼撰 （清）曾國荃纂輯 （清）胡鳳丹重編 清光緒二十七年（1901）上海圖書集成印書局鉛印本 八冊

500000－8741－0002059 GJ2067（652.177/L320）
駱文忠公奏議十卷附錄一卷 （清）駱秉章撰 清光緒四年（1878）刻本 二十六冊

500000－8741－0002060 GJ2068（652.177/L320）
駱文忠公奏議十卷附錄一卷 （清）駱秉章撰 清光緒四年（1878）刻本 二十六冊

500000－8741－0002061 GJ2069（652.177/L320）
駱文忠公奏議十卷附錄一卷 （清）駱秉章撰 清光緒四年（1878）刻本 二十四冊

500000－8741－0002062 GJ2070（652.178/C731）
陳文忠公奏議二卷 陳寶琛撰 清光緒閩縣螺江陳氏刻本 二冊

500000－8741－0002063 GJ2071（652.178/K043）
戊戌奏稿不分卷 康有為撰 清宣統三年（1911）鉛印本 一冊

500000－8741－0002064 GJ2072（652.178/K043）
戊戌奏稿不分卷 康有為撰 清宣統三年（1911）鉛印本 一冊

500000－8741－0002065 GJ2073（652.178/L430）
合肥李勤恪公政書十卷首一卷 （清）李瀚章撰 清光緒三十二年（1906）石印本 十冊

500000－8741－0002066 GJ2074（652.178/L4301）
李文忠公奏議二十卷 （清）李鴻章撰 清末蓮池書院石印本 二十冊

500000－8741－0002067 GJ2075（652.178/L782）
劉壯肅公奏議二卷 （清）劉銘傳撰 清末鉛印本 二冊

500000－8741－0002068 GJ2076（652.178/S344）
沈文肅公政書七卷首一卷 （清）沈葆楨撰 清光緒六年（1880）木活字印本 七冊

500000－8741－0002069 GJ2077（652.178/S344）
沈文肅公政書七卷首一卷 （清）沈葆楨撰 清光緒六年（1880）木活字印本 八冊

500000－8741－0002070 GJ2078（652.178/S344）
沈文肅公政書七卷首一卷 （清）沈葆楨撰 清光緒六年（1880）木活字印本 八冊

500000－8741－0002071 GJ2079（652.178/S344）
沈文肅公政書七卷首一卷 （清）沈葆楨撰 清光緒六年（1880）木活字印本 十二冊

500000－8741－0002072 GJ2080（652.178/S435）
庸盦尚書奏議十六卷 （清）薛福成撰 清宣統三年（1911）石印本 八冊

500000－8741－0002073 GJ2081（652.179/M743）
馬主政胡侍御二疏合稿一卷 馬其昶 胡思敬撰 清宣統三年（1911）鉛印本 一冊

500000－8741－0002074 GJ2082（652.179/Z－133）
奏議初編十二卷 （清）張之洞撰 清光緒二十七年（1901）圖書集成印書局鉛印本 六冊

500000－8741－0002075 GJ2083（652.21/L138）
兩漢策要十二卷 （宋）陶叔獻編輯 清刻本 六冊

500000－8741－0002076 GJ2084（652.73/O－615）
硃批諭旨不分卷 （清）世宗胤禛纂 清乾隆

三年(1738)内府刻朱墨套印本　一百十二冊

500000－8741－0002077　GJ2085(655.5/Z－148)
皇朝掌故彙編一百卷内編六十卷首一卷外編四十卷首一卷　(清)張壽鏞等編　清光緒二十八年(1902)鉛印本　六十一冊

500000－8741－0002078　GJ2086(660/C409)
廣輿記二十四卷首一卷　(清)蔡方炳增輯　清嘉慶七年(1802)刻本　十二冊

500000－8741－0002079　GJ2087(660/K563－4)
讀史方輿紀要一百三十卷輿圖要覽四卷　(清)顧祖禹撰　清刻本　六十四冊

500000－8741－0002080　GJ2088(660/K563－6)
讀史方輿紀要一百三十卷輿圖要覽四卷　(清)顧祖禹撰　清光緒五年(1879)刻本　六十四冊

500000－8741－0002081　GJ2089(660/K563－6)
讀史方輿紀要一百三十卷輿圖要覽四卷　(清)顧祖禹撰　清光緒五年(1879)刻本　六十四冊

500000－8741－0002082　GJ2090(660/R563)
讀史方輿紀要一百三十卷輿圖要覽四卷　(清)顧祖禹撰　清光緒二十五年(1899)慎記書莊石印本　三十一冊

500000－8741－0002083　GJ2091(660/R563)
讀史方輿紀要一百三十卷　(清)顧祖禹撰　清光緒二十五年(1899)石印本　十六冊

500000－8741－0002084　GJ2092(660.8/W014)
皇朝藩屬輿地叢書六集一百四十六卷　(清)黃沛翹輯　清光緒二十九年(1903)金匱浦氏靜寄東軒石印本　四十八冊

500000－8741－0002085　GJ2093(660.8/X464)
問影樓輿地叢書第一集十五種四十卷　胡思敬輯　清光緒三十四年(1908)新昌胡氏京師鉛印本　十冊

500000－8741－0002086　GJ2094(662.1/C841)
新斠注地理志十六卷　(清)錢坫著　清同治十三年(1874)會稽章氏刻本　八冊

500000－8741－0002087　GJ2095(662.1/C841)
新斠注地理志十六卷　(清)錢坫著　清同治十三年(1874)會稽章氏刻本　八冊

500000－8741－0002088　GJ2096(662.1/C841)
新斠注地理志十六卷　(清)錢坫著　清同治十三年(1874)會稽章氏刻本　八冊

500000－8741－0002089　GJ2097(662.1/C841)
新斠注地理志十六卷　(清)錢坫著　清同治十三年(1874)會稽章氏刻本　八冊

500000－8741－0002090　GJ2098(662.1/C841)
新斠注地理志十六卷　(清)錢坫著　清同治十三年(1874)會稽章氏刻本　八冊

500000－8741－0002091　GJ2099(662.3/X－304)
補三國疆域志二卷　(清)洪亮吉撰　清光緒四年(1878)授經堂刻本　一冊

500000－8741－0002092　GJ2100(663.2/H304)
東晉疆域志四卷　(清)洪亮吉學　清嘉慶元年(1796)刻本　四冊

500000－8741－0002093　GJ2101(663.7/Z－434)
隋書地理志攷證九卷　楊守敬編　清光緒二十七年(1901)刻本　六冊

500000－8741－0002094　GJ2102(665.1/W123)
輿地紀勝二百卷首一卷　(宋)王象之編　清咸豐五年(1855)刻本　二十四冊　存一百九十九卷(一至一百九十九)

500000－8741－0002095　GJ2103(665.1/W140)
元豐九域志十卷　(宋)王存著　清光緒八年(1882)金陵書局刻本　一冊　存二卷(一至二)

500000－8741－0002096　GJ2104(665.1/W140)
元豐九域志十卷　(宋)王存著　清刻本　八冊

500000－8741－0002097　GJ2105(665.1/W142)
元豐九域志十卷　(宋)王存撰　清乾隆三十九年(1774)武英殿聚珍本　六冊

500000－8741－0002098　GJ2106(665.1/Y250)
太平寰宇記二百卷目錄二卷補闕八卷　(宋)

樂史撰　清末刻本　三十二冊　缺一卷（補闕八）

500000－8741－0002099　GJ2107（665.1/Y250－8）
太平寰宇記二百卷目錄二卷　（宋）樂史撰　清光緒八年（1882）金陵書局刻本　三十六冊

500000－8741－0002100　GJ2108（666/L477）
大明一統志九十卷　（明）李賢等纂修　明萬曆萬壽堂刻本　四十六冊　存八十六卷（二至八十七）

500000－8741－0002101　GJ2109（667/D431）
大清一統志五百卷　（清）和珅等纂著　清光緒二十三年（1897）杭州竹簡齋石印本　六十冊

500000－8741－0002102　GJ2110（667/X434）
皇朝藩屬輿地叢書六集一百四十六卷　（清）黃沛翹輯　清光緒二十九年（1903）金匱浦氏靜寄東軒石印本　四十八冊

500000－8741－0002103　GJ2111（667/X434）
皇朝藩屬輿地叢書六集一百四十六卷　（清）黃沛翹輯　清光緒二十九年（1903）金匱浦氏靜寄東軒石印本　四十八冊

500000－8741－0002104　GJ2112（667/X441）
皇朝中外一統輿圖三十一卷首一卷　（清）胡林翼撰　清同治二年（1863）刻本　三十二冊

500000－8741－0002105　GJ2113（667/X441）
皇朝中外一統輿圖三十一卷首一卷　（清）胡林翼撰　清同治二年（1863）刻本　十四冊

500000－8741－0002106　GJ2114（667/X441）
皇朝中外一統輿圖三十一卷首一卷　（清）胡林翼撰　清同治二年（1863）刻本　十二冊

500000－8741－0002107　GJ2115（667/X441）
皇朝中外一統輿圖三十一卷首一卷　（清）胡林翼撰　清同治二年（1863）刻本　三十二冊

500000－8741－0002108　GJ2116（667/Z424）
皇朝直省府廳州縣歌括不分卷　（清）蔣升撰　清光緒二十九年（1903）慈母堂印書局鉛印本　一冊

500000－8741－0002109　GJ2117（667.4/X304）
乾隆府廳州縣圖志五十卷　（清）洪亮吉撰　清光緒五年（1879）授經堂刻本　二十冊

500000－8741－0002110　GJ2118（667.4/X304）
乾隆府廳州縣圖志五十卷　（清）洪亮吉撰　清光緒五年（1879）授經堂刻本　十二冊

500000－8741－0002111　GJ2119（669/L433）
歷代地理韻編今釋二十卷附皇朝輿地韻編二卷　（清）李兆洛輯　清同治九年（1870）刻本　八冊

500000－8741－0002112　GJ2120（669/L433－3）
李氏五種合刊二十七卷　（清）李兆洛輯　清光緒十八年（1892）竹素書局刻本　二十冊

500000－8741－0002113　GJ2121（669/L433－4）
李氏五種合刊二十七卷　（清）李兆洛輯　清同治十年（1871）刻本　十二冊

500000－8741－0002114　GJ2122（669/L433－5）
李氏五種合刊二十七卷　（清）李兆洛輯　清光緒十四年（1888）掃葉山房刻本　十二冊

500000－8741－0002115　GJ2123（669/L433－5）
李氏五種合刊二十七卷　（清）李兆洛輯　清光緒十八年（1892）金陵書局刻本　十五冊　存二十四卷（一至二十四）

500000－8741－0002116　GJ2124（669/L433－8）
李氏五種合刊二十七卷　（清）李兆洛輯　清光緒十八年至二十二年（1892－1896）金陵書局刻本　十六冊

500000－8741－0002117　GJ2125（669/X864）
方輿考證一百卷首一卷　（清）許鴻磐撰　（清）李聯榜注　清稿本　九十一冊

500000－8741－0002118　GJ2126（669.1/D774）
歷代沿革表三卷　（清）段長基編　清嘉慶二十年（1815）刻本　六冊

500000－8741－0002119　GJ2127（669.1/D774）
歷代沿革表三卷　（清）段長基編　清嘉慶二十年（1815）刻本　六冊

500000－8741－0002120　GJ2128（669.1/G391）

天下郡國利病書一百二十卷　（清）顧炎武撰　清光緒五年（1879）桐華書屋刻本　五十六冊　存一百十八卷（三至一百二十）

500000－8741－0002121　GJ2129（669.1/G391）
天下郡國利病書一百二十卷　（清）顧炎武撰　清光緒五年（1879）桐華書屋刻本　五十六冊

500000－8741－0002122　GJ2130（669.1/G391）
天下郡國利病書一百二十卷　（清）顧炎武撰　清光緒五年（1879）桐華書屋刻本　五十六冊

500000－8741－0002123　GJ2131（669.1/G391－2）
天下郡國利病書一百二十卷　（清）顧炎武撰　清道光三年（1823）慎記書莊石印本　十二冊

500000－8741－0002124　GJ2132（669.1/I432）
歷代輿地沿革險要圖不分卷　楊守敬撰　清光緒三十二年至宣統三年（1906－1911）觀海堂刻本　三十四冊

500000－8741－0002125　GJ2133（669.1/I－434－1）
歷代輿地沿革險要圖不分卷　楊守敬撰　清光緒五年（1879）東湖饒氏刻本　一冊

500000－8741－0002126　GJ2134（669.1/I－434－2）
歷代輿地沿革險要圖說不分卷　楊守敬撰　清光緒二十四年（1898）鉛印本　二冊

500000－8741－0002127　GJ2135（669.1/L075）
歷代輿地沿革表二十卷附校勘記　龍學泰撰　清光緒三十三年（1907）石印本　二十冊

500000－8741－0002128　GJ2136（669.1/O－770）
輿地廣記三十八卷附校勘札記二卷　（宋）歐陽忞撰　清光緒六年（1880）金陵書局刻本　四冊

500000－8741－0002129　GJ2137（669.1/X291）
帝輿合覽不分卷　（清）何炳纂述　清光緒二十八年（1902）刻本　八冊

500000－8741－0002130　GJ2138（669.1/Z742）
歷代地理沿革表四十七卷　（清）陳芳績撰　清光緒二十一年（1895）廣雅書局刻本　十五冊

500000－8741－0002131　GJ2139（669.2/S042）
輿圖總論注釋二卷　（清）謝蘭生撰　清同治四年（1865）刻本　一冊

500000－8741－0002132　GJ2140（669.2/X304）
十六國疆域志十卷　（清）洪亮吉學　清光緒四年（1878）授經堂刻本　四冊

500000－8741－0002133　GJ2141（669.8/G349）
七國地理考七卷國策編年一卷　（清）顧觀光著　清光緒二十八年（1902）刻本　四冊

500000－8741－0002134　GJ2142（669.8/L491）
漢西域圖考七卷首一卷　（清）李光廷撰　清光緒八年（1882）陽湖趙氏壽諼草堂刻本　四冊

500000－8741－0002135　GJ2143（671.14/S210）
［光緒］順天府志一百三十卷附錄一卷　（清）萬青藜等修　（清）張之洞　繆荃孫纂　清光緒十二年（1886）刻本　六十四冊

500000－8741－0002136　GJ2144（671.15/D362）
［道光］直隸定州志二十二卷首一卷　（清）寶琳等纂修　清道光三十年（1850）刻本　十一冊

500000－8741－0002137　GJ2145（671.15/D362）
［道光］直隸定州志二十二卷首一卷　（清）寶琳等纂修　清道光三十年（1850）刻本　十二冊

500000－8741－0002138　GJ2146（671.15/L140）
［同治］靈壽縣志十卷末一卷　（清）劉庚年纂修　清同治十二年（1873）刻本　六冊

500000－8741－0002139　GJ2147（671.15/T373）
［光緒］通州直隸州志十六卷首一卷末一卷　（清）梁悅馨　（清）莫祥芝修　（清）季念詒　（清）沈鍠纂　清光緒元年（1875）刻本　十六冊

500000－8741－0002140　GJ2148（671.15/Y335）
［乾隆］永清縣志二十五卷　（清）周震榮修

清乾隆四十四年(1779)刻嘉慶十八年(1813)補刻本　四冊

500000－8741－0002141　GJ2149(671.25/B132)
[光緒]平遙縣志十二卷首一卷　(清)恩端修　(清)武達材　(清)王舒萼纂　清光緒八年(1882)刻本　八冊

500000－8741－0002142　GJ2150(671.25/C731)
長河志籍考十卷　(清)田雯編　清康熙刻本　一冊

500000－8741－0002143　GJ2151(671.25/K527)
[乾隆]曲阜縣誌一百卷　(清)潘相等纂修　清乾隆三十九年(1774)刻本　十二冊

500000－8741－0002144　GJ2152(671.25/K527)
[乾隆]曲阜縣誌一百卷　(清)潘相等纂修　清乾隆三十九年(1774)刻本　十二冊

500000－8741－0002145　GJ2153(671.25/L735)
[乾隆]臨清直隸州志十一卷首一卷　(清)張度　(清)鄧希曾修　(清)朱鍾纂　清乾隆五十年(1785)刻本　十一冊

500000－8741－0002146　GJ2154(671.25/S967)
[光緒]常昭合志四十八卷首一卷末一卷　(清)鄭鍾祥纂修　清光緒三十年(1904)刻本　二十冊

500000－8741－0002147　GJ2155(671.25/W362)
[乾隆]濰縣志六卷首一卷末一卷　(清)張耀璧修　(清)王誦芬纂　清乾隆二十五年(1760)刻民國三十年(1941)印本　六冊

500000－8741－0002148　GJ2156(671.314/X944)
[乾隆]泉州府志七十六卷首一卷　(清)懷蔭布修　(清)黃任　(清)郭賡武纂　清乾隆二十八年(1763)修同治九年(1870)刻本　四十八冊

500000－8741－0002149　GJ2157(671.35/L060)
光緒鹿邑縣志十六卷　(清)于滄瀾修　清光緒二十二年(1896)刻本　六冊

500000－8741－0002150　GJ2158(671.35/L130)
[光緒]重修靈寶縣志八卷　(清)周淦　(清)方胙勳修等纂修　清光緒二年(1876)刻本　八冊

500000－8741－0002151　GJ2159(671.35/S311b)
[嘉慶]涉縣志八卷　(清)戚學標纂修　清嘉慶四年(1799)刻本　八冊

500000－8741－0002152　GJ2160(671.4/S116f)
[雍正]山西通志二百三十卷　(清)覺羅石麟修　(清)儲大文纂　清雍正十二年(1734)修嘉慶十六年(1811)刻本　一百冊

500000－8741－0002153　GJ2161(671.4/Y132)
元遺山志四卷　(清)樊燠章輯　清光緒三年(1877)刻本　一冊

500000－8741－0002154　GJ2162(671.41/S211)
山西疆域沿革圖譜五卷　(清)王軒纂　(清)張煦修　(清)閻幹達繪　清光緒十三年(1887)刻本　五冊

500000－8741－0002155　GJ2163(671.41/Y724)
[乾隆]山西志輯要十卷首一卷　(清)雅德修　(清)汪本直纂　**清涼山志輯要二卷**　(清)汪本直輯　清乾隆四十五年(1780)刻本　十二冊

500000－8741－0002156　GJ2164(671.44/F831)
[乾隆]汾州府志三十四卷首一卷　(清)孫和相修　(清)戴震纂　清乾隆三十六年(1771)刻本　十六冊

500000－8741－0002157　GJ2165(671.45/D480－2)
[光緒]太谷縣志八卷首一卷末一卷　(清)恩浚　(清)趙冠卿修　(清)王效尊等纂　清光緒十二年(1886)刻本　八冊

500000－8741－0002158　GJ2166(671.45/T474)
[道光]太原縣志十八卷圖一卷　(清)員佩蘭修　(清)楊國泰纂　清道光六年(1826)刻本　六冊

500000－8741－0002159　GJ2167(671.5/C911)
漢中志一卷蜀志一卷南中志一卷　(晉)常璩著　(清)盧秉鈞校　清刻本　一冊

500000－8741－0002160　GJ2168(671.5/X421)

[道光]留壩廳志十卷留壩廳足徵録四卷　(清)賀仲瑊修　(清)蔣湘南纂　清道光二十二年(1842)刻本　六冊

500000－8741－0002161　GJ2169(671.55/T334)
[光緒]定遠廳志二十六卷首一卷　(清)余修鳳纂修　清光緒五年(1879)刻本　六冊

500000－8741－0002162　GJ2170(671.55/U114)
[正德]武功縣志三卷首一卷　(明)康海撰　(清)孫景烈評註　清同治十二年(1873)湖北崇文書局刻本　一冊

500000－8741－0002163　GJ2171(671.55/Z836)
鎮安縣鄉土志二卷　(清)李麟圖纂修　清光緒三十四年(1908)鉛印本　一冊

500000－8741－0002164　GJ2172(671.7/Z840)
盤山志十卷首一卷補遺四卷　(清)釋智樸纂輯　(清)王士禎校訂　清同治十一年(1872)刻本　四冊

500000－8741－0002165　GJ2173(672/Z848)
江南經略八卷　(明)鄭若曾撰　清康熙鄭氏家刻本　二冊　存一卷(二)

500000－8741－0002166　GJ2174(672.1/Z810)
京口八旗志二卷　(清)鍾瑞等修　(清)春元纂　清光緒五年(1879)刻本　一冊

500000－8741－0002167　GJ2175(672.11/G448)
江蘇全省輿圖不分卷　(清)鄧華熙修　(清)諸可寶纂　清光緒二十一年(1895)刻本　三冊

500000－8741－0002168　GJ2176(672.14/G330a)
[同治]重刊江甯府志五十六卷首一卷　(清)蔣啟勛　(清)趙佑宸修　(清)汪士鐸等纂　清同治十三年(1874)修光緒六年(1880)刻本　十二冊

500000－8741－0002169　GJ2177(672.14/G330b)
[光緒]續纂江甯府志十五卷首一卷勘誤一卷　(清)蔣啟勛　(清)趙佑宸修　(清)汪士鐸纂　清光緒七年(1881)刻本　十二冊

500000－8741－0002170　GJ2178(672.14/I532)
[嘉慶]重修揚州府志七十二卷首一卷　(清)阿克當阿修　(清)姚文田等纂　清嘉慶十五年(1810)刻本　三十二冊

500000－8741－0002171　GJ2179(672.14/I532)
[嘉慶]重修揚州府志七十二卷首一卷　(清)阿克當阿修　(清)姚文田等纂　清嘉慶十五年(1810)刻本　三十二冊

500000－8741－0002172　GJ2180(672.14/S431d)
[嘉慶]松江府志八十四卷首二卷圖一卷　(清)宋如林修　(清)孫星衍　(清)莫晉纂　清嘉慶二十三年(1818)刻本　四十冊

500000－8741－0002173　GJ2181(672.14/S432)
[乾隆]蘇州府志八十卷首一卷　(清)雅爾哈善　(清)傅椿修　(清)習寯　(清)王峻纂　清乾隆十三年(1748)刻本　三十二冊

500000－8741－0002174　GJ2182(672.14/S432l)
[同治]蘇州府志一百五十卷首三卷　(清)李銘皖　(清)譚鈞培修　(清)馮桂芬纂　清光緒八年(1882)刻本　八十冊

500000－8741－0002175　GJ2183(672.14/S432l)
[同治]蘇州府志一百五十卷首三卷　(清)李銘皖　(清)譚鈞培修　(清)馮桂芬纂　清光緒八年(1882)刻本　八十冊

500000－8741－0002176　GJ2184(672.14/X924)
[弘治]重刊興化府志五十四卷　(明)陳效修　(明)周瑛　(明)黃仲昭纂　清同治十年(1871)刻本　二十四冊

500000－8741－0002177　GJ2185(672.15/C139b)
[光緒]川沙廳志十四卷首一卷補遺一卷　(清)陳方瀛等修　(清)俞樾等纂　清光緒五年(1879)刻本　六冊

500000－8741－0002178　GJ2186(672.15/C535)
[光緒]青浦縣志三十卷圖一卷首二卷末一卷　(清)陳其元等修　清光緒五年(1879)刻本　十一冊

500000－8741－0002179　GJ2187(672.15/C732)
[乾隆]長洲縣誌三十四卷首一卷　(清)李光

祚修　(清)顧詒祿等纂　清乾隆十八年(1753)刻本　十冊

500000-8741-0002180　GJ2188(672.15/D540)
[嘉慶]東臺縣志四十卷　(清)周右修　(清)蔡復午等纂　清嘉慶二十二年(1817)刻本　十冊

500000-8741-0002181　GJ2189(672.15/D724)
[光緒]丹徒縣志六十卷首四卷　(清)何紹章　(清)馮壽鏡修　(清)呂耀斗等纂　清光緒五年(1879)刻本　三十二冊

500000-8741-0002182　GJ2190(672.15/D724)
[光緒]丹徒縣志六十卷首四卷　(清)何紹章　(清)馮壽鏡修　(清)呂耀斗等纂　清光緒五年(1879)刻本　二十八冊

500000-8741-0002183　GJ2191(672.15/D724)
[光緒]丹徒縣志六十卷首四卷　(清)何紹章　(清)馮壽鏡修　(清)呂耀斗等纂　清光緒五年(1879)刻本　二十三冊

500000-8741-0002184　GJ2192(672.15/G027)
[嘉慶]高郵州志十二卷首一卷　(清)楊宜侖修　(清)夏之蓉　(清)沈之本纂　(清)馮馨續修　(清)王念孫續纂　清嘉慶十八年(1813)修二十年(1815)增修道光二十五年(1845)刻本　十二冊

500000-8741-0002185　GJ2193(672.15/G027b)
[道光]續增高郵州志不分卷　(清)左輝春等纂修　清道光二十三年(1843)刻本　六冊

500000-8741-0002186　GJ2194(672.15/G048)
[光緒]贛榆縣志十八卷　(清)王豫熙修　張謇纂　清光緒十四年(1888)刻本　四冊

500000-8741-0002187　GJ2195(672.15/G230b)
[光緒]續纂句容縣志二十卷首一卷末一卷　(清)張紹棠修　(清)蕭穆等纂　清光緒三十年(1904)刻本　十六冊

500000-8741-0002188　GJ2196(672.15/G347a)
[嘉慶]江都縣續志十二卷首一卷　(清)王逢源修　(清)李寶泰纂　清嘉慶十六年(1811)修光緒七年(1881)刻本　四冊

500000-8741-0002189　GJ2197(672.15/G347Gb)
[光緒]江都縣續志三十卷首一卷　(清)謝延庚修　(清)劉壽曾纂　清光緒十年(1884)刻本　八冊

500000-8741-0002190　GJ2198(672.15/G378)
[光緒]江陰縣志三十卷首一卷　(清)盧思誠　(清)馮壽鏡修　(清)季念詒　(清)夏煒如纂　清光緒四年(1878)刻本　二十冊

500000-8741-0002191　GJ2199(672.15/G430)
[光緒]嘉定縣志三十二卷首一卷附勘誤一卷補遺一卷　(清)程其玨修　(清)楊震福等纂　清光緒七年(1881)刻民國十六年(1927)重印本　十六冊

500000-8741-0002192　GJ2200(672.15/L376)
[嘉慶]溧陽縣志十六卷　(清)李景嶧　(清)陳鴻壽修　(清)史炳　(清)史津纂　清嘉慶十八年(1813)修光緒二十二年(1896)刻本　十冊

500000-8741-0002193　GJ2201(672.15/L376)
[光緒]溧陽縣續志十六卷末一卷　(清)朱畯等纂　(清)馮煦等修　清光緒二十五年(1899)木活字印本　八冊

500000-8741-0002194　GJ2202(672.15/O27c)
[光緒]再續高郵州志八卷首一卷　(清)龔定瀛　(清)蔣葧等纂修　清光緒九年(1883)刻本　六冊

500000-8741-0002195　GJ2203(672.15/P132)
[咸豐]邳州志二十卷首一卷　(清)董用威　(清)馬軼群修　(清)魯一同纂　清咸豐元年(1851)刻本　四冊

500000-8741-0002196　GJ2204(672.15/S2381)
[同治]上海縣志三十二卷首一卷末一卷　(清)應寶時等修　(清)俞樾　(清)方宗誠纂　清同治十一年(1872)刻本　二十冊

500000-8741-0002197　GJ2205(672.15/S2381)
[同治]上海縣志三十二卷首一卷末一卷

（清）應寶時等修　（清）俞樾　（清）方宗誠纂　清同治十一年（1872）刻本　十六册

500000－8741－0002198　GJ2206（672.15/S276）
［同治］重修山陽縣志二十一卷　（清）張兆棟　（清）孫雲修　（清）何紹基　（清）丁晏等纂　清同治十二年（1873）刻本　八册

500000－8741－0002199　GJ2207（672.15/T484）
彙刻太倉舊志五種二十六卷　（清）繆朝荃等輯　清宣統元年（1909）刻本　八册

500000－8741－0002200　GJ2208（672.15/T530）
［光緒］泰興縣志二十六卷首一卷末一卷　（清）楊激雲修　（清）顧曾烜纂　清光緒十二年（1886）刻本　十册

500000－8741－0002201　GJ2209（672.15/U137）
［光緒］武進陽湖縣志三十卷首一卷　（清）王其淦　（清）吳康壽修　（清）張成烈等纂　清光緒五年（1879）刻本　二十册

500000－8741－0002202　GJ2210（672.15/U137）
［光緒］武進陽湖縣志三十卷首一卷　（清）王其淦　（清）吳康壽修　（清）張成烈等纂　清光緒五年（1879）刻本　二十册

500000－8741－0002203　GJ2211（672.15/U224g）
吳縣啚圖不分卷　（清）金德鴻編　清刻本　六册

500000－8741－0002204　GJ2212（672.15/U262y）
［光緒］周莊鎮志六卷首一卷　（清）陶煦纂修　清光緒八年（1882）刻本　五册

500000－8741－0002205　GJ2213（672.15/U888）
錫金鄉土地理二卷　（清）侯鴻鑑纂修　清光緒三十四年（1908）無錫文苑閣木活字印本　一册

500000－8741－0002206　GJ2214（672.15/U888）
［光緒］無錫金匱縣志四十卷首一卷附殉難紳民表二卷烈女姓氏錄四卷　（清）裴大中　（清）倪咸生修　（清）秦緗業等纂　清光緒七年（1881）刻本　二十册

500000－8741－0002207　GJ2215（672.15/Y126）
［乾隆］元和縣誌三十六卷　（清）許治修　（清）沈德潛　（清）顧詒祿纂　清乾隆二十六年（1761）刻本　十二册

500000－8741－0002208　GJ2216（672.15/Y177）
雲間志三卷　（宋）楊潛撰　清嘉慶十九年（1814）古倪園沈氏刻本　一册

500000－8741－0002209　GJ2217（672.15/Z136）
［乾隆］震澤縣志三十八卷首一卷　（清）陳和志修　（清）沈彤　（清）倪師孟纂　清乾隆十一年（1746）修光緒十九年（1893）刻本　八册

500000－8741－0002210　GJ2218（672.2/A328b）
［光緒］安徽通志三百五十卷附補遺十卷　（清）沈葆楨修　（清）何紹基纂　清光緒三年（1877）刻本　一百二十册　存三百五十八卷（安徽通志三百五十卷、補遺一至八）

500000－8741－0002211　GJ2219（672.2/U262）
［乾隆］吳縣誌一百十二卷首一卷　（清）姜順蛟　（清）葉長揚修　（清）施謙纂　清乾隆十年（1745）刻本　二十四册

500000－8741－0002212　GJ2220（672.23/W131）
［乾隆］婺源縣誌三十九卷首一卷　（清）俞雲耕　（清）潘繼善纂　清乾隆二十二年（1757）刻本　十二册

500000－8741－0002213　GJ2221（672.24/H232－2）
［康熙］徽州府志十八卷圖一卷　（清）丁廷楗　（清）盧詢修　（清）趙吉士等纂　清康熙三十八年（1699）萬青閣刻本　十一册

500000－8741－0002214　GJ2222（672.24/L032）
［光緒］續修廬州府志一百卷首一卷末一卷　（清）黃雲修　（清）林之望　（清）汪宗沂纂　清光緒十一年（1885）刻本　四十八册

500000－8741－0002215　GJ2223（672.24/X232）
淳熙新安志十卷　（宋）羅願纂　宋淳熙二年（1175）修清光緒十四年（1888）黟邑李氏刻本　四册

500000－8741－0002216　GJ2224（672.25/G024）
［乾隆］廣德州志五十卷首一卷　（清）胡文銓

修　(清)周廣業纂　清乾隆五十七年(1792)刻本　十六册

500000－8741－0002217　GJ2225(672.25/L080)
[光緒]六合縣志八卷圖説一卷附録一卷　(清)謝延庚　(清)吕憲秋修　(清)賀廷壽　(清)唐毓和纂　清光緒六年(1880)修十年(1884)刻本　十册

500000－8741－0002218　GJ2226(672.25/W131－3)
[光緒]婺源縣志六十四卷首一卷　(清)吴鶚修　(清)汪正元纂　清光緒九年(1883)刻本　二十四册

500000－8741－0002219　GJ2227(672.25/X331)
[光緒]湘潭縣志十二卷　(清)陳嘉榆等修　王闓運等纂　清光緒十五年(1889)刻本　十册

500000－8741－0002220　GJ2228(672.25/X663)
[光緒]盱眙縣志稾十七卷首一卷　(清)王錫元修　(清)高延第等纂　清光緒十七年(1891)修二十九年(1903)增刻本　八册

500000－8741－0002221　GJ2229(672.25/Y345)
[光緒]宣城縣志四十卷首一卷　(清)李應泰修　(清)章綬纂　清光緒十四年(1888)木活字印本　二十四册

500000－8741－0002222　GJ2230(672.25/Y345－1)
宣城縣志餘二卷　(清)李應泰修　(清)章綬纂　清光緒十六年(1890)刻本　二册

500000－8741－0002223　GJ2231(672.3/G021)
剡録十卷　(宋)高似孫著　清同治九年(1870)刻本　二册

500000－8741－0002224　GJ2232(672.31/Y762)
浙江全省輿圖並水陸道里記不分卷　(清)宗源瀚等編纂　清石印本　二十册

500000－8741－0002225　GJ2233(672.34/N334)
[雍正]寧波府志三十六卷首一卷　(清)曹秉仁等修　(清)萬經等纂　清雍正十一年(1733)刻乾隆六年(1741)色超補刻本　十六册

500000－8741－0002226　GJ2234(672.34/X432)
[乾隆]杭州府志一百十卷首六卷　(清)鄭澐修　(清)邵齊然等纂　清乾隆四十九年(1784)刻本　四十八册

500000－8741－0002227　GJ2235(672.35/G325)
[光緒]重修嘉善縣志三十六卷首一卷　(清)江峰青修　(清)顧福仁纂　清光緒二十年(1894)刻本　十六册

500000－8741－0002228　GJ2236(672.35/B137)
[光緒]平湖縣志二十五卷首一卷末一卷附殉難録一卷　(清)彭潤章等修　(清)葉廉鍔等纂　清光緒十二年(1886)刻本　十三册

500000－8741－0002229　GJ2237(672.35/G021)
剡録十卷　(宋)高似孫著　清同治九年(1870)刻本　二册

500000－8741－0002230　GJ2238(672.35/G230)
[光緒]歸安縣志五十二卷首一卷　(清)李昱修　(清)陸心源纂　清光緒八年(1882)刻本　十二册

500000－8741－0002231　GJ2239(672.35/G471)
[咸豐]鄞縣志三十二卷首一卷　(清)張銑修　(清)周道遵纂　清咸豐六年(1856)刻本　十六册

500000－8741－0002232　GJ2240(672.35/G471b)
[同治]鄞縣志七十五卷　(清)戴枚修　(清)張恕等纂　清同治十三年(1874)修光緒三年(1877)刻本　三十四册

500000－8741－0002233　GJ2241(672.35/G840)
[萬曆]錢塘縣志十紀不分卷　(明)聶心湯纂修　明萬曆三十七年(1609)修清光緒十九年(1893)武林丁氏刻本　六册

500000－8741－0002234　GJ2242(672.35/K010)
[光緒]慶元縣志十二卷首一卷　(清)林步瀛　(清)史恩緯修　(清)史恩緒等纂　清光緒三年(1877)刻本　十册

500000－8741－0002235　GJ2243(672.35/R226)
[嘉靖]仁和縣志十四卷　(明)沈朝宣纂修

明嘉靖二十八年(1549)修清光緒十九年(1893)武林丁氏刻武林掌故叢編本　六冊

500000－8741－0002236　GJ2244(672.35/S221)
[光緒]上虞縣志四十八卷首一卷末一卷　(清)唐煦春修　(清)朱士黻纂　清光緒十七年(1891)刻本　二十冊　存四十七卷(一至四十七)

500000－8741－0002237　GJ2245(672.35/S667)
宋元四明六志八種九十五卷　(清)徐時棟輯　清光緒五年(1879)刻本　四十冊

500000－8741－0002238　GJ2246(672.35/S922)
[光緒]常山縣志六十八卷首一卷末一卷　(清)李瑞鍾修　(清)朱昌泰等纂　清光緒十二年(1886)刻本　十二冊

500000－8741－0002239　GJ2247(672.35/T477)
光緒桐鄉縣志二十四卷首四卷　(清)嚴辰纂　**楊園淵源錄四卷**　(清)沈曰富輯　清光緒十三年(1887)蘇州陶漱藝齋刻本　二十四冊

500000－8741－0002240　GJ2248(672.35/X360)
海昌備志五十二卷附錄二卷　(清)錢泰吉等纂修　清道光二十七年(1847)刻本　十四冊

500000－8741－0002241　GJ2249(672.35/X422)
[光緒]黃巖縣志四十卷首一卷　(清)陳寶善　(清)孫憙修　(清)王棻纂　(清)鄭錫滜　(清)王詠霓續纂　清同治七年(1868)修光緒元年(1875)續修六年(1880)補刻本　十六冊

500000－8741－0002242　GJ2250(672.35/X426)
[光緒]黃巖縣志四十卷首一卷　(清)陳寶善　(清)孫憙修　(清)王棻纂　(清)鄭錫滜　(清)王詠霓續纂　清同治七年(1868)修光緒元年(1875)續修六年(1880)補刻本　十六冊

500000－8741－0002243　GJ2251(672.35/X537)
咸淳臨安志一百卷　(元)潛說友纂修　**校刊札記三卷**　(清)黃士珣撰　清道光十年(1830)錢唐汪氏振綺堂刻本　二十四冊　存六十四卷(一至六十四)

500000－8741－0002244　GJ2252(672.35/X537)
咸淳臨安志一百卷　(元)潛說友纂修　**校刊札記三卷**　(清)黃士珣撰　清道光十年(1830)錢唐汪氏振綺堂刻同治六年(1867)補刻本　二十四冊　存一百卷(一至九十七、札記三卷)

500000－8741－0002245　GJ2253(672.35/Y116)
[光緒]玉環廳志十六卷首一卷　(清)杜冠英　(清)胥壽榮修　(清)呂鴻燾纂　清光緒六年(1880)刻本　八冊

500000－8741－0002246　GJ2254(672.35/Y340)
[光緒]永嘉縣志三十八卷首一卷　(清)張寶琳修　(清)王棻　(清)孫詒讓纂　清光緒八年(1882)刻本　二十八冊

500000－8741－0002247　GJ2255(672.35/Y841)
[光緒]餘姚縣志二十七卷首一卷末一卷　(清)周炳麟修　(清)邵友濂　(清)孫德祖纂　清光緒二十五年(1899)刻本　十六冊

500000－8741－0002248　GJ2256(672.35/Z－071)
[光緒]諸暨縣志六十一卷首一卷　(清)陳遹聲修　(清)蔣鴻藻纂　清光緒三十四年(1908)修宣統二年(1910)刻本　十八冊

500000－8741－0002249　GJ2257(672.4/G310)
[光緒]江西通志一百八十卷首五卷　(清)劉坤一等修　(清)劉鐸等纂　清光緒七年(1881)刻本　一百二十冊

500000－8741－0002250　GJ2258(672.5/S134)
湖北郡邑鄉里圖不分卷　(清)石禮嘉輯　清乾隆二十九年(1764)刻本　一冊

500000－8741－0002251　GJ2259(672.5/U229)
[嘉慶]湖北通志一百卷首五卷　(清)吳熊光　(清)吳烜修　(清)陳詩　(清)張承寵纂　清嘉慶九年(1804)刻本　六十四冊

500000－8741－0002252　GJ2260(672.51/X311)
光緒湖北輿地記二十四卷　湖北輿圖局纂　清光緒二十年(1894)湖北輿地圖局刻本　二十四冊

500000－8741－0002253　GJ2261(672.54/Y670)
[同治]鄖陽志八卷首一卷　(清)吳葆儀修　(清)王嚴恭纂　清同治九年(1870)刻本　十二册

500000－8741－0002254　GJ2262(672.55/S076)
[同治]襄陽縣志七卷首一卷　(清)楊宗時修　(清)崔淦纂　(清)吳耀斗續修　(清)李士彬續纂　清同治十三年(1874)刻本　八册

500000－8741－0002255　GJ2263(672.6/S232)
恥言一卷荆園小語一卷荆園進語一卷　(明)徐禎稷著　清解梁書院刻本　一册

500000－8741－0002256　GJ2264(672.61/P431)
湖南全省輿圖説不分卷　(清)彭清環等編　清光緒二十三年(1897)刻本　二册

500000－8741－0002257　GJ2265(672.61/Z013)
江蘇全省輿圖不分卷　(清)鄧華熙修　(清)諸可寶纂　清光緒二十一年(1895)刻本　三册

500000－8741－0002258　GJ2266(672.65/C739－7)
[同治]長沙縣志三十六卷首一卷　(清)劉采邦等修　(清)張延珂　(清)袁繼翰纂　清同治十年(1871)刻本　二十册

500000－8741－0002259　GJ2267(672.7/C967)
[嘉慶]四川通志二百四卷首二十二卷　(清)常明等修　(清)楊芳燦等纂　清嘉慶二十一年(1816)刻本　一百十七册　存一百九十八卷(一至六十二、六十七至七十二、七十五至二百四)

500000－8741－0002260　GJ2268(672.7/C967－2)
[嘉慶]四川通志二百四卷首二十二卷　(清)常明等修　(清)楊芳燦等纂　清嘉慶二十一年(1816)刻本　一百六十册

500000－8741－0002261　GJ2269(672.7/T177)
蜀事答問不分卷　(清)天眉撰　清刻本　一册

500000－8741－0002262　GJ2270(672.7/X236)
峽江圖攷不分卷　(清)江國璋輯　清光緒二十年(1894)袖海山房書局石印本　二册

500000－8741－0002263　GJ2271(672.702/W120)
東華續錄一百卷(同治朝)　王先謙輯　清光緒二十四年(1898)文瀾書局石印本　二十四册

500000－8741－0002264　GJ2272(672.71/P433)
蜀故二十七卷　(清)彭遵泗纂　清光緒刻本　四册　存四卷(十一至十四)

500000－8741－0002265　GJ2273(672.71/Z－134)
蜀典十二卷　(清)張澍編輯　清光緒二年(1876)尊經書院刻本　四册

500000－8741－0002266　GJ2274(672.71/Z－134)
蜀典十二卷　(清)張澍編輯　清光緒二年(1876)尊經書院刻本　四册

500000－8741－0002267　GJ2275(672.71/Z－134)
蜀典十二卷　(清)張澍編輯　清光緒二年(1876)尊經書院刻本　四册

500000－8741－0002268　GJ2276(672.71/Z－134)
蜀典十二卷　(清)張澍編輯　清光緒二年(1876)尊經書院刻本　四册

500000－8741－0002269　GJ2277(672.71/Z－134)
蜀典十二卷　(清)張澍編輯　清光緒二年(1876)尊經書院刻本　四册

500000－8741－0002270　GJ2278(672.74/X224)
[道光]保寧府志六十二卷　(清)黎學錦　(清)徐雙桂修　(清)史觀等纂　清道光元年(1821)刻本　十六册

500000－8741－0002271　GJ2279(672.75/A372b)
[道光]安岳縣志十六卷首一卷　(清)濮瑗修　(清)周國頤纂　清道光十六年(1836)刻本　八册

500000－8741－0002272　GJ2280(672.75/A372c)
[光緒]續修安岳縣志四卷　(清)陳其寬修　(清)鄒宗垣等纂　清光緒二十三年(1897)刻本　四册

500000－8741－0002273　GJ2281(672.75/C140)
[光緒]重修長壽縣志十卷　(清)張永熙修

(清)周澤溥等纂　清光緒元年(1875)刻本　四冊

500000－8741－0002274　GJ2282(672.75/C547t)
[同治]重修成都縣志十六卷首一卷　(清)李玉宣等修　(清)衷興鑑等纂　清同治十二年(1873)刻本　十六冊

500000－8741－0002275　GJ2283(672.75/D276)
[道光]德陽縣新志十二卷首一卷末一卷　(清)裴顯忠修　(清)劉碩輔纂　清道光十七年(1837)刻本　六冊

500000－8741－0002276　GJ2284(672.75/D276)
[道光]德陽縣新志十二卷首一卷末一卷　(清)裴顯忠修　(清)劉碩輔纂　清道光十七年(1837)刻本　五冊

500000－8741－0002277　GJ2285(672.75/D276d)
[光緒]德陽縣志續編十卷首一卷末一卷　(清)鈕傳善修　(清)李炳靈　(清)楊藻纂　清光緒三十一年(1905)德陽縣宏道閣公書局刻本　三冊

500000－8741－0002278　GJ2286(672.75/F321－2)
[乾隆]富順縣志五卷首一卷　(清)段玉裁　(清)李芝纂修　清乾隆四十二年(1777)修光緒八年(1882)刻本　五冊

500000－8741－0002279　GJ2287(672.75/F588)
[光緒]奉節縣志三十六卷首一卷　(清)曾秀翹修　(清)楊德坤等纂　清光緒十九年(1893)刻本　八冊

500000－8741－0002280　GJ2288(672.75/G431)
[嘉慶]夾江縣志十二卷首一卷　(清)王佐纂修　清嘉慶十八年(1813)刻本　四冊

500000－8741－0002281　GJ2289(672.75/G511)
光緒井研志四十二卷首一卷　(清)葉桂年等修　(清)吳嘉謨　(清)龔煦春纂　清光緒二十六年(1900)刻本　十二冊

500000－8741－0002282　GJ2290(672.75/L134)
[光緒]雷波廳志三十六卷首一卷　(清)秦雲龍修　(清)萬科進纂　清光緒十九年(1893)刻本　六冊

500000－8741－0002283　GJ2291(672.75/L210a)
[道光]樂至縣志十六卷首一卷　(清)裴顯忠修　(清)劉碩輔纂　清道光二十年(1840)刻本　四冊

500000－8741－0002284　GJ2292(672.75/L210a)
[道光]樂至縣志十六卷首一卷　(清)裴顯忠修　(清)劉碩輔纂　清道光二十年(1840)刻本　四冊

500000－8741－0002285　GJ2293(672.75/L210b)
[光緒]續增樂至縣志四卷首一卷　(清)胡書雲修　(清)李星根等纂　清光緒九年(1883)刻本　三冊

500000－8741－0002286　GJ2294(672.75/L322)
[光緒]梁山縣志十卷首一卷　(清)朱言詩等纂修　清光緒二十年(1894)刻本　十二冊

500000－8741－0002287　GJ2295(672.75/L631)
[嘉慶]羅江縣志三十六卷　(清)李桂林等纂修　清嘉慶十二年(1807)修同治四年(1865)刻本　四冊

500000－8741－0002288　GJ2296(672.75/L631－1)
[同治]續修羅江縣志二十四卷　(清)馬傳業修　(清)劉正慧纂　清同治四年(1865)刻本　二冊

500000－8741－0002289　GJ2297(672.75/L750－2)
[咸豐]閬中縣志八卷　(清)徐繼鏞修　(清)李惺等纂　清咸豐元年(1851)刻本　四冊

500000－8741－0002290　GJ2298(672.75/L760)
[道光]隆昌縣志四十一卷首一卷　(清)張聘三修　(清)耿履端纂　清道光三年(1823)刻本　六冊

500000－8741－0002291　GJ2299(672.75/L810)
四川新設鑪霍屯志畧一卷附登開辦鑪霍屯務公牘一卷　(清)李之珂修　清光緒三十二年(1906)蓉城鉛印本　一冊

500000－8741－0002292　GJ2300(672.75/P421)

[光緒]重修彭縣志十三卷首一卷末一卷附補遺一卷 （清）張龍甲修 （清）呂調陽等纂 清光緒六年(1880)刻本 十冊

500000－8741－0002293 GJ2301(672.75/P430－2)
[光緒]蓬州志十五卷 （清）方旭修 （清）張禮杰等纂 清光緒二十三年(1897)刻本 三冊

500000－8741－0002294 GJ2302(672.75/P431)
[光緒]蒲江縣志五卷 （清）孫清士修 （清）解瓆 （清）徐元善纂 清光緒四年(1878)刻本 五冊

500000－8741－0002295 GJ2303(672.75/P432a)
[道光]蓬溪縣志十六卷首一卷 （清）吳章祁等修 （清）顧士英等纂 清道光二十五年(1845)刻本 八冊

500000－8741－0002296 GJ2304(672.75/P432b)
[光緒]蓬溪縣續志十四卷首一卷 （清）周學銘修 （清）熊祥謙等纂 清光緒二十五年(1899)刻本 四冊

500000－8741－0002297 GJ2305(672.75/P462)
[光緒]重修彭縣志十三卷首一卷末一卷附補遺一卷 （清）張龍甲修 （清）呂調陽等纂 清光緒六年(1880)刻本 八冊

500000－8741－0002298 GJ2306(672.75/R240)
[道光]仁壽縣新志八卷 （清）馬百齡 （清）魏崧修 （清）鄭宗垣纂 清道光十八年(1838)刻本 八冊

500000－8741－0002299 GJ2307(672.75/S110)
[道光]補輯石砫廳新志十二卷 （清）王槐齡纂輯 清道光二十三年(1843)刻本 一冊 存二卷(十至十一)

500000－8741－0002300 GJ2308(672.75/S200)
[嘉慶]什邡縣志五十四卷 （清）紀大奎修 （清）林時春等纂 清嘉慶十八年(1813)修民國鉛印本 二冊

500000－8741－0002301 GJ2309(672.75/S222)
[光緒]秀山縣志十四卷首一卷 （清）王壽松修 （清）李稽勳等纂 清光緒十七年(1891)刻本 四冊

500000－8741－0002302 GJ2310(672.75/S230b)
[光緒]雙流縣志二卷 （清）彭琬等修 （清）吳特仁增訂 清光緒二十年(1894)刻本 二冊

500000－8741－0002303 GJ2311(672.75/S234)
[光緒]射洪縣志十八卷首一卷 （清）黄允欽等修 （清）趙燮元等纂 清光緒十年(1884)刻本 十冊

500000－8741－0002304 GJ2312(672.75/S234)
[光緒]射洪縣志十八卷首一卷 （清）黄允欽等修 （清）趙燮元等纂 清光緒十年(1884)刻本 十冊

500000－8741－0002305 GJ2313(672.75/W122)
巫山縣鄉土志三卷 （清）周憲斌纂修 清光緒三十二年(1906)抄本 一冊

500000－8741－0002306 GJ2314(672.75/W220)
自流井風物名實說一卷 （清）吳鼎立撰 清同治刻本 一冊

500000－8741－0002307 GJ2315(672.75/W534)
[乾隆]威遠縣志八卷首一卷 （清）李南暉修 （清）張翼儒纂 清乾隆四十年(1775)修光緒三年(1877)刻本 八冊

500000－8741－0002308 GJ2316(672.75/W534)
[光緒]威遠縣志三編四卷 （清）吳增輝修 （清）吳容纂 清光緒三年(1877)刻本 四冊

500000－8741－0002309 GJ2317(672.75/W534－7)
[嘉慶]威遠縣志六卷 （清）陳汝秋修 清嘉慶十八年(1813)刻本 五冊 存五卷(二至六)

500000－8741－0002310 GJ2318(672.75/W534b)
[光緒]威遠縣志三編四卷 （清）吳增輝修 （清）吳容纂 清光緒三年(1877)刻本 四冊

500000－8741－0002311 GJ2319(672.75/W534b)
[光緒]威遠縣志三編四卷 （清）吳增輝修 （清）吳容纂 清光緒三年(1877)刻本 四冊

500000－8741－0002312　GJ2320(672.75/X332)
[嘉慶]漢州志四十卷首一卷末一卷　(清)劉長庚修　(清)侯肇元　(清)張懷泗纂　清嘉慶十七年(1812)修二十二年(1817)刻本　二十冊

500000－8741－0002313　GJ2321(672.75/X370)
[嘉慶]洪雅縣志二十五卷首一卷　(清)王好音修　(清)張柱纂　清嘉慶十八年(1813)刻本　十二冊

500000－8741－0002314　GJ2322(672.75/X822c)
[乾隆]合州志十六卷　(清)周澄　(清)王汝嘉等纂修　清乾隆五十三年(1788)刻本(卷二、十五有抄補)　六冊

500000－8741－0002315　GJ2323(672.75/Y422)
[光緒]越嶲廳全志十二卷　(清)馬忠良修　(清)馬湘等纂　孫鏘續修　清光緒三十二年(1906)鉛印本　六冊

500000－8741－0002316　GJ2324(672.75/Z430)
[咸豐]重修梓潼縣志六卷　(清)張香海修　(清)楊曦等纂　清咸豐八年(1858)刻本　六冊

500000－8741－0002317　GJ2325(673.1/W102)
閩都記三十三卷　(明)王應山撰　清道光十一年(1831)刻本　六冊

500000－8741－0002318　GJ2326(673.1207/W342)
[乾隆]興化府莆田縣志三十六卷首一卷　(清)汪大經等修　(清)廖必琦　(清)林黌纂　清乾隆二十三年(1758)修清刻本　二十冊

500000－8741－0002319　GJ2327(673.15/L324)
[康熙]寧化縣志七卷　(清)祝文郁修　(清)李世熊纂　清康熙二十三年(1684)修同治八年(1869)刻本　八冊

500000－8741－0002320　GJ2328(673.15/L324)
[康熙]寧化縣志七卷　(清)祝文郁修　(清)李世熊纂　清康熙二十三年(1684)修同治八年(1869)刻本　八冊

500000－8741－0002321　GJ2329(673.15/X236)
[乾隆]僊遊縣志五十三卷首一卷　(清)胡啟植　(清)王椿修　(清)葉和侃等纂　清乾隆三十五年(1770)修同治十二年(1873)刻本　十六冊

500000－8741－0002322　GJ2330(673.15/X777)
[道光]厦門志十六卷　(清)周凱等纂修　清道光十二年(1832)修十九年(1839)刻本　十二冊

500000－8741－0002323　GJ2331(673.2/X220)
臺灣小志一卷　(清)虚白主人著　清光緒十年(1884)管可壽齋刻本　一冊

500000－8741－0002324　GJ2332(673.24/T232)
[乾隆]重修臺灣府志二十五卷首一卷　(清)六十七　(清)范咸纂輯　清乾隆十二年(1747)刻本　十六冊

500000－8741－0002325　GJ2333(673.31/G050)
廣東圖二十一卷　(清)□□繪　清同治五年(1866)刻本　三冊

500000－8741－0002326　GJ2334(673.34/T744)
[道光]肇慶府志二十二卷首一卷　(清)屠英等修　(清)江藩等纂　清道光十三年(1833)修光緒二年(1876)刻本　二十二冊

500000－8741－0002327　GJ2335(673.4/Z－245)
廣西輿圖並郡邑道里圖不分卷　(清)朱椿纂修　清乾隆刻本　一冊

500000－8741－0002328　GJ2336(673.45/L744－2)
[光緒]臨桂縣志三十二卷首一卷　(清)吳征鼇修　(清)黃泌　(清)曹馴纂　清光緒三十一年(1905)刻本　十六冊

500000－8741－0002329　GJ2337(673.5/S288)
滇繫不分卷　(清)師範纂修　清光緒十三年(1887)雲南通志局刻本　四十冊

500000－8741－0002330　GJ2338(673.51/Q832)
全滇紀要不分卷　(清)雲南課吏館編輯　清光緒三十一年(1905)鉛印本　十冊

500000－8741－0002331　GJ2339(673.55/Z840)

[光緒]鎮雄州志六卷　（清）吳光漢修　（清）宋成基纂　清光緒十三年（1887）刻本　八册

500000－8741－0002332　GJ2340（673.6/I233）
黔南識略三十二卷　（清）愛必達撰　清光緒三十二年（1906）刻本　四册

500000－8741－0002333　GJ2341（673.6/O－615）
[乾隆]貴州通志四十六卷首一卷　（清）鄂爾泰　（清）張廣泗修　（清）靖道謨　（清）杜詮纂　清乾隆六年（1741）刻本　二十一册　存四十五卷（三至四十六、首一卷）

500000－8741－0002334　GJ2342（673.6/X234）
黔志四種十八卷　（清）熊湛英編　清光緒十五年（1889）鴻林堂刻本　八册

500000－8741－0002335　GJ2343（673.64/Z－380）
[道光]遵義府志四十八卷首一卷　（清）平翰等修　（清）鄭珍　（清）莫友芝纂　清道光二十一年（1841）刻本　二十册

500000－8741－0002336　GJ2344（673.64/Z－380）
[道光]遵義府志四十八卷首一卷　（清）平翰等修　（清）鄭珍　（清）莫友芝纂　清道光二十一年（1841）刻本　二十册

500000－8741－0002337　GJ2345（673.64/Z－380）
[道光]遵義府志四十八卷首一卷　（清）平翰等修　（清）鄭珍　（清）莫友芝纂　清道光二十一年（1841）刻本　楊茂椿跋　二十册

500000－8741－0002338　GJ2346（673.65/T143）
[康熙]天柱縣志二卷　（清）王復宗輯　清康熙刻本　四册

500000－8741－0002339　GJ2347（674/U219）
東三省沿革表六卷　吳廷燮著　清宣統元年（1909）退畊堂刻本　六册

500000－8741－0002340　GJ2348（674.1/A744）
滿洲源流考二十卷首一卷　（清）阿桂等撰　清綠欄抄本　十六册

500000－8741－0002341　GJ2349（674.14/S500）
[乾隆]盛京通志四十八卷　（清）呂耀曾等輯　（清）魏樞等纂修　清乾隆刻本　三十二册

500000－8741－0002342　GJ2350（674.2/G444）
吉林外紀十卷　（清）薩英額編輯　清光緒二十六年（1900）廣雅書局刻本　二册

500000－8741－0002343　GJ2351（674.3/J214）
黑龍江察邊攷一卷　（清）曹廷杰撰　清抄本　一册

500000－8741－0002344　GJ2352（674.3/X603）
黑龍江外紀八卷　（清）西清撰　清光緒二十年（1894）刻本　二册

500000－8741－0002345　GJ2353（674.3/X603）
黑龍江外紀八卷　（清）西清撰　清光緒二十六年（1900）刻本　二册

500000－8741－0002346　GJ2354（675.11/Z－126）
蒙古遊牧記十六卷　（清）張穆撰　清同治六年（1867）刻本　四册

500000－8741－0002347　GJ2355（675.3/X223）
朔方備乘六十八卷首十二卷　（清）何秋濤纂輯　清咸豐十年（1860）石印本　八册

500000－8741－0002348　GJ2356（675.61/S234）
[光緒]綏遠志十卷首一卷　貽穀修　高賡恩纂　清光緒三十四年（1908）刻本　六册

500000－8741－0002349　GJ2357（676.1/C461）
新疆輿圖風土攷五卷　（清）椿園纂　清光緒八年（1882）石印本　二册

500000－8741－0002350　GJ2359（676.15/S488）
西陲總統事畧十二卷附綏服紀畧圖詩一卷　（清）松筠纂　西陲竹枝詞一卷　（清）祁韻士纂　清嘉慶十四年（1809）刻本　八册

500000－8741－0002351　GJ2360（676.61/S523）
衛藏圖識五卷　（清）馬揭　（清）盛繩祖纂修　清乾隆五十七年（1792）刻本　八册

500000－8741－0002352　GJ2361（676.61/X214）
衛藏通志十六卷首一卷　（清）和琳撰　校字記一卷　（清）袁昶撰　清光緒二十二年（1896）刻漸西村舍彙刻本　八册

500000－8741－0002353　GJ2362(676.61/X214)
衛藏通志十六卷首一卷　(清)和琳撰　**校字記一卷**　(清)袁昶撰　清光緒二十二年(1896)刻漸西村舍彙刻本　八冊

500000－8741－0002354　GJ2363(676.61/X214)
衛藏通志十六卷首一卷　(清)和琳撰　清抄本　二十冊

500000－8741－0002355　GJ2364(676.61/X434)
[光緒]西藏圖考八卷首一卷　(清)黃沛翹輯　清光緒二十三年(1897)刻本　六冊

500000－8741－0002356　GJ2365(676.61/X434)
[光緒]西藏圖考八卷首一卷　(清)黃沛翹輯　清光緒二十三年(1897)刻本　六冊

500000－8741－0002357　GJ2366(681.1/I450)
增補都門紀略不分卷　(清)楊靜亭編　**國朝鼎甲錄一卷**　(清)陳鐘輯　**南部群英二卷**　(清)小遊客仙編　清光緒五年(1879)刻本　八冊

500000－8741－0002358　GJ2367(681.1/L454)
朝市叢載七卷附鞠臺集秀錄一卷　(清)李虹若編　清光緒十四年(1888)刻本　八冊

500000－8741－0002359　GJ2368(681.1/L454)
朝市叢載七卷附鞠臺集秀錄一卷　(清)李虹若編　清光緒刻本　王儀軒題記　八冊

500000－8741－0002360　GJ2369(681.1/S113)
古香齋鑒賞袖珍春明夢餘錄七十卷　(清)孫承澤撰　清乾隆內府刻本　二十四冊

500000－8741－0002361　GJ2370(681.1/S260)
唐兩京城坊攷五卷　(清)徐松撰　清道光二十八年(1848)靈石楊氏刻本　二冊

500000－8741－0002362　GJ2371(681.1/Z－182)
天咫偶聞十卷　震鈞撰　清光緒三十三年(1907)甘棠轉舍刻本　八冊

500000－8741－0002363　GJ2372(681.1/Z228)
日下舊聞四十二卷　(清)朱彝尊輯　(清)朱昆田補遺　清康熙二十七年(1688)朱氏六峰閣刻本　十六冊

500000－8741－0002364　GJ2373(681.1/Z228b)
欽定日下舊聞考一百六十卷附譯語總目　(清)朱彝尊輯　(清)于敏中等總裁　(清)竇光鼐等纂　清乾隆武英殿刻本　三十六冊

500000－8741－0002365　GJ2374(681.2/S435)
滇緬劃界圖說一卷　(清)薛福成撰　清光緒二十八年(1902)無錫傳經樓石印本　一冊

500000－8741－0002366　GJ2375(681.2/Z171)
歷代定域史綱四卷　(清)張印西著　清光緒二十九年(1903)藜碧軒石印本　一冊

500000－8741－0002367　GJ2376(681.27/X036)
光緒勘定西北邊界俄文譯漢圖例言一卷　(清)許景澄編　清光緒二十二年(1896)刻本　一冊

500000－8741－0002368　GJ2377(681.27/X063)
西北邊界圖地名譯漢攷證二卷　(清)許景澄編　清光緒二十二年(1896)刻本　一冊

500000－8741－0002369　GJ2378(681.27/X036)
光緒勘定西北邊界俄文譯漢圖例言一卷　(清)許景澄編　清光緒二十二年(1896)刻本　一冊

500000－8741－0002370　GJ2379(681.27/X063)
西北邊界圖地名譯漢攷證二卷　(清)許景澄編　清光緒二十二年(1896)刻本　二冊

500000－8741－0002371　GJ2380(681.5/I649)
三省邊防備覽十四卷　(清)嚴如熤撰　清光緒八年(1882)刻本　六冊

500000－8741－0002372　GJ2381(681.5/I649)
苗防備覽二十二卷　(清)嚴如熤撰　清道光二十三年(1843)刻本　六冊

500000－8741－0002373　GJ2382(681.5/I649)
洋防輯要二十四卷　(清)嚴如熤撰　清道光刻本　十二冊

500000－8741－0002374　GJ2383(681.5/L410)
西陲事略三卷　(清)李雲麟著　清光緒抄本　一冊

500000－8741－0002375　GJ2384(681.57/S407)

防海紀略二卷 (清)芍唐居士編 清光緒六年(1880)刻本 二冊

500000－8741－0002376 GJ2385(681.57/Z－744)
中國江海險要圖志二十二卷首一卷補編五卷附圖五卷 (清)陳壽彭編譯 清光緒二十七年(1901)經世文社石印本 十五冊

500000－8741－0002377 GJ2386(681.57/Z－744)
中國江海險要圖志二十二卷首一卷補編五卷附圖五卷 (清)陳壽彭編譯 清光緒二十七年(1901)經世文社石印本 十五冊

500000－8741－0002378 GJ2387(682/C014)
水道提綱二十八卷 (清)齊召南編錄 清光緒二十四年(1898)新化三味書室刻本 八冊

500000－8741－0002379 GJ2388(682/C735)
經鋤唐經說不分卷 (清)陳澧撰 清刻本 一冊

500000－8741－0002380 GJ2389(682/L131)
水經注箋四十卷 (漢)桑欽撰 (北魏)酈道元注 (明)李長庚訂 (明)朱謀㙔箋 明萬曆四十三年(1615)李長庚刻本 十二冊

500000－8741－0002381 GJ2390(682/L131－1)
合校水經注四十卷首一卷附錄二卷 (北魏)酈道元撰 清光緒十八年(1892)刻本 十六冊

500000－8741－0002382 GJ2391(682/L131－3)
水經注不分卷 (北魏)酈道元注 (清)戴震校 清乾隆刻本 八冊

500000－8741－0002383 GJ2392(682/L131－4)
水經注釋四十卷首一卷附錄二卷刊誤十二卷 (清)趙一清錄 清光緒六年(1880)會稽章氏刻本 二十冊

500000－8741－0002384 GJ2393(682/L131－4b)
水經注釋四十卷首一卷附錄二卷刊誤十二卷 (清)趙一清錄 清光緒六年(1880)蛟川花雨樓張氏刻本 四十冊

500000－8741－0002385 GJ2394(682/L131－4b)
水經注釋四十卷首一卷附錄二卷刊誤十二卷 (清)趙一清錄 清光緒六年(1880)蛟川花雨樓張氏刻本 二十冊

500000－8741－0002386 GJ2395(682/L131－5)
水經四十卷 (漢)桑欽撰 (北魏)酈道元注 清康熙五十三年至五十四年(1714－1715)項絪群玉書堂刻本 佚名錄清何焯等批校 七冊

500000－8741－0002387 GJ2396(682/L131－6)
水經注四十卷附補遺一卷附錄二卷 (北魏)酈道元注 清光緒十四年(1888)刻本 十六冊

500000－8741－0002388 GJ2397(682/L131c)
水經注西南諸水攷三卷弧三角平視法一卷摹印述一卷 (清)陳澧撰 清道光二十七年(1847)刻本 一冊

500000－8741－0002389 GJ2398(682/L131k)
水經釋地八卷 (清)孔繼涵撰 清光緒六年(1880)會稽章氏刻本 二冊

500000－8741－0002390 GJ2399(682/L131w)
水經注圖一卷附錄一卷 (清)汪士鐸撰 清咸豐十一年(1861)刻本 一冊

500000－8741－0002391 GJ2400(682/L131w)
水經注圖一卷附錄一卷 (清)汪士鐸撰 清咸豐十一年(1861)刻本 一冊

500000－8741－0002392 GJ2401(682/L131y)
水經注疏要刪四十卷補遺四十卷 楊守敬撰 清光緒三十一年至宣統元年(1905－1909)觀海堂刻本 六冊 存四十卷(水經注疏要刪四十卷)

500000－8741－0002393 GJ2402(682/L131y)
水經注疏要刪四十卷補遺四十卷 楊守敬撰 清光緒三十一年至宣統元年(1905－1909)觀海堂刻本 十二冊

500000－8741－0002394 GJ2403(682/N348)
水經注圖一卷附錄一卷 (清)汪士鐸撰 清咸豐十一年(1861)刻本 一冊

500000－8741－0002395 GJ2404(682/S187)

水經二卷　(漢)桑欽撰　清刻本　一冊

500000－8741－0002396　GJ2405(682/X379)
漢志水道疏證四卷　(清)洪頤煊撰　清光緒十四年(1888)心鉅齋刻本　二冊

500000－8741－0002397　GJ2406(682.21/L703)
揚州水道紀四卷　(清)劉文洪撰　清同治十一年(1872)淮南書局刻本　二冊

500000－8741－0002398　GJ2407(682.21/M423)
莫愁湖志六卷首一卷　(清)馬士圖等輯　清光緒八年(1882)刻本　二冊

500000－8741－0002399　GJ2408(682.21/M423)
莫愁湖志六卷首一卷　(清)馬士圖等輯　清光緒八年(1882)刻本　二冊

500000－8741－0002400　GJ2409(682.21/M423)
莫愁湖志六卷首一卷　(清)馬士圖等輯　清光緒八年(1882)刻本　二冊

500000－8741－0002401　GJ2410(682.22/X237)
金陵後湖志不分卷　(清)王作棫纂　(清)錢福臻輯　清宣統二年(1910)鉛印本　一冊

500000－8741－0002402　GJ2411(682.23/S137)
西湖志四十八卷　(清)李衛修　(清)傅王露等纂　清雍正兩浙鹽驛道庫刻本　二十冊

500000－8741－0002403　GJ2412(682.23/S137)
西湖志四十八卷　(清)李衛修　(清)傅王露等纂　清雍正兩浙鹽驛道庫刻本　二十冊

500000－8741－0002404　GJ2413(682.23/S137t)
西湖遊覽志二十四卷志餘二十六卷　(明)田汝成撰　清光緒二十二年(1896)刻本　十二冊

500000－8741－0002405　GJ2414(682.23/S137z)
湖山便覽十二卷　(清)翟灝等輯　清光緒元年(1875)槐蔭堂王氏刻本　六冊

500000－8741－0002406　GJ2415(682.23/W172)
浙西水利備考不分卷　(清)王鳳生纂　清光緒四年(1878)浙江書局刻本　四冊

500000－8741－0002407　GJ2416(682.24/Z434)
江西水道考五卷　(清)蔣湘南撰　清資益館鉛印本　二冊

500000－8741－0002408　GJ2417(682.25/T635)
西湖游覽志八卷志餘十八卷　(明)田汝成輯　(清)姚靖增刪　清康熙二十八年(1689)姚氏三鑒堂刻本　清陳向榮識　程質清記　八冊　存十八卷(志餘十八卷)

500000－8741－0002409　GJ2418(682.27/C710)
蜀水攷四卷　(清)陳登龍述　清道光五年(1825)刻本　四冊

500000－8741－0002410　GJ2419(682.27/C710－2)
蜀水攷四卷附補注分疏　(清)陳登龍述　清光緒五年(1879)楊氏清泉精舍刻本　二冊

500000－8741－0002411　GJ2420(682.27/C710－2)
蜀水攷四卷附補注分疏　(清)陳登龍述　清光緒五年(1879)楊氏清泉精舍刻本　二冊

500000－8741－0002412　GJ2421(682.27/C710－2)
蜀水攷四卷附補注分疏　(清)陳登龍述　清光緒五年(1879)楊氏清泉精舍刻本　二冊

500000－8741－0002413　GJ2422(682.81/M720)
長江圖說十二卷首一卷　(清)馬徵麟撰　清同治十年(1871)湖北崇文書局刻本　五冊

500000－8741－0002414　GJ2423(682.82/G453)
治河方畧十卷首一卷　(清)靳輔著　清嘉慶四年(1799)刻本　十二冊

500000－8741－0002415　GJ2424(682.88/T437)
太湖備考十六卷首一卷　(清)金友理纂　**湖程紀略一卷**　(清)吳曾纂　**續編四卷**　(清)鄭言紹輯　清光緒二十九年(1903)刻本　十二冊

500000－8741－0002416　GJ2425(682.88/T437)
太湖備考十六卷首一卷　(清)金友理纂　**湖程紀略一卷**　(清)吳曾纂　**續編四卷**　(清)鄭言紹輯　清光緒二十九年(1903)刻本　十二冊

500000－8741－0002417　GJ2426(682.88/T437－2)
太湖備考十六卷首一卷　(清)金友理纂　清

乾隆十五年(1750)刻本　十六冊

500000－8741－0002418　GJ2427(682.9/L134)
敕修兩浙海塘通志二十卷首一卷　(清)喀爾吉善等總裁　(清)查祥等修　清乾隆十四年至十五年(1749－1750)刻本　十冊

500000－8741－0002419　GJ2428(683/U224)
天下名山記鈔十六卷名山圖一卷　(清)吳秋士輯　清康熙三十四年(1695)賨翰樓刻本　四冊

500000－8741－0002420　GJ2429(683/W153)
蓮峰志五卷　(清)王夫之撰　清同治四年(1865)曾氏刻本　一冊

500000－8741－0002421　GJ2430(683.13/S222)
嵩山志二十卷首一卷　(清)葉封等輯　清康熙十五年(1676)刻本　五冊

500000－8741－0002422　GJ2431(683.13/S222g)
說嵩三十二卷　(清)景日昣撰　清康熙嶽生堂刻本　十冊

500000－8741－0002423　GJ2432(683.14/X422)
華嶽志八卷首一卷　(清)李榕纂輯　清道光十一年(1831)刻本　四冊

500000－8741－0002424　GJ2433(683.21/G222)
焦山志二十六卷首一卷　(清)吳雲輯　清同治四年(1865)刻本　八冊

500000－8741－0002425　GJ2434(683.21/G822)
金山志十卷續二卷　(清)盧見曾輯　(清)釋秋崖續纂　清光緒二十六年(1900)刻本　六冊

500000－8741－0002426　GJ2435(683.22/J442)
九華山志十卷首一卷　(清)周贇纂　清光緒二十六年(1900)刻本　八冊

500000－8741－0002427　GJ2437(683.31/D411)
武夷山志二十四卷首一卷　(清)董天工編　清道光二十六年(1846)刻本　十冊

500000－8741－0002428　GJ2438(683.35/G262)
雞足山志十卷首一卷　(清)范承勳纂修　清同興書局石印本　四冊

500000－8741－0002429　GJ2439(683.35/L022z)
廬山新樂府二卷　(清)張師右撰　清咸豐四年(1854)刻本　二冊

500000－8741－0002430　GJ2440(684/Z130)
泛槎圖一卷續泛槎圖一卷續泛槎圖三集一卷艤槎圖四集一卷灕江汎棹圖五集一卷續泛槎圖六集一卷　(清)張寶撰　清光緒六年(1880)上海點石齋石印本　四冊

500000－8741－0002431　GJ2441(684.011/L722)
帝京景物畧八卷　(明)劉侗　(明)于奕正撰　明崇禎刻本　八冊

500000－8741－0002432　GJ2442(684.011/L722－2)
帝京景物畧八卷　(明)劉侗　(明)于奕正撰　明崇禎刻本　八冊

500000－8741－0002433　GJ2443(684.021/C703)
秣陵集六卷　(清)陳文述撰　清道光三年(1823)刻本　四冊

500000－8741－0002434　GJ2444(684.021/C703－2)
秣陵集六卷附金陵歷代紀年事表一卷圖考一卷　(清)陳文述撰　清光緒十年(1884)淮南書局刻本　三冊

500000－8741－0002435　GJ2445(684.021/Z107)
六朝事蹟編類十四卷　(宋)張敦頤撰　清光緒十三年(1887)刻本　四冊

500000－8741－0002436　GJ2446(684.027/Z572)
蜀中名勝記三十卷　(明)曹學佺著　清道光元年(1821)四川官印刷局刻本　十冊

500000－8741－0002437　GJ2447(684.027/Z572)
蜀中名勝記三十卷　(明)曹學佺著　清道光元年(1821)四川官印刷局刻本　六冊

500000－8741－0002438　GJ2448(684.027/Z816)
蜀景彙考十九卷　(清)鍾登甲輯　清光緒十一年(1885)樂道齋刻本　四冊

500000－8741－0002439　GJ2449(684.1/I423)
洛陽伽藍記五卷附集證一卷　(北魏)楊衒之撰　清光緒二十九年(1903)說劍齋刻本　一冊

500000－8741－0002440　GJ2450(684.1/S102)
南朝佛寺志二卷　(清)孫文川著　陳作霖編纂　清刻本　二册

500000－8741－0002441　GJ2451(684.1/Z101)
湯陰精忠廟志十卷　(明)張應登撰　清乾隆刻本　六册

500000－8741－0002442　GJ2452(684.1/Z101f)
岳廟志略十卷首一卷　(清)馮培撰　清嘉慶八年(1803)刻本　四册

500000－8741－0002443　GJ2453(684.2/C303)
御製圓明園圖詠二卷　(清)高宗弘曆撰　(清)鄂爾泰等注　清光緒十三年(1887)天津石印書屋石印本　二册

500000－8741－0002444　GJ2454(684.2/C303)
御製圓明園圖詠二卷　(清)高宗弘曆撰　(清)鄂爾泰等注　清光緒十三年(1887)天津石印書屋石印本　二册

500000－8741－0002445　GJ2455(684.4/B129)
平山堂小志十二卷　(清)程夢星編　清乾隆十六年(1751)江都汪氏刻本　五册

500000－8741－0002446　GJ2456(684.7/L427)
唐昭陵石蹟考畧五卷　(清)林侗輯　清嘉慶二十一年(1816)刻本　一册　存二卷(一至二)

500000－8741－0002447　GJ2457(684.823/R710)
曹江孝女廟志八卷首一卷末一卷　(清)金廷棟編輯　清光緒八年(1882)刻本　二册

500000－8741－0002448　GJ2458(684.823/R710－2)
曹江孝女廟志八卷首一卷末一卷　(清)金廷棟編輯　清同治七年(1868)刻本　二册

500000－8741－0002449　GJ2459(685.036/T610)
黔書二卷　(清)田雯編　清咸豐十年(1860)刻本　二册

500000－8741－0002450　GJ2460(685.036/T610)
黔書二卷　(清)田雯編　清咸豐十年(1860)刻本　二册

500000－8741－0002451　GJ2461(685.036/T610)
黔書二卷　(清)田雯編　清嘉慶刻本　二册

500000－8741－0002452　GJ2462(685.036/T610－2)
黔書二卷　(清)田雯編　清嘉慶刻本　二册

500000－8741－0002453　GJ2463(689.11/Z140)
津門雜記三卷　(清)張燾撰　清光緒十年(1884)刻本　三册

500000－8741－0002454　GJ2464(689.13/Z－218)
豫乘識小錄二卷　(清)朱雲錦撰　清同治十二年(1873)文耀齋刻本　二册

500000－8741－0002455　GJ2465(689.21/C721)
金陵瑣志五種續志二種十一卷　陳作霖編　清光緒二十六年(1900)刻本　五册

500000－8741－0002456　GJ2466(689.21/G477)
白下瑣言十卷　(清)甘熙撰　清光緒十六年(1890)刻本　四册

500000－8741－0002457　GJ2467(689.21/L434)
揚州畫舫錄十八卷　(清)李斗撰　清同治十一年(1872)刻本　四册

500000－8741－0002458　GJ2468(689.21/L434)
揚州畫舫錄十八卷　(清)李斗撰　清同治十一年(1872)刻本　六册

500000－8741－0002459　GJ2469(689.23/L444)
分湖小識六卷　(清)柳樹芳輯錄　清道光二十七年(1847)刻本　二册

500000－8741－0002460　GJ2470(689.23/S171)
永嘉聞見錄二卷　(清)孫同元撰　清光緒十四年(1888)刻本　二册

500000－8741－0002461　GJ2471(689.23/S311)
東畬雜記一卷附幽湖百詠一卷　(清)沈廷瑞撰　清光緒十三年(1887)刻本　一册

500000－8741－0002462　GJ2472(689.23/X238)
臺灣雜詠合刻不分卷　(清)王凱泰撰　清光緒七年(1881)刻本　一册

500000－8741－0002463　GJ2473(689.23/Z－124)
梅簃隨筆四卷　(清)張作楠撰　清嘉慶二十三年(1818)刻本　二册

500000－8741－0002464　GJ2474(689.27/F228)
成都通覽不分卷　(清)傅崇矩編　清宣統元年(1909)成都通俗報社石印本　八册

500000－8741－0002465　GJ2475(689.27/W144)
聽雨樓隨筆六卷　(清)王培荀輯　清道光二十五年(1845)刻本　六册

500000－8741－0002466　GJ2476(689.32/Y499)
東槎紀畧五卷　(清)姚瑩撰　清道光十二年(1832)刻本　四册

500000－8741－0002467　GJ2477(689.33/F021)
南海百咏一卷續編四卷　(宋)方信孺撰　清光緒八年(1882)學海堂刻本　三册

500000－8741－0002468　GJ2478(689.33/F021)
南海百咏一卷續編四卷　(宋)方信孺撰　清光緒八年(1882)學海堂刻本　三册

500000－8741－0002469　GJ2479(689.61/C441)
西域聞見錄八卷首一卷　(清)七十一撰　清乾隆四十二年(1777)刻本　四册

500000－8741－0002470　GJ2480(689.61/C441)
西域聞見錄八卷首一卷　(清)七十一撰　清乾隆四十二年(1777)刻本　四册

500000－8741－0002471　GJ2481(689.61/C441－2)
西域記八卷　(清)七十一著　清光緒七年(1881)刻本　二册

500000－8741－0002472　GJ2482(689.61/P163)
河海昆侖錄四卷　裴景福撰　清光緒三十二年(1906)鉛印本　四册

500000－8741－0002473　GJ2483(689.61/S248)
新疆賦一卷　(清)徐松撰　清刻本　一册

500000－8741－0002474　GJ2484(689.63/U254)
黔語二卷　(清)吳振棫纂　清咸豐四年(1854)刻本　一册

500000－8741－0002475　GJ2485(690/L000)
鴻雪因緣圖記三集六卷　(清)麟慶撰　清光緒二十二年(1896)上海點石齋石印本　一册　存一卷(六)

500000－8741－0002476　GJ2486(690/L000)
凝香室鴻雪因緣圖記三集不分卷　(清)麟慶撰　清道光二十九年(1849)江寧柏簡齋刻本　六册

500000－8741－0002477　GJ2487(691.7/F421)
春秋體注大全合參四卷　(清)周熾纂輯　(清)周魯校　清康熙五十年(1711)宏道堂刻本　四册

500000－8741－0002478　GJ2488(692.7/T734)
蜀輶日記四卷(嘉慶十五年五月十五日至十一月二十二日)　(清)陶澍撰　清光緒七年(1881)江州官舍刻本　二册

500000－8741－0002479　GJ2489(692.7/T734)
蜀輶日記四卷(嘉慶十五年五月十五日至十一月二十二日)　(清)陶澍撰　清光緒七年(1881)江州官舍刻本　二册

500000－8741－0002480　GJ2490(693.5/W134)
鴻泥日錄八卷　(清)王定柱著　清道光七年(1827)刻本　二册

500000－8741－0002481　GJ2491(710/L334)
西政叢書三十二種一百十卷　梁啓超編　清光緒二十三年(1897)慎記書莊石印本　三十二册

500000－8741－0002482　GJ2492(710/Z－133)
萬國新史大事考十八卷　(清)張之洞鑒定　清光緒二十七年(1901)上海漢讀樓鉛印本　十六册

500000－8741－0002483　GJ2493(711/L428)
四裔編年表四卷　(美國)林樂知　嚴良勳譯　(清)李鳳苞彙編　清刻本　四册

500000－8741－0002484　GJ2494(711/L428)
四裔編年表四卷　(美國)林樂知　嚴良勳譯　(清)李鳳苞彙編　清刻本　四册

500000－8741－0002485　GJ2495(711/L460)
萬國通史續編十卷　(英國)李思倫白約翰輯譯　(清)曹曾涵纂述　清光緒三十年(1904)上海廣學會鉛印本　十册

500000－8741－0002486　GJ2496(714/P162)
十九世紀外交史十七章　(日本)平田久著　張相譯　清光緒二十八年(1902)杭州史學齋刻本　四冊

500000－8741－0002487　GJ2497(716/C734)
中外地輿圖説集成一百三十卷首三卷附皇輿全圖一卷　(清)同康廬主人輯　清光緒二十年(1894)上海順成書局石印本　二十四冊

500000－8741－0002488　GJ2498(716/C744)
海國輿地釋名十卷首一卷　(清)陳士芑編　清光緒二十八年(1902)連道清芬堂刻本　八冊

500000－8741－0002489　GJ2499(716/G021)
五洲圖考不分卷　(清)龔柴　(清)許彬撰　清光緒二十八年(1902)上海徐家匯印書館鉛印本　四冊

500000－8741－0002490　GJ2500(716/S228－2)
瀛環志略十卷　(清)徐繼畬撰　清光緒二十三年(1897)廣東書局石印本　四冊

500000－8741－0002491　GJ2501(716/S228－2)
瀛環志略續集四卷末一卷總目一卷　(清)陳俠君校訂　清光緒二十三年(1897)新學會堂石印本　五冊

500000－8741－0002492　GJ2502(716/S228)
瀛環志略十卷續集四卷末一卷補遺一卷　(清)徐繼畬撰　清光緒二十四年(1898)老掃葉山房石印本　八冊

500000－8741－0002493　GJ2503(716/W183)
小方壺齋輿地叢鈔十二帙一千二百種補編十二帙五十五種五十五卷再補編十二帙一百八十種一百八十卷　王錫祺輯　清光緒十七年至二十三年(1891－1897)上海著易堂鉛印本(再補編原缺第五帙)　八十四冊

500000－8741－0002494　GJ2504(716/W231)
海國圖志六十卷　(清)魏源撰　清道光二十七年(1847)古微堂刻本　二十冊

500000－8741－0002495　GJ2505(716/W231－2)
海國圖志一百卷　(清)魏源撰　清光緒十三年(1887)巴蜀善成堂刻本　二十四冊

500000－8741－0002496　GJ2506(716/W231－3)
海國圖志一百卷　(清)魏源撰　清光緒元年(1875)刻本　三十六冊

500000－8741－0002497　GJ2507(730.08/M414)
茂雪草堂叢書五種十卷　(清)王昶等撰　清抄本　四冊

500000－8741－0002498　GJ2508(730.1/G748)
大日本中興先覺志二卷　(日本)岡本監輔撰　清光緒二十七年(1901)開導社刻本　四冊

500000－8741－0002499　GJ2509(731/X433)
日本國志四十卷首一卷　(清)黄遵憲編纂　清光緒二十四年(1898)浙江書局刻本　十冊

500000－8741－0002500　GJ2510(731.1/L748)
日本歷史二卷　(日本)荻野由之著　(清)劉大猷譯　清光緒二十七年(1901)教育世界社石印本　四冊

500000－8741－0002501　GJ2511(731.1/S142)
日本新史攬要七卷圖一卷　(日本)石村貞一編輯　(清)游瀛主人譯　清光緒二十七年(1901)時學廬石印本　七冊

500000－8741－0002502　GJ2512(731.21/T434)
古事記三卷　(日本)安萬侶撰　清康熙二十六年(1687)刻本　三冊

500000－8741－0002503　GJ2513(732.16/L433)
朝鮮地理小志不分卷　(朝鮮)李清江原稿　(清)江景桂譯纂　清光緒十一年(1885)同文館聚珍版鉛印本　一冊

500000－8741－0002504　GJ2514(732.6/C794)
琉球國志略十六卷首一卷　(清)周煌輯　清光緒十九年(1893)補刻本　六冊

500000－8741－0002505　GJ2515(732.6/C794－2)
琉球國志略十六卷首一卷　(清)周煌輯　清乾隆二十四年(1759)刻本　六冊

500000－8741－0002506　GJ2516(732.6/L421)
使琉球記六卷　(清)李鼎元撰　清同治五年

(1866)刻本　二册

500000－8741－0002507　GJ2517(732.9/I－292)
澳門記畧二卷首一卷末一卷　(清)印光任　(清)張汝霖纂　清乾隆刻本　二册

500000－8741－0002508　GJ2518(737.11/X024)
印度史攬要三卷附中西人地名合璧表一卷　(英國)亨德撰　(清)任廷旭譯　清光緒二十七年(1901)上海美華書館鉛印本　三册

500000－8741－0002509　GJ2519(738.3/S214)
越南輯略二卷附奏疏詩交行摘稿一卷　(清)徐延旭編　清光緒三年(1877)梧州郡署刻本　四册

500000－8741－0002510　GJ2520(738.3/L222)
安南志畧十九卷首一卷　(越南)黎崱編　清光緒十年(1884)上海樂善堂鉛印本　四册

500000－8741－0002511　GJ2521(738.31/I162)
安南史四卷　(日本)引田利章撰　(清)毛乃庸譯　清光緒二十九年(1903)教育世界社石印本　四册

500000－8741－0002512　GJ2522(738.31/U243)
大越史記總論一卷外紀七卷本紀十卷　(越南)□□撰　清抄本　七册

500000－8741－0002513　GJ2523(739.6/L314)
檀香山採風記八卷　元章譯　梁聯芳編　清光緒二十九年(1903)鉛印本　一册　存四卷(一至四)

500000－8741－0002514　GJ2524(740.27/J841)
西國近事彙編三十五卷補遺一卷　(美國)金楷理等口譯　(清)姚芬等筆述　清光緒上海機器製造局鉛印本　三十六册

500000－8741－0002515　GJ2525(740.9/B045)
乘查筆記一卷　(清)斌春撰　清同治八年(1869)刻本　一册

500000－8741－0002516　GJ2526(741.3/H377)
德意志全史二卷　(日本)河上清著　(清)褚嘉猷譯　清光緒二十九年(1903)鉛印本　二册

500000－8741－0002517　GJ2527(780/P444)
追省錄一卷　(清)彭士吉撰　清同治十一年(1872)養園刻本　一册

500000－8741－0002518　GJ2528(781.31/R710)
疇人傳四十六卷續傳六卷　(清)阮元撰　(清)羅士琳續補　清光緒八年(1882)海鹽常惺齋張氏刻本　十二册

500000－8741－0002519　GJ2529(781.82/Z127)
國朝詩人徵略初集六十卷　(清)張維屏輯　清道光十年(1830)粵東富文齋刻本　十四册

500000－8741－0002520　GJ2530(782/S910)
公孫志一卷劉先主志一卷劉後主志一卷　(晉)常璩著　(清)盧秉鈞校　清刻本　一册

500000－8741－0002521　GJ2531(782.1/C230)
十六國春秋十六卷　(北魏)崔鴻撰　(清)盧秉鈞校　清刻本　二册　存十二卷(蜀錄一卷、前涼錄一卷、西涼錄一卷、北涼錄一卷、后涼錄一卷、后燕錄一卷、南涼錄一卷、南燕錄一卷、西秦錄一卷、前燕錄一卷、前秦錄一卷、後秦錄一卷)

500000－8741－0002522　GJ2532(782.1/C722)
留溪外傳十八卷　(清)陳鼎撰　清康熙三十七年(1698)江陰陳氏刻本　十册

500000－8741－0002523　GJ2533(782.1/C732)
江表忠略二十卷　陳澹然撰　清光緒二十六年至二十八年(1900－1902)長沙刻本　四册

500000－8741－0002524　GJ2534(782.1/C763)
東林列傳二十四卷末二卷　(清)陳鼎撰　清刻本　二十册

500000－8741－0002525　GJ2535(782.1/D166)
百將圖傳二卷　(清)丁日昌編　清同治八年(1869)江蘇書局刻本　六册

500000－8741－0002526　GJ2536(782.1/D451)
名雋初集六卷附錄二卷　(清)戴咸弼編　清光緒五年(1879)刻本　四册

500000－8741－0002527　GJ2537(782.1/D451)
名雋初集六卷附錄二卷　(清)戴咸弼編　清

光緒五年(1879)刻本　四册

500000－8741－0002528　GJ2538(782.1/D451)
名雋初集六卷附錄二卷　(清)戴咸弼編　清光緒五年(1879)刻本　四册

500000－8741－0002529　GJ2539(782.1/G331)
吳郡名賢圖傳贊二十卷　(清)顧沅輯　清道光刻本　五册

500000－8741－0002530　GJ2540(782.1/I－038)
增廣尚友錄統編二十二卷　(明)廖用賢原編　(清)應祖錫編　清光緒二十八年(1902)鴻寶齋石印本　十二册

500000－8741－0002531　GJ2541(782.1/L0772－2)
尚友錄二十二卷附增補目錄一卷補遺一卷　(明)廖用賢原編　(清)張伯琮補輯　清光緒十六年(1890)掃葉山房銅活字印本　六册

500000－8741－0002532　GJ2542(782.1/L446)
古今孝子所見錄十二卷　(清)李燕昌輯　清道光十四年(1834)合成齋刻本　四册

500000－8741－0002533　GJ2543(782.1/L727－2)
仇十洲繡像列女傳二卷　(漢)劉向著　(明)仇英補圖　(清)汪憲輯　清光緒十二年(1886)上海同文書局石印本　二册

500000－8741－0002534　GJ2544(782.1/S125)
弘簡錄二百五十四卷　(明)邵經邦輯　清刻本　八十四册

500000－8741－0002535　GJ2545(782.1/S125)
弘簡錄二百五十四卷　(明)邵經邦輯　清康熙二十七年(1688)仁和邵氏刻本　四十八册

500000－8741－0002536　GJ2546(782.1/S125)
弘簡錄二百五十四卷　(明)邵經邦輯　清康熙二十七年(1688)仁和邵氏刻本　八十册

500000－8741－0002537　GJ2547(782.1/S125b)
續弘簡錄元史類編四十二卷　(清)邵遠平輯　清康熙邵氏刻本　十七册

500000－8741－0002538　GJ2548(782.1/S125b)
續弘簡錄元史類編四十二卷　(清)邵遠平輯　清康熙邵氏刻本　十二册

500000－8741－0002539　GJ2549(782.1/S125b)
續弘簡錄元史類編四十二卷　(清)邵遠平輯　清康熙邵氏刻本　二十册

500000－8741－0002540　GJ2550(782.1/S483)
歷代名賢列女氏姓譜一百五十七卷　(清)蕭智漢纂輯　清乾隆五十七年(1792)聽濤山房刻本　一百二十册

500000－8741－0002541　GJ2551(782.1/S544)
異號類編二十卷　(清)史夢蘭輯　清同治四年(1865)刻本　四册

500000－8741－0002542　GJ2552(782.1/T734)
群輔錄一卷　(晉)陶潛撰　**英雄記鈔一卷**　(三國魏)王粲撰　清刻本　一册

500000－8741－0002543　GJ2553(782.1/W111)
齊名紀數十二卷　(清)王承烈輯　清嘉慶十八年(1813)刻本　六册

500000－8741－0002544　GJ2554(782.1/W180)
歷代都江堰功小傳二卷附總督部堂趙札文一卷　(清)王人文輯　清宣統三年(1911)刻本　一册

500000－8741－0002545　GJ2555(782.1/X457)
避諱錄五卷　(清)黄本驥撰　清道光二十六年(1846)刻三長物齋叢書本　一册

500000－8741－0002546　GJ2556(782.1/Z－253)
歷代循吏傳八卷　(清)張福昶纂　清雍正七年(1729)刻本　八册

500000－8741－0002547　GJ2557(782.104/D124)
古今姓氏書辯證四十卷目錄二卷　(宋)鄧名世撰　(清)孫星衍校　清嘉慶刻本　八册

500000－8741－0002548　GJ2558(782.104/D384)
國朝書畫家筆錄四卷　竇鎮輯　清宣統三年(1911)蘇州文學山房木活字印本　八册

500000－8741－0002549　GJ2559(782.104/L430)
元和姓纂十卷　(唐)林寶撰　(清)孫星衍　(清)洪瑩校　清光緒六年(1880)金陵書局刻本　四册

500000－8741－0002550　GJ2560(782.104/L430)

元和姓纂十卷 （唐）林寶撰 （清）孫星衍（清）洪瑩校 清光緒六年（1880）金陵書局刻本 四冊

500000－8741－0002551 GJ2561（782.104/W100）
姓氏急就篇二卷 （宋）王應麟著 清光緒十年（1884）成都志古堂刻本 二冊

500000－8741－0002552 GJ2562（782.104/W393）
史姓韻編六十四卷 （清）汪輝祖輯 清光緒十年（1884）慈溪耕餘樓鉛印本 十六冊

500000－8741－0002553 GJ2563（782.104/W393）
史姓韻編六十四卷 （清）汪輝祖輯 清光緒十年（1884）慈溪耕餘樓鉛印本 十六冊

500000－8741－0002554 GJ2564（782.104/W393）
史姓韻編六十四卷 （清）汪輝祖輯 清光緒十年（1884）慈溪耕餘樓鉛印本 十六冊

500000－8741－0002555 GJ2565（782.104/W393）
史姓韻編六十四卷 （清）汪輝祖輯 清光緒十年（1884）慈溪耕餘樓鉛印本 十六冊

500000－8741－0002556 GJ2566（782.104/X223）
新纂氏族箋釋八卷 （清）熊峻運著 清雍正經元堂刻本 四冊

500000－8741－0002557 GJ2567（782.104/X457）
姓氏解紛十卷 （清）黃本驥編訂 清道光二十六年（1846）刻本 二冊

500000－8741－0002558 GJ2568（782.104/Z727）
姓氏詳注四卷 （清）周魯輯 清康熙刻本 八冊

500000－8741－0002559 GJ2569（782.151/L733）
元祐黨人傳十卷 （清）陸心源撰 清光緒刻本 四冊

500000－8741－0002560 GJ2570（782.16/W345）
史外七卷 （清）汪有典著 清同治三年（1864）廬陵尋樂山房刻本 七冊

500000－8741－0002561 GJ2571（782.16/W345－1）
史外（前明忠義別傳）三十二卷 （清）汪有典撰 清乾隆刻本 十二冊

500000－8741－0002562 GJ2572（782.17/B200）
皇朝謚法考九卷 （清）鮑康等輯 清光緒十五年（1889）成都志古堂刻本 二冊

500000－8741－0002563 GJ2573（782.17/C824）
碑傳集一百六十卷首二卷末二卷 （清）錢儀吉纂錄 清光緒十九年（1893）江蘇書局刻本 六十冊

500000－8741－0002564 GJ2574（782.17/C824）
碑傳集一百六十卷首二卷末二卷 （清）錢儀吉纂錄 清光緒十九年（1893）江蘇書局刻本 六十冊

500000－8741－0002565 GJ2575（782.17/C824b）
續碑傳集八十六卷首二卷 繆荃孫纂 清宣統二年（1910）江楚編譯書局刻本 二十四冊

500000－8741－0002566 GJ2576（782.17/C824b）
續碑傳集八十六卷首二卷 繆荃孫纂 清宣統二年（1910）江楚編譯書局刻本 二十四冊

500000－8741－0002567 GJ2577（782.17/C844）
文獻徵存錄十卷 （清）錢林輯 清咸豐八年（1858）刻本 十冊

500000－8741－0002568 GJ2578（782.17/C844）
文獻徵存錄十卷 （清）錢林輯 清咸豐八年（1858）刻本 十冊

500000－8741－0002569 GJ2579（782.17/F574）
東軒吟社畫像一卷附記傳題跋一卷 （清）費丹旭繪 清光緒二年（1876）汪氏振綺堂刻本 一冊

500000－8741－0002570 GJ2580（782.17/G650）
國史四傳七卷 （清）國史館編 清刻本 四冊

500000－8741－0002571 GJ2581（782.17/L410）
國朝先正事略六十卷 （清）李元度纂 清同治五年（1866）循陔草堂刻本 二十四冊

500000－8741－0002572 GJ2582（782.17/L441）
國朝耆獻類徵初編四百八十四卷首二百四卷總目二十卷通檢十卷滿漢同姓名錄一卷 （清）李桓輯 清光緒十年至十六年（1884－

1890)刻本　二百九十四册

500000－8741－0002573　GJ2583(782.17/L441)
國朝耆獻類徵初編四百八十四卷首二百四卷總目二十卷賢媛類徵十二卷通檢十卷滿漢同姓名錄一卷　(清)李桓輯　清光緒十年至十六年(1884－1890)刻十七年(1891)增刻本　三百册

500000－8741－0002574　GJ2584(782.17/P346)
熙朝宰輔錄一卷　(清)潘世恩輯　清道光二十八年(1848)本　一册

500000－8741－0002575　GJ2585(782.17/R471)
貳臣傳十二卷逆臣傳四卷　(清)國史館纂修　清都城琉璃廠半松居士木活字印本　十二册

500000－8741－0002576　GJ2586(782.17/R471)
貳臣傳十二卷逆臣傳四卷　(清)國史館纂修　清都城琉璃廠半松居士木活字印本　八册

500000－8741－0002577　GJ2587(782.17/Z－210)
中興將帥別傳三十卷　朱孔彰撰　清光緒二十五年(1899)掃葉山房石印本　六册

500000－8741－0002578　GJ2588(782.21/L731)
明良志略一卷　(清)劉沅撰　清同治八年(1869)致福樓刻本　一册

500000－8741－0002579　GJ2589(782.21/Z210)
中興名臣事略八卷　朱孔彰撰　清光緒二十七年(1901)上海書局石印本　四册

500000－8741－0002580　GJ2590(782.21/Z241)
歷代名臣言行錄二十四卷首一卷　(清)朱桓編輯　清光緒三十一年(1905)育文書局石印本　八册

500000－8741－0002581　GJ2591(782.21/Z241－3)
歷代名臣言行錄二十四卷　(清)朱桓編輯　清光緒元年(1875)湖北文源堂刻本　三十二册

500000－8741－0002582　GJ2592(782.21/Z241－7)
歷代名臣言行錄二十四卷首一卷　(清)朱桓編輯　清光緒二十八年(1902)上海文盛堂書局石印本　八册

500000－8741－0002583　GJ2593(782.21/Z253)
史傳三編五十六卷首一卷　(清)朱軾　(清)蔡世遠編輯　清同治三年(1864)刻本　二十四册

500000－8741－0002584　GJ2594(782.215/Z240)
重刊宋名臣言行錄前集十卷後集十四卷　(宋)朱熹輯　**續集八卷別集二十六卷外集十七卷**　(宋)李幼武輯　清道光二十二年(1842)丹徒包氏刻本　清吳雲批校　十二册

500000－8741－0002585　GJ2595(782.2157/S412)
元朝名臣事略十五卷　(元)蘇天爵撰　清乾隆印武英殿聚珍版叢書本　四册

500000－8741－0002586　GJ2596(782.216/Z864)
皇明名臣記三十卷　(明)鄭曉撰　明嘉靖至萬曆刻本　六册

500000－8741－0002587　GJ2597(782.22/L142)
仇十洲繡像列女傳二卷　(漢)劉向撰　(明)仇英補圖　(清)汪憲輯　清光緒十二年(1886)上海同文書局石印本　四册

500000－8741－0002588　GJ2598(782.22/L633－9)
列女傳補注八卷敘錄一卷校正一卷　(清)王照圓撰　清光緒八年(1882)刻本　四册

500000－8741－0002589　GJ2599(782.22/L633－9)
列女傳補注八卷敘錄一卷校正一卷　(清)王照圓撰　清光緒八年(1882)刻本　四册

500000－8741－0002590　GJ2600(782.22/L633－9)
列女傳補注八卷敘錄一卷校正一卷　(清)王照圓撰　清嘉慶十七年(1812)棲霞郝氏曬書堂刻本　四册

500000－8741－0002591　GJ2601(782.22/L727)
新刊古列女傳八卷　(漢)劉向撰　(晉)顧愷之繪圖　(清)阮季蘭描摹　清道光五年(1825)揚州嶺海樓摹宋刻本　四册

500000－8741－0002592　GJ2602(782.22/L777)
廣列女傳二十卷　(清)劉開纂　清光緒十年(1884)皖城刻本　六册

500000－8741－0002593　GJ2603(782.22/L777)
廣列女傳二十卷　(清)劉開纂　清光緒十年(1884)皖城刻本　八册

500000－8741－0002594　GJ2604(782.22/Q843)
閨訓圖說二卷　(清)俞增光編　(清)何雲梯繪圖　清光緒四年(1878)敬義堂刻本　一册

500000－8741－0002595　GJ2605(782.22/U221)
奇女子傳四卷　(明)吳震元撰　明刻本　四册

500000－8741－0002596　GJ2606(782.22/W372)
歷代名媛圖說二卷　(清)汪氏輯　清光緒五年(1879)上海點石齋石印本　六册

500000－8741－0002597　GJ2607(782.22/ZS260)
繡像古今賢女傳九卷　(清)魏息園編撰　清光緒三十四年(1908)石印本　八册

500000－8741－0002598　GJ2608(782.23/K134)
聖賢像贊三卷首一卷　(明)呂維祺纂　(清)孔憲蘭增補　清光緒四年(1878)刻本　四册

500000－8741－0002599　GJ2609(782.23/K134)
聖門樂誌一卷　(清)孔尚任纂　(清)孔令貽輯　清光緒十三年(1887)刻本　一册

500000－8741－0002600　GJ2610(782.23/Z713)
西漢儒林傳經表二卷　(清)周廷寀輯　(清)周宗杬校　清乾隆五十六年(1791)營道堂刻本　一册

500000－8741－0002601　GJ2611(782.24/C530)
己未詞科錄十二卷首一卷　(清)秦瀛輯　清光緒十四年(1888)刻本　六册

500000－8741－0002602　GJ2612(782.24/L742)
國朝蘇州長元吳三邑科第譜四卷　(清)陸懋修輯　清光緒三十二年(1906)刻本　二册

500000－8741－0002603　GJ2613(782.24/S142)
國朝全蜀貢舉備考九卷　(清)孫桐生輯　清光緒九年(1883)刻本　四册

500000－8741－0002604　GJ2614(782.24/W118)
國朝虞陽科名錄四卷首一卷　(清)王元鐘輯　清道光三十年(1850)清暉書屋刻本　四册

500000－8741－0002605　GJ2615(782.24/X424)
國朝貢舉考畧二卷明貢舉考畧二卷　(清)黃崇蘭輯　清嘉慶九年(1804)刻本　二册

500000－8741－0002606　GJ2616(782.62/Z714)
楚寶四十卷外篇五卷　(明)周聖楷輯　清刻本　二十册

500000－8741－0002607　GJ2617(782.621/C721)
金陵通傳四十五卷補遺四卷姓名韻編一卷續通傳一卷　陳作霖纂述　清光緒三十年(1904)瑞華館刻本　八册

500000－8741－0002608　GJ2618(782.621/Z－230)
練川名人畫像四卷附二卷續編三卷　(清)程祖慶編　清光緒四年(1878)刻本　八册

500000－8741－0002609　GJ2619(782.622/M743)
桐城耆舊傳十二卷　馬其昶撰　清宣統三年(1911)刻本　六册

500000－8741－0002610　GJ2620(782.622/M743)
桐城耆舊傳十二卷　馬其昶撰　清宣統三年(1911)刻本　六册

500000－8741－0002611　GJ2621(782.622/S230)
皖學編十三卷首三卷　(清)徐定文輯　清宣統元年(1909)春明萬卷樓刻本　六册

500000－8741－0002612　GJ2622(782.623/W128)
於越先賢像傳贊二卷　(清)王齡撰　清咸豐六年(1856)刻本　二册

500000－8741－0002613　GJ2623(782.623/W129)
金華徵獻畧二十卷　(清)王崇炳撰　(清)黃廷元較訂　(清)金律編　清雍正十年(1732)刻本　八册

500000－8741－0002614　GJ2624(782.627/L401)
蜀雅小傳不分卷　(清)李調元輯　清鉛印本　一册

500000－8741－0002615　GJ2625(782.627/Y834)
蜀燹述畧六卷　(清)余鴻觀撰　清都昌福公司鉛印本　四册

500000－8741－0002616　GJ2626(782.627/Z152)
錦里新編十六卷首一卷　(清)張邦申纂輯

清嘉慶五年(1800)刻本　八冊

500000－8741－0002617　GJ2627(782.7/K123)
闕里文獻考一百卷首一卷末一卷　(清)孔繼汾述　清乾隆二十七年(1762)刻本　十六冊

500000－8741－0002618　GJ2628(782.73/W153)
正定王氏家傳六卷　(清)王耕心撰　清光緒十九年(1893)泰州龍樹精舍刻本　一冊

500000－8741－0002619　GJ2629(782.81/I－666)
晏子春秋七卷　(戰國)晏嬰撰　**音義二卷**　(清)孫星衍音義　**校勘記二卷**　(清)黄以周校撰　清光緒元年(1875)浙江書局刻本　四冊

500000－8741－0002620　GJ2630(782.81/I－666)
晏子春秋七卷　(戰國)晏嬰撰　**音義二卷**　(清)孫星衍音義　**校勘記二卷**　(清)黄以周校撰　清光緒元年(1875)浙江書局刻本　二冊　存七卷(晏子春秋七卷)

500000－8741－0002621　GJ2631(782.81/I－666－5)
晏子春秋内外篇八卷　(戰國)晏嬰撰　清嘉慶二十一年(1816)全椒吴氏仿元刻本　四冊

500000－8741－0002622　GJ2632(782.81/I－666s)
晏子春秋音義二卷　(清)孫星衍撰　清光緒刻本　二冊

500000－8741－0002623　GJ2633(782.81/I－666s)
晏子春秋音義二卷　(清)孫星衍撰　清光緒刻本　一冊

500000－8741－0002624　GJ2634(782.81/I－666x)
晏子春秋校勘二卷　(清)黄以周等記　清光緒刻本　一冊

500000－8741－0002625　GJ2635(782.825/Z040)
忠武誌十卷　(清)張鵬翮輯　清嘉慶刻本　四冊

500000－8741－0002626　GJ2636(782.825/Z040z)
諸葛忠武侯故事五卷　(清)張澍纂輯　清光緒三十四年(1908)金谿周氏刻本　三冊

500000－8741－0002627　GJ2637(782.8516/S454z)
眉山詩案廣證六卷　(清)張鑑著　(清)郁士楨校　清刻本　二冊

500000－8741－0002628　GJ2638(782.87/L406)
李文田日記不分卷(光緒十五年六月至十月)　(清)李文田撰　清稿本　一冊

500000－8741－0002629　GJ2639(782.871/I414)
姚布政傳一卷　(清)顔允肇撰　清刻本　一冊

500000－8741－0002630　GJ2640(782.872/L774)
三魚堂日記十卷(康熙五年十一月二十六日至十七年十二月六日)　(清)陸隴其撰　(清)柳樹芳校　清道光二十三年(1843)刻本　四冊

500000－8741－0002631　GJ2641(782.874/W350)
容甫先生[汪中]年譜一卷　(清)汪喜孫撰　清刻本　一冊

500000－8741－0002632　GJ2642(782.876/Z864)
曾文正公手書日記不分卷(道光正月元日至同治十一年二月三日)　(清)曾國藩撰　清宣統元年(1909)上海中國圖書公司石印本　四十冊

500000－8741－0002633　GJ2643(782.878/L4301)
李鴻章(中國四十年來大事記)十二章　梁啟超著　清刻本　二冊

500000－8741－0002634　GJ2644(782.878/X337)
詒煒集五卷附侍香集一卷　(清)許振煒等撰　清光緒二十三年(1897)廣州節署刻本　二冊

500000－8741－0002635　GJ2645(782.879/L727)
韜厂蹈海録四卷　(清)陸光熙編　清宣統鉛印本　二冊

500000－8741－0002636　GJ2646(782.879/Z133z)
張文襄公榮哀録十卷　(清)□□輯　清宣統二年(1910)北京集成圖書公司鉛印本　四冊

500000－8741－0002637　GJ2647(782.9/Q803)
警石府君[錢泰吉]年譜一卷　(清)錢應溥編　清同治三年(1864)刻本　一冊

500000－8741－0002638　GJ2648(782.9/Y710)

雷塘庵主弟子記八卷　(清)張鑑等撰　清刻本　二册

500000－8741－0002639　GJ2649(782.918/Z493)
左忠毅公[光斗]年譜定本二卷　馬其昶纂　清光緒三十年(1904)集虚草堂刻本　二册

500000－8741－0002640　GJ2650(782.9523/Z240w)
朱子[熹]年譜四卷考異四卷朱子論學切要語二卷　(清)王懋竑撰　清乾隆十六年(1751)白田草堂刻本　四册

500000－8741－0002641　GJ2651(782.956/Y1471)
廣元遺山[好問]年譜二卷　(清)李光廷編　清同治五年(1866)刻本　二册

500000－8741－0002642　GJ2652(782.966/G249)
歸震川先生[有光]年譜一卷　(清)孫岱編　清光緒六年(1880)刻本　一册

500000－8741－0002643　GJ2653(782.968/H485)
黄忠端公[尊素]年譜二卷　(清)黄炳垕編輯　清光緒元年(1875)刻本　一册

500000－8741－0002644　GJ2654(782.97/H438)
黄梨洲先生[宗羲]年譜三卷　(清)黄炳垕編輯　清同治十二年(1873)刻本　一册

500000－8741－0002645　GJ2655(782.972/C717)
安道公[陳瑚]年譜二卷　(清)孫溥述　(清)鄒以敬校　清光緒十八年(1892)東倉書庫刻本　一册

500000－8741－0002646　GJ2656(782.972/G360)
閶邱[顧嗣立]年譜一卷　(清)顧嗣立撰　清道光二十四年(1844)竹聲梧影草堂刻本　一册

500000－8741－0002647　GJ2657(782.972/G391)
顧亭林先生[炎武]年譜一卷　(清)吴映奎輯　(清)潘道根校　清光緒四年(1878)刻本　一册

500000－8741－0002648　GJ2658(782.973/L444)
李恕谷先生[塨]年譜五卷傳一卷　(清)馮辰纂　(清)惲鶴生訂　清道光十六年(1836)蠡吾李誥刻本　四册

500000－8741－0002649　GJ2659(782.974/R710)
雷塘庵主弟子記八卷　(清)張鑑等撰　清刻本　二册

500000－8741－0002650　GJ2660(782.974/R710)
雷塘庵主弟子記八卷　(清)張鑑等撰　清刻本　二册

500000－8741－0002651　GJ2661(782.974/W191)
汪雙池先生[烜]年譜四卷　(清)余龍光編　清光緒二十二年(1896)刻本　二册

500000－8741－0002652　GJ2662(782.974/Z－111)
澄懷主人自訂年譜六卷　(清)張廷玉撰　清刻本　二册

500000－8741－0002653　GJ2663(782.978/Z－051)
[章邦元]年譜一卷日記一卷(光緒十一年十二月二十五日至十二年一月十日)　(清)章家祚撰　清光緒十八年(1892)刻本　一册

500000－8741－0002654　GJ2665(782.99/U299)
歷代名人年譜十卷附存疑及生卒年月無攷一卷　(清)吴榮光撰　清刻本　佚名批　十册

500000－8741－0002655　GJ2666(782.99/U299－1)
歷代名人年譜十卷附存疑及生卒年月無攷一卷　(清)吴榮光撰　清同治十二年(1873)刻本　十册

500000－8741－0002656　GJ2667(782.99/U299－3)
歷代名人年譜十卷附存疑及生卒年月無攷一卷　(清)吴榮光撰　清光緒刻本　五册

500000－8741－0002657　GJ2668(782.99/X334)
四洪年譜四卷　(清)洪汝奎編輯　清宣統三年(1911)刻本　四册

500000－8741－0002658　GJ2669(786.627/F033)
蜀學編二卷　(清)方守道初輯　高賡恩復輯　清光緒十四年(1888)成都尊經書局刻本　一册

500000－8741－0002659　GJ2670(789/F227)
文竿彙氏二十四卷　(明)傅作興輯　明崇禎十三年(1640)刻本　十二册

500000－8741－0002660　GJ2671(789/X233)

新纂氏族箋釋八卷　(清)熊峻運著　清刻本　八册

500000－8741－0002661　GJ2672(789.2/C752－2)
[吴縣]陳氏宗譜不分卷　(清)陳宏裕續修　(清)陳長載參訂　清光緒二十八年(1902)吴縣繩德堂木活字印本　四册

500000－8741－0002662　GJ2673(789.2/C779)
增訂春秋世族源流圖考六卷春秋女譜一卷　(清)陳厚耀撰　(清)常茂徠增訂　清道光三十年(1850)夷門怡古堂刻本　四册

500000－8741－0002663　GJ2674(789.2/G271－2)
歸氏世譜二十卷　(清)歸衡修　清同治八年(1869)刻本　十八册

500000－8741－0002664　GJ2675(789.2/I－469)
瑞芝室家傳一卷　(清)楊光琪撰　清光緒刻本　一册

500000－8741－0002665　GJ2676(789.2/L647)
韓柳二先生年譜八卷　(清)馬曰琬輯　清雍正七年(1729)馬氏小玲瓏山館刻本　一册

500000－8741－0002666　GJ2677(789.99/L453)
鄭大司農蔡中郎年譜合表一卷　(清)林春溥編　清光緒九年(1883)冠悔堂刻本　一册

500000－8741－0002667　GJ2678(791/F317)
金石索十二卷首一卷　(清)馮雲鵬　(清)馮雲鵷輯　清光緒三十二年(1906)上海文新局石印本　二十四册

500000－8741－0002668　GJ2679(791/F317－2)
金石索十二卷首一卷　(清)馮雲鵬　(清)馮雲鵷輯　清光緒十九年(1893)上海積山書局石印本　二十四册

500000－8741－0002669　GJ2680(791/F317－3)
金石索十二卷　(清)馮雲鵬　(清)馮雲鵷輯　清道光元年(1821)刻本　十二册

500000－8741－0002670　GJ2681(791/L301)
西清古鑑四十卷附錢録十六卷　(清)梁詩正等撰　清光緒十四年(1888)上海鴻文書局石印本　二十四册

500000－8741－0002671　GJ2682(791/Z146)
重定金石契不分卷首一卷附録一卷敘録一卷補遺跋一卷　(清)張燕昌編　清光緒二十二年(1896)劉氏聚學軒刻本　四册

500000－8741－0002672　GJ2683(791/Z－146)
重定金石契不分卷首一卷附録一卷敘録一卷補遺跋一卷　(清)張燕昌編　清光緒二十二年(1896)劉氏聚學軒刻本　四册

500000－8741－0002673　GJ2684(791/Z274)
荆南萃古編不分卷續一卷　(清)周懋琦　(清)劉瀚輯　清光緒二十年(1894)鴻寶署齋刻本　一册

500000－8741－0002674　GJ2685(791.1/L431)
栝蒼金石志十二卷　(清)李遇孫輯　(清)鄒柏森校　清同治十三年(1874)刻本　五册

500000－8741－0002675　GJ2686(791.1/U244)
金石彙目分編二十卷訪碑一卷搨碑一卷　(清)吴式芬編　清文祿堂刻本　二十四册

500000－8741－0002676　GJ2687(791.11/U244)
攈古録二十卷　(清)吴式芬撰　清吴氏家刻本　二十册

500000－8741－0002677　GJ2688(791.13/M241)
藝風堂金石文字目十八卷　繆荃孫撰　清光緒三十二年(1906)刻本　八册

500000－8741－0002678　GJ2689(791.13/Z460)
金石録三十卷　(宋)趙明誠編著　(清)黄本驥　(清)蔣環重校　清道光刻本　八册

500000－8741－0002679　GJ2690(791.2/D426)
金薤琳琅二十卷　(明)都穆撰　(清)宋炳經校　清抄本　四册

500000－8741－0002680　GJ2691(791.2/L427)
來齋金石刻考畧三卷　(清)林侗輯　(清)徐渭仁校　清道光二十一年(1841)刻本　三册

500000－8741－0002681　GJ2692(791.2/M274)
關中金石文字存逸考十二卷首一卷　(清)毛鳳枝撰　清光緒二十七年(1901)會稽顧氏江西萍鄉縣署刻本　十二册

500000－8741－0002682　GJ2693(791.2/W136d)
金石萃編補畧二卷　(清)王言撰　清光緒八年(1882)刻本　二册

500000－8741－0002683　GJ2694(791.2/W136g)
金石萃編一百六十卷　(清)王昶撰　清嘉慶十年(1805)刻本　六十四册

500000－8741－0002684　GJ2695(791.2/X232)
隨軒金石文字九種　(清)徐渭仁輯　清道光刻本　二册　存四種

500000－8741－0002685　GJ2696(791.2/Z423)
金石文鈔八卷續鈔二卷　(清)趙紹祖輯　清光緒涇縣趙氏刻本　十册

500000－8741－0002686　GJ2697(791.3/C323)
金石圖說二卷　(清)牛運震集說　(清)褚峻摹圖　劉世珩編補　清光緒二十年(1894)貴池劉世珩聚學軒刻本　二册　存一卷(甲)

500000－8741－0002687　GJ2698(791.3/C323)
金石圖不分卷　(清)褚峻摹　(清)牛運震評說　清乾隆刻印剪裱本　四册

500000－8741－0002688　GJ2699(791.3/T141)
泊如齋重修宣和博古圖録三十卷　(宋)王黼等撰　明萬曆十六年(1588)泊如齋黄德時刻本　十六册

500000－8741－0002689　GJ2700(791.3/W133)
東書堂重修宣和博古圖録三十卷　(宋)王黼等撰　清乾隆十七年(1752)亦政堂刻本　十五册

500000－8741－0002690　GJ2701(791.3/Z323)
金石圖不分卷　(清)褚峻摹　(清)牛運震評說　清乾隆刻印剪裱本　二册

500000－8741－0002691　GJ2702(791.3/Z842)
博古圖録考正三十卷　(宋)王黼等撰　(明)鄭樸考正　明萬曆二十四年(1596)刻本　十五册

500000－8741－0002692　GJ2703(791.7/C760)
寶刻叢編二十卷　(宋)陳思纂　清刻本　六册

500000－8741－0002693　GJ2704(791.7/G391)
金石文字記六卷　(清)顧炎武撰　清康熙吴江潘耒遂初堂刻亭林遺書本　六册

500000－8741－0002694　GJ2705(791.7/L427)
來齋金石刻考畧三卷　(清)林侗輯　清嘉慶二十一年(1816)馮縉刻本　三册

500000－8741－0002695　GJ2706(791.7/L427－2)
來齋金石刻考畧三卷　(清)林侗輯　(清)徐渭仁校　清道光二十一年(1841)刻本　二册

500000－8741－0002696　GJ2707(791.7/Q772)
集古録跋尾十卷目録五卷　(宋)歐陽修撰　(清)朱記榮重校　清光緒十三年(1887)朱氏槐廬刻本　六册

500000－8741－0002697　GJ2708(791.7/U120)
授堂金石文字續跋十四卷　(清)武億撰　清嘉慶元年(1796)刻本　四册

500000－8741－0002698　GJ2709(791.7/W120)
金石三跋十卷　(清)武億撰　清道光二十三年(1843)刻本　二册

500000－8741－0002699　GJ2710(791.7/W120－1)
授堂金石文字續跋十四卷　(清)武億撰　清道光二十三年(1843)偃師武氏刻本　三册

500000－8741－0002700　GJ2711(791.7/W802)
兩漢金石記二十二卷　(清)翁方綱撰　清乾隆五十四年(1789)南昌使院刻本　十二册

500000－8741－0002701　GJ2712(791.7/W802)
兩漢金石記二十二卷　(清)翁方綱撰　清乾隆五十四年(1789)南昌使院刻本　八册

500000－8741－0002702　GJ2713(791.7/X134)
金石文字辨異十二卷　(清)邢澍撰　清嘉慶十五年(1810)徐氏刻本　八册

500000－8741－0002703　GJ2714(791.7/Z113)
清儀閣題跋不分卷　(清)張廷濟著　清光緒十九年(1893)蘇州振新書社石印本　六册

500000－8741－0002704　GJ2715(792.2/I651)
殷商貞卜文字考一卷　羅振玉撰　清宣統二年(1910)玉簡齋石印本　一册

500000－8741－0002705　GJ2716(792.2/I651)
殷商貞卜文字考一卷　羅振玉撰　清宣統二年(1910)玉簡齋石印本　一册

500000－8741－0002706　GJ2717(792.2/L781)
鐵雲藏龜不分卷　(清)劉鶚輯　清光緒二十九年(1903)石印本　六册

500000－8741－0002707　GJ2718(793.2/L733)
奇觚室吉金文述二十卷　(清)劉心源輯　清光緒石印本　十册

500000－8741－0002708　GJ2719(793.2/L733)
奇觚室吉金文述二十卷　(清)劉心源輯　清光緒石印本　十册

500000－8741－0002709　GJ2720(793.2/R710)
積古齋鐘鼎彝器款識十卷　(清)阮元編録　(清)鮑廷爵校　清光緒九年(1883)鮑氏後知不足齋刻本　六册

500000－8741－0002710　GJ2721(793.2/R710－2)
積古齋鐘鼎彝器款識十卷　(清)阮元編録　(清)阮亨等校　清光緒五年(1879)武昌刻本　六册

500000－8741－0002711　GJ2722(793.2/U243)
攈古録金文三卷　(清)吳式芬撰　(清)吳豳摹文　清光緒二十一年(1895)刻本　九册

500000－8741－0002712　GJ2723(793.2/U243z)
字説一卷　(清)吳大澂撰　清刻本　二册

500000－8741－0002713　GJ2724(793.2/U299)
筠清館金石文字五卷　(清)吳榮光撰　(清)瞿樹辰校　清道光二十二年(1842)南海吳氏筠清館刻本　五册

500000－8741－0002714　GJ2725(793.2/W120)
宋王復齋鐘鼎款識一卷　(宋)王厚之輯　(清)阮元等考釋　清道光二十八年(1848)漢陽葉氏刻本　一册

500000－8741－0002715　GJ2726(793.2/W123)
嘯堂集古録二卷　(宋)王俅撰　清嘉慶十六年(1811)張氏醉經堂刻本　二册

500000－8741－0002716　GJ2727(793.2/W802)
焦山鼎銘考一卷　(清)翁方綱編　清咸豐二年(1852)漢陽葉氏粵東督署刻本　一册

500000－8741－0002717　GJ2728(793.2/Z280)
敬吾心室彝器款識一卷　(清)朱善旂編　清光緒三十四年(1908)影印本　二册

500000－8741－0002718　GJ2729(793.3/D000)
陶齋吉金録八卷　(清)端方輯　清光緒三十四年(1908)上海有正書局石印本　八册

500000－8741－0002719　GJ2730(793.3/D000b)
陶齋吉金續録二卷　(清)端方輯　清宣統元年(1909)上海有正書局石印本　二册

500000－8741－0002720　GJ2731(793.3/D000b)
陶齋吉金續録二卷　(清)端方輯　清宣統元年(1909)上海有正書局石印本　二册

500000－8741－0002721　GJ2732(793.3/D000c)
陶齋吉金録八卷　(清)端方輯　清光緒三十四年(1908)上海有正書局石印本　八册

500000－8741－0002722　GJ2733(793.3/L301)
西清古鑑四十卷附錢録十六卷　(清)梁詩正等編纂　(清)陸宗楷等校　清乾隆内府刻本　二十四册

500000－8741－0002723　GJ2734(793.3/L301)
西清古鑑四十卷附錢録十六卷　(清)梁詩正等編纂　(清)陸宗楷等校　清乾隆刻本　二十四册

500000－8741－0002724　GJ2735(793.3/L490)
吉金志存四卷　(清)李光庭輯　清咸豐九年(1859)李氏刻本　四册

500000－8741－0002725　GJ2736(793.3/U210)
兩罍軒彝器圖釋十二卷　(清)吳雲撰　清刻本　六册

500000－8741－0002726　GJ2737(793.3/W133)
泊如齋重修宣和博古圖録三十卷　(宋)王黼等撰　明萬曆十六年(1588)泊如齋黃德時刻本　十册

500000－8741－0002727　GJ2738(793.3/W140b)
西清續鑑甲編二十卷附録一卷　(清)王杰等

編　清宣統三年(1911)上海商務印書館影印本　二十一冊

500000－8741－0002728　GJ2739(793.3/W140b)
西清續鑑甲編二十卷附録一卷　(清)王杰等編　清宣統三年(1911)上海商務印書館影印本　二十一冊

500000－8741－0002729　GJ2740(793.3/W210)
兩罍軒彝器圖釋十二卷　(清)吳雲撰　清同治十二年(1873)刻本　四冊

500000－8741－0002730　GJ2741(793.4/B200)
觀古閣叢刻四種九卷附二種三卷　(清)鮑康輯　清同治至光緒刻本　八冊

500000－8741－0002731　GJ2742(793.4/B200)
古泉叢話三卷　(清)戴熙撰　清同治十一年(1872)潘氏滂喜齋刻本　一冊

500000－8741－0002732　GJ2743(793.4/B200－1)
觀古閣叢刻四種九卷附二種三卷　(清)鮑康輯　清同治至光緒刻本　七冊　存三種七卷附二種三卷(觀古閣泉說一卷、觀古閣叢稿二卷續稿一卷三編二卷、大錢圖録一卷、嘉蔭簃論泉截句二卷、海東金石苑一卷)

500000－8741－0002733　GJ2744(793.4/B200－2)
古泉叢話三卷　(清)戴熙撰　清同治十一年(1872)潘氏滂喜齋刻本　一冊

500000－8741－0002734　GJ2745(793.4/G267)
欽定錢録十六卷　(清)余敏忠等纂　清乾隆武英殿刻本　二冊

500000－8741－0002735　GJ2746(793.4/L427)
古泉匯首集四卷元集十四卷亨集十四卷利集十八卷貞集十四卷　(清)李佐賢編　清同治三年(1864)利津李氏石泉書屋刻本　五冊

500000－8741－0002736　GJ2747(793.4/L743)
嘉蔭簃論泉截句二卷　(清)劉喜海著　(清)趙舫校　清咸豐五年(1855)嘉蔭簃刻本　一冊

500000－8741－0002737　GJ2748(793.4/N244)
古今錢略三十二卷首一卷末一卷　(清)倪模述　清光緒三年(1877)望江倪氏兩彊勉齋刻本　十六冊

500000－8741－0002738　GJ2749(793.4/T072－2)
制錢通考四卷首一卷　(清)唐與崑纂輯　清咸豐三年(1853)刻本　二冊

500000－8741－0002739　GJ2750(793.4/T072g)
泉幣彙考十六卷首一卷　(清)唐與崑纂輯　清咸豐元年(1851)刻本　六冊

500000－8741－0002740　GJ2751(793.4/X472)
錢志新編二十卷附論泉截句二卷　(清)張崇懿輯　(清)趙舫校　清咸豐五年(1855)刻綵衣堂本　四冊

500000－8741－0002741　GJ2752(793.4/Z－247)
古金待問録五卷補遺一卷　(清)朱楓輯　清光緒十六年(1890)常熟鮑氏後知不足齋刻本　二冊　存四卷(一至四)

500000－8741－0002742　GJ2753(793.4/Z392)
吉金所見録十六卷首一卷末一卷　(清)初尚齡纂輯　清道光七年(1827)古香書舍刻本　四冊

500000－8741－0002743　GJ2754(793.5/P334)
攀古廔彝器款識二卷　(清)潘祖蔭輯　清同治十一年(1872)京師滂喜齋刻本　二冊

500000－8741－0002744　GJ2755(793.5/P334)
攀古廔彝器款識二卷　(清)潘祖蔭輯　清同治十一年(1872)京師滂喜齋刻本　二冊

500000－8741－0002745　GJ2756(793.5/S491－2)
歷代鐘鼎彝器款識法帖二十卷　(宋)薛尚功撰　清嘉慶二年(1797)刻本　四冊

500000－8741－0002746　GJ2757(793.5/S491－2)
歷代鐘鼎彝器款識法帖二十卷　(宋)薛尚功撰　清光緒二十九年(1903)貴池劉氏玉海堂影印本　四冊

500000－8741－0002747　GJ2758(793.5/X491)
歷代鐘鼎彝器款識法帖二十卷　(宋)薛尚功撰　清嘉慶二年(1797)石印本　五冊

500000－8741－0002748　GJ2759(793.5/Z231)

積古齋鐘鼎彝器款識稿本四卷附一卷 （清）朱為弼撰 清光緒三十二年(1906)石印本 三冊

500000－8741－0002749 GJ2760(793.5/Z280)
敬吾心室彝器款識一卷 （清）朱善旂編 清光緒三十四年(1908)影印本 二冊

500000－8741－0002750 GJ2761(793.5/Z280)
敬吾心室彝器款識一卷 （清）朱善旂編 清光緒三十四年(1908)影印本 二冊

500000－8741－0002751 GJ2762(793.67/C765)
封泥考略十卷 （清）吳式芬 （清）陳介祺輯 清光緒三十年(1904)石印本 十冊

500000－8741－0002752 GJ2763(793.67/L619)
秦漢印統八卷 （明）羅玉常編 （明）吳元維校 明萬曆三十四年(1606)新都吳氏樹滋堂刻朱印本 六冊 存六卷(一至六)

500000－8741－0002753 GJ2764(793.67/X474)
歷朝史印十卷 （清）黃學圯篆 （清）吳叔元釋 清道光黃氏楚橋書屋鈐印本 六冊

500000－8741－0002754 GJ2765(793.67/Z431)
補羅迦室印譜不分卷 （清）趙之琛撰 清光緒三十四年(1908)西泠印社藍欄鈐印本 四冊

500000－8741－0002755 GJ2766(793.7/S074)
從古堂款識學十六卷 （清）徐同柏釋文 （清）徐士燕模錄 清光緒三十二年(1906)蒙學報館石印本 八冊

500000－8741－0002756 GJ2767(794.1/D744)
山左碑目四卷 （清）段松苓輯 清光緒三十四年(1908)武進李氏聖譯樓刻聖譯樓叢書本 二冊

500000－8741－0002757 GJ2768(794.1/S162)
寰宇訪碑錄十二卷 （清）孫星衍 （清）邢澍撰 清嘉慶七年(1802)刻本 五冊

500000－8741－0002758 GJ2769(794.1/Z185)
墨妙亭碑目攷二卷附攷一卷 （清）張鑑撰 清光緒十年(1884)江蘇書局刻本 二冊

500000－8741－0002759 GJ2770(794.11/F448g)
國朝院畫錄二卷 （清）胡敬輯 清道光二十三年(1843)崇雅堂刻本 一冊

500000－8741－0002760 GJ2771(794.2/D000)
陶齋藏石記四十四卷首一卷附藏甎記二卷 （清）端方輯 清宣統元年(1909)商務印書館石印本 十二冊

500000－8741－0002761 GJ2772(794.2/D000)
陶齋藏石記四十四卷首一卷附藏甎記二卷 （清）端方輯 清宣統元年(1909)商務印書館石印本 十二冊

500000－8741－0002762 GJ2773(794.2/F413)
山右石刻叢編四十卷 （清）胡聘之撰 清光緒二十五年至二十七年(1899－1901)刻本 十八冊

500000－8741－0002763 GJ2774(794.2/I－434)
寰宇貞石圖不分卷 楊守敬輯 清宣統元年(1909)石印本 六冊

500000－8741－0002764 GJ2775(794.2/L733)
奇觚室樂石文述二卷 （清）劉心源輯 清刻本 一冊 存一卷(二)

500000－8741－0002765 GJ2776(794.2/X332)
隸釋二十七卷續二十一卷刊誤一卷 （宋）洪适撰 清同治十一年(1872)皖南洪氏晦木齋刻本 八冊

500000－8741－0002766 GJ2777(794.2/X332－1)
隸釋二十七卷續二十一卷刊誤一卷 （宋）洪适撰 清嘉慶刻本 十二冊

500000－8741－0002767 GJ2778(794.2/X413)
山右石刻叢編四十卷 （清）胡聘之撰 清光緒二十五年至二十七年(1899－1901)刻本 二十四冊

500000－8741－0002768 GJ2779(794.3/C323)
金石圖不分卷 （清）褚峻摹 （清）牛運震評說 清乾隆刻印剪裱本 四冊

500000－8741－0002769 GJ2780(794.4/U243)
古玉圖攷不分卷 （清）吳大澂輯 清光緒十

五年(1889)上海同文書局石印本　四冊

500000-8741-0002770　GJ2781(794.4/U243)
古玉圖攷不分卷　(清)吴大澂輯　清光緒十五年(1889)上海同文書局石印本　二冊

500000-8741-0002771　GJ2782(794.4/U243)
古玉圖攷不分卷　(清)吴大澂輯　清光緒十五年(1889)上海同文書局石印本　二冊

500000-8741-0002772　GJ2783(794.5/I-434)
望堂金石文字不分卷　楊守敬輯　清同治至光緒宜都楊氏激素飛青閣刻本　十六冊

500000-8741-0002773　GJ2784(794.5/I-434)
望堂金石文字不分卷　楊守敬輯　清同治至光緒宜都楊氏激素飛青閣刻本　八冊

500000-8741-0002774　GJ2785(794.5/S031)
漢魏碑刻紀存一卷　(清)謝道承編　清馮縉刻本　一冊

500000-8741-0002775　GJ2786(794.5/W141)
碑版文廣例十卷　(清)王芑孫輯　清道光二十一年(1841)長洲王氏刻本　四冊

500000-8741-0002776　GJ2787(794.6/C931)
常州天寧寺五百應真像不分卷　(清)常州天寧寺輯　清石拓裱本　十冊

500000-8741-0002777　GJ2788(794.7/I469)
語石十卷　葉昌熾撰　清宣統元年(1909)刻本　四冊

500000-8741-0002778　GJ2789(794.7/I469)
語石十卷　葉昌熾撰　清宣統元年(1909)刻本　四冊

500000-8741-0002779　GJ2790(794.7/I469)
語石十卷　葉昌熾撰　清宣統元年(1909)刻本　四冊

500000-8741-0002780　GJ2791(794.7/L741)
漢魏石經攷三卷　(清)劉傳瑩輯　清光緒十二年(1886)沌城黄氏試館刻本　一冊

500000-8741-0002781　GJ2792(794.7/W134)
虚舟題跋三卷　(清)王澍著　清乾隆三十九年(1774)刻本　三冊

500000-8741-0002782　GJ2793(794.7/W630)
國山碑考一卷　(清)吴騫撰　清乾隆刻本　一冊

500000-8741-0002783　GJ2794(794.7/Z421)
石墨鐫華八卷　(明)趙崡著　明萬曆四十六年(1618)趙氏刻本　四冊

500000-8741-0002784　GJ2795(794.7/Z421)
石墨鐫華八卷　(明)趙崡撰　明萬曆四十六年(1618)刻本　八冊

500000-8741-0002785　GJ2796(796.2/C208)
秦漢瓦當文字一卷續一卷　(清)程敦著録　清光緒二十年(1894)袖海山房石印本　三冊

500000-8741-0002786　GJ2797(796.2/W136)
竹里秦漢瓦當文存一卷續一卷　(清)王福田編　(清)王逢辰校　(清)王其昱等摹　清咸豐三年(1853)刻本　二冊

500000-8741-0002787　GJ2798(796.2/Z-247)
秦漢瓦圖記四卷詩一卷補遺一卷　(清)朱楓撰　清乾隆二十四年(1759)刻本　一冊

500000-8741-0002788　GJ2799(796.4/L733)
千甓亭古塼圖釋二十卷　(清)陸心源輯　清光緒十七年(1891)吴興陸氏石印本　十冊

500000-8741-0002789　GJ2800(796.4/L733)
千甓亭古塼圖釋二十卷　(清)陸心源輯　清光緒十七年(1891)吴興陸氏石印本　四冊

500000-8741-0002790　GJ2801(796.4/L733)
千甓亭古塼圖釋二十卷　(清)陸心源輯　清光緒十七年(1891)吴興陸氏石印本　八冊

500000-8741-0002791　GJ2802(796.6/L781)
鐵雲藏陶一卷附泥封一卷　(清)劉鶚輯　清光緒三十年(1904)抱殘守缺齋石印本　四冊

500000-8741-0002792　GJ2803(797/U120)
安陽縣金石録十二卷　(清)武億著　(清)鐵嶺校　清鐵氏刻本　四冊

500000-8741-0002793　GJ2804(797.15/B631)

關中金石記八卷附記一卷 (清)畢沅原本 (清)蔡錫棟校 (清)焦興儒補校 清光緒三十四年(1908)渭南嚴氏刻本 四冊

500000-8741-0002794 GJ2805(797.15/B631-2)
關中金石記八卷附記一卷 (清)畢沅撰 (清)蔡錫棟編次 清道光二十七年(1847)刻本 六冊

500000-8741-0002795 GJ2806(797.15/L743-1)
長安獲古編二卷補一卷 (清)劉喜海輯 清光緒三十一年(1905)東武劉鶚補刻印本 二冊

500000-8741-0002796 GJ2807(797.16/L651)
莫高窟石室秘錄一卷 羅振玉述 清宣統元年(1909)誦芬室鉛印本 一冊

500000-8741-0002797 GJ2808(797.23/R710)
兩浙金石志十八卷補遺一卷 (清)阮沅編錄 清光緒十六年(1890)浙江書局刻本 十二冊

500000-8741-0002798 GJ2809(797.33/W802)
粵東金石略九卷首一卷附二卷 (清)翁方綱編 清刻本 四冊

500000-8741-0002799 GJ2810(802.078/G428)
札樸十卷 (清)桂馥撰 清光緒九年(1883)長洲蔣氏心矩齋刻本 四冊

500000-8741-0002800 GJ2811(802.082/C732)
獨抱廬叢刊六種十三卷 (清)陳宗彝輯 清道光三年至七年(1823-1827)三山陳氏刻本 六冊

500000-8741-0002801 GJ2812(802.1/P244)
小學鉤沈十九卷 (清)任大椿輯 (清)王念孫校正 清光緒十年(1884)龍氏刻本 二冊

500000-8741-0002802 GJ2813(802.1/R244)
小學鉤沈十九卷 (清)任大椿輯 (清)王念孫校正 清光緒十年(1884)龍氏刻本 四冊

500000-8741-0002803 GJ2814(802.106/S126)
爾雅直音二卷 (清)孫偘輯 清道光八年(1828)刻本 二冊

500000-8741-0002804 GJ2815(802.11/J838)
爾雅六卷 (清)姜兆錫註疏参義 清雍正寅清樓刻本 二冊

500000-8741-0002805 GJ2816(802.11/L454)
爾雅蒙求二卷 (清)李拔式撰 清嘉慶三年(1798)蟠根書屋刻本 二冊

500000-8741-0002806 GJ2817(802.112/G012)
爾雅疏十卷 (宋)邢昺撰 **校勘記一卷** (清)阮元撰 (清)盧宣旬摘錄 清光緒十八年(1892)湖南寶慶務本書局刻本 五冊

500000-8741-0002807 GJ2818(802.112/L726)
爾雅新義二十卷附敘錄一卷 (宋)陸佃撰 (清)宋大樽校並輯敘錄 清三間草堂刻本 二冊

500000-8741-0002808 GJ2819(802.112/X160)
爾雅註疏十一卷 (晉)郭璞註 (宋)邢昺疏 明崇禎琴川毛氏汲古閣刻本 四冊

500000-8741-0002809 GJ2820(802.112/X160-1)
爾雅疏十卷 (宋)邢昺撰 清光緒十三年(1887)江西南昌府學刻本 二冊

500000-8741-0002810 GJ2821(802.112/X160d)
爾雅郭註補正三卷 (清)戴鎣撰 清光緒十一年(1885)刻本 六冊

500000-8741-0002811 GJ2822(802.112/X440)
爾雅古義十二卷 (清)黄奭輯 清道光甘泉黄氏刻本 十冊

500000-8741-0002812 GJ2823(802.115/G012-2)
爾雅音圖三卷 (晉)郭璞註 清嘉慶六年(1801)影宋繪圖本 三冊

500000-8741-0002813 GJ2824(802.115/L777)
釋名疏證補八卷續一卷補遺一卷補坿一卷 (漢)劉熙撰 王先謙撰集 清光緒二十二年(1896)刻本 三冊

500000-8741-0002814 GJ2825(802.115/L777)
釋名疏證補八卷續一卷補遺一卷補坿一卷 (漢)劉熙撰 王先謙撰集 清光緒二十二年(1896)刻本 三冊

500000－8741－0002815　GJ2826(802.115/L777－1)
釋名疏證八卷續一卷補遺一卷　(漢)劉熙撰　(清)畢沅疏證　清光緒九年(1883)經訓堂刻本　二册

500000－8741－0002816　GJ2827(802.119/C741)
駢雅訓纂十六卷序目一卷首一卷駢雅七卷　(明)朱謀㙔撰　(清)魏茂林訓纂　清道光三十年(1850)刻咸豐元年(1851)補刻本　八册

500000－8741－0002817　GJ2828(802.15/L777－2)
釋名四卷　(漢)劉熙撰　清刻本　二册

500000－8741－0002818　GJ2829(802.157/X169)
拾雅二十卷　(清)夏味堂撰　清嘉慶二十四年(1819)刻本　十册

500000－8741－0002819　GJ2830(802.158/W144)
廣雅補疏四卷　王樹枏撰　清光緒十七年(1891)文莫室刻本　二册

500000－8741－0002820　GJ2831(802.16/Ch741)
駢雅訓纂十六卷序目一卷首一卷駢雅七卷　(明)朱謀㙔撰　(清)魏茂林訓纂　清光緒七年(1881)成都瀹雅齋刻本　八册

500000－8741－0002821　GJ2832(802.16/S548)
疊雅十三卷　(清)史夢蘭撰　清同治四年(1865)刻本　四册

500000－8741－0002822　GJ2833(802.16/Z226)
選雅二十卷　程先甲撰　清光緒二十八年(1902)千一齋刻本　八册

500000－8741－0002823　GJ2834(802.1674/U215)
別雅訂五卷　(清)吳玉搢輯　(清)許瀚校勘　清光緒三年(1877)潘氏八喜齋刻本　一册

500000－8741－0002824　GJ2835(802.17/G164)
群經音辨七卷　(宋)賈昌朝撰　清光緒十年(1884)茂苑蔣氏刻本　一册

500000－8741－0002825　GJ2836(802.17/L726)
經典釋文三十卷　(唐)陸德明撰　**考證**　(清)盧文弨撰　清乾隆五十六年(1791)刻本　十一册

500000－8741－0002826　GJ2837(802.17/L726－8)
經典釋文三十卷附孟子音義二卷　(唐)陸德明撰　**國語補音三卷**　(宋)宋庠撰　清光緒二年(1876)成都尊經書院刻本　十二册

500000－8741－0002827　GJ2838(802.17/L726－9)
經典釋文序錄攷證一卷　(清)盧文弨輯　清刻本　一册

500000－8741－0002828　GJ2839(802.17/P411)
十三經集字摹本不分卷　(清)彭玉雯纂　(清)萬青銓校　清道光二十九年(1849)江右彭氏刻本　八册

500000－8741－0002829　GJ2840(802.17/R710)
經籍籑詁並補遺一百六卷首一卷　(清)阮元撰集　清光緒六年(1880)淮南書局刻本　二十九册　存五十七卷(一至三十四、六十七至七十二、七十六至九十、一百,首一卷)

500000－8741－0002830　GJ2841(802.17/R710)
經籍籑詁並補遺一百六卷首一卷　(清)阮元撰集　清刻本　三册　存十四卷(一至四、三十一至四十)

500000－8741－0002831　GJ2842(802.17/R710)
經籍籑詁並補遺一百六卷首一卷　(清)阮元撰集　清光緒十四年(1888)鴻文書局石印本　九册　存六十二卷(一至七、十四至十九、二十九至四十四、五十五至七十、八十一至九十六,首一卷)

500000－8741－0002832　GJ2843(802.17/R710)
經籍籑詁並補遺一百六卷首一卷　(清)阮元撰集　清刻本　二十七册　存五十卷(十一至十七、二十八至三十二、三十九至四十六、五十三至六十四、六十六至六十七、七十至七十一、八十至八十二、八十五至九十、九十三至九十五、九十八至九十九)

500000－8741－0002833　GJ2844(802.17/R710)
經籍籑詁並補遺一百六卷首一卷　(清)阮元撰集　清刻本　二十九册　存六十四卷(七、二十三、三十四下至三十五、三十七至八十四、九十至九十五、九十九至一百、一百三至一百六)

500000－8741－0002834　GJ2845(802.17/R710)
經籍籑詁並補遺一百六卷首一卷　(清)阮元撰集　清同治十二年(1873)淮南書局刻本　六十四冊

500000－8741－0002835　GJ2846(802.17/R710)
經籍籑詁並補遺一百六卷首一卷　(清)阮元撰集　清同治十二年(1873)淮南書局刻本　六十四冊

500000－8741－0002836　GJ2847(802.17/R710－3)
經籍籑詁五卷首一卷　(清)阮元撰集　清光緒九年(1883)上海點石齋石印本　五冊

500000－8741－0002837　GJ2848(802.17/R710－3)
經籍籑詁並補遺一百六卷首一卷　(清)阮元撰集　清光緒二十年(1894)上海鴻寶齋石印本　十一冊　存九十九卷(一至九十八、首一卷)

500000－8741－0002838　GJ2849(802.17/W221)
經傳釋詞十卷　(清)王引之撰　(清)錢熙祚校　清末鉛印守山閣叢書本　一冊　存五卷(一至五)

500000－8741－0002839　GJ2850(802.17/Y100)
一切經音義二十五卷附華嚴經音義二卷　(唐)釋元應撰　清同治八年(1869)武林張氏寶晉齋刻本　四冊

500000－8741－0002840　GJ2851(802.17/Y100)
一切經音義二十五卷附華嚴經音義二卷　(唐)釋元應撰　清同治八年(1869)武林張氏寶晉齋刻本　二冊　存十四卷(一至七、二十一至二十五,華嚴經音義二卷)

500000－8741－0002841　GJ2852(802.17/Y100－2)
一切經音義二十五卷　(唐)釋元應撰　(清)莊炘　(清)錢坫　(清)孫星衍校正　清乾隆五十一年(1786)莊氏刻本　佚名批校　四冊

500000－8741－0002842　GJ2853(802.17/Y743)
四書典制類聯音注三十三卷　(清)閻其淵輯　清嘉慶元年(1796)正益堂刻本　八冊

500000－8741－0002843　GJ2854(802.17/Z240)
彊識編四卷　(清)朱士端撰　清同治刻本　四冊

500000－8741－0002844　GJ2855(802.19/C713)
十三經字辨八卷　(清)陳鶴齡輯　(清)李方膺校　清乾隆三十年(1765)古吳三多齋刻本　八冊

500000－8741－0002845　GJ2856(802.19/D701)
羣經字詁七十二卷　(清)段諤廷撰　清道光二十九年(1849)刻本　二十冊

500000－8741－0002846　GJ2857(802.19/L308)
稱謂錄三十二卷　(清)梁章鉅撰　清光緒元年至十年(1875－1884)杭州景文齋刻本　八冊

500000－8741－0002847　GJ2858(802.19/L308)
稱謂錄三十二卷　(清)梁章鉅撰　清光緒元年至十年(1875－1884)杭州景文齋刻本　八冊

500000－8741－0002848　GJ2859(802.2/G054)
佩觿三卷　(宋)郭忠恕撰　(清)蔣鳳藻輯　清光緒十年(1884)刻本　一冊

500000－8741－0002849　GJ2860(802.21/Ch241－7)
說文通訓定聲十八卷附說雅十九篇古今韻準一卷　(清)朱駿聲輯　(清)朱鏡蓉參訂　清同治九年(1870)刻本　二十四冊

500000－8741－0002850　GJ2861(802.21/Ch241－8)
說文通訓定聲十八卷分部檢韻一卷附說雅十九篇古今韻準一卷　(清)朱駿聲撰　(清)朱鏡蓉參訂　清刻朱墨套印本　二十六冊

500000－8741－0002851　GJ2862(802.21/L234)
說文通檢十四卷首一卷末一卷　(清)黎永椿編　清光緒二年(1876)崇文書局刻本　二冊

500000－8741－0002852　GJ2863(802.21/L270)
說文考異一卷　(清)盧之貴編次　清蔭玉堂抄本　一冊

500000－8741－0002853　GJ2864(802.21/M444)
仿唐寫本說文解字木部一卷箋異一卷　(清)莫友芝撰　清同治二年(1863)獨山莫氏刻本

一册

500000－8741－0002854　GJ2865(802.21/M444)
仿唐寫本說文解字木部一卷箋異一卷　(清)莫友芝撰　清同治二年(1863)獨山莫氏刻本　一册

500000－8741－0002855　GJ2866(802.21/S940)
說文摘要不分卷　(□)□□撰　清朱欄抄本　一册

500000－8741－0002856　GJ2867(802.21/Z818)
說文逸字二卷　(清)鄭珍撰　**附録一卷**　(清)鄭知同撰　清同治至光緒福山王氏刻天壤閣叢書本　二册

500000－8741－0002857　GJ2868(802.2108/L133)
雷刻四種二十一卷　(清)雷浚等撰　清光緒十年(1884)蘇城謝文瀚刻本　七册

500000－8741－0002858　GJ2869(802.2108/L430)
小學類編六種三十五卷附編二種四卷附一種一卷　(清)李祖望輯　清江都李氏半畝園刻本　十册

500000－8741－0002859　GJ2870(802.2108/X082)
許學叢刻二集九種九卷　(清)許頌鼎　(清)許溎祥輯　清光緒十三年(1887)海寧許氏古均閣刻本　四册

500000－8741－0002860　GJ2871(802.2108/Z198)
許學叢書三集十四種六十三卷　(清)張炳翔輯　清光緒九年至十年(1883－1884)常州張氏儀鄦廬刻本　二十四册

500000－8741－0002861　GJ2872(802.211/S280)
說文解字十五卷　(漢)許慎撰　清初毛氏汲古閣刻本　六册

500000－8741－0002862　GJ2873(802.211/S280－1)
說文解字十五卷　(漢)許慎撰　清光緒五年(1879)平江洪氏刻本　四册

500000－8741－0002863　GJ2874(802.211/S280－2)
說文解字十五卷標目一卷　(漢)許慎撰　**檢字二卷**　(清)毛謨輯　清同治十年(1871)大興朱氏刻本　十册

500000－8741－0002864　GJ2875(802.211/S280－2)
說文解字十五卷標目一卷　(漢)許慎撰　**檢字二卷**　(清)毛謨輯　清同治十年(1871)大興朱氏刻本　十册

500000－8741－0002865　GJ2876(802.211/S280－7)
說文解字十五卷首一卷末一卷標目一卷　(漢)許慎撰　**通檢十四卷首一卷末一卷**　(清)黎永椿編　清光緒五年(1879)刻本　六册　存二十二卷(說文檢字十至十五、通檢十四卷、首一卷、末一卷)

500000－8741－0002866　GJ2877(802.212/S280－7)
說文解字通釋四十卷　(五代)徐鍇註釋　**校勘記三卷**　(清)承培元撰　清道光十九年(1839)金陵劉氏刻本　十六册

500000－8741－0002867　GJ2878(802.211/S280－8)
說文解字通釋四十卷　(五代)徐鍇註釋　**校勘記三卷**　(清)承培元撰　清光緒六年(1880)川東刻本　十册

500000－8741－0002868　GJ2879(802.211/S280－9)
重刊許氏說文解字五音韻譜十二卷　(漢)許慎撰　(宋)李燾重編　清雍正三年(1725)刻本　四册

500000－8741－0002869　GJ2880(802.212/S281－7)
說文解字通釋四十卷　(五代)徐鍇傳釋　(五代)朱翺反切　清刻本　四册　存二十五卷(十三至三十七)

500000－8741－0002870　GJ2881(802.223/D714)
汲古閣說文訂一卷　(清)段玉裁撰　清同治十一年(1872)湖北崇文書局刻本　一册

500000－8741－0002871　GJ2882(802.223/T678－5)
說文解字注十五卷　(清)段玉裁撰　清道光學海堂刻皇清經解本　十二册　存十二卷(一至四、六至十三)

500000－8741－0002872　GJ2883(802.223/T678n)
段氏說文注訂八卷　(清)鈕樹玉著　清同治十三年(1874)湖北崇文書局刻本　二册

500000－8741－0002873　GJ2884(802.223/T678s)

說文解字注匡謬八卷 （清）徐承慶撰　清光緒九年（1883）歸安姚氏刻咫進齋叢書本　八册

500000－8741－0002874　GJ2885（802.224/C846）
說文荅問疏證六卷 （清）錢大昕撰　（清）薛傳均疏證　清光緒八年（1882）東萊軒刻本　二册

500000－8741－0002875　GJ2886（802.224/G428）
說文解字義證五十卷 （清）桂馥撰　清同治九年（1870）湖北崇文書局刻本　二十九册　存四十六卷（五至五十）

500000－8741－0002876　GJ2887（802.224/G428）
說文解字義證五十卷 （清）桂馥撰　清同治九年（1870）湖北崇文書局刻本　三十二册

500000－8741－0002877　GJ2888（802.224/G428）
說文解字義證五十卷 （清）桂馥撰　清同治九年（1870）湖北崇文書局刻本　三十二册

500000－8741－0002878　GJ2889（802.224/Q841）
說文解字斠銓十四卷 （清）錢坫撰　清光緒九年（1883）淮南書局刻本　六册

500000－8741－0002879　GJ2890（802.224/W251）
說文釋例二十卷附補正 （清）王筠撰　清光緒十三年（1887）上海積山書局石印本　四册　存八卷（十三至二十）

500000－8741－0002880　GJ2891（802.224/W251－2）
說文釋例二十卷附補正 （清）王筠撰　清光緒九年（1883）成都御風樓刻本　二十册

500000－8741－0002881　GJ2892（802.224/W251－2）
說文釋例二十卷附補正 （清）王筠撰　清光緒九年（1883）成都御風樓刻本　二十册

500000－8741－0002882　GJ2893（802.224/W251－5）
說文釋例二十卷附補正 （清）王筠撰　清同治刻本　二十册

500000－8741－0002883　GJ2894（802.224/W251－6）
說文釋例二十卷附補正 （清）王筠撰　清光緒十三年（1887）上海積山書局石印本　六册

500000－8741－0002884　GJ2895（802.224/W251－7）
說文釋例二十卷附補正 （清）王筠撰　清同治四年（1865）刻本　十册

500000－8741－0002885　GJ2896（802.225/L431）
說文辨字正俗八卷 （清）李富孫撰　清嘉慶二十一年（1816）嘉興李氏校經堂刻本　四册

500000－8741－0002886　GJ2897（802.225/L643）
古今文字通釋十四卷附愛吾廬題跋一卷 （清）呂世宜著　（清）莊中正校　清光緒五年（1879）龍溪林維源刻本　八册

500000－8741－0002887　GJ2898（802.225/W188）
說文解字句讀三十卷附補正 （清）王筠撰集　清末民初上海涵芬樓石印本　十四册

500000－8741－0002888　GJ2899（802.225/W188）
說文解字句讀三十卷附補正 （清）王筠撰集　清光緒八年（1882）四川尊經書局刻本　十四册

500000－8741－0002889　GJ2900（802.225/W188）
說文解字句讀三十卷附補正 （清）王筠撰集　清光緒八年（1882）四川尊經書局刻本　十四册

500000－8741－0002890　GJ2901（802.225/W188）
說文解字句讀三十卷附補正 （清）王筠撰集　清光緒八年（1882）四川尊經書局刻本　十四册

500000－8741－0002891　GJ2902（802.225/W188－2）
說文解字句讀三十卷附補正 （清）王筠撰集　清同治四年（1865）安邱王氏刻本　十六册

500000－8741－0002892　GJ2903（802.225/W188s）
說文繫傳校錄三十卷 （清）王筠撰　清咸豐七年（1857）安邱王彥侗刻本　二册

500000－8741－0002893　GJ2904（802.225/W188s2）
說文繫傳校錄三十卷 （清）王筠撰　清咸豐七年（1857）安邱王彥侗刻本　四册

500000－8741－0002894　GJ2905（802.225/X394）
仿唐寫本說文解字木部一卷箋異一卷 （清）莫友芝撰　清同治二年（1863）獨山莫氏刻本　一册

500000－8741－0002895　GJ2906(802.225/Z122)
說文楬原二卷　(清)張行孚撰　(清)余澍校　清光緒十年(1884)後知不足齋刻本　二冊

500000－8741－0002896　GJ2907(802.23/F244)
六書分類十二卷首一卷　(清)傅世垚輯　清康熙四十四年(1705)周天健聽松閣刻本　十四冊

500000－8741－0002897　GJ2908(802.23/F244)
六書分類十二卷首一卷　(清)傅世垚輯　清康熙四十四年(1705)周天健聽松閣刻本　十四冊

500000－8741－0002898　GJ2909(802.23/S817)
六藝綱目二卷附字原一卷發原一卷　(元)舒天民撰　(元)舒恭注　(明)趙宜中附注　清光緒十七年(1891)思賢書局刻本　二冊

500000－8741－0002899　GJ2910(802.23/S817)
六藝綱目二卷附字原一卷發原一卷　(元)舒天民撰　(元)舒恭注　(明)趙宜中附注　清咸豐三年(1853)聊城楊氏海源閣刻本　二冊

500000－8741－0002900　GJ2911(802.23/W100)
許氏說文解字六書論正二十四卷首一卷　(清)王育著　清稿本　二十四冊

500000－8741－0002901　GJ2912(802.23/Z721)
六書正譌五卷　(元)周伯琦編注　(明)胡正言訂篆　明崇禎七年(1634)胡正言十竹齋刻本　四冊

500000－8741－0002902　GJ2913(802.24/A340)
韻徵十六卷　(清)安吉撰　清道光十八年(1838)梁溪華湛恩刻本　八冊

500000－8741－0002903　GJ2914(802.24/D714)
六書音韻表五卷　(清)段玉裁撰　清同治十一年(1872)湖北崇文書局刻本　二冊

500000－8741－0002904　GJ2915(802.24/D714)
六書音韻表五卷　(清)段玉裁撰　清同治十一年(1872)湖北崇文書局刻本　二冊

500000－8741－0002905　GJ2916(802.24/G454)
繆篆集略分韵一卷　(清)桂馥編　清光緒二十一年(1895)抄本　五冊

500000－8741－0002906　GJ2917(802.24/M480)
說文聲讀表七卷　(清)苗夔纂　清同治至光緒福山王氏刻本　二冊

500000－8741－0002907　GJ2918(802.24/M480m)
苗氏說文四種四十六卷　(清)苗夔纂　清道光至咸豐間理董居刻本　九冊

500000－8741－0002908　GJ2919(802.24/M480m3)
苗氏說文四種四十六卷　(清)苗夔纂　清道光至咸豐間壽陽祁氏漢磚亭刻本　四冊

500000－8741－0002909　GJ2920(802.24/S281)
說文解字韻譜五卷　(五代)徐鍇撰　清刻本　四冊

500000－8741－0002910　GJ2921(802.24/S604)
聲譜二卷聲說二卷　(清)時庸勱撰　清光緒十八年(1892)河南星使行臺刻聽古廬聲學十書本　四冊

500000－8741－0002911　GJ2922(802.24/W188)
說文韻譜校五卷　(清)王筠撰　清光緒九年(1883)歸安姚氏刻本　四冊

500000－8741－0002912　GJ2923(802.25/S334)
說文古本攷十四卷　(清)沈濤撰　清光緒十年(1884)吳縣潘氏滂喜齋刻本　八冊

500000－8741－0002913　GJ2924(802.251/C717)
說文引經攷證七卷互異說一卷　(清)陳瑑撰　(清)徐郙參校　清同治十三年(1874)湖北崇文書局刻本　二冊

500000－8741－0002914　GJ2925(802.251/C717)
說文引經攷證七卷互異說一卷　(清)陳瑑撰　(清)徐郙參校　清同治十三年(1874)湖北崇文書局刻本　二冊

500000－8741－0002915　GJ2926(802.251/Z－141)
說文引經證例二十四卷　(清)承培元撰　清光緒二十一年(1895)廣東廣雅書局刻本　六冊

500000－8741－0002916　GJ2927(802.257/S100)
古籒餘論三卷　(清)孫詒讓撰　清光緒二十

九年(1903)籀經樓刻本　二冊

500000－8741－0002917　GJ2928(802.257/S100－2)
古籀拾遺三卷　(清)孫詒讓撰　**宋政和禮器文字攷一卷**　清光緒十四年至十六年(1888－1890)瑞安孫氏刻本　一冊

500000－8741－0002918　GJ2929(802.257/W468)
說文古籀補十四卷附錄一卷　(清)吳大澂撰　清光緒二十四年(1898)刻本　二冊

500000－8741－0002919　GJ2930(802.257/Z433)
說文古籀疏證六卷　(清)莊述祖撰　清光緒二十年(1894)津郡明文堂刻本　四冊

500000－8741－0002920　GJ2931(802.26/Z－818)
說文逸字二卷附錄一卷附巢經巢集一卷　(清)鄭珍撰　(清)鄭知同撰附錄　清刻本　二冊

500000－8741－0002921　GJ2932(802.27/Hs461)
說文部首十四卷　(□)□□撰　清湖北武昌嘯云書室刻本　一冊

500000－8741－0002922　GJ2933(802.27/Hs461－3)
說文部首讀本十四卷　題嘯雲主人撰　清湖北武昌書局刻本　一冊

500000－8741－0002923　GJ2934(802.27/L234)
說文通檢十四卷首一卷末一卷　(清)黎永椿編　清光緒二年(1876)崇文書局刻本　四冊

500000－8741－0002924　GJ2935(802.27/L234)
說文通檢十四卷首一卷末一卷　(清)黎永椿編　清光緒二年(1876)崇文書局刻本　二冊

500000－8741－0002925　GJ2936(802.28/L542)
班馬字類五卷　(宋)婁機撰　清乾隆揚州馬氏小玲瓏山館刻本　一冊

500000－8741－0002926　GJ2937(802.28/L542－2)
班馬字類二卷　(宋)婁機撰　清光緒九年(1883)常熟鮑氏後知不足齋刻本　二冊

500000－8741－0002927　GJ2938(802.28/L542－3)
班馬字類五卷　(宋)婁機撰　清倪氏經鉏堂刻本　二冊

500000－8741－0002928　GJ2939(802.28/R244)
字林考逸八卷　(清)任大椿撰　清石印本　一冊

500000－8741－0002929　GJ2940(802.28/S162)
倉頡篇三卷原本玉篇一卷　(清)孫星衍輯　清石印本　一冊

500000－8741－0002930　GJ2941(802.28/S179)
類篇十五卷　(宋)司馬光撰　清光緒二年(1876)川東官舍刻本　十四冊

500000－8741－0002931　GJ2942(802.29/G054)
佩觿三卷　(宋)郭忠恕撰　清康熙四十九年(1710)張士俊刻澤存堂五種本　一冊

500000－8741－0002932　GJ2943(802.29/S538)
急就篇四卷　(漢)史游撰　(唐)顏師古注　清光緒十年(1884)成都志古堂刻本　四冊

500000－8741－0002933　GJ2944(802.29/S538)
急就篇四卷　(漢)史游撰　(唐)顏師古注　清光緒十年(1884)成都志古堂刻本　四冊

500000－8741－0002934　GJ2945(802.29/Z－260)
廣金石韻府五卷字畧一卷目錄五卷　(清)林尚葵輯　(清)李根較正　清康熙九年(1670)周亮工賴古堂刻朱墨套印本　六冊

500000－8741－0002935　GJ2946(802.29/Z－818)
漢簡箋正七卷目錄一卷　(宋)郭忠恕撰　(清)鄭珍箋正　清光緒十六年(1890)廣雅書局刻本　四冊

500000－8741－0002936　GJ2947(802.293/G344)
隸辨八卷　(清)顧藹吉撰　清乾隆八年(1743)黃晟刻本　八冊

500000－8741－0002937　GJ2948(802.295/G344)
隸辨八卷　(清)顧藹吉撰　清乾隆八年(1743)黃晟刻本　八冊

500000－8741－0002938　GJ2949(802.295/G344)
隸辨八卷　(清)顧藹吉撰　清乾隆八年(1743)黃晟刻本　八冊

500000－8741－0002939　GJ2950(802.295/G344)
隸辨八卷　(清)顧藹吉撰　清光緒二十一年

(1895)刻本　八冊

500000－8741－0002940　GJ2951(802.295/G344)
隸辨八卷　(清)顧藹吉撰　清乾隆八年(1743)黃晟刻本　八冊

500000－8741－0002941　GJ2952(802.295/L545)
漢隸字源五卷碑目一卷附字一卷　(宋)婁機撰　明末毛氏汲古閣刻本　六冊

500000－8741－0002942　GJ2953(802.295/L545－2)
漢隸字源五卷碑目一卷附字一卷　(宋)婁機撰　明末毛氏汲古閣刻本　四冊

500000－8741－0002943　GJ2954(802.295/L713)
隸韻十卷附碑目一卷　(宋)劉球撰　**碑目攷證一卷**　(清)秦恩復撰　清嘉慶十五年(1810)秦氏石研齋刻本　六冊

500000－8741－0002944　GJ2955(802.295/L713)
隸韻十卷附碑目一卷　(宋)劉球撰　**隸韻攷證二卷**　(清)翁方綱撰　**碑目攷證一卷**　(清)秦恩復撰　清嘉慶十五年(1810)秦氏石研齋刻本　八冊

500000－8741－0002945　GJ2956(802.295/L713w)
隸韻攷證二卷　(清)翁方綱　**碑目攷證一卷**　(清)秦恩復撰　清嘉慶十五年(1810)秦氏石研齋刻本　二冊

500000－8741－0002946　GJ2957(802.295/Z－112)
隸篇十五卷續十五卷再續十五卷　(清)翟云升撰　清道光十七年至二十四年(1837－1844)東萊翟氏刻本　十冊

500000－8741－0002947　GJ2958(802.295/Z113)
隸篇十五卷續十五卷再續十五卷　(清)翟云升撰　清道光十七年至二十四年(1837－1844)東萊翟氏刻本　十冊

500000－8741－0002948　GJ2959(802.295/Z460)
隸有六卷拾遺一卷隸通一卷　(清)趙曈輯　清光緒十五年(1889)石印本　一冊

500000－8741－0002949　GJ2960(802.297/P340)
楷法溯源十四卷目錄一卷　(清)潘存輯　楊守敬編　清光緒三年至四年(1877－1878)刻本　十五冊

500000－8741－0002950　GJ2961(802.298/Z122)
臨文便覽一卷　(清)龍光甸　(清)龍啟瑞輯　清光緒二年(1876)京都松竹叁刻本　二冊

500000－8741－0002951　GJ2962(802.3/M403)
字彙十二卷首一卷末一卷　(明)梅膺祚音釋　清同治七年(1868)文正堂刻本　十四冊

500000－8741－0002952　GJ2963(802.3/M403－2)
字彙十二卷首一卷末一卷　(明)梅鼎祚輯　清康熙二十七年(1688)文會堂刻本　十四冊

500000－8741－0002953　GJ2964(802.3/S469)
康熙字典十二集檢字一卷辨似一卷等韻二卷備考一卷補遺一卷　(清)張玉書主編　清道光七年(1827)刻本　三十二冊　存十集六卷(子集至丑集、辰集下至亥集,檢字一卷,辨似一卷,等韻二卷,備考一卷,補遺一卷)

500000－8741－0002954　GJ2965(802.3/S469－5)
康熙字典十二集補遺一卷備考一卷　(清)張玉書主編　清光緒十一年(1885)上海同文書局石印本　六冊

500000－8741－0002955　GJ2966(802.3/S469－5)
康熙字典十二集檢字一卷辨似一卷等韻一卷備考一卷補遺一卷　(清)張玉書主編　清光緒二十年(1894)上海同文書局石印本　十二冊

500000－8741－0002956　GJ2967(802.3/S469－9)
康熙字典十二集檢字一卷辨似一卷等韻一卷備考一卷補遺一卷　(清)張玉書主編　清光緒三十二年(1906)上海商務印書館石印本　五冊　存十一集三卷(子集至戌集、檢字一卷、辨似一卷、等韻一卷)

500000－8741－0002957　GJ2968(802.3/S469b)
字典攷證十二集　(清)奕繪等輯錄　清光緒二年(1876)崇文書局刻本　六冊

500000－8741－0002958　GJ2969(802.3/S469b)
字典攷證十二集　(清)奕繪等輯錄　清光緒二年(1876)崇文書局刻本　六冊

500000－8741－0002959　GJ2970(802.3/S469z)
康熙字典撮要不分卷　(英國)湛約翰撰　(清)王揚安釋　清光緒四年(1878)刻本　三冊

500000－8741－0002960　GJ2971(802.3/T817)
增廣字學舉隅四卷　(清)鐵珊輯　清同治十三年(1874)蘭州郡署刻本　四冊

500000－8741－0002961　GJ2972(802.4/D100)
附釋文互註禮部韻略五卷　(宋)丁度撰　清光緒二年(1876)川東官舍刻本　五冊

500000－8741－0002962　GJ2973(802.4/G391)
顧氏音學五書三十八卷　(清)顧炎武撰　清光緒十六年(1890)思賢講舍刻本　十二冊

500000－8741－0002963　GJ2974(802.4/G391)
顧氏音學五書三十八卷　(清)顧炎武撰　清光緒十六年(1890)思賢講舍刻本　十六冊

500000－8741－0002964　GJ2975(802.4/L133)
韻府鉤沉五卷　(清)雷浚撰　清光緒十三年(1887)吳縣雷氏刻本　三冊

500000－8741－0002965　GJ2976(802.4/M204)
韻字略十二集　(清)毛謨撰　清光緒元年(1875)桐華書屋薛氏家塾刻本　二冊

500000－8741－0002966　GJ2977(802.4/T308)
音學秘書四卷　(清)涂謙撰　清道光九年(1829)六吉居刻本　四冊

500000－8741－0002967　GJ2978(802.4/X436)
大明萬曆乙亥重刊改併五音類聚四聲篇十五卷　(金)韓道昭撰　明萬曆三年至十七年(1575－1589)刻本　二十冊

500000－8741－0002968　GJ2979(802.4/X436b)
大明萬曆己丑重刊改併五音集韻十五卷　(金)韓道昭撰　明崇禎二年至十年(1629－1637)金陵圓覺庵釋新仁刻本　八冊

500000－8741－0002969　GJ2980(802.4/X441)
古今中外音韻通例不分卷　(清)胡垣撰　清光緒十四年(1888)刻本　四冊

500000－8741－0002970　GJ2981(802.4/Z122)
館文便覽不分卷　(清)張仰山輯　清同治十三年(1874)刻本　二冊

500000－8741－0002971　GJ2982(802.4/Z142)
澤存堂五種五十卷　(清)張士俊輯　清光緒十四年(1888)上海蜚英館石印本　八冊

500000－8741－0002972　GJ2983(802.4/Z142)
澤存堂五種五十卷　(清)張士俊輯　清光緒十四年(1888)上海蜚英館石印本　八冊

500000－8741－0002973　GJ2984(802.41/D100)
集韵十卷　(宋)丁度修定　清光緒二年(1876)歸安姚氏東川官舍刻本　十冊

500000－8741－0002974　GJ2985(802.41/D100)
集韵十卷　(宋)丁度修定　清光緒二年(1876)歸安姚氏東川官舍刻本　十冊

500000－8741－0002975　GJ2986(802.41/J343)
先秦韻讀不分卷　(清)江有誥撰　清嘉慶二十五年(1820)刻本　二冊

500000－8741－0002976　GJ2987(802.41/S174)
古今韻律五卷　(清)邵長蘅纂　清康熙刻本　五冊

500000－8741－0002977　GJ2988(802.41/X304)
漢魏音四卷　(清)洪亮吉撰　清光緒三年(1877)授經堂刻本　一冊

500000－8741－0002978　GJ2989(802.41/Z165)
古韻發明不分卷附切字肆考不分卷　(清)張畊撰　清道光六年(1826)芸心堂刻本　四冊

500000－8741－0002979　GJ2990(802.41/Z165)
古韻發明不分卷附切字肆考不分卷　(清)張畊撰　清道光六年(1826)芸心堂刻本　三冊　存(古韻發明不分卷)

500000－8741－0002980　GJ2991(802.42/C367－1)
切韻考外篇三卷　(清)陳澧撰　清末鉛印本　一冊

500000－8741－0002981　GJ2992(802.42/L730－3)
唐寫本唐韻不分卷　(唐)孫愐撰　清光緒三十四年(1908)石印本　一冊

500000－8741－0002982　GJ2993(802.42/X105)
新集古文四聲韻五卷　(宋)夏竦撰　**附錄一卷**　清乾隆四十四年(1779)新安汪啟淑刻本　四册

500000－8741－0002983　GJ2994(802.42/Y765)
新增說文韻府群玉二十卷　(元)陰時夫輯　(元)陰中夫註　清聚錦堂刻本　二十册

500000－8741－0002984　GJ2995(802.43/L207)
洪武正韻十六卷　(明)樂韶鳳等撰　明刻本　十册

500000－8741－0002985　GJ2996(802.43/L207)
洪武正韻十六卷　(明)樂韶鳳等撰　明刻本　十册

500000－8741－0002986　GJ2997(802.43/L207)
洪武正韻十六卷　(明)樂韶鳳等撰　明初刻本　十册

500000－8741－0002987　GJ2998(802.43/x250)
古今韻會舉要三十卷附禮部韵略七音三十六母通攷一卷　(元)熊忠撰　(元)黄公紹編輯　清光緒九年(1883)淮南書局刻本　十册

500000－8741－0002988　GJ2999(802.43/x482)
古今韻會舉要三十卷附禮部韵略七音三十六母通攷一卷　(元)熊忠撰　(元)黄公紹編輯　清光緒九年(1883)淮南書局刻本　十册

500000－8741－0002989　GJ3000(802.44/F477)
剔弊廣增分韻五方元音二卷首一卷　(清)樊騰鳳著　(清)趙培梓編　清光緒十三年(1887)刻本　五册

500000－8741－0002990　GJ3001(802.44/F477－2)
五方元音二卷　(清)樊騰鳳原本　(清)年希堯增補　清光緒二十年(1894)書業德記刻本　二册

500000－8741－0002991　GJ3002(802.44/F477－3)
五方元音二卷　(清)樊騰鳳原本　(清)年希堯增補　清光緒八年(1882)刻本　二册

500000－8741－0002992　GJ3003(802.44/L431)
李氏音鑑六卷　(清)李汝珍撰　清光緒十四年(1888)寶善堂刻本　四册

500000－8741－0002993　GJ3004(802.44/L431)
李氏音鑑六卷　(清)李汝珍撰　清光緒十四年(1888)寶善堂刻本　三册　存五卷(一至二、四至六)

500000－8741－0002994　GJ3005(802.44/L451)
音韻須知二卷　(清)李書雲輯　清康熙刻本　二册

500000－8741－0002995　GJ3006(802.44/y425)
韻法十便十二卷　(清)楊得春撰　清光緒二十年(1894)刻本　十二册

500000－8741－0002996　GJ3007(802.44/Z165)
切字肆考不分卷　(清)張畊撰　清道光滕陽張氏芸心堂刻本　一册

500000－8741－0002997　GJ3008(802.44/Z－744)
佩文詩韻釋要五卷　(清)周蓮塘(周兆基)撰　(清)朱蘭重輯　清光緒元年(1875)湖北崇文書局刻本　一册

500000－8741－0002998　GJ3009(802.45/L913)
等韻一得内篇一卷外篇一卷補篇一卷　勞乃宣撰　清光緒二十四年(1898)吳橋官廨刻本　三册

500000－8741－0002999　GJ3010(802.5/K785)
輶軒使者絕代語釋别國方言十三卷首一卷　(漢)揚雄撰　(晉)郭璞注　**續方言二卷**　(清)杭世駿輯　**續方言補一卷**　(清)程際盛纂　清光緒十七年(1891)思賢講舍刻本　三册

500000－8741－0003000　GJ3011(802.5/K785)
輶軒使者絕代語釋别國方言十三卷首一卷　(漢)揚雄撰　(晉)郭璞注　**續方言二卷**　(清)杭世駿輯　**續方言補一卷**　(清)程際盛纂　清光緒十七年(1891)思賢講舍刻本　三册

500000－8741－0003001　GJ3012(802.5/Y523)
方言十二卷　(漢)揚雄撰　清刻本　一册

500000－8741－0003002　GJ3013(802.51/I－442－2)

輶軒使者絕代語釋别國方言箋疏十三卷 (清)錢繹撰 清光緒十六年(1890)紅蝠山房刻本 六册

500000－8741－0003003 GJ3014(802.51/I－442－8a)
輶軒使者絕代語釋别國方言十三卷首一卷 (漢)揚雄撰 (清)戴震疏證 清光緒八年(1882)汗青簃刻本 四册

500000－8741－0003004 GJ3015(802.51/I－442－8a)
輶軒使者絕代語釋别國方言十三卷 (漢)揚雄撰 (清)戴震疏證 清光緒八年(1882)汗青簃刻本 四册

500000－8741－0003005 GJ3016(802.51/I－442－9)
輶軒使者絕代語釋别國方言箋疏十三卷 (清)錢繹撰 清光緒南陵徐氏積學齋刻本 四册 存六卷(一至六)

500000－8741－0003006 GJ3017(802.51/I540)
輶軒使者絕代語釋别國方言十三卷 (漢)揚雄撰 (清)戴震疏證 **續方言二卷** (清)杭世駿搜集 清刻本 四册

500000－8741－0003007 GJ3018(802.51/X404)
吴下方言考十二卷 (清)胡文英輯 清乾隆四十八年(1783)刻本 六册

500000－8741－0003008 GJ3019(802.56/L913)
重訂合聲簡字譜不分卷 勞乃宣撰 清光緒三十二年(1906)江甯矩齋刻本 一册

500000－8741－0003009 GJ3020(802.57/Z121)
四字類賦二十七卷附虚字賦一卷虚字訣一卷 (清)張師載輯 清光緒十五年(1889)善成堂刻本 六册

500000－8741－0003010 GJ3021(802.61/U269)
經詞衍釋十卷補遺一卷 (清)吴昌瑩撰 清光緒三年(1877)吴氏得一齋刻本 二册

500000－8741－0003011 GJ3022(802.63/M715)
馬氏文通十卷附校勘記 (清)馬建忠撰 清光緒三十年(1904)成都官報書局石印本 八册

500000－8741－0003012 GJ3023(802.63/M715)
馬氏文通十卷附校勘記 (清)馬建忠撰 清光緒三十年(1904)成都官報書局石印本 八册

500000－8741－0003013 GJ3024(802.7/L268)
金石三例十五卷 (清)盧見曾輯 清光緒四年(1878)讀有用書齋刻朱墨套印本 四册

500000－8741－0003014 GJ3025(802.7/L268)
金石三例十五卷 (清)盧見曾輯 清光緒四年(1878)讀有用書齋刻朱墨套印本 四册

500000－8741－0003015 GJ3026(802.7/L414)
新刊禮記積翠裒言十六卷 (明)王圻等撰 明萬曆十三年(1585)秦紳等刻本 十二册

500000－8741－0003016 GJ3027(802.7/W022)
文断不分卷 (明)唐之淳撰 清抄本 一册

500000－8741－0003017 GJ3028(802.7/Z825)
尊經書院課藝四刻六卷 (清)薛慰農鑒定 清光緒五年(1879)刻本 八册

500000－8741－0003018 GJ3029(802.81/D491)
課蒙舉隅二卷 (清)杜成章編輯 清刻本 二册

500000－8741－0003019 GJ3030(802.81/K043)
家塾蒙求五卷 (清)康基淵輯 清嘉慶十七年(1812)刻本 二册 存二卷(一、三)

500000－8741－0003020 GJ3031(802.81/L438)
李氏蒙求八卷 (唐)李瀚撰 (清)楊迦懌集註 清光緒二十二年(1896)新化三味堂刻本 六册

500000－8741－0003021 GJ3032(802.81/L747)
重校蒙學字課圖說四卷附檢字一卷類字一卷 (清)劉樹屏撰 清光緒二十七年(1901)石印本 八册

500000－8741－0003022 GJ3033(802.81/S434)
龍文鞭影初集二卷二集二卷三集三卷 (明)蕭良有著 (明)楊臣諍增訂 (明)陳士龍編次 (清)來集之音註 清光緒刻本 六册

500000－8741－0003023 GJ3034(802.81/S434－2)
龍文鞭影二卷 (明)蕭良有著 (清)楊臣諍

增訂　清同治十二年(1873)刻本　四册

500000－8741－0003024　GJ3035(802.81/S434b)
訓蒙四字經二集讀本二卷龍文鞭影二集二卷　(清)李暉吉　(清)徐灒輯　清書樓刻本　一册　存二卷(訓蒙四字經二集讀本一、龍文鞭影二集一)

500000－8741－0003025　GJ3036(802.81/S4341)
重輯增註龍文鞭影五卷幼學便紀四卷　(明)蕭良有著　(明)楊臣諍增訂　(清)劉有廉輯註　清光緒十三年(1887)刻本　五册　存六卷(龍文鞭影五卷、幼學便紀一)

500000－8741－0003026　GJ3037(802.81/X243)
徐氏三種三卷　(清)徐士業輯　清光緒十三年(1887)刻本　三册

500000－8741－0003027　GJ3038(802.81/X243)
徐氏三種三卷　(清)徐士業輯　清光緒十三年(1887)刻本　三册

500000－8741－0003028　GJ3039(802.82/C849)
經餘必讀續編八卷　(清)錢樹棠　(清)雷琳輯　清光緒二年(1876)退補齋刻本　三册

500000－8741－0003029　GJ3040(802.82/C849)
經餘必讀八卷　(清)錢樹棠　(清)雷琳輯　清光緒二年(1876)退補齋刻本　三册

500000－8741－0003030　GJ3041(802.82/C849:3)
經餘必讀三集四卷　(清)趙在翰纂　清光緒二年(1876)退補齋刻本　二册

500000－8741－0003031　GJ3042(802.82/C849－2)
經餘必讀八卷續編八卷　(清)錢樹棠　(清)雷琳輯　**三集四卷**　(清)趙在翰纂　清光緒二十年(1894)尚德堂刻本　十册

500000－8741－0003032　GJ3043(802.82/C849b)
經餘必讀八卷續編八卷　(清)錢樹棠　(清)雷琳輯　**三集四卷**　(清)趙在翰纂　清光緒二年(1876)退補齋刻本　十册

500000－8741－0003033　GJ3044(802.82/L536)
古文析義初編六卷二編八卷　(清)林雲銘評註　清刻本　十四册

500000－8741－0003034　GJ3045(802.82/L630)
東萊先生古文關鍵二卷　(宋)呂祖謙評　(宋)蔡文子註　(清)徐樹屏考異　清光緒二十四年(1898)江蘇書局刻本　二册

500000－8741－0003035　GJ3046(802.82/M204)
古文說餘三十四卷　(清)毛慶蕃評選　清光緒三十四年(1908)鉛印本　十册

500000－8741－0003036　GJ3047(802.82/P340)
古文眉詮七十九卷首一卷　(清)浦起龍論次　(清)程鍾　(清)方懋福彙參　清乾隆六年至九年(1741－1744)三吳書院刻本　十六册

500000－8741－0003037　GJ3048(802.82/P340)
古文眉詮七十九卷首一卷　(清)浦起龍論次　(清)程鍾　(清)方懋福彙參　清乾隆六年至九年(1741－1744)三吳書院刻本　二十四册

500000－8741－0003038　GJ3049(802.82/P340－2)
古文眉詮七十九卷首一卷　(清)浦起龍論次　(清)程鍾　(清)方懋福彙參　清乾隆六年至九年(1741－1744)三吳書院刻本　二十册

500000－8741－0003039　GJ3050(802.82/S113)
山曉閣選古文全集三十二卷　(清)孫琮評　清刻本　六十册

500000－8741－0003040　GJ3051(802.82/S467)
文章軌範七卷　(元)謝枋得批點　(清)戴許光重訂　清光緒三十四年(1908)志古堂刻本　二册

500000－8741－0003041　GJ3052(802.82/U202)
古文觀止十二卷　(清)吳乘權　(清)吳大職輯　清光緒三十三年(1907)上海校經山房煥文書局石印本　二册

500000－8741－0003042　GJ3053(802.82/X805)
重訂古文釋義新編八卷　(清)余誠評註　清光緒二十八年(1902)刻本　八册

500000－8741－0003043　GJ3054(802.82/Y194)
古文分編集評四集二十二卷　(清)于光華編輯　(清)于在衡裁定　清乾隆四十年(1775)

務本堂刻本　十七册

500000－8741－0003044　GJ3055(802.911/F291)
御製增訂清文鑑三十二卷總綱八卷補編四卷補編總綱一卷　(清)傅恆等編　清乾隆刻本　四十八册

500000－8741－0003045　GJ3056(802.911/F291)
御製增訂清文鑑三十二卷總綱八卷補編四卷補編總綱一卷　(清)傅恆等編　清刻本　三十八册　存三十七卷(文鑑三十二卷、補編四卷、補編總綱一卷)

500000－8741－0003046　GJ3057(802.911/F414)
清文彙書十二卷　(清)李延基撰　清京都隆福寺三槐堂書坊刻本　十二册

500000－8741－0003047　GJ3058(802.911/F414b)
清文補彙八卷　(清)宜興撰　清嘉慶七年(1802)刻本　八册

500000－8741－0003048　GJ3059(802.911/F431)
重刻清文虛字指南編二卷　(清)萬福著　(清)鳳山訂　清光緒二十年(1894)京都隆福寺聚珍堂書坊刻本　二册

500000－8741－0003049　GJ3060(802.911/L414b)
清文補彙八卷　(清)宜興編　清光緒十六年(1890)京都琉璃廠刻本　八册

500000－8741－0003050　GJ3061(802.911/U844)
滿漢字清文啟蒙四卷　(清)舞格著　(清)程明遠校　清雍正八年(1730)錢塘程氏刻本　二册

500000－8741－0003051　GJ3062(811.1/F054)
書林揚觶二卷　(清)方東樹撰　清同治十年(1871)望三益齋刻本　二册

500000－8741－0003052　GJ3063(811.1/F054)
書林揚觶二卷　(清)方東樹撰　清同治十年(1871)望三益齋刻本　四册

500000－8741－0003053　GJ3064(820/F054－2)
昭昧詹言十卷續八卷續錄二卷　(清)方東樹撰　清光緒十七年(1891)刻本　六册

500000－8741－0003054　GJ3065(820/L038)
制義叢話二十四卷題名一卷後序一卷　(清)梁章鉅撰　清咸豐元年(1851)刻本　八册

500000－8741－0003055　GJ3066(820/L775)
藝概六卷　(清)劉熙載撰　清同治十二年(1873)刻本　四册

500000－8741－0003056　GJ3067(820.5/Z－484)
著作林二十二期　(清)著作林社輯　清光緒杭州著作林社刻本(十七至二十二期爲鉛印本)　二十二册

500000－8741－0003057　GJ3068(820.61/W221b)
經傳釋詞補一卷　(清)孫經世撰　清光緒十四年(1888)長洲蔣氏心矩齋刻本　一册

500000－8741－0003058　GJ3069(820.8/Z319)
振綺堂叢刊七種十七卷　(清)汪康年輯　清道光至光緒錢塘汪氏刻民國浙江省立圖書館印本　八册

500000－8741－0003059　GJ3070(821.1/S453)
蘇文忠公潁州禱雨紀事詩話不分卷　(宋)蘇軾撰　清綠欄抄本　一册

500000－8741－0003060　GJ3071(821.11/M242)
唐人試帖四卷　(清)毛奇齡論定　清康熙刻本　一册

500000－8741－0003061　GJ3072(821.11/Y446)
學詩初例五卷首一卷　(清)袁若愚訂　清康熙五十五年(1716)文盛堂刻本　二册

500000－8741－0003062　GJ3073(821.13/W304)
杜韓詩句集韻三卷　(清)汪文伯輯　清康熙四十五年至四十六年(1706－1707)刻本　五册

500000－8741－0003063　GJ3074(821.17/W133)
聲調三譜四卷　(清)王祖源輯　清同治至光緒福山王氏刻本　四册

500000－8741－0003064　GJ3075(821.18/F392)
詩紀一百五十六卷目錄三十六卷　(明)馮惟訥彙輯　明萬曆吳氏刻本　二十册

500000－8741－0003065　GJ3076(821.18/F392)
詩紀一百三十卷前集十卷外集四卷別集十二

卷　（明）馮惟訥彙輯　明嘉靖三十九年（1560）甄敬刻本　四十册

500000－8741－0003066　GJ3077(821.18/L431)
停雲閣詩話十六卷　（清）李家瑞纂　清咸豐五年（1855）刻本　四册

500000－8741－0003067　GJ3078(821.18/W234)
說詩樂趣類編二十卷附偶咏草續集一卷　（清）伍涵芬定　（清）汪正鈞參訂　清刻本　四册

500000－8741－0003068　GJ3079(821.3/Y867)
詩韻珠璣五卷附汪立名論古韻通轉　（清）余照輯　清嘉慶五年（1800）刻本　五册

500000－8741－0003069　GJ3080(821.8/P422)
測海集六卷　（清）彭紹升撰　清同治四年（1865）刻本　二册

500000－8741－0003070　GJ3081(821.8/S377)
選學膠言不分卷　（清）張雲璈撰　清綠欄抄本　一册

500000－8741－0003071　GJ3082(821.8/T714)
全浙詩話五十四卷　（清）陶元藻輯　（清）陶廷珍　（清）陶廷琡編次　清嘉慶元年（1796）刻本　二十册

500000－8741－0003072　GJ3083(821.8/U223)
聲調譜說二卷附四庫全書辨證通俗文字一卷　（清）吴紹澯纂訂　清刻本　一册

500000－8741－0003073　GJ3084(821.8/W143)
帶經堂詩話三十卷首一卷　（清）王士禛撰　清光緒元年（1875）刻本　八册

500000－8741－0003074　GJ3085(821.8/W143)
帶經堂詩話三十卷首一卷　（清）王士禛撰　清光緒元年（1875）刻本　八册

500000－8741－0003075　GJ3086(821.8/W143－2)
帶經堂詩話三十卷首一卷　（清）王士禛撰　清刻本　十册

500000－8741－0003076　GJ3087(821.8/W143－2)
帶經堂詩話三十卷首一卷　（清）王士禛撰　（清）張宗柟編輯　清乾隆刻本　八册

500000－8741－0003077　GJ3088(821.8/W143－3)
帶經堂詩話三十卷首一卷　（清）王士禛撰　清同治十二年（1873）廣州藏脩堂刻本　十二册

500000－8741－0003078　GJ3089(821.8/X209)
歷代詩話二十七種五十七卷考索一卷　（清）何文焕輯　清刻本　十六册

500000－8741－0003079　GJ3090(821.8/Z127)
藝談錄二卷　（清）張維屏撰　清刻松心十錄本　一册　存一卷（二）

500000－8741－0003080　GJ3091(821.8/Z492)
初白菴詩評三卷詞綜偶評一卷　（清）查慎行撰　（清）張載華輯　清乾隆四十二年（1777）刻本　四册

500000－8741－0003081　GJ3092(821.843/T136)
司空詩品註釋一卷　（唐）司空圖撰　清光緒十八年（1892）鴻潤書林刻本　一册

500000－8741－0003082　GJ3093(821.843/Z829－3)
司空詩品註釋一卷　（唐）司空圖撰　清同治九年（1870）寶文書局刻本　一册

500000－8741－0003083　GJ3094(821.851/I494)
石林詩話一卷　（宋）葉夢得撰　（清）毛晉訂　明毛晉刻津逮秘書本　一册

500000－8741－0003084　GJ3095(821.851/L766)
宋詩紀事一百卷　（清）厲鶚　（清）馬曰琯輯　清乾隆十一年（1746）刻本　二十四册

500000－8741－0003085　GJ3096(821.851/L766b)
宋詩紀事補遺一百卷　（清）陸心源輯　清光緒十九年（1893）刻本　二十四册

500000－8741－0003086　GJ3097(821.852/W203－3)
詩人玉屑二十卷　（宋）魏慶之撰　清道光七年（1827）刻本　四册

500000－8741－0003087　GJ3098(821.852/W203－3)
詩人玉屑二十卷　（宋）魏慶之撰　清刻本　四册

500000－8741－0003088　GJ3099(821.856/T335)
金源紀事詩八卷　（清）湯運泰撰　清嘉慶十

八年(1813)刻本　四册

500000－8741－0003089　GJ3100(821.856/T335－2)
金源紀事詩八卷　(清)湯運泰撰　清同治十二年(1873)淮南書局刻本　四册

500000－8741－0003090　GJ3101(821.86/S045)
四溟山人詩家直說二卷　(明)謝榛撰　(明)盛以進訂　清抄本　一册

500000－8741－0003091　GJ3102(821.87/I－410)
筠石山房詩話鈔不分卷　(清)楊霈輯　清道光二十七年(1847)粵東糧道署刻本　六册

500000－8741－0003092　GJ3103(821.87/L401)
賦話十卷　(清)李調元撰　清光緒七年(1881)瀹雅齋刻本　二册

500000－8741－0003093　GJ3104(821.87/M722)
詩法火傳左編十六卷　(清)馬上巘輯　清順治古吳服古堂刻本　六册

500000－8741－0003094　GJ3105(821.87/P327)
養一齋詩話十卷李杜詩話三卷　(清)潘德輿撰　清道光刻本　四册

500000－8741－0003095　GJ3106(821.87/P327－2)
養一齋詩話十卷李杜詩話三卷　(清)潘德輿撰　清道光刻本　四册

500000－8741－0003096　GJ3107(821.87/R710)
廣陵詩事十卷　(清)阮元記　清光緒十六年(1890)京師揚州會館刻本　二册

500000－8741－0003097　GJ3108(821.87/S248)
而菴說唐詩二十二卷首一卷　(清)徐增撰　清九誥堂刻本　十册

500000－8741－0003098　GJ3109(821.87/W802)
小石帆亭著錄六卷　(清)翁方綱撰　清乾隆五十七年(1792)刻本　一册

500000－8741－0003099　GJ3110(821.872/W143)
漁洋詩話三卷　(清)王士禎撰　清乾隆二十三年(1758)刻本　一册

500000－8741－0003100　GJ3111(822/Y020)
庾開府哀江南賦註一卷　(北周)庾信撰　(清)徐樹穀　(清)徐炯輯　清康熙刻本　一册

500000－8741－0003101　GJ3112(822/Z340)
古賦辨體十卷　(元)祝堯輯　明嘉靖十六年(1537)刻本　八册

500000－8741－0003102　GJ3113(823.1/C562)
詞學叢書六種二十三卷　(清)秦恩復輯　清嘉慶至道光江都秦氏享帚精舍刻本　十册

500000－8741－0003103　GJ3114(823.1/C562)
詞學叢書六種二十三卷　(清)秦恩復輯　清嘉慶至道光江都秦氏享帚精舍刻本　八册

500000－8741－0003104　GJ3115(823.1/S284)
詞苑叢談十二卷　(清)徐釚編　清康熙二十七年(1688)刻本　三册

500000－8741－0003105　GJ3116(823.12/Z122)
詩餘圖譜三卷　(明)張綖撰　明崇禎八年(1635)毛氏汲古閣刻詞苑英華本　三册

500000－8741－0003106　GJ3117(823.13/S013)
碎金詞韻四卷首一卷　(清)謝元淮輯　清道光二十八年(1848)刻本　二册

500000－8741－0003107　GJ3118(823.187/Z402)
芬陀利室詞話三卷　(清)蔣敦復撰　清光緒十一年(1885)豈園王氏刻本　一册

500000－8741－0003108　GJ3119(825/G249)
文章指南五集　(明)歸有光撰　清光緒二年(1876)皖江節署刻本　五册

500000－8741－0003109　GJ3120(825/L642－4)
文心雕龍十卷　(南朝梁)劉勰撰　(清)黃叔琳注　清乾隆六年(1741)黃氏養素堂刻本　六册

500000－8741－0003110　GJ3121(825/L642－6)
文心雕龍十卷　(南朝梁)劉勰撰　(清)黃叔琳注　(清)紀昀評　清道光十三年(1833)兩廣節署刻朱墨套印本　二册

500000－8741－0003111　GJ3122(825/L642－9)
文心雕龍十卷　(南朝梁)劉勰撰　(清)彭瑞麟校　清刻本　三册

500000－8741－0003112　GJ3123(827/T377－2)
浮邱子十二卷　(清)湯鵬撰　清同治四年(1865)刻本　四册

500000－8741－0003113　GJ3124(830.1/W344)
古文喈鳳新編八卷　(清)汪基輯　(清)鮑欽承　(清)余宗潮校　清光緒成都善成堂刻本　八册

500000－8741－0003114　GJ3125(830/C303)
御選唐宋文醇五十八卷　(清)高宗弘曆選　清光緒六年(1880)浙江書局刻本　十六册

500000－8741－0003115　GJ3126(830/C722)
古文品外錄十二卷　(明)陳繼儒選評　明刻本　十二册

500000－8741－0003116　GJ3127(830/C728)
奇賞齋古文彙編二百三十六卷　(明)陳仁錫評選　明崇禎七年(1634)刻本　三十四册　存九十卷(三十三至一百二十二)

500000－8741－0003117　GJ3128(830/D420fl)
文選古字通補訓二卷目錄一卷拾遺一卷立誠軒古今體詩一卷懷研齋吟草一卷　(清)呂錦文撰　清光緒二十七年(1901)懷硯齋刻本　五册

500000－8741－0003118　GJ3129(830/G000)
文粹補遺二十六卷　(清)郭麐輯　清光緒十六年(1890)杭州許氏榆園刻本　四册

500000－8741－0003119　GJ3130(830/G890)
八代文稡二百二十卷　(清)簡槩　(清)陳崇哲編　清光緒十一年(1885)富順攷雋堂刻本　一百册

500000－8741－0003120　GJ3131(830/I128)
斯文精萃不分卷　(清)尹繼善輯　清乾隆二十九年(1764)刻本　十二册

500000－8741－0003121　GJ3132(830/I－417)
古文辭類纂七十四卷　(清)姚鼐纂　清光緒十九年(1893)思賢講舍刻本　十三册

500000－8741－0003122　GJ3133(830/I－417－4)
古文辭類纂七十五卷　(清)姚鼐纂　清道光五年(1825)江寧吳氏刻本　清蘇惇元跋並錄清姚鼐　清方苞　清劉大櫆　清程崟批點　二十册

500000－8741－0003123　GJ3134(830/I－417－6)
古文辭類纂七十四卷　(清)姚鼐纂　清同治六年(1867)刻本　佚名批跋　十二册

500000－8741－0003124　GJ3135(830/I－417－8)
古文辭類纂七十四卷　(清)姚鼐纂　清光緒二十八年(1902)蜀東善成堂刻本　十一册　存六十九卷(一至二十六、三十二至七十四)

500000－8741－0003125　GJ3136(830/I－417b)
續古文辭類纂三十四卷　王先謙纂集　清光緒二十八年(1902)蜀東善成堂刻本　八册

500000－8741－0003126　GJ3137(830/I－417b)
續古文辭類纂三十四卷　王先謙纂集　清光緒八年(1882)王氏刻本　佚名跋　七册

500000－8741－0003127　GJ3138(830/I614)
全上古三代秦漢三國六朝文十五集七百四十六卷　(清)嚴可均校輯　清光緒二十年(1894)黄岡王氏刻本　一百册

500000－8741－0003128　GJ3139(830/I614)
全上古三代秦漢三國六朝文十五集七百四十六卷　(清)嚴可均校輯　清光緒二十年(1894)黄岡王氏刻本　一百册

500000－8741－0003129　GJ3140(830/I614)
全上古三代秦漢三國六朝文十五集七百四十六卷　(清)嚴可均校輯　清光緒二十年(1894)黄岡王氏刻本　一百册

500000－8741－0003130　GJ3141(830/I614－2)
全上古三代秦漢三國六朝文十五集七百四十六卷　(清)嚴可均校輯　清光緒十三年至十九年(1887－1893)廣州廣雅書局刻本　七十六册

500000－8741－0003131　GJ3142(830/L2777)
重訂七種古文選四十七卷　(清)儲欣評　清乾隆四十九年(1784)金閶書業堂刻本　十七册

500000－8741－0003132　GJ3143(830/L437)
金元明八大家文選五十三卷　(清)李祖陶評點　清道光二十五年(1845)刻本　二十四冊

500000－8741－0003133　GJ3144(830/L460)
文苑英華一千卷　(宋)李昉等輯　明隆慶元年(1567)胡維新、涂澤民、戚繼光刻隆慶六年(1572)、萬曆六年(1578)遞修本　一百冊

500000－8741－0003134　GJ3145(830/L630)
東萊先生古文關鍵二卷　(宋)呂祖謙評　(宋)蔡文子註　清光緒二十四年(1898)滸灣尚友堂金記刻本　二冊

500000－8741－0003135　GJ3146(830/L748)
文致不分卷　(明)劉士鏻輯　(明)閔無頗集評　明天啟元年(1621)閔氏刻朱墨套印本　八冊

500000－8741－0003136　GJ3147(830/M480)
古文詞畧二十卷　(清)梅曾亮選輯　清光緒二十五年(1899)成都志古堂刻本　六冊

500000－8741－0003137　GJ3148(830/M480－2)
古文詞略二十四卷　(清)梅曾亮選輯　清光緒三十四年(1908)學部圖書局鉛印本　五冊

500000－8741－0003138　GJ3149(830/M480－3)
古文詞畧二十四卷　(清)梅曾亮選輯　清同治六年(1867)合肥李氏刻本　五冊

500000－8741－0003139　GJ3150(830/M480－3)
古文詞畧二十四卷　(清)梅曾亮選輯　清同治六年(1867)合肥李氏刻本　五冊

500000－8741－0003140　GJ3151(830/P386)
乾坤正氣集一百一種五百七十四卷首一卷　(清)潘錫恩撰　清道光二十八年(1848)涇縣潘氏袁江節署求是齋刻本　一百六十冊

500000－8741－0003141　GJ3152(830/Q333)
清潤淵源集四卷　(清)陸師游等著　清光緒刻本　四冊

500000－8741－0003142　GJ3153(830/S042)
謝疊山先生評注四種合刻十六卷　(元)謝枋得評注　清光緒八年(1882)京都豫章別業刻本　四冊

500000－8741－0003143　GJ3154(830/S222)
經史鈔三十三卷　(清)徐與喬　(清)譚尚忠增輯　清同治十一年(1872)盱南汲古書屋刻本　三十二冊

500000－8741－0003144　GJ3155(830/S420)
文選補遺四十卷首一卷　(宋)陳仁子輯　(元)譚紹烈纂類　清同治十年(1871)刻本　十二冊

500000－8741－0003145　GJ3156(830/S420－1)
文選纂註十二卷　(南朝梁)蕭統選　(明)張鳳翼纂註　明萬曆刻本　十二冊

500000－8741－0003146　GJ3157(830/S420－2)
六臣註文選六十卷　(南朝梁)蕭統撰　(唐)李善等註　明萬曆六年(1578)徐成位刻本　六十冊

500000－8741－0003147　GJ3158(830/S420－3)
文選六十卷　(南朝梁)蕭統撰　(唐)李善注　清乾隆二十三年(1758)雲林周氏懷德堂重刻汲古閣本　佚名錄清俞犀月　清錢湘靈批　十六冊

500000－8741－0003148　GJ3159(830/S420－4)
文選六十卷　(南朝梁)蕭統撰　(唐)李善注　(清)葉樹藩參訂　清乾隆三十七年(1772)長洲葉樹藩海錄軒刻朱墨套印本　十二冊

500000－8741－0003149　GJ3160(830/S420－4)
文選六十卷　(南朝梁)蕭統撰　(唐)李善注　(清)葉樹藩參訂　清光緒廣州翰墨園刻朱墨套印本　十六冊

500000－8741－0003150　GJ3161(830/S420－4)
孫月峰先生評文選三十卷　(南朝梁)蕭統撰　(明)孫鑛評　(明)閔齊華註　明末烏程閔氏刻本　二十四冊

500000－8741－0003151　GJ3162(830/S420－5)
文選六十卷　(南朝梁)蕭統撰　(唐)李善注　清康熙二十五年(1686)錢士謐補刻本　清葉樹藩錄清何焯評並批　二十冊

500000－8741－0003152　GJ3163(830/S420－6)
文選六十卷　(南朝梁)蕭統撰　(唐)李善注　清乾隆二十三年(1758)雲林周氏懷德堂刻本　佚名錄清何焯批　十六册

500000－8741－0003153　GJ3164(830/S420－7a)
文選六十卷　(南朝梁)蕭統撰　(唐)李善注　清嘉慶十四年(1809)鄱陽胡氏刻本　二十册

500000－8741－0003154　GJ3165(830/S420－7b)
文選六十卷　(南朝梁)蕭統撰　(唐)李善注　(清)葉樹藩參訂　清光緒廣州翰墨園刻朱墨套印本　十六册

500000－8741－0003155　GJ3166(830/S420g)
昭明文選六臣彙註疏解十九卷　(清)顧施禎纂輯　清康熙二十六年(1687)心耕堂刻本　八册

500000－8741－0003156　GJ3167(830/S420l)
文選旁證四十六卷　(清)梁章鉅撰　清光緒八年(1882)刻本　十二册

500000－8741－0003157　GJ3168(830/S420l－1)
文選旁證四十六卷　(清)梁章鉅撰　清光緒八年(1882)吳下刻本　十二册

500000－8741－0003158　GJ3169(830/S420m)
文選瀹註三十卷　(南朝梁)蕭統撰　(明)孫月峰評閱　(明)閔赤如瀹註　清雍正十年(1732)刻本　十册

500000－8741－0003159　GJ3170(830/S420s)
文選筆記八卷附密齋隨錄一卷　(清)許巽行撰　清光緒五年至十年(1879－1884)富春官舍刻本　十六册

500000－8741－0003160　GJ3171(830/S420x)
文選考異十卷　(清)胡克家撰　清嘉慶鄱陽胡氏刻本　四册

500000－8741－0003161　GJ3172(830/S420y)
文選集釋二十四卷　(清)朱珔撰　清光緒元年(1875)涇川朱氏梅村家塾刻本　十二册

500000－8741－0003162　GJ3173(830/S420y)
重訂文選集評十五卷首一卷末一卷　(清)于光華編　清同治十一年(1872)江蘇書局刻本　十六册

500000－8741－0003163　GJ3174(830/S420y)
重訂文選集評十五卷首一卷末一卷　(清)于光華編　清同治十一年(1872)江蘇書局刻本　十六册

500000－8741－0003164　GJ3175(830/S420y4)
重訂文選集評十五卷首一卷末一卷　(清)于光華編　清乾隆四十三年(1778)刻本　十六册

500000－8741－0003165　GJ3176(830/S420ys)
文選音義八卷　(清)余蕭客撰　清乾隆二十三年(1758)靜勝堂刻本　二册

500000－8741－0003166　GJ3177(830/S879－3)
六朝文絜四卷　(清)許槤評選　(清)朱鈞校　清光緒三年(1877)讀有用書齋刻朱墨套印本　二册

500000－8741－0003167　GJ3178(830/S879－3)
六朝文絜四卷　(清)許槤評選　(清)朱鈞校　清光緒刻朱墨套印本　四册

500000－8741－0003168　GJ3179(830/S879－8)
六朝文絜四卷　(清)許槤評選　(清)徐皖生　(清)徐泰生校　清古潭州錫羨堂刻本　二册

500000－8741－0003169　GJ3180(830/U283)
涵芬樓古今文鈔一百卷　吳曾祺編纂　清宣統二年(1910)上海商務印書館鉛印本　一百册

500000－8741－0003170　GJ3181(830/W120)
駢文類纂四十六卷　王先謙輯　清光緒二十八年(1902)思賢書局刻本　二十四册

500000－8741－0003171　GJ3182(830/W120)
駢文類纂四十六卷　王先謙輯　清光緒二十八年(1902)思賢書局刻本　二十四册

500000－8741－0003172　GJ3183(830/W123)
遼文萃七卷遼史藝文志補證一卷西夏文綴二

卷西夏藝文志一卷　王仁俊輯　清光緒三十年(1904)吳縣無冰閣鉛印本　一冊

500000－8741－0003173　GJ3184(830/W123)
遼文萃七卷遼史藝文志補證一卷西夏文綴二卷西夏藝文志一卷　王仁俊輯　清光緒三十年(1904)吳縣無冰閣鉛印本　一冊

500000－8741－0003174　GJ3185(830/W143)
感舊集十六卷　(清)王士禛輯　(清)盧見曾補傳　清乾隆十七年(1752)盧見曾雅雨堂刻本　八冊

500000－8741－0003175　GJ3186(830/W147)
四六法海十二卷　(明)王志堅輯　明天啟七年(1627)刻清載德堂印本　二十四冊

500000－8741－0003176　GJ3187(830/X305)
增選正續小題文府不分卷　(清)曹錦春輯　清光緒十六年(1890)鴻文書局石印本　二十七冊　存(大學、中庸、論語學而至鄉黨、孟子)

500000－8741－0003177　GJ3188(830/X434)
漢魏别解十六卷　(明)黃澍　(明)葉紹泰選　明崇禎香谷山房刻本　三十二冊

500000－8741－0003178　GJ3189(830/Z042)
古文苑二十一卷　(宋)章樵註　清光緒三十二年(1906)江蘇書局刻本　四冊

500000－8741－0003179　GJ3190(830/Z－042－1)
古文苑二十一卷　(宋)章樵註　清刻本　五冊

500000－8741－0003180　GJ3191(830/Z042－2)
續古文苑二十卷　(清)孫星衍撰　清光緒九年(1883)江蘇書局刻本　三冊　存十卷(一至七、十八至二十)

500000－8741－0003181　GJ3192(830/Z042－2)
續古文苑二十卷　(清)孫星衍撰　清光緒十一年(1885)白堤八字橋朱氏槐廬刻本　八冊

500000－8741－0003182　GJ3193(830/Z042－3)
續古文苑二十卷　(清)孫星衍撰　清光緒九年(1883)江蘇書局刻本　六冊

500000－8741－0003183　GJ3194(830/Z042－3)
續古文苑二十卷　(清)孫星衍撰　清光緒九年(1883)江蘇書局刻本　六冊

500000－8741－0003184　GJ3195(830/Z120)
漢魏六朝女子文選二卷　張維輯　清宣統三年(1911)海鹽朱氏刻本　四冊

500000－8741－0003185　GJ3196(830/Z133)
漢魏六朝百三名家集(漢魏六朝一百三家集)一百十八卷　(明)張溥輯　明婁東張氏刻本　八十四冊

500000－8741－0003186　GJ3197(830/Z133－2)
漢魏六朝百三名家集(漢魏六朝一百三家集)一百十八卷　(明)張溥輯　明婁東張氏刻本　七十九冊　存一百一種一百十六卷(賈長沙集一卷、司馬文園集一卷、董膠西集一卷、漢褚先生集一卷、漢劉中壘集一卷、揚侍郎集一卷、漢劉子駿集一卷、馮曲陽集一卷、班蘭臺集一卷、東漢崔亭伯集一卷、張河間集二卷、漢蘭臺令李伯仁集一卷、東漢馬季長集一卷、東漢荀侍中集一卷、蔡中郎集一卷、東漢王叔師集一卷、孔少府集一卷、諸葛丞相集一卷、魏武帝集一卷、魏文帝集二卷、陳思王集二卷、陳記室集一卷、王侍中集一卷、魏阮元瑜集一卷、魏劉公幹集一卷、魏應德璉集一卷、魏應休璉集一卷、阮步兵集一卷、嵇中散集一卷、魏鍾司徒集一卷、晉杜征南集一卷、魏荀公曾集一卷、傅鶉觚集一卷、晉張司空集一卷、孫馮翊集一卷、晉摯太常集一卷、晉東廣微集一卷、夏侯常侍集一卷、潘黃門集一卷、傅中丞集一卷、潘太常集一卷、陸平原集二卷、陸清河集二卷、晉成公子安集一卷、晉張孟陽集一卷、晉張景陽集一卷、晉劉越石集一卷、郭弘農集二卷、晉王右軍集二卷、晉王大令集一卷、孫廷尉集一卷、陶彭澤集一卷、宋何衡陽集一卷、宋傅光祿集一卷、謝康樂集二卷、顏光祿集一卷、鮑參軍集二卷、宋袁陽源集一卷、謝法曹集一卷、謝光祿集一卷、南齊竟陵王集二卷、王文憲集一卷、王寧朔集一卷、謝宣城集一卷、齊張長史集一卷、南齊孔詹事集一卷、梁武帝御製集二卷、梁昭明太子集一卷、梁簡文帝御製集二卷、梁元帝集一卷、江醴陵集二卷、沈隱侯集二卷、陶隱居集一卷、梁丘司空集一卷、任中丞集一卷、王左丞集一卷、陸太常集一卷、劉戶曹集一卷、王詹事集一卷、劉秘書集一卷、劉豫章集一卷、劉庶子集一卷、庾度支集一卷、何記室集一卷、吳朝請集一卷、陳後主集一卷、徐僕射集一卷、沈侍中集一卷、江令君集一卷、陳張散騎集一卷、高令公集一卷、溫侍讀集一卷、邢特進集一卷、魏特進集一卷、庾開府集二卷、王司空集一卷、隋煬帝集一卷、盧武陽集一卷、李懷州集一卷、牛奇章集一卷、薛司隸集一卷）

500000－8741－0003187　GJ3198(830/Z133－3)
漢魏六朝百三名家集(漢魏六朝一百三家集)一百二十一卷　(明)張溥輯　清光緒十八年(1892)善化章經濟堂刻本　一百十九册　存一百二種一百二十卷(賈長沙集一卷、司馬文園集一卷、董膠西集一卷、東方大中集一卷、漢褚先生集一卷、漢劉子政集一卷、揚侍郎集一卷、漢劉子駿集一卷、馮曲陽集一卷、班蘭臺集一卷、東漢崔亭伯集一卷、張河間集二卷、漢蘭臺令李伯仁集、東漢馬季長集一卷、東漢荀侍中集一卷、蔡中郎集二卷、東漢王叔師集一卷、孔少府集一卷、諸葛丞相集一卷、魏武帝集一卷、魏文帝集二卷、陳思王集二卷、陳記室集一卷、王侍中集一卷、魏阮元瑜集一卷、魏劉公幹集一卷、魏應德璉集一卷、魏應休璉集一卷、阮步兵集一卷、嵇中散集一卷、魏鍾司徒集一卷、晉杜征南集一卷、魏荀公曾集一卷、傅鶉觚集一卷、晉張司空集一卷、孫馮翊集一卷、晉摯太長集一卷、晉束廣微集一卷、夏侯常侍集一卷、潘黃門集一卷、傅中丞集一卷、潘太常集一卷、陸平原集二卷、陸清河集二卷、晉成公子安集一卷、晉張孟陽集一卷、晉張景陽集一卷、晉劉越石集一卷、郭弘農集二卷、晉王右軍集二卷、晉王大令集一卷、孫廷尉集一卷、陶彭澤集一卷、宋何衡陽集一卷、宋傅光祿集一卷、謝康樂集二卷、顏光祿集一卷、鮑參軍集二卷、宋袁陽源集一卷、謝法曹集一卷、謝光祿集一卷、南齊竟陵王集二卷、王文憲集一卷、王寧朔集一卷、謝宣城集一卷、齊張長史集一卷、南齊孔詹事集一卷、梁武帝御製集二卷、梁昭明太子集一卷、梁簡文帝御製集二卷、梁元帝集一卷、江醴陵集二卷、沈隱侯集二卷、陶隱居集一卷、梁丘司空集一卷、任中丞集一卷、王左丞集一卷、陸太常集一卷、劉戶曹集一卷、王詹事集一卷、劉秘書集一卷、劉豫章集一卷、劉庶子集一卷、庾度支集一卷、何記室集一卷、吳朝請集一卷、陳後主集一卷、徐僕射集二卷、沈侍中集一卷、江令君集二卷、陳張散騎集一卷、高令公集一卷、溫侍讀集一卷、邢特進集一卷、魏特進集一卷、庾開府集二卷、王司空集一卷、隋煬帝集一卷、盧武陽集一卷、李懷州集一卷、牛奇章集一卷、薛司隸集一卷）

500000－8741－0003188　GJ3199(830/Z－746)
宫閨文選二十六卷　(清)周壽昌輯　清道光二十六年(1846)刻本　十册

500000－8741－0003189　GJ3200(830/Z864－9)
經史百家簡編二卷　(清)曾國藩編　(清)劉向榮校　清光緒十三年(1887)成都志古堂刻本　二册

500000－8741－0003190　GJ3201(830/Z896)
秦漢文懷二十卷　(明)鍾惺評選　明崇禎六年(1633)大雅堂刻本　二十册

500000－8741－0003191　GJ3202(830.1/W344)
古文喈鳳新編八卷　(清)汪基輯　清宏德堂刻本　八册

500000－8741－0003192　GJ3203(830.2/C443)
古文雅正十四卷　(清)蔡世遠選評　清同治七年(1868)湘鄉曾氏刻本　六册

500000－8741－0003193　GJ3204(830.2/C443－2)
古文雅正十四卷　(清)蔡世遠選評　清雍正三年(1725)刻本　五册

500000－8741－0003194　GJ3205(830.2/X321)
漢魏諸名家集二十一種一百二十三卷　(明)汪士賢輯　明萬曆至天啟新安汪氏刻本(曹

子建集十卷、陶靖節集十卷配另一明刻本）十八冊

500000－8741－0003195　GJ3206(830.21/Z120)
西漢文二十卷　（明）張采輯　明崇禎六年(1633)刻兩漢文選本　十冊

500000－8741－0003196　GJ3207(830.22/I－427)
建安七子全集二十七卷　（明）楊德周輯（明）陳朝輔增訂　明崇禎三餘堂刻本　六冊

500000－8741－0003197　GJ3208(830.34/P434)
南北朝文鈔二卷　（清）彭兆蓀輯　（清）陳起榮校　清光緒二年(1876)番禺陳氏刻本　二冊

500000－8741－0003198　GJ3209(830.41/C562)
唐人三家集二十六卷　（清）秦恩復輯　清道光十年(1830)江都秦氏石研齋影宋刻本　四冊

500000－8741－0003199　GJ3210(830.41/C747)
唐駢體文鈔十七卷　（清）陳均輯　清同治十二年(1873)譚宗浚刻本　四冊

500000－8741－0003200　GJ3211(830.41/D404)
欽定全唐文一千卷總目三卷　（清）董誥等編　清光緒二十七年(1901)廣雅書局刻本　二百冊

500000－8741－0003201　GJ3212(830.41/G341)
唐人五十家小集七十二卷　（清）江標輯　清光緒二十一年(1895)元和江標靈鶼閣刻本　十六冊

500000－8741－0003202　GJ3213(830.41/I480)
文粹一百卷　（宋）姚鉉纂　**補遺二十六卷**（清）郭麐纂　清光緒十六年(1890)杭州許氏榆園刻本　二十冊

500000－8741－0003203　GJ3214(830.41/I480)
文粹一百卷　（宋）姚鉉纂　**補遺二十六卷**（清）郭麐纂　清光緒十六年(1890)杭州許氏榆園刻本　二十冊

500000－8741－0003204　GJ3215(830.41/I480)
重校正唐文粹一百卷　（宋）姚鉉纂　明嘉靖徐焴刻本　二十四冊

500000－8741－0003205　GJ3216(830.41/X133)
初唐四傑集三十七卷　（清）項家達輯　清乾隆四十六年(1781)星渚項氏刻本　十冊

500000－8741－0003206　GJ3217(830.41/X133－2)
初唐四傑集三十七卷　（清）項家達輯　清同治十二年(1873)叢雅居鄒氏刻本　八冊

500000－8741－0003207　GJ3218(830.50/Z420)
南宋文範七十卷外編四卷作者考二卷　（清）莊仲方輯　清刻本　三十一冊　存七十二卷（南宋文範一至六十三、六十六至七十，外編四卷）

500000－8741－0003208　GJ3219(830.51/F015)
三宋人集四十六卷　（清）方功惠輯　清光緒七年(1881)方氏碧琳琅館刻本　六冊

500000－8741－0003209　GJ3220(830.51/G330)
辟疆園宋文選三十卷　（清）顧宸選輯　清康熙二十八年(1689)吳璉刻本　十六冊

500000－8741－0003210　GJ3221(830.51/L630)
宋文鑑一百五十卷目錄三卷　（宋）呂祖謙輯　清光緒十二年(1886)江蘇書局刻本　二十四冊

500000－8741－0003211　GJ3222(830.51/L630)
宋文鑑一百五十卷目錄三卷　（宋）呂祖謙輯　清光緒十二年(1886)江蘇書局刻本　二十四冊

500000－8741－0003212　GJ3223(830.51/L630)
校正重刊官板宋朝文鑑一百五十卷目錄三卷　（宋）呂祖謙輯　明弘治文林閣刻本　三十二冊

500000－8741－0003213　GJ3224(830.51/L630－6)
宋文鑑一百五十卷目錄三卷　（宋）呂祖謙輯　清刻本　二十四冊

500000－8741－0003214　GJ3225(830.51/S437)
三蘇全集二百四卷　（清）弓翊清編　清道光十二年(1832)眉州三蘇祠刻本　八十冊

500000－8741－0003215　GJ3226(830.51/S437)

三蘇全集二百四卷 (清)弓翊清編 清道光十二年(1832)眉州三蘇祠刻本 八十册

500000－8741－0003216 GJ3227(830.51/S437－2)
三蘇全集二百四卷 (清)弓翊清編 清道光十二年(1832)眉州三蘇祠刻本 六十四册 存一百六十六卷(嘉祐集二十卷、三蘇全集九十四卷、欒城後集二十四卷、三集十卷、應詔集十二卷、斜川集六卷)

500000－8741－0003217 GJ3228(830.51/Z558)
宋四六選二十四卷 (清)彭元瑞輯 (清)曹振鏞輯 清乾隆四十一年(1776)歙縣曹振鏞刻本 十二册

500000－8741－0003218 GJ3229(830.55/M241)
遼文存六卷附錄二卷 繆荃孫輯 清光緒二十二年(1896)來青閣影印本 二册

500000－8741－0003219 GJ3230(830.55/M241)
遼文存六卷附錄二卷 繆荃孫輯 清光緒二十二年(1896)來青閣影印本 二册

500000－8741－0003220 GJ3231(830.56/Z420)
金文雅十六卷附作者考一卷 (清)莊仲方編 清光緒十七年(1891)江蘇書局刻本 四册

500000－8741－0003221 GJ3232(830.57/S412)
元文類七十卷目錄三卷 (元)蘇天爵編 清光緒十五年(1889)江蘇書局刻本 十册

500000－8741－0003222 GJ3233(830.57/S412－1)
元文類七十卷目錄三卷 (元)蘇天爵編 清光緒十五年(1889)江蘇書局刻本 十册

500000－8741－0003223 GJ3234(830.6/C728)
明文奇賞四十卷 (明)陳仁錫評選 明天啟三年(1623)刻本 四十八册

500000－8741－0003224 GJ3235(830.6/G452)
徐州二遺民集十卷 (清)馮煦輯 清光緒十九年(1893)刻本 五册

500000－8741－0003225 GJ3236(830.6/L249)
明史文鈔十卷 (清)納蘭常安選評 清乾隆十二年(1747)刻二十二史文鈔本 六册

500000－8741－0003226 GJ3237(830.6/S477)
明文在一百卷 (清)薛熙編 清光緒十五年(1889)江蘇書局刻本 十册

500000－8741－0003227 GJ3238(830.6/Y433)
鼎鐫諸方家彙編皇明名公文雋八卷 (明)袁宏道輯 (明)丘兆麟補 明泰昌元年(1620)金陵書林鄭思鳴奎壁堂刻本 十册

500000－8741－0003228 GJ3239(830.7/C719)
塵海妙品十四卷 (清)陳琰編輯 清宣統三年(1911)上海六藝書局石印本 四册

500000－8741－0003229 GJ3240(830.7/C740)
陳一齋先生文集六卷 (清)陳梓撰 **霜紅龕詩文鈔一卷** (清)傅山撰 清宣統三年(1911)上海國學扶輪社鉛印張氏適園叢書本 一册

500000－8741－0003230 GJ3241(830.7/G443)
皇朝經世文續編一百二十卷 (清)葛士濬輯 清光緒十七年(1891)上海廣百宋齋刻本 十八册

500000－8741－0003231 GJ3242(830.7/G443a)
皇朝經世文編一百二十卷姓名總目二卷 (清)賀長齡輯 清道光七年(1827)刻本 八十册

500000－8741－0003232 GJ3243(830.7/G443a1)
皇朝經世文編一百二十卷姓名總目二卷 (清)賀長齡輯 清光緒十七年(1891)上海廣百宋齋石印本 二十四册

500000－8741－0003233 GJ3244(830.7/G443a2)
皇朝經世文編一百二十卷姓名總目二卷 (清)賀長齡輯 清光緒二十一年(1895)蜚英書局石印本 十二册

500000－8741－0003234 GJ3245(830.7/G443b1)
皇朝經世文續編一百二十卷 (清)葛士濬輯 清光緒十四年(1888)圖書集成局石印本 三十二册

500000－8741－0003235 GJ3246(830.7/G443c)
皇朝經世文三編八十卷 (清)陳忠倚輯 清光緒二十七年(1901)上海書局石印本 十

六册

500000－8741－0003236　GJ3247(830.7/G443c)
皇朝經世文三編八十卷　(清)陳忠倚輯　清光緒二十八年(1902)龍文書局石印本　十六册

500000－8741－0003237　GJ3248(830.7/G675)
國朝文匯二百卷　國學扶輪社編　清宣統元年(1909)上海國學扶輪社石印本　一百一册

500000－8741－0003238　GJ3249(830.7/G675)
國朝文匯二百卷　國學扶輪社編　清宣統元年(1909)上海國學扶輪社石印本　一百一册

500000－8741－0003239　GJ3250(830.7/I421)
國朝古文正的五卷附逐學齋文鈔一卷移芝室古文一卷　(清)楊彝珍纂輯　清光緒五年(1879)武陵楊氏刻本　六册

500000－8741－0003240　GJ3251(830.7/I499)
皇朝駢文類苑十四卷首一卷　(清)姚燮選　清光緒九年(1883)鎮海張氏刻本　二十四册

500000－8741－0003241　GJ3252(830.7/L433)
皇朝文典七十四卷　(清)李兆洛編　清嘉慶二十年(1815)揚州李淦刻本　二十册

500000－8741－0003242　GJ3253(830.7/L437b)
國朝文錄續編六十三卷邁堂文略四卷　(清)李祖陶編　清同治七年(1868)敖陽李氏尚友樓刻本　三十二册

500000－8741－0003243　GJ3254(830.7/L741)
國朝六家詩鈔八卷　(清)劉執玉選　清光緒十三年(1887)城都汗青簃刻本　八册

500000－8741－0003244　GJ3255(830.7/L797)
切問齋文鈔三十卷　(清)陸耀輯　清乾隆四十年(1775)刻本　十册

500000－8741－0003245　GJ3256(830.7/M424)
皇朝經世文新編二十一卷　麥仲華輯　清光緒二十四年(1898)上海大同譯書局石印本　二十四册

500000－8741－0003246　GJ3257(830.7/M424－2)
皇朝經世文新編二十一卷　麥仲華輯　清光緒二十七年(1901)夢坡室石印本　二十册

500000－8741－0003247　GJ3258(830.7/S212)
國朝二十四家文鈔二十四卷　(清)徐斐然輯評　清乾隆六十年(1795)刻本　十二册

500000－8741－0003248　GJ3259(830.7/S399)
國朝三家文鈔三十二卷　(清)宋犖　(清)許汝霖輯　清康熙三十三年(1694)刻本　十册

500000－8741－0003249　GJ3260(830.7/S560)
八旗文經五十六卷作者攷三卷敘錄一卷　(清)盛昱　(清)楊鍾羲編　清光緒二十七年(1901)武昌刻本　十二册

500000－8741－0003250　GJ3261(830.7/U217g)
國朝文徵四十卷　(清)吳翌鳳選輯　清咸豐元年(1851)吳江沈氏世美堂刻本　四十册

500000－8741－0003251　GJ3262(830.7/U240)
八家四六文鈔八卷　(清)吳鼒輯　清刻本　六册

500000－8741－0003252　GJ3263(830.7/U240b)
八家四六文注八卷首一卷　(清)許貞幹注　清光緒十七年(1891)侯官許氏刻本　十四册

500000－8741－0003253　GJ3264(830.7/W117)
清暉贈言十卷清暉閣贈貽尺牘二卷　(清)王翬撰　清宣統三年(1911)順德鄧氏風雨樓鉛印本　四册

500000－8741－0003254　GJ3265(830.7/W136)
湖海文傳七十五卷　(清)王昶輯　清道光十七年(1837)刻本　十六册

500000－8741－0003255　GJ3266(830.7/W234)
易堂九子文鈔九種二十一卷　(清)彭玉雯輯　清道光十六年(1836)寧都彭氏刻本　十二册

500000－8741－0003256　GJ3267(830.7/X234)
皇朝經世文四編五十二卷　(清)何良棟輯　清光緒二十八年(1902)鴻寶書局石印本　十二册

500000－8741－0003257　GJ3268(830.7/Z232)
天台三高士遺集五種五卷　(清)張廷琛輯

清宣統三年(1911)木活字印本　一册

500000－8741－0003258　GJ3269(830.7/Z897－2)
國朝駢體正宗十二卷　(清)曾燠輯　清嘉慶十一年(1806)刻本　六册

500000－8741－0003259　GJ3270(830.7/Z897－3)
國朝駢體正宗十二卷　(清)曾燠輯　清光緒元年(1875)成都志古堂刻本　六册

500000－8741－0003260　GJ3271(830.72/G695)
戴南山文鈔六卷首一卷　(清)戴名世撰　**方望溪文鈔六卷首一卷**　(清)方苞撰　清宣統二年(1910)國學扶輪社鉛印本　八册

500000－8741－0003261　GJ3272(831/D046)
詩傳孔氏傳一卷　(周)端木賜撰　**詩說一卷**　(漢)申培撰　清刻本　一册

500000－8741－0003262　GJ3273(831.1/F434)
范氏三種三十四卷　(清)范家相輯　清乾隆三十五年至嘉慶十五年(1770－1810)古趣亭刻民國杭州抱經堂印本　六册

500000－8741－0003263　GJ3274(831.1/F434)
范氏三種三十四卷　(清)范家相輯　清乾隆三十五年至嘉慶十五年(1770－1810)古趣亭刻民國杭州抱經堂印本　六册

500000－8741－0003264　GJ3275(831.1/G427)
詩經精華十卷首一卷　(清)薛嘉穎撰　(清)魏朝俊增輯　清道光五年(1825)魏氏古香閣刻本　五册

500000－8741－0003265　GJ3276(831.1/S494)
詩經精華十卷首一卷　(清)薛嘉穎撰　(清)魏朝俊增輯　清道光五年(1825)魏氏古香閣刻本　五册

500000－8741－0003266　GJ3277(831.1/U244)
詩經申義十卷　(清)吴士模著　清光緒十六年(1890)澤古齋刻本　四册

500000－8741－0003267　GJ3278(831.1/W132)
欽定詩經傳說彙纂二十一卷首二卷詩序二卷　(清)王鴻緒等撰　清同治七年(1868)馬新貽刻本　十六册

500000－8741－0003268　GJ3279(831.1/X442)
詩問七卷　(清)郝懿行撰　清光緒八年(1882)東路廳署刻本　六册

500000－8741－0003269　GJ3280(831.1/Z204y)
欽定詩經樂譜全書三十卷附樂律正俗一卷　(清)鄒奕孝等撰　清刻本　二十一册

500000－8741－0003270　GJ3281(831.1/Z217)
新增詩經補註附考備旨八卷　(清)鄒聖脈纂輯　(清)鄒廷猷編次　清道光三十年(1850)刻本　四册

500000－8741－0003271　GJ3282(831.1/Z240)
詩經八卷　(宋)朱熹集傳　清光緒十二年(1886)湖北官書處刻本　四册

500000－8741－0003272　GJ3283(831.1/Z240－3)
詩經八卷　(宋)朱熹集傳　清乾隆弘曉明善堂刻本　四册

500000－8741－0003273　GJ3284(831.1/Z240－4)
詩經八卷　(宋)朱熹集傳　清同治十三年(1874)江西書局刻本　四册

500000－8741－0003274　GJ3285(831.11/G041)
詩經體註圖考大全八卷　(清)高朝瓔撰　清嘉慶十六年(1811)刻本　四册

500000－8741－0003275　GJ3286(831.11/W243)
毛詩復古錄十二卷首一卷　(清)吳懋清著　清光緒二十年(1894)廣州學使者署刻本　六册

500000－8741－0003276　GJ3287(831.112/C727)
詩毛氏傳疏三十卷附傳毛詩傳義類一卷鄭氏箋攷徵一卷釋毛詩音四卷毛詩說一卷　(清)陳奐撰　清道光二十年至咸豐九年(1840－1859)刻本　十二册

500000－8741－0003277　GJ3288(831.112/C733)
毛詩稽古編二十八卷附考一卷　(清)陳啓源述　(清)龐佑清校　清光緒九年(1883)上海同文書局石印本　八册

500000－8741－0003278　GJ3289(831.112/C788)
毛詩古音攷四卷附讀詩拙言一卷　(明)陳第

撰　明萬曆三十四年(1606)刻本　四册

500000－8741－0003279　GJ3290(831.112/C896)
詩經白話註四卷　(清)錢榮國撰　清光緒三十四年(1908)刻本　趙友生批跋　六册

500000－8741－0003280　GJ3291(831.112/D714)
毛詩故訓傳定本三十卷　(清)段玉裁撰　清嘉慶二十一年(1816)刻本　四册

500000－8741－0003281　GJ3292(831.112/F291)
御纂詩義折中二十卷　(清)傅恒等撰　清乾隆二十年(1755)文光堂刻本　十册

500000－8741－0003282　GJ3293(831.112/L424)
毛詩識小三十卷　(清)林伯桐撰　(清)林世懋校　清番禺林氏刻本　二册

500000－8741－0003283　GJ3294(831.112/L444)
詩經傳註八卷　(清)李塨撰　清道光二十四年(1844)刻本　四册

500000－8741－0003284　GJ3295(831.112/L731)
詩經恆解五卷　(清)劉沅輯註　清光緒三十一年(1905)刻本　五册

500000－8741－0003285　GJ3296(831.112/W144)
毛詩讀三十卷　(清)王劼撰　清咸豐五年(1855)成都刻本　八册

500000－8741－0003286　GJ3297(831.112/X411)
毛詩後箋三十卷　(清)胡承珙撰　清光緒七年(1881)刻本　二十册

500000－8741－0003287　GJ3298(831.112/X492)
讀詩辨字略三卷　(清)韓怡撰　清刻本　三册

500000－8741－0003288　GJ3299(831.112/Z－230)
毛詩補禮六卷　(清)朱濂撰　清道光十九年(1839)刻本　二册

500000－8741－0003289　GJ3300(831.112/Z－240)
詩經八卷　(宋)朱熹集傳　明崇禎十四年(1641)毛氏汲古閣刻五經四子書本　四册

500000－8741－0003290　GJ3301(831.113/C410)
毛詩名物解二十卷　(宋)蔡元度集解　清康熙納蘭成德通志堂刻本　四册

500000－8741－0003291　GJ3302(831.113/G340)
毛詩訂詁八卷附錄二卷　(清)顧棟高著　清光緒二十二年(1896)江蘇書局刻本　四册

500000－8741－0003292　GJ3303(831.113/L439)
學詩堂經解二十卷　李宗棠纂輯　清宣統三年(1911)鉛印本　八册

500000－8741－0003293　GJ3304(831.113/L712－1)
毛詩草木鳥獸蟲魚疏二卷　(三國吳)陸璣撰　清咸豐七年(1857)刻本　一册

500000－8741－0003294　GJ3305(831.113/L712－2)
毛詩草木鳥獸蟲魚疏二卷　(三國吳)陸璣著　清刻本　一册

500000－8741－0003295　GJ3306(831.113/M248)
西河合集一百十八種四百九十七卷　(清)毛奇齡撰　清乾隆三十五年(1770)刻本　三册
存六種十六卷(國風省篇一卷、毛詩寫官記四卷、詩札二卷、詩傳詩說駁義五卷、白鷺洲主客說詩一卷、續詩傳鳥名三卷)

500000－8741－0003296　GJ3307(831.113/S029)
詩經精義旁訓五卷　(□)□□撰　清光緒九年(1883)古香閣刻本　四册

500000－8741－0003297　GJ3308(831.113/W218)
毛詩要義二十卷序要義譜一卷　(宋)魏了翁撰　清光緒八年(1882)上海獨山莫氏刻本　十六册

500000－8741－0003298　GJ3309(831.116/H242)
詩經世本古義二十八卷首一卷後一卷　(明)何楷撰　清嘉慶十八年(1813)周秉仁刻本　十六册

500000－8741－0003299　GJ3310(831.116/U244)
詩小學三十卷補一卷　(清)吳樹聲學　清同治七年(1868)壽光官廨刻本　十二册

500000－8741－0003300　GJ3311(831.116/X169)
三百篇原聲七卷　(清)夏味堂撰　清嘉慶十二年(1807)梅華書屋刻本　一册

500000－8741－0003301　GJ3312(831.116/Z423)

毛詩辨韻五卷　（清）趙似祖撰　（清）趙星海更訂　清道光二十二年（1842）刻本　四册

500000－8741－0003302　GJ3313（831.12/U244）
詩經申義十卷　（清）吳士模著　清道光刻本　七册　存八卷（三至十）

500000－8741－0003303　GJ3314（831.15/X466）
韓詩外傳十卷附補逸一卷　（漢）韓嬰著　（清）周廷寀校注　**校注拾遺一卷**　（清）周宗杬撰　清光緒元年（1875）望三益齋刻本　四册

500000－8741－0003304　GJ3315（831.15/X466）
韓詩外傳十卷　（清）周廷寀校注　**拾遺一卷**　（清）周宗杬撰　清乾隆五十六年（1791）周氏營道堂刻本　三册

500000－8741－0003305　GJ3316（831.15/X466）
韓詩外傳十卷　（漢）韓嬰著　（明）程榮校　明嘉靖十八年（1539）薛來芙蓉泉書屋刻本　四册

500000－8741－0003306　GJ3317（831.15/X466）
韓詩外傳十卷　（漢）韓嬰著　（明）程榮校　明嘉靖十八年（1539）薛來芙蓉泉書屋刻本　四册

500000－8741－0003307　GJ3318（831.15/X466－4）
韓詩外傳十卷　（漢）韓嬰著　（清）黃錫�校　清刻本　三册

500000－8741－0003308　GJ3319（831.15/X466－4）
韓詩外傳十卷　（漢）韓嬰著　清光緒三年（1877）湖北崇文書局刻本　二册

500000－8741－0003309　GJ3320（831.17/C740）
詩傳名物集覽十二卷　（清）陳大章撰　清康熙刻本　六册

500000－8741－0003310　GJ3321（831.17/D416）
讀風臆評不分卷　（明）戴君恩撰　明萬曆四十八年（1620）烏程閔齊伋刻朱墨套印本　一册

500000－8741－0003311　GJ3322（831.17/W100）
詩地理攷六卷　（宋）王應麟撰　清光緒十年（1884）成都志古堂刻本　二册

500000－8741－0003312　GJ3323（831.17/W172）
詩總聞二十卷　（宋）王質撰　清乾隆武英殿聚珍版叢書本　十六册

500000－8741－0003313　GJ3324（831.4/L464）
唐詩觀瀾集二十四卷唐人小傳一卷　（清）李因培選評　（清）凌應曾編注　清乾隆二十四年（1759）刻本　六册

500000－8741－0003314　GJ3325（831.8/W153）
閨秀詩選六卷　（清）王慧秋輯　清光緒鉛印本　一册

500000－8741－0003315　GJ3326（832/Y810）
辭賦標義十八卷　（明）俞王言撰　（明）金溥參訂　明萬曆二十九年（1601）休寧金氏渾樸居刻本　十二册

500000－8741－0003316　GJ3327（832.12/C575）
楚辭約註不分卷　（清）曹同春纂述　清康熙二十八年（1689）刻本　一册

500000－8741－0003317　GJ3328（832.12/C753）
屈辭精義六卷　（清）陳本禮箋訂　清嘉慶十六年（1811）陳氏裛露軒刻本　三册

500000－8741－0003318　GJ3329（832.12/D410）
屈原賦注七卷附通釋二卷音義三卷　（清）戴震撰　清光緒十七年（1891）廣雅書局刻本　一册

500000－8741－0003319　GJ3330（832.12/K771）
七十二家評註楚辭十九卷條例一卷附錄一卷　（戰國）屈原等撰　（明）陸時雍疏　（清）周拱辰别註　清康熙四十四年（1705）有文堂刻本　二册

500000－8741－0003320　GJ3331（832.12/L418）
楚辭燈四卷楚懷襄二王在位事蹟考一卷　（清）林雲銘撰　**屈原列傳一卷**　清康熙三十六年（1697）刻本　二册

500000－8741－0003321　GJ3332（832.12/S326）
賦鈔箋畧十五卷　（清）雷琳　（清）張杏濱箋　清嘉慶二十二年（1817）刻本　六册

500000－8741－0003322　GJ3333(832.12/W137)
楚辭十七卷　(戰國)屈原等撰　(漢)王逸章句　(宋)洪興祖補注　清初毛氏汲古閣刻本　四册

500000－8741－0003323　GJ3334(832.12/W137)
楚辭十七卷　(戰國)屈原等撰　(漢)王逸章句　(明)馮紹祖校正　**附錄一卷**　明萬曆十四年(1586)馮氏觀妙齋刻本　四册

500000－8741－0003324　GJ3335(832.12/W137－1)
楚辭釋十一卷　(漢)王逸章句　王闓運注　清光緒十二年(1886)成都尊經書院刻本　二册

500000－8741－0003325　GJ3336(832.12/X373－1)
楚辭十七卷　(戰國)屈原等撰　(漢)王逸章句　(宋)洪興祖補注　清初毛氏汲古閣刻本　六册

500000－8741－0003326　GJ3337(832.12/X373－3)
楚辭補註十七卷　(宋)洪興祖補註　清光緒十四年(1888)李錫齡惜陰書局刻本　四册

500000－8741－0003327　GJ3338(832.12/Z240)
楚辭八卷辯證二卷後語六卷　(宋)朱熹集註　清光緒八年(1882)江蘇書局刻本　四册

500000－8741－0003328　GJ3339(832.12/Z240)
楚辭集註八卷　(戰國)屈原　(漢)宋玉等撰　(宋)朱熹集註　元刻本　四册

500000－8741－0003329　GJ3340(832.12/Z－240－3)
楚辭集注八卷　(戰國)屈原等撰　(宋)朱熹集註　**總評一卷屈原外傳一卷**　清初聽雨齋刻朱墨套印本　八册

500000－8741－0003330　GJ3341(832.127/L418)
楚辭燈四卷楚懷襄二王在位事蹟考一卷　(清)林雲銘撰　**屈原列傳一卷**　清康熙三十六年(1697)刻本　二册

500000－8741－0003331　GJ3342(832.17/U112)
楚辭札記二卷　(清)武延緒著　(清)孫福雍校　清光緒二十九年(1903)刻永年武氏朱印本　一册

500000－8741－0003332　GJ3343(832.17/Z124)
賦學雞跖集三十卷附錄一卷　(清)張維城輯　清道光十二年(1832)刻本　八册

500000－8741－0003333　GJ3344(832.18/S040)
離騷經一卷　(戰國)屈原撰　清刻本　一册

500000－8741－0003334　GJ3345(832.18/X939)
懷沙記二卷　(清)張漱石填詞　(清)沈學子評點　清乾隆刻本　一册

500000－8741－0003335　GJ3346(832.18/Z－274)
離騷賦一卷　(戰國)屈原著　(漢)王逸注　(清)朱駿聲補注　清刻本　一册

500000－8741－0003336　GJ3347(832.2/C334)
賦苑類選八卷　(清)潛兆穀輯　(清)潛文曜　(清)潛文曙重訂　清嘉慶元年(1796)刻本　八册

500000－8741－0003337　GJ3348(832.2/C710)
御定歷代賦彙一百四十卷外集二十卷逸句二卷目錄三卷　(清)陳元龍輯　清康熙四十五年(1706)內府刻本　五十册

500000－8741－0003338　GJ3349(832.2/C710－2)
賦彙錄要二十八卷補遺一卷外集一卷補題注一卷　(清)吳光昭箋　(清)陳書輯　清乾隆刻本　十册

500000－8741－0003339　GJ3350(832.2/L114)
賦鈔箋畧十五卷　(清)雷琳　(清)張杏濱箋　清光緒二年(1876)刻本　八册

500000－8741－0003340　GJ3351(832.2/M120－2)
六朝唐賦讀本一卷　(清)馬傳庚選註　清同治十三年(1874)京都玉燕書巢馬氏刻本　二册

500000－8741－0003341　GJ3352(832.2/M723)
選註六朝唐賦一卷　(清)馬傳庚註　清光緒十八年(1892)希樸齋刻本　二册

500000－8741－0003342　GJ3353(832.2/M723)
六朝唐賦讀本一卷　(清)馬傳庚選註　清同治十三年(1874)京都玉燕書巢馬氏刻本　二册

500000－8741－0003343　GJ3354(832.2/S141)
華國編賦選二卷　(清)孫濩孫選評　清雍正刻本　二册

500000－8741－0003344　GJ3355(832.2/Z－051)
翰馨書屋賦餘二卷　(清)章邦元著　(清)朱昌鼎　(清)張堅參校　清光緒十三年(1887)滬城刻本　一册

500000－8741－0003345　GJ3356(832.2/Z－150)
七十家賦鈔六卷　(清)張惠言輯　清道光元年(1821)合河康氏刻本　四册

500000－8741－0003346　GJ3357(832.21/K771)
楚辭六卷　(清)姚培謙節註　**叶音一卷**　(清)劉維謙撰　清乾隆六年(1741)刻本　四册

500000－8741－0003347　GJ3358(832.278/J867)
蒙香室賦錄二卷　(清)馮煦撰　清光緒十七年(1891)刻本　二册

500000－8741－0003348　GJ3359(835/G212)
文章指南五卷　(明)歸有光選　清光緒二年(1876)皖江節署刻本　五册

500000－8741－0003349　GJ3360(835/L248)
刪補古今文致十卷　(明)劉士鏻選　明天啟三年(1623)刻本　四册

500000－8741－0003350　GJ3361(835/S420)
文選六十卷　(南朝梁)蕭統撰　(唐)李善注　清乾隆十一年(1746)懷德堂刻本　佚名批　十册

500000－8741－0003351　GJ3362(835/W247)
天崇百篇五卷　(清)吳懋政選　清務本堂刻本　四册

500000－8741－0003352　GJ3363(835/X249)
古文淵鑒六十四卷　(清)徐乾學等輯　清康熙内府刻五色套印本　四十册

500000－8741－0003353　GJ3364(835.19/Z890)
秦漢文歸三十卷　(明)鍾惺選評　(明)張煜如裁定　(明)朱東觀參閱　明崇禎古香齋刻本　十五册

500000－8741－0003354　GJ3365(835.2/H484)
漢魏别解十六卷　(明)黄澍　(明)葉紹泰選　明崇禎十一年(1638)香谷山房刻本　十六册

500000－8741－0003355　GJ3366(835.4/W147)
初唐四傑文集二十一卷　(□)□□輯　清光緒五年(1879)淮南書局刻本　三册

500000－8741－0003356　GJ3367(835.41/C227)
唐宋大家全集錄十種五十二卷　(清)儲欣輯　清康熙四十四年(1705)刻本　三十六册

500000－8741－0003357　GJ3368(835.47/C227)
唐宋八大家類選十四卷　(清)儲欣評　(清)儲芝參述　清光緒九年(1883)刻本　八册

500000－8741－0003358　GJ3369(835.5/Q840)
靜觀室三蘇文選十六卷　(明)錢穀選批　明萬曆七年(1579)錢氏刻本　八册

500000－8741－0003359　GJ3370(835.5/Z122)
斯文正宗十六卷　(清)張伯行撰　清康熙六十一年(1722)張氏正誼堂刻本　八册

500000－8741－0003360　GJ3371(835.7/W271)
寧都三魏全集八十三卷首一卷　(清)林時益輯　清道光二十五年(1845)寧都謝庭綬紱園書塾刻本　五十册

500000－8741－0003361　GJ3372(835.78/L206)
拙尊園叢稿六卷　(清)黎庶昌撰　清光緒十九年(1893)金陵狀元閣刻本　四册

500000－8741－0003362　GJ3373(835.78/L206)
拙尊園叢稿六卷　(清)黎庶昌撰　清刻本　三册　存五卷(二至六)

500000－8741－0003363　GJ3374(835.8/W142)
正續名世文宗十六卷　題(明)王世貞編選　(明)陳繼儒校注　明萬曆四十五年(1617)刻本　八册

500000－8741－0003364　GJ3375(835.9/Z113)
得月樓賦四編不分卷　(清)張元灝選評　耿觀文　茅謙箋註　清光緒十五年(1889)上海積山書局石印本　四册

500000－8741－0003365　GJ3376(839.11/W215)
三賢文集十二卷　(清)魏一鰲輯　(清)俞廷獻重輯　清光緒二十四年(1898)刻本　十二冊

500000－8741－0003366　GJ3377(839.21/F382)
海曲詩鈔十六卷補編一卷　(清)馮金伯輯　清嘉慶十二年(1807)刻本　四冊

500000－8741－0003367　GJ3378(839.21/L201)
常州府八邑藝文志十卷　(清)盧文弨纂定　(清)莊翊昆校　清咸豐九年(1859)刻本　十六冊

500000－8741－0003368　GJ3379(839.21/L332)
梁溪詩鈔五十八卷　(清)顧光旭輯　清宣統三年(1911)文苑閣木活字印本　二十四冊

500000－8741－0003369　GJ3380(839.21/W117)
江蘇詩徵一百八十三卷　(清)王豫輯　清道光元年(1821)焦山詩徵閣刻本　四十冊

500000－8741－0003370　GJ3381(839.26/L639)
湖南文徵一百三十五卷目錄六卷補編一卷姓氏傳四卷　(清)羅汝懷編　清同治十年(1871)刻本　九十六冊

500000－8741－0003371　GJ3382(839.27/Q704)
去思合編一卷續編一卷　(清)歐京第輯　清同治九年(1870)刻本[續編爲清同治十二年(1873)靜香草堂刻本]　四冊

500000－8741－0003372　GJ3383(839.27/T033)
蜀秀集九卷　(清)譚宗浚編　清光緒五年(1879)成都試院刻本　八冊

500000－8741－0003373　GJ3384(839.33/L677)
廣東文獻初集十八卷二集九卷三集十七卷四集二十六卷　(清)羅學鵬輯　清同治二年(1863)順德羅氏春暉堂刻本　二十九冊

500000－8741－0003374　GJ3385(839.33/R710a)
學海堂集十六卷二集二十二卷　(清)吳蘭修編　**三集二十四卷**　(清)張維屏續編　**四集二十八卷**　(清)金錫齡續編　清道光五年至光緒十二年(1825－1886)啟秀山房刻本　四十冊

500000－8741－0003375　GJ3386(839.33/R710b)
學海堂集十六卷二集二十二卷　(清)吳蘭修編　**三集二十四卷**　(清)張維屏續編　**四集二十八卷**　(清)金錫齡續編　清道光五年至光緒十二年(1825－1886)啟秀山房刻本　二十四冊　存三集六十二卷(學海堂集十六卷、二集二十二卷、三集二十四卷)

500000－8741－0003376　GJ3387(839.33/W214)
粵十三家集十三種一百五十七卷　(清)伍元薇輯　清道光二十年(1840)南海伍氏詩雪軒刻本　三十冊

500000－8741－0003377　GJ3388(839.6/T048)
黔詩紀略三十三卷　(清)唐樹義審例　(清)黎兆勳采詩　(清)莫友芝傳證　清同治十二年(1873)遵義唐氏夢研齋金陵刻本　八冊

500000－8741－0003378　GJ3389(839.8/L404)
合肥李氏三世遺集三種二十四卷　(清)李國杰編輯　清光緒三十年(1904)刻本　十二冊

500000－8741－0003379　GJ3390(839.8/Y407)
項城袁氏家集六種六十五卷　丁振鐸輯　清宣統三年(1911)清芬閣鉛印本　五十六冊

500000－8741－0003380　GJ3391(839.8/Y407)
項城袁氏家集六種六十五卷　丁振鐸輯　清宣統三年(1911)清芬閣鉛印本　五十六冊

500000－8741－0003381　GJ3392(839.8/Z267)
新安先集二十卷附崇祀錄一卷　(清)朱之榛輯　清同治十三年(1874)蘇州刻本　七冊

500000－8741－0003382　GJ3393(841.4/S141)
獨學廬文存四卷　(清)石韞玉撰　清乾隆刻本　二冊

500000－8741－0003383　GJ3394(842.2/J133)
新書十卷　(漢)賈誼撰　**文中子中說十卷**　(隋)王通撰　清光緒十九年(1893)鴻文書局石印本　一冊

500000－8741－0003384　GJ3395(842.3/C422)
蔡中郎集十卷外紀一卷外集四卷末一卷

（漢）蔡邕撰　清咸豐二年（1852）聊城楊氏海源閣刻本　六冊

500000－8741－0003385　GJ3396（842.4/Z544）
曹集銓評十卷附逸文一卷年譜一卷附錄一卷　（三國魏）曹植撰　（清）丁晏纂　清同治十一年（1872）金陵書局刻本　二冊

500000－8741－0003386　GJ3397（842.4/Z544）
曹集銓評十卷附逸文一卷年譜一卷附錄一卷　（三國魏）曹植撰　（清）丁晏纂　清同治十一年（1872）金陵書局刻本　二冊

500000－8741－0003387　GJ3398（842.4/Z544）
曹集銓評十卷附逸文一卷年譜一卷附錄一卷　（三國魏）曹植撰　（清）丁晏纂　清同治十一年（1872）金陵書局刻本　二冊

500000－8741－0003388　GJ3399（842.4/Z544）
曹子建集十卷疑字音釋一卷　（三國魏）曹植撰　明嘉靖二十一年（1542）郭雲鵬刻本　三冊

500000－8741－0003389　GJ3400（842.5/Z－040）
忠武侯諸葛孔明先生全集五種二十卷　（三國蜀）諸葛亮撰　（清）張澍纂輯　清同治元年（1862）聚珍齋木活字印本　十二冊

500000－8741－0003390　GJ3401（842.5/Z－040）
諸葛忠武侯文集四卷首一卷附錄二卷　（三國蜀）諸葛亮撰　（清）張澍纂輯　清光緒三十四年（1908）金谿周氏木活字印本　三冊

500000－8741－0003391　GJ3402（843.1/T731）
陶靖節先生詩四卷補注一卷　（晉）陶潛撰　（清）吳騫輯　**附錄一卷**　（元）吳師道撰　清刻本　二冊

500000－8741－0003392　GJ3403（843.1/T731r）
陶詩集註四卷　（清）詹夔錫輯　**陶淵明傳一卷**　（南朝梁）蕭統撰　**東坡和陶詩一卷**　（宋）蘇軾撰　清康熙三十三年（1694）詹氏寶墨堂刻本　一冊

500000－8741－0003393　GJ3404（843.11/F210）
傅鶉觚集五卷附校勘記一卷　（晉）傅玄撰　（清）方濬師校　清光緒二年（1876）定遠方氏刻本　四冊

500000－8741－0003394　GJ3405（843.11/L710）
陸士龍文集十卷　（晉）陸雲撰　清刻本　四冊

500000－8741－0003395　GJ3406（843.11/L710）
陸士衡文集十卷首一卷　（晉）陸機撰　清刻本　四冊

500000－8741－0003396　GJ3407（843.2/T731）
陶靖節集八卷　（晉）陶潛撰　**總論一卷**　明凌濛初刻朱墨套印本　二冊

500000－8741－0003397　GJ3408（843.2/T731－1）
陶淵明文集十卷　（晉）陶潛撰　清光緒五年（1879）番禺俞秀山刻本　三冊

500000－8741－0003398　GJ3409（843.2/T731－1）
陶淵明文集十卷　（晉）陶潛撰　清光緒五年（1879）番禺俞秀山刻本　三冊

500000－8741－0003399　GJ3410（843.2/T731－10）
陶淵明集十卷　（晉）陶潛撰　清道光二十一年（1841）刻本　四冊

500000－8741－0003400　GJ3411（843.2/T731－2）
陶淵明文集十卷　（晉）陶潛撰　清同治二年（1863）何氏篤慶堂影宋刻本　二冊

500000－8741－0003401　GJ3412（843.2/T731－2）
陶靖節集八卷　（晉）陶潛撰　**陶靖節先生[潛]年譜**　（宋）吳仁傑編　**陶淵明傳陶淵明集序**　（南朝梁）蕭統撰　**靖節徵士誄**　（宋）顏延之撰　**蘇東坡和陶詩二卷**　（宋）蘇軾撰　**總論一卷**　明萬曆四十七年（1619）楊時偉刻本　四冊

500000－8741－0003402　GJ3413（843.2/T731－4）
陶淵明集八卷首一卷末一卷　（晉）陶潛撰　清光緒五年（1879）廣州翰墨園刻朱墨套印本　二冊

500000－8741－0003403　GJ3414（843.2/T731－5）
陶靖節集八卷附錄一卷　（晉）陶潛撰　清光緒五年（1879）刻本　佚名批　二冊

500000－8741－0003404　GJ3415(843.2/T731－7)
陶靖節集十卷首一卷末一卷　(晉)陶潛撰　(清)陶澍輯　清光緒九年(1883)江蘇書局刻本　四冊

500000－8741－0003405　GJ3416(843.2/T731－7)
陶靖節集十卷首一卷末一卷　(晉)陶潛撰　(清)陶澍輯　清光緒九年(1883)江蘇書局刻本　四冊

500000－8741－0003406　GJ3417(843.2/T731－8)
陶彭澤集六卷　(晉)陶潛撰　清同治九年(1870)刻本　二冊

500000－8741－0003407　GJ3418(843.51/S013)
謝康樂集四卷傳一卷詩品一卷　(南朝宋)謝靈運撰　明萬曆南城翁少麓刻本　四冊

500000－8741－0003408　GJ3419(843.51/S013b)
謝康樂集拾遺一卷附校勘記一卷和詩一卷　(南朝宋)謝靈運撰　冒廣生輯　清光緒至民國如皋冒氏刻冒氏叢書本　一冊

500000－8741－0003409　GJ3420(843.51/X211)
宋何衡陽集一卷　(南朝宋)何承天撰　(明)張溥輯　明末刻本　一冊

500000－8741－0003410　GJ3421(843.53/G334)
醴陵集十卷　(南朝梁)江淹撰　清乾隆二十年(1755)江昉群雅堂刻本　四冊

500000－8741－0003411　GJ3422(843.53/X400)
六朝詩集二十四種五十五卷　(明)薛應旂輯　明嘉靖薛應旂刻本　二冊　存四種七卷(梁劉孝綽集一卷、梁劉孝威集一卷、梁沈約集一卷、江文通集四卷)

500000－8741－0003412　GJ3423(843.54/S274)
徐孝穆全集六卷　(南朝陳)徐陵撰　(清)吳兆宜注　清光緒二年(1876)廣東翰墨園刻本　四冊

500000－8741－0003413　GJ3424(843.54/S274－6)
徐孝穆全集六卷　(南朝陳)徐陵撰　(清)吳兆宜注　清刻本　三冊

500000－8741－0003414　GJ3425(843.54/S274－7)
徐孝穆全集六卷　(南朝陳)徐陵撰　(清)吳兆宜注　**備考一卷**　(清)徐文炳輯　清善化經濟書堂刻本　六冊

500000－8741－0003415　GJ3426(843.65/Y020－1)
庾子山集十六卷　(北周)庾信撰　(清)倪璠註釋　**總釋一卷**　(清)倪璠撰　清刻本　六冊

500000－8741－0003416　GJ3427(843.65/Y020－3)
庾子山集十六卷　(北周)庾信撰　(清)倪璠註釋　**總釋一卷**　(清)倪璠撰　清刻本　十二冊

500000－8741－0003417　GJ3428(843.65/Y020－3)
庾子山集十六卷　(北周)庾信撰　(清)倪璠註釋　**總釋一卷**　(清)倪璠撰　清刻本　十二冊

500000－8741－0003418　GJ3429(843.65/Y020－3)
庾子山集十六卷　(北周)庾信撰　(清)倪璠註釋　**總釋一卷**　(清)倪璠撰　清刻本　十二冊

500000－8741－0003419　GJ3430(843.65/Y020－3)
庾子山集十六卷　(北周)庾信撰　(清)倪璠註釋　**總釋一卷**　(清)倪璠撰　清刻本　佚名批注　十二冊

500000－8741－0003420　GJ3431(843.65/Y020－3a)
庾子山集十六卷　(北周)庾信撰　(清)倪璠註釋　**總釋一卷**　(清)倪璠撰　清同治八年(1869)刻本　十冊

500000－8741－0003421　GJ3432(843.65/Y020－3b)
庾子山集十六卷　(北周)庾信撰　(清)倪璠註釋　**總釋一卷**　(清)倪璠撰　清道光十九年(1839)刻本　八冊

500000－8741－0003422　GJ3433(844.1/L724)
重刊校正笠澤叢書四卷補遺一卷續補遺一卷　(唐)陸龜蒙撰　清雍正九年(1731)江都陸鍾輝水雲漁屋刻本　二冊

500000－8741－0003423　GJ3434(844.1/L724－4)
重刊校正笠澤叢書四卷補遺一卷續補遺一卷

(唐)陸龜蒙撰　清抄本　五册

500000－8741－0003424　GJ3435(844.12/W144)
王子安集十六卷　(唐)王勃撰　清光緒五年(1879)華陽醉經堂刻本　四册

500000－8741－0003425　GJ3436(844.12/W144－2)
王子安集註二十卷首一卷末一卷　(唐)王勃撰　(清)蔣清翊註　清光緒九年(1883)吳縣蔣氏雙唐碑館刻本　六册

500000－8741－0003426　GJ3437(844.12/W144－2)
王子安集註二十卷首一卷末一卷　(唐)王勃撰　(清)蔣清翊註　清光緒九年(1883)吳縣蔣氏雙唐碑館刻本　六册

500000－8741－0003427　GJ3438(844.12/W144－2)
王子安集註二十卷首一卷末一卷　(唐)王勃撰　(清)蔣清翊註　清光緒九年(1883)吳縣蔣氏雙唐碑館刻本　六册

500000－8741－0003428　GJ3439(844.12/W144－2)
王子安集註二十卷首一卷末一卷　(唐)王勃撰　(清)蔣清翊註　清光緒九年(1883)吳縣蔣氏雙唐碑館刻本　六册

500000－8741－0003429　GJ3440(844.13/C716)
陳伯玉集文集三卷詩集二卷附録一卷　(唐)陳子昂撰　清咸豐四年(1854)柯道麟刻本　四册

500000－8741－0003430　GJ3441(844.13/C716)
陳伯玉集文集三卷詩集二卷附録一卷　(唐)陳子昂撰　清咸豐四年(1854)柯道麟刻本　四册

500000－8741－0003431　GJ3442(844.13/C716－2)
陳伯玉集文集三卷詩集二卷附録一卷　(唐)陳子昂撰　清刻本　八册

500000－8741－0003432　GJ3443(844.13/L731)
靈隱子六卷　(唐)駱賓王撰　明萬曆二十四年(1596)陳大科刻本　六册

500000－8741－0003433　GJ3444(844.13/L731－2)
駱臨海集十卷　(唐)駱賓王撰　(清)趙忠補編輯　清康熙四十六年(1707)覺非齋刻本　六册

500000－8741－0003434　GJ3445(844.14/L426)
李翰林集十卷　(唐)李白撰　明正德十四年(1519)陸元大刻本　四册

500000－8741－0003435　GJ3446(844.14/Z108)
張燕公集二十五卷　(唐)張說撰　清刻本　五册

500000－8741－0003436　GJ3447(844.14/Z－142)
唐丞相曲江張先生文集十二卷附録一卷　(唐)張九齡撰　明萬曆刻本　八册

500000－8741－0003437　GJ3448(844.15/D453)
杜工部文集二十卷　(唐)杜甫撰　明萬曆許自昌刻本　十二册

500000－8741－0003438　GJ3449(844.15/D453)
杜詩詳註二十五卷首一卷附編二卷　(清)仇兆鰲輯註　清康熙三十二年(1693)刻本　十六册

500000－8741－0003439　GJ3450(844.15/L426)
李太白文集三十卷　(唐)李白撰　清光緒十四年(1888)湖北官書局刻本　四册

500000－8741－0003440　GJ3451(844.15/L426－2)
李翰林集三十卷　(唐)李白撰　**札記一卷**　劉世珩撰　清光緒三十四年至宣統元年(1908－1909)貴池劉氏玉海堂影宋刻本　六册　存三十卷(李翰林集三十卷)

500000－8741－0003441　GJ3452(844.15/L426－3)
李翰林集三十卷　(唐)李白撰　**札記一卷**　劉世珩撰　清光緒三十四年至宣統元年(1908－1909)貴池劉氏玉海堂影宋刻本　六册

500000－8741－0003442　GJ3453(844.15/L426－3)
李太白文集三十六卷　(唐)李白撰　(清)王琦輯註　清乾隆二十五年(1760)刻本　十二册

500000－8741－0003443　GJ3454(844.15/L426－5)
李太白文集三十六卷　(唐)李白撰　(清)王琦輯註　清乾隆二十四年(1759)刻本　十

二冊

500000－8741－0003444　GJ3455(844.15/L744－7)
陸宣公集二十四卷　(唐)陸贄撰　明二乙堂刻本　八冊

500000－8741－0003445　GJ3456(844.15/W120)
王右丞集二十八卷首一卷末一卷　(唐)王維撰　(清)趙殿成箋註　清乾隆二年(1737)趙氏刻本　八冊

500000－8741－0003446　GJ3457(844.15/W120)
王右丞集二十八卷首一卷末一卷　(唐)王維撰　(清)趙殿成箋註　清乾隆二年(1737)趙氏刻本　十六冊

500000－8741－0003447　GJ3458(844.15/W120－2)
王右丞集二十八卷首一卷末一卷　(唐)王維撰　(清)趙殿成箋註　清乾隆二年(1737)趙氏刻本　十二冊

500000－8741－0003448　GJ3459(844.15/W120－2)
王右丞集二十八卷首一卷末一卷　(唐)王維撰　(清)趙殿成箋註　清乾隆二年(1737)趙氏刻本　八冊

500000－8741－0003449　GJ3460(844.16/K427)
新刊權載之文集五十卷附補刻一卷　(唐)權德輿撰　清嘉慶刻本　八冊

500000－8741－0003450　GJ3461(844.16/L430)
朱文公校昌黎先生文集四十卷外集十卷　(唐)韓愈撰　(宋)朱熹考異　明萬曆三十三年(1605)朱崇沐刻本　十二冊

500000－8741－0003451　GJ3462(844.16/L430)
朱文公校昌黎先生文集四十卷外集十卷　(唐)韓愈撰　(宋)朱熹考異　明萬曆三十三年(1605)朱崇沐刻本　十六冊

500000－8741－0003452　GJ3463(844.16/L431)
柳文四十三卷別集二卷外集二卷附錄一卷　(唐)柳宗元撰　(唐)劉禹錫編　清同治七年(1868)永州柳氏祠堂刻本　八冊

500000－8741－0003453　GJ3464(844.16/L431)
唐柳河東集四十五卷外集五卷　(唐)柳宗元撰　明崇禎六年(1633)蔣氏三徑草堂刻本　十二冊

500000－8741－0003454　GJ3465(844.16/L431－2)
增廣註釋音辯唐柳先生集四十三卷別集二卷外集二卷　(唐)柳宗元撰　(宋)童宗說註釋　(宋)張敦頤音辯　(宋)潘緯音義　**年譜一卷**　明正德十年(1515)張景暘、胡韶、劉玉刻本　八冊

500000－8741－0003455　GJ3466(844.16/L431y)
柳先生外集一卷　(唐)柳宗元撰　清同治十二年(1873)獨山莫氏刻本　一冊

500000－8741－0003456　GJ3467(844.16/L744)
唐陸宣公集二十二卷首一卷附錄一卷　(唐)陸贄撰　清光緒二年(1876)江蘇書局刻本　六冊

500000－8741－0003457　GJ3468(844.16/L744－5)
唐陸宣公集二十二卷　(唐)陸贄撰　清嘉慶二十三年(1818)刻本　六冊

500000－8741－0003458　GJ3469(844.16/L744－6)
唐陸宣公集二十二卷　(唐)陸贄撰　**增輯二卷**　(清)耆英撰　清道光二十七年(1847)刻本　八冊

500000－8741－0003459　GJ3470(844.16/X480)
韓昌黎集選四卷　(明)陸夢龍評選　明刻本　二冊

500000－8741－0003460　GJ3471(844.16/X480x)
韓文百篇編年三卷　(唐)韓愈撰　(清)劉成忠選評　清石印本　三冊

500000－8741－0003461　GJ3472(844.16/Z422)
文章正宗二十四卷　(宋)眞德秀撰　南宋福建莆田郡學刻本　一冊　存一卷(二十一下)

500000－8741－0003462　GJ3473(844.17/X462－2)
昌黎先生集四十卷外集十卷遺文一卷　(唐)韓愈撰　(唐)李漢編　**朱子校昌黎先生集傳一卷**　明萬曆徐氏東雅堂刻本　二十四冊

500000－8741－0003463　GJ3474(844.17/X480－3)
昌黎先生集四十卷外集十卷遺文一卷

(唐)韓愈撰 **韓集點勘四卷** (清)陳景雲撰 **朱子校昌黎先生集傳一卷** 清同治八年至九年(1869－1870)江蘇書局刻本 十一冊

500000－8741－0003464 GJ3475(844.17/X480－4)
韓子文鈔十卷 (唐)韓愈撰 清乾隆二十一年(1756)刻本 四冊

500000－8741－0003465 GJ3476(844.17/X480－5)
重刊五百家註音辯昌黎先生文集四十卷 (唐)韓愈著撰 清乾隆刻本 十六冊

500000－8741－0003466 GJ3477(844.17/X480－6)
昌黎先生全集四十卷外集十卷 (唐)韓愈撰 (唐)李漢編 (唐)葛蕭校 (清)復安老人抄並批注 清同治八年(1869)綠欄抄本 四冊

500000－8741－0003467 GJ3478(844.17/X480－8)
昌黎先生集四十卷外集十卷遺文一卷 (唐)韓愈撰 **韓集點勘四卷** (清)陳景雲撰 清宣統三年(1911)石印本 十冊

500000－8741－0003468 GJ3479(844.17/X480l)
韓筆酌蠡三十卷 (清)盧軒撰 清雍正八年(1730)刻本 六冊

500000－8741－0003469 GJ3480(844.17/Y124)
元氏長慶集六十卷補遺六卷 (唐)元稹撰 明萬曆三十二年(1604)馬元調魚樂軒刻本 六冊

500000－8741－0003470 GJ3481(844.18/D428)
樊川文集二十卷外集一卷別集一卷 (唐)杜牧撰 清光緒二十二年(1896)景蘇園影宋刻本 六冊

500000－8741－0003471 GJ3482(844.18/L407)
李義山文集十卷 (唐)李商隱撰 清康熙四十七年(1708)徐氏花溪草堂刻本 四冊

500000－8741－0003472 GJ3483(844.18/L407－2)
李義山文集十卷 (唐)李商隱撰 清康熙四十七年(1708)徐氏花溪草堂刻本 六冊

500000－8741－0003473 GJ3484(844.18/L407－3)
樊南文集詳註八卷 (唐)李商隱撰 清同治七年(1868)刻本 四冊

500000－8741－0003474 GJ3485(844.18/L407－4)
樊南文集補編十二卷附錄一卷 (唐)李商隱撰 (清)錢振常箋 (清)錢振倫注 清同治五年(1866)盱眙吳氏望三益齋刻本 四冊

500000－8741－0003475 GJ3486(844.18/L407－5)
樊南文集箋註八卷首一卷 (唐)李商隱撰 (清)馮浩編訂 清刻本 五冊

500000－8741－0003476 GJ3487(844.18/L423)
李衛公會昌一品集二十卷別集十卷外集四卷補遺一卷 (唐)李德裕撰 清光緒五年(1879)定州王氏謙德堂刻畿輔叢書本 歐陽溥存批並跋 六冊

500000－8741－0003477 GJ3488(844.18/S140)
孫可之文集二卷 (唐)孫樵撰 清光緒二十二年(1896)遂園刻本 一冊

500000－8741－0003478 GJ3489(844.19/P462)
唐皮日休文藪十卷 (唐)皮日休著 明萬曆三十六年(1608)許自昌刻本 二冊

500000－8741－0003479 GJ3490(844.19/W138)
麟角集一卷附錄一卷 (唐)王棨撰 清光緒十年(1884)福山王氏天壤閣影宋刻本 一冊

500000－8741－0003480 GJ3491(844.88/L672)
羅昭諫集八卷 (唐)羅隱著 清道光四年(1824)刻本 二冊

500000－8741－0003481 GJ3492(845.12/S453)
坡仙集十六卷 (宋)蘇軾撰 (明)李贄輯評 明萬曆二十八年(1600)焦竑刻本 十五冊

500000－8741－0003482 GJ3493(845.14/S428－2)
蘇學士文集十六卷 (宋)蘇舜欽撰 (清)宋犖輯 清康熙三十七年(1698)刻本 二冊

500000－8741－0003483 GJ3494(845.15/O772)
歐陽文忠公全集一百五十三卷首一卷附錄五卷 (宋)歐陽修撰 清嘉慶二十四年(1819)刻本 二十四冊

500000－8741－0003484 GJ3495(845.15/O772)

歐陽文忠公全集一百五十三卷首一卷附錄五卷　(宋)歐陽修撰　清嘉慶二十四年(1819)刻本　二十冊

500000-8741-0003485　GJ3496(845.15/O772-1)
歐陽文忠公全集一百五十三卷首一卷附錄五卷　(宋)歐陽修撰　清嘉慶二十四年(1819)刻本　三十二冊

500000-8741-0003486　GJ3497(845.15/Q546)
淮海集四十卷後集六卷長短句三卷附錄一卷　(宋)秦觀撰　(明)徐渭評　**詩餘一卷**　(明)鄧章漢輯　明萬曆四十六年(1618)李之藻刻本　十冊

500000-8741-0003487　GJ3498(845.15/Q546-2)
淮海集四十卷後集六卷長短句三卷附錄一卷　(宋)秦觀撰　(明)徐渭評　**詩餘一卷**　(明)鄧章漢輯　明萬曆四十六年(1618)李之藻刻本　八冊

500000-8741-0003488　GJ3499(845.15/Q546-3)
淮海集四十卷後集六卷長短句三卷附錄一卷　(宋)秦觀撰　(明)徐渭評　**詩餘一卷**　(明)鄧章漢輯　明萬曆四十六年(1618)李之藻刻本　六冊

500000-8741-0003489　GJ3500(845.15/S179)
司馬溫公文集十四卷　(宋)司馬光撰　清康熙四十八年(1709)刻本　八冊

500000-8741-0003490　GJ3501(845.15/S179)
司馬文正公傳家集八十卷目錄二卷年譜一卷附錄一卷　(宋)司馬光撰　清乾隆七年(1742)刻本　十二冊

500000-8741-0003491　GJ3502(845.15/S179)
司馬溫公文集八十二卷目錄一卷　(宋)司馬光撰　明崇禎吳時亮刻本　二十四冊

500000-8741-0003492　GJ3503(845.15/S437)
蘇老泉先生全集二十卷附錄二卷　(宋)蘇洵撰　(清)邵滄來校　清康熙三十七年(1698)刻本　二冊

500000-8741-0003493　GJ3504(845.15/W131)
臨川先生文集一百卷目錄二卷　(宋)王安石撰　明嘉靖三十九年(1560)何遷刻本　三十二冊

500000-8741-0003494　GJ3505(845.15/X414)
安陽集五十卷目錄二卷　(宋)韓琦撰　**別錄三卷**　(宋)王巖叟撰　**遺事一卷**　(宋)强至撰　**忠獻韓魏王家傳十卷**　明正德九年(1514)張士隆刻本　十六冊

500000-8741-0003495　GJ3506(845.15/Z330)
宋宗忠簡公全集八卷首二卷末一卷　(宋)宗澤撰　(清)宗文燦修　清光緒二十三年(1897)刻本　五冊

500000-8741-0003496　GJ3507(845.15/Z817)
元豐類稾五十卷首一卷　(宋)曾鞏撰　清光緒十六年(1890)慈利漁浦書院刻本　十二冊

500000-8741-0003497　GJ3508(845.15/Z817)
元豐類稾五十卷首一卷　(宋)曾鞏撰　清光緒十六年(1890)慈利漁浦書院刻本　十二冊

500000-8741-0003498　GJ3509(845.15/Z817-2)
南豐先生元豐類藳五十卷集外文二卷行狀一卷　(宋)曾鞏撰　(清)顧崧齡校　清康熙刻本　十二冊

500000-8741-0003499　GJ3510(845.16/C723)
後山先生集二十四卷首一卷　(宋)陳師道撰　清光緒十一年(1885)刻本　六冊

500000-8741-0003500　GJ3511(845.16/C723)
後山先生集二十四卷首一卷　(宋)陳師道撰　清光緒十一年(1885)刻本　四冊

500000-8741-0003501　GJ3512(845.16/S437)
斜川集六卷　(宋)蘇過著　清道光六年(1826)刻本　三冊

500000-8741-0003502　GJ3513(845.16/S453)
東坡先生全集七十五卷　(宋)蘇軾撰　明萬曆三十四年(1606)茅維刻本　八十冊

500000-8741-0003503　GJ3514(845.16/S453)
東坡先生全集七十五卷　(宋)蘇軾撰　明崇禎項煜刻本　四十冊

500000－8741－0003504　GJ3515(845.16/S453－2)
東坡集四十卷後集二十卷奏議十五卷内制集十卷附樂語一卷外制集三卷應詔集十卷東坡續集十二卷　(宋)蘇軾撰　**校勘記二卷**　繆荃孫撰　**年譜一卷**　(宋)王宗稷撰　**墓志銘一卷**　(清)顥濵撰　清光緒三十四年至宣統元年(1908－1909)寶華盦刻本　四十册

500000－8741－0003505　GJ3516(845.16/S453s)
宋大家蘇文忠公文鈔二十八卷　(宋)蘇軾撰　(明)茅坤批評　明萬曆茅氏刻本　十六册

500000－8741－0003506　GJ3517(845.16/S453w)
蘇文忠公詩編註集成一百三卷　(宋)蘇軾撰　(清)王文誥編　清嘉慶二十四年(1819)刻本　二十四册

500000－8741－0003507　GJ3518(845.16/S454b)
坡仙集十六卷　(宋)蘇軾撰　(明)李贄輯評　明萬曆二十八年(1600)陳大來繼志齋刻本　十册

500000－8741－0003508　GJ3519(845.16/X407)
山谷詩集注内集二十卷外集十七卷别集二卷　(宋)黄庭堅撰　清光緒二十一年(1895)刻本　二十册

500000－8741－0003509　GJ3520(845.16/Z824)
西塘先生文集十卷　(宋)鄭俠撰　明萬曆三十七年(1609)葉向高刻本　二册

500000－8741－0003510　GJ3521(845.21/H480)
莆陽知稼翁集二卷　(宋)黄公度著　(明)黄庭宣等校　清道光九年(1829)刻本　二册

500000－8741－0003511　GJ3522(845.21/Z336)
宋宗忠簡公集八卷　(宋)宗澤撰　(清)熊人霖原訂　(清)王廷會重編　清康熙三十年(1691)刻本　二册

500000－8741－0003512　GJ3523(845.22/L427)
宋李忠定公文集選二十九卷首四卷　(宋)李綱撰　(明)左光先選　明崇禎十二年(1639)刻本　十六册

500000－8741－0003513　GJ3524(845.22/W147)
宋王忠文公文集五十卷年譜一卷目錄四卷　(宋)王十朋撰　(清)唐傳鉎編　清雍正六年(1728)刻本　十册

500000－8741－0003514　GJ3525(845.22/Z143a)
南軒文集四十四卷論語解十卷孟子説七卷　(宋)張栻撰　清道光二十五年(1845)綿邑洗墨池刻本　八册

500000－8741－0003515　GJ3526(845.22/Z240)
朱子大全文集一百卷續集五卷外集七卷　(宋)朱熹著　清光緒二年(1876)王氏刻本　三十二册

500000－8741－0003516　GJ3527(845.23/C704)
陳克齋集五卷　(宋)陳文蔚撰　(清)張伯行重訂　(清)汪端光校　清康熙四十八年(1709)張氏正誼堂刻本　一册

500000－8741－0003517　GJ3528(845.23/G880)
白石道人四種十六卷　(宋)姜夔撰　清同治十年(1871)桂林倪鴻刻本　二册

500000－8741－0003518　GJ3529(845.23/L737)
龍洲集十四卷首一卷　(宋)劉過著　**玉淵吟稿一卷首一卷**　(宋)劉子澄著　清光緒二十五年至二十七年(1899－1901)刻本　三册

500000－8741－0003519　GJ3530(845.23/L738)
渭南文集五十卷　(宋)陸游撰　明末毛氏汲古閣刻本　十四册

500000－8741－0003520　GJ3531(845.23/L738)
渭南文集五十卷　(宋)陸游撰　明末毛氏汲古閣刻本　四十四册

500000－8741－0003521　GJ3532(845.23/S852)
雙峯猥稿九卷首一卷末一卷　(宋)舒邦佐著　清咸豐八年(1858)舒氏刻本　四册

500000－8741－0003522　GJ3533(845.23/Y632)
水心先生别集十六卷　(宋)葉適撰　清同治九年(1870)刻本　四册

500000－8741－0003523　GJ3534(845.24/F072)
秋崖先生小藁四十五卷詩集三十八卷　(宋)方岳撰　清光緒二十一年(1895)刻本　十册

500000－8741－0003524　GJ3535(845.24/Y147)
元遺山先生集四十卷首一卷末一卷附十二卷　(金)元好問撰　清光緒七年(1881)讀書山房刻本　十七册

500000－8741－0003525　GJ3536(845.26/W013)
宋丞相文山先生集二十卷　(宋)文天祥撰　清康熙十二年(1673)焉文堂曾弘刻本　十册

500000－8741－0003526　GJ3537(845.26/W013)
宋丞相文山先生集二十卷　(宋)文天祥撰　清康熙十二年(1673)焉文堂曾弘刻本　八册

500000－8741－0003527　GJ3538(845.26/W013－3)
文信國公集二十卷首一卷　(宋)文天祥撰　清光緒二十三年(1897)湘南書局刻本　十二册

500000－8741－0003528　GJ3539(845.26/W013－4)
廬陵宋丞相信國公文忠烈先生全集十六卷　(宋)文天祥撰　清雍正三年(1725)刻本　八册

500000－8741－0003529　GJ3540(845.7/S445－2)
雁門集十四卷附卷一卷　(元)薩都剌著　(清)薩龍光編注　清光緒三年(1877)刻本　四册

500000－8741－0003530　GJ3541(845.71/X021)
許文正公遺書十二卷首一卷末一卷　(元)許衡撰　清乾隆五十三年(1788)刻本　八册

500000－8741－0003531　GJ3542(845.74/D451)
剡源集三十卷　(元)戴表元撰　**札記一卷**　(清)郁松年撰　清道光二十年(1840)上海郁氏刻宜稼堂叢書本　七册

500000－8741－0003532　GJ3543(845.76/L413)
松雪齋集十卷外集一卷　(元)趙孟頫撰　清清德堂仿元花谿沈氏刻本　六册

500000－8741－0003533　GJ3544(845.76/Y447)
清容居士集五十卷　(元)袁桷撰　**札記一卷**　(清)郁松年撰　清道光二十年(1840)上海郁氏刻宜稼堂叢書本　十三册

500000－8741－0003534　GJ3545(845.77/S445)
雁門集十四卷附卷一卷　(元)薩都剌著　(清)薩龍光編注　清刻本　六册

500000－8741－0003535　GJ3546(845.77/W250)
危學士全集十四卷　(明)危素撰　清乾隆二十三年(1758)刻本　四册

500000－8741－0003536　GJ3547(846/X236)
徐文長文集三十卷補遺一卷　(明)徐渭撰　(明)袁宏道評點　明萬曆四十二年(1614)刻本　八册

500000－8741－0003537　GJ3548(846.1/F042)
方正學先生遜志齋集七卷首一卷　(明)方孝孺撰　清同治三年(1864)刻本　七册

500000－8741－0003538　GJ3549(846.1/G038)
青邱高季迪先生詩集十八卷首一卷遺詩一卷扣舷集一卷鳧藻集五卷　(明)高啟撰　**附錄一卷**　清雍正六年(1728)桐鄉金氏文瑞樓刻乾隆印本　十册

500000－8741－0003539　GJ3550(846.1/G038)
青邱高季迪先生詩集十八卷遺詩一卷扣舷集一卷鳧藻集五卷　(明)高啟撰　**附錄一卷**　清雍正六年(1728)桐鄉金氏文瑞樓刻乾隆印本　六册

500000－8741－0003540　GJ3551(846.1/G038)
青邱高季迪先生詩集十八卷首一卷遺詩一卷扣舷集一卷鳧藻集五卷　(明)高啟撰　**附錄一卷**　清雍正六年(1728)桐鄉金氏文瑞樓刻乾隆印本　佚名批　八册

500000－8741－0003541　GJ3552(846.1/L344)
太師誠意伯劉文成公集二十卷　(明)劉基撰　清刻本　八册

500000－8741－0003542　GJ3553(846.1/L443)
雲陽集四卷　(元)李希蘧著　(明)李西涯校　清嘉慶十九年(1814)刻本　四册

500000－8741－0003543　GJ3554(846.1/S144)
西菴集八卷首一卷　(明)孫蕡撰　清道光十年(1830)姑蘇刻本　四册

500000－8741－0003544　GJ3555(846.1/S330)

宋文憲公全集五十三卷首四卷　(明)宋濂撰　清嘉慶十五年(1810)刻本　二十冊

500000－8741－0003545　GJ3556(846.1/S330－4)
潛溪錄六卷首一卷　(明)宋濂撰　孫鏘增補　清宣統三年(1911)四明七千卷樓孫氏刻本　四冊

500000－8741－0003546　GJ3557(846.2/X221)
解文毅公集十六卷首一卷附錄一卷　(明)解縉撰　(明)黃諫原編　(明)羅念菴輯錄　(清)解悅重輯　(清)解韜訂正　清乾隆三十二年(1767)刻本　六冊

500000－8741－0003547　GJ3558(846.2/X221)
解文毅公集十六卷首一卷附錄一卷　(明)解縉撰　(明)黃諫原編　(明)羅念菴輯錄　(清)解悅重輯　(清)解韜訂正　清乾隆三十二年(1767)刻本　六冊

500000－8741－0003548　GJ3559(846.2/Y444)
東里文集二十五卷別集三卷　(明)楊士奇撰　清光緒三年(1877)刻本　八冊

500000－8741－0003549　GJ3560(846.3/K023)
康對山先生文集十卷　(明)康德海撰　(明)孫景烈選次　清乾隆二十六年(1761)刻本　三冊

500000－8741－0003550　GJ3561(846.3/L－462)
謚忠文古廉文集六卷　(明)李時勉撰　清乾隆李錦刻本　三冊

500000－8741－0003551　GJ3562(846.4/Z326)
枝山文集四卷　(明)祝允明著　清同治十三年(1874)刻本　二冊

500000－8741－0003552　GJ3563(846.5/C740)
白沙子全集十卷首一卷末一卷附古詩教解二卷　(明)陳獻章撰　清乾隆三十六年(1771)刻本　十冊

500000－8741－0003553　GJ3564(846.5/I425－2)
楊忠愍公全集四卷附碑記　(明)楊繼盛撰　(清)毛奇齡鑒定　清光緒二年(1876)刻本　二冊

500000－8741－0003554　GJ3565(846.5/L457)
懷麓堂集一百卷首一卷　(明)李東陽著　清嘉慶八年(1803)刻本　二十冊

500000－8741－0003555　GJ3566(846.6/C032)
蓉川集四卷首一卷　(明)齊之鸞著　清光緒二十三年(1897)桐城徐氏刻本　二冊

500000－8741－0003556　GJ3567(846.6/G249)
震川先生集三十卷附補編一卷　(明)歸有光撰　清末刻本　十冊　存三十卷(震川先生集三十卷)

500000－8741－0003557　GJ3568(846.6/G249)
震川先生集三十卷別集十卷附錄一卷　(明)歸有光撰　(清)歸莊校勘　(清)錢謙益選定　(清)歸玠編輯　清康熙十年至十四年(1671－1675)雅言堂刻本　清范棫士錄明董說等批點並跋　八冊

500000－8741－0003558　GJ3569(846.6/G249－3)
震川先生集三十卷別集十卷補編一卷附錄一卷　(明)歸有光撰　清光緒六年(1880)常熟歸氏刻本　十六冊

500000－8741－0003559　GJ3570(846.6/G249－8)
震川先生集三十卷別集十卷　(明)歸有光撰　(清)歸莊校勘　(清)錢謙益選定　(清)歸玠編輯　清康熙十四年(1675)歸莊刻本　六冊

500000－8741－0003560　GJ3571(846.6/I－425)
楊忠愍公全集四卷　(明)楊繼盛撰　(清)毛大可鑒定　(清)章鈺重訂　清康熙三十七年(1698)章鈺刻本　四冊

500000－8741－0003561　GJ3572(846.6/I－425－2)
楊忠愍公全集四卷附文昌帝君孝經一卷　(明)楊繼盛撰　(清)毛奇齡鑒定　清光緒刻本　四冊

500000－8741－0003562　GJ3573(846.6/I－425－2)
楊忠愍公全集四卷附文昌帝君孝經一卷　(明)楊繼盛撰　(清)毛奇齡鑒定　清光緒十八年(1892)刻本　四冊

500000－8741－0003563　GJ3574(846.6/I494)
太史升菴全集八十一卷目錄二卷　(明)楊慎撰　清乾隆六十年(1795)新都周參元刻本　二十册

500000－8741－0003564　GJ3575(846.6/I494)
太史升菴全集八十一卷目錄二卷　(明)楊慎撰　清乾隆六十年(1795)新都周參元刻本　五十六册

500000－8741－0003565　GJ3576(846.6/I494)
太史升菴全集八十一卷目錄二卷　(明)楊慎撰　清乾隆六十年(1795)新都周參元刻本　二十四册

500000－8741－0003566　GJ3577(846.6/I494b)
升菴外集一百卷　(明)楊慎著　清道光二十四年(1844)刻本　二十四册

500000－8741－0003567　GJ3578(846.6/I494c)
太史升菴遺集二十六卷　(明)楊慎著　清道光二十四年(1844)刻本　四册

500000－8741－0003568　GJ3579(846.6/I－622)
鈐山堂集四十卷　(明)嚴嵩撰　清嘉慶十一年(1806)刻本　六册

500000－8741－0003569　GJ3580(846.6/I622)
鈐山堂集四十卷附錄一卷　(明)嚴嵩撰　(明)楊慎評點　明嘉靖刻本　十六册

500000－8741－0003570　GJ3581(846.6/L440)
滄溟先生集三十卷附錄一卷　(明)李攀龍撰　清道光二十七年(1847)刻本　十二册

500000－8741－0003571　GJ3582(846.6/L440－2)
滄溟先生集十四卷附錄一卷　(明)李攀龍撰　清光緒二十一年(1895)長沙張氏湘雨樓刻本　四册

500000－8741－0003572　GJ3583(846.6/L444)
李滄溟集六卷　(明)李攀龍撰　(清)張汝瑚輯　清康熙二十一年(1682)刻本　二册

500000－8741－0003573　GJ3584(846.6/S125)
弘藝錄三十二卷首一卷　(明)邵經邦撰　清光緒二十年(1894)錢塘丁氏江右刻本　六册

500000－8741－0003574　GJ3585(846.6/T023)
荆川文集十八卷　(明)唐順之撰　(清)唐執玉勘較　清康熙五十一年(1712)刻本　二十四册

500000－8741－0003575　GJ3586(846.6/T030)
六如居士全集二十四卷　(明)唐寅撰　(清)唐仲冕編　清嘉慶六年(1801)刻本　六册　存十五卷(制義一卷,墨亭新賦一卷,畫譜三卷,詩文集四至七、補遺一卷,花隖聯吟四卷、補一卷)

500000－8741－0003576　GJ3587(846.6/T030)
袁中郎先生批評唐伯虎匯集四卷傳贊一卷紀事一卷六如居士畫譜三卷　(明)唐寅撰　(明)袁宏道評　明刻本　二册

500000－8741－0003577　GJ3588(846.6/W026)
甫田集二十卷　(明)文徵明撰　明刻本　二册

500000－8741－0003578　GJ3589(846.6/X423b)
鳥鼠山人後集二卷　(明)胡祕等撰　明嘉靖刻本　四册

500000－8741－0003579　GJ3590(846.6/Y494)
李卓吾先生讀升菴集二十卷　(明)楊慎撰　(明)李贄輯並評　明萬曆刻本　四册

500000－8741－0003580　GJ3591(846.6/Z171)
明張文忠公全集四十六卷附錄二卷　(明)張居正撰　清光緒二十七年(1901)紅藤碧樹山館刻本　十六册

500000－8741－0003581　GJ3592(846.6/Z264)
山帶閣集三十三卷附錄一卷　(明)朱曰藩撰　清道光十五年(1835)刻本　六册

500000－8741－0003582　GJ3593(846.7/F321)
馮少墟集二十二卷續集四卷　(明)馮從吾撰　清康熙十二年(1673)刻本　十八册

500000－8741－0003583　GJ3594(846.7/L245)
蠛蠓集五卷　(明)盧柟撰　(明)孟華平校　明萬曆三十年(1602)張其忠刻本　六册

500000－8741－0003584　GJ3595(846.7/L－444)

李溫陵集二十卷　(明)李贄撰　明萬曆顧大韶刻本　四冊

500000－8741－0003585　GJ3596(846.7/S035)
謝耳伯先生初集十六卷　(明)謝兆申撰　(明)周之夔等較　明崇禎十三年(1640)玉樹軒刻本　五冊

500000－8741－0003586　GJ3597(846.7/T331)
睡菴文稿初刻四卷二刻六卷　(明)湯賓尹撰　(明)李曙寰校　明萬曆李曙寰先月樓刻本　六冊

500000－8741－0003587　GJ3598(846.7/T363)
玉茗堂全集四十六卷　(明)湯顯祖撰　明天啟元年(1621)韓敬刻本　十六冊

500000－8741－0003588　GJ3599(846.7/T363)
玉茗堂全集四十六卷　(明)湯顯祖撰　明天啟元年(1621)韓敬刻本　十五冊　存三十七卷(文集二至十六、詩集一至十六、賦一至六)

500000－8741－0003589　GJ3600(846.7/T732)
陶元暉中丞遺集二卷首一卷　(明)陶朗先撰　清光緒二十四年(1898)蘭州書局鉛印本　一冊

500000－8741－0003590　GJ3601(846.7/W122)
龍溪王先生全集二十二卷　(明)王畿撰　(明)丁賓編　明萬曆四十三年(1615)刻本　二十冊

500000－8741－0003591　GJ3602(846.7/W147)
俟後編六卷後一卷末一卷　(明)王敬臣撰　清同治八年(1869)刻本　一冊

500000－8741－0003592　GJ3603(846.7/W162)
王季重九種集　(明)王思任撰　明末刻本　八冊　存四種四卷(避園擬存詩集一卷、雜序一卷、時文序一卷、王季重歷游記一卷)

500000－8741－0003593　GJ3604(846.7/X312)
海剛峯先生文集二卷　(明)海瑞撰　(清)張伯行編　(清)陳紹廉校　清康熙四十九年(1710)蘇州正誼堂刻本　二冊

500000－8741－0003594　GJ3605(846.7/Y433－2)
梨雲館類定袁中郎全集二十四卷　(明)袁宏道撰　明萬曆四十五年(1617)周文煒本立堂刻本　十二冊

500000－8741－0003595　GJ3606(846.7/Z171)
新刻張太岳先生詩文集四十六卷　(明)張居正撰　**行實一卷**　明萬曆四十年(1612)唐國達刻本　十八冊

500000－8741－0003596　GJ3607(846.7/Z－171)
江陵張文忠公全集四十七卷　(明)張居正撰　明萬曆四十年(1612)唐國達刻本　十六冊

500000－8741－0003597　GJ3608(846.7/Z－171－3)
江陵張文忠公全集四十七卷　(明)張居正撰　明萬曆四十年(1612)唐國達刻本　十六冊

500000－8741－0003598　GJ3609(846.7/Z171－3)
江陵張文忠公全集四十七卷　(明)張居正撰　明萬曆四十年(1612)唐國達刻本　十六冊

500000－8741－0003599　GJ3610(846.7/Z424)
趙文肅公文集二十三卷　(明)趙貞吉撰　清光緒十七年(1891)刻本　十二冊

500000－8741－0003600　GJ3611(846.8/F012)
方孩未先生集十六卷　(明)方震孺撰　清同治七年(1868)刻本　六冊

500000－8741－0003601　GJ3612(846.8/G040)
高子遺書十二卷附錄一卷　(明)高攀龍撰　(明)陳龍正編　清光緒二年(1876)刻本　十三冊

500000－8741－0003602　GJ3613(846.8/G040)
高子遺書十二卷附錄一卷　(明)高攀龍撰　(明)陳龍正編　清光緒二年(1876)刻本　八冊

500000－8741－0003603　GJ3614(846.8/G040)
高子遺書十二卷附錄一卷　(明)高攀龍撰　(明)陳龍正編　清光緒二年(1876)刻本　八冊

500000－8741－0003604　GJ3615(846.8/G040b)
高子遺書補編三卷　(明)高攀龍撰　清道光二十三年(1843)抄本　二冊

500000－8741－0003605　GJ3616(846.8/G847)
金忠節公文集八卷　(明)金聲撰　清道光七年(1827)刻本　四册

500000－8741－0003606　GJ3617(846.8/I－420)
蒼霞草二十卷　(明)葉向高撰　明萬曆新安黄一桂刻本　十五册

500000－8741－0003607　GJ3618(846.8/I－420)
蒼霞續草二十二卷　(明)葉向高撰　明萬曆新安黄一桂刻本　十二册

500000－8741－0003608　GJ3619(846.8/I－420)
綸扉奏草三十卷　(明)葉向高撰　明萬曆新安黄一桂刻本(卷二十五至二十六係補配)　十六册

500000－8741－0003609　GJ3620(846.8/I－420)
後綸扉尺牘十卷　(明)葉向高撰　明萬曆新安黄一桂刻本　三册

500000－8741－0003610　GJ3621(846.8/I－420)
蒼霞草詩八卷　(明)葉向高撰　明萬曆新安黄一桂刻本　二册

500000－8741－0003611　GJ3622(846.8/I－420)
續綸扉奏草十四卷　(明)葉向高撰　明萬曆新安黄一桂刻本　六册

500000－8741－0003612　GJ3623(846.8/I－420)
蒼霞餘草十四卷　(明)葉向高撰　明萬曆新安黄一桂刻本　六册

500000－8741－0003613　GJ3624(846.8/I435)
楊大洪先生文集二卷　(明)楊漣撰　清光緒十三年(1887)正誼堂刻本　二册

500000－8741－0003614　GJ3625(846.8/L021)
北海亭集詩集四卷文集四卷　(明)鹿化麟撰　清光緒刻本　二册

500000－8741－0003615　GJ3626(846.8/W245)
藏密齋集二十四卷　(明)魏大中撰　明崇禎刻本　七册

500000－8741－0003616　GJ3627(846.8/X211)
熊襄愍公集十卷首一卷末一卷　(明)熊廷弼撰　清同治三年(1864)刻本　十册

500000－8741－0003617　GJ3628(846.9/C732)
寶綸堂集十卷拾遺一卷　(清)陳洪綬撰　清光緒十四年(1888)會稽董氏取斯堂刻本　七册　存九卷(一至九)

500000－8741－0003618　GJ3629(846.9/C732－2)
寶綸堂集十卷拾遺一卷　(清)陳洪綬撰　清光緒十四年(1888)會稽董氏取斯堂刻本　四册

500000－8741－0003619　GJ3630(846.9/G847)
金忠節公文集八卷　(明)金聲撰　清光緒十四年(1888)黟縣李氏刻本　六册

500000－8741－0003620　GJ3631(846.9/L422:2)
寒支二集四卷　(清)李世熊撰　清同治十三年(1874)刻本　四册

500000－8741－0003621　GJ3632(846.9/X437)
黄石齋先生文集十三卷　(明)黄道周撰　(清)鄭玟編　(清)姚炳坤校　清康熙五十三年(1714)刻本　六册

500000－8741－0003622　GJ3633(846.9/X437)
黄石齋先生文集十三卷　(明)黄道周撰　(清)鄭玟編　(清)姚炳坤校　清康熙五十三年(1714)刻本　六册

500000－8741－0003623　GJ3634(846.9/X439)
陶菴詩集八卷文集七卷附吾師録一卷　(明)黄淳耀撰　**谷簾學吟一卷**　(明)黄淵耀撰　清康熙四十二年(1703)刻本　八册

500000－8741－0003624　GJ3635(846.9/X439－2)
陶菴集二十二卷首一卷末一卷　(明)黄淳耀撰　清光緒五年(1879)刻本　八册

500000－8741－0003625　GJ3636(846.9/Z221)
觀復堂稿畧一卷　(明)朱集璜撰　清光緒六年(1880)刻本　一册

500000－8741－0003626　GJ3637(846.9/Z854)
桐菴文稿一卷　(清)鄭敷教撰　清光緒十三年(1887)新陽趙元益輯刻本　一册

500000－8741－0003627　GJ3638(847/C722)
悟蘭唫一卷滇游草一卷東瀛草一卷東游文藁

一卷　(清)陳矩撰　清光緒十九年(1893)刻靈峯草堂叢書本　一冊

500000－8741－0003628　GJ3639(847/D221)
質盦集二卷　(清)白作霖撰　清光緒二十四年(1898)鉛印本　二冊

500000－8741－0003629　GJ3640(847/G432)
宣南夢憶二卷　(清)甘溪生撰　清刻本　二冊

500000－8741－0003630　GJ3641(847/K727)
邱邦士文集十八卷　(清)邱維屏撰　清道光十七年(1837)詵謂小齋刻本　六冊

500000－8741－0003631　GJ3642(847/Q727)
邱邦士文集十八卷　(清)邱維屏撰　清光緒元年(1875)刻本　六冊

500000－8741－0003632　GJ3643(847/W326)
犀禪山館集一卷　(清)汪和撰　清光緒元年(1875)刻本　一冊

500000－8741－0003633　GJ3644(847/Z483)
鷃林子五卷　(明)趙釴撰　清陽湖楊春南刻本　二冊

500000－8741－0003634　GJ3645(847.1/B220)
東谷集詩二十卷續刻二卷文八卷續刻四卷　(清)白胤謙撰　清順治刻本　十二冊

500000－8741－0003635　GJ3646(847.1/B654)
西北文集三卷　(清)畢振姬撰　清刻本　二冊

500000－8741－0003636　GJ3647(847.1/H438)
中山文鈔四卷　(清)郝浴撰　清刻本　二冊

500000－8741－0003637　GJ3648(847.1/J173)
遡園文集四卷詩集一卷語商一卷　(清)賈開宗撰　(清)何絜　(清)程世英選評　清道光九年(1829)賈氏刻本　六冊

500000－8741－0003638　GJ3649(847.1/L241)
托素齋詩集四卷　(清)黎士弘撰　清康熙黎氏衙刻本　四冊

500000－8741－0003639　GJ3650(847.1/L241)
托素齋文集六卷　(清)黎士弘撰　清康熙黎氏衙刻本　六冊

500000－8741－0003640　GJ3651(847.1/T344)
內省齋文集三十二卷　(清)湯來賀撰　清康熙十九年(1680)五車樓刻本　十冊

500000－8741－0003641　GJ3652(847.1/W476)
秋笳集八卷　(清)吳兆騫撰　清宣統三年(1911)鉛印本　三冊

500000－8741－0003642　GJ3653(847.1/X204)
壯悔堂文集十卷遺稿一卷　(清)侯方域撰　(清)賈開宗等評點　清刻本　六冊

500000－8741－0003643　GJ3654(847.1/X204)
壯悔堂文集十卷　(清)侯方域撰　清順治十三年(1656)侯氏家刻本　六冊

500000－8741－0003644　GJ3655(847.1/X204－2)
壯悔堂文集十卷遺稿一卷四憶堂詩集六卷　(清)侯方域撰　(清)賈開宗等評點　清光緒四年(1878)刻本　八冊

500000－8741－0003645　GJ3656(847.1/Y116)
悔菴學文八卷補遺一卷　(清)嚴元照撰　清光緒五年(1879)刻本　三冊　存七卷(二至八)

500000－8741－0003646　GJ3657(847.1/Z272)
愧訥集十二卷　(清)朱用純撰　清光緒八年(1882)廣仁堂刻本　五冊　存十卷(三至十二)

500000－8741－0003647　GJ3658(847.2/B220)
東谷全集十七卷　(清)白胤謙撰　清康熙四十三年(1704)白方鴻刻本　八冊

500000－8741－0003648　GJ3659(847.2/C200)
澂潭山房古文存稿四卷附刻一卷　(清)程襄隴撰　清嘉慶二年(1797)刻本　三冊

500000－8741－0003649　GJ3660(847.2/C277)
在陸草堂文集六卷　(清)儲欣撰　(清)儲廷棻校　清光緒十七年(1891)刻本　六冊

500000－8741－0003650　GJ3661(847.2/C277)
在陸草堂文集六卷　(清)儲欣撰　**在陸先生**

傳一卷 (清)儲大文撰 清雍正元年(1723)儲掌文淑慎堂刻本 四冊

500000－8741－0003651 GJ3662(847.2/C714)
午亭文編五十卷 (清)陳廷敬撰 (清)林佶輯 清康熙四十年(1701)林佶刻本 十六冊

500000－8741－0003652 GJ3663(847.2/C714)
午亭文編五十卷 (清)陳廷敬撰 清乾隆四十三年(1778)刻本 十六冊

500000－8741－0003653 GJ3664(847.2/C721)
石遺室文集十二卷續集一卷詩集十卷補遺一卷朱絲詞二卷 陳衍撰 清光緒三十一年(1905)至民國刻本 七冊

500000－8741－0003654 GJ3665(847.2/C722)
陳檢討集二十卷 (清)陳維崧撰 (清)程師恭註 清康熙刻本 清蕭穆批並跋 四冊

500000－8741－0003655 GJ3666(847.2/C808－2)
牧齋有學集五十一卷 (清)錢謙益撰 清康熙二十四年(1685)金匱山房刻本 十冊

500000－8741－0003656 GJ3667(847.2/C808g)
錢牧齋文鈔不分卷 (清)錢謙益撰 清宣統元年(1909)上海國學扶輪社鉛印本 二冊

500000－8741－0003657 GJ3668(847.2/C808q1)
初學集一百十卷 (清)錢謙益撰 (清)錢曾箋註 清宣統二年(1910)邃漢齋鉛印本 二十四冊

500000－8741－0003658 GJ3669(847.2/D194)
問山詩集十卷文集八卷 (清)丁煒撰 清咸豐四年(1854)刻本 四冊

500000－8741－0003659 GJ3670(847.2/D194)
問山文集六卷 (清)丁煒撰 (清)黃與堅 (清)葉映榴選 清康熙刻本 二冊

500000－8741－0003660 GJ3671(847.2/D424)
南山全集十六卷 (清)戴名世撰 清光緒十九年(1893)印鴻堂刻本 八冊

500000－8741－0003661 GJ3672(847.2/D424c)
潛虛先生文集十四卷遺集一卷 (清)戴名世撰 清光緒十八年(1892)刻本 八冊

500000－8741－0003662 GJ3673(847.2/D424c)
潛虛先生文集十四卷 (清)戴名世撰 清康熙四十五年(1706)刻本 四冊

500000－8741－0003663 GJ3674(847.2/D431)
變雅堂詩集十卷附錄一卷文集四卷 (清)杜濬撰 清同治九年(1870)刻本 八冊

500000－8741－0003664 GJ3675(847.2/D432)
南山全集十六卷 (清)戴名世撰 清光緒二十一年(1895)印鴻堂刻本 八冊

500000－8741－0003665 GJ3676(847.2/F222)
霜紅龕集十三卷 (清)傅山撰 清宣統二年(1910)平遙王氏刻本 四冊

500000－8741－0003666 GJ3677(847.2/F311)
鈍吟全集九種二十三卷 (清)馮班撰 清汲古閣刻本 二冊

500000－8741－0003667 GJ3678(847.2/F311)
鈍吟老人遺藁不分卷 (清)馮班撰 清抄本 二冊

500000－8741－0003668 GJ3679(847.2/F311a)
鈍吟全集九種二十三卷 (清)馮班撰 清初毛氏汲古閣刻本 二冊

500000－8741－0003669 GJ3680(847.2/F497)
雙雲堂文稿六卷詩稿六卷 (清)范先陽撰 清康熙四十六年(1707)刻本 四冊

500000－8741－0003670 GJ3681(847.2/G011)
栖雲閣文集十五卷詩十六卷詩拾遺三卷附留耕堂遺詩四卷 (清)高珩撰 清乾隆四十一年(1776)刻本 十四冊

500000－8741－0003671 GJ3682(847.2/G068)
定山堂古文小品二卷 (清)龔鼎孳撰 清宣統二年(1910)上海國學昌明社石印本 二冊

500000－8741－0003672 GJ3683(847.2/G232)
抱犢山房集六卷續離騷一卷 (清)嵇永仁撰 清同治元年(1862)長沙嵇氏刻本 二冊

500000－8741－0003673 GJ3684(847.2/G391－2)
亭林餘集一卷 (清)顧炎武著 清光緒二年(1876)抄本 一冊

500000－8741－0003674　GJ3685(847.2/G834)
姜先生全集三十三卷首一卷　(清)姜宸英撰　清光緒十五年(1889)刻本　十八册

500000－8741－0003675　GJ3686(847.2/G835－2)
姜先生全集三十三卷首一卷　(清)姜宸英撰　清光緒十五年(1889)慈溪毋自欺齋刻本　十八册

500000－8741－0003676　GJ3687(847.2/H438)
黄梨洲先生南雷文約四卷　(清)黄宗羲撰　清乾隆刻本　四册

500000－8741－0003677　GJ3688(847.2/H4382)
黄梨洲集十一卷　(清)黄宗羲撰　清乾隆刻本　六册

500000－8741－0003678　GJ3689(847.2/H444)
有懷堂文藁二十二卷詩藁六卷　(清)韓菼撰　清康熙四十二年(1703)韓氏衙刻本　六册

500000－8741－0003679　GJ3690(847.2/H457)
蓄齋集十六卷　(清)黄中堅撰　清康熙五十三年(1714)棣華堂刻本　四册

500000－8741－0003680　GJ3691(847.2/H461)
水田居文集五卷　(清)賀貽孫撰　清刻本　五册

500000－8741－0003681　GJ3692(847.2/I－402)
虚直軒文集十卷首一卷　(清)姚文然撰　清廣仁堂刻本　四册

500000－8741－0003682　GJ3693(847.2/I427)
西堂全集六十二卷　(清)尤侗撰　清康熙刻本　二十册

500000－8741－0003683　GJ3694(847.2/I427)
西堂全集六十二卷　(清)尤侗撰　清康熙刻本　二十四册

500000－8741－0003684　GJ3695(847.2/I－464)
葉忠節公遺稿八卷　(清)葉映榴撰　清乾隆十二年(1747)葉氏刻本　四册

500000－8741－0003685　GJ3696(847.2/J267)
姑妄聽之一卷　(清)紀昀撰　清刻本　一册

500000－8741－0003686　GJ3697(847.2/L333)
祓園集詩詞五卷文四卷　(清)梁清遠撰　清康熙二十七年(1688)刻本　四册

500000－8741－0003687　GJ3698(847.2/L416)
石園全集三十卷　(清)李鼎元撰　清康熙四十二年(1703)香雪堂刻本　六册

500000－8741－0003688　GJ3699(847.2/L421)
鹿洲全集八種四十三卷　(清)藍鼎元撰　(清)曠敏本評　清光緒六年(1880)閩漳素位山房刻本　二十四册

500000－8741－0003689　GJ3700(847.2/L421)
尋古齋集詩集二卷文集四卷　(清)李繼聖撰　清乾隆十八年(1753)李氏尋古齋刻本　八册

500000－8741－0003690　GJ3701(847.2/L423)
穆堂初稿五十卷　(清)李紱撰　清道光十一年(1831)刻本　二十册

500000－8741－0003691　GJ3702(847.2/L436)
杲堂詩鈔七卷文鈔六卷　(清)李鄴嗣撰　清康熙十七年(1678)刻本　六册

500000－8741－0003692　GJ3703(847.2/L437)
笠翁文集四卷詩集三卷餘集一卷别集二卷偶集六卷　(清)李漁撰　清雍正芥子園刻本　十六册

500000－8741－0003693　GJ3704(847.2/L437)
笠翁文集四卷詩集三卷餘集一卷别集二卷偶集六卷　(清)李漁撰　清雍正八年(1730)世德堂刻本　二十四册

500000－8741－0003694　GJ3705(847.2/L437－3)
笠翁一家言全集十六卷　(清)李漁撰　(清)吴偉業等評　(清)沈心友訂　清芥子園刻本　十六册

500000－8741－0003695　GJ3706(847.2/L438)
秋錦山房集二十二卷外集三卷　(清)李良年撰　**尋壑外言五卷**　(清)李繩遠撰　清康熙三十五年(1696)李潮偕刻乾隆二十四年(1759)續刻本　八册

500000－8741－0003696　GJ3707(847.2/L440)
禮山園文集八卷文集後編五卷詩集十卷　(清)李來章撰　清康熙刻本　九册

500000－8741－0003697　GJ3708(847.2/L442)
寒支初集十卷二集四卷首一卷　(清)李世熊撰　清同治十三年(1874)刻本　十四册

500000－8741－0003698　GJ3709(847.2/L453)
白石山房文稾十二卷　(清)李振裕撰　清康熙二十五年(1686)刻本　四册

500000－8741－0003699　GJ3710(847.2/L461)
二曲集二十六卷　(清)李顒撰　清同治元年(1862)刻本　八册

500000－8741－0003700　GJ3711(847.2/L461)
二曲集二十六卷首一卷四書反身録十卷反身續録二卷　(清)李顒撰　清同治五年(1866)刻本　十二册

500000－8741－0003701　GJ3712(847.2/L494)
榕村全集四十卷續集七卷别集五卷　(清)李光地撰　清道光九年(1829)李維迪刻本　十七册

500000－8741－0003702　GJ3713(847.2/L737)
鐵莊文集八卷疏快軒詩二卷　(清)陸棡撰　清光緒二十一年(1895)曹氏樂善堂木活字印本　四册

500000－8741－0003703　GJ3714(847.2/L774)
三魚堂文集十二卷外集六卷　(清)陸隴其撰　清同治七年(1868)武林薇署刻本　五册

500000－8741－0003704　GJ3715(847.2/L774)
三魚堂文集十二卷附録一卷外集六卷附録一卷　(清)陸隴其撰　清康熙刻本　八册

500000－8741－0003705　GJ3716(847.2/L774－1)
三魚堂文集十二卷附録一卷外集六卷附録一卷　(清)陸隴其撰　清康熙刻本　八册

500000－8741－0003706　GJ3717(847.2/M271)
安序堂文鈔三十卷　(清)毛際可撰　(清)林雲銘　(清)嚴允肇評　清康熙二十八年(1689)毛氏衙刻本　六册

500000－8741－0003707　GJ3718(847.2/P213)
松桂堂全集三十七卷　(清)彭孫遹撰　清乾隆八年(1743)彭景曾刻本　六册

500000－8741－0003708　GJ3719(847.2/P350)
遂初堂詩集十六卷文集二十卷别集四卷　(清)潘耒撰　清康熙四十九年(1710)刻本　十六册

500000－8741－0003709　GJ3720(847.2/P413)
南洼集三卷　(清)彭孫遹撰　清康熙三年(1664)刻本　三册

500000－8741－0003710　GJ3721(847.2/P440)
樹廬文鈔十卷　(清)彭士望撰　清道光四年(1824)冠石山房刻本　八册

500000－8741－0003711　GJ3722(847.2/P742)
叢碧山房文集八卷　(清)龐塏撰　清康熙刻本　一册

500000－8741－0003712　GJ3723(847.2/R227)
直木齋全集十三卷　(清)任繩隗撰　清康熙十四年(1675)刻本　三册

500000－8741－0003713　GJ3724(847.2/R230)
藝林述記二集四十六種　(清)任兆麟輯　清嘉慶十五年(1810)刻本　一册　存七種七卷(詩序一卷、孫子一卷、司馬法一卷、周易乾鑿度一卷、尸子一卷、荀卿子一卷、莊子一卷)

500000－8741－0003714　GJ3725(847.2/R233)
鳴鶴堂文集十一卷　(清)任源祥撰　清光緒十五年(1889)刻本　六册

500000－8741－0003715　GJ3726(847.2/S053)
天愚山人詩集十二卷文集十六卷附録一卷　(清)謝泰宗撰　清光緒六年(1880)靈蕤館刻本　八册

500000－8741－0003716　GJ3727(847.2/S072)
施愚山先生全集五種九十卷附一種六卷　(清)施閏章撰　清康熙至乾隆刻本　十八册　存三種八十四卷(施愚山先生學餘文集二十八卷詩集五十卷、施氏家風述畧一卷續編一卷、施愚山先生年譜四卷)

500000－8741－0003717　GJ3728(847.2/S124)
邵子湘全集三十卷　(清)邵長蘅撰　清刻本　十二册

500000－8741－0003718　GJ3729(847.2/S200)
儲遯菴文集十二卷附錄一卷　(清)儲方慶撰　(清)儲欣評　清光緒二年(1876)刻本　四册

500000－8741－0003719　GJ3730(847.2/S221)
修吉堂文稿八卷　(清)徐倬撰　清康熙四十七年(1708)刻本　二册

500000－8741－0003720　GJ3731(847.2/S247)
憺園全集三十六卷　(清)徐乾學撰　清光緒九年(1883)嘉興金吳瀾刻本　十二册

500000－8741－0003721　GJ3732(847.2/S247)
憺園文集三十六卷　(清)徐乾學撰　清康熙三十六年(1697)刻本　十二册

500000－8741－0003722　GJ3733(847.2/S274)
邵子湘全集三十卷　(清)邵長蘅撰　(清)顧景星批點　清康熙刻本　十二册

500000－8741－0003723　GJ3734(847.2/S313)
安雅堂未刻稿八卷入蜀集二卷　(清)宋琬撰　清乾隆三十一年(1766)宋氏刻本　十六册

500000－8741－0003724　GJ3735(847.2/S399)
西陂類稿五十卷　(清)宋犖撰　清光緒五年(1879)石印本　十二册

500000－8741－0003725　GJ3736(847.2/U223)
梅村家藏藁五十八卷補遺一卷年譜四卷　(清)吳偉業撰　清宣統三年(1911)武進董氏誦芬室刻本　八册

500000－8741－0003726　GJ3737(847.2/U223)
梅村家藏藁五十八卷補遺一卷年譜四卷　(清)吳偉業撰　清宣統三年(1911)武進董氏誦芬室刻本　八册

500000－8741－0003727　GJ3738(847.2/V223)
梅村集四十卷目錄二卷　(清)吳偉業撰　(清)許旭等訂　清康熙刻本　十册

500000－8741－0003728　GJ3739(847.2/V233)
秋笳集八卷　(清)吳兆騫撰　清雍正吳氏衍厚堂刻本　四册

500000－8741－0003729　GJ3740(847.2/W115)
砥齋集十二卷　(清)王弘撰　清光緒二十年(1894)刻本　六册

500000－8741－0003730　GJ3741(847.2/W129)
學耨堂文集八卷詩稿九卷詩餘二卷　(清)王崇炳撰　清刻本　七册

500000－8741－0003731　GJ3742(847.2/W131)
居業堂文集二十卷首一卷　(清)王源撰　清光緒五年(1879)刻畿輔叢書本　六册

500000－8741－0003732　GJ3743(847.2/W131－2)
居業堂文集二十卷首一卷　(清)王源撰　清道光十一年(1831)刻本　六册

500000－8741－0003733　GJ3744(847.2/W132)
橫雲山人集二十六卷又五卷　(清)王鴻緒撰　清康熙十年(1671)刻本　八册

500000－8741－0003734　GJ3745(847.2/W142)
獨善堂文集八卷　(清)王大經撰　清嘉慶二十二年(1817)刻本　二册

500000－8741－0003735　GJ3746(847.2/W143)
帶經堂集九十二卷　(清)王士禛撰　(清)程哲校編　清乾隆七略書堂刻本　二十册

500000－8741－0003736　GJ3747(847.2/W143－5)
帶經堂集九十二卷　(清)王士禛撰　(清)程哲校編　清康熙四十七年至五十年(1708－1711)程哲七略書堂刻本　四册　存十四卷(三十九至五十二)

500000－8741－0003737　GJ3748(847.2/W153)
薑齋文集十卷　(清)王夫之撰　清同治四年(1865)湘鄉曾氏金陵節署刻本　一册

500000－8741－0003738　GJ3749(847.2/W153)
薑齋文集十卷詩分體藁四卷文集補遺二卷　(清)王夫之撰　清光緒十三年(1887)船山書院刻本　二册

500000－8741－0003739　GJ3750(847.2/W224)
寒松堂全集十二卷　(清)魏象樞撰　清康熙

四十七年(1708)刻本　十二冊

500000－8741－0003740　GJ3751(847.2/W234)
寧都三魏全集八十三卷首一卷　(清)林時益輯　清道光二十五年(1845)寧都謝庭綬紱園書塾刻本　五十九冊

500000－8741－0003741　GJ3752(847.2/W313)
堯峰文鈔四十卷　(清)汪琬撰　(清)林佶編　清康熙三十二年(1693)林氏靜寄軒刻本　十冊

500000－8741－0003742　GJ3753(847.2/W313)
堯峰文鈔四十卷詩鈔十卷　(清)汪琬撰　(清)林佶編　清康熙三十二年(1693)林佶刻本　八冊

500000－8741－0003743　GJ3754(847.2/W340)
百尺梧桐閣集詩十六卷文三卷錦瑟詞一卷遺藁十卷　(清)汪懋麟撰　清康熙十七年(1678)刻本　十六冊

500000－8741－0003744　GJ3755(847.2/W622)
蘭石齋文稿八卷　(清)吳績凝撰　清宣統元年(1909)湖北官印刷局鉛印本　一冊　存四卷(五至八)

500000－8741－0003745　GJ3756(847.2/X221)
耄餘殘瀋二卷　(清)徐倬撰　清刻本　一冊

500000－8741－0003746　GJ3757(847.2/X247)
經義齋集十八卷　(清)熊賜履撰　清康熙二十九年(1690)刻本　十冊

500000－8741－0003747　GJ3758(847.2/X291)
義門先生集十二卷附錄一卷　(清)何焯撰　(清)韓崇等輯　**家書四卷**　吳蔭培編　清宣統元年(1909)平江吳氏廣州刻本　六冊

500000－8741－0003748　GJ3759(847.2/X438.2)
中山文鈔四卷詩鈔四卷奏議四卷史論二卷詩話一卷　(清)郝浴撰　清康熙刻本　八冊

500000－8741－0003749　GJ3760(847.2/X444)
有懷堂文藁二十二卷補遺一卷詩藁六卷補遺一卷　(清)韓菼撰　清康熙四十二年(1703)刻本　六冊

500000－8741－0003750　GJ3761(847.2/X947)
甌香館集十二卷補遺一卷附錄一卷　(清)惲格著　(清)蔣光煦輯　清道光十八年(1838)別下齋刻本　四冊

500000－8741－0003751　GJ3762(847.2/Y417)
惜抱軒九經說十七卷　(清)姚鼐撰　清嘉慶十五年(1810)刻本　三冊

500000－8741－0003752　GJ3763(847.2/Y417w)
五言今體詩鈔九卷　(清)姚鼐撰　清嘉慶十三年(1808)刻本　三冊

500000－8741－0003753　GJ3764(847.2/Y417y)
姬傳先生遺書十九卷　(清)姚鼐撰　清道光元年(1821)刻本　二冊　存十二卷(左傳補注一卷、公羊傳補注一卷、國語補註一卷、穀梁傳補注一卷、惜抱軒筆記八卷)

500000－8741－0003754　GJ3765(847.2/Z041)
思綺堂文集十卷　(清)章藻功撰注　清康熙六十一年(1722)刻本　十冊

500000－8741－0003755　GJ3766(847.2/Z112)
蒿菴集三卷拾遺一卷附錄一卷蒿菴閒話二卷　(清)張爾岐著　清光緒十五年(1889)山東書局刻本　三冊

500000－8741－0003756　GJ3767(847.2/Z112)
蒿菴集三卷　(清)張爾岐撰　清乾隆四十一年(1776)刻本　一冊

500000－8741－0003757　GJ3768(847.2/Z122)
庸書二十卷　(清)張貞生撰　清康熙二十七年(1688)刻本　十冊

500000－8741－0003758　GJ3769(847.2/Z－144)
張文端集六種五十九卷　(清)張英撰　清光緒二十三年(1897)桐城張氏刻本　二十冊

500000－8741－0003759　GJ3770(847.2/Z173)
楊園先生全集五十四卷年譜一卷　(清)張履祥撰　(清)姚璉輯　(清)萬斛泉編次　清同治九年(1870)江蘇書局刻本　十六冊

500000－8741－0003760　GJ3771(847.2/Z173)
楊園先生未刻稿十二卷　(清)張履祥撰

（清）陳敬璋輯　（清）孫福清校　清光緒五年（1879）望雲仙館刻本　三冊

500000－8741－0003761　GJ3772（847.2/Z217）
海日堂集七卷　（清）程可則撰　清康熙二十八年（1689）刻本　四冊

500000－8741－0003762　GJ3773（847.2/Z272）
退思堂草九卷　（清）朱鳳台撰　清康熙靖江朱氏族刻本　十冊

500000－8741－0003763　GJ3774（847.2/Z－278）
曝書亭集八十卷附錄一卷　（清）朱彝尊撰　清康熙五十三年（1714）朱氏刻本　十一冊

500000－8741－0003764　GJ3775（847.2/Z444）
萬青閣自訂全集八卷　（清）趙吉士撰　清康熙趙繼抃等刻本　八冊

500000－8741－0003765　GJ3776（847.3/C713）
陳清端文集十卷　（清）陳瓊撰　清同治七年（1868）羊城富文齋刻本　八冊

500000－8741－0003766　GJ3777（847.3/C728）
陳學士文集十八卷　（清）陳儀撰　清乾隆十八年（1753）蘭雪齋刻本　十二冊

500000－8741－0003767　GJ3778（847.3/C778）
道榮堂文集六卷首一卷滄州近詩十卷　（清）陳鵬年撰　清乾隆二十七年（1762）刻本　十四冊

500000－8741－0003768　GJ3779（847.3/I－443）
二希堂文集十一卷首一卷　（清）蔡世遠撰　清乾隆四十八年（1783）刻道光十七年（1837）補刻本　六冊

500000－8741－0003769　GJ3780（847.3/L022）
匪莪堂文集五卷　（清）劉巖撰　清光緒二年（1876）刻本　一冊

500000－8741－0003770　GJ3781（847.3/L444）
恕谷後集十二卷　（清）李塨撰　（清）馮辰校　清雍正四年（1726）刻本　二冊

500000－8741－0003771　GJ3782（847.3/L468）
受祺堂文集四卷　（清）李因篤撰　清道光七年（1827）刻本　四冊

500000－8741－0003772　GJ3783（847.3/L468）
續刻受祺堂文集四卷　（清）李因篤撰　清道光十年（1830）刻本　四冊

500000－8741－0003773　GJ3784（847.3/S207）
師經堂集十八卷　（清）徐文駒撰　清康熙五十一年（1712）學古樓刻本　二十冊

500000－8741－0003774　GJ3785（847.3/T625）
嶢山集四卷補刻一卷　（清）田從典撰　清雍正九年（1731）刻本　二冊

500000－8741－0003775　GJ3786（847.3/W118）
王石和文九卷　（清）王珻撰　清乾隆六年（1741）刻本　四冊

500000－8741－0003776　GJ3787（847.3/W143）
漁洋山人文略十四卷　（清）王士禛撰　清康熙三十四年（1695）刻本　五冊

500000－8741－0003777　GJ3788（847.3/W171）
西亭文鈔十二卷首一卷末一卷　（清）王原撰　清光緒十七年（1891）刻本　四冊

500000－8741－0003778　GJ3789（847.3/W350）
松泉文集二十卷　（清）汪由敦撰　清乾隆刻本　六冊

500000－8741－0003779　GJ3790（847.3/W414）
孺廬全集十四卷　（清）萬承蒼撰　清道光三年（1823）刻本　六冊

500000－8741－0003780　GJ3791（847.3/X212）
向惕齋先生集十卷　（清）向璿撰　清乾隆十二年（1747）刻本　四冊

500000－8741－0003781　GJ3792（847.3/X264）
山中學詩記五卷　（清）徐時棟撰　清光緒四年（1878）西河別墅葉氏刻本　一冊

500000－8741－0003782　GJ3793（847.3/Z111）
澂懷園語四卷澂懷主人自訂年譜六卷　（清）張廷玉撰　清光緒六年（1880）龐山刻本　三冊

500000－8741－0003783　GJ3794（847.3/Z111－1）
澄懷園文存十五卷附墓誌銘一卷　（清）張廷玉撰　清光緒十七年（1891）張紹文雲間官舍

刻本　八冊

500000－8741－0003784　GJ3795(847.3/Z122)
正誼堂文集四十卷首二卷　(清)張伯行著　清光緒二年(1876)刻本　二十冊

500000－8741－0003785　GJ3796(847.3/Z122)
正誼堂文集十二卷續集八卷　(清)張伯行著　清同治五年(1866)福州正誼書院刻本　四冊

500000－8741－0003786　GJ3797(847.3/Z171)
遂寧張文端公全集七卷首一卷　(清)張鵬翮撰　清光緒七年(1881)刻本　八冊

500000－8741－0003787　GJ3798(847.3/Z233)
朱止泉先生文集八卷行狀一卷　(清)朱澤澐撰　清乾隆四年(1739)顧天齋刻本　八冊

500000－8741－0003788　GJ3799(847.37/L034)
念樓集九卷首一卷　(清)劉寶楠撰　(清)孔繼鑅評　清抄本　二冊

500000－8741－0003789　GJ3800(847.4/A740)
德蔭堂集十六卷首一卷　(清)阿克敦撰　(清)那彥成校　清嘉慶二十一年(1816)刻本　四冊

500000－8741－0003790　GJ3801(847.4/C014)
寶綸堂文鈔八卷詩鈔六卷　(清)齊召南撰　清光緒十三年(1887)金峨山館刻本　四冊

500000－8741－0003791　GJ3802(847.4/C014－1)
寶綸堂文鈔八卷　(清)齊召南撰　(清)秦瀛校　清嘉慶二年(1797)刻本　四冊

500000－8741－0003792　GJ3803(847.4/C240)
存硯樓文集十六卷　(清)儲大文著　(清)儲廷棻　(清)儲廷槐校　清光緒元年(1875)刻本　八冊

500000－8741－0003793　GJ3804(847.4/C323)
沈歸愚詩文全集十五種七十四卷　(清)沈德潛撰　清乾隆教忠堂刻本　三十二冊　存十四種七十三卷(沈德潛自訂年譜一卷、歸愚詩鈔二十卷、歸愚詩鈔餘集十卷、歸愚文鈔二十卷餘集八卷、說詩晬語二卷、歸田集一卷附歸田投贈一卷、矢音集四卷、八秩壽序壽詩一卷、九秩壽序壽詩一卷、黄山游草一卷、台山游草一卷、浙江通省志圖說一卷、南巡詩一卷)

500000－8741－0003794　GJ3805(847.4/C323－1)
沈歸愚詩文全集十五種七十四卷　(清)沈德潛撰　清乾隆教忠堂刻本　二十四冊

500000－8741－0003795　GJ3806(847.4/C335)
錢南園先生遺集五卷　(清)錢灃撰　清光緒十九年(1893)浙江書局刻本　二冊

500000－8741－0003796　GJ3807(847.4/C435)
銅鼓書堂遺稾三十二卷　(清)查禮撰　清乾隆五十七年(1792)查淳刻本　四冊

500000－8741－0003797　GJ3808(847.4/C732)
紫竹山房文集二十卷　(清)陳兆崙著　清乾隆刻本　六冊

500000－8741－0003798　GJ3809(847.4/C734)
陳司業集十一卷　(清)陳祖范撰　清乾隆二十九年(1764)刻本　六冊

500000－8741－0003799　GJ3810(847.4/C734s)
生香書屋文集四卷詩集二卷恩光集一卷　(清)陳浩撰　清乾隆刻本　四冊

500000－8741－0003800　GJ3811(847.4/C738)
凝齋先生遺集八卷　(清)陳道撰　清嘉慶五年(1800)善餘堂刻本　二冊

500000－8741－0003801　GJ3812(847.4/C740)
刪後文集十六卷詩存十卷　(清)陳梓撰　清嘉慶二十年(1815)刻本　六冊

500000－8741－0003802　GJ3813(847.4/C843)
擣石齋文集二十六卷　(清)錢載撰　清光緒四年(1878)蘇州官署刻本　四冊

500000－8741－0003803　GJ3814(847.4/F014)
集虛齋學古文十二卷　(清)方椉如撰　(清)方粹然校　清光緒十年(1884)淳安縣署刻本　四冊

500000－8741－0003804　GJ3815(847.4/F044)
望溪先生全集三十二卷　(清)方苞撰　(清)

戴鈞衡編校　清咸豐元年(1851)桐城戴氏刻本　十四冊

500000－8741－0003805　GJ3816(847.4/F044)
望溪先生文偶抄不分卷　(清)方苞撰　清乾隆十一年(1746)刻本　五冊

500000－8741－0003806　GJ3817(847.4/F422)
雙雲堂傳集六種四十四卷　(清)范□輯　清光緒中甬上范氏刻本　二冊　存三種七卷(函清館詩草四卷、退白居士詩草一卷、蘭屋文存二卷)

500000－8741－0003807　GJ3818(847.4/F459)
燕川集十四卷附札一卷　(清)范泰恆著　清嘉慶十四年(1809)願起廬刻本　六冊

500000－8741－0003808　GJ3819(847.4/G003)
固哉草亭詩文合集六卷附欽定國史列傳一卷　(清)高斌著　(清)高恆校編　清嘉慶二十五年(1820)刻本　四冊

500000－8741－0003809　GJ3820(847.4/G041)
介石堂文集十卷　(清)郭起元撰　清乾隆十一年(1746)刻本　四冊

500000－8741－0003810　GJ3821(847.4/G089)
春山先生文集四卷　(清)郭善鄰撰　清乾隆五十六年(1791)胡氏友鶴山房刻本　四冊

500000－8741－0003811　GJ3822(847.4/G374)
抱桐軒文集三卷　(清)顧陳垿著　清道光二十三年(1843)刻本　三冊

500000－8741－0003812　GJ3823(847.4/G411)
畏齋文集四卷　(清)龔元玠撰　清乾隆三十七年(1772)刻本　四冊

500000－8741－0003813　GJ3824(847.4/G434)
甘莊恪公全集十六卷　(清)甘汝來撰　清乾隆五十六年(1791)刻本　四冊

500000－8741－0003814　GJ3825(847.4/G749)
顧雙溪集九卷　(清)顧奎光著　清光緒二十一年(1895)木活字印本　二冊

500000－8741－0003815　GJ3826(847.4/G830)
鮚埼亭集三十八卷全謝山先生經史問答十卷　(清)全祖望撰　(清)史夢蛟校　**首一卷全氏世譜一卷**　(清)董秉純撰　清嘉慶九年(1804)餘姚史氏刻本　十三冊

500000－8741－0003816　GJ3827(847.4/G834)
國子先生全集四種四十三卷首一卷　(清)金兆燕撰　清光緒贈雲軒刻本　八冊

500000－8741－0003817　GJ3828(847.4/H432)
療飢草集十八卷首一卷　(清)胡兆爵著　(清)胡文泰等編　清嘉慶十四年(1809)刻本　六冊

500000－8741－0003818　GJ3829(847.4/H441)
道古堂全集五種七十七卷　(清)杭世駿撰　清光緒十四年(1888)泉唐汪氏振綺堂刻本　十六冊

500000－8741－0003819　GJ3830(847.4/H483)
壹齋集四十卷奏御集二卷兩朝恩賚記一卷壹齋集賦一卷二十四畫品一卷畫友錄一卷壹齋集游記一卷泛槳錄二卷蕭湯二老遺詩合編一卷附年譜一卷　(清)黄鉞撰　清咸豐至同治間刻本　十冊

500000－8741－0003820　GJ3831(847.4/I－402)
緝齋文集八卷首一卷　(清)蔡新撰　清乾隆五十年(1785)刻本　七冊

500000－8741－0003821　GJ3832(847.4/I426)
楊氏全書三十六卷附錄續編一卷　(清)楊名時撰　(清)楊應詢編　清光緒三十四年至宣統元年(1908－1909)刻本　十冊

500000－8741－0003822　GJ3833(847.4/I426)
楊氏全書三十六卷附錄續編一卷　(清)楊名時撰　(清)楊應詢編　清光緒三十四年至宣統元年(1908－1909)刻本　十冊

500000－8741－0003823　GJ3834(847.4/I426－2)
楊氏全書三十六卷　(清)楊名時撰　清乾隆五十九年(1794)刻本　八冊

500000－8741－0003824　GJ3835(847.4/I724)
西澗草堂全集四種十四卷附一種二卷　(清)閻循觀撰　清乾隆三十八年(1773)刻本　四

冊　存四種十四卷（西澗草堂集四卷詩集四卷、困勉齋私記四卷、尚書讀記一卷、春秋一得一卷）

500000－8741－0003825　GJ3836（847.4/I727）
西澗草堂集四卷　（清）閻循觀撰　清乾隆三十八年（1773）刻本　一冊

500000－8741－0003826　GJ3837（847.4/J421）
拙存堂文初集七卷　（清）蔣衡撰　清乾隆陳希敬聚珍本　十冊

500000－8741－0003827　GJ3838（847.4/K462）
裘文達公文集六卷詩集十八卷奏議一卷　（清）裘曰修撰　清嘉慶八年（1803）刻本　六冊

500000－8741－0003828　GJ3839（847.4/L201）
抱經堂文集三十四卷　（清）盧文弨撰　清乾隆六十年（1795）盧氏抱經堂刻本　四冊

500000－8741－0003829　GJ3840（847.4/L268）
雅雨堂文集四卷　（清）盧見曾著　（清）金在恆編　（清）盧樞校　清道光十九年（1839）德州盧氏刻本　四冊

500000－8741－0003830　GJ3841（847.4/L289）
秋塍文鈔十二卷　（清）魯曾煜撰　清乾隆九年（1744）刻本　六冊

500000－8741－0003831　GJ3842（847.4/L423）
穆堂詩文鈔十一卷　（清）李紱撰　（清）李友樵校　清道光元年（1821）李友樵刻本　八冊

500000－8741－0003832　GJ3843（847.4/L423d）
穆堂別稿五十卷　（清）李紱撰　清道光十一年（1831）刻本　十六冊

500000－8741－0003833　GJ3844（847.4/L427）
敦古堂擬古雜文三卷　（清）李舜臣撰　清乾隆八年（1743）敦古堂刻本　六冊

500000－8741－0003834　GJ3845（847.4/L431）
宛舫居文集十卷　（清）林源撰　清乾隆二十八年（1763）刻本　六冊

500000－8741－0003835　GJ3846（847.4/L442）
穆堂詩文鈔十一卷　（清）李紱撰　（清）李友樵校　清道光元年（1821）刻本　八冊

500000－8741－0003836　GJ3847（847.4/L442－2）
穆堂初稿五十卷別稿五十卷　（清）李紱撰　清道光十一年（1831）刻本　三十六冊

500000－8741－0003837　GJ3848（847.4/L458）
嘉樹山房文集六卷詩集十八卷　（清）李中簡著　清嘉慶六年（1801）嘉樹山房刻本　六冊

500000－8741－0003838　GJ3849（847.4/L460）
在亭叢稾十二卷詠歸亭詩鈔八卷　（清）李果撰　清乾隆十五年（1750）養雲亭刻本　四冊

500000－8741－0003839　GJ3850（847.4/L497）
李厚岡集七種四十五卷　（清）李榮陛撰　清嘉慶二十年（1815）亘古齋刻本　十七冊　存六種四十一卷（周易篇第三卷首一卷、易考二卷續考二卷、尚書篇第一卷首一卷、書經補篇一卷、尚書考六卷、厚岡詩集四卷文集二十卷）

500000－8741－0003840　GJ3851（847.4/L635）
水南灌叟遺稿六卷　（清）羅暹春撰　清乾隆四十八年（1783）刻本　六冊

500000－8741－0003841　GJ3852（847.4/L638）
柏巖文集四卷　（清）呂宣曾撰　清乾隆五十年（1785）金陵刻本　四冊

500000－8741－0003842　GJ3853（847.4/L640）
尊聞居士集八卷　（清）羅有高撰　（清）彭紹升錄　清乾隆四十七年（1782）刻本　八冊

500000－8741－0003843　GJ3854（847.4/L739）
力本文集十三卷時文二卷　（清）馬祖榮撰　清乾隆石蓮堂刻本　四冊

500000－8741－0003844　GJ3855（847.4/L744）
海峰文集七卷詩集十一卷精選八家文鈔一卷　（清）劉大櫆撰　清同治十三年至光緒元年（1874－1875）刻本　十冊

500000－8741－0003845　GJ3856（847.4/L744）
海峰先生文十卷詩六卷　（清）劉大櫆撰　清同治十三年（1874）刻本　八冊

500000－8741－0003846　GJ3857（847.4/L763）

斯馨堂古文初集二卷詩集二卷　(清)劉暐澤著　清光緒五年(1879)刻本　四册

500000-8741-0003847　GJ3858(847.4/L767)
樊榭山房集十卷續集十卷文集八卷集外詩三卷又一卷集外詞四卷又一卷集外文一卷集外曲二卷　(清)厲鶚撰　**振綺堂詩存一卷**　(清)汪憲撰　**松聲池館詩存四卷**　(清)汪璐撰　清光緒刻本　二十四册

500000-8741-0003848　GJ3859(847.4/L767-2)
樊榭山房集十卷文集八卷續集十卷　(清)厲鶚撰　清乾隆四十三年(1778)刻本　六册

500000-8741-0003849　GJ3860(847.4/L782)
寶奎堂集十二卷　(清)陸錫熊撰　清道光二十九年(1849)陸成沅刻本　四册

500000-8741-0003850　GJ3861(847.4/L791)
切問齋集十二卷首一卷　(清)陸耀著　清光緒十八年(1892)江蘇書局刻本　四册

500000-8741-0003851　GJ3862(847.4/L791-2)
梅谷文藁一卷　(清)陸烜撰　清乾隆刻本　一册

500000-8741-0003852　GJ3863(847.4/L797)
切問齋文鈔三十卷　(清)陸耀輯　清乾隆四十年(1775)刻本　十册

500000-8741-0003853　GJ3864(847.4/L797)
切問齋集十六卷　(清)陸耀輯　(清)張玉樹校　清乾隆五十七年(1792)刻本　八册

500000-8741-0003854　GJ3865(847.4/N231)
空山堂文集十二卷詩集六卷　(清)牛運震著　清嘉慶八年(1803)刻本　八册

500000-8741-0003855　GJ3866(847.4/N231)
空山堂文集十二卷詩集六卷　(清)牛運震著　清嘉慶六年(1801)空山堂刻本　七册

500000-8741-0003856　GJ3867(847.4/N231)
空山堂文集十二卷詩集六卷　(清)牛運震著　清嘉慶六年(1801)空山堂刻本　七册

500000-8741-0003857　GJ3868(847.4/P340)
釀蜜集四卷　(清)浦起龍著　(清)浦錫齡校　清光緒二十七年(1901)刻本　四册

500000-8741-0003858　GJ3869(847.4/P346)
讆文書屋集略八卷　(清)潘相撰　清刻本　五册

500000-8741-0003859　GJ3870(847.4/P423)
二林居集二十四卷　(清)彭紹升著　清光緒七年(1881)刻本　十二册

500000-8741-0003860　GJ3871(847.4/Q291)
最樂堂文集六卷　(清)喬光烈撰　(清)牛運震評　(清)雷繹武校　清乾隆二十一年(1756)刻本　四册

500000-8741-0003861　GJ3872(847.4/Q833)
鮚埼亭集外編五十卷　(清)全祖望撰　清乾隆四十一年(1776)刻本　十二册

500000-8741-0003862　GJ3873(847.4/Q833j)
鮚埼亭集三十八卷首一卷　(清)全祖望撰　(清)史夢蛟校　清嘉慶九年(1804)姚江借樹山房刻本　五册

500000-8741-0003863　GJ3874(847.4/Q871)
香樹齋文集二十八卷續鈔五卷詩集十八卷詩續集三十六卷　(清)錢陳羣撰　清光緒刻本　二十四册

500000-8741-0003864　GJ3875(847.4/R876)
研露齋詩鈔八卷文鈔三卷　(清)饒學曙撰　清道光七年(1827)刻本　六册

500000-8741-0003865　GJ3876(847.4/S028)
寄思齋藏稿十四卷首一卷補遺一卷公孫龍子一卷　(清)辛從益撰　(清)辛桂雲　(清)辛辰雲輯　**辛筠古年譜一卷**　(清)辛從益自訂　(清)辛桂雲等補輯　**吴中遺愛録一卷思補過齋遺稿六卷**　(清)辛師雲撰　清咸豐元年(1851)刻本　十二册

500000-8741-0003866　GJ3877(847.4/S034)
謝梅莊先生雜著十二卷　(清)謝濟世著　(清)梁家鈺校　清光緒十年(1884)長沙寄生草堂梁家鈺刻本　四册

500000-8741-0003867　GJ3878(847.4/S104)

玉芝堂文集六卷詩集三卷 （清）邵齊燾撰 **昭文邵氏聯珠集五種** 清光緒五年（1879）湘南萠署刻本 四册

500000－8741－0003868 GJ3879（847.4/S104.2）
鶴侶齋文稿四卷詩一卷 （清）孫勷著 （清）封大受選 清咸豐元年（1851）延綠吟館刻本 四册

500000－8741－0003869 GJ3880（847.4/S314）
隱拙齋集二十二卷首一卷文鈔六卷 （清）沈廷芳撰 清乾隆二十二年（1757）刻本 六册

500000－8741－0003870 GJ3881（847.4/S511）
柚堂文存四卷 （清）盛百二撰 清乾隆五十七年（1792）刻本 二册

500000－8741－0003871 GJ3882（847.4/T021）
冠豸山堂文集二卷 （清）童能靈撰 （清）童能良編 清乾隆二十年（1755）刻本 六册

500000－8741－0003872 GJ3883（847.4/T095）
春草堂集八卷 （清）譚尚書著 清嘉慶十年（1805）譚氏家刻本 四册

500000－8741－0003873 GJ3884（847.4/U212）
香亭文稿十二卷 （清）吳玉綸撰 清乾隆六十年（1795）刻本 四册

500000－8741－0003874 GJ3885（847.4/W123）
王艮齋詩集四卷文集四卷 （清）王峻撰 清乾隆蔣桗刻本 四册

500000－8741－0003875 GJ3886（847.4/W125）
巳山先生文集十卷別集四卷 （清）王步青撰 清乾隆十七年（1752）敦復堂刻本 八册

500000－8741－0003876 GJ3887（847.4/W125）
巳山先生文集十卷別集四卷 （清）王步青撰 清乾隆十七年（1752）敦復堂刻本 八册

500000－8741－0003877 GJ3888（847.4/W134b）
豐川續集三十四卷 （清）王心敬撰 清乾隆十六年（1751）刻本 十六册

500000－8741－0003878 GJ3889（847.4/W140）
白田草堂存稿二十四卷 （清）王懋竑撰 **崇祀鄉賢錄一卷行狀一卷** 清乾隆刻本 六册

500000－8741－0003879 GJ3890（847.4/W140）
白田草堂存稿二十四卷 （清）王懋竑撰 **崇祀鄉賢錄一卷行狀一卷** 清乾隆刻本 六册

500000－8741－0003880 GJ3891（847.4/W147）
青虚山房集十一卷 （清）王太岳著 清光緒十九年（1893）定興鹿氏刻本 六册

500000－8741－0003881 GJ3892（847.4/W174）
詩禮堂古文五卷 （清）王又樸撰 清乾隆十九年（1754）刻本 四册

500000－8741－0003882 GJ3893（847.4/W174）
詩禮堂古文五卷 （清）王又樸撰 清乾隆十九年（1754）刻本 四册

500000－8741－0003883 GJ3894（847.4/W174）
詩禮堂古文五卷 （清）王又樸撰 清乾隆十九年（1754）刻本 四册

500000－8741－0003884 GJ3895（847.4/W280）
有正味齋詩集十六卷續集八卷外集五卷詞集八卷續集二卷駢體文二十四卷續集八卷 （清）吳錫麒撰 清嘉慶十三年（1808）刻本 十册

500000－8741－0003885 GJ3896（847.4/W321）
汪子文錄十卷詩錄四卷遺書三卷 （清）汪縉著 清光緒八年（1882）蘇州瑪瑙經房刻本 六册

500000－8741－0003886 GJ3897（847.4/W324）
雙池文集十卷 （清）汪紱撰 清道光十四年（1834）一經堂刻本 六册

500000－8741－0003887 GJ3898（847.4/W350）
述學内篇三卷補遺一卷外篇一卷別錄一卷校勘記一卷附錄一卷 （清）汪中撰 清同治八年（1869）揚州書局刻本 二册

500000－8741－0003888 GJ3899（847.4/W350－1）
述學二卷 （清）汪中撰 （清）阮元錄 清嘉慶刻本 一册

500000－8741－0003889 GJ3900（847.4/W350－4）
述學六卷附錄一卷校勘記一卷遺文一卷附鈔一卷 （清）汪中撰 清同治五年至八年

(1866－1869)成都志古堂刻本　四冊

500000－8741－0003890　GJ3901(847.4/W350－5)
述學内篇三卷補遺一卷外篇一卷別録一卷校勘記一卷附録一卷　(清)汪中撰　清同治八年(1869)揚州書局刻本　二冊

500000－8741－0003891　GJ3902(847.4/W448)
蔣氏四種五十卷　(清)蔣士銓撰　清刻本　三十八冊

500000－8741－0003892　GJ3903(847.4/X134)
半舫齋古文八卷　(清)夏之蓉撰　清乾隆三十六年(1771)刻本　四冊

500000－8741－0003893　GJ3904(847.4/X262)
崇本山堂文集十二卷首一卷　(清)徐時作撰　清乾隆四十九年(1784)刻本　五冊

500000－8741－0003894　GJ3905(847.4/X413)
石笥山房集二十四卷　(清)胡天游著　清咸豐二年(1852)刻本　八冊

500000－8741－0003895　GJ3906(847.4/X432)
唐堂集五十卷補遺二卷續八卷　(清)黄之雋撰　清乾隆六年(1741)刻本　十二冊

500000－8741－0003896　GJ3907(847.4/X434)
一樓集二十卷續刻十卷　(清)黄達撰　清乾隆刻本　八冊

500000－8741－0003897　GJ3908(847.4/Y128)
尹文端公詩集十卷　(清)尹繼善撰　清嘉慶二十一年(1816)刻本(卷一至二抄配)　五冊

500000－8741－0003898　GJ3909(847.4/Y444)
秋草文隨十卷首一卷補編二卷續編二卷　(清)袁穀芳撰　清乾隆五十六年(1791)刻本　二冊　存十四卷(秋草文隨十卷、首一卷、補編二卷、續編一)

500000－8741－0003899　GJ3910(847.4/Y482)
四知堂文集三十六卷　(清)楊錫紱著　清嘉慶刻本　十八冊

500000－8741－0003900　GJ3911(847.4/Z132)
對雪亭文集十卷詩鈔二卷　(清)張洲撰　清乾隆五十七年(1792)刻本　六冊

500000－8741－0003901　GJ3912(847.4/Z214)
勉行堂文集六卷　(清)程晉芳著　清刻本　三冊

500000－8741－0003902　GJ3913(847.4/Z221)
梅崖居士文集三十卷首一卷外集八卷　(清)朱仕琇撰　清乾隆四十七年(1782)刻本　十冊

500000－8741－0003903　GJ3914(847.4/Z221)
梅崖居士文集三十卷首一卷外集八卷　(清)朱仕琇撰　清乾隆四十七年(1782)刻本　十一冊　存三十六卷(文集三十卷、外集一至六)

500000－8741－0003904　GJ3915(847.4/Z221)
梅崖居士文集三十卷首一卷外集八卷　(清)朱仕琇撰　清乾隆四十七年(1782)刻本　六冊

500000－8741－0003905　GJ3916(847.4/Z253)
朱文端公文集四卷補編四卷　(清)朱軾撰　(清)朱舲校　清同治十二年(1873)刻本　四冊

500000－8741－0003906　GJ3917(847.4/Z264)
畬經堂文集八卷　(清)朱景英撰　清乾隆四十二年(1777)刻本　四冊

500000－8741－0003907　GJ3918(847.4/Z－288)
笥河文集十六卷首一卷　(清)朱筠著　清光緒五年(1879)刻畿輔叢書本　六冊

500000－8741－0003908　GJ3919(847.4/Z413)
東潛文稿二卷　(清)趙一清撰　清刻本　二冊

500000－8741－0003909　GJ3920(847.4/Z413)
東潛文稿二卷　(清)趙一清撰　清刻本　二冊

500000－8741－0003910　GJ3921(847.4/Z43)
讀孟居文集六卷　(清)蔣汾功著　清嘉慶二十五年(1820)陽湖蔣方增刻本　四冊

500000－8741－0003911　GJ3922(847.4/Z435)
銅鼓書堂遺稾三十二卷　(清)查禮撰　清乾

隆五十七年(1792)查淳刻本　四册

500000－8741－0003912　GJ3923(847.4/Z442)
貽山文集十二卷附録一卷　(清)趙執信撰　清乾隆三十九年(1774)刻本　四册

500000－8741－0003913　GJ3924(847.4/Z448)
忠雅堂文集十二卷詩集二十七卷補遺二卷詞集二卷　(清)蔣士銓撰　清刻本　十六册

500000－8741－0003914　GJ3925(847.4/Z－448)
忠雅堂文集十二卷詩集二十七卷補遺二卷詞集二卷　(清)蔣士銓撰　清刻本　十四册

500000－8741－0003915　GJ3926(847.4/Z454)
潄芳居文鈔八卷二集八卷　(清)趙青藜撰　清刻本　八册

500000－8741－0003916　GJ3927(847.4/Z480)
紺寒亭文集三卷　(清)趙俞撰　清康熙刻本　二册

500000－8741－0003917　GJ3928(847.4/Z514)
四焉齋文集八卷詩集六卷　(清)曹一士著　**梯仙閣餘課一卷**　(清)陸鳳池著　清宣統二年(1910)木活字印本　六册

500000－8741－0003918　GJ3929(847.4/Z710)
十誦齋集七卷　(清)周天度撰　清光緒十一年(1885)錢塘周氏刻本　四册

500000－8741－0003919　GJ3930(847.4/Z820)
吞松閣集四十卷　(清)鄭虎文撰　(清)馮敏昌編次　清嘉慶十四年(1809)刻本　十册

500000－8741－0003920　GJ3931(847.4/Z899－2)
板橋集六卷　(清)鄭燮撰　清刻本　四册

500000－8741－0003921　GJ3932(847.478/L798)
留雲借月盦詞八卷　(清)劉炳照撰　清光緒十九年(1893)刻朱墨套印本　二册

500000－8741－0003922　GJ3933(847.5/C504)
石鼓硯齋文鈔二十卷附先文敏公行狀一卷　(清)曹文埴撰　清嘉慶五年(1800)刻本　六册

500000－8741－0003923　GJ3934(847.5/C594)
鶴泉文鈔二卷續選八卷　(清)戚學標著　清嘉慶五年(1800)刻本[續選爲清嘉慶十八年(1813)刻本]　六册

500000－8741－0003924　GJ3935(847.5/C594)
鶴泉文鈔二卷　(清)戚學標著　清嘉慶五年(1800)刻本　二册

500000－8741－0003925　GJ3936(847.5/C700)
句溪雜箸六卷　(清)陳立撰　清同治句容陳汝恭刻本　二册

500000－8741－0003926　GJ3937(847.5/C710)
謙受堂全集三十卷　(清)陳廷慶著　清道光十年至十二年(1830－1832)刻本　八册

500000－8741－0003927　GJ3938(847.5/C720)
簡莊文鈔六卷續編二卷河莊詩鈔一卷　(清)陳鱣著　清光緒十四年(1888)海昌羊氏粤東刻本　二册

500000－8741－0003928　GJ3939(847.5/C720)
簡莊文鈔六卷　(清)陳鱣著　清粤東富文齋刻本　四册

500000－8741－0003929　GJ3940(847.5/C740)
七十二峯堂文勺四卷　(清)陳在謙著　(清)陳清新　(清)陳清慶校　清同治十三年(1874)刻本　二册

500000－8741－0003930　GJ3941(847.5/C822)
竹初詩鈔十六卷文鈔六卷　(清)錢維喬著　(清)錢伯坰　(清)錢中鈗編次　清嘉慶十三年(1808)刻本　十二册

500000－8741－0003931　GJ3942(847.5/C846)
潛研堂文集五十卷　(清)錢大昕撰　清嘉慶十一年(1806)刻本　十二册

500000－8741－0003932　GJ3943(847.5/F348)
存素堂文集四卷續集二卷　(清)法式善著　清嘉慶十二年(1807)揚州程氏刻本　三册

500000－8741－0003933　GJ3944(847.5/F386)
小羅浮草堂詩集四十卷　(清)馮敏昌著　清嘉慶十六年(1811)刻本　十册

500000－8741－0003934　GJ3945(847.5/F386)

小羅浮草堂文集九卷首一卷 (清)馮敏昌著 清道光二十六年(1846)刻本 十冊

500000-8741-0003935 GJ3946(847.5/G063)
澹靜齋全集二十九卷 (清)龔景瀚著 (清)龔式穀 (清)龔瑞穀校 清道光六年(1826)刻本 四冊 存十二卷(文鈔六卷、詩鈔六卷)

500000-8741-0003936 GJ3947(847.5/G063)
澹靜齋全集□□卷 (清)龔景瀚著 (清)龔豐穀 (清)龔耿光校 清道光三十年(1850)澹靜齋刻本 十二冊 存二十七卷(文鈔六卷、文鈔外篇二卷、詩鈔六卷、祭儀考四卷、澹靜齋說課一卷圖一卷、邶風說二卷、離騷箋二卷、崇祀鄉賢錄一卷、崇祀名宦祠錄一卷、堅壁清野議一卷)

500000-8741-0003937 GJ3948(847.5/G244)
雙桂堂稿十卷 (清)阮大奎撰 清嘉慶十三年(1808)刻本 六冊

500000-8741-0003938 GJ3949(847.5/G267)
紀文達公遺集三十二卷 (清)紀昀撰 (清)紀樹馨編校 清末紀樹馥刻本 十六冊

500000-8741-0003939 GJ3950(847.5/G267-2)
紀文達公遺集三十二卷 (清)紀昀撰 (清)紀樹馨編校 清嘉慶十七年(1812)刻本 六冊

500000-8741-0003940 GJ3951(847.5/G269)
紀文達公遺集三十二卷 (清)紀昀撰 (清)紀樹馨編校 清刻本 四冊 存十六卷(文一至十六)

500000-8741-0003941 GJ3952(847.5/G269)
紀文達公遺集三十二卷 (清)紀昀撰 (清)紀樹馨編校 清末紀樹馥刻本 十三冊 存二十五卷(文一至七、十一至十六,詩一至九、十三至十五)

500000-8741-0003942 GJ3953(847.5/G300)
思亭詩鈔八卷文鈔二卷賦鈔二卷 (清)顧堃撰 清同治九年(1870)刻本 四冊

500000-8741-0003943 GJ3954(847.5/G334)
研漁莊詩稿二卷文集二卷 (清)顧汝敬著 清嘉慶二十一年(1816)刻道光七年(1827)續刻本 四冊

500000-8741-0003944 GJ3955(847.5/G428)
晚學集八卷 (清)桂馥著 清道光二十一年(1841)刻本 四冊

500000-8741-0003945 GJ3956(847.5/G428)
晚學集八卷未谷詩集四卷 (清)桂馥著 清嘉慶刻本 三冊

500000-8741-0003946 GJ3957(847.5/G848)
韞山堂文集八卷 (清)管世銘撰 清光緒十七年(1891)刻本 四冊

500000-8741-0003947 GJ3958(847.5/H304)
卷施閣集四十九卷 (清)洪亮吉撰 清光緒三年至五年(1877-1879)授經堂刻本 十五冊

500000-8741-0003948 GJ3959(847.5/H304)
更生齋文甲集四卷乙集四卷續集二卷詩八卷續集十卷附鮚軒詩八卷 (清)洪亮吉撰 清光緒三年至四年(1877-1878)授經堂刻本 十四冊

500000-8741-0003949 GJ3960(847.5/H408)
新城伯子文集八卷末一卷 (清)胡賡善撰 清嘉慶五年(1800)刻本 八冊

500000-8741-0003950 GJ3961(847.5/I-417)
惜抱軒全集十種八十八卷 (清)姚鼐撰 清嘉慶元年(1796)江寧劉文奎家刻本 八冊 存二種四十一卷(惜抱軒文集十六卷文後集十卷詩集十卷詩後集一卷詩外集一卷、惜抱軒法帖題跋三卷)

500000-8741-0003951 GJ3962(847.5/I-417-2)
惜抱軒文後集十卷 (清)姚鼐撰 清嘉慶二十二年(1817)刻本 四冊

500000-8741-0003952 GJ3963(847.5/I-673)
海雲堂詩鈔十四卷附補遺一卷詞鈔二卷文鈔一卷 (清)嚴學淦撰 清光緒十八年(1892)

刻本　六冊

500000－8741－0003953　GJ3964(847.5/K452)
蘭雪集八卷　(清)柯振嶽撰　清嘉慶二十三年(1818)藏修齋刻本　六冊

500000－8741－0003954　GJ3965(847.5/L401)
童山文集十四卷　(清)李調元撰　清刻本　四冊

500000－8741－0003955　GJ3966(847.5/L440)
平園雜著内編十四卷　(清)林有席著　(清)林大佐編次　(清)林大儀輯　清道光六年(1826)刻本　六冊

500000－8741－0003956　GJ3967(847.5/L474)
洗桐軒文集八卷詩集六卷　(清)李周南撰　清嘉慶二十五年(1820)刻本　六冊

500000－8741－0003957　GJ3968(847.5/L483)
海門詩鈔十六卷文鈔一卷　(清)李符清著　清嘉慶三年(1798)刻本　四冊

500000－8741－0003958　GJ3969(847.5/L497)
李厚岡集七種四十五卷　(清)李榮陛撰　清嘉慶二十年(1815)亘古齋刻本　十二冊　存二種二十七卷(周易篇第一至二、首一卷,厚岡詩集四卷文集二十卷)

500000－8741－0003959　GJ3970(847.5/L665)
白雲草堂詩鈔三卷首一卷文鈔五卷　(清)呂星垣著　清嘉慶八年(1803)刻本　三冊

500000－8741－0003960　GJ3971(847.5/L708)
研秋齋詩畧一卷文畧一卷筆記二卷　(清)劉彦矩撰　清道光十七年至十八年(1837－1838)刻本　二冊

500000－8741－0003961　GJ3972(847.5/L725)
崇百藥齋文集二十卷續集四卷三集十二卷合肥學舍札記十二卷　(清)陸繼輅撰　**五真閣吟藁一卷**　(清)錢惠尊撰　清光緒四年(1878)興國州署刻本　十六冊

500000－8741－0003962　GJ3973(847.5/L725)
崇百藥齋文集二十卷續集四卷三集十二卷合肥學舍札記十二卷　(清)陸繼輅撰　**五真閣吟藁一卷**　(清)錢惠尊撰　清光緒四年(1878)興國州署刻本　十六冊

500000－8741－0003963　GJ3974(847.5/L777)
孟塗文集十卷駢體文二卷　(清)劉開撰　清道光六年(1826)姚氏檗山草堂刻本　三冊

500000－8741－0003964　GJ3975(847.5/L777)
孟塗先生遺詩二卷　(清)劉開撰　清光緒十五年(1889)桐城劉氏刻本　一冊

500000－8741－0003965　GJ3976(847.5/L777)
孟塗前集十卷後集二十二卷諸家評語一卷　(清)劉開撰　清道光六年(1826)姚氏檗山草堂刻本　五冊

500000－8741－0003966　GJ3977(847.6/L793)
雙白燕堂文集二卷外集八卷　(清)陸耀遹撰　清光緒四年(1878)興國州署刻本　四冊

500000－8741－0003967　GJ3978(847.6/L793)
雙白燕堂文集二卷外集八卷　(清)陸耀遹撰　清光緒四年(1878)興國州署刻本　四冊

500000－8741－0003968　GJ3979(847.5/M292)
味蓼文藁十八卷　(清)毛燧傳撰　清嘉慶十六年(1811)刻本　七冊

500000－8741－0003969　GJ3980(847.5/P452)
詩義堂集二卷　(清)彭輅撰　**後集六卷首一卷**　(清)彭泰來撰　清道光三十年(1850)刻本　五冊

500000－8741－0003970　GJ3981(847.5/R230)
有竹居集十五卷　(清)任兆麟著　(清)任以治編　**倉頡篇二卷三蒼二卷**　(清)任大椿考逸　(清)任兆麟補正　清嘉慶二十四年(1819)兩廣節署刻本　八冊

500000－8741－0003971　GJ3982(847.5/R429)
容齋詩集二十八卷補遺一卷文鈔十卷　(清)茹綸常撰　清嘉慶刻本　十冊

500000－8741－0003972　GJ3983(847.6/R710)
揅經室一集十四卷二集八卷三集五卷四集二卷詩十一卷外集五卷續集九卷再續集六卷　(清)阮元著　清道光刻本　二十四冊

500000－8741－0003973　GJ3984(847.5/S036)
樹經堂文集四卷詩初集十五卷詩續集八卷　(清)謝啟昆撰　清嘉慶刻本　八冊

500000－8741－0003974　GJ3985(847.5/S053)
知恥齋文集二卷詩集六卷　(清)謝振定著　(清)陶澍編次　清道光刻本　五冊

500000－8741－0003975　GJ3986(847.5/S113)
南江文鈔十二卷詩鈔四卷札記四卷　(清)邵晉涵撰　清嘉慶至道光刻本　十四冊

500000－8741－0003976　GJ3987(847.5/S113)
南江文鈔十二卷詩鈔四卷札記四卷　(清)邵晉涵撰　清嘉慶至道光刻本　十冊

500000－8741－0003977　GJ3988(847.5/S114)
妙香閣文稾三卷詩稾一卷　(清)孫雲桂撰　清咸豐二年(1852)木活字印本　四冊

500000－8741－0003978　GJ3989(847.5/S162)
孫淵如先生全集二十三卷　(清)孫星衍著　清光緒十年至十一年(1884－1885)朱氏槐廬刻本　十冊

500000－8741－0003979　GJ3990(847.5/S162)
孫淵如先生全集二十三卷　(清)孫星衍著　清光緒二十年(1894)湖南思賢書局刻本　十冊

500000－8741－0003980　GJ3991(847.5/S324)
頤綵堂文集十六卷劍舟律賦二卷　(清)沈叔埏撰　清光緒九年(1883)刻本　六冊

500000－8741－0003981　GJ3992(847.5/S324)
頤綵堂詩鈔十卷經進文藁一卷駢體文鈔二卷聖禾鄉農詩鈔四卷　(清)沈叔埏撰　清光緒九年(1883)刻本　四冊

500000－8741－0003982　GJ3993(847.5/T714)
泊鷗山房集三十八卷　(清)陶元藻撰　清刻本　十冊

500000－8741－0003983　GJ3994(847.5/T787)
瞻衮堂文集十卷　(清)袁鈞著　清光緒三十三年(1907)刻本　四冊

500000－8741－0003984　GJ3995(847.5/U120)
授堂文鈔八卷　(清)武億撰　清嘉慶六年(1801)刻本　二冊

500000－8741－0003985　GJ3996(847.5/U230)
愚谷文存十四卷　(清)吳騫撰　清嘉慶刻本　八冊

500000－8741－0003986　GJ3997(847.5/U298)
白華前稿六十卷　(清)吳省欽撰　清乾隆四十八年(1783)刻本　十冊

500000－8741－0003987　GJ3998(847.5/W103d)
滌硯齋時藝一卷　(清)王文治撰　清道光二十六年(1846)刻本　一冊

500000－8741－0003988　GJ3999(847.5/W105)
後村詩集七卷　(清)王文治撰　清康熙刻本　五冊

500000－8741－0003989　GJ4000(847.5/W128)
經遺堂全集二十六卷　(清)韋佩金撰　清道光二十一年(1841)刻本　十冊

500000－8741－0003990　GJ4001(847.5/W136)
春融堂集六十八卷褋記八種八卷　(清)王昶撰　**年譜二卷**　(清)嚴榮撰　清光緒十八年(1892)珠溪文彬齋刻本　十八冊

500000－8741－0003991　GJ4002(847.5/W140)
葆淳閣集二十四卷首一卷易說二卷　(清)王杰撰　清刻本　十二冊

500000－8741－0003992　GJ4003(847.5/W165)
西莊始存稿三十卷附一卷　(清)王鳴盛撰　清乾隆三十一年(1766)刻本　六冊

500000－8741－0003993　GJ4004(847.5/W191)
白華堂詩外集二卷文集二卷　(清)王焯撰　清刻本　一冊

500000－8741－0003994　GJ4005(847.5/W217)
吳學士文集四卷詩集五卷　(清)吳鼒撰　(清)梁肇煌　(清)薛時雨編訂　清光緒八年(1882)江寧藩署刻本　六冊

500000－8741－0003995　GJ4006(847.5/W217)
吳學士文集四卷詩集五卷　(清)吳鼒撰　(清)梁肇煌　(清)薛時雨編訂　清光緒八年

(1882)江寧藩署刻本　六冊

500000－8741－0003996　GJ4007(847.5/W321)
汪子遺集二十卷　(清)汪縉著　清光緒八年(1882)刻本　四冊

500000－8741－0003997　GJ4008(847.5/W378)
井福堂文稿十卷　(清)汪學金撰　(清)汪博彥編　清嘉慶刻本　四冊

500000－8741－0003998　GJ4009(847.5/W417)
思不辱齋賡颺集四卷文集四卷　(清)萬承風撰　清嘉慶二十一年(1816)刻本　六冊

500000－8741－0003999　GJ4010(847.5/W802)
復初齋文集三十五卷　(清)翁方綱撰　清光緒三年(1877)刻本　八冊

500000－8741－0004000　GJ4011(847.5/W802)
復初齋文集三十五卷　(清)翁方綱撰　清光緒三年(1877)刻本　十冊

500000－8741－0004001　GJ4012(847.5/W854)
潛虛詩鈔三卷文鈔四卷　(清)翁咸封撰　**墓誌銘一卷崇祀錄一卷**　清道光二十七年(1847)刻本　二冊

500000－8741－0004002　GJ4013(847.5/X026)
春池文鈔十卷　(清)許鯉躍著　清道光十八年(1838)刻本　四冊

500000－8741－0004003　GJ4014(847.5/X030)
鑑止水齋集二十卷　(清)許宗彥撰　清刻本　六冊

500000－8741－0004004　GJ4015(847.5/X030－1)
鑑止水齋集二十卷　(清)許宗彥撰　清刻本　六冊

500000－8741－0004005　GJ4016(847.5/X030－1)
鑑止水齋集二十卷　(清)許宗彥撰　清刻本　六冊

500000－8741－0004006　GJ4017(847.5/X235)
藕頤類稿二十卷外集七種七卷　(清)熊寶泰著　**畹香詩鈔一卷**　(清)張淑著　**四十賢人集一卷**　(清)熊文泰纂　**熊補亭遺詩一卷**　(清)熊象黻著　**西園遺稿一卷**　(清)熊良鞏著　清嘉慶性餘堂刻本　六冊

500000－8741－0004007　GJ4018(847.5/X304)
更生齋文甲集四卷乙集四卷續集二卷詩八卷續集十卷詩餘二卷附鮚軒外集一卷　(清)洪亮吉著　**擬兩晉南北史樂府二卷**　(清)洪禮吉著　清光緒三年至四年(1877－1878)授經堂刻本　十冊

500000－8741－0004008　GJ4019(847.5/Y－417)
惜抱軒全集十種八十八卷　(清)姚鼐撰　清同治五年(1866)省心閣刻本　二十四冊　存七種八十四卷(惜抱軒文集十六卷文後集十卷詩集十卷詩後集一卷、惜抱軒法帖題跋三卷、左傳補注一卷、惜抱軒筆記八卷、惜抱軒九經說十七卷、五言今體詩鈔九卷、七言今體詩鈔九卷)

500000－8741－0004009　GJ4020(847.5/Y417)
惜抱軒文後集十卷　(清)姚鼐撰　清嘉慶二十二年(1817)刻本　二冊

500000－8741－0004010　GJ4021(847.5/Y448)
小倉山房文集三十五卷　(清)袁枚撰　清乾隆刻本　七冊

500000－8741－0004011　GJ4022(847.5/Y448)
小倉山房外集八卷詩集三十六卷　(清)袁枚撰　清乾隆至嘉慶刻本　八冊

500000－8741－0004012　GJ4023(847.5/Y448s)
袁文箋正十六卷補注一卷　(清)袁枚著　(清)石韞玉箋　清嘉慶十七年(1812)刻本　八冊

500000－8741－0004013　GJ4024(847.5/Y474)
秋室集五卷　(清)楊鳳苞著　清光緒九年(1883)湖州陸氏刻本　一冊

500000－8741－0004014　GJ4025(847.5/Y820)
秋室學古錄六卷梁園歸櫂錄一卷憶漫菴賸稿一卷　(清)余集撰　清刻本　三冊

500000－8741－0004015　GJ4026(847.5/Y948)
大雲山房文藁初集四卷二集四卷　(清)惲敬撰　清光緒十四年(1888)官書處刻本　八冊

500000－8741－0004016　GJ4027(847.5/Z107)
閬榻先生集三十卷䴇花岡詩集八卷　(清)張望著　清同治三年(1864)義寧萬家坊鴻文齋刻本　十四册

500000－8741－0004017　GJ4028(847.5/Z134)
養素堂文集三十五卷首一卷　(清)張澍撰　清道光十七年(1837)刻本　十二册

500000－8741－0004018　GJ4029(847.5/Z148)
陶園文集八卷詩集二十四卷詩餘二卷六如亭一卷　(清)張九鉞撰　清道光二十三年(1843)張氏賜錦樓刻本　十册

500000－8741－0004019　GJ4030(847.5/Z150)
茗柯文四編五卷　(清)張惠言撰　清嘉慶十四年(1809)李生甫、張雲藻刻本　二册

500000－8741－0004020　GJ4031(847.5/Z－214)
知足齋文集六卷詩集二十卷詩續集二卷　(清)朱珪撰　清嘉慶刻本　十册

500000－8741－0004021　GJ4032(847.577/L220)
虞文靖公道園全集四十四卷又八卷遺藁詩八卷　(元)虞集撰　清道光十七年(1837)岷陽鵜溪孫氏刻古棠書屋本　十六册

500000－8741－0004022　GJ4033(847.5/Z222)
雕菰集二十四卷蜜梅花館文錄一卷詩錄一卷　(清)焦循著　清道光四年(1824)刻本　十二册

500000－8741－0004023　GJ4034(847.5/Z－417a)
甌北詩鈔不分卷　(清)趙翼撰　清咸豐六年(1856)刻本　四册

500000－8741－0004024　GJ4035(847.5/Z424)
清獻堂集十卷　(清)趙佑著　清刻本　八册

500000－8741－0004025　GJ4036(847.5/Z441)
研栰齋文集二卷　(清)趙希璜撰　清嘉慶四年(1799)刻本　二册

500000－8741－0004026　GJ4037(847.5/Z444)
海樵文鈔二卷詩鈔一卷　(清)周大槐著　清嘉慶二十一年(1816)惜夢堂刻本　六册

500000－8741－0004027　GJ4038(847.5/Z744)
壯學齋文集十二卷　(清)周樹槐撰　清咸豐二年(1852)刻本　六册

500000－8741－0004028　GJ4039(847.5/Z744)
壯學齋文集十二卷　(清)周樹槐撰　清咸豐二年(1852)刻本　四册

500000－8741－0004029　GJ4040(847.6/Z730)
求志堂存藁彙編八種十六卷　(清)周濟著　(清)馮元燿　(清)周恭壽彙編　清光緒十八年(1892)刻本　四册　存七種十二卷(味雋齋史義二卷、介存齋文稿二卷、淮鹺問畣一卷、介存齋詩一至四卷、折肱錄一卷、柳下詞一卷、儲素樓詞一卷)

500000－8741－0004030　GJ4041(847.6/B600)
九水山房文存二卷　(清)畢亨著　清咸豐二年(1852)海源閣刻本　二册

500000－8741－0004031　GJ4042(847.6/C004)
梅麓文鈔八卷補遺四卷賦鈔一卷　(清)齊彦槐著　清道光二十五年(1845)婺源齊氏刻本[補遺爲清咸豐六年(1856)刻本]　四册

500000－8741－0004032　GJ4043(847.6/C211)
師水齋全集十八卷　(清)崔預著　清同治八年(1869)刻本　四册

500000－8741－0004033　GJ4044(847.6/C530)
小峴山人詩集十卷文集五卷　(清)秦瀛撰　清嘉慶五年(1800)刻本　四册

500000－8741－0004034　GJ4045(847.6/C703)
頤道堂文鈔十三卷　(清)陳文述撰　清道光八年(1828)刻本　四册

500000－8741－0004035　GJ4046(847.6/C703.2)
白雲文集五卷續集八卷詩集二卷　(清)陳斌撰　清嘉慶十二年至道光四年(1807－1824)刻本　六册

500000－8741－0004036　GJ4047(847.6/C738)
景士堂文集五卷　(清)陳運鎮撰　清道光十六年(1836)刻本　二册

500000－8741－0004037　GJ4048(847.6/C738)
景士堂文集五卷　(清)陳運鎮撰　清道光十

六年(1836)刻本　二冊

500000－8741－0004038　GJ4049(847.6/C753)
三山陳氏家刻左海全集十種三十六卷　(清)陳壽祺撰　清嘉慶至道光刻陳紹墉補刻本　三十冊

500000－8741－0004039　GJ4050(847.6/C779)
太乙舟文集八卷觀象居詩鈔二卷　(清)陳用光撰　清光緒二十一年(1895)刻本　六冊

500000－8741－0004040　GJ4051(847.6/C779)
太乙舟文集八卷　(清)陳用光撰　清道光二十三年(1843)刻本　六冊

500000－8741－0004041　GJ4052(847.6/C824)
衎石齋記事稾十卷續稾十卷刻楮集四卷旅逸小稾二卷　(清)錢儀吉撰　清光緒六年(1880)嘉興錢氏刻本　十二冊

500000－8741－0004042　GJ4053(847.6/C824)
衎石齋記事稾十卷續稾十卷刻楮集四卷旅逸小稾二卷　(清)錢儀吉撰　清光緒六年(1880)嘉興錢氏刻本　十二冊

500000－8741－0004043　GJ4054(847.6/C824－1)
衎石齋記事稾十卷續稾十卷刻楮集四卷旅逸小稾二卷續良吏述一卷　(清)錢儀吉撰　清光緒六年(1880)嘉興錢氏刻本　十二冊

500000－8741－0004044　GJ4055(847.7/C854)
甘泉鄉人稿二十四卷　(清)錢儀吉撰　**年譜一卷**　(清)錢應溥撰　**郤農偶吟稿一卷**　(清)錢炳森撰　清同治十一年(1872)嘉興錢氏刻本　六冊

500000－8741－0004045　GJ4056(847.6/D482)
蓉洲初集六卷　(清)戴鈞衡撰　清道光十九年(1839)香月山房刻本　二冊

500000－8741－0004046　GJ4057(847.6/D714)
經韵樓集十二卷　(清)段玉裁撰　清光緒十年(1884)秋樹根齋刻本　六冊

500000－8741－0004047　GJ4058(847.6/D764)
南村草堂文鈔十九卷詩鈔二十四卷　(清)鄧顯鶴撰　清刻本　十二冊

500000－8741－0004048　GJ4059(847.6/F448)
崇雅堂文鈔二卷應制存稿一卷刪餘詩一卷　(清)胡敬撰　清道光二十六年(1846)刻本　三冊

500000－8741－0004049　GJ4060(847.6/G021)
定盦文集三卷續集四卷古今體詩二卷雜詩一卷詞選一卷　(清)龔自珍撰　清同治七年(1868)浙省亦西齋刻本　六冊

500000－8741－0004050　GJ4061(847.6/G021－5)
龔定盦先生集十八卷　(清)龔自珍撰　清光緒三十四年(1908)成都官書局刻本　六冊

500000－8741－0004051　GJ4062(847.6/G021b)
定盦文集補編四卷　(清)龔自珍撰　清光緒十二年(1886)平湖朱氏刻本　二冊

500000－8741－0004052　GJ4063(847.6/G073)
希齋詩存四卷文鈔二卷　(清)高學濂撰　清道光二十二年(1842)刻本　六冊

500000－8741－0004053　GJ4064(847.6/G092)
郭大理遺稿八卷　(清)郭尚先撰　清道光二十四年(1844)刻本　四冊

500000－8741－0004054　GJ4065(847.6/G173)
遵汝山房文稿八卷　(清)耿興宗撰　清道光二十一年(1841)刻本　六冊

500000－8741－0004055　GJ4066(847.6/G304)
思適齋集十八卷　(清)顧廣圻撰　清道光二十九年(1849)上海徐氏刻本　四冊

500000－8741－0004056　GJ4067(847.6/G304)
思適齋集十八卷　(清)顧廣圻撰　清道光二十九年(1849)上海徐氏刻本　四冊

500000－8741－0004057　GJ4068(847.6/G454)
勤約堂文集十二卷　(清)甘揚聲撰　清道光十九年至二十年(1839－1840)崇仁甘氏刻本　四冊

500000－8741－0004058　GJ4069(847.6/G787)
綠梅影樓詩存一卷詞存一卷　(清)顧翎著　清光緒十四年(1888)刻本　一冊

500000－8741－0004059　GJ4070(847.6/G877)

因寄軒文初集十卷二集六卷補遺一卷附刻小異遺文一卷　(清)管同著　(清)鄧嘉緝校　清光緒五年(1879)刻本　四冊

500000-8741-0004060　GJ4071(847.6/G877)
因寄軒文初集十卷二集六卷補遺一卷附刻小異遺文一卷　(清)管同著　(清)鄧嘉緝校　清光緒五年(1879)刻本　四冊

500000-8741-0004061　GJ4072(847.6/G877)
因寄軒文初集十卷二集六卷補遺一卷　(清)管同著　清道光十三年(1833)管氏刻本　四冊

500000-8741-0004062　GJ4073(847.6/G877-2)
因寄軒文初集十卷二集六卷補遺一卷附刻小異遺文一卷　(清)管同著　(清)鄧嘉緝校　清光緒五年(1879)刻本　四冊

500000-8741-0004063　GJ4074(847.6/H450)
餘事齋詩稿二卷文稿二卷　(清)黄惠著　(清)黄慶安校　清道光二十六年(1846)黄慶安刻本　四冊

500000-8741-0004064　GJ4075(847.6/I-442)
二思堂詩文全集八卷　(清)葉世倬著　清道光十四年(1834)浙江書局刻本　四冊

500000-8741-0004065　GJ4076(847.6/I614)
鉄橋漫稿八卷　(清)嚴可均撰　清光緒十一年(1885)長洲蔣氏刻本　四冊

500000-8741-0004066　GJ4077(847.6/I-614)
鉄橋漫稿八卷　(清)嚴可均撰　清光緒十一年(1885)長洲蔣氏刻本　四冊

500000-8741-0004067　GJ4078(847.6/J800)
豸華堂文鈔八卷　(清)金應麟撰　清道光三十年(1850)刻本　二冊

500000-8741-0004068　GJ4079(847.6/L014)
敬學軒文集十二卷　(清)龍廷槐著　清道光二十二年(1842)鳳城龍氏刻本　四冊

500000-8741-0004069　GJ4080(847.6/L354)
藥洲花農文略十六卷　(清)凌揚藻撰　清道光十年(1830)刻本　五冊

500000-8741-0004070　GJ4081(847.6/L426)
棣懷堂隨筆六卷　(清)李象鵾著　清道光華亭張氏刻本　四冊

500000-8741-0004071　GJ4082(847.6/L433)
養一齋文集二十卷　(清)李兆洛撰　清光緒四年(1878)刻本　八冊

500000-8741-0004072　GJ4083(847.6/L433)
養一齋文集二十卷補遺一卷續編六卷詩集八卷　(清)李兆洛撰　清道光二十三年(1843)維風堂聚珍板本　九冊

500000-8741-0004073　GJ4084(847.6/L437)
邁堂文畧四卷　(清)李祖陶撰　清刻本　四冊

500000-8741-0004074　GJ4085(847.6/L444)
歗雲文鈔初編十四卷詩鈔八卷　(清)林樹梅著　清道光刻本　十二冊

500000-8741-0004075　GJ4086(847.6/L444-2)
易園集六卷附詞集一卷　(清)李林松著　清光緒二十九年(1903)濟寧州署刻本　六冊

500000-8741-0004076　GJ4087(847.6/L494)
常惺惺齋古文初集十五卷首一卷　(清)李炳奎撰　清道光刻本　六冊

500000-8741-0004077　GJ4088(847.6/L725)
合肥學舍札記十二卷　(清)陸繼輅撰　清光緒四年(1878)興國州署刻本　四冊

500000-8741-0004078　GJ4089(847.6/L733)
劉禮部集十二卷　(清)劉逢祿撰　**附錄一卷**　(清)劉承寵撰　清道光十年(1830)思誤齋刻本　六冊

500000-8741-0004079　GJ4090(847.6/L756)
遂初齋文集四卷　(清)劉邦鼎撰　清道光十七年(1837)刻本　二冊

500000-8741-0004080　GJ4091(847.6/L770)
存悔齋集二十八卷外集四卷　(清)劉鳳誥撰　清道光十年(1830)刻本　八冊

500000-8741-0004081　GJ4092(847.6/L777)
劉孟塗集四十四卷　(清)劉開撰　清道光六

年(1826)姚氏檗山草堂刻本　八册

500000－8741－0004082　GJ4093(847.6/L777)
劉孟塗集四十四卷　(清)劉開撰　清道光六年(1826)姚氏檗山草堂刻本　十册

500000－8741－0004083　GJ4094(847.6/L791)
雙白燕堂文集二卷外集八卷　(清)陸耀遹撰　清光緒四年(1878)興國州署刻本　四册

500000－8741－0004084　GJ4095(847.6/M222)
休復居詩集六卷文集六卷附一卷　(清)毛嶽生撰　清道光二十四年(1844)嘉定黄氏刻本　八册

500000－8741－0004085　GJ4096(847.6/M232)
味蓼初藁不分卷　(清)毛燧傳撰　清刻本　清湯彝批跋　二册

500000－8741－0004086　GJ4097(847.6/M422)
貞定先生遺集四卷附録一卷　(清)莫與儔撰　清刻本　一册

500000－8741－0004087　GJ4098(847.6/M422－1)
貞定先生遺集四卷附録一卷　(清)莫與儔撰　清刻本　一册

500000－8741－0004088　GJ4099(847.6/M444)
師竹堂文集十四卷　(清)莫樹椿著　清道光二十八年(1848)刻本　四册

500000－8741－0004089　GJ4100(847.6/P302)
三松堂集二十四卷續集六卷　(清)潘奕雋撰　清同治九年至十一年(1870－1872)潘氏刻本　八册

500000－8741－0004090　GJ4101(847.6/P302)
三松堂集二十四卷續集六卷　(清)潘奕雋撰　清同治九年至十一年(1870－1872)潘氏刻本　十册

500000－8741－0004091　GJ4102(847.6/P327)
養一齋集二十六卷首一卷試帖一卷詩話十卷李杜詩話三卷詞三卷四書文一卷劄記九卷　(清)潘德輿撰　清道光二十九年至同治十三年(1849－1874)刻本　十九册

500000－8741－0004092　GJ4103(847.6/P420)
墨香閣文集十三卷首一卷末一卷　(清)彭維新著　(清)彭青萊等編　清道光二年(1822)彭氏刻本　四册

500000－8741－0004093　GJ4104(847.6/P432)
賜硯堂詩集一卷文集一卷萬壽詩冊一卷又一卷　(清)彭浚著　(清)彭兆柄等編輯　清刻本　四册

500000－8741－0004094　GJ4105(847.6/P434)
小謨觴館文集注四卷續集注二卷　(清)彭兆蓀撰　(清)孫元培　(清)孫長熙纂輯　清光緒十六年(1890)長洲黄氏流芳閣木活字印本　三册

500000－8741－0004095　GJ4106(847.6/P704)
聽松濤館文鈔二十八卷首一卷　(清)阮文藻著　清光緒刻本　八册

500000－8741－0004096　GJ4107(847.6/Q824)
衎石齋記事稾十卷續稾十卷刻楮集四卷旅逸小稾二卷　(清)錢儀吉撰　清光緒六年(1880)嘉興錢氏刻本　十册

500000－8741－0004097　GJ4108(847.6/Q854)
甘泉鄉人稿二十四卷　(清)錢儀吉撰　**年譜一卷**　(清)錢應溥撰　**邠農偶吟稿一卷**　(清)錢炳森撰　清同治十一年(1872)刻本　六册

500000－8741－0004098　GJ4109(847.6/R710)
揅經室一集十四卷二集八卷三集五卷四集二卷詩十一卷外集五卷續集十一卷再續集六卷　(清)阮元著　清道光刻本　十九册　存四十五卷(一集十四卷、二集八卷、三集五卷、四集二卷、詩十一卷、外集五卷)

500000－8741－0004099　GJ4110(847.6/S100)
遜學齋文鈔十二卷首一卷末一卷　(清)孫衣言撰　清同治十二年(1873)刻本　四册

500000－8741－0004100　GJ4111(847.6/S113)
泰雲堂集二十五卷　(清)孫爾準撰　清同治九年(1870)刻本　四册

500000－8741－0004101　GJ4112(847.6/S113－2)

泰雲堂文集二卷駢體文集二卷　（清）孫爾準撰　清同治九年（1870）刻本　一冊

500000－8741－0004102　GJ4113（847.6/S127）
蒼莨初集二十一卷畚塘芻論二卷河防紀畧四卷　（清）孫鼎臣撰　清咸豐九年（1859）刻本　九冊　存二十五卷（蒼莨初集二十一卷、畚塘芻論二卷、河防紀畧三至四）

500000－8741－0004103　GJ4114（847.6/S141）
獨學廬全稿五十四卷　（清）石韞玉撰　清乾隆至嘉慶許彭年刻本　二十冊　存二十一卷（獨學廬初稿詩一至八、文一至三、讀左卮言一、漢書刊訛一、二稿一至三、三稿一至五）

500000－8741－0004104　GJ4115（847.6/S221）
雅歌堂全集四十二卷　（清）徐經芸著　清光緒二年（1876）刻本　十六冊

500000－8741－0004105　GJ4116（847.6/S224）
望雲閣詩集四卷首一卷文集四卷首一卷（清）徐儒楠撰　清道光二十六年至二十九年（1846－1849）刻本　四冊

500000－8741－0004106　GJ4117（847.6/S244）
淑芳閣集十卷　（清）徐士芬撰　清同治十一年（1872）刻本　四冊

500000－8741－0004107　GJ4118（847.6/S328）
補讀書齋遺藁十卷集外藁一卷年譜一卷（清）沈維鐈撰　清光緒元年（1875）廣東富文齋刻本　五冊

500000－8741－0004108　GJ4119（847.6/S512）
榑壽山房輯藁六卷　（清）史致儼撰　（清）賴其瑛編次　清光緒十二年（1886）史氏刻本　四冊

500000－8741－0004109　GJ4120（847.6/S827）
寶研堂集四卷呂子節識一卷厚德錄節識二卷舒公名宦錄一卷　（清）舒化民著　（清）舒孔安等編次　清同治三年（1864）靖安舒氏刻本　八冊

500000－8741－0004110　GJ4121（847.6/T377）
浮邱子十二卷　（清）湯鵬撰　清同治四年（1865）刻本　四冊

500000－8741－0004111　GJ4122（847.6/T377）
浮邱子十二卷　（清）湯鵬撰　清同治四年（1865）刻本　四冊

500000－8741－0004112　GJ4123（847.6/U223）
香蘇山館全集五十七卷　（清）吳嵩梁撰　清道光二十三年（1843）刻本　十六冊

500000－8741－0004113　GJ4124（847.6/U240）
吳學士文集四卷詩集四卷　（清）吳鼒撰（清）梁肇煌　（清）薛時雨編訂　清光緒八年（1882）江寧藩署刻本　六冊

500000－8741－0004114　GJ4125（847.6/U299）
石雲山人文集五卷奏議二卷　（清）吳榮光撰　清道光二十一年（1841）南海吳氏筠清館刻本　六冊

500000－8741－0004115　GJ4126（847.6/W120）
授堂詩鈔八卷文鈔十卷附讀畫山房文鈔二卷附錄二卷　（清）武億撰　清道光二十三年（1843）偃師武氏刻本　六冊

500000－8741－0004116　GJ4127（847.6/W123）
政餘堂書屋文鈔二十卷　（清）王泉之撰　清道光十年（1830）刻本　佚名批注　十冊

500000－8741－0004117　GJ4128（847.6/W134）
椒園居士集六卷　（清）王定柱著　清光緒三十二年（1906）泰州龍樹精舍刻本　二冊

500000－8741－0004118　GJ4129（847.6/W139）
晚聞居士遺集九卷首一卷　（清）王宗炎撰　清道光十年至十一年（1830－1831）杭州陸貞一愛日軒刻本　四冊

500000－8741－0004119　GJ4130（847.6/W139）
晚聞居士遺集九卷首一卷　（清）王宗炎撰　清道光十年至十一年（1830－1831）杭州陸貞一愛日軒刻本　四冊

500000－8741－0004120　GJ4131（847.6/W144）
紅棠閣文鈔六卷　（清）王芝林撰　清光緒十三年（1887）金匱王氏刻本　四冊

500000－8741－0004121　GJ4132（847.6/W181）

淮南内篇十九卷　(清)王念孫撰　清刻本　六冊

500000－8741－0004122　GJ4133(847.6/W214)
也居山房文集八卷　(清)魏承柷著　清同治九年(1870)海寧張士寬刻本　三冊

500000－8741－0004123　GJ4134(847.6/W227)
此君園文集三十卷　(清)吳名鳳撰　清道光二十一年(1841)刻本　八冊

500000－8741－0004124　GJ4135(847.6/W302)
登雲山房文稿四卷　(清)溫訓著　清道光三年(1823)刻本　二冊

500000－8741－0004125　GJ4136(847.6/W311)
實事求是齋遺藁四卷　(清)汪廷珍撰　清道光二十九年(1849)汪氏刻本　六冊

500000－8741－0004126　GJ4137(847.6/W347)
十二硯齋文錄一卷　(清)汪鋆撰　清刻本　二冊

500000－8741－0004127　GJ4138(847.6/W802)
復初齋文集三十五卷　(清)翁方綱撰　清刻本　十冊

500000－8741－0004128　GJ4139(847.6/X039)
選樓集句二卷首一卷　(清)許祥光集　清道光二十年(1840)刻本　一冊

500000－8741－0004129　GJ4140(847.6/X197)
夏仲子集六卷　(清)夏炯撰　清咸豐五年(1855)番易官廨刻本　三冊

500000－8741－0004130　GJ4141(847.6/X243)
悔餘菴文稿九卷　(清)何栻撰　清同治四年(1865)鳩江戎幄刻本　三冊

500000－8741－0004131　GJ4142(847.6/X254)
睦堂先生文集六十卷　(清)徐湘潭撰　(清)王典等編　清道光二十二年至二十四年(1842－1844)刻本　二十四冊

500000－8741－0004132　GJ4143(847.6/X411)
求是堂文集六卷首一卷附駢體文二卷　(清)胡承珙撰　清道光十七年(1837)刻本　八冊

500000－8741－0004133　GJ4144(847.6/X418)
第六絃溪文鈔四卷　(清)黃廷鑑著　清光緒十年(1884)虞山鮑廷爵刻後知不足齋本　二冊

500000－8741－0004134　GJ4145(847.6/X433)
聞妙香軒集四卷　(清)胡達源著　清光緒六年(1880)胡子勛刻本　三冊

500000－8741－0004135　GJ4146(847.6/X441)
研六室文鈔十卷　(清)胡培翬撰　清道光十七年(1837)涇川書院刻本　四冊

500000－8741－0004136　GJ4147(847.6/X441)
研六室文鈔十卷補遺一卷　(清)胡培翬撰
說文管見三卷古韻論三卷　(清)胡秉虔撰
黃帝内經素問校義一卷　(清)胡澍學撰　清同治十二年至光緒五年(1873－1879)世澤樓刻本　七冊

500000－8741－0004137　GJ4148(847.6/X441x)
胡文忠公政書十四卷　(清)胡林翼撰　(清)但湘良編輯　清光緒二十五年(1899)湖南糧儲道署刻本　十六冊

500000－8741－0004138　GJ4149(847.6/X472)
耐菴文存六卷詩存三卷　(清)賀長齡著　清咸豐十一年(1861)刻本　四冊

500000－8741－0004139　GJ4150(847.6/X472－2)
耐菴文存六卷詩存三卷　(清)賀長齡著　清咸豐十一年(1861)刻本　四冊

500000－8741－0004140　GJ4151(847.6/X472－2)
寒香館詩鈔四卷　(清)賀熙齡撰　清刻本　二冊

500000－8741－0004141　GJ4152(847.6/X472－2)
寒香館詩鈔四卷文鈔八卷崇祀鄉賢錄一卷　(清)賀熙齡撰　清刻本　八冊

500000－8741－0004142　GJ4153(847.6/Y406)
邃雅堂集十卷文集續編一卷　(清)姚文田撰　清道光元年(1821)刻本[續編爲清道光八年(1828)刻本]　十冊

500000－8741－0004143　GJ4154(847.6/Y445)

通藝閣詩錄八卷續錄八卷三錄八卷　(清)姚椿撰　清道光十三年(1833)刻本　七冊

500000－8741－0004144　GJ4155(847.6/Y474)
竹素齋全集十卷　(清)姚學塽著　清光緒九年(1883)東陽學之尊經閣刻本　六冊

500000－8741－0004145　GJ4156(847.6/Y499)
東溟文集六卷外集四卷文後集十四卷文外集二卷後湘詩集九卷二集五卷續集七卷東溟奏稿四卷　(清)姚瑩著　清道光二十九年(1849)刻本　十三冊

500000－8741－0004146　GJ4157(847.6/Y649)
樂園文鈔八卷首一卷漢南集一卷感舊集一卷詠史集一卷蘇亭集樂府一卷蘇亭集二卷　(清)嚴如熤撰　清刻本　八冊

500000－8741－0004147　GJ4158(847.6/Z111)
簡松草堂文集十二卷附錄一卷詩集二十卷三影閣筝語三卷　(清)張雲璈撰　清嘉慶刻本　十二冊

500000－8741－0004148　GJ4159(847.6/Z124)
都是春齋文集八卷　(清)張佑撰　(清)岳震川等編輯　清吾學園刻本　四冊

500000－8741－0004149　GJ4160(847.6/Z126)
月齋文集八卷詩集四卷　(清)張穆撰　(清)吴履敬　(清)吴式訓編　清咸豐八年(1858)刻本　五冊

500000－8741－0004150　GJ4161(847.6/Z132)
抱璞亭詩集十七卷詩集初錄五卷文集十卷　(清)張湘任撰　清光緒元年(1875)刻本　六冊

500000－8741－0004151　GJ4162(847.6/Z－134b)
養素堂文集三十五卷首一卷　(清)張澍撰　清道光十七年(1837)棗蕚書屋刻本　十六冊

500000－8741－0004152　GJ4163(847.6/Z141)
嘉樹山房集二十卷外集二卷續集二卷　(清)張士元著　清同治十一年(1872)刻光緒四年(1878)印本　六冊

500000－8741－0004153　GJ4164(847.6/Z149)
式訓集十六卷　(清)張柏恆撰　清道光二十一年(1841)式訓堂刻本　四冊

500000－8741－0004154　GJ4165(847.6/Z170)
張亨甫全集三十三卷首一卷　(清)張際亮著　(清)李雲誥編　清咸豐孔慶衢刻同治六年(1867)李雲誥增刻本　二十冊

500000－8741－0004155　GJ4166(847.6/Z190)
張亨甫全集三十三卷首一卷　(清)張際亮著　(清)李雲誥編　清咸豐孔慶衢刻同治六年(1867)李雲誥增刻本　十二冊

500000－8741－0004156　GJ4167(847.6/Z204)
求聞過齋詩集六卷文集四卷　(清)朱方增撰　清光緒十九年至二十年(1893－1894)刻本　五冊

500000－8741－0004157　GJ4168(847.6/Z214)
小萬卷齋文藁二十四卷首一卷末一卷詩稿三十二卷續藁十二卷末一卷經進藁四卷　(清)朱琦撰　清光緒十一年(1885)嘉樹山房刻本　二十四冊

500000－8741－0004158　GJ4169(847.6/Z214)
小萬卷齋文藁二十四卷首一卷末一卷詩稿三十二卷續藁十二卷末一卷經進藁四卷　(清)朱琦撰　清光緒十一年(1885)嘉樹山房刻本　二十四冊

500000－8741－0004159　GJ4170(847.6/Z228)
茹古堂文集十卷　(清)朱秉鑑著　(清)朱籌等編次　清道光刻本　四冊

500000－8741－0004160　GJ4171(847.6/Z327)
躬耻齋文鈔二十卷首一卷後編六卷　(清)宗稷辰撰　清咸豐元年(1851)越峴山館刻本　十三冊　存十八卷(一至三、六至二十)

500000－8741－0004161　GJ4172(847.6/Z327)
躬耻齋詩鈔十四卷首一卷後編七卷　(清)宗稷辰撰　清咸豐九年(1859)九曲山房刻本　九冊

500000－8741－0004162　GJ4173(847.6/Z327)
躬耻齋制義不分卷　(清)宗稷辰撰　清同治

七年(1868)當湖朱氏刻本　八冊

500000－8741－0004163　GJ4174(847.6/Z327)
四書體味錄殘稿五卷　(清)宗稷辰撰　清光緒十三年(1887)躬恥齋刻本　一冊　缺二卷(二至三)

500000－8741－0004164　GJ4175(847.6/Z423)
琴士詩鈔六卷文鈔十二卷　(清)趙紹祖著　清道光十二年(1832)刻本　六冊

500000－8741－0004165　GJ4176(847.6/Z434)
七經樓文鈔六卷　(清)蔣湘南撰　清道光二十七年(1847)刻本　六冊

500000－8741－0004166　GJ4177(847.6/Z446)
保甓齋文錄二卷　(清)趙坦撰　清道光積經堂馮世昌刻本　二冊

500000－8741－0004167　GJ4178(847.6/Z477)
靜菴文集四卷詩集六卷蔡傳正訛六卷　(清)左眉撰　清同治十三年(1874)桐城方氏鉛印本　六冊

500000－8741－0004168　GJ4179(847.6/Z707)
求在我齋文存八卷示子弟帖一卷　(清)成毅撰　清咸豐八年(1858)邵州濂溪講院刻本　五冊

500000－8741－0004169　GJ4180(847.6/Z727)
内自訟齋詩鈔八卷　(清)周凱撰　清道光刻本　二冊

500000－8741－0004170　GJ4181(847.6/Z742)
内自訟齋文鈔四卷　(清)周凱撰　清道光刻本　二冊

500000－8741－0004171　GJ4182(847.6/Z872)
樂山堂文鈔八卷　(清)曾興仁撰　清道光刻本　二冊

500000－8741－0004172　GJ4183(847.7/B290)
廣英堂遺藁一卷　(清)包慎言撰　清同治八年(1869)刻本　一冊

500000－8741－0004173　GJ4184(847.7/C700)
句溪雜箸五卷　(清)陳立撰　清光緒二十九年(1903)刻本　二冊

500000－8741－0004174　GJ4185(847.7/C708)
籀經堂類藁二十四卷附齊陳氏韶舞樂通釋二卷　(清)陳慶鏞撰　清光緒九年(1883)刻本　十二冊

500000－8741－0004175　GJ4186(847.7/C730)
小迦陵館文集一卷　(清)陳寶著　清宣統二年(1910)浙江官報兼印刷局刻本　一冊

500000－8741－0004176　GJ4187(847.7/C831)
存素堂詩稾十四卷文稾四卷補遺一卷　(清)錢寶琛撰　清同治七年至九年(1868－1870)刻本　四冊

500000－8741－0004177　GJ4188(847.7/C854)
甘泉鄉人稿二十四卷餘稿二卷　(清)錢泰吉撰　清光緒十一年(1885)刻本　五冊

500000－8741－0004178　GJ4189(847.7/C854)
甘泉鄉人稿二十四卷餘稿二卷　(清)錢泰吉撰　**年譜一卷**　(清)錢應溥述　**四水子遺著一卷**　(清)錢友泗撰　**郊農偶吟稿一卷**　(清)錢炳森撰　清光緒十一年(1885)刻本　七冊

500000－8741－0004179　GJ4190(847.7/D112)
雙梧山館文鈔二十四卷　(清)鄧瑤撰　清咸豐十年(1860)南邨艸堂刻本　八冊

500000－8741－0004180　GJ4191(847.7/D117)
雙梧山館文鈔二十四卷　(清)鄧瑤撰　清咸豐十年(1860)南邨艸堂刻本　六冊

500000－8741－0004181　GJ4192(847.7/D117)
雙梧山館文鈔二十四卷　(清)鄧瑤撰　清咸豐十年(1860)南邨艸堂刻本　六冊

500000－8741－0004182　GJ4193(847.7/D144)
睦州存藁八卷首一卷　(清)丁壽昌撰　清同治五年(1866)刻本　四冊

500000－8741－0004183　GJ4194(847.7/D164)
南村草堂文鈔二十卷詩鈔二十四卷　(清)鄧顯鶴撰　清咸豐元年(1851)刻本　十二冊

500000－8741－0004184　GJ4195(847.7/D424)
味經山館遺書三種六卷　(清)戴鈞衡撰　清

光緒三十年(1904)木活字印本　三冊

500000－8741－0004185　GJ4196(847.7/D424－1)
味經山館文鈔四卷詩鈔六卷　(清)戴鈞衡撰　清咸豐三年(1853)刻光緒三十年(1904)重印本　三冊

500000－8741－0004186　GJ4197(847.7/D424)
味經山館遺書三種六卷　(清)戴鈞衡撰　清光緒三十年(1904)木活字印本　三冊

500000－8741－0004187　GJ4198(847.7/D424－1)
味經山館文鈔四卷詩鈔六卷　(清)戴鈞衡撰　清咸豐三年(1853)刻光緒三十年(1904)重印本　三冊

500000－8741－0004188　GJ4199(847.7/D424)
味經山館遺書三種六卷　(清)戴鈞衡撰　清光緒三十年(1904)木活字印本　三冊

500000－8741－0004189　GJ4200(847.7/D424－1)
味經山館文鈔四卷詩鈔六卷　(清)戴鈞衡撰　清咸豐三年(1853)刻光緒三十年(1904)重印本　三冊

500000－8741－0004190　GJ4201(847.7/D424)
味經山館遺書三種六卷　(清)戴鈞衡撰　清光緒三十年(1904)木活字印本　三冊

500000－8741－0004191　GJ4202(847.7/D424－1)
味經山館文鈔四卷詩鈔六卷　(清)戴鈞衡撰　清咸豐三年(1853)刻光緒三十年(1904)重印本　三冊

500000－8741－0004192　GJ4203(847.7/D477)
習苦齋詩集八卷文集四卷　(清)戴熙撰　清同治六年(1867)刻本　清孫榮壽跋　四冊

500000－8741－0004193　GJ4204(847.7/D482)
味經山館遺書三種六卷　(清)戴鈞衡撰　清光緒三十年(1904)木活字印本　三冊

500000－8741－0004194　GJ4205(847.7/D482)
蓉洲初集六卷　(清)戴鈞衡撰　清道光十九年(1839)香月山房刻本　二冊

500000－8741－0004195　GJ4206(847.7/D482)
蓉洲初集六卷　(清)戴鈞衡撰　清道光十九年(1839)香月山房刻本　二冊

500000－8741－0004196　GJ4207(847.7/D482－1)
味經山館文鈔四卷詩鈔六卷　(清)戴鈞衡撰　清咸豐三年(1853)刻光緒三十年(1904)重印本　三冊

500000－8741－0004197　GJ4208(847.7/D497)
荻芬書屋文稾不分卷詩稾四卷　(清)董恂撰　清末甘泉董氏刻本　四冊

500000－8741－0004198　GJ4209(847.7/F087)
枕經堂文鈔二卷　(清)方朔撰　清同治刻本　一冊

500000－8741－0004199　GJ4210(847.7/F087－1)
枕經堂文鈔二卷駢體文三卷詩鈔八卷　(清)方朔撰　清同治刻本　三冊　存七卷(文鈔二卷、駢體文三卷、詩鈔七至八)

500000－8741－0004200　GJ4211(847.7/F247)
梧生文鈔十卷詩鈔十卷　(清)傅桐著　清同治三年至光緒七年(1864－1881)刻本　六冊

500000－8741－0004201　GJ4212(847.7/F344)
顯志堂稿十二卷　(清)馮桂芬著　清光緒二年(1876)校邠廬刻本　十二冊

500000－8741－0004202　GJ4213(847.7/F410)
問園遺集一卷空山夢二卷　(清)范元亨著　**憶秋軒詩鈔一卷續鈔一卷補遺一卷詩餘一卷尺牘偶存一卷**　(清)范淑著　清光緒十七年(1891)九江范履福良鄉縣官廨刻本　三冊

500000－8741－0004203　GJ4214(847.7/G021)
定盦文集三卷續集四卷續錄一卷古今體詩二卷雜詩一卷詞選一卷詞錄一卷　(清)龔自珍撰　清同治七年(1868)刻本　六冊

500000－8741－0004204　GJ4215(847.7/G034)
高陶堂遺集八卷　(清)高心夔編　清光緒八年(1882)平湖朱氏經注經齋刻本　四冊

500000－8741－0004205　GJ4216(847.7/G307)
悔過齋文集七卷附劄記一卷　(清)顧廣譽撰　清光緒三年(1877)刻本　二冊

500000－8741－0004206　GJ4217(847.7/G307)

悔過齋文集七卷附劄記一卷續集七卷附補遺一卷　(清)顧廣譽撰　清光緒三年(1877)刻本　四冊

500000－8741－0004207　GJ4218(847.7/G307)
悔過齋文集七卷附劄記一卷續集七卷附補遺一卷學詩詳說三十卷正詁五卷　(清)顧廣譽撰　清光緒三年(1877)刻本　十四冊

500000－8741－0004208　GJ4219(847.7/G307)
悔過齋文集七卷附劄記一卷續集七卷附補遺一卷學詩詳說三十卷正詁五卷　(清)顧廣譽撰　清光緒三年(1877)刻本　十四冊

500000－8741－0004209　GJ4220(847.7/G344)
孟晉齋文集五卷　(清)顧壽楨著　清同治五年(1866)見素抱樸齋刻本　三冊

500000－8741－0004210　GJ4221(847.7/G344)
孟晉齋文集五卷　(清)顧壽楨著　清同治五年(1866)見素抱樸齋刻本　三冊

500000－8741－0004211　GJ4222(847.7/G370)
黃葉山樵詩草四卷江南春雜體文四卷　(清)江璧撰　清刻本　六冊

500000－8741－0004212　GJ4223(847.7/G823)
思貽堂詩稾十二卷文稾一卷　(清)金衍宗撰　清同治五年(1866)刻本　五冊

500000－8741－0004213　GJ4224(847.7/H203)
守默齋詩稿一卷雜著一卷　(清)何應祺著　清同治十年(1871)善化何氏家刻本　四冊

500000－8741－0004214　GJ4225(847.7/H213)
何子清先生遺文二卷坿錄一卷　(清)何忠萬撰　清光緒八年(1882)金陵翁氏茹古閣刻本　一冊

500000－8741－0004215　GJ4226(847.7/H224)
潛穎詩十卷文四卷　(清)何維棣撰　清光緒二十七年(1901)刻本　四冊

500000－8741－0004216　GJ4227(847.7/H430)
垂老讀書廬詩草二卷文草一卷　(清)黃定齋著　清光緒四年(1878)黃氏補不足齋刻本　二冊

500000－8741－0004217　GJ4228(847.7/H437)
黃忠壯公遺集九卷首一卷附錄一卷　(清)黃淯熙著　清光緒元年(1875)成都刻本　六冊

500000－8741－0004218　GJ4229(847.7/H438)
㬚生旅巢文賸三卷　(清)黃之晉撰　清同治元年(1862)虔州刻本　三冊

500000－8741－0004219　GJ4230(847.7/H457)
三長物齋文略六卷　(清)黃本驥著　清刻本　二冊

500000－8741－0004220　GJ4231(847.7/H497)
胡文忠公遺集八十六卷首一卷　(清)胡林翼撰　(清)曾國荃纂輯　(清)胡鳳丹重編　清光緒二十七年(1901)上海圖書集成印書局鉛印本　八冊

500000－8741－0004221　GJ4232(847.7/I127)
暫留軒詩鈔初刻八卷二刻四卷文鈔八卷禾川書糾謬二卷　(清)尹繼隆撰　清咸豐四年至光緒五年(1854－1879)刻本　九冊

500000－8741－0004222　GJ4233(847.7/I－443)
耐軒文初鈔十卷首一卷二鈔四卷　(清)楊士達撰　清光緒五年(1879)木活字印本　四冊

500000－8741－0004223　GJ4234(847.7/I－445)
通藝閣詩錄八卷續錄八卷三錄八卷和陶集三卷附樗寮詩話三卷　(清)姚椿撰　**白石鈍樵集禊帖詩一卷**　(清)姚楗撰　清道光至咸豐刻本　六冊

500000－8741－0004224　GJ4235(847.7/I－499)
東溟文集六卷外集四卷　(清)姚瑩著　清道光十三年(1833)刻本　二冊

500000－8741－0004225　GJ4236(847.7/I－499f)
復莊駢儷文榷八卷　(清)姚燮撰　清同治十一年(1872)刻本　二冊

500000－8741－0004226　GJ4237(847.7/I－499f2)
復莊詩問三十四卷駢儷文榷八卷　(清)姚燮撰　清道光二十六年至二十八年(1846－1848)鎮海姚氏大梅山館刻本　十冊

500000－8741－0004227　GJ4238(847.7/K043)

市隱書屋文稾十一卷詩稾五卷卮言二卷 （清）亢樹滋撰　清光緒三年（1877）刻本　四冊

500000－8741－0004228　GJ4239（847.7/K132）
韓齋文稿四卷 （清）孔憲彝撰　清咸豐刻本　二冊

500000－8741－0004229　GJ4240（847.7/L031）
經德堂文内集四卷别集二卷經籍舉要一卷浣月山房詩集二卷漢南春柳詞鈔一卷 （清）龍啟瑞撰　**梅神吟館詩草一卷** （清）何慧生撰　清光緒四年至七年（1878－1881）刻本　七冊

500000－8741－0004230　GJ4241（847.7/L343）
海雅堂全集五種七十六卷 （清）凌揚藻　清道光刻本　八冊　存四種四十六卷（藥洲花農詩略六卷文略十六卷、拄楣蕊記六卷、春秋尺聞鈔十二卷、四書紀疑錄六卷）

500000－8741－0004231　GJ4242（847.7/L415）
桐閣先生文鈔十二卷首一卷 （清）李元春著　（清）賀瑞麟編輯　清光緒十年（1884）同義文會刻本　十二冊

500000－8741－0004232　GJ4243（847.7/L427）
石泉書屋全集六種一百三十六卷 （清）李佐賢撰　清咸豐八年（1858）至同治末年刻本　九冊　存一種二十卷（石泉書屋類稿八卷詩鈔六卷律賦二卷館課詩二卷制藝二卷）

500000－8741－0004233　GJ4244（847.7/L441）
寶韋齋類稿一百卷 （清）李桓撰　清光緒十四年至十六年（1888－1890）長沙芋園刻本　五冊　存五卷（八十九至九十三）

500000－8741－0004234　GJ4245（847.7/L442）
味雪堂遺草一卷 （清）林賀峒撰　清光緒三十三年（1907）鉛印本　一冊

500000－8741－0004235　GJ4246（847.7/L445）
西雲札記四卷 （清）李枝青撰　清光緒刻本　二冊

500000－8741－0004236　GJ4247（847.7/L445－1）
西雲文鈔二卷詩鈔四卷 （清）李枝青撰　清刻本　三冊

500000－8741－0004237　GJ4248（847.7/L462）
小石渠閣文集六卷 （清）林昌彝撰　清刻本　二冊

500000－8741－0004238　GJ4249（847.7/L463）
李文恭公遺集三種四十七卷 （清）李星沅撰　清同治四年（1865）湘陰李氏芋香山館刻本　三十二冊

500000－8741－0004239　GJ4250（847.7/L496）
西漚全集十卷外集八卷 （清）李愰撰　清同治七年（1868）墊江李氏刻本　十六冊

500000－8741－0004240　GJ4251（847.7/L497）
李文清公遺書八卷首一卷志節編二卷 （清）李棠階撰　清光緒八年（1882）河北道署刻本　四冊

500000－8741－0004241　GJ4252（847.7/L624）
樫華館全集四種十二卷 （清）路德撰　清光緒七年（1881）解梁書院刻本　十冊

500000－8741－0004242　GJ4253（847.7/L624）
樫華館全集四種十二卷 （清）路德撰　清光緒七年（1881）解梁書院刻本　十冊

500000－8741－0004243　GJ4254（847.7/L624）
樫華館全集四種十二卷 （清）路德撰　清光緒七年（1881）解梁書院刻本　十冊

500000－8741－0004244　GJ4255（847.7/C703）
青溪舊屋文集十一卷 （清）劉文淇撰　清光緒九年（1883）刻本　二冊

500000－8741－0004245　GJ4256（847.7/L703）
青溪舊屋文集十一卷 （清）劉文淇撰　清光緒九年（1883）刻本　六冊

500000－8741－0004246　GJ4257（847.7/L733）
懷白軒初稿六種十七卷 （清）陸初望撰　清同治五年（1866）皖城刻本　四冊

500000－8741－0004247　GJ4258（847.7/L736）
讀秋水齋詩十六卷補遺一卷 （清）陸黻恩撰　清同治七年（1868）刻本　三冊

500000－8741－0004248　GJ4259(847.7/L736)
讀秋水齋文六卷　(清)陸㦤恩撰　清光緒十六年(1890)刻本　一冊

500000－8741－0004249　GJ4260(847.7/L742)
屺雲樓文鈔十二卷　(清)劉存仁著　清光緒四年(1878)福州刻本　六冊

500000－8741－0004250　GJ4261(847.7/L744)
養晦堂文集十卷詩集二卷　(清)劉蓉著　清光緒三年(1877)思賢講舍刻本　六冊

500000－8741－0004251　GJ4262(847.7/L744)
養晦堂文集十卷詩集二卷　(清)劉蓉著　清光緒三年(1877)思賢講舍刻本　六冊

500000－8741－0004252　GJ4263(847.7/L744)
養晦堂文集十卷詩集二卷思辨錄疑義一卷　(清)劉蓉著　清光緒三年(1877)思賢講舍刻本　二冊

500000－8741－0004253　GJ4264(847.7/L744－2)
養晦堂文集十卷詩集二卷　(清)劉蓉著　清光緒三年(1877)思賢講舍刻本　六冊

500000－8741－0004254　GJ4265(847.7/L770)
蒓齋文集七卷　(清)劉辰慶撰　清同治六年(1867)刻本　四冊

500000－8741－0004255　GJ4266(847.7/M230)
對山書屋墨餘錄十六卷　(清)毛祥麟撰　清同治九年(1870)刻本　八冊

500000－8741－0004256　GJ4267(847.7/M410)
來雨軒存稿四卷　(清)莫晉著　清光緒二十年(1894)濟南刻本　四冊

500000－8741－0004257　GJ4268(847.7/M480)
柏梘山房集三十一卷　(清)梅曾亮撰　清咸豐六年(1856)聊城楊以增刻同治三年(1864)補刻本　八冊　存三十卷(詩集十卷、詩續集二卷、駢體文二卷、文集十六卷)

500000－8741－0004258　GJ4269(847.7/M480)
柏梘山房集三十一卷　(清)梅曾亮撰　清咸豐六年(1856)聊城楊以增刻同治三年(1864)補刻本　八冊

500000－8741－0004259　GJ4270(847.7/P307)
潘少白先生集十五卷　(清)潘諮著　清道光二十四年(1844)瞻園刻本　十二冊

500000－8741－0004260　GJ4271(847.7/P435)
古香山館存稾十六卷　(清)彭洋中撰　清同治十三年(1874)湘鄉彭思貽堂刻本　六冊

500000－8741－0004261　GJ4272(847.7/P435)
古香山館存稾十六卷　(清)彭洋中撰　清同治十三年(1874)湘鄉彭思貽堂刻本　二冊　存七卷(詩一至三、示兒帖坿家訓一、文存七至九)

500000－8741－0004262　GJ4273(847.7/Q248)
蘿藦亭遺詩四卷文鈔一卷　(清)喬松年撰　清光緒七年至十一年(1881－1885)刻本　四冊　存三卷(一至三)

500000－8741－0004263　GJ4274(847.7/Q841)
常惺惺齋文集十卷　(清)錢世瑞著　清道光三十年(1850)刻本　十冊

500000－8741－0004264　GJ4275(847.7/Q854)
曝書雜記三卷　(清)錢泰吉撰　清同治七年(1868)刻本　一冊

500000－8741－0004265　GJ4276(847.7/S004)
會稽山齋全集二十七卷　(清)謝應芝撰　清光緒十四年(1888)刻本　六冊

500000－8741－0004266　GJ4277(847.7/S004)
會稽山齋全集二十七卷　(清)謝應芝撰　清光緒十四年(1888)刻本　六冊

500000－8741－0004267　GJ4278(847.7/S133)
沈文忠公集十卷年譜一卷　(清)沈兆霖撰　清同治八年(1869)刻本　四冊

500000－8741－0004268　GJ4279(847.7/S147)
半巖廬遺文一卷遺詩一卷　(清)邵懿辰撰　清光緒三十四年(1908)刻本　二冊

500000－8741－0004269　GJ4280(847.7/S147b)
半巖廬遺文一卷遺詩一卷　(清)邵懿辰撰　清光緒三十四年(1908)刻本　二冊

500000－8741－0004270　GJ4281(847.7/S240)

未灰齋文集八卷外集一卷 (清)徐鼒著 清咸豐刻本 四册

500000－8741－0004271 GJ4282(847.7/S264)
煙嶼樓文集四十卷 (清)徐時棟撰 清光緒元年(1875)葛氏松竹居刻本 八册

500000－8741－0004272 GJ4283(847.7/S264)
煙嶼樓文集四十卷 (清)徐時棟撰 清光緒元年(1875)葛氏松竹居刻本 八册

500000－8741－0004273 GJ4284(847.7/S264a)
煙嶼樓集四種七十卷 (清)徐時棟撰 清同治、光緒刻本 十四册

500000－8741－0004274 GJ4285(847.7/S426)
敬孚類藁十六卷 (清)蕭穆撰 清光緒三十二年(1906)刻本 四册

500000－8741－0004275 GJ4286(847.7/S426)
敬孚類藁十六卷 (清)蕭穆撰 清光緒三十二年(1906)刻本 四册

500000－8741－0004276 GJ4287(847.7/S426)
敬孚類藁十六卷 (清)蕭穆撰 清光緒三十二年(1906)刻本 四册

500000－8741－0004277 GJ4288(847.7/S426)
敬孚類藁十六卷 (清)蕭穆撰 清光緒三十二年(1906)刻本 四册

500000－8741－0004278 GJ4289(847.7/S426)
敬孚類藁十六卷 (清)蕭穆撰 清光緒三十二年(1906)刻本 四册

500000－8741－0004279 GJ4290(847.7/S432)
青萍軒文錄二卷 (清)薛福保撰 清光緒八年(1882)刻本 一册

500000－8741－0004280 GJ4291(847.7/S583)
弢園紀事二卷 (清)史念祖撰 清末抄本 二册

500000－8741－0004281 GJ4292(847.7/T048)
夢硯齋遺稿八卷 (清)唐樹義撰 清同治四年(1865)綏定郡齋刻本 三册

500000－8741－0004282 GJ4293(847.7/T088)
唐確慎公集十卷首一卷末一卷 (清)唐鑑撰 清光緒元年(1875)刻本 六册

500000－8741－0004283 GJ4294(847.7/T099)
樂志堂文略四卷附錄一卷 (清)譚瑩撰 清光緒元年(1875)刻本 二册

500000－8741－0004284 GJ4295(847.7/T099b)
樂志堂文略四卷附錄一卷詩略一卷 (清)譚瑩撰 清光緒元年(1875)刻本 三册

500000－8741－0004285 GJ4296(847.7/T156)
謫麐堂遺集文二卷詩二卷 (清)戴望撰 清宣統三年(1911)風雨樓石印本 一册

500000－8741－0004286 GJ4297(847.7/T388)
寸心知室詩文集六卷隨筆一卷 (清)湯金釗撰 清咸豐元年(1851)刻本 四册

500000－8741－0004287 GJ4298(847.7/U214b)
拙修集續編四卷首一卷 (清)吳廷棟撰 清光緒九年(1883)六安求我齋刻本 二册

500000－8741－0004288 GJ4299(847.7/U214b－1)
拙修集續編四卷首一卷 (清)吳廷棟撰 清光緒九年(1883)六安求我齋刻本 二册

500000－8741－0004289 GJ4300(847.7/U243)
求自得之室文鈔十二卷尚絅廬詩存二卷 (清)吳嘉賓撰 清同治五年(1866)廣州刻本 五册

500000－8741－0004290 GJ4301(847.7/U243.1)
儀宋堂文二集十卷 (清)吳嘉淦撰 清刻本 四册

500000－8741－0004291 GJ4302(847.7/U243.1－1)
儀宋堂文二集十卷 (清)吳嘉淦撰 清光緒五年(1879)刻本 二册

500000－8741－0004292 GJ4303(847.7/U245)
小蝸廬詩鈔二卷文存二卷 (清)吳其泰著 清同治十二年(1873)固始吳氏刻本[文存爲清咸豐九年(1859)固始吳氏刻本] 四册

500000－8741－0004293 GJ4304(847.7/U284)
柈湖文集十二卷首一卷 (清)吳敏樹著 清光緒十九年(1893)思賢講舍刻本 四册

500000－8741－0004294　GJ4305(847.7/U284)
柈湖文集十二卷首一卷　(清)吳敏樹著　清光緒十九年(1893)思賢講舍刻本　四冊

500000－8741－0004295　GJ4306(847.7/U284)
柈湖文集十二卷首一卷　(清)吳敏樹著　清光緒十九年(1893)思賢講舍刻本　四冊

500000－8741－0004296　GJ4307(847.7/U284)
柈湖文集十二卷首一卷　(清)吳敏樹著　清光緒十九年(1893)思賢講舍刻本　四冊

500000－8741－0004297　GJ4308(847.7/U284－1)
柈湖文錄八卷首一卷　(清)吳敏樹著　清同治八年(1869)刻本　六冊

500000－8741－0004298　GJ4309(847.7/U284－1)
柈湖文錄八卷首一卷　(清)吳敏樹著　清同治八年(1869)刻本　四冊

500000－8741－0004299　GJ4310(847.7/U284－1)
柈湖文錄八卷首一卷　(清)吳敏樹著　清同治八年(1869)刻本　四冊

500000－8741－0004300　GJ4311(847.7/U284－1)
柈湖文錄八卷首一卷　(清)吳敏樹著　清同治八年(1869)刻本　四冊

500000－8741－0004301　GJ4312(847.7/W105)
伊蒿室文集六卷詩集二卷詩餘一卷　(清)王效成撰　清咸豐五年(1855)刻本　三冊

500000－8741－0004302　GJ4313(847.7/W142)
哀生閣初稿四卷續稿三卷　(清)王大經撰　清光緒十一年(1885)刻本　六冊

500000－8741－0004303　GJ4314(847.7/W143)
百柱堂全集五十二卷首一卷　(清)王柏心著　清光緒十九年(1893)刻本　二十冊

500000－8741－0004304　GJ4315(847.7/W143)
百柱堂全集五十三卷附彤雲閣遺稿一卷　(清)王柏心著　清光緒刻本　四冊　存十六卷(內集二十三至三十四、外集十三至十六)

500000－8741－0004305　GJ4316(847.7/W143－1)
百柱堂全集五十三卷附彤雲閣遺稿一卷　(清)王柏心著　清光緒二十四年(1898)貴陽唐氏刻本　十六冊

500000－8741－0004306　GJ4317(847.7/W144)
抱泉山館詩文集十四卷首一卷　(清)王蒔蕙著　清光緒末至民國寧波鈞和公司鉛印本　四冊

500000－8741－0004307　GJ4318(847.7/W149)
櫰隱盦賸稾一卷　(清)王世耀撰　清光緒三十二年(1906)龍樹精舍刻本　一冊

500000－8741－0004308　GJ4319(847.7/W154)
王文直公遺集六卷首一卷　(清)王東槐撰　清光緒七年(1881)刻本　四冊

500000－8741－0004309　GJ4320(847.7/W157)
龍壁山房文集五卷　(清)王拯撰　清光緒九年(1883)善化向氏刻本　四冊

500000－8741－0004310　GJ4321(847.7/W167)
伊園文鈔四卷詩鈔三卷義停山館集二十卷　(清)王景賢著　清同治十三年(1874)三山王氏刻本　十冊

500000－8741－0004311　GJ4322(847.7/W174)
慎其餘齋文集二十卷末一卷　(清)王贈芳撰　清咸豐四年(1854)留香書屋刻本　六冊

500000－8741－0004312　GJ4323(847.7/W174)
慎其餘齋文集二十卷末一卷　(清)王贈芳撰　清咸豐四年(1854)留香書屋刻本　六冊

500000－8741－0004313　GJ4324(847.7/W183)
小隱山樵文存二卷　(清)王義祖著　清光緒二十六年(1900)刻本　二冊

500000－8741－0004314　GJ4325(847.7/W208)
吳文節公遺集八十卷　(清)吳文鎔撰　清咸豐七年(1857)吳養原刻本　十六冊

500000－8741－0004315　GJ4326(847.7/W221)
倭文端公遺書十一卷首二卷　(清)倭仁撰　清刻本　八冊

500000－8741－0004316　GJ4327(847.7/W231)
古微堂內集二卷外集八卷　(清)魏源著　清宣統元年(1909)國學扶輪社鉛印本　六冊

500000－8741－0004317　GJ4328(847.7/W231)
古微堂内集二卷外集八卷　(清)魏源著　清宣統元年(1909)國學扶輪社鉛印本　六册

500000－8741－0004318　GJ4329(847.7/W231g)
古微堂内集三卷外集七卷　(清)魏源著　清光緒四年(1878)淮南書局刻本　四册

500000－8741－0004319　GJ4330(847.7/W231g)
古微堂内集三卷外集七卷　(清)魏源著　清光緒四年(1878)淮南書局刻本　四册

500000－8741－0004320　GJ4331(847.7/W231g)
古微堂内集三卷外集七卷　(清)魏源著　清光緒四年(1878)淮南書局刻本　四册

500000－8741－0004321　GJ4332(847.7/W231g)
古微堂内集三卷外集七卷　(清)魏源著　清光緒四年(1878)淮南書局刻本　四册

500000－8741－0004322　GJ4333(847.7/W231)
古微堂内集三卷外集七卷　(清)魏源著　清光緒四年(1878)淮南書局刻本　四册

500000－8741－0004323　GJ4334(847.7/W243)
求自得之室文鈔十二卷尚絅廬詩存二卷　(清)吴嘉賓撰　清同治五年(1866)廣州刻本　六册

500000－8741－0004324　GJ4335(847.7/W284)
柈湖文集十二卷首一卷　(清)吴敏樹著　清光緒十九年(1893)思賢講舍刻本　四册

500000－8741－0004325　GJ4336(847.7/W284)
柈湖文集十二卷首一卷　(清)吴敏樹著　清光緒十九年(1893)思賢講舍刻本　四册

500000－8741－0004326　GJ4337(847.7/W284－1)
柈湖詩録六卷首一卷　(清)吴敏樹著　清同治八年(1869)刻本　三册

500000－8741－0004327　GJ4338(847.7/W290)
望三益齋詩文鈔十卷　(清)吴棠撰　清同治十三年(1874)成都使署刻本　四册

500000－8741－0004328　GJ4339(847.7/W348)
悔翁筆記六卷詩餘五卷　(清)汪士鐸撰　清光緒合肥味古齋刻本　四册

500000－8741－0004329　GJ4340(847.7/W444)
抱泉山館詩文集十四卷首一卷　(清)王蒔蕙著　清光緒末至民國寧波鈞和公司鉛印本　四册

500000－8741－0004330　GJ4341(847.7/X032)
玉井山館文略五卷文續三卷詩十五卷詩餘一卷　(清)許宗衡著　清同治四年至九年(1865－1870)刻本　六册

500000－8741－0004331　GJ4342(847.7/X131)
冬生草堂文録四卷詩録八卷　(清)夏寶晉撰　清咸豐三年(1853)刻本　六册

500000－8741－0004332　GJ4343(847.7/X169)
少畠文稿初刻不分卷　(清)夏思恬撰　清咸豐銅陵抄本　一册

500000－8741－0004333　GJ4344(847.7/X192)
景紫堂文集十四卷　(清)夏炘撰　清咸豐五年(1855)刻本　四册

500000－8741－0004334　GJ4345(847.7/X203)
守默齋詩稿一卷雜著一卷　(清)何應祺著　清同治十年(1871)善化何氏家刻本　四册

500000－8741－0004335　GJ4346(847.7/X203－2)
守默齋詩稿一卷雜著一卷　(清)何應祺著　清同治十年(1871)善化何氏家刻本　一册　存一卷(詩稿一卷)

500000－8741－0004336　GJ4347(847.7/X224)
東洲草堂文鈔二十卷附刻一卷　(清)何紹基撰　**眠琴閣遺文一卷遺詩二卷**　(清)何慶涵撰　**浣月樓遺詩二卷**　(清)李楣撰　清光緒刻本　六册

500000－8741－0004337　GJ4348(847.7/X224)
東洲草堂詩鈔三十卷詩餘一卷文鈔二十卷　(清)何紹基撰　**眠琴閣遺文一卷遺詩二卷**　(清)何慶涵撰　**浣月樓遺詩二卷**　(清)李楣撰　清同治、光緒刻本　十四册

500000－8741－0004338　GJ4349(847.7/X241)
古杼秋館遺稾文二卷補遺一卷詩一卷　(清)侯楨著　清光緒二十三年(1897)無錫吴氏禮

讓堂刻本　二冊

500000－8741－0004339　GJ4350(847.7/X292)
讀書延年堂古今體詩三十卷詩餘一卷文鈔十卷補存文鈔一卷賦存一卷駢體文存二卷古今體詩續集十二卷　(清)熊少牧撰　清咸豐七年至光緒三年(1857－1877)洞泉草堂刻本　二十冊

500000－8741－0004340　GJ4351(847.7/X364)
務時敏齋存稿十卷　(清)洪昌燕撰　清光緒二十年(1894)錢塘洪氏刻本　四冊

500000－8741－0004341　GJ4352(847.7/X365)
仙屏書屋初集文録十六卷　(清)黄爵滋著　清道光二十八年(1848)仙屏書屋刻本　四冊

500000－8741－0004342　GJ4353(847.7/X441)
儆居集五種十四卷　(清)黄式三撰　清光緒二年(1876)刻本　四冊

500000－8741－0004343　GJ4354(847.7/X477)
退補齋文存十二卷首一卷文存二編五卷　(清)胡鳳丹撰　清同治十二年至光緒七年(1873－1881)刻本　八冊

500000－8741－0004344　GJ4355(847.7/X477－1)
退補齋文存十二卷首一卷詩存十六卷首一卷　(清)胡鳳丹撰　清同治十二年(1873)鄂州永康胡氏刻本　八冊

500000－8741－0004345　GJ4356(847.7/Y415)
小灊樓文集四卷詩集八卷　(清)袁梓貴著　(清)梁振芳集　清光緒元年(1875)南海孔氏刻本　四冊

500000－8741－0004346　GJ4357(847.7/Y417)
邃懷堂文集箋註十六卷　(清)袁翼撰　(清)朱舲箋注　清咸豐八年(1858)古唐朱氏古懽齋刻本　八冊

500000－8741－0004347　GJ4358(847.7/Y417)
邃懷堂全集□□卷　(清)袁翼等撰　清光緒十三年至十四年(1887－1888)刻本　二十二冊　存四十一卷(文集四卷、駢文箋註十六卷補箋一卷、詩集前編四卷後編六卷、小清容山館詞鈔二卷、哀忠集初編一卷二編一卷三編一卷、峨術山房詩鈔四卷、松逸詩存一卷)

500000－8741－0004348　GJ4359(847.7/Y430)
景詹閣遺文一卷遺詩一卷　(清)姚諶撰　清同治十二年(1873)刻本　一冊

500000－8741－0004349　GJ4360(847.7/Y445)
通藝閣文集六卷補編一卷　(清)姚椿撰　清道光二十年(1840)木活字印本　四冊

500000－8741－0004350　GJ4361(847.7/Y449)
蘇盦文録二卷駢文録五卷詩録八卷詞録一卷　(清)楊葆光撰　清光緒九年(1883)杭州刻本　五冊

500000－8741－0004351　GJ4362(847.7/Y482)
縈清樓集四卷　(清)楊毓秀著　清光緒二十三年(1897)東湖黄氏刻本　四冊

500000－8741－0004352　GJ4363(847.7/Y483)
西溪草廬録存十二卷附録一卷　(清)黄鋐撰　清咸豐元年(1851)江蘇嘉定黄氏刻本　六冊

500000－8741－0004353　GJ4364(847.7/Y487)
滑疑集八卷　(清)韓錫胙撰　清同治十三年(1874)刻本　四冊

500000－8741－0004354　GJ4365(847.7/Y499)
有真意齋文集不分卷　(清)潘世恩撰　清刻本　二冊

500000－8741－0004355　GJ4366(847.7/Y884)
培園全集八種二十五卷　(清)余錫椿著　清光緒六年(1880)刻本　十冊

500000－8741－0004356　GJ4367(847.7/Z106)
寄庵雜著二卷　(清)張應昌撰　清同治二年(1863)刻本　一冊

500000－8741－0004357　GJ4368(847.7/Z117)
積石文稾十八卷　(清)張履撰　清光緒二十年(1894)刻本　六冊

500000－8741－0004358　GJ4369(847.7/Z124)
悔廬全集五種二十卷　(清)張崇蘭撰　清光緒二十三年(1897)刻本　十冊　存四種十六

卷(悔廬文鈔五卷首一卷文補一卷、悔廬詩鈔四卷、夢溪櫂謳二卷、古文尚書私議三卷)

500000－8741－0004359　GJ4370(847.7/Z127)
松心文鈔十卷　(清)張維屏撰　清刻本　二册

500000－8741－0004360　GJ4371(847.7/Z133)
廣雅堂詩集四卷　(清)張之洞撰　清末順德龍鳳鑣刻本　二册

500000－8741－0004361　GJ4372(847.7/Z146)
筠心堂存稿八卷　(清)張孝時著　清光緒五年(1879)張振家刻本　四册

500000－8741－0004362　GJ4373(847.7/Z154)
介軒詩鈔十卷文鈔八卷外集二卷　(清)張振夔著　清同治九年(1870)刻本　五册　存十六卷(詩鈔十卷、文鈔五至八、外集二卷)

500000－8741－0004363　GJ4374(847.7/Z168)
仰蕭樓文集一卷　(清)張星鑑著　清同治六年(1867)張氏刻本　一册

500000－8741－0004364　GJ4375(847.7/Z188)
躬厚堂詩錄十卷詩初錄四卷絳趺山館詞錄三卷躬厚堂雜文八卷　(清)張金鏞撰　**梅花閣遺詩一卷**　(清)錢蘅生撰　清同治三年至光緒四年(1864－1878)刻本　六册

500000－8741－0004365　GJ4376(847.7/Z214)
怡志堂詩初編八卷文初編六卷　(清)朱琦撰　清咸豐七年至同治四年(1857－1865)京師刻本　四册

500000－8741－0004366　GJ4377(847.7/Z214－1)
怡志堂詩初編八卷文初編六卷　(清)朱琦撰　清咸豐七年至同治四年(1857－1865)京師刻本　四册

500000－8741－0004367　GJ4378(847.7/Z224)
小雲廬晚學文稾八卷　(清)朱壬林撰　清咸豐七年(1857)平湖朱氏小雲廬刻本　四册

500000－8741－0004368　GJ4379(847.7/Z231)
朱九江先生集十卷首一卷　(清)朱次琦撰　清光緒二十三年(1897)順德讀書草堂刻本　四册

500000－8741－0004369　GJ4380(847.7/Z232)
有恆心齋前集一卷文十一卷駢體文六卷詩七卷　(清)程鴻詔編　清同治刻本　八册

500000－8741－0004370　GJ4381(847.7/Z264)
世忠堂文集六卷家傳一卷守城善後紀畧一卷　(清)鄒鳴鶴著　清同治二年(1863)刻光緒補刻本　八册

500000－8741－0004371　GJ4382(847.7/Z327)
躬恥齋文鈔十四卷别集一卷文鈔後編六卷崇祀鄉賢錄一卷詩鈔十四卷首一卷後編七卷　(清)宗稷辰撰　清咸豐元年(1851)都下越峴山館刻民國二年(1913)印本　八册

500000－8741－0004372　GJ4383(847.7/Z327)
躬恥齋文鈔十四卷别集一卷文鈔後編六卷崇祀鄉賢錄一卷詩鈔十四卷首一卷後編七卷　(清)宗稷辰撰　清咸豐元年(1851)都下越峴山館刻民國二年(1913)印本　八册

500000－8741－0004373　GJ4384(847.7/Z402)
嘯古堂文集八卷　(清)蔣敦復撰　清同治七年(1868)上海道署刻本　四册

500000－8741－0004374　GJ4385(847.7/Z416)
紅杏山房文稿五卷　(清)趙承恩著　清光緒十八年(1892)刻本　四册

500000－8741－0004375　GJ4386(847.7/Z423)
楓南山館遺集七卷末一卷　(清)莊受祺撰　清同治十三年(1874)刻本　二册

500000－8741－0004376　GJ4387(847.7/Z434)
慎盦文鈔二卷　(清)左宗植著　清光緒元年(1875)刻本　二册

500000－8741－0004377　GJ4388(847.7/Z436)
問梅軒文稿偶存五卷詩草偶存八卷　(清)蔣啟敭撰　清同治四年至九年(1865－1870)東園草堂刻本　四册

500000－8741－0004378　GJ4389(847.7/Z442)
通齋文集二卷附南行紀程一卷　(清)蔣超伯著　清同治三年(1864)高郡刻本　一册

500000 - 8741 - 0004379　GJ4390(847.7/Z444)
郁鄖山房詩存八卷駢文二卷疏艸二卷文略二卷　(清)趙樹吉撰　清光緒七年至十一年(1881 - 1885)汗青簃刻本　五册

500000 - 8741 - 0004380　GJ4391(847.7/Z490)
趙文恪公遺集二卷　(清)趙光撰　清光緒十六年(1890)昆明趙氏刻本　二册

500000 - 8741 - 0004381　GJ4392(847.7/Z744)
壯學齋文集十二卷　(清)周樹槐撰　清同治周玉麒刻本　四册

500000 - 8741 - 0004382　GJ4393(847.7/Z825)
補學軒文集駢體二卷散體四卷詩集八卷　(清)鄭獻甫撰　清咸豐十一年(1861)刻本　十册

500000 - 8741 - 0004383　GJ4394(847.7/Z825)
鄭少谷先生全集六種四十七卷　(清)鄭獻甫撰　清同治至光緒黔南節署刻本　三十二册

500000 - 8741 - 0004384　GJ4395(847.7/Z825a)
補學軒文集四卷　(清)鄭獻甫撰　清光緒二十四年(1898)刻粤西五家文鈔本　二册

500000 - 8741 - 0004385　GJ4396(847.7/Z825b)
補學軒文集外編四卷詩集十二卷　(清)鄭獻甫撰　清光緒五年至八年(1879 - 1882)黔南節署刻本　八册

500000 - 8741 - 0004386　GJ4397(847.7/Z864)
曾文正公全集十五種一百八十一卷首一卷　(清)曾國藩撰　清同治至光緒傳忠書局刻本　一百二十册　存十三種一百六十九卷(曾文正公奏稿三十卷、十八家詩鈔二十八卷、經史百家雜鈔二十六卷、經史百家簡編二卷、鳴原堂論文二卷、曾文正公詩集四卷文集四卷、曾文正公書札三十三卷、曾文正公批牘六卷、曾文正公雜箸四卷、求闕齋讀書錄十卷、求闕齋日記類鈔二卷、曾文正公年譜十二卷、孟子要略五卷,首一卷)

500000 - 8741 - 0004387　GJ4398(847.7/Z864b)
曾文正公文集四卷　(清)曾國藩撰　清同治十三年(1874)傳忠書局刻本　四册

500000 - 8741 - 0004388　GJ4399(847.74/T820)
惟清齋全集十七卷　(清)鐵保著　清道光二年(1822)刻本　十二册

500000 - 8741 - 0004389　GJ4400(847.77/W061)
嘯劍山房詩鈔十二卷試帖一卷　(清)文星瑞撰　清同治九年至十年(1870 - 1871)刻本　二册

500000 - 8741 - 0004390　GJ4401(847.8/B233)
補竹軒文集六卷詩集三卷　(清)鮑源深撰　清光緒刻本　四册

500000 - 8741 - 0004391　GJ4402(847.8/C507)
鐵華仙館集六卷　(清)秦賡彤撰　清光緒刻本　八册

500000 - 8741 - 0004392　GJ4403(847.8/C531)
花萼交輝閣集八卷　(清)曹福元撰　清光緒三十四年至民國七年(1908 - 1918)刻本　四册

500000 - 8741 - 0004393　GJ4404(847.8/C592)
劍虹居文集二卷詩集二卷　(清)秦煥撰　清末刻本　四册

500000 - 8741 - 0004394　GJ4405(847.8/C713)
尺岡草堂遺詩八卷遺文四卷　(清)陳璞著　清光緒十五年(1889)刻本　六册

500000 - 8741 - 0004395　GJ4406(847.8/C722)
慎節齋文存二卷　(清)陳代卿著　清光緒三十一年(1905)石印本　二册

500000 - 8741 - 0004396　GJ4407(847.8/C735)
東塾集六卷　(清)陳澧撰　清光緒十八年(1892)羊城西湖街富文齋刻本　三册

500000 - 8741 - 0004397　GJ4408(847.8/C735 - 1)
東塾集六卷申范一卷　(清)陳澧撰　清光緒十八年(1892)羊城西湖街富文齋刻本　六册

500000 - 8741 - 0004398　GJ4409(847.8/C736)
半村草堂遺集賦鈔二卷　(清)陳浩恩著　清光緒二十二年(1896)陳氏刻本　一册　存一卷(一)

500000 - 8741 - 0004399　GJ4410(847.8/C744)

運甓齋文稾六卷文稾續編六卷詩稾續編六卷贈言錄四卷　（清）陳勱撰　清光緒二十年（1894）刻本　四冊

500000－8741－0004400　GJ4411（847.8/C824）
清風室詩文鈔十七卷　（清）錢保塘撰　清宣統三年（1911）江蘇海寧錢氏清風室刻本　五冊

500000－8741－0004401　GJ4412（847.8/D042）
有不為齋集六卷　（清）端木埰著　清末刻本　二冊

500000－8741－0004402　GJ4413（847.8/D042）
兩張公事略一卷有不為齋詩詞稿一卷　（清）端木埰撰　清稿本　一冊

500000－8741－0004403　GJ4414（847.8/D134）
十五弗齋詩存一卷文存一卷　（清）丁寳楨撰　清光緒二十年（1894）京師刻本　一冊

500000－8741－0004404　GJ4415（847.8/D142）
扁善齋文存二卷詩存一卷　（清）鄧嘉緝撰　清光緒刻本　四冊

500000－8741－0004405　GJ4416（847.8/D430）
正誼堂文集二十四卷　（清）董沛撰　清光緒二十七年（1901）刻本　六冊

500000－8741－0004406　GJ4417（847.8/D477）
謫麐堂遺集文二卷詩二卷　（清）戴望撰　清光緒元年（1875）刻本　一冊

500000－8741－0004407　GJ4418（847.8/D480）
海嶽軒叢刻九種十七卷　杜俞撰　清光緒三十三年（1907）蘇省印刷總局鉛印本　八冊

500000－8741－0004408　GJ4419（847.8/D480）
海嶽軒叢刻九種十七卷　杜俞撰　清光緒三十三年（1907）蘇省印刷總局鉛印本　八冊

500000－8741－0004409　GJ4420（847.8/D742）
扁善齋文存二卷詩存一卷　（清）鄧嘉緝撰　清光緒二十七年（1901）刻本　三冊

500000－8741－0004410　GJ4421（847.8/D742）
扁善齋文存二卷詩存一卷　（清）鄧嘉緝撰　清光緒二十七年（1901）刻本　三冊

500000－8741－0004411　GJ4422（847.8/F030）
柏堂集前編十四卷次編十三卷續編二十二卷後編二十二卷餘編八卷補存三卷外編十二卷附存五卷　（清）方宗誠撰　清光緒六年至十二年（1880－1886）刻本　二十二冊　存九十卷（前編十四卷、次編十三卷、續編一至十三、後編二十二卷、餘編八卷、補存三卷、外編十二卷、附存五卷）

500000－8741－0004412　GJ4423（847.8/F030）
柏堂集前編十四卷次編十三卷續編二十二卷後編二十二卷餘編八卷補存三卷外編十二卷附存五卷　（清）方宗誠撰　清光緒六年至十二年（1880－1886）刻本　二十四冊

500000－8741－0004413　GJ4424（847.8/F037）
二知軒文存三十四卷　（清）方濬頤撰　清光緒四年（1878）刻本　十二冊

500000－8741－0004414　GJ4425（847.8/F293）
灌園未定稿二卷　（清）傅懷祖著　清光緒十三年（1887）蘇州刻本　二冊

500000－8741－0004415　GJ4426（847.8/F070）
方徵君遺藁不分卷　（清）方駿謨撰　清同治稿本　一冊

500000－8741－0004416　GJ4427（847.8/F443）
樊山集二十四卷續集二十八卷　樊增祥撰　清光緒十九年至三十二年（1893－1906）刻本　十四冊

500000－8741－0004417　GJ4428（847.8/G018）
涌翠山房文集四卷詩集四卷　（清）高延第撰　清光緒十四年（1888）刻本　四冊

500000－8741－0004418　GJ4429（847.8/G024）
養知書屋文集二十八卷　（清）郭嵩燾著　清光緒十八年（1892）刻本　十冊　存二十四卷（一至八、十一至十四、十七至二十八）

500000－8741－0004419　GJ4430（847.8/G024）
養知書屋文集二十八卷詩集十五卷　（清）郭嵩燾著　清光緒十八年（1892）刻本　十六冊

500000－8741－0004420　GJ4431（847.8/G038）

陶堂遺文一卷恤誦一卷　(清)高心夔著　清刻本　一册

500000－8741－0004421　GJ4432(847.8/G082)
吉雨山房詩集五卷詞鈔一卷文集四卷　(清)郭籛齡著　清末刻本　八册

500000－8741－0004422　GJ4433(847.8/G318)
思無邪齋文存六卷詩存八卷文存續集二卷詩存續集四卷　(清)宫爾鐸撰　清光緒十四年至二十年(1888－1894)金州刻本　六册

500000－8741－0004423　GJ4434(847.8/G367)
訥盦叢稿八種十二卷　(清)顧鳴鳳撰　清宣統三年(1911)無錫文苑閣刻本　五册　存六種十卷(念蘐池館文存四卷、泰西人物志一卷、小辟疆園詩存一卷、武陵著作譚一卷、養閒草堂隨筆二卷、蝸巢聯語一卷)

500000－8741－0004424　GJ4435(847.8/G443)
遠志齋文稿四卷詩稿二卷　(清)葛士達著　清光緒九年(1883)黎陽邑署刻本　六册

500000－8741－0004425　GJ4436(847.8/G483)
古稀集一卷　(清)龔鎮湘撰　清光緒三十四年(1908)武昌鉛印本　一册

500000－8741－0004426　GJ4437(847.8/G882)
劬書室遺集十六卷理學庸言二卷　(清)金錫齡撰　清光緒二十一年(1895)刻本　六册

500000－8741－0004427　GJ4438(847.8/G882)
劬書室遺集十六卷理學庸言二卷　(清)金錫齡撰　清光緒二十一年(1895)刻本　六册

500000－8741－0004428　GJ4439(847.8/H340)
萃齋文鈔四卷詩鈔七卷詩餘一卷　(清)宦懋庸撰　清光緒二十年(1894)川東道署刻本　六册

500000－8741－0004429　GJ4440(847.8/H411)
翠巖室文稿僅存二卷　(清)韓弼元撰　清光緒二十六年(1900)刻本　二册

500000－8741－0004430　GJ4441(847.8/H412)
荔雨軒文集六卷續集二卷　(清)華翼綸撰　清光緒九年(1883)刻本　三册

500000－8741－0004431　GJ4442(847.8/H412)
實其文齋文鈔八卷　(清)黄雲鵠撰　清光緒刻本　六册

500000－8741－0004432　GJ4443(847.8/H412)
緗芸詩錄六卷　(清)黄雲鵠撰　清同治十一年(1872)刻本　一册　存二卷(一至二)

500000－8741－0004433　GJ4444(847.8/H412)
實其文齋文鈔八卷續鈔三卷緗芸詩錄六卷　(清)黄雲鵠撰　清光緒刻本　十册

500000－8741－0004434　GJ4445(847.8/H444)
聽雪軒詩鈔十二卷文鈔八卷　(清)胡友梅著　清光緒十二年(1886)刻本　六册

500000－8741－0004435　GJ4446(847.8/I062)
望眉草堂詩集八卷文集三卷　(清)顏嗣徽撰　清光緒十九年(1893)古築顏氏刻本　八册

500000－8741－0004436　GJ4447(847.8/I－128)
鼎吉堂文鈔八卷首一卷續編八卷詩鈔五卷詩管見七卷首一卷　(清)尹繼美撰　清咸豐十一年至光緒十六年(1861－1890)刻本　七册

500000－8741－0004437　GJ4448(847.8/I－151)
心白日齋集六卷　(清)尹耕雲著　清光緒十年(1884)刻本　三册

500000－8741－0004438　GJ4449(847.8/I－151)
心白日齋集六卷　(清)尹耕雲著　清光緒十年(1884)刻本　四册

500000－8741－0004439　GJ4450(847.8/I－151)
心白日齋集六卷　(清)尹耕雲著　清光緒十年(1884)刻本　四册

500000－8741－0004440　GJ4451(847.8/I－421)
移芝室詩古文集七種二十四卷　(清)楊彝珍著　清光緒刻本　八册

500000－8741－0004441　GJ4452(847.8/I－423)
汲庵文存六卷　(清)楊象濟撰　清光緒七年(1881)杭州刻本　四册

500000－8741－0004442　GJ4453(847.8/I－432)
歸盦文稾八卷　(清)葉裕仁撰　清光緒八年(1882)蔣銘勳刻本　四册

500000－8741－0004443　GJ4454(847.8/I－434)
晦明軒稿一卷壬癸金石跋一卷己庚金石跋一卷丁戊金石跋一卷　楊守敬撰　清光緒二十七年至三十三年(1901－1907)刻本　二册

500000－8741－0004444　GJ4455(847.8/I464)
坦園全集十三種一百二卷　(清)楊恩壽撰　清光緒長沙楊氏刻本　三十六册

500000－8741－0004445　GJ4456(847.8/J412)
空青水碧齋文集八卷　(清)蔣琦齡撰　清光緒十一年(1885)刻本　六册

500000－8741－0004446　GJ4457(847.8/K043)
隨安廬文集六卷　(清)亢樹滋撰　清光緒十六年(1890)刻本　二册

500000－8741－0004447　GJ4458(847.8/L004)
永懷堂文鈔十卷詩鈔二卷　(清)龍文彬撰　清光緒十七年(1891)刻本　五册

500000－8741－0004448　GJ4459(847.8/L053)
補過齋文集四卷詩集一卷附錄聯語一卷　(清)劉坤一撰　清宣統元年(1909)刻本　五册

500000－8741－0004449　GJ4460(847.8/L206)
拙尊園叢稿六卷　(清)黎庶昌撰　清光緒二十一年(1895)金陵狀元閣刻本　一册　存一卷(一)

500000－8741－0004450　GJ4461(847.8/L206)
拙尊園叢稿六卷　(清)黎庶昌撰　清光緒十九年(1893)上海醉六堂刻本　二册

500000－8741－0004451　GJ4462(847.8/L230)
夷牢溪廬文鈔六卷　(清)黎汝謙撰　清光緒二十七年(1901)羊城刻本　二册

500000－8741－0004452　GJ4463(847.8/L244)
黎文肅公遺書十種六十九卷　(清)黎培敬撰　清光緒十七年(1891)湘潭黎氏刻本　九册　存六種十七卷(首一卷、竹間道人自述年譜一卷、黎文肅公公牘十卷、黔軺紀程一卷、求補拙齋文略二卷、詩略二卷)

500000－8741－0004453　GJ4464(847.8/L407)
蘧盦文鈔不分卷　(清)柳商賢撰　清光緒十五年(1889)閑存小舍刻本　三册

500000－8741－0004454　GJ4465(847.8/L407－1)
蘧盦詩鈔十一卷　(清)柳商賢撰　清光緒十五年(1889)閑存小舍刻本　三册

500000－8741－0004455　GJ4466(847.8/L410)
天岳山館文鈔四十卷　(清)李元度撰　清光緒六年(1880)爽谿精舍刻本　二十册

500000－8741－0004456　GJ4467(847.8/L410)
天岳山館文鈔四十卷　(清)李元度撰　清光緒六年(1880)爽谿精舍刻本　二十册

500000－8741－0004457　GJ4468(847.8/L410)
天岳山館文鈔四十卷　(清)李元度撰　清光緒六年(1880)爽谿精舍刻本　二十册

500000－8741－0004458　GJ4469(847.8/L411)
好雲樓初集二十八卷首一卷二集十六卷首一卷　(清)李聯琇撰　**臨川答問一卷**　(清)劉壽曾述　清咸豐十一年(1861)至光緒刻本　十二册

500000－8741－0004459　GJ4470(847.8/L424)
食古齋文錄一卷詩錄四卷詩餘一卷　(清)柳以蕃撰　清光緒十九年(1893)謝家福刻本　四册

500000－8741－0004460　GJ4471(847.8/L430)
李文忠公全集六種一百六十五卷首一卷　(清)李鴻章撰　(清)吳汝綸編錄　清光緒三十一年至三十四年(1905－1908)金陵刻本　一百册

500000－8741－0004461　GJ4472(847.8/L430)
李文忠公全集六種一百六十五卷首一卷　(清)李鴻章撰　(清)吳汝綸編錄　清光緒三十一年至三十四年(1905－1908)金陵刻本　一百册

500000－8741－0004462　GJ4473(847.8/L441)
石船居古今體詩賸稾十二卷雜箸賸稾不分卷　(清)李超瓊撰　清光緒二十一年至二十二年(1895－1896)木活字印本　六册

500000－8741－0004463　GJ4474(847.8/L491)
宛湄書屋文鈔八卷遺詩前集二卷後集二卷續錄一卷附錄一卷　(清)李光廷撰　清光緒四年至八年(1878－1882)端溪書院刻本　三册

500000－8741－0004464　GJ4475(847.8/L621)
求自立齋文稿八卷　(清)羅信北撰　清末刻本　四册

500000－8741－0004465　GJ4476(847.8/L639)
綠漪草堂文集三十卷首一卷　(清)羅汝懷著　清光緒九年(1883)湖南省城刻本　十册

500000－8741－0004466　GJ4477(847.8/L726)
存吾春齋文鈔十卷文續鈔二卷詩鈔十二卷詩續鈔一卷　(清)劉繹撰　清同治至光緒永豐劉氏刻本　八册

500000－8741－0004467　GJ4478(847.8/L733)
儀顧堂集二十卷　(清)陸心源撰　清光緒二十四年(1898)刻本　六册

500000－8741－0004468　GJ4479(847.8/L733)
儀顧堂集二十卷　(清)陸心源撰　清光緒二十四年(1898)刻本　八册

500000－8741－0004469　GJ4480(847.8/L733)
儀顧堂集十六卷　(清)陸心源撰　清同治十三年(1874)福州刻本　八册

500000－8741－0004470　GJ4481(847.8/L736)
讀秋水齋詩十六卷補遺一卷　(清)陸巘恩撰　清同治七年(1868)刻本　四册

500000－8741－0004471　GJ4482(847.8/L736)
讀秋水齋文六卷　(清)陸巘恩撰　清光緒十六年(1890)刻本　一册

500000－8741－0004472　GJ4483(847.8/L744)
古紅梅閣外集六卷　(清)劉履芬撰　清光緒抄本　二册

500000－8741－0004473　GJ4484(847.8/L787)
夢園文集十二卷詩集十六卷駢體文集六卷　(清)劉曾騄著　清光緒十七年(1891)刻本　六册

500000－8741－0004474　GJ4485(847.8/M720)
淡園文集不分卷　(清)馬徵麟撰　清光緒思古書堂刻本　一册

500000－8741－0004475　GJ4486(847.8/M720－1)
淡園文集不分卷　(清)馬徵麟撰　清光緒思古書堂刻本　二册

500000－8741－0004476　GJ4487(847.8/M720－2)
淡園文集不分卷　(清)馬徵麟撰　清光緒思古書堂刻本　二册

500000－8741－0004477　GJ4488(847.8/M721)
勿待軒文集存藁十卷詩集存藁四卷　(清)馬先登撰　清光緒二年至五年(1876－1879)刻本　八册

500000－8741－0004478　GJ4489(847.8/P303)
見在龕雜作存稿七卷　(清)濮文暹著　清宣統三年(1911)山東藝文局鉛印本　三册

500000－8741－0004479　GJ4490(847.8/Q544)
乖庵文錄二卷　秦樹聲撰　清光緒三十四年(1908)刻本　二册

500000－8741－0004480　GJ4491(847.8/P314)
說劍堂集不分卷　潘飛聲撰　清光緒二十四年(1898)仙城藥洲刻本　二册

500000－8741－0004481　GJ4492(847.8/P342)
潘方伯公遺稿六卷　(清)潘駿文撰　清光緒二十二年(1896)都門刻本　六册

500000－8741－0004482　GJ4493(847.8/P470)
仙心閣詩鈔八卷文鈔二卷紀時略一卷省身雜錄一卷　(清)彭慰高撰　清光緒三年至十四年(1877－1888)刻本　四册

500000－8741－0004483　GJ4494(847.8/Q570)
南岡草堂文存二卷　(清)秦際唐著　清光緒刻本　二册

500000－8741－0004484　GJ4495(847.8/S004)
湘谷初稿八卷續稿六卷吟稿四卷　(清)謝庭蘭著　清光緒刻本　六册

500000－8741－0004485　GJ4496(847.8/S008)
賭棋山莊所著書八種七十八卷　(清)謝章鋌撰　清光緒至民國刻本　二十八册　存五種

七十卷(賭棋山莊集文七卷文續二卷詩十四卷酒邊詞八卷,賭棋山莊餘集文三卷詩一卷詞一卷,說文閩音通一卷附錄一卷,賭棋山莊集詞話十二卷續五卷,賭棋山莊筆記:圍爐瑣憶一卷、籐陰客贅一卷、稗販雜錄四卷、課餘偶錄四卷續錄五卷)

500000－8741－0004486　GJ4497(847.8/S008)
賭棋山莊所著書八種七十八卷　(清)謝章鋌撰　清光緒至民國刻本　十二冊　存一種三十三卷(賭棋山莊集文七卷文續二卷文又續二卷詩十四卷酒邊詞八卷)

500000－8741－0004487　GJ4498(847.8/S008－3)
賭棋山莊文集七卷　(清)謝章鋌撰　清光緒十年(1884)弢盦陳氏南昌使廨刻本　四冊

500000－8741－0004488　GJ4499(847.8/S034)
澤雅堂文集十卷　(清)施補華撰　清光緒十九年(1893)濟南刻本　二冊

500000－8741－0004489　GJ4500(847.8/S034)
澤雅堂文集十卷　(清)施補華撰　清光緒十九年(1893)濟南刻本　二冊

500000－8741－0004490　GJ4501(847.8/S123)
寄龕文存四卷　(清)孫德祖撰　清光緒十年(1884)鄞翰墨林刻本　四冊

500000－8741－0004491　GJ4502(847.8/S241)
小不其山房集十二卷　(清)徐有珂著　清光緒六年至七年(1880－1881)刻本　六冊

500000－8741－0004492　GJ4503(847.8/S330)
樂志簃文錄四卷詩錄六卷詞錄一卷味經堂詩錄二卷　(清)沈祥龍撰　清光緒二十六年(1900)文墨齋刻本　三冊

500000－8741－0004493　GJ4504(847.8/S374)
棠溪文鈔八卷　(清)沈用增著　清光緒四年(1878)鄂城刻本　四冊

500000－8741－0004494　GJ4505(847.8/S426)
敬孚類藁十六卷　(清)蕭穆撰　清光緒三十二年(1906)刻本　四冊

500000－8741－0004495　GJ4506(847.8/S435)
庸庵内外編六種二十一卷　(清)薛福成撰　清光緒二十四年(1898)長沙鑄新齋刻本　十二冊

500000－8741－0004496　GJ4507(847.8/S435－3)
庸庵海外文編四卷　(清)薛福成撰　清光緒二十一年(1895)蕭山陳光淞刻本　四冊

500000－8741－0004497　GJ4508(847.8/S527)
爾爾書屋文鈔二卷　(清)史夢蘭撰　清光緒十七年(1891)刻本　二冊

500000－8741－0004498　GJ4509(847.8/S583)
俞俞齋文稿初集四卷詩稿初集二卷詩餘一卷　(清)史念祖撰　清光緒三十二年(1906)廣陵刻本　六冊

500000－8741－0004499　GJ4510(847.8/T023)
復堂類集四種二十六卷　(清)譚獻撰　清同治至光緒刻本　八冊

500000－8741－0004500　GJ4511(847.8/T023)
復堂類集三種十五卷　(清)譚獻撰　清光緒刻本　四冊

500000－8741－0004501　GJ4512(847.8/T023b)
復堂文續五卷　(清)譚獻撰　清光緒二十七年(1901)刻鵠齋叢書本　四冊

500000－8741－0004502　GJ4513(847.8/T044)
竹石居文草四卷詩草四卷詞草一卷川雲集一卷　(清)童華撰　清光緒刻本　四冊

500000－8741－0004503　GJ4514(847.8/T097)
成山廬稿十二卷　(清)唐炯著　清光緒三十四年(1908)貴陽刻本　五冊　存十一卷(一至十一)

500000－8741－0004504　GJ4515(847.8/T701)
漢孳室文鈔四卷補遺一卷　(清)陶方琦撰　清光緒十八年(1892)會稽徐氏鑄學齋刻本　二冊

500000－8741－0004505　GJ4516(847.8/U203)
萬物炊累室文乙集二卷　(清)沈同芳撰　清光緒二十二年(1896)廣州刻本　一冊

500000－8741－0004506　GJ4517(847.8/U232)

吳摯甫文集四卷深州風土記四篇　(清)吳汝綸撰　清宣統二年(1910)上海國學扶輪社石印本　五冊

500000－8741－0004507　GJ4518(847.8/U232－2)
桐城吳先生文集四卷　(清)吳汝綸撰　清光緒三十年(1904)桐城吳氏家刻本　四冊

500000－8741－0004508　GJ4519(847.8/U232－3)
桐城吳先生文集四卷詩集一卷　(清)吳汝綸撰　清光緒三十年(1904)桐城吳氏家刻本　五冊

500000－8741－0004509　GJ4520(847.8/U241)
小西腴山館文集十二卷詩集八卷年譜二卷　(清)吳大廷撰　清光緒五年(1879)刻本　八冊

500000－8741－0004510　GJ4521(847.8/W101)
函雅堂集四十卷　(清)王詠霓撰　清光緒二十二年(1896)刻本　十冊

500000－8741－0004511　GJ4522(847.8/W105)
緌雅堂駢體文八卷　(清)王詒壽著　清光緒六年(1880)刻本　二冊

500000－8741－0004512　GJ4523(847.8/W108)
也儂遺稿四卷詩草十卷　(清)王慶善著　清光緒二十八年(1902)金陵狀元境宜春閣木活字印本　八冊

500000－8741－0004513　GJ4524(847.8/W120)
曼陀羅花室文二卷　(清)吳翊寅撰　清光緒十九年(1893)廣州廣雅書局刻本　一冊

500000－8741－0004514　GJ4525(847.8/W122)
退復軒文二卷　(清)錫縝撰　清刻本　二冊

500000－8741－0004515　GJ4526(847.8/W135)
西江詩稿二十八卷續編一卷文稿三十二卷附編一卷　(清)王家振撰　清光緒三十四年(1908)王氏柜柳山館木活字印本　十二冊

500000－8741－0004516　GJ4527(847.8/W137)
狄雲行館偶刊不分卷　(清)王家璧撰　清末刻本　四冊

500000－8741－0004517　GJ4528(847.8/W140)
雙佩齋詩集八卷文集四卷駢體文一卷金陵雜詠一卷　(清)王友亮撰　**補梅書屋詩草一卷**　(清)王麟生撰　**江聲帆影閣詩稿一卷**　(清)王鳳生撰　清嘉慶九年(1804)至道光刻本　六冊

500000－8741－0004518　GJ4529(847.8/W161)
函雅堂集四十卷　(清)王詠霓撰　清光緒二十二年(1896)刻本　七冊　存二十一卷(一至十八、二十二至二十四)

500000－8741－0004519　GJ4530(847.8/W170)
及時山房文草六卷　(清)王熙章著　清光緒二十六年(1900)刻本　三冊

500000－8741－0004520　GJ4531(847.8/W173)
湘綺樓文集八卷　王闓運撰　清光緒二十六年(1900)烝陽刻本　四冊

500000－8741－0004521　GJ4532(847.8/W199)
毋自欺室文集十卷　(清)王炳燮撰　清光緒十一年(1885)津河廣仁堂刻本　四冊

500000－8741－0004522　GJ4533(847.8/W210)
攜雪堂全集七種七卷　(清)吳可讀著　清光緒十九年(1893)刻本　五冊

500000－8741－0004523　GJ4534(847.8/W266)
漱六山房全集十一卷　(清)吳昆田撰　清光緒刻本　六冊

500000－8741－0004524　GJ4535(847.8/W311)
實事求是齋遺藁四卷續集一卷　(清)汪廷珍撰　清維揚柏華陞刻本　四冊　存三卷(一至二、四)

500000－8741－0004525　GJ4536(847.8/W348)
悔翁詩鈔十五卷補遺一卷詩餘五卷筆記六卷　(清)汪士鐸撰　清光緒九年(1883)合肥張氏味古齋刻本　十六冊

500000－8741－0004526　GJ4537(847.8/W348－3)
汪梅村先生文集十二卷文外集一卷　(清)汪士鐸撰　清光緒七年(1881)刻本　四冊

500000－8741－0004527　GJ4538(847.8/W348－3)
汪梅村先生文集十二卷文外集一卷　(清)汪

士鐸撰　清光緒七年(1881)刻本　四冊

500000－8741－0004528　GJ4539(847.8/W422)
尉山堂稿十四卷　(清)萬斛泉著　清光緒三十二年(1906)疊山書院刻本　四冊

500000－8741－0004529　GJ4540(847.8/X042)
晞鑄堂文鈔十六卷　謝甘盤撰　清宣統二年(1910)刻本　六冊

500000－8741－0004530　GJ4541(847.8/X042)
舊學山房試帖一卷賦卷一卷　謝甘盤撰　清光緒二十年(1894)刻本　一冊

500000－8741－0004531　GJ4542(847.8/X212)
敦艮吉齋文存四卷詩存二卷　(清)徐子苓撰　**劫餘小錄一卷**　(清)徐元叔撰　清光緒十二年(1886)刻本　六冊

500000－8741－0004532　GJ4543(847.8/X212)
敦艮吉齋文存四卷詩存二卷　(清)徐子苓撰　**劫餘小錄一卷**　(清)徐元叔撰　清光緒十二年(1886)刻本　四冊　存五卷(敦艮吉齋文存四卷、劫餘小錄一卷)

500000－8741－0004533　GJ4544(847.8/X230)
善思齋詩鈔七卷詩續鈔二卷文鈔九卷文續鈔四卷歸廬譚往錄二卷黑龍江述略六卷　(清)徐宗亮撰　清光緒刻本　七冊

500000－8741－0004534　GJ4545(847.8/X230)
善思齋詩鈔七卷詩續鈔二卷文鈔九卷文續鈔四卷歸廬譚往錄二卷黑龍江述略六卷　(清)徐宗亮撰　清光緒刻本　六冊

500000－8741－0004535　GJ4546(847.8/X254)
何子清先生遺文二卷坿錄一卷　(清)何忠萬撰　清光緒八年(1882)金陵翁氏茹古閣刻本　二冊

500000－8741－0004536　GJ4547(847.8/X336)
龍岡山人文鈔十卷紫藤花室駢體文鈔四卷　(清)洪良品撰　清光緒十七年(1891)刻本　六冊　存十三卷(龍岡山人文鈔十卷,紫藤花室駢體文鈔一至二、三第一篇)

500000－8741－0004537　GJ4548(847.8/X444)
潄六山房文集十二卷　(清)郝植恭撰　清光緒四年(1878)刻本　六冊

500000－8741－0004538　GJ4549(847.8/X463)
鵬南文鈔十五卷首一卷末一卷　(清)胡嗣運撰　清光緒二十三年(1897)刻本　四冊

500000－8741－0004539　GJ4550(847.8/Y419)
博約堂文鈔十一卷　(清)楊琪光著　清光緒刻本　四冊　存九卷(一至九)

500000－8741－0004540　GJ4551(847.8/Y423)
汲庵文存六卷　(清)楊象濟撰　清光緒七年(1881)杭州刻本　四冊

500000－8741－0004541　GJ4552(847.8/Y423)
汲庵文存六卷　(清)楊象濟撰　清光緒七年(1881)杭州刻本　三冊　存四卷(三至六)

500000－8741－0004542　GJ4553(847.8/Y426)
遲鴻軒詩棄四卷文棄二卷詩續一卷文續一卷　(清)楊峴撰　清光緒十一年至十九年(1885－1893)刻本　三冊

500000－8741－0004543　GJ4554(847.8/Y622)
函樓文鈔九卷奏稿一卷制義一卷　(清)易佩紳著　清光緒二十年(1894)刻本　四冊

500000－8741－0004544　GJ4555(847.8/Y843)
賓萌集六卷外集四卷春在堂襍文二卷續編五卷三編四卷四編八卷五編八卷六編十卷六編補遺六卷　(清)俞樾撰　清同治至光緒刻本　三十八冊

500000－8741－0004545　GJ4556(847.8/Z－138)
張廉卿先生文集八卷　(清)張裕釗撰　清宣統元年(1909)五色古文山房刻本　四冊

500000－8741－0004546　GJ4557(847.8/Z－138)
張廉卿先生文集八卷　(清)張裕釗撰　清宣統元年(1909)五色古文山房刻本　四冊

500000－8741－0004547　GJ4558(847.8/Z－138－2)
濂亭文集八卷　(清)張裕釗撰　清光緒八年(1882)蘇州查氏木漸齋刻本　四冊

500000－8741－0004548　GJ4559(847.8/Z－138－2a)
濂亭遺文五卷遺詩二卷　(清)張裕釗撰　清

宣統二年(1910)鄂城刻本　四册

500000－8741－0004549　GJ4560(847.8/Z172)
鐵瓶雜存二卷詩鈔七卷　(清)張岳齡撰　清光緒刻本　四册

500000－8741－0004550　GJ4561(847.8/Z210)
佩弦齋文存二卷首一卷駢文存一卷詩存一卷試帖存一卷律賦存一卷雜存二卷　(清)朱一新撰　清光緒二十二年(1896)刻本　五册

500000－8741－0004551　GJ4562(847.8/Z－210)
佩弦齋駢文存一卷詩存一卷試帖存一卷律賦存一卷雜存二卷　(清)朱一新撰　清光緒二十二年(1896)刻本　四册

500000－8741－0004552　GJ4563(847.8/Z228)
古懽齋文錄不分卷　(清)朱舲撰　清光緒十一年(1885)古唐朱氏刻本　二册

500000－8741－0004553　GJ4564(847.8/Z231)
朱九江先生集十卷首一卷　(清)朱次琦撰　清光緒二十三年(1897)順德讀書草堂刻本　四册

500000－8741－0004554　GJ4565(847.8/Z235)
寄簃文存八卷　沈家本撰　清光緒三十三年(1907)修訂法律館鉛印本　二册

500000－8741－0004555　GJ4566(847.8/Z274)
結一廬遺文二卷　(清)朱學勤撰　清光緒三十四年(1908)刻本　四册

500000－8741－0004556　GJ4567(847.8/Z274g)
結一廬遺文二卷　(清)朱學勤撰　清光緒三十四年(1908)刻本　一册

500000－8741－0004557　GJ4568(847.8/Z282)
志遠堂文集八卷　(清)鄒鐘著　清光緒二年(1876)刻本　八册

500000－8741－0004558　GJ4569(847.8/Z284)
湘社集四卷石巢詩集十二卷楚望閣詩集十卷定巢詞集十卷　程頌萬撰　清光緒十七年至民國十三年(1891－1924)刻本　八册

500000－8741－0004559　GJ4570(847.8/Z408)
友竹草堂文集六卷詩集二卷　(清)蔣慶第撰　清光緒十九年(1893)刻本　四册

500000－8741－0004560　GJ4571(847.8/Z430)
悲盦居士文存一卷詩賸一卷　(清)趙之謙撰　清光緒十六年(1890)刻本　二册

500000－8741－0004561　GJ4572(847.8/Z439d)
恪靖侯盾鼻餘瀋一卷　(清)左宗棠撰　清光緒七年(1881)刻本　一册

500000－8741－0004562　GJ4573(847.8/Z461)
蔣侑石遺書十六卷　(清)蔣曰豫輯　清光緒三年(1877)蓮池書局刻本　五册

500000－8741－0004563　GJ4574(847.8/Z733.1)
期不負齋全集十四卷首一卷　(清)周家楣撰　清光緒二十一年(1895)刻本　八册

500000－8741－0004564　GJ4575(847.8/Z735)
東塾集六卷申范一卷　(清)陳澧撰　清光緒十八年(1892)菊坡精舍刻本　四册

500000－8741－0004565　GJ4576(847.8/Z735)
東塾集六卷申范一卷　(清)陳澧撰　清光緒十八年(1892)菊坡精舍刻本　三册

500000－8741－0004566　GJ4577(847.8/Z746)
思益堂集四種十九卷　(清)周壽昌撰　清光緒十四年(1888)刻本　六册

500000－8741－0004567　GJ4578(847.8/Z823)
曾惠敏公遺集四種十七卷　(清)曾紀澤撰　清光緒十九年(1893)江南製造總局鉛印本　八册

500000－8741－0004568　GJ4579(847.8/Z823)
曾惠敏公全集四種十七卷　(清)曾紀澤撰　清光緒二十年(1894)上海石印本　四册

500000－8741－0004569　GJ4580(847.8/Z823－2)
曾惠敏公遺集四種十七卷　(清)曾紀澤著　清光緒十九年(1893)江南製造總局鉛印本　八册

500000－8741－0004570　GJ4581(847.8/Z857)
晚學齋集二十六卷　(清)鄭由熙撰　清光緒二十四年(1898)靖安衙齋刻本　五册　存十四卷(文集一、詩二集一至十二、續集一)

500000－8741－0004571　GJ4582(847.8/Z874)
澡雪堂文鈔十卷首一卷　(清)鍾體志著　(清)趙輝德編　清光緒二十年(1894)灌城刻本　五冊

500000－8741－0004572　GJ4583(847.8/Z882)
面城樓集鈔四卷　(清)曾釗著　清光緒刻學海堂叢刻本　一冊　存二卷(一至二)

500000－8741－0004573　GJ4584(847.9/C551)
通雅齋叢稾八種八卷　成本璞撰　清宣統元年(1909)武林刻本　四冊

500000－8741－0004574　GJ4585(847.9/C551)
通雅齋叢稾八種八卷　成本璞撰　清宣統元年(1909)武林刻本　四冊

500000－8741－0004575　GJ4586(847.9/C721)
石遺室文集十二卷續集一卷詩集六卷補遺一卷　陳衍撰　**木庵文稿一卷**　(清)陳書撰　**道安室雜文一卷蕭閒堂遺詩一卷戴花平安室詞一卷平安室雜記一卷**　(清)蕭道管撰　清光緒三十一年(1905)至民國刻本　六冊

500000－8741－0004576　GJ4587(847.9/D348)
澹遠軒文集二卷綺雲樓雜著四種五卷讀東華錄一卷文學史一卷　(清)竇士鏞著　清宣統元年至三年(1909－1911)鉛印本　四冊

500000－8741－0004577　GJ4588(847.9/W100)
平養堂文編十卷　(清)王龍文撰　清宣統三年(1911)思賢書局刻本　四冊

500000－8741－0004578　GJ4589(847.9/W120)
虛受堂文集十六卷　王先謙撰　清光緒二十六年(1900)刻本　六冊

500000－8741－0004579　GJ4590(847.9/W120－2)
虛受堂文集十六卷詩存十七卷　王先謙撰　清光緒二十六年至二十八年(1900－1902)刻本　十冊

500000－8741－0004580　GJ4591(847.9/Y456)
嚴侯官全集十二卷首一卷　嚴復撰並譯　清光緒二十九年(1903)石印本　十二冊

500000－8741－0004581　GJ4592(848/C283)
漚和室文存不分卷詩存不分卷　(清)陳善之撰　清抄本　二冊

500000－8741－0004582　GJ4593(848.1/C721)
可園文存十六卷　陳作霖撰　清宣統元年(1909)刻本　四冊

500000－8741－0004583　GJ4594(848.1/L741)
貴池二妙集三種五十一卷　劉世珩編　清光緒二十六年(1900)貴池劉世珩刻本　十二冊

500000－8741－0004584　GJ4595(848.1/M241)
藝風堂文集七卷外篇一卷文續集八卷　繆荃孫撰　清光緒二十六年至民國二年(1900－1913)刻本　八冊

500000－8741－0004585　GJ4596(848.1/X230)
善思齋文續鈔四卷詩續鈔二卷　(清)徐宗亮撰　清光緒桐城徐氏刻本　三冊

500000－8741－0004586　GJ4597(848.1/Y671)
惺諟齋初稿十卷　(清)喻長霖撰　清宣統三年(1911)鉛印本　六冊

500000－8741－0004587　GJ4598(848.1/Z809)
鄭叔問集六種十五卷附一種二卷　鄭文焯纂　清光緒至民國彙印本　六冊

500000－8741－0004588　GJ4599(848.1/Z809－2)
鄭叔問所著書十種二十七卷　鄭文焯纂　清光緒至民國彙印本　六冊

500000－8741－0004589　GJ4600(848.2/C523)
復盦類稿八卷續稿四卷公牘四卷外稿二卷囂字齋詩畧四卷附詩續一卷　曹允源撰　清光緒吳縣曹氏刻民國印本　六冊

500000－8741－0004590　GJ4601(848.2/C721)
石遺室文集十二卷續集一卷三集一卷詩集十卷補遺一卷朱絲詞二卷　陳衍撰　清光緒三十一年(1905)至民國刻本　八冊

500000－8741－0004591　GJ4602(848.2/S523)
復盦類稿八卷續稿四卷公牘四卷外稿二卷囂字齋詩畧四卷附詩續一卷　曹允源撰　清光緒吳線曹氏刻民國印本　六冊

500000－8741－0004592　GJ4603(848.4/L651m)

面城精舍雜文甲編一卷乙編一卷 羅振玉撰 清光緒刻本 一冊

500000－8741－0004593 GJ4604(848.5/W338a)
微尚齋詩二卷 汪兆鏞撰 清宣統三年(1911)刻本 一冊

500000－8741－0004594 GJ4605(848.7/P303)
林皐閒集十三卷 (清)潘諮著 清道光十六年(1836)京師廠肆刻本 八冊

500000－8741－0004595 GJ4606(850/Y478)
康熙字典十二集總目一卷檢字一卷辨似一卷等韻一卷備考一卷補遺一卷 (清)張玉書等纂 清光緒同文書局石印本 一冊

500000－8741－0004596 GJ4607(851/G360)
詩林韶濩二十卷 (清)顧嗣立輯 清康熙四十四年(1705)長洲顧氏秀野草堂刻本 六冊

500000－8741－0004597 GJ4608(851/W344)
詩倫二卷 (清)汪薇輯 清乾隆武英殿聚珍版叢書本 二冊

500000－8741－0004598 GJ4609(851/Z142)
桃花潭文徵六卷 (清)翟大程編輯 清光緒三十年(1904)涇川翟氏刻本 六冊

500000－8741－0004599 GJ4610(851.047/S323)
杜詩偶評四卷 (清)沈德潛纂 清乾隆刻本 二冊

500000－8741－0004600 GJ4611(851.3/C303)
御選唐宋詩醇四十七卷目錄二卷 (清)高宗弘曆編 清光緒七年(1881)浙江書局刻本 二十冊

500000－8741－0004601 GJ4612(851.3/C540)
樂府辨類三十卷 (清)曹森輯 清稿本 十冊

500000－8741－0004602 GJ4613(851.3/C550)
多歲堂古詩存八卷 (清)成書選評 清道光十一年(1831)多歲堂刻本 四冊

500000－8741－0004603 GJ4614(851.3/C730)
詩比興箋四卷 (清)陳沆撰 清光緒九年(1883)刻本 二冊

500000－8741－0004604 GJ4615(851.3/C730)
詩比興箋四卷 (清)陳沆撰 清光緒九年(1883)刻本 四冊

500000－8741－0004605 GJ4616(851.3/C736)
采菽堂古詩選三十八卷補遺四卷 (清)陳祚明輯 清康熙刻乾隆補刻印本 十冊

500000－8741－0004606 GJ4617(851.3/C736－2)
采菽堂古詩選三十八卷補遺四卷 (清)陳祚明輯 清康熙刻乾隆補刻印本 十六冊

500000－8741－0004607 GJ4618(851.3/C753)
漢詩統箋不分卷 (清)陳本禮箋訂 清嘉慶十五年(1810)刻本 一冊

500000－8741－0004608 GJ4619(851.3/D481)
唐宋詩本七編七十六卷目錄八卷 (清)戴第元纂輯 清光緒四年(1878)大庾戴氏覽珠堂刻本 三十六冊

500000－8741－0004609 GJ4620(851.3/F060)
瀛奎律髓四十九卷 (元)方回輯 清康熙五十二年(1713)刻本 十六冊

500000－8741－0004610 GJ4621(851.3/F334)
河汾諸老詩集八卷 (元)房祺輯 清乾隆四十三年(1778)刻本 一冊

500000－8741－0004611 GJ4622(851.3/F444)
歷代詩發四十二卷 (清)范大士評選 清康熙三十七年(1698)范氏虛白山房刻本 十二冊

500000－8741－0004612 GJ4623(851.3/F606b)
瀛奎律髓刊誤四十九卷 (元)方回輯 (清)紀昀批點 清嘉慶五年(1800)俟官李光垣刻本 八冊

500000－8741－0004613 GJ4624(851.3/G042)
樂府詩集一百卷目錄二卷 (宋)郭茂倩編 清同治十三年(1874)湖北崇文書局刻本 十六冊

500000－8741－0004614 GJ4625(851.3/G042)
樂府詩集一百卷目錄二卷 (宋)郭茂倩編 明崇禎毛氏汲古閣刻本 十二冊

500000－8741－0004615　GJ4626(851.3/G042)
樂府詩集一百卷　(宋)郭茂倩編　明崇禎毛氏汲古閣刻本　二十一册

500000－8741－0004616　GJ4627(851.3/G042－2)
樂府詩集一百卷目錄二卷　(宋)郭茂倩編　明崇禎毛氏汲古閣刻本　十六册

500000－8741－0004617　GJ4628(851.3/G360)
詩林韶濩二十卷　(清)顧嗣立選　清刻本　六册

500000－8741－0004618　GJ4629(851.3/L410)
小學弦歌八卷　(清)李元度編　清末刻本　四册

500000－8741－0004619　GJ4630(851.3/L744)
歷朝詩約選六種九十二卷　(清)劉大櫆纂　清光緒二十一年至二十三年(1895－1897)文徵閣刻本　二十四册

500000－8741－0004620　GJ4631(851.3/L760)
歷朝名媛詩詞十二卷　(清)陸昶評選　清乾隆三十八年(1773)刻本　六册

500000－8741－0004621　GJ4632(851.3/M210)
詩詞雜俎十二種二十五卷　(清)毛晉編　明天啟至崇禎東吳毛氏汲古閣刻本　六册

500000－8741－0004622　GJ4633(851.3/M444b)
黔詩紀略後編三十卷　(清)莫庭芝　(清)黎汝謙輯　**紀略補三卷**　陳田輯　清宣統三年(1911)筱石氏京師刻本　八册

500000－8741－0004623　GJ4634(851.3/M463)
宛雅初編八卷　(明)梅鼎祚編　**二編八卷**　(清)施閏章　(清)蔡蓁春編　**三編二十四卷**　(清)施念曾　(清)張汝霖編　清光緒元年(1875)宛村劉樹本堂刻本　十二册

500000－8741－0004624　GJ4635(851.3/S054)
詩軌四十卷　(清)沈楫輯　清刻本　十四册

500000－8741－0004625　GJ4636(851.3/S136)
咏物詩選註釋八卷　(清)俞琰輯　(清)孫溶鳴　(清)易開繙註　清道光四年(1824)觀山堂刻本　四册　存五卷(一、四至七)

500000－8741－0004626　GJ4637(851.3/S270)
玉臺新詠十卷　(南朝陳)徐陵編　(清)吳兆宜原注　(清)程琰删補　清光緒五年(1879)宏達堂刻本　四册

500000－8741－0004627　GJ4638(851.3/S270)
玉臺新詠十卷　(南朝陳)徐陵編　(清)吳兆宜原注　(清)程琰删補　清光緒五年(1879)宏達堂刻本　六册

500000－8741－0004628　GJ4639(851.3/S270－1)
玉臺新詠十卷　(南朝陳)徐陵編　(清)吳兆宜原注　(清)程琰删補　清光緒五年(1879)宏達堂刻本　六册

500000－8741－0004629　GJ4640(851.3/S274－2)
玉臺新詠十卷　(南朝陳)徐陵編　(清)吳兆宜原注　(清)程琰删補　清刻本　四册

500000－8741－0004630　GJ4641(851.3/S323)
古詩源十四卷　(清)沈德潛選　清康熙五十八年(1719)刻本　六册

500000－8741－0004631　GJ4642(851.3/S323－2)
古詩源十四卷　(清)沈德潛選　清光緒十九年(1893)鎮江文成堂刻本　黄葆年跋　四册

500000－8741－0004632　GJ4643(851.3/S323－3)
古詩源十四卷　(清)沈德潛選　清藜照山館刻本　清四農批校　四册

500000－8741－0004633　GJ4644(851.3/W120)
漢鐃歌釋文箋正一卷　王先謙撰　清同治十一年(1872)虛受堂王氏刻本　一册

500000－8741－0004634　GJ4645(851.3/W120－1)
嶺南三大家詩選二十四卷　(清)王隼選　清同治七年(1868)南海陳氏刻本　六册

500000－8741－0004635　GJ4646(851.3/W123)
詩鵠三編九卷附編三卷　(清)王維舉　(清)王繩祖編　清光緒八年(1882)刻本　十二册

500000－8741－0004636　GJ4647(851.3/W143)
漁洋山人古詩選三十二卷　(清)王士禎選　清同治七年(1868)湘鄉曾氏刻本　十册

500000－8741－0004637　GJ4648(851.3/W143－2)

漁洋山人古詩選三十二卷 （清）王士禎選 清同治五年（1866）金陵書局刻本 八冊

500000－8741－0004638 GJ4649（851.3/W143－2）
漁洋山人古詩選三十二卷 （清）王士禎選
惜抱軒今體詩選十八卷 （清）姚鼐編 清同治五年（1866）金陵書局刻民國十二年（1923）補刻本 十冊

500000－8741－0004639 GJ4650（851.3/W143－3）
古詩箋三十二卷 （清）王士禎選 （清）聞人倓箋 清乾隆三十一年（1766）刻本 十一冊

500000－8741－0004640 GJ4651（851.3/W143－3）
古詩箋三十二卷 （清）王士禎選 （清）聞人倓箋 清乾隆三十一年（1766）刻本 十六冊

500000－8741－0004641 GJ4652（851.3/W143－3）
古詩箋三十二卷 （清）王士禎選 （清）聞人倓箋 清乾隆三十一年（1766）刻本 十冊

500000－8741－0004642 GJ4653（851.3/W143－3）
古詩箋三十二卷 （清）王士禎選 （清）聞人倓箋 清乾隆三十一年（1766）刻本 十二冊
存三十卷（五言詩十七卷、七言詩一至十三）

500000－8741－0004643 GJ4654（851.3/W173）
八代詩選二十卷 王闓運撰 清光緒七年（1881）四川尊經書局刻民國三十一年（1942）程天放補刻本 六冊

500000－8741－0004644 GJ4655（851.3/W173）
八代詩選二十卷 王闓運撰 清光緒七年（1881）四川尊經書局刻民國三十一年（1942）程天放補刻本 六冊

500000－8741－0004645 GJ4656（851.3/W173）
八代詩選二十卷 王闓運撰 清光緒七年（1881）四川尊經書局刻民國三十一年（1942）程天放補刻本 六冊

500000－8741－0004646 GJ4657（851.3/W173－1）
八代詩選二十卷 王闓運撰 清光緒七年（1881）四川尊經書局刻本 六冊

500000－8741－0004647 GJ4658（851.3/X488－1）
古詩歌讀本三卷 黄節編纂 清宣統元年（1909）上海國學保存會鉛印本 一冊

500000－8741－0004648 GJ4659（851.3/Y822）
詠物詩選八卷 （清）俞琰輯 清雍正二年（1724）刻本 八冊

500000－8741－0004649 GJ4660（851.3/Y822－2）
詠物詩選八卷 （清）俞琰輯 清雍正二年（1724）刻本 四冊

500000－8741－0004650 GJ4661（851.3/Y915）
國朝閨秀正始集二十卷附錄一卷補遺一卷題辭一卷續集十卷附錄一卷補遺一卷紅香館挽詞一卷 （清）惲珠輯 清道光十六年（1836）紅香館刻本 十冊

500000－8741－0004651 GJ4662（851.3/Z－114）
宛鄰書屋古詩錄十二卷 （清）張琦輯 清同治八年（1869）刻本 四冊

500000－8741－0004652 GJ4663（851.3/Z－204）
宋元明詩約鈔三百首二卷首一卷 （清）朱梓 （清）冷昌言編輯 （清）華鰲臣註 清光緒十五年（1889）鎮江文成堂刻本 二冊

500000－8741－0004653 GJ4664（851.3/Z－242）
詩所五十六卷目錄一卷 （明）臧懋循輯 明萬曆三十一年（1603）雕蟲館刻本 十二冊

500000－8741－0004654 GJ4665（851.3/Z－446）
古樂府十卷 （元）左克明編 明萬曆七年（1579）新安王文元刻本 六冊

500000－8741－0004655 GJ4666（851.3/Z840）
閩詩錄甲集六卷乙集四卷丙集二十三卷丁集一卷戊集七卷 （清）鄭傑原輯 陳衍補訂 清宣統三年（1911）刻本 十冊

500000－8741－0004656 GJ4667（851.3/Z－864）
三十家詩鈔六卷首一卷末一卷 （清）曾國藩纂 （清）王定安輯 清同治十三年（1874）傳忠書局刻本 六冊

500000－8741－0004657 GJ4668（851.3/Z－896）
古詩歸十五卷唐詩歸三十六卷 （明）鍾惺 （明）譚元春輯 明萬曆四十五年（1617）刻本

十四冊

500000－8741－0004658　GJ4669(851.3/Z－896)
古詩歸十五卷　(明)鍾惺　(明)譚元春輯　明萬曆四十五年(1617)刻三色套印本　八冊

500000－8741－0004659　GJ4670(851.3/Z896)
古詩歸十五卷唐詩歸三十六卷　(明)鍾惺　(明)譚元春輯　明萬曆四十五年(1617)刻本　十冊

500000－8741－0004660　GJ4671(851.32/L308)
夏小正通釋一卷　(清)梁章鉅輯　清光緒十三年(1887)浙江書局刻本　一冊

500000－8741－0004661　GJ4672(851.32/M423)
漢魏詩乘二十卷總録一卷吴詩一卷末一卷　(明)梅鼎祚輯　明萬曆十一年(1583)刻本　八冊

500000－8741－0004662　GJ4673(851.34/G042)
增定評註唐詩正聲十二卷　(明)高棅編　(明)郭濬點定　明天啟刻本　六冊

500000－8741－0004663　GJ4674(851.34/L712)
十三唐人詩選十三卷　(清)劉雲份輯　清乾隆刻本　三冊

500000－8741－0004664　GJ4675(851.34/S331)
綱師園唐詩箋十八卷　(清)宋宗元輯　清乾隆三十二年(1767)刻本　六冊

500000－8741－0004665　GJ4676(851.341/C441)
晚唐詩鈔二十六卷　(清)查克弘　(清)淩紹乾選　清康熙栖鳳閣刻本　六冊

500000－8741－0004666　GJ4677(851.341/C594)
鶴泉集唐三卷初編一卷　(清)戚學標著　清嘉慶十年(1805)刻本　二冊

500000－8741－0004667　GJ4678(851.341/C714)
御選唐詩三十二卷目錄三卷　(清)聖祖玄燁輯　清康熙五十二年(1713)内府刻朱墨套印本　三十二冊

500000－8741－0004668　GJ4679(851.341/C744)
求志居唐詩選八十二卷首一卷　(清)陳世鎔編　清道光二十五年(1845)刻本　十冊

500000－8741－0004669　GJ4680(851.341/D407)
中晚唐詩叩彈集十二卷續集三卷　(清)杜詔　(清)杜庭珠集　清康熙四十三年(1704)刻本　六冊

500000－8741－0004670　GJ4681(851.341/D407)
中晚唐詩叩彈集十二卷續集三卷　(清)杜詔　(清)杜庭珠集　清康熙四十三年(1704)刻本　六冊

500000－8741－0004671　GJ4682(851.341/D407)
中晚唐詩叩彈集十二卷續集三卷　(清)杜詔　(清)杜庭珠集　清康熙四十三年(1704)刻本　四冊

500000－8741－0004672　GJ4683(851.341/G042)
唐詩品彙九十卷拾遺十卷詩人爵里詳節一卷　(明)高棅輯　明萬曆三十三年(1605)葉星宇刻本　十六冊

500000－8741－0004673　GJ4684(851.341/G042)
唐詩品彙九十卷拾遺十卷詩人爵里詳節一卷　(明)高棅輯　(明)張恂重訂　明崇禎刻本　佚名批點　二十四冊

500000－8741－0004674　GJ4685(851.341/G044)
唐賢三體詩句法六卷　(宋)周弼選　(元)釋圓至註　(清)高士奇輯　(清)何焯評　清光緒十二年(1886)瀘州鹽局刻朱墨套印本　四冊

500000－8741－0004675　GJ4686(851.341/G808－2)
東嵒草堂評訂唐詩鼓吹十卷　(金)元好問編　(元)郝天挺註　(明)廖文炳解　(清)朱三錫評　清康熙五十八年(1719)頤志堂刻本　三冊

500000－8741－0004676　GJ4687(851.341/G814)
貫華堂選批唐才子詩甲集七言律八卷　(清)金人瑞輯　清順治十七年(1660)刻本　十二冊

500000－8741－0004677　GJ4688(851.341/H322)
御選妙覺普度和聖寒山大士詩一卷　(唐)釋寒山撰　**御選圓覺慈度合聖拾得大士詩一卷**　(唐)釋拾得撰　**中峰淨土詩一卷**　(元)釋

明本撰　清光緒二年(1876)揚州藏經院刻本　一冊

500000－8741－0004678　GJ4689(851.341/I002)
萃錦唫十八卷　(清)奕訢集　清光緒刻本　二十冊

500000－8741－0004679　GJ4690(851.341/K009)
雅音會編十二卷　(明)康麟輯　明嘉靖二十四年(1545)勉學書院刻本　二十四冊

500000－8741－0004680　GJ4691(851.341/L497)
中晚唐詩主客圖二卷　(清)李懷民集　清嘉慶十八年(1813)萊陽趙氏刻本　二冊

500000－8741－0004681　GJ4692(851.341/M210)
唐人選唐詩八種二十三卷　(唐)令狐楚等輯選　(清)毛晉重輯　明崇禎元年(1628)毛氏汲古閣刻本　十冊

500000－8741－0004682　GJ4693(851.341/S323)
唐詩別裁集引典備註二十卷　(清)沈德潛選　(清)俞汝昌增注　清道光十八年(1838)刻本　十二冊

500000－8741－0004683　GJ4694(851.341/S323－2)
重訂唐詩別裁集二十卷　(清)沈歸愚選評　清乾隆二十八年(1763)刻本　十六冊

500000－8741－0004684　GJ4695(851.341/S323－3)
唐詩別裁集十卷　(清)沈德潛　(清)陳培脉選　清康熙五十六年(1717)刻本　五冊

500000－8741－0004685　GJ4696(851.341/S335)
唐詩諧律二卷　(清)沈賓青選　清光緒十六年(1890)歸安官舍溧陽沈氏刻本　二冊

500000－8741－0004686　GJ4697(851.341/S398)
全唐近體詩鈔五卷　(清)沈裳錦選　清道光二年(1822)刻本　三冊

500000－8741－0004687　GJ4698(851.341/T030)
唐詩解五十卷詩人爵里一卷　(明)唐汝詢選釋　清順治十六年(1659)萬笈堂刻本　佚名批　十二冊

500000－8741－0004688　GJ4699(851.341/T030)
唐詩解五十卷詩人爵里一卷　(明)唐汝詢選釋　清順治十六年(1659)萬笈堂刻本　八冊

500000－8741－0004689　GJ4700(851.341/T033)
刪訂唐詩解二十四卷　(清)唐汝詢選釋　(清)吳昌祺評定　清康熙四十年(1701)刻本　八冊

500000－8741－0004690　GJ4701(851.341/U252)
全唐詩鈔八十卷詩人爵里節畧一卷補遺十六卷　(清)吳成儀編　清嘉慶十三年(1808)刻本　二十冊

500000－8741－0004691　GJ4702(851.341/W131)
王荊公唐百家詩選二十卷　(宋)王安石輯　清康熙刻本　四冊

500000－8741－0004692　GJ4703(851.341/W142)
古唐詩合解十二卷　(清)王堯衢註　清刻本　二冊　存四卷(一至四)

500000－8741－0004693　GJ4704(851.341/W142－2)
古唐詩合解十二卷　(清)王堯衢註　清刻本　六冊

500000－8741－0004694　GJ4705(851.341/W143)
廣唐賢三昧集四編十卷　(清)王士禛選　清宣統元年(1909)荆州田氏後博古堂影印本　二十冊

500000－8741－0004695　GJ4706(851.341/W143－3)
唐賢三昧集三卷　(清)王士禛選　(清)吳煊(清)胡棠輯註　清光緒九年(1883)翰墨園刻朱墨套印本　三冊

500000－8741－0004696　GJ4707(851.341/W173)
唐詩選六卷　王闓運選　清光緒二年(1876)成都尊經書局刻本　六冊

500000－8741－0004697　GJ4708(851.341/W173)
唐詩選六卷　王闓運選　清光緒二年(1876)成都尊經書局刻本　六冊

500000－8741－0004698　GJ4709(851.341/W447)
才調集補註十卷　(五代)韋縠集　(清)殷元勳箋註　(清)宋邦綏補註　清光緒二十年(1894)江蘇書局刻本　四冊

500000－8741－0004699　GJ4710(851.341/W447)

才調集十卷 （五代）韋縠集 明崇禎元年（1628）毛氏汲古閣刻本 佚名朱批 六册

500000－8741－0004700 GJ4711（851.341/W447）
才調集十卷 （五代）韋縠集 清維揚述古齋鉛印本 四册

500000－8741－0004701 GJ4712（851.341/X261）
御定全唐詩録一百卷 （清）徐倬輯 （清）徐元正校 清康熙四十五年（1706）刻本 三十册

500000－8741－0004702 GJ4713（851.341/X410）
唐音戊籤二百一卷餘諸國主詩一卷餘閏六十三卷 （明）胡震亨輯 清康熙二十四年（1685）海鹽胡氏南益堂刻本 二十册

500000－8741－0004703 GJ4714（851.341/X424）
唐詩貫珠六十卷 （清）胡以梅箋 清康熙五十四年（1715）蘇州素心堂刻本 十八册

500000－8741－0004704 GJ4715（851.341/X443）
唐詩三百首二卷 （清）孫洙編 清光緒九年（1883）刻本 二册

500000－8741－0004705 GJ4716（851.341/X443－5a）
唐詩三百首註疏六卷 （清）孫洙編 （清）章燮註 清道光文奎堂刻本 六册

500000－8741－0004706 GJ4717（851.341/Y101）
唐詩三百首續選一卷姓氏小傳一卷 （清）于慶元編 清光緒刻本 二册

500000－8741－0004707 GJ4718（851.341/Z530）
全唐詩三十二卷 （清）曹寅等輯 清光緒石印本 十八册 存十八卷（二至三、九至十三、十五、二十二至三十、三十二）

500000－8741－0004708 GJ4719（851.341/Z530－8）
全唐詩九百卷 （清）曹寅等輯 清光緒撫州饒玉成雙峰書屋刻本 八十八册 存六百七十一卷

500000－8741－0004709 GJ4720（851.341/Z712）
刪補唐詩選脈箋釋會通評林六十卷附録一卷 （明）周珽集註 （明）陳繼儒批點 明崇禎刻本 四册

500000－8741－0004710 GJ4721（851.3411/X410）
唐音戊籤二百一卷餘諸國主詩一卷餘閏六十三卷 （明）胡震亨輯 清康熙二十四年（1685）刻本 二十册

500000－8741－0004711 GJ4722（851.342B/L401）
全五代詩一百卷補遺一卷五代帝王廟謚年諱譜一卷 （清）李調元編 清乾隆刻本 二十册

500000－8741－0004712 GJ4723（851.35/H224）
宋金元詩永二十卷補遺二卷 （清）吴綺輯 清康熙十七年（1678）思永堂刻本 五册

500000－8741－0004713 GJ4724（851.35/W217）
宋金元詩選六卷 （清）吴翌鳳録 清乾隆五十八年（1793）刻本 四册

500000－8741－0004714 GJ4725（851.351/C701）
宋十五家詩選不分卷 （清）陳訏輯 清康熙三十二年（1693）海昌陳氏刻本 十二册

500000－8741－0004715 GJ4726（851.351/G341）
唐人五十家小集七十二卷 （清）江標輯 清光緒二十一年（1895）元和江標靈鶼閣刻本 十六册

500000－8741－0004716 GJ4727（851.351/S160）
宋詩刪二卷 （清）邵暠選 清康熙刻本 二册

500000－8741－0004717 GJ4728（851.351/S253）
參寥詩鈔一卷石門詩鈔一卷花蕊詩鈔一卷 （宋）釋惠洪撰 清康熙十年（1671）吴氏鑑古堂刻本 一册

500000－8741－0004718 GJ4729（851.351/W235）
宋詩鈔初集十七卷二集二十三卷三集二十四卷四集三十一卷 （清）吕留良 （清）吴之振 （清）吴爾堯輯 清康熙十年（1671）鑑古堂刻本 三十二册

500000－8741－0004719 GJ4730（851.351/W370）
宋詩畧十八卷 （清）汪景龍 （清）姚壎同輯 清乾隆三十五年（1770）刻本 六册

500000－8741－0004720 GJ4731（851.351/Y440）

元詩別裁八卷附補遺一卷　(清)張景星　(清)姚培謙點閲　(清)王永祺補　清代元聚堂刻本　二册

500000－8741－0004721　GJ4732(851.351/Y440)
宋詩別裁八卷　(清)姚培謙　(清)張景星　(清)王永祺點閲　清乾隆二十六年(1761)刻本　二册

500000－8741－0004722　GJ4733(851.351/Z504)
宋百家詩存二十卷　(清)曹庭棟輯　清康熙六年(1667)嘉善曹氏二六書堂刻本　二十册

500000－8741－0004723　GJ4734(851.351/Z732)
宋四名家詩選六卷　(清)周之鱗　(清)柴升選　清光緒刻本　六册

500000－8741－0004724　GJ4735(851.356/G349)
金詩選四卷　(清)顧奎光選輯　(清)陶玉禾參評　清乾隆十六年(1751)刻本　佚名批　二册

500000－8741－0004725　GJ4736(851.357/G360)
元詩選十集首一卷　(清)顧嗣立輯　清康熙三十三年(1694)顧氏秀野草堂刻本(第十集癸集未刻)　二十四册

500000－8741－0004726　GJ4737(851.357/G360)
元詩選三集　(清)顧嗣立輯　清康熙三十三年(1694)顧氏秀野草堂刻本[二集爲清康熙四十二年(1703)刻本,三集爲清康熙五十九年(1720)刻本]　四十六册

500000－8741－0004727　GJ4738(851.36/C808)
列朝詩集八十一卷　(清)錢謙益選　清宣統二年(1910)神州國光社鉛印本　四十册　存六十卷(甲集前編十一、甲集一至二十二、乙集一至八、丙集一至十六、丁集一至十三)

500000－8741－0004728　GJ4739(851.36/S323)
明詩別裁集十二卷　(清)沈德潛　(清)周準輯　清乾隆五十九年(1794)刻本　四册

500000－8741－0004729　GJ4740(851.36/S323－2)
明詩別裁集十二卷　(清)沈德潛　(清)周準輯　清乾隆五十九年(1794)至清末刻本　佚名批　十二册

500000－8741－0004730　GJ4741(851.36/S323－3)
明詩別裁集十二卷　(清)沈德潛　(清)周準輯　清乾隆五十九年(1794)至清末刻本　四册

500000－8741－0004731　GJ4742(851.36/S323－4)
明詩別裁集十二卷　(清)沈德潛　(清)周準輯　清乾隆五十九年(1794)至清末刻本　六册

500000－8741－0004732　GJ4743(851.36/W302)
明三十家詩選十六卷　(清)汪端輯　清同治十二年(1873)蘊蘭吟館刻本　八册

500000－8741－0004733　GJ4744(851.36/Z117)
弘正四傑詩集四種七十七卷附一種一卷　(清)張百熙輯　清光緒二十一年(1895)長沙張氏湘雨樓刻本　十六册

500000－8741－0004734　GJ4745(851.36/Z173)
硃批增註七家詩選七卷　(清)張熙宇輯評　清道光十二年(1832)刻朱墨套印本　四册

500000－8741－0004735　GJ4746(851.36/Z219)
明人詩鈔正集十四卷續集十四卷　(清)朱琰編　清乾隆二十五年(1760)刻本　八册

500000－8741－0004736　GJ4747(851.36/Z246)
明詩歸八卷　(清)程如嬰　(清)朱衣輯評　清順治七年(1650)綠天閣刻本　八册

500000－8741－0004737　GJ4748(851.36/Z528)
明詩綜一百卷　(清)朱彝尊錄　(清)汪森輯評　清康熙四十四年(1705)刻本　二十四册

500000－8741－0004738　GJ4749(851.36/Z528)
明詩綜一百卷　(清)朱彝尊錄　(清)汪森輯評　清乾隆刻本　四十册

500000－8741－0004739　GJ4750(851.37/D403)
聲調四譜圖説十二卷首一卷末一卷槈經廬詩集初編八卷高密李氏孟詩選評一卷孟詩補遺二卷西山游草一卷　(清)董文渙編　清同治三年至十三年(1864－1874)洪洞董氏刻本　十一册

500000 - 8741 - 0004740 GJ4751(851.37/D491)
瑞芝山房詩鈔八卷 (清)戴燮元輯 清光緒元年(1875)維揚徐文德齋刻本 四册

500000 - 8741 - 0004741 GJ4752(851.37/G344)
牧齋詩鈔三卷梅村詩鈔二卷芝麓詩鈔三卷 (清)顧有孝 (清)趙沄輯 清康熙七年(1668)刻本 六册

500000 - 8741 - 0004742 GJ4753(851.37/L324)
嶺南三大家詩選二十四卷 (清)王隼選 清同治七年(1868)南海陳氏刻本 六册

500000 - 8741 - 0004743 GJ4754(851.37/L458)
秦淮詩鈔二卷 (清)李鰲輯 清刻本 二册

500000 - 8741 - 0004744 GJ4755(851.37/L741)
國朝六家詩鈔八卷 (清)劉執玉選 清乾隆三十二年(1767)詒燕樓刻本 六册

500000 - 8741 - 0004745 GJ4756(851.37/R710a)
兩浙輶軒錄四十卷補遺十卷 (清)阮元訂 清光緒十六年(1890)浙江書局刻本 三十二册

500000 - 8741 - 0004746 GJ4757(851.37/R710b)
兩浙輶軒續錄五十四卷補遺六卷 (清)潘衍桐訂 清光緒十七年(1891)浙江書局刻本 四十册

500000 - 8741 - 0004747 GJ4758(851.37/S140)
道咸同光四朝詩史甲集八卷首一卷 孫雄輯 清宣統二年(1910)昭文孫氏刻本 十册

500000 - 8741 - 0004748 GJ4759(851.37/S140)
道咸同光四朝詩史甲集八卷首一卷 孫雄輯 清宣統二年(1910)昭文孫氏刻本 十册

500000 - 8741 - 0004749 GJ4760(851.37/S142)
國朝全蜀詩鈔六十四卷 (清)孫桐生輯 清光緒五年(1879)長沙刻本 二十册

500000 - 8741 - 0004750 GJ4761(851.37/S323)
欽定國朝詩别裁集三十二卷 (清)沈德潛纂評 清乾隆二十六年(1761)刻本 十册

500000 - 8741 - 0004751 GJ4762(851.37/S323 - 2)
國朝詩别裁集三十六卷 (清)沈德潛纂評 (清)蔣重光輯 清乾隆二十四年(1759)刻本 二十四册

500000 - 8741 - 0004752 GJ4763(851.37/S323 - 3)
欽定國朝詩别裁集三十二卷 (清)沈德潛纂評 清乾隆二十六年(1761)刻本 十四册

500000 - 8741 - 0004753 GJ4764(851.37/S385)
七子詩選十四卷 (清)沈德潛選 清乾隆十八年(1753)刻本 二册

500000 - 8741 - 0004754 GJ4765(851.37/T767)
貞豐詩萃五卷 (清)陶煦輯 清咸豐十一年至同治三年(1861 - 1864)蘇城徐元圃刻本 二册

500000 - 8741 - 0004755 GJ4766(851.37/U202)
浙西六家詩鈔六卷 (清)吳應和 (清)馬洵選 清道光七年(1827)紫微山館刻本 四册

500000 - 8741 - 0004756 GJ4767(851.37/U202)
浙西六家詩鈔六卷 (清)吳應和 (清)馬洵選 清道光七年(1827)紫微山館刻本 六册

500000 - 8741 - 0004757 GJ4768(851.37/Z106)
國朝詩鐸二十六卷首一卷 (清)張應昌選輯 清同治八年(1869)永康應氏秀芝堂刻本 十六册

500000 - 8741 - 0004758 GJ4769(851.37/Z220)
續金陵詩徵六卷首一卷 (清)朱紹亭等輯校 清光緒二十年(1894)刻本 六册

500000 - 8741 - 0004759 GJ4770(851.374/W217)
懷舊續集六卷又續集二卷女式詩錄一卷 (清)吳翊鳳輯 清刻本 六册

500000 - 8741 - 0004760 GJ4771(851.376/Y435)
青雲集補注六卷 (清)楊逢春 (清)蕭應櫆原本 (清)吳廷藻補注 清光緒十七年(1891)金沙劍光閣刻本 六册

500000 - 8741 - 0004761 GJ4772(851.376/Z241)
白田風雅二十四卷 (清)朱彬輯 清光緒十二年(1886)金陵刻本 四册

500000 - 8741 - 0004762 GJ4773(851.377/C732)
郢中酬唱集四卷 (清)謝朝徵輯 清光緒元

年(1875)雲海樓刻本　二册

500000-8741-0004763　GJ4774(851.377/Z193)
四家選集二十八卷　(清)張懷溎選　清光緒十年(1884)樂道齋刻本　六册

500000-8741-0004764　GJ4775(851.378/H432)
塞上草一卷　(清)胡啟爵撰　清末刻本　一册

500000-8741-0004765　GJ4776(851.378/S161)
庚寅讌集三編　(清)孫點君編　清光緒刻本　二册

500000-8741-0004766　GJ4777(851.378/Y843)
攀轅集一卷　(清)俞樾撰　清光緒刻本　一册

500000-8741-0004767　GJ4778(851.4/F000)
了生齋初稿不分卷方齋初稿不分卷方齋杂著不分卷　(□)□□撰　清抄本　四册

500000-8741-0004768　GJ4779(851.4/F444)
挹翠軒詩集四卷　胡友蘭撰　清末民初稿本　一册

500000-8741-0004769　GJ4780(851.4/L114)
空同詩集三十四卷　(明)李夢陽撰　清光緒十五年(1889)渭南嚴氏刻二十六年(1900)補刻本　一册　存七卷(一至七)

500000-8741-0004770　GJ4781(851.4/L44)
順所然齋詩約摘鈔不分卷　(清)李增秩撰　清稿本　一册

500000-8741-0004771　GJ4782(851.4/W124)
雪蕉齋詩鈔四卷補編一卷附錄一卷　(清)王德馨撰　清光緒二十六年(1900)刻本　一册　存四卷(詩鈔四卷)

500000-8741-0004772　GJ4783(851.4/W220)
香痕奩影集四卷閨秀一卷　(清)吳仲輯錄　清宣統二年(1910)京師國學萃編社鉛印本　五册

500000-8741-0004773　GJ4784(851.4/W233)
唐詩選六卷　王闓運選　清光緒二年(1876)成都尊經書局刻本　六册

500000-8741-0004774　GJ4785(851.4/X243)
悔餘菴詩稿十二卷　(清)何栻撰　清同治四年(1865)鳩江戎幄刻本　四册

500000-8741-0004775　GJ4786(851.4/X366)
稗畦集不分卷　(清)洪昇撰　清抄本　一册

500000-8741-0004776　GJ4787(851.4/Z114)
壬癸詩存一卷　(清)張丙瑩撰　清光緒二十一年(1895)儀徵張氏清暉草堂刻本　一册

500000-8741-0004777　GJ4788(851.477/D482)
蓉洲初集六卷　(清)戴鈞衡撰　清道光十九年(1839)香月山房刻本　一册

500000-8741-0004778　GJ4789(851.413/D430)
杜審言集二卷　(唐)杜審言撰　明嘉靖刻十二家唐詩本　一册

500000-8741-0004779　GJ4790(851.415/D453)
虞伯生選杜律七言註三卷　(唐)杜甫撰　(元)虞集注　(清)查弘道　(清)金集補　清刻本　李伯勛跋　佚名識　一册

500000-8741-0004780　GJ4791(851.415/D453)
歲寒堂讀杜二十卷　(清)范輦雲輯　清道光二十四年(1844)蘇州范氏家祠後樂堂刻本　八册

500000-8741-0004781　GJ4792(851.42/S544)
放言百首一卷　(清)史夢蘭著　(清)史履升箋注　清光緒十六年(1890)止園刻本　一册

500000-8741-0004782　GJ4793(851.424/R788-2)
阮嗣宗詠懷詩註四卷　(三國魏)阮籍撰　(清)蔣師爚註　清嘉慶二年(1797)抄本　佚名跋　一册

500000-8741-0004783　GJ4794(851.432/T731)
陶淵明詩一卷雜文一卷　(晉)陶潛撰　清光緒元年(1875)影宋刻本　一册

500000-8741-0004784　GJ4795(851.432/T731-2)
陶靖節詩集四卷　(晉)陶潛撰　(清)蔣薰評　**東坡和陶詩一卷**　(宋)蘇軾撰　**律陶詩一卷**　(明)王思任撰　**敦好齋律陶纂一卷**　(明)黃槐開撰　**陶靖節詩話一卷陶淵明詩集**

攷異一卷 （清）胡鳳丹撰 清刻本 二册

500000－8741－0004785 GJ4796(851.432/T731－2)
陶靖節詩集四卷 （晉）陶潛撰 （清）蔣薰評 **東坡和陶詩一卷** （宋）蘇軾撰 **律陶詩一卷** （明）王思任撰 **敦好齋律陶纂一卷** （明）黄槐開撰 清康熙二十九年(1690)貴文堂刻本 二册

500000－8741－0004786 GJ4797(851.432/T731－3)
陶淵明詩一卷雜文一卷 （晉）陶潛撰 清光緒元年(1875)影宋刻本 一册

500000－8741－0004787 GJ4798(851.432/T731－3)
陶淵明詩一卷雜文一卷 （晉）陶潛撰 清光緒元年(1875)影宋刻本 一册

500000－8741－0004788 GJ4799(851.432/T731－5)
陶淵明集八卷首一卷末一卷 （晉）陶潛撰 清光緒五年(1879)廣州翰墨園刻朱墨套印本 一册

500000－8741－0004789 GJ4800(851.432/T731－6)
陶淵明詩集十卷 （晉）陶潛撰 清道光二十二年(1842)影宋刻本 二册

500000－8741－0004790 GJ4801(851.432/T731－7)
箋註陶淵明集六卷 （晉）陶潛撰 （宋）楊漢等箋註 （明）張自烈評 **總論一卷** （明）張自烈輯 **和陶一卷** （宋）蘇軾撰 **律陶一卷** （明）王思任撰 **敦好齋律陶纂一卷** （明）黄槐開撰 明崇禎敦化堂刻本 佚名批 四册

500000－8741－0004791 GJ4802(851.432/T731－8)
陶靖節詩集四卷 （晉）陶潛撰 （清）蔣薰評 **東坡和陶詩一卷** （宋）蘇軾撰 **律陶詩一卷** （明）王思任撰 **敦好齋律陶纂一卷** （明）黄槐開撰 清康熙二十九年(1690)貴文堂刻本 二册

500000－8741－0004792 GJ4803(851.432/T731t)
集陶詩一卷 （清）吴永和輯 **集陶詩注一卷** （清）吴傑 （清）黄奭注 清道光甘泉黄氏刻本 一册

500000－8741－0004793 GJ4804(851.432/T735－8)
陶元亮詩四卷 （晉）陶潛撰 （明）黄文焕析義 清光緒二年(1876)刻本 佚名批 二册

500000－8741－0004794 GJ4805(851.44/D453)
杜工部集二十卷首一卷 （唐）杜甫撰 清道光十四年(1834)五色套印本 八册

500000－8741－0004795 GJ4806(851.441/D453－2)
集千家註杜工部詩集二十卷文集二卷 （唐）杜甫撰 （宋）黄鶴補註 明刻本 十二册

500000－8741－0004796 GJ4807(851.441/D453－3)
杜工部詩通十六卷 （明）張綖撰 明隆慶六年(1572)張守中刻本 八册

500000－8741－0004797 GJ4808(851.441/D453－5)
集千家註杜工部詩集二十卷文集二卷 （唐）杜甫撰 （宋）黄鶴補註 **附錄一卷** 明嘉靖十五年(1536)玉几山人刻本 十二册

500000－8741－0004798 GJ4809(851.441/D453－6)
杜詩集註不分卷 （唐）杜甫撰 （明）許自昌校 清抄本 一册

500000－8741－0004799 GJ4810(851.441/D453－7)
杜詩集評四卷 （清）沈德潛撰 清抄本 二册

500000－8741－0004800 GJ4811(851.441/D453b)
杜工部集二十卷首一卷 （唐）杜甫撰 清光緒十三年(1887)刻本 十册

500000－8741－0004801 GJ4812(851.441/D453c)
杜工部集二十卷附錄一卷唱酬題詠附錄一卷 （唐）杜甫撰 （清）錢謙益箋註 清康熙六年(1667)季振宜刻本 十册

500000－8741－0004802 GJ4813(851.441/D453ca)
杜工部集二十卷唱酬題詠附錄一卷附錄一卷年譜一卷 （唐）杜甫撰 （清）錢謙益箋註 清康熙六年(1667)季振宜刻本 十六册

500000－8741－0004803 GJ4814(851.441/D453d)
杜工部集二十卷首一卷 （唐）杜甫撰 清同治十一年(1872)致一齋刻本 十册

500000－8741－0004804 GJ4815(851.441/D453g)

杜工部五言詩選直解三卷年譜一卷 （唐）杜甫撰 （清）范廷謀註釋 清雍正范氏刻本 六冊

500000－8741－0004805 GJ4816(851.441/D453h)
杜詩集說二十卷末一卷年譜一卷目錄一卷 （唐）杜甫撰 （清）江浩然纂輯 清乾隆刻本 十四冊

500000－8741－0004806 GJ4817(851.441/D453l)
王狀元集百家注編年杜陵詩史三十二卷 （唐）杜甫撰 （宋）魯訔編年並注 （宋）王十朋集注 清宣統三年(1911)貴池劉氏玉海堂影宋刻本 十二冊

500000－8741－0004807 GJ4818(851.441/D453p1)
讀杜心解六卷首二卷 （清）浦起龍撰 清雍正二年至三年(1724－1725)浦氏寧我齋刻本 十一冊

500000－8741－0004808 GJ4819(851.441/D453p4)
讀杜心解六卷首二卷 （清）浦起龍撰 清雍正二年至三年(1724－1725)浦氏寧我齋刻本 十二冊

500000－8741－0004809 GJ4820(851.441/D453ss)
藏雪山房杜律詳解八卷 （唐）杜甫撰 （清）石間居士評點 清道光八年(1828)京都聚魁齋刻字鋪刻本 八冊

500000－8741－0004810 GJ4821(851.441/D453u)
杜詩提要十四卷 （唐）杜甫撰 （清）吳瞻泰評選 清康熙刻本 四冊

500000－8741－0004811 GJ4822(851.441/D453ug)
杜詩論文五十六卷 （清）吳見思注 （清）潘眉評 （清）董元愷參 清康熙十一年(1672)岱淵堂刻本 二十冊

500000－8741－0004812 GJ4823(851.441/L407－8)
李義山詩集十六卷 （唐）李商隱撰 （清）姚培謙箋 清乾隆五年(1740)松桂讀書堂刻本 六冊

500000－8741－0004813 GJ4824(851.441/L446)
李長吉歌詩四卷首一卷外集一卷 （唐）李賀撰 （清）王琦彙解 清光緒四年(1878)宏達堂刻本 四冊

500000－8741－0004814 GJ4825(851.441/L446)
李長吉昌谷集句解定本四卷 （唐）李賀撰 （清）姚佺箋 （清）丘象升 （清）蔣文運評 （清）丘象隨註 清順治十三年(1656)刻本 四冊

500000－8741－0004815 GJ4826(851.441/W308－2)
溫飛卿詩集七卷別集一卷集外詩一卷 （唐）溫庭筠撰 （明）曾益原注 （清）顧予咸補注 （清）顧嗣立續注 清康熙顧氏秀野草堂刻本 四冊

500000－8741－0004816 GJ4827(851.4413/C716)
陳子昂集二卷 （唐）陳子昂撰 明嘉靖黃埻刻十二家唐詩本 一冊

500000－8741－0004817 GJ4828(851.4413/S337)
宋之問集二卷 （唐）宋之問撰 明嘉靖黃埻刻十二家唐詩本 二冊

500000－8741－0004818 GJ4829(851.4413/S337)
宋之問集二卷 （唐）宋之問撰 明嘉靖黃埻刻十二家唐詩本 二冊

500000－8741－0004819 GJ4830(851.4414/C223)
岑嘉州集二卷 （唐）岑參撰 明嘉靖黃埻刻十二家唐詩本 四冊

500000－8741－0004820 GJ4831(851.4414/D453)
讀書堂杜工部詩集註解二十卷文集註解二卷 （唐）杜甫撰 （清）張溍評註 清讀書堂刻本 十二冊

500000－8741－0004821 GJ4832(851.4414/L426)
李翰林集三十卷 （唐）李白撰 清光緒三十二年(1906)黃岡陶子麟刻本 六冊

500000－8741－0004822 GJ4833(851.4414/M132)
孟襄陽詩集二卷 （唐）孟浩然撰 清刻本 二冊

500000－8741－0004823 GJ4834(851.4414/S324)
沈佺期集二卷 （唐）沈佺期撰 明嘉靖黃埻刻十二家唐詩本 一冊

500000－8741－0004824　GJ4835(851.4415/C223)
岑嘉州集二卷　(唐)岑參撰　明嘉靖黄埻刻十二家唐詩本　二册

500000－8741－0004825　GJ4836(851.4415/D453)
集千家註分類杜工部詩二十五卷　(唐)杜甫撰　(宋)徐居仁編次　(宋)黄鶴補註　元刻本　一册　存一卷(十)

500000－8741－0004826　GJ4837(851.4415/D453)
讀杜心解六卷首二卷　(清)浦起龍撰　清雍正二年至三年(1724－1725)浦氏寧我齋刻本　十二册

500000－8741－0004827　GJ4838(851.4415/D453)
杜律啟蒙十二卷　(唐)杜甫撰　(清)邊連寶集註　清乾隆刻本　十四册

500000－8741－0004828　GJ4839(851.4415/D453－10)
杜詩直解六卷　(唐)杜甫著　(清)沈寅　(清)朱崑補輯　清乾隆四十年(1775)刻本　四册

500000－8741－0004829　GJ4840(851.4415/D453－11)
杜詩註釋二十四卷首一卷　(唐)杜甫撰　(清)曹洪志訂　(清)許寶善編　清自怡軒刻本　十二册

500000－8741－0004830　GJ4841(851.4415/D453－14)
杜工部集二十卷首一卷　(唐)杜甫撰　(明)王世貞等評　清道光十四年(1834)盧坤芸葉盦刻五色套印本　八册

500000－8741－0004831　GJ4842(851.4415/D453－3)
讀書堂杜工部詩集註解二十卷文集註解二卷　(唐)杜甫撰　(清)張溍評註　**杜工部編年詩史譜目一卷**　清康熙刻本　十二册

500000－8741－0004832　GJ4843(851.4415/D453－3b)
錢牧齋分類杜工部集五卷　(清)張縉彦　(清)谷應泰輯　清順治十六年(1659)還讀齋刻本　佚名批　四册

500000－8741－0004833　GJ4844(851.4415/D453－3d)
杜工部集二十卷附錄一卷　(唐)杜甫撰　(清)錢謙益箋註　**年譜一卷**　清宣統三年(1911)時中書局石印本　八册

500000－8741－0004834　GJ4845(851.4415/D453－3d)
杜工部集二十卷附錄一卷　(唐)杜甫撰　(清)錢謙益箋註　**年譜一卷**　清宣統三年(1911)時中書局石印本　八册

500000－8741－0004835　GJ4846(851.4415/D453－3d)
杜工部集二十卷附錄一卷　(唐)杜甫撰　(清)錢謙益箋註　**年譜一卷**　清宣統三年(1911)時中書局石印本　八册

500000－8741－0004836　GJ4847(851.4415/D453－3f)
杜工部集二十卷　(唐)杜甫撰　(清)錢謙益箋註　清康熙六年(1667)季振宜靜思堂刻本　十册

500000－8741－0004837　GJ4848(851.4415/D453－4)
杜工部詩集二十卷集外詩一卷　(唐)杜甫撰　(清)朱鶴齡輯註　清刻本　十四册

500000－8741－0004838　GJ4849(851.4415/D453－4)
杜工部詩集二十卷末一卷文集二卷補註一卷　(唐)杜甫撰　(清)朱鶴齡輯註　清康熙九年(1670)刻本　十册

500000－8741－0004839　GJ4850(851.4415/D453－6)
杜工部集二十卷首一卷　(唐)杜甫撰　(明)王世貞等評　清光緒二年(1876)粵東翰墨園刻六色套印本　十册

500000－8741－0004840　GJ4851(851.4415/D453－6)
杜工部集二十卷首一卷　(唐)杜甫撰　(明)王世貞等評　清光緒二年(1876)粵東翰墨園刻六色套印本　五册

500000－8741－0004841　GJ4852(851.4415/D453－7)
唱經堂杜詩解四卷　(唐)杜甫撰　(清)金人瑞解　清乾隆九年(1744)刻本　八册

500000－8741－0004842　GJ4853(851.4415/D453－8)
杜詩詳註二十五卷首一卷附編二卷　(清)仇兆鰲輯註　清康熙刻本　二十四册

500000－8741－0004843　GJ4854(851.4415/D453－9)
杜詩鏡銓二十卷附錄一卷　(唐)杜甫撰　(清)楊倫編輯　**讀書堂杜工部文集註解二卷**

（清）張溍評註　清同治十一年（1872）望三益齋刻本　二十册

500000－8741－0004844　GJ4855（851.4415/D453－9）
杜詩鏡銓二十卷附錄一卷　（唐）杜甫撰　（清）楊倫編輯　**讀書堂杜工部文集註解二卷**　（清）張溍評註　清同治十一年（1872）望三益齋刻本　五册

500000－8741－0004845　GJ4856（851.4415/D453－9）
杜詩鏡銓二十卷附錄一卷　（唐）杜甫撰　（清）楊倫編輯　**讀書堂杜工部文集註解二卷**　（清）張溍評註　清同治十一年（1872）望三益齋刻本　十册

500000－8741－0004846　GJ4857（851.4415/D453－9c）
杜詩鏡銓二十卷年譜一卷附錄一卷　（清）楊倫撰　清乾隆九柏山房刻本　八册

500000－8741－0004847　GJ4858（851.4415/D453h）
杜詩集說二十卷末一卷年譜一卷目錄一卷　（唐）杜甫撰　（清）江浩然纂輯　清乾隆四十三年（1778）刻本　十三册

500000－8741－0004848　GJ4859（851.4415/D453l）
杜詩闡三十三卷　（唐）杜甫著　（清）盧元昌述　清康熙二十一年（1682）刻本　十六册

500000－8741－0004849　GJ4860（851.4415/D453p1）
讀杜心解六卷首二卷　（清）浦起龍撰　清雍正二年至三年（1724－1725）浦氏寧我齋刻本　十二册

500000－8741－0004850　GJ4861（851.4415/D453ug）
杜詩論文五十六卷　（清）吳見思撰　（清）潘眉評　（清）董元愷參　清康熙十一年（1672）岱淵堂刻本　二十册

500000－8741－0004851　GJ4862（851.4415/L426）
分類補註李太白詩二十五卷年譜一卷　（唐）李白撰　（宋）楊齊賢集註　（元）蕭士贇補註　明嘉靖二十五年（1546）五雲堂刻本　十二册

500000－8741－0004852　GJ4863（851.4415/L426）
分類補註李太白詩二十五卷年譜一卷　（唐）李白撰　（宋）楊齊賢集註　（元）蕭士贇補註　明嘉靖二十五年（1546）五雲堂刻本　八册

500000－8741－0004853　GJ4864（851.4415/L426）
分類補註李太白詩二十五卷年譜一卷　（唐）李白撰　（宋）楊齊賢集註　（元）蕭士贇補註　明嘉靖二十五年（1546）五雲堂刻本　十二册

500000－8741－0004854　GJ4865（851.4415/L426－2）
分類補註李太白詩二十五卷年譜一卷　（唐）李白撰　（宋）楊齊賢集註　（元）蕭士贇補註　明嘉靖二十五年（1546）五雲堂刻本　十册

500000－8741－0004855　GJ4866（851.4415/L426－2）
分類補註李太白詩二十五卷年譜一卷　（唐）李白撰　（宋）楊齊賢集註　（元）蕭士贇補註　明嘉靖二十五年（1546）五雲堂刻本　十册

500000－8741－0004856　GJ4867（851.4415/L426－3）
重刊分類補註李詩全集二十五卷　（唐）李白撰　（宋）楊齊賢集註　（元）蕭士贇補註　**重刊分類編次李太白文集五卷**　（唐）李白撰　明霏玉齋、瑞桃堂刻本　八册

500000－8741－0004857　GJ4868（851.4415/L426－4）
分類補註李太白詩二十五卷年譜一卷　（唐）李白撰　（宋）楊齊賢集註　（元）蕭士贇補註　明嘉靖二十五年（1546）五雲堂刻本　八册

500000－8741－0004858　GJ4869（851.4415/L426－5）
分類補註李太白詩二十五卷年譜一卷　（唐）李白撰　（宋）楊齊賢集註　（元）蕭士贇補註　（明）玉几山人校　明嘉靖二十五年（1546）六經堂刻本　八册

500000－8741－0004859　GJ4870（851.4415/L427）
李太白文集三十卷附錄六卷　（唐）李白撰　（清）王琦輯註　清刻本　十六册

500000－8741－0004860　GJ4871（851.4415/L427）
李詩選註十三卷　（唐）李白撰　（明）朱諫選註　明隆慶六年（1572）朱守行刻本　四册　存五卷（九至十三）

500000－8741－0004861　GJ4872（851.4415/L427）

李太白文集三十六卷　(唐)李白撰　(清)王琦輯注　清乾隆刻本　十六册

500000－8741－0004862　GJ4873(851.4415/L427－1)
李太白文集三十卷附錄二卷　(唐)李白撰　(清)王琦輯註　清刻本(有抄配)　十册

500000－8741－0004863　GJ4874(851.4415/L427－9)
李詩直解六卷　(唐)李白撰　(清)沈寅　(清)朱崑補輯　(清)沈濟美　(清)朱泉校　清乾隆四十年(1775)刻本　四册

500000－8741－0004864　GJ4875(851.4415/L427－9)
李詩直解六卷　(唐)李白撰　(清)沈寅　(清)朱崑補輯　(清)沈濟美　(清)朱泉校　清乾隆四十年(1775)刻本　四册

500000－8741－0004865　GJ4876(851.4415/M132－2)
孟浩然詩集二卷　(唐)孟浩然撰　(宋)劉辰翁評　清光緒六年(1880)碧琳琅館刻朱墨套印本　二册

500000－8741－0004866　GJ4877(851.4415/M132－2)
孟浩然詩集二卷　(唐)孟浩然撰　(宋)劉辰翁評　(明)李夢陽糸　明淩濛初刻朱墨套印本　二册

500000－8741－0004867　GJ4878(851.4415/W120)
王摩詰集二卷　(唐)王維撰　明萬曆三十一年(1603)許自昌刻本　二册

500000－8741－0004868　GJ4879(851.4415/W120)
王右丞詩集二卷　(唐)王維撰　清刻本　二册

500000－8741－0004869　GJ4880(851.4415/W120－2)
王摩詰詩集七卷　(唐)孟浩然撰　(宋)劉辰翁評　清光緒五年(1879)碧琳琅館刻朱墨套印本　二册

500000－8741－0004870　GJ4881(851.4416/L446)
協律鉤元四卷外集一卷　(唐)李賀撰　(清)陳本禮箋註　清刻本　四册

500000－8741－0004871　GJ4882(851.4416/L446)
李長吉歌詩四卷外一卷　(唐)李賀撰　(宋)吳正子箋註　(宋)劉辰翁評點　明末清初來氏倘湖刻本　二册

500000－8741－0004872　GJ4883(851.4416/L446－2)
李長吉歌詩四卷首一卷外集一卷　(唐)李賀撰　(清)王琦彙解　清光緒四年(1878)宏達堂刻本　四册

500000－8741－0004873　GJ4884(851.4416/L446－3)
協律鉤元四卷外集一卷　(唐)李賀撰　(清)陳本禮箋註　清嘉慶十三年(1808)陳氏裛露軒刻本　一册

500000－8741－0004874　GJ4885(851.4416/L446c)
唐李長吉詩集五卷　(唐)李賀撰　(明)徐渭　(明)董懋策批註　明萬曆四十一年(1613)刻本　一册

500000－8741－0004875　GJ4886(851.4416/L446i)
昌谷集四卷　(唐)李賀撰　(清)姚文燮釋　清順治十四年(1657)刻本　一册

500000－8741－0004876　GJ4887(851.4416/M107)
孟東野詩集十卷　(唐)孟郊撰　清光緒十年(1884)刻本　二册

500000－8741－0004877　GJ4888(851.4416/X480)
昌黎先生詩增注證訛十一卷　(唐)韓愈撰　(清)顧嗣立刪補　(清)黃鉞增注證訛　清道光二十八年(1848)黃中民廣陵二酉堂刻本　四册

500000－8741－0004878　GJ4889(851.4417/B276)
白氏長慶集七十一卷目錄二卷　(唐)白居易撰　明萬曆馬元調寶儉堂刻本　十六册

500000－8741－0004879　GJ4890(851.4417/W402)
韋蘇州集十卷　(唐)韋應物撰　清宣統三年(1911)掃葉山房石印本　一册　存二卷(九至十)

500000－8741－0004880　GJ4891(851.4417/W402)
韋蘇州詩集二卷　(唐)韋應物撰　清康熙刻本　二册

500000－8741－0004881　GJ4892(851.4417/W402－2)
韋蘇州集十卷　(唐)韋應物撰　清宣統三年(1911)上海自強書局石印本　四册

500000－8741－0004882　GJ4893(851.4417/X480)
韓昌黎詩集編年箋注十二卷　(清)方世舉撰　清乾隆二十三年(1758)盧氏雅雨堂刻本　六冊

500000－8741－0004883　GJ4894(851.4417/X480－10)
韓昌黎詩集編年箋注十二卷　(清)方世舉撰　清乾隆二十三年(1758)盧氏雅雨堂刻本　六冊

500000－8741－0004884　GJ4895(851.4417/X480－8)
昌黎先生詩集注十一卷　(唐)韓愈撰　(清)顧嗣立刪補　(清)朱彝尊　(清)何焯評　清光緒九年(1883)廣州翰墨園刻三色套印本　四冊

500000－8741－0004885　GJ4896(851.4417/X480－8)
昌黎先生詩集注十一卷　(唐)韓愈撰　(清)顧嗣立刪補　(清)朱彝尊　(清)何焯評　清光緒九年(1883)廣州翰墨園刻三色套印本　三冊

500000－8741－0004886　GJ4897(851.4417/X480－8a)
昌黎先生詩集注十一卷　(唐)韓愈撰　(清)顧嗣立刪補　(清)朱彝尊　(清)何焯評　清道光十六年(1836)膺德堂刻朱墨套印本　八冊

500000－8741－0004887　GJ4898(851.4417/X480－8b)
昌黎先生詩增注證訛十一卷　(唐)韓愈撰　(清)顧嗣立刪補　(清)黃鉞增注證訛　清咸豐七年(1857)四明鮑氏刻本　四冊

500000－8741－0004888　GJ4899(851.4417/X480－8b)
昌黎先生詩增注證訛十一卷　(唐)韓愈撰　(清)顧嗣立刪補　(清)黃鉞增注證訛　清咸豐七年(1857)四明鮑氏刻本　四冊

500000－8741－0004889　GJ4900(851.4417/X480－8b)
昌黎先生詩增注證訛十一卷　(唐)韓愈撰　(清)顧嗣立刪補　(清)黃鉞增注證訛　清咸豐七年(1857)四明鮑氏刻本　四冊

500000－8741－0004890　GJ4901(851.4418/B276)
白香山詩長慶集二十卷後集十七卷別集一卷補遺二卷　(唐)白居易撰　(清)汪立名編訂　清康熙四十二年(1703)一隅草堂刻本　十冊

500000－8741－0004891　GJ4902(851.4418/B276)
白香山詩長慶集二十卷後集十七卷別集一卷補遺二卷　(唐)白居易撰　(清)汪立名編訂　清康熙四十二年(1703)一隅草堂刻本　十冊

500000－8741－0004892　GJ4903(851.4418/B276)
白香山詩長慶集二十卷後集十七卷別集一卷補遺二卷　(唐)白居易撰　(清)汪立名編訂　清康熙四十二年(1703)一隅草堂刻本　十二冊

500000－8741－0004893　GJ4904(851.4418/B276)
白香山詩長慶集二十卷後集十七卷別集一卷補遺二卷　(唐)白居易撰　(清)汪立名編訂　清康熙四十二年(1703)一隅草堂刻本　五冊

500000－8741－0004894　GJ4905(851.4418/B276)
白香山詩長慶集二十卷後集十七卷別集一卷補遺二卷　(唐)白居易撰　(清)汪立名編訂　清康熙四十二年(1703)一隅草堂刻本　八冊

500000－8741－0004895　GJ4906(851.4418/B276－4)
香山詩鈔二十卷　(唐)白居易撰　(清)楊大鶴選　清康熙四十年(1701)刻本　八冊

500000－8741－0004896　GJ4907(851.4418/D428)
樊川詩集四卷補遺一卷外集一卷別集一卷　(唐)杜牧撰　(清)馮集梧注　清光緒十六年(1890)湘南書局刻本　四冊

500000－8741－0004897　GJ4908(851.4418/G127)
長江集十卷　(唐)賈島撰　清抄本　二冊

500000－8741－0004898　GJ4909(851.4418/L407)
李義山詩集三卷　(唐)李商隱撰　(清)朱鶴齡箋註　(清)沈厚塽輯評　**諸家詩評一卷李義山詩譜一卷**　清同治九年(1870)廣州倅署刻三色套印本　四冊

500000－8741－0004899　GJ4910(851.4418/L407)

李義山詩文集詳註十一卷　（唐）李商隱撰　（清）馮浩編訂　清乾隆四十五年（1780）德聚堂刻同治七年（1868）補刻本　八冊

500000－8741－0004900　GJ4911（851.4418/L407）

李義山詩集三卷　（唐）李商隱撰　（清）朱鶴齡箋註　（清）沈厚塽輯評　**諸家詩評一卷李義山詩譜一卷**　清同治九年（1870）廣州倅署刻三色套印本　四冊

500000－8741－0004901　GJ4912（851.4418/L407－2）

李義山詩集三卷　（唐）李商隱撰　（清）朱鶴齡箋註　（清）沈厚塽輯評　**諸家詩評一卷李義山詩譜一卷**　清同治九年（1870）廣州倅署刻三色套印本　三冊

500000－8741－0004902　GJ4913（851.4418/L407－3）

玉溪生詩詳註三卷　（唐）李商隱撰　（清）馮浩編訂　**首一卷**　清乾隆四十五年（1780）德聚堂刻同治七年（1868）補刻本　四冊

500000－8741－0004903　GJ4914（851.4418/L407－4）

李義山詩集十六卷　（唐）李商隱撰　（清）姚培謙箋　清乾隆五年（1740）松桂讀書堂刻本　二冊

500000－8741－0004904　GJ4915（851.4418/L407－4）

李義山詩集十六卷　（唐）李商隱撰　（清）姚培謙箋　清乾隆五年（1740）松桂讀書堂刻本　四冊

500000－8741－0004905　GJ4916（851.4418/L407－5）

重訂李義山詩集箋注三卷集外詩箋注一卷　（唐）李商隱撰　（清）朱鶴齡箋注　（清）程夢星刪補　**年譜一卷詩話一卷**　（清）程夢星編輯　清乾隆八年（1743）于增寧刻本　佚名批校　八冊

500000－8741－0004906　GJ4917（851.4418/L407－5）

重訂李義山詩集箋注三卷集外詩箋注一卷　（唐）李商隱撰　（清）朱鶴齡箋注　（清）程夢星刪補　**年譜一卷詩話一卷**　（清）程夢星編輯　清乾隆九年（1744）東柯草堂刻本　五冊

500000－8741－0004907　GJ4918（851.4418/L407－6）

李義山詩集三卷　（唐）李商隱撰　（清）朱鶴齡箋註　（清）沈厚塽輯評　**諸家詩評一卷李義山詩譜一卷**　清乾隆十五年（1750）懷德堂刻本　六冊

500000－8741－0004908　GJ4919（851.4418/L407－7）

玉溪生詩意八卷　（清）屈復撰　**諸家詩評一卷**　清道光十年（1830）刻本　四冊

500000－8741－0004909　GJ4920（851.4418/L407－7a）

玉溪生詩意八卷　（清）屈復撰　**諸家詩評一卷**　清乾隆四年（1739）刻本　二冊

500000－8741－0004910　GJ4921（851.4418/W308－4）

溫飛卿詩集七卷別集一卷集外詩一卷　（唐）溫庭筠撰　（明）曾益原注　（清）顧予咸補注　（清）顧嗣立續注　清光緒八年（1882）萬軸山房刻本　四冊

500000－8741－0004911　GJ4922（851.4418/W308－4）

溫飛卿詩集七卷別集一卷集外詩一卷　（唐）溫庭筠撰　（明）曾益原注　（清）顧予咸補注　（清）顧嗣立續注　清光緒八年（1882）萬軸山房刻本　二冊

500000－8741－0004912　GJ4923（851.4418/W308－5）

溫飛卿詩集七卷別集一卷集外詩一卷　（唐）溫庭筠撰　（明）曾益原注　（清）顧予咸補注　（清）顧嗣立續注　清光緒八年（1882）泉唐汪氏刻本　四冊

500000－8741－0004913　GJ4924（851.45/Z717）

唐賢三體詩句法六卷　（宋）周弼選　（元）釋圓至註　（清）高士奇輯　（清）何焯評　清光緒十二年（1886）瀘州鹽局刻朱墨套印本　二冊

500000－8741－0004914　GJ4925（851.451/S100）

伊川擊壤集二十卷　（宋）邵雍撰　明末刻本　一冊

500000－8741－0004915　GJ4926（851.451/X472）

翠微南征錄十卷　（宋）華岳著　（清）郎遂編次　（清）王爾綱校閱　清光緒抄本　二冊

500000－8741－0004916　GJ4927（851.4514/M447）

宛陵先生集六十卷附錄三卷續金針詩格一卷

（宋）梅堯臣撰　**宛陵先生年譜一卷**　（元）張師曾編　清道光十年（1830）夜吟樓刻本　十二冊

500000－8741－0004917　GJ4928（851.4514/M447）
宛陵先生文集六十卷拾遺一卷　（宋）梅堯臣撰　**附録一卷**　明正統四年（1439）袁旭刻本　二十冊

500000－8741－0004918　GJ4929（851.4515/W131－8）
王荆公詩五十卷補遺一卷　（宋）王安石撰　（宋）李壁箋註　清乾隆六年（1741）張宗松清綺齋刻本　十二冊

500000－8741－0004919　GJ4930（851.4515/W131－8）
王荆公詩五十卷補遺一卷　（宋）王安石撰　（宋）李壁箋註　清乾隆六年（1741）張宗松清綺齋刻本　八冊

500000－8741－0004920　GJ4931（851.4516/C723－1）
後山詩註十二卷　（宋）陳師道撰　（宋）任淵註　清抄本　四冊

500000－8741－0004921　GJ4932（851.4516/S453－2）
施註蘇詩四十二卷總目二卷　（宋）蘇軾撰　（宋）施元之　（宋）顧禧註　（清）邵長蘅等刪補　**續補遺二卷**　（清）馮景補註　**東坡先生年譜一卷**　（宋）王宗稷撰　**王註正譌一卷**　（清）邵長蘅撰　**東坡先生墓志銘一卷**　（宋）蘇轍撰　**宋史本傳一卷**　（元）脱脱等撰　清康熙三十八年（1699）宛委堂書刻本　佚名批　十四冊　存四十八卷（施註蘇詩四十二卷、總目二卷、東坡先生年譜一卷、王註正譌一卷、東坡先生墓志銘一卷、宋史本傳一卷）

500000－8741－0004922　GJ4933（851.4516/S453g）
蘇文忠詩四十二卷補遺二卷　（宋）蘇軾撰　清金象豫抄本　八冊

500000－8741－0004923　GJ4934（851.4516/S453s）
施註蘇詩四十二卷總目二卷　（宋）蘇軾撰　（宋）施元之　（宋）顧禧註　（清）邵長蘅等刪補　**續補遺二卷**　（清）馮景補註　**東坡先生年譜一卷**　（宋）王宗稷撰　**王註正譌一卷**　（清）邵長蘅撰　**東坡先生墓志銘一卷**　（宋）蘇轍撰　**宋史本傳一卷**　（元）脱脱等撰　清康熙三十八年（1699）宋犖刻本　佚名批校　十冊　存四十八卷（施註蘇詩四十二卷、續補遺二卷、東坡先生年譜一卷、王註正譌一卷、東坡先生墓志銘一卷、宋史本傳一卷）

500000－8741－0004924　GJ4935（851.4516/S454g1）
蘇文忠詩合註五十卷首一卷　（宋）蘇軾撰　（清）馮應榴輯　清乾隆六十年（1795）踵息齋刻本　二十八冊

500000－8741－0004925　GJ4936（851.4516/S454g）
蘇文忠詩合註五十卷首一卷　（宋）蘇軾撰　（清）馮應榴輯　清乾隆六十年（1795）刻本　二十冊

500000－8741－0004926　GJ4937（851.4516/S454f）
東坡先生編年詩五十卷年表一卷蘇詩補註采輯書目一卷　（宋）蘇軾撰　（清）查慎行補註　清乾隆二十六年（1761）香雨齋刻本　十六冊

500000－8741－0004927　GJ4938（851.4516/S454f）
東坡先生編年詩五十卷年表一卷蘇詩補註采輯書目一卷　（宋）蘇軾撰　（清）查慎行補註　清乾隆二十六年（1761）香雨齋刻本　十二冊

500000－8741－0004928　GJ4939（851.4516/S454g）
蘇文忠公詩集五十卷目錄二卷　（宋）蘇軾撰　（清）紀昀評　清道光十四年（1834）兩廣節署刻朱墨套印本　十二冊

500000－8741－0004929　GJ4940（851.4516/S454g）
蘇文忠公詩集五十卷目錄二卷　（宋）蘇軾撰　（清）紀昀評　清道光十四年（1834）兩廣節署刻朱墨套印本　十二冊

500000－8741－0004930　GJ4941（851.4516/S454gm）
眉山詩案廣證六卷　（清）張鑑撰　清光緒十年（1884）江蘇書局刻本　二冊

500000－8741－0004931　GJ4942（851.4516/S454gm）
眉山詩案廣證六卷　（清）張鑑撰　清光緒十年（1884）江蘇書局刻本　二冊

500000－8741－0004932　GJ4943(851.4516/S454r)
東坡先生編年詩五十卷年表一卷蘇詩補註采輯書目一卷　(宋)蘇軾撰　(清)查慎行補註　清乾隆二十六年(1761)香雨齋刻本　佚名注　十二册

500000－8741－0004933　GJ4944(851.4516/S454s)
施註蘇詩四十二卷總目二卷　(宋)蘇軾撰　(宋)施元之　(宋)顧禧註　(清)顧嗣立等刪補　**續補遺二卷**　(清)馮景補註　**東坡先生年譜一卷**　(宋)王宗稷撰　**王註正譌一卷**　(清)邵長蘅撰　**東坡先生墓志銘一卷**　(宋)蘇轍撰　**宋史本傳一卷**　(元)脱脱等撰　清刻本　十二册　存三十六卷(四至六、十一至十四、十八至二十、二十五至四十二,總目二卷,續補遺二卷,東坡先生年譜一卷,王註正譌一卷,東坡先生墓志銘一卷,宋史本傳一卷)

500000－8741－0004934　GJ4945(851.4516/S454s)
施註蘇詩四十二卷總目二卷　(宋)蘇軾撰　(宋)施元之　(宋)顧禧註　(清)顧嗣立等刪補　**續補遺二卷**　(清)馮景補註　**東坡先生年譜一卷**　(宋)王宗稷撰　**王註正譌一卷**　(清)邵長蘅撰　**東坡先生墓志銘一卷**　(宋)蘇轍撰　**宋史本傳一卷**　(元)脱脱等撰　清康熙三十八年(1699)宋犖刻本　佚名批校　十册

500000－8741－0004935　GJ4946(851.4516/S454－s)
施註蘇詩四十二卷總目二卷　(宋)蘇軾撰　(宋)施元之　(宋)顧禧註　(清)邵長蘅等刪補　**續補遺二卷**　(清)馮景補註　**東坡先生年譜一卷**　(宋)王宗稷撰　**王註正譌一卷**　(清)邵長蘅撰　**東坡先生墓志銘一卷**　(宋)蘇軾撰　**宋史本傳一卷**　(元)脱脱等撰　清康熙三十八年(1699)宋犖刻本　十六册

500000－8741－0004936　GJ4947(851.4516/S454s)
施註蘇詩四十二卷總目二卷　(宋)蘇軾撰　(宋)施元之　(宋)顧禧註　(清)顧嗣立等刪補　**續補遺二卷**　(清)馮景補註　**東坡先生年譜一卷**　(宋)王宗稷撰　**王註正譌一卷**　(清)邵長蘅撰　**東坡先生墓志銘一卷**　(宋)蘇轍撰　**宋史本傳一卷**　(元)脱脱等撰　清康熙三十八年(1699)宋犖宛委堂刻本　佚名批校　十册

500000－8741－0004937　GJ4948(851.4516/S454s)
施註蘇詩四十二卷總目二卷　(宋)蘇軾撰　(宋)施元之　(宋)顧禧註　(清)顧嗣立等刪補　**續補遺二卷**　(清)馮景補註　**東坡先生年譜一卷**　(宋)王宗稷撰　**王註正譌一卷**　(清)邵長蘅撰　**東坡先生墓志銘一卷**　(宋)蘇轍撰　**宋史本傳一卷**　(元)脱脱等撰　清康熙三十八年(1699)刻本　佚名批校　六册

500000－8741－0004938　GJ4949(851.4516/S454sz)
古香齋鑒賞袖珍施註蘇詩四十二卷總目二卷　(宋)蘇軾撰　(宋)施元之　(宋)顧禧註　(清)顧嗣立等刪補　**蘇詩續補遺二卷**　(宋)蘇軾撰　(清)馮景補註　**東坡先生年譜一卷**　(宋)王宗稷撰　**王註正譌一卷**　(清)邵長蘅撰　**東坡先生墓志銘一卷**　(宋)蘇轍撰　**宋史本傳一卷**　(元)脱脱等撰　清光緒八年至九年(1882－1883)刻本　十八册

500000－8741－0004939　GJ4950(851.4516/S454t)
東坡詩選十二卷附年譜一卷宋史本傳一卷　(宋)蘇軾撰　(明)譚元春輯　(明)袁宏道評　明天啟元年(1621)文盛堂刻本　八册

500000－8741－0004940　GJ4951(851.4516/S454t)
東坡詩選十二卷附年譜一卷宋史本傳一卷　(宋)蘇軾撰　(明)譚元春輯　(明)袁宏道評　明天啟元年(1621)文盛堂刻本　八册

500000－8741－0004941　GJ4952(851.4516/S454w)
蘇文忠公詩編註集成一百三卷　(宋)蘇軾撰　(清)王文誥輯訂　清光緒十四年(1888)浙江書局刻本　二十四册

500000－8741－0004942　GJ4953(851.4516/S454w1)
蘇文忠公詩編註集成一百三卷　(宋)蘇軾撰　(清)王文誥輯訂　清嘉慶二十四年至道光二年(1819－1822)武林韻山堂刻本　二十四册

500000－8741－0004943　GJ4954(851.4516/S454x)
蘇文忠詩合註五十卷首一卷　(宋)蘇軾撰　(清)馮應榴輯　清乾隆六十年(1795)刻本　二十册

500000－8741－0004944　GJ4955(851.4516/S454xz)
蘇文忠詩合註五十卷首一卷　(宋)蘇軾撰　(清)馮應榴輯　清乾隆刻本　二十册

500000－8741－0004945　GJ4956(851.4516/S454yb)
蘇詩查注補正四卷　(清)沈欽韓撰　清光緒八年(1882)長洲蔣香生心榘齋刻本　四册

500000－8741－0004946　GJ4957(851.4516/X407)
山谷詩注内集二十卷外集十七卷别集二卷别集補一卷外集補四卷　(宋)黄庭堅撰　(宋)任淵等注　清光緒印武英殿聚珍版叢書本　十三册

500000－8741－0004947　GJ4958(851.4516/X407－1)
山谷詩集注内集二十卷外集十七卷别集二卷　(宋)黄庭堅撰　清宣統二年(1910)影宋本　二十册

500000－8741－0004948　GJ4959(851.4516/X407－2)
山谷詩集注内集二十卷外集十七卷别集二卷　(宋)黄庭堅撰　清光緒二十一年至二十五年(1895－1899)刻本　二十册

500000－8741－0004949　GJ4960(851.452/F072)
秋崖先生小藁三十八卷　(宋)方岳撰　清木活字印本　十册

500000－8741－0004950　GJ4961(851.4521/H324)
鄱陽集四卷首一卷拾遺一卷　(宋)洪皓撰　清同治九年(1870)三瑞堂刻本　一册

500000－8741－0004951　GJ4962(851.4522/F454)
范石湖詩集二十卷　(宋)范成大撰　(清)黄昌衢粂訂　(清)袁啓旭校閲　清康熙二十七年(1688)刻本　四册

500000－8741－0004952　GJ4963(851.4522/F454－3)
石湖居士詩集三十四卷　(宋)范成大撰　(清)顧嗣臯等重訂　清康熙二十七年(1688)依園刻本　六册

500000－8741－0004953　GJ4964(851.4523/G880)
白石詩集一卷詞集一卷　(宋)姜夔撰　清雍正五年(1727)刻本　二册

500000－8741－0004954　GJ4965(851.4523/L738－2)
陸放翁劍南詩選六卷　(宋)陸游撰　(清)朱俊選定　清康熙二十五年(1686)刻本　二册

500000－8741－0004955　GJ4966(851.4523/V738－8)
劍南詩鈔不分卷　(宋)陸游撰　(清)楊大鶴選　清康熙二十四年(1685)刻本　八册

500000－8741－0004956　GJ4967(851.4523/Z701)
方泉先生詩集三卷　(宋)周文璞撰　清宣統元年(1909)國光社影朱彝尊手抄本　一册

500000－8741－0004957　GJ4968(851.4524/J844)
白石道人詩集二卷集外詩一卷詩説一卷歌曲四卷歌曲别集一卷　(宋)姜夔撰　清知不足齋刻本　二册

500000－8741－0004958　GJ4969(851.4525/L744)
後村居士詩二十卷　(宋)劉克莊撰　(清)姚培謙校訂　清康熙五十九年(1720)遂安堂刻本　四册

500000－8741－0004959　GJ4970(851.4526/W316)
水雲集一卷　(宋)汪元量撰　清知不足齋刻本　一册

500000－8741－0004960　GJ4971(851.456/Y147)
遺山先生詩集二十卷附補遺　(金)元好問撰　清宣統二年(1910)仿汲古閣刻本　八册

500000－8741－0004961　GJ4972(851.456/Y147－2)
元遺山詩集箋注十四卷首一卷末一卷　(金)元好問撰　(元)張德輝類次　(清)施國祁箋注　清道光二年(1822)南潯蔣氏瑞松堂刻本　四册

500000－8741－0004962　GJ4973(851.457/G342)
元詩選六卷補遺一卷　(清)顧奎光選輯　(清)陶瀚　(清)陶玉禾參評　清乾隆十六年(1751)刻本　四册

500000－8741－0004963　GJ4974(851.457/Y440)
元詩自攜十六卷　(清)姚培謙輯　清康熙六

十一年(1722)遂安堂刻本　六冊

500000－8741－0004964　GJ4975(851.457/Z730)
草窗韻語六藁　(宋)周密撰　清抄本　二冊

500000－8741－0004965　GJ4976(851.4577/F221)
傅與礪詩集八卷　(元)傅與礪撰　清宣統三年(1911)抄本　一冊

500000－8741－0004966　GJ4977(851.46/I423)
鐵崖詠史註八卷　(明)楊維楨撰　(清)樓卜瀍註　清乾隆三十九年(1774)刻本　二冊

500000－8741－0004967　GJ4978(851.46/L444)
天瘦閣詩半六卷附天補樓行記一卷　(清)李士棻撰　清光緒十一年(1885)木活字印本　四冊

500000－8741－0004968　GJ4979(851.46/S045)
四溟山人詩集十卷　(明)謝榛撰　清宣統元年(1909)問影樓鉛印本　三冊

500000－8741－0004969　GJ4980(851.46/X266)
信陽詩集二十六卷　(明)何景明撰　清光緒三十三年(1907)渭南嚴氏刻本　四冊

500000－8741－0004970　GJ4981(851.46/X266)
滄溟詩集十四卷　(明)李攀龍撰　清光緒三十三年(1907)渭南嚴氏刻本　四冊

500000－8741－0004971　GJ4982(851.461/G038)
青邱高季迪先生詩集十八卷首一卷遺詩一卷扣舷集一卷附錄一卷　(明)高啟撰　(清)金檀輯注　清雍正六年(1728)桐鄉金氏文瑞樓刻乾隆墨華池館印本　二十冊

500000－8741－0004972　GJ4983(851.461/I423－2)
鐵崖詩集三種二十六卷首一卷　(明)楊維楨撰　清光緒十四年(1888)諸暨樓氏崇德堂刻本　十冊

500000－8741－0004973　GJ4984(851.461/L486)
藍澗詩集六卷　(明)藍智撰　清咸豐七年(1857)定海藍氏刻本　三冊

500000－8741－0004974　GJ4985(851.465/W146)
樓山詩集六卷　(清)王恕撰　清光緒十九年(1893)刻本　二冊

500000－8741－0004975　GJ4986(851.466/S111)
太白山人漫稿八卷　(明)孫一元撰　清刻本　一冊　存五卷(一至五)

500000－8741－0004976　GJ4987(851.467/W142)
弇州山人詩集五十二卷　(明)王世貞撰　清光緒三十三年(1907)渭南嚴氏刻本　十六冊

500000－8741－0004977　GJ4988(851.468/L328)
掩關集二卷　(明)劉繼善撰　清道光十九年(1839)刻本　一冊

500000－8741－0004978　GJ4989(851.468/W122)
隴首集一卷　(清)王與胤撰　(清)王士禛較　清康熙刻本　一冊

500000－8741－0004979　GJ4990(851.468/Y692)
返生香一卷疏香閣附集一卷　(明)葉小鸞撰　**竊聞一卷續一卷**　(明)葉紹袁撰　清光緒二十二年(1896)羊城葉氏秋夢盦刻本　二冊

500000－8741－0004980　GJ4991(851.469/G031－2)
石臼前集九卷後集七卷　(清)邢昉撰　清光緒十八年(1892)刻本　六冊

500000－8741－0004981　GJ4992(851.47/B226)
海門初集九卷　(清)鮑臯撰　清抄本　二冊

500000－8741－0004982　GJ4993(851.47/C710)
戊丁詩存一卷　(清)陳霞章撰　清宣統元年(1909)京師鉛印本　一冊

500000－8741－0004983　GJ4994(851.47/D443)
春萍詩鈔十二卷　(清)戴純撰　清咸豐七年(1857)刻本　四冊

500000－8741－0004984　GJ4995(851.47/G843)
憶存齋詩鈔六卷　(清)姜城撰　清刻本　一冊

500000－8741－0004985　GJ4996(851.47/I－492)
碧琅玕館詩鈔四卷　(清)楊光儀撰　清光緒元年(1875)刻本　二冊

500000－8741－0004986　GJ4997(851.47/L446)
二水樓文集二十卷首一卷詩集十八卷　(清)李茹旻撰　清光緒十七年(1891)味腮廬刻本　十冊

500000－8741－0004987　GJ4998(851.47/L481)
李養一先生詩集四卷附一卷　(清)李兆洛撰　清光緒八年(1882)刻本　一册

500000－8741－0004988　GJ4999(851.47/Q808)
投筆集一卷　(清)錢謙益撰　清刻本　一册

500000－8741－0004989　GJ5000(851.47/S034)
澤雅堂詩集六卷二集十八卷　(清)施補華撰　清光緒十六年(1890)兩研齋刻本　六册

500000－8741－0004990　GJ5001(851.47/S312－1)
定峰樂府十卷附諸公論樂府書一卷甲子年定峰山左雜詠一卷　(清)沙張白撰　清道光十八年(1838)刻本　四册

500000－8741－0004991　GJ5002(851.47/U223－2)
梅村詩集箋注十八卷　(清)吴偉業撰　(清)吴翌鳳箋注　清光緒二十二年(1896)新化三味堂刻本　十四册

500000－8741－0004992　GJ5003(851.47/U227)
缶廬詩八卷別存一卷　吴昌碩撰　清光緒十九年(1893)刻本　三册

500000－8741－0004993　GJ5004(851.47/W114)
詩禮堂雜詠七卷　(清)王又樸撰　清刻本　二册　存一卷(介山古今集體詩一卷)

500000－8741－0004994　GJ5005(851.47/X457)
三長物齋詩略五卷文略六卷　(清)黄本驥撰　清道光二十七年(1847)刻本　二册

500000－8741－0004995　GJ5006(851.47/Y450)
都門竹枝詞一卷　(清)楊靜亭撰　清光緒三年(1877)刻本　一册

500000－8741－0004996　GJ5007(851.47/Z177)
船山詩草二十卷補遺六卷　(清)張問陶撰　清嘉慶二十年(1815)刻朱墨套印本[補遺爲清道光二十九年(1849)刻朱墨套印本]　八册

500000－8741－0004997　GJ5008(851.47/Z178)
積石詩存四卷南池唱和詩存一卷鱠餘編一卷　(清)張履撰　清光緒二十年(1894)刻本　二册

500000－8741－0004998　GJ5009(851.471/D410)
舊雨草堂詩八卷詩餘一卷　(清)董元度撰　清乾隆四十三年(1778)刻本　二册

500000－8741－0004999　GJ5010(851.471/H204)
四憶堂詩集六卷遺稿一卷　(清)侯方域撰　(清)賈開宗　(清)徐作肅選　清康熙侯氏衙署刻本　二册

500000－8741－0005000　GJ5011(851.471/L412)
容齋千首詩不分卷　(清)李天馥撰　清光緒十二年(1886)鉛印本　六册

500000－8741－0005001　GJ5013(851.472/C808b)
牧齋初學集詩註二十卷　(清)錢謙益撰　(清)錢曾箋註　清康熙二十四年(1685)玉詔堂刻本　十二册

500000－8741－0005002　GJ5014(851.472/C808c)
牧齋有學集詩註十四卷　(清)錢謙益撰　(清)錢曾箋註　清康熙二十四年(1685)玉詔堂刻本　十二册

500000－8741－0005003　GJ5015(851.472/C812)
半溪詩草十二卷　(清)錢二白撰　清乾隆刻本　三册

500000－8741－0005004　GJ5016(851.472/D486)
綰秀園詩選三卷　(清)杜首昌撰　清康熙三十六年(1697)抄本　三册

500000－8741－0005005　GJ5017(851.472/D732)
慎墨堂詩不分卷　(清)鄧漢儀著　清抄本　八册

500000－8741－0005006　GJ5018(851.472/H422)
香草齋詩註六卷　(清)黄任著　(清)陳應魁註　清嘉慶十九年(1814)刻本　五册

500000－8741－0005007　GJ5019(851.472/L328)
嶺南三大家詩選二十四卷　(清)王隼選　清六瑩堂刻本　二册　存八卷(一至八)

500000－8741－0005008　GJ5020(851.472/L673)
吕晚村東莊詩存不分卷　(清)吕留良撰　清宣統三年(1911)上海神州國光社鉛印本　一册

500000－8741－0005009　GJ5021(851.472/Q744x)
屈翁山詩集八卷詞一卷　(清)屈大均撰　(清)徐肇元選　清康熙刻本　三册

500000－8741－0005010　GJ5022(851.472/S070)
施愚山先生全集五種九十卷附一種六卷　(清)施閏章撰　清康熙至乾隆刻本　十二册　存四種六十二卷(施愚山先生學餘詩集五十卷、施愚山先生別集四卷、施愚山先生外集二卷,附隨村先生遺集六卷)

500000－8741－0005011　GJ5023(851.472/U210)
蓮洋集不分卷　(清)吳雯著　(清)王士禎評　清乾隆十四年(1749)刻本　一册

500000－8741－0005012　GJ5024(851.472/U223)
梅村集四十卷　(清)吳偉業撰　(清)許旭等訂　清康熙刻本　十四册

500000－8741－0005013　GJ5025(851.472/U223－4)
吳詩集覽二十卷談藪一卷　(清)吳梅村撰　(清)靳榮藩輯　清乾隆四十年(1775)刻本　二十四册

500000－8741－0005014　GJ5026(851.472/U235)
黃葉邨莊詩集八卷續集一卷詩後集一卷　(清)吳之振撰　清光緒四年(1878)刻本　四册

500000－8741－0005015　GJ5027(851.472/U235－2)
黃葉邨莊詩集八卷續集一卷詩後集一卷　(清)吳之振撰　清光緒四年(1878)刻本　四册

500000－8741－0005016　GJ5028(851.472/V223)
吳詩集覽二十卷談藪一卷　(清)吳梅村撰　(清)靳榮藩輯　清乾隆四十年(1775)刻本　十六册

500000－8741－0005017　GJ5029(851.472/W143)
載書圖譜詩不分卷　(清)黃元治等撰　(清)王士禎輯　清刻本　一册

500000－8741－0005018　GJ5030(851.472/W143g)
漁洋山人精華錄箋注十二卷補一卷　(清)王士禛撰　(清)金榮箋注　(清)徐淮纂輯　清乾隆金氏鳳翽堂刻本　六册

500000－8741－0005019　GJ5031(851.472/W143g1)
漁洋山人精華錄箋注十二卷補一卷年譜一卷　(清)王士禛撰　(清)金榮箋注　(清)徐淮纂輯　清乾隆刻本　六册

500000－8741－0005020　GJ5032(851.472/W143g)
漁洋山人精華錄箋注十二卷補一卷　(清)王士禛撰　(清)金榮箋注　**年譜一卷附錄一卷**　清乾隆金氏鳳翽堂刻本　八册

500000－8741－0005021　GJ5033(851.472/W143g)
漁洋山人精華錄箋注十二卷補一卷　(清)王士禛撰　(清)金榮箋注　**年譜一卷附錄一卷**　清乾隆金氏鳳翽堂刻本　清祝鑄禹臨清紀昀評點　佚名臨清姚鼐評點　八册

500000－8741－0005022　GJ5034(851.472/W143g1)
漁洋山人精華錄箋注十二卷補一卷　(清)王士禛撰　(清)金榮箋注　**年譜一卷附錄一卷**　清乾隆金氏鳳翽堂刻本　十册

500000－8741－0005023　GJ5035(851.472/W143x)
漁洋山人精華錄訓纂十卷總目二卷　(清)王士禛撰　(清)惠棟訓纂　**漁洋山人精華錄訓纂補十卷金氏精華錄箋註辯訛一卷**　(清)惠棟撰　**漁洋山人自撰年譜二卷**　(清)王士禛撰　(清)惠棟補註　清光緒十七年(1891)會稽徐氏述史樓刻本　十四册

500000－8741－0005024　GJ5036(851.472/W143x1)
漁洋山人精華錄訓纂十卷總目二卷　(清)王士禛撰　(清)惠棟訓纂　**金氏精華錄箋註辯訛一卷**　(清)惠棟撰　清光緒十七年(1891)南皮張氏刻本　十一册

500000－8741－0005025　GJ5037(851.472/W143x3)
漁洋山人精華錄訓纂十卷總目二卷　(清)王士禛撰　(清)惠棟訓纂　**金氏精華錄箋註辯訛一卷**　(清)惠棟撰　**漁洋山人自撰年譜二卷**　(清)王士禛撰　(清)惠棟補註　清同治十二年(1873)京都寶華堂刻本　十二册

500000－8741－0005026　GJ5038(851.472/W223)
梅村詩集箋注十八卷　(清)吳偉業撰　(清)

吳翌鳳箋注　清嘉慶十九年(1814)嚴榮滄浪吟榭刻本　十二冊

500000－8741－0005027　GJ5039(851.472/W268)
東淘吳野人先生詩集十二卷　(清)吳嘉紀撰　清嘉慶十九年(1814)一草亭刻本　四冊

500000－8741－0005028　GJ5040(851.472/W624)
林蕙堂詩集不分卷　(清)吳綺撰　清刻本　一冊

500000－8741－0005029　GJ5041(851.472/X366)
稗畦集不分卷　(清)洪昇撰　清抄本　二冊

500000－8741－0005030　GJ5042(851.472/Z228)
曝書亭詩錄十二卷　(清)朱彝尊撰　(清)江浩然注　清乾隆刻本　六冊

500000－8741－0005031　GJ5043(851.472/Z228p)
曝書亭集二十三卷　(清)朱彝尊撰　(清)孫銀槎輯注　清嘉慶五年(1800)刻本　清莫友芝批　六冊

500000－8741－0005032　GJ5044(851.472/Z242)
朱秋厓詩集四卷　(清)朱克生著　清同治四年(1865)刻本　二冊

500000－8741－0005033　GJ5045(851.473/W350)
松泉詩集二十六卷　(清)汪由敦撰　清乾隆汪承霈刻本　六冊

500000－8741－0005034　GJ5046(851.474/D148)
硯林詩集四卷硯林集拾遺一卷附三丁詩文拾遺一卷硯林印款一卷　(清)丁敬撰　(清)丁丙輯　清同治至光緒間錢唐丁氏當歸草堂刻西泠五布衣遺著本　二冊

500000－8741－0005035　GJ5047(851.474/G031)
立齋遺詩六卷附錄一卷　(清)郭家駒撰　清宣統三年(1911)木活字印本　一冊

500000－8741－0005036　GJ5048(851.474/G031)
立齋遺詩六卷附錄一卷　(清)郭家駒撰　清宣統三年(1911)木活字印本　一冊

500000－8741－0005037　GJ5049(851.474/L782)
篁村集十二卷　(清)陸錫熊撰　清道光二十九年(1849)上海陸成沅刻本　四冊

500000－8741－0005038　GJ5050(851.474/M761)
南齋集六卷南齋詞二卷　(清)馬曰璐撰　清乾隆刻本　二冊

500000－8741－0005039　GJ5051(851.474/Q015)
雨峰詩鈔七卷　(清)齊翀撰　清光緒二年(1876)揚州隨安室刻本　二冊

500000－8741－0005040　GJ5052(851.474/Q830)
句餘土音三卷全謝山遺詩一卷　(清)全祖望撰　清宣統三年(1911)國學扶輪社鉛印本　一冊

500000－8741－0005041　GJ5053(851.474/Q830－1)
句餘土音三卷甬上族望表二卷　(清)全祖望撰　清嘉慶十九年(1814)刻本　二冊

500000－8741－0005042　GJ5054(851.474/Q833)
鮚埼亭詩集十卷　(清)全祖望撰　清光緒十六年(1890)慈溪童氏大鄮山館刻本　二冊

500000－8741－0005043　GJ5055(851.474/Q871)
香樹齋詩集十八卷　(清)錢陳群撰　清乾隆十六年(1751)刻本　六冊

500000－8741－0005044　GJ5056(851.474/S437)
學山近草三卷　(清)蘇汝院著　(清)孫桂丹點評　清乾隆二十五年(1760)刻本　三冊

500000－8741－0005045　GJ5057(851.474/W104)
柳南詩鈔十卷　(清)王應奎撰　(清)沈德潛　(清)陳見復點校　清刻本　二冊

500000－8741－0005046　GJ5058(851.474/W330)
振綺堂詩存一卷　(清)汪憲撰　清光緒十五年(1889)刻本　一冊

500000－8741－0005047　GJ5059(851.474/W350)
容甫先生遺詩五卷補一卷附錄一卷　(清)汪中撰　清宣統二年(1910)順德鄧氏風雨樓鉛印本　一冊

500000－8741－0005048　GJ5060(851.474/W621)
愛荆堂詩草二卷　(清)吳自強撰　清刻本　一冊

500000－8741－0005049　GJ5061(851.474/X432)
香屑集十八卷首一卷末一卷　(清)黃之雋集

(清)陳邦直校注　清雍正十二年(1734)刻本　四册

500000－8741－0005050　GJ5062(851.474/X447)
道古堂詩集二十六卷文集四十八卷　(清)杭世駿撰　清乾隆三十二年(1767)刻本　十六册

500000－8741－0005051　GJ5063(851.474/Y222)
留春草堂詩鈔七卷　(清)伊秉綬撰　清嘉慶十九年(1814)廣州秋水園刻本　二册

500000－8741－0005052　GJ5064(851.474/Y438)
蜨庵詩鈔八卷　(清)楊棨撰　清同治二年(1863)刻本　二册

500000－8741－0005053　GJ5065(851.474/Z－121)
南華山房詩鈔不分卷南華山人詩鈔十五卷　(清)張鵬翀撰　清乾隆九年(1744)刻本　四册

500000－8741－0005054　GJ5066(851.474/Z172)
華海堂詩八卷　(清)張熙純撰　清刻本　佚名批　二册

500000－8741－0005055　GJ5067(851.474/Z404)
媕雅堂詩集八卷　(清)趙文喆撰　清宣統至民國江浦陳氏房山山房刻本　二册

500000－8741－0005056　GJ5068(851.474/Z448)
忠雅堂文集三十卷　(清)蔣士銓撰　清嘉慶二十二年(1817)刻本　六册

500000－8741－0005057　GJ5069(851.474/Z899)
板橋集六卷　(清)鄭燮撰　清刻本　一册
存四卷(板橋詩鈔三、詞鈔一卷、道情十首板橋題畫一卷、與舍弟書十六通一卷)

500000－8741－0005058　GJ5070(851.475/B631)
靈巖山人詩集四十卷　(清)畢沅撰　清嘉慶四年(1799)刻本　八册

500000－8741－0005059　GJ5071(851.475/G768)
適齋居士集四卷　(清)舒敏撰　清道光二十二年(1842)吳門臬署刻本　二册

500000－8741－0005060　GJ5072(851.475/H442)
穌山草堂小藳四卷　(清)何其偉撰　清嘉慶二十一年(1816)刻本　一册

500000－8741－0005061　GJ5073(851.475/J332)
白圭堂詩鈔六卷詩續鈔六卷　(清)江之紀撰　清光緒十九年(1893)刻本　四册

500000－8741－0005062　GJ5074(851.475/L288)
五百四峰堂詩鈔二十五卷　(清)黎簡撰　清同治十三年(1874)南海陳氏刻本　八册

500000－8741－0005063　GJ5075(851.475/L288)
五百四峰堂詩鈔二十五卷　(清)黎簡撰　清同治十三年(1874)南海陳氏刻本　八册

500000－8741－0005064　GJ5076(851.475/L703)
筱雲詩集二卷　(清)陸應宿撰　清刻本　一册

500000－8741－0005065　GJ5077(851.475/L740)
白華山人詩集十六卷詩説二卷　(清)厲志撰　清光緒九年(1883)定海厲氏刻本　四册

500000－8741－0005066　GJ5078(851.475/Q004)
梅麓詩鈔十八卷　(清)齊彦槐撰　清光緒元年(1875)揚州隨安室刻本　六册

500000－8741－0005067　GJ5079(851.475/S820)
瓶水齋詩集十七卷别集二卷詩話一卷　(清)舒位撰　清光緒十二年(1886)刻本　八册

500000－8741－0005068　GJ5080(851.475/U209)
香雪山莊詩初集九卷首一卷中集十一卷首一卷　(清)吳文炳撰　清咸豐元年(1851)刻本　八册

500000－8741－0005069　GJ5081(851.475/W103)
夢樓詩集二十四卷　(清)王文治撰　清乾隆六十年(1795)刻本　六册

500000－8741－0005070　GJ5082(851.475/W302)
自然好學齋詩鈔十卷　(清)汪端撰　清同治十三年(1874)刻本　三册

500000－8741－0005071　GJ5083(851.475/W802)
復初齋詩集七十卷　(清)翁方綱撰　清刻本　二十四册

500000－8741－0005072　GJ5084(851.475/W834)

知止齋詩集十六卷 （清）翁心存撰　清光緒三年（1877）常熟毛文彬刻書局刻本　四册

500000－8741－0005073　GJ5085（851.475/X304）
卷施閣詩二十卷 （清）洪亮吉撰　清乾隆六十年（1795）刻本　五册

500000－8741－0005074　GJ5086（851.475/Y437）
捧月樓綺語八卷 （清）袁通撰　清嘉慶二十年（1815）江寧顧晴崖局刻本　六册

500000－8741－0005075　GJ5087（851.475/Z177）
船山詩草二十卷 （清）張問陶撰　清嘉慶二十年（1815）刻本　六册

500000－8741－0005076　GJ5088（851.475/Z177－2）
船山詩草二十卷 （清）張問陶撰　清嘉慶二十年（1815）刻本　六册

500000－8741－0005077　GJ5089（851.476/C703）
西泠懷古集十卷 （清）陳文述撰　清光緒九年（1883）越中刻本　四册

500000－8741－0005078　GJ5090（851.476/D046）
太鶴山人集十三卷 （清）端木國瑚撰　清道光二十年（1840）瑞安洪坤刻本　四册

500000－8741－0005079　GJ5091（851.476/D046－2）
太鶴山人集十三卷 （清）端木國瑚撰　清道光二十年（1840）瑞安洪坤刻本　六册

500000－8741－0005080　GJ5092（851.476/F300）
栖碧山房詩鈔七卷 （清）馮慶撰　清同治十一年（1872）錦官城上浣刻本　四册

500000－8741－0005081　GJ5093（851.476/G092）
仿玉局黄樓詩稿一卷 （清）廷桂撰　清抄本　一册

500000－8741－0005082　GJ5094（851.476/I494）
秦川焚餘草六卷補遺一卷附刻一卷 （清）董平章撰　清光緒二十七年（1901）容齋刻本　六册

500000－8741－0005083　GJ5095（851.476/J246）
丹魁堂詩集七卷 （清）季芝昌撰　清同治四年（1865）紫琅寓館刻本　二册

500000－8741－0005084　GJ5096（851.476/K128）
心嚮往齋詩集二卷 （清）孔繼鑅撰　清道光二十九年（1849）刻本　一册

500000－8741－0005085　GJ5097（851.476/K132）
對嶽樓詩錄二卷續錄四卷 （清）孔憲彝撰　清刻本　二册

500000－8741－0005086　GJ5098（851.476/L322）
兩般秋雨盦詩選一卷 （清）梁紹壬撰　清道光十三年（1833）刻本　一册

500000－8741－0005087　GJ5099（851.476/L433）
李養一先生詩集四卷附一卷 （清）李兆洛撰　清光緒八年（1882）江陰刻本　二册

500000－8741－0005088　GJ5100（851.476/L444）
養餘齋初集四卷二集四卷三集六卷 （清）柳樹芳撰　清道光二十七年（1847）刻本　四册

500000－8741－0005089　GJ5101（851.476/L722）
意苕山館詩稿十六卷 （清）陸嵩撰　清光緒十八年（1892）京師刻本　四册

500000－8741－0005090　GJ5102（851.476/L772）
藉花小室詩鈔二卷 （清）厲同勳撰　清刻本　一册

500000－8741－0005091　GJ5103（851.476/L774）
梧孫行吟草十卷附疊聚星堂韻詩二卷 （清）劉興樾撰　清道光二十四年（1844）刻本　五册

500000－8741－0005092　GJ5104（851.476/L777）
孟塗先生遺詩二卷 （清）劉開撰　清光緒十二年（1886）刻本　一册

500000－8741－0005093　GJ5105（851.476/M764）
玉函山房詩集九卷 （清）馬國翰撰　清光緒十年（1884）繡江李氏刻本　四册

500000－8741－0005094　GJ5106（851.476/S072）
亦園詩賸五卷 （清）謝學崇撰　清咸豐十年（1860）刻本　二册

500000－8741－0005095　GJ5107（851.476/S349）
紅杏軒詩鈔十六卷續一卷 （清）宋世犖撰　清道光十四年（1834）刻紅杏軒詩抄本　四册

500000－8741－0005096　GJ5108(851.476/S583)
俞俞齋文稿初集四卷詩稿初集二卷詩餘一卷　(清)史念祖撰　清光緒三十二年(1906)廣陵刻本　二册　存三卷(詩稿初集二卷、詩餘一卷)

500000－8741－0005097　GJ5109(851.476/T377)
海秋詩集二十六卷附評跋一卷　(清)湯鵬撰　清道光十八年(1838)刻本　八册

500000－8741－0005098　GJ5110(851.476/T721)
是程堂初集四卷　(清)屠倬撰　清嘉慶刻本　二册

500000－8741－0005099　GJ5111(851.476/T734)
印心石屋詩鈔初集四卷二集三卷　(清)陶澍撰　清嘉慶二十三年(1818)刻本　二册

500000－8741－0005100　GJ5112(851.476/T734－2)
撫吴草四卷　(清)陶澍撰　清刻本　二册

500000－8741－0005101　GJ5113(851.476/W143)
嗣雅堂詩存五卷　(清)王嘉祿撰　清道光二十六年(1846)刻本　一册

500000－8741－0005102　GJ5114(851.476/W144)
蠙廬詩鈔十卷　(清)王蔭槐撰　清光緒七年(1881)盱眙王氏紫藤花館刻本　二册

500000－8741－0005103　GJ5115(851.476/W173)
青箱塾詩集一卷　(清)王熙業撰　清刻本　一册

500000－8741－0005104　GJ5116(851.476/W243)
又其次齋詩集七卷　(清)吳世涵撰　清咸豐刻本　四册

500000－8741－0005105　GJ5117(851.476/W248)
古琴樓詩鈔一卷　(清)吳松撰　清宣統三年(1911)華雲閣鉛印本　一册

500000－8741－0005106　GJ5118(851.476/W834)
知止齋詩集十六卷　(清)翁心存撰　清光緒三年(1877)常熟毛文彬刻本　四册

500000－8741－0005107　GJ5119(851.476/X014)
瑞芍軒詩鈔四卷詞稿一卷　(清)許乃穀撰　清同治七年(1868)刻本　二册

500000－8741－0005108　GJ5120(851.476/X019)
雪門詩草十四卷　(清)許瑤光撰　清同治十三年(1874)刻本　六册

500000－8741－0005109　GJ5121(851.476/X056)
蘭茗館詩鈔十一卷　(清)許奉恩撰　清道光刻民國十九年(1930)印本　二册

500000－8741－0005110　GJ5122(851.476/X238)
壺園詩鈔選十卷五代樂府一卷壺園試帖課存一卷七言排律一卷壺園試帖二刻課存一卷　(清)徐寶善撰　(清)顧南雅選　清道光刻本　四册

500000－8741－0005111　GJ5123(851.476/X299)
懷古田舍詩節鈔六卷　(清)徐榮撰　清同治三年(1864)錦城刻本　六册

500000－8741－0005112　GJ5124(851.476/Y434)
西河草堂詩賸不分卷　(清)葉兆蘭撰　清道光刻本　一册

500000－8741－0005113　GJ5125(851.476/Z120)
小琅環園詩錄七卷集句一卷詞錄一卷　(清)張脩府撰　清光緒七年(1881)長沙刻本　二册

500000－8741－0005114　GJ5126(851.476/Z270)
密齋詩存四卷　(清)程同文撰　清道光九年(1829)福州梁章鉅刻本　一册

500000－8741－0005115　GJ5127(851.476/Z434)
春暉閣詩鈔選六卷　(清)蔣湘南撰　清同治八年(1869)刻本　二册

500000－8741－0005116　GJ5128(851.476/Z434)
春暉閣詩鈔選六卷　(清)蔣湘南撰　清同治八年(1869)刻本　二册

500000－8741－0005117　GJ5129(851.476/Z702)
駕雲螭室詩錄六卷　(清)周文禾撰　清光緒十三年(1887)刻本　一册

500000－8741－0005118　GJ5130(851.476/Z742)
内自訟齋詩鈔八卷　(清)周凱撰　清道光刻本　二册

500000－8741－0005119　GJ5131(851.476/Z772)

餐芍華館詩集八卷蕉心詞一卷 （清）周騰虎撰　清光緒十九年(1893)木活字印本　二冊

500000－8741－0005120　GJ5132(851.477/C233)
妙香軒集唐詩鈔不分卷 （清）程祖潤撰　清咸豐刻本　一冊

500000－8741－0005121　GJ5133(851.477/C547)
曇雲閣詩集八卷補遺一卷外集一卷附錄二卷 （清）曹懋堅撰　清光緒三年(1877)曼陀羅館刻本　五冊

500000－8741－0005122　GJ5134(851.477/C744)
白雲山人詩草二卷文草一卷 （清）陳桂撰　清末刻本　一冊

500000－8741－0005123　GJ5135(851.477/D482)
蓉洲初集六卷 （清）戴鈞衡撰　清道光十九年(1839)香月山房刻本　二冊

500000－8741－0005124　GJ5136(851.477/D482)
蓉洲初集六卷 （清）戴鈞衡撰　清道光十九年(1839)香月山房刻本　二冊

500000－8741－0005125　GJ5137(851.477/F037)
二知軒詩鈔十四卷續鈔十八卷 （清）方濬頤撰　清同治五年(1866)廣州刻本　十六冊

500000－8741－0005126　GJ5138(851.477/F037－2)
二知軒詩鈔十四卷 （清）方濬頤撰　清同治五年(1866)廣州刻本　六冊

500000－8741－0005127　GJ5139(851.477/F307)
子良詩錄二卷附摘句一卷 （清）馮詢撰　清同治二年(1863)廣州城西寶華坊刻本　二冊

500000－8741－0005128　GJ5140(851.477/F348)
微尚齋詩集初編四卷續集一卷 （清）馮志沂撰　清同治三年(1864)廬州刻本　一冊

500000－8741－0005129　GJ5141(851.477/F433)
印雪軒詩稿一卷 （清）胡鴻澤撰　清光緒刻本　一冊

500000－8741－0005130　GJ5142(851.477/F577)
春暉草堂詩存二卷 （清）費履堅撰　清同治三年(1864)刻本　一冊

500000－8741－0005131　GJ5143(851.477/G008)
茶夢盦劫後詩稿十二卷 （清）高望曾撰　清同治九年(1870)福州刻光緒十六年(1890)杭州補刻本　四冊

500000－8741－0005132　GJ5144(851.477/G0336)
伏敔堂詩錄十五卷首一卷附錄一卷續錄四卷 （清）江湜撰　清同治元年(1862)刻本　四冊　存十七卷(伏敔堂詩錄十五卷、首一卷、附錄一卷)

500000－8741－0005133　GJ5145(851.477/G0336)
伏敔堂詩錄十五卷首一卷附錄一卷續錄四卷 （清）江湜撰　清同治元年(1862)刻本　四冊

500000－8741－0005134　GJ5146(851.477/G0336)
伏敔堂詩錄十五卷首一卷附錄一卷續錄四卷 （清）江湜撰　清同治元年(1862)刻本　四冊

500000－8741－0005135　GJ5147(851.477/G0336－2)
伏敔堂詩錄十五卷首一卷附錄一卷續錄四卷 （清）江湜撰　清同治元年(1862)刻本　四冊

500000－8741－0005136　GJ5148(851.477/G482)
含薰室詩集二卷 （清）吉鍾穎撰　清同治六年(1867)吉氏刻本　一冊

500000－8741－0005137　GJ5149(851.477/H244)
藏齋詩鈔六卷 （清）何其超撰　清同治刻本　二冊

500000－8741－0005138　GJ5150(851.477/I445)
通藝閣詩錄八卷續錄八卷三錄八卷 （清）姚椿撰　清咸豐刻本　六冊

500000－8741－0005139　GJ5151(851.477/I499)
後湘詩集九卷後湘二集五卷 （清）姚瑩撰　清道光十三年(1833)刻本　二冊

500000－8741－0005140　GJ5152(851.477/J370)
黃葉山樵詩草四卷 （清）江璧撰　清刻本　佚名圈點批校　一冊

500000－8741－0005141　GJ5153(851.477/J410)

空青水碧齋詩集十三卷補遺一卷 （清）蔣琦齡撰 清光緒刻本 四冊

500000－8741－0005142 GJ5154(851.477/J836)

黃谿遺詩遺詩一卷 （清）姜渭撰 清末刻本 一冊

500000－8741－0005143 GJ5155(851.477/K023)

伯山詩鈔八卷 （清）康發祥撰 清咸豐刻本 佚名批注 二冊

500000－8741－0005144 GJ5156(851.477/K128)

心嚮往齋詩集二卷 （清）孔繼鑅撰 清道光二十九年(1849)刻本 一冊

500000－8741－0005145 GJ5157(851.477/K132b)

對嶽樓詩續錄四卷 （清）孔憲彝撰 清咸豐六年(1856)刻本 一冊

500000－8741－0005146 GJ5158(851.477/L725)

萊香書屋詩草一卷 （清）陸以耕撰 清末石印本 一冊

500000－8741－0005147 GJ5159(851.477/M444)

郘亭詩鈔六卷遺詩八卷 （清）莫友芝撰 清咸豐二年(1852)遵義湘川講舍刻同治五年(1866)江甯三山客舍修補光緒十七年(1891)再補刻本 二冊

500000－8741－0005148 GJ5160(851.477/Q871)

侖翁詩鈔四卷附寄生吟草一卷 （清）錢辰撰 清光緒八年(1882)南錢草堂刻本 二冊

500000－8741－0005149 GJ5161(851.477/S123)

飣餖吟十二卷 （清）石贊清集 （清）黃丙森等註釋 清咸豐刻本 八冊

500000－8741－0005150 GJ5162(851.477/S333)

話山草堂遺集十三卷 （清）沈道寬撰 清光緒三年(1877)江南潤州榷廨刻本 八冊

500000－8741－0005151 GJ5163(851.477/S438)

妙香館詩鈔六卷 （清）銘岳撰 清咸豐九年(1859)刻本 四冊

500000－8741－0005152 GJ5164(851.477/T099)

樂志堂文略四卷詩略二卷附錄一卷 （清）譚瑩撰 清光緒元年(1875)刻本 三冊

500000－8741－0005153 GJ5165(851.477/T243)

紅豆樹館詩稿十四卷補遺一卷 （清）陶樑撰 清咸豐七年(1857)刻本 四冊

500000－8741－0005154 GJ5166(851.477/T243－1)

紅豆樹館詩稿十四卷補遺一卷詞八卷補遺一卷逸稿一卷 （清）陶樑撰 清道光十三年(1833)、咸豐七年(1857)、光緒六年(1880)遞刻本 五冊

500000－8741－0005155 GJ5167(851.477/T343)

復堂詩四卷詞一卷 （清）譚獻撰 **待堂文一卷** （清）吳懷珍撰 清同治四年(1865)刻本 佚名圈點 一冊

500000－8741－0005156 GJ5168(851.477/W163)

王孟調明經西鼂草一卷詞一卷 （清）王星諴撰 清刻本 一冊

500000－8741－0005157 GJ5169(851.477/W254)

花宜館詩鈔十六卷續存一卷無腔村笛二卷 （清）吳振棫撰 清同治四年(1865)刻本 佚名圈點 六冊

500000－8741－0005158 GJ5170(851.477/W284)

柈湖詩錄六卷首一卷 （清）吳敏樹著 清同治八年(1869)刻本 四冊

500000－8741－0005159 GJ5171(851.477/W850)

杉蔭橋邊舊草堂詩鈔二卷 （清）翁壽麐撰 清咸豐刻本 二冊

500000－8741－0005160 GJ5172(851.477/X019)

雪門詩草十四卷 （清）許瑤光撰 清同治十三年(1874)刻本 六冊

500000－8741－0005161 GJ5173(851.477/X211)

小醉經室詩集六卷 （清）徐廷珍撰 清光緒十年(1884)江都徐氏刻本 二冊

500000－8741－0005162 GJ5174(851.477/X224)

東洲草堂詩鈔三十卷詩餘一卷 （清）何紹基撰 清同治六年(1867)長沙無園刻本 六冊

500000－8741－0005163 GJ5175(851.477/X224－1)

東洲草堂詩選十一卷 （清）何紹基撰 清同治八年(1869)宜章官廨刻本 六冊

500000－8741－0005164　GJ5176(851.477/X499)
倚晴樓詩集十二卷續集四卷詩餘四卷帝女花二卷桃谿雪二卷　(清)黄燮清撰　清道光二十七年至同治九年(1847－1870)刻本　六册

500000－8741－0005165　GJ5177(851.477/Y183)
都梁草二卷和竹如意齋唱和集一卷　(清)于養源撰　清光緒十九年(1893)刻本　一册

500000－8741－0005166　GJ5178(851.477/Z127)
聽松廬詩鈔十六卷首一卷　(清)張維屏撰　清嘉慶十八年(1813)刻本　四册

500000－8741－0005167　GJ5179(851.477/Z127)
聽松廬詩鈔十六卷首一卷　(清)張維屏撰　清嘉慶十八年(1813)刻本　四册

500000－8741－0005168　GJ5180(851.477/Z133)
詩舲詩續二卷附詞續一卷　(清)張祥河撰　清刻本　一册

500000－8741－0005169　GJ5181(851.477/Z721)
寶德堂詩鈔十卷附存二卷　(清)周衡撰　清光緒二年(1876)刻本　三册

500000－8741－0005170　GJ5182(851.477/Z818)
播雅二十四卷　(清)鄭珍編　清宣統三年(1911)貴州文通書局鉛印本　八册

500000－8741－0005171　GJ5183(851.477/Z818－8)
巢經巢詩鈔九卷　(清)鄭珍撰　清咸豐刻本　佚名圈點　二册

500000－8741－0005172　GJ5184(851.477/Z891)
小石詩鈔六卷補編一卷詩餘一卷鍼鸝山館詩草一卷　(清)曾諧撰　清同治十年(1871)章安葉氏刻本　二册

500000－8741－0005173　GJ5185(851.477/Z891)
小石詩鈔六卷補編一卷詩餘一卷鍼鸝山館詩草一卷　(清)曾諧撰　清同治十年(1871)章安葉氏刻本　二册

500000－8741－0005174　GJ5186(851.478/C256)
哦月樓詩存三卷詩餘一卷　(清)儲惠嘯撰　清光緒十一年(1885)鉛印本　一册

500000－8741－0005175　GJ5187(851.478/C531)
霜傑齋詩二卷補遺一卷　(清)秦寶璣撰　清光緒十二年(1886)刻本　一册

500000－8741－0005176　GJ5188(851.478/C570)
南岡草堂詩選二卷續編一卷　(清)秦際唐撰　清末刻本　二册

500000－8741－0005177　GJ5189(851.478/C729)
一漚吟館選集二卷　(清)陳崇光撰　清宣統二年(1910)懷荃室刻本　一册

500000－8741－0005178　GJ5190(851.478/D152)
白香亭詩三卷　(清)鄧輔綸撰　清光緒十九年(1893)東河督署刻本　二册

500000－8741－0005179　GJ5191(851.478/D430)
六一山房詩集九卷　(清)董沛撰　清煙嶼樓抄本　二册

500000－8741－0005180　GJ5192(851.478/F432)
澄清堂詩存四卷　(清)范祝崧撰　清咸豐十年(1860)刻本　二册

500000－8741－0005181　GJ5193(851.478/G024)
養知書屋詩集十五卷　(清)郭嵩燾撰　清光緒十八年(1892)刻本　四册

500000－8741－0005182　GJ5194(851.478/G024)
養知書屋詩集十五卷　(清)郭嵩燾撰　清光緒十八年(1892)刻本　四册

500000－8741－0005183　GJ5195(851.478/G024)
養知書屋詩集十五卷　(清)郭嵩燾撰　清光緒十八年(1892)刻本　四册

500000－8741－0005184　GJ5196(851.478/G489)
傳樸堂詩稿四卷補遺一卷附錄一卷竹樊山莊詞一卷　(清)葛金烺撰　**弢華館詩稿一卷**　(清)葛嗣濚撰　清光緒二十一年(1895)刻本　二册

500000－8741－0005185　GJ5197(851.478/G489)
傳樸堂詩稿四卷補遺一卷附錄一卷竹樊山莊詞一卷　(清)葛金烺撰　**弢華館詩稿一卷**　(清)葛嗣濚撰　清光緒二十一年(1895)刻本　二册

500000－8741－0005186　GJ5198(851.478/G826)

來雲閣詩六卷　(清)金和撰　清光緒十八年(1892)丹陽束氏刻本　二册

500000－8741－0005187　GJ5199(851.478/H233)
心盦詩存二卷　(清)何兆瀛撰　清光緒五年(1879)刻本　二册

500000－8741－0005188　GJ5200(851.478/H411)
翠巖室詩鈔二卷　(清)韓弼元撰　清刻本　二册

500000－8741－0005189　GJ5201(851.478/H465)
希陶軒遺箸八卷　(清)黄圖成撰　清宣統元年(1909)鉛印本　一册

500000－8741－0005190　GJ5202(851.478/H465)
希陶軒遺箸八卷　(清)黄圖成撰　清宣統元年(1909)鉛印本　一册

500000－8741－0005191　GJ5203(851.478/I464－1)
坦園詩錄十五卷詞錄六卷　(清)楊恩壽撰　清光緒長沙楊氏坦園刻本　四册

500000－8741－0005192　GJ5204(851.478/I499)
復莊詩問三十四卷　(清)姚燮撰　清道光二十六年至二十八年(1846－1848)鎮海姚氏刻本　八册

500000－8741－0005193　GJ5205(851.478/J444)
次園詩存六卷　(清)蔣彬若撰　清光緒鉛印本　一册

500000－8741－0005194　GJ5206(851.478/J844)
倚雲樓古今體詩一卷　(清)金其恕撰　清光緒刻本　一册

500000－8741－0005195　GJ5207(851.478/J844)
倚雲樓古今體詩一卷　(清)金其恕撰　清光緒刻本　一册

500000－8741－0005196　GJ5208(851.478/K043)
隨安廬詩集六卷補遺一卷又二卷　(清)亢樹滋撰　清光緒刻本　二册

500000－8741－0005197　GJ5209(851.478/L408)
太素齋詞鈔二卷　(清)勒方錡撰　清光緒十年(1884)刻本　一册

500000－8741－0005198　GJ5210(851.478/L434)
三近草堂詩集八卷　(清)李福基撰　清光緒二十八年(1902)勺湖漁墅刻本　二册

500000－8741－0005199　GJ5211(851.478/L744)
石龕詩卷二十四卷詩餘偶存一卷　(清)劉楚英撰　清同治九年(1870)粵西鹺署刻本　四册

500000－8741－0005200　GJ5212(851.478/L749)
師竹軒詩集四卷　(清)劉樹堂撰　**韻香閣詩草一卷**　(清)孔祥淑撰　清光緒十五年(1889)浙江官書局刻本　二册

500000－8741－0005201　GJ5213(851.478/Q584)
小睡足寮詩錄四卷續錄四卷補錄二卷散叟倦槀一卷小睡足寮二友詩錄一卷　(清)秦敏樹撰　清光緒二十三年至宣統二年(1897－1910)刻本　二册

500000－8741－0005202　GJ5214(851.478/R203)
風雨對吟齋詩鈔四卷詩餘一卷　(清)任端良撰　清光緒十八年(1892)海鹽任氏刻本　二册

500000－8741－0005203　GJ5215(851.478/S022)
通雅堂詩鈔十卷　(清)施山撰　清光緒元年(1875)荆州刻本　二册

500000－8741－0005204　GJ5216(851.478/S560)
鬱華閣遺集四卷　(清)盛昱撰　清光緒三十一年(1905)刻本　一册

500000－8741－0005205　GJ5217(851.478/S824)
固菴自定草四卷人天清籟集一卷養初子筆記一卷　(清)舒紹基撰　清宣統元年(1909)金陵懷甯舒氏曼陀羅花室鉛印本　一册　存二卷(固菴自定草一至二)

500000－8741－0005206　GJ5218(851.478/S824－2)
固菴自定草四卷人天清籟集一卷養初子筆記一卷　(清)舒紹基撰　清宣統元年(1909)金陵懷甯舒氏曼陀羅花室鉛印本　二册

500000－8741－0005207　GJ5219(851.478/T494－2)
范伯子詩集十九卷　(清)范當世撰　清光緒

三十四年(1908)刻本　四冊

500000－8741－0005208　GJ5220(851.478/T494－3)
范伯子詩集十九卷　(清)范當世撰　清刻本　一冊　存五卷(十五至十九)

500000－8741－0005209　GJ5221(851.478/W017)
省齋詩鈔四卷　(清)文天駿撰　清光緒二十三年(1897)四川文匯堂刻本　二冊

500000－8741－0005210　GJ5222(851.478/W124)
讀選樓詩稿十卷　(清)王采蘋撰　清光緒二十年(1894)東河督署刻本　二冊

500000－8741－0005211　GJ5223(851.478/W124)
讀選樓詩稿十卷　(清)王采蘋撰　清光緒二十年(1894)東河督署刻本　二冊

500000－8741－0005212　GJ5224(851.478/W133)
養拙齋詩十四卷附錄一卷　(清)王必達撰　**桂隱詩存一卷**　(清)王必藩撰　清光緒十六年至十九年(1890－1893)臨桂王維翰等刻本　四冊

500000－8741－0005213　GJ5225(851.478/W166)
滋蘭室遺稿一卷　(清)王嗣暉撰　清末民初鉛印本　一冊

500000－8741－0005214　GJ5226(851.478/W245)
吳摯甫詩集一卷　(清)吳汝綸撰　清宣統二年(1910)上海國學扶輪社石印本　佚名圈點　一冊

500000－8741－0005215　GJ5227(851.478/W308)
溫飛卿詩集七卷別集一卷集外詩一卷　(唐)溫庭筠撰　(明)曾益原注　(清)顧予咸補注　(清)顧嗣立續注　清宣統二年(1910)石印本　四冊

500000－8741－0005216　GJ5228(851.478/W603)
爪印軒詩存一卷　(清)吳慶鴻撰　清光緒三十一年(1905)刻本　一冊

500000－8741－0005217　GJ5229(851.478/W632)
桐城吳先生詩集一卷　(清)吳汝綸撰　清光緒三十年(1904)桐城吳氏家刻本　一冊

500000－8741－0005218　GJ5230(851.478/X034)
小遊船詩一卷　(清)辛漢清撰　清光緒二十八年(1902)刻本　一冊

500000－8741－0005219　GJ5231(851.478/X042)
青芙山館詩鈔十二卷　謝甘盤撰　**咏物口占四卷**　謝佩香撰　清宣統元年至三年(1909－1911)刻本　三冊

500000－8741－0005220　GJ5232(851.478/X230)
善思齋詩鈔七卷　(清)徐宗亮撰　清刻本　一冊

500000－8741－0005221　GJ5233(851.478/X234)
梧竹軒詩鈔十卷丁酉後賸稿一卷　(清)徐兆英撰　清光緒二十七年(1901)刻本　四冊

500000－8741－0005222　GJ5234(851.478/X336)
龍岡山人詩鈔十八卷　(清)洪良品撰　清光緒六年(1880)刻本　六冊

500000－8741－0005223　GJ5235(851.478/X461)
藤香館詩鈔四卷續鈔一卷　(清)薛時雨撰　清同治七年至十年(1868－1871)刻本　佚名圈點　五冊

500000－8741－0005224　GJ5236(851.478/Y423)
鬱華閣遺集四卷　(清)盛昱撰　清光緒二十八年(1902)留垞武昌刻朱印本　一冊

500000－8741－0005225　GJ5237(851.478/Y447)
江上小蓬萊吟舫詩存十卷　(清)葉坤厚撰　清光緒九年(1883)懷寧葉氏陝西藩署刻本　十冊

500000－8741－0005226　GJ5238(851.478/Y450)
飲雪軒詩集四卷　(清)楊泰亨撰　清宣統二年(1910)經畬家塾刻本　一冊

500000－8741－0005227　GJ5239(851.478/Y808)
繡墨軒詩稿一卷詞稿一卷　(清)俞慶曾撰　清光緒二十三年(1897)刻本　一冊

500000－8741－0005228　GJ5240(851.478/Z102)
舒藝室詩存七卷索笑詞二卷　(清)張文虎撰　清光緒刻本　二冊

500000－8741－0005229　GJ5241(851.478/Z114)
延秋吟館詩鈔四卷　(清)張聯桂撰　清光緒

十一年(1885)刻本　一冊

500000－8741－0005230　GJ5242(851.478/Z114－1)
延秋吟館詩鈔四卷　(清)張聯桂撰　清光緒十一年(1885)刻本　一冊

500000－8741－0005231　GJ5243(851.478/Z238)
紅粟山莊詩六卷　(清)朱寶善撰　清同治九年(1870)福州吳氏刻本　二冊

500000－8741－0005232　GJ5244(851.478/Z287)
四白齋蜀游草一卷　(清)朱銘撰　清光緒八年(1882)刻本　一冊

500000－8741－0005233　GJ5245(851.478/Z313)
璞齋集詩七卷詞一卷　(清)諸可寶撰　清光緒二十二年(1896)諸氏五峰官舍刻本　三冊

500000－8741－0005234　GJ5246(851.478/Z467)
遂園詩鈔六卷　(清)趙昀撰　清光緒二年(1876)金陵刻本　趙譽船批點並跋　二冊

500000－8741－0005235　GJ5247(851.479/W125)
僑隱集二卷　(清)王貞春撰　清宣統元年(1909)刻本　一冊

500000－8741－0005236　GJ5248(851.479/W654)
茹恨集一卷　(清)吳春芳撰　清宣統二年(1910)鎮江大成書局鉛印本　一冊

500000－8741－0005237　GJ5249(851.479/Z133)
廣雅堂詩集不分卷　(清)張之洞撰　清宣統二年(1910)四川官印刷局鉛印本　二冊

500000－8741－0005238　GJ5250(851.479/Z134－2)
廣雅碎金四卷附錄一卷補校一卷　(清)張之洞撰　清光緒二十三年(1897)桐廬袁氏水明樓刻本　二冊

500000－8741－0005239　GJ5251(851.479/Z134－2)
廣雅碎金四卷附錄一卷補校一卷　(清)張之洞撰　清光緒二十三年(1897)桐廬袁氏水明樓刻本　二冊

500000－8741－0005240　GJ5252(851.48/C740c)
陳一齋先生詩集不分卷　(清)陳梓撰　(清)崔以學編錄　清宣統三年(1911)上海國學扶輪社鉛印本　一冊

500000－8741－0005241　GJ5253(851.48/C780)
松壽堂詩鈔十卷　(清)陳夔龍撰　清宣統三年(1911)京師刻本　四冊

500000－8741－0005242　GJ5254(851.48/D120q)
秋華堂詩一卷　丁傳靖撰　清宣統三年(1911)鉛印本　一冊

500000－8741－0005243　GJ5255(851.48/J812)
隱山樓詩集一卷　(清)金天德撰　清光緒二十一年(1895)抄本　一冊

500000－8741－0005244　GJ5256(851.48/K043b)
南海先生詩集十三卷　康有為撰　梁啟超書　清宣統三年(1911)上海廣智書局影梁啟超手寫本印本　一冊

500000－8741－0005245　GJ5257(851.48/S020)
聊復軒詩存一卷詩餘附存一卷蛻塵軒詩存一卷詩餘一卷　(清)施贊唐撰　清宣統至民國木活字印本　二冊

500000－8741－0005246　GJ5258(851.48/U204b)
補松廬詩錄六卷　(清)吳慶坻撰　清宣統三年(1911)湖南學務公所鉛印本　二冊

500000－8741－0005247　GJ5259(851.7/L427)
八松庵詩集九卷　(清)李御撰　清光緒二十五年(1899)刻本　二冊

500000－8741－0005248　GJ5260(852.1/F028)
瀛奎律髓刊誤四十九卷　(元)方回輯　(清)紀昀批點　清光緒六年(1880)懺花盦刻本　十冊　存四十六卷(一至四十六)

500000－8741－0005249　GJ5261(852.1/W444－2)
詞律二十卷　(清)萬樹撰　**拾遺八卷**　(清)徐本立纂　**補遺一卷目次韻目一卷詞人姓氏錄一卷**　(清)杜文瀾編　清末民初石印本　十二冊

500000－8741－0005250　GJ5262(852.1/W444－2)
詞律二十卷　(清)萬樹撰　**拾遺八卷**　(清)徐本立纂　**補遺一卷目次韻目一卷詞人姓氏錄一卷**　(清)杜文瀾編　清末民初石印本　十二冊

500000－8741－0005251　GJ5263(852.1/W444－5)
詞律二十卷　(清)萬樹撰　**拾遺八卷**　(清)徐本立纂　**補遺一卷目次韻目一卷詞人姓氏錄一卷**　(清)杜文瀾編　清末民初石印本　十六册

500000－8741－0005252　GJ5264(852.1/W444d)
詞律校勘記二十卷　(清)杜文瀾撰　清咸豐十一年(1861)刻本　二册

500000－8741－0005253　GJ5265(852.1/W444d)
詞律校勘記二十卷　(清)杜文瀾撰　清咸豐十一年(1861)刻本　二册

500000－8741－0005254　GJ5266(852.2/I－454)
天籟軒詞譜五卷詞韻一卷　(清)葉申薌輯　清道光九年至十一年(1829－1831)刻本　六册

500000－8741－0005255　GJ5267(852.2/S013)
碎金詞譜六卷附錄一卷碎金詞一卷　(清)謝元淮撰　清道光二十三年(1843)刻本　六册

500000－8741－0005256　GJ5268(852.2/Z810)
三百詞譜六卷　(清)鄭元慶選　清康熙二十八年(1689)魚計亭刻本　四册

500000－8741－0005257　GJ5269(852.3/D110)
西泠詞萃六種九卷　(清)丁丙輯　清光緒十一年至十三年(1885－1887)錢塘丁氏刻本　四册

500000－8741－0005258　GJ5270(852.3/D110－1)
西泠詞萃六種九卷　(清)丁丙輯　清光緒十一年至十三年(1885－1887)錢塘丁氏刻本　四册

500000－8741－0005259　GJ5271(852.3/D407)
續詞選二卷　(清)董毅選　清道光十年(1830)刻本　一册

500000－8741－0005260　GJ5272(852.3/F442)
竹槐山房詞選十卷　(清)蔣士銓撰　(清)范橋輯　清抄本　二册

500000－8741－0005261　GJ5273(852.3/F443u)
微雲榭詞選五卷　樊增祥輯　清光緒三十四年(1908)望江誦清閣鉛印本　二册

500000－8741－0005262　GJ5274(852.3/F444u)
二家詞鈔五卷　(清)李慈銘輯　清光緒二十八年(1902)刻本　二册

500000－8741－0005263　GJ5275(852.3/I454)
閩詞鈔四卷　(清)葉申薌輯　清道光十四年(1834)葉氏刻本　四册

500000－8741－0005264　GJ5276(852.3/L414)
新刻硃批註釋草堂詩餘評林四卷　(明)李廷機評註　明天啟五年(1625)周文耀刻朱墨套印本　四册

500000－8741－0005265　GJ5277(852.3/M464)
詞的二卷　(明)茅暎評選　明茅暎刻本　二册

500000－8741－0005266　GJ5278(852.3/S244)
詞潔六卷　(清)先著　(清)程洪輯　清康熙刻本　六册

500000－8741－0005267　GJ5279(852.3/S364)
古今詞選十二卷　(清)沈時棟輯　清康熙五十五年(1716)刻本　十二册

500000－8741－0005268　GJ5280(852.3/S371)
草堂詩餘正集六卷新集五卷別集四卷續集二卷　(明)顧從敬選　(明)沈際飛評　明萬賢樓刻本　八册

500000－8741－0005269　GJ5281(852.3/S371)
草堂詩餘正集六卷新集五卷別集四卷續集二卷　(明)顧從敬選　(明)沈際飛評　明萬賢樓刻本　八册

500000－8741－0005270　GJ5282(852.3/S371s)
草堂詩餘正集六卷新集五卷別集四卷續集二卷　(明)顧從敬選　(明)沈際飛評　明萬賢樓刻本　五册

500000－8741－0005271　GJ5283(852.3/S641)
蜀十五家詞十七卷　吳虞輯　清宣統二年(1910)鉛印本　四册

500000－8741－0005272　GJ5284(852.3/U224)
吳氏石蓮庵刻山左人詞十七種五十卷　(清)

吳重熹輯　清光緒二十七年(1901)海豐吳氏金陵刻本　十册

500000－8741－0005273　GJ5285(852.3/W173)
四印齋所刻詞二十種六十七卷附一種三十一卷　(清)王鵬運輯　清光緒十四年(1888)臨桂王氏家塾刻本　十四册　存十七種六十卷(東坡樂府二卷,稼軒長短句十二卷,雙白詞:白石道人詞集三卷別集一卷、山中白雲詞二卷補二卷續補一卷,詞旨一卷,花外集一卷,漱玉詞一卷補遺一卷附録一卷,詞林正韻三卷發凡一卷,陽春集一卷補遺一卷,東山寓聲樂府一卷,梅溪詞一卷,斷腸詞一卷,樂府指迷一卷,南宋四名臣詞集一卷:趙忠簡得全居士詞、李莊簡詞、李忠定梁溪詞、胡忠簡澹菴長短句,花間集十卷,精選明賢詞話草堂詩餘二卷,清真集二卷集外詞一卷,蕭閑老人明秀集注六卷)

500000－8741－0005274　GJ5286(852.3/W173)
四印齋所刻詞二十種六十七卷附一種三十一卷　(清)王鵬運輯　清光緒十四年(1888)臨桂王氏家塾刻本　十六册

500000－8741－0005275　GJ5287(852.3/W173－2)
四印齋所刻詞二十種六十七卷附一種三十一卷　(清)王鵬運輯　清光緒十四年(1888)臨桂王氏家塾刻本　六册　存六種三十卷(東坡樂府二卷,稼軒長短句十二卷,雙白詞:白石道人詞集三卷別集一卷、山中白雲詞二卷補二卷續補一卷,花外集一卷,漱玉詞一卷附録一卷,詞林正韻三卷發凡一卷)

500000－8741－0005276　GJ5288(852.3/W336)
麝塵蓮寸集四卷末一卷　(清)汪淵集　(清)程淑注　清光緒十六年(1890)染翰齋刻本　二册

500000－8741－0005277　GJ5289(852.3/Z132)
淮海秋笳集一卷　(清)李肇增輯　清咸豐十年(1860)遲雲山館刻本　一册

500000－8741－0005278　GJ5290(852.3/Z150)
詞選二卷附録一卷　(清)張惠言録　清同治十一年(1872)會稽章氏刻本　一册

500000－8741－0005279　GJ5291(852.3/Z447)
評花賞月五卷　(清)若若氏選　清抄本　二册

500000－8741－0005280　GJ5292(852.3/Z730)
周氏止庵詞辨二卷介存齋論詞雜著一卷　(清)周濟撰　(清)譚獻評　清道光二十七年(1847)刻本　一册

500000－8741－0005281　GJ5293(852.342/C530)
唐五代詞選三卷　(清)成肇麐選　清光緒十三年(1887)刻本　一册

500000－8741－0005282　GJ5294(852.342/Z－423)
花間集十卷　(後蜀)趙崇祚輯　清光緒十四年(1888)邵武徐氏刻本　二册

500000－8741－0005283　GJ5295(852.342/Z－423)
花間集四卷　(後蜀)趙崇祚輯　(明)湯顯祖評　明萬曆刻朱墨套印本　四册

500000－8741－0005284　GJ5296(852.342/Z－423－2)
花間集十卷　(後蜀)趙崇祚輯　清光緒刻本　二册

500000－8741－0005285　GJ5297(852.342/Z－423－2)
花間集十卷　(後蜀)趙崇祚輯　明毛氏汲古閣刻本　四册

500000－8741－0005286　GJ5298(852.35/G141)
宋元名家詞不分卷　(清)江標録　清光緒二十一年(1895)湖南思賢書局刻本　四册

500000－8741－0005287　GJ5299(852.35/G141)
宋元名家詞不分卷　(清)江標録　清光緒二十一年(1895)湖南思賢書局刻本　三册

500000－8741－0005288　GJ5300(852.35/W173)
宋金元名賢詞集二十七卷　(清)王鵬運輯　清光緒二十一年(1895)刻本　六册

500000－8741－0005289　GJ5301(852.35/W173)
宋元三十一家詞三十一卷　(清)王鵬運輯　清光緒十九年(1893)四印齋刻本　四册

500000－8741－0005290　GJ5302(852.35/W173)
宋元三十一家詞三十一卷　(清)王鵬運輯　清光緒十九年(1893)四印齋刻本　四册

500000－8741－0005291　GJ5303(852.351/G543)
宋七家詞選七卷　(宋)戈載輯　清光緒十一年(1885)刻本　三册

500000－8741－0005292　GJ5304(852.351/I494)
草堂詩餘五卷目録一卷　(明)楊慎批點　明閔映壁刻朱墨套印本　五册

500000－8741－0005293　GJ5305(852.351/M210)
宋六十名家詞六十一種八十九卷　(清)毛晉編　清光緒十四年(1888)錢塘汪氏刻本　二十七册　存五十七種八十六卷(珠玉詞一卷、六一詞一卷、樂章集一卷、東坡詞一卷、山谷詞一卷、淮海詞一卷、小山詞一卷、東堂詞一卷、放翁詞一卷、稼軒詞四卷、片玉詞二卷補遺一卷、梅溪詞一卷、白石詞一卷、石林詞一卷、酒邊詞二卷、溪堂詞一卷、樵隱詞一卷、竹山詞一卷、書舟詞一卷、坦菴詞一卷、惜香樂府十卷、西樵語業一卷、竹屋癡語一卷、夢窗甲藁一卷乙藁一卷丙藁一卷丁藁一卷絶筆一卷補遺一卷、近體樂府一卷、竹齋詩餘一卷、金谷遺音一卷、散花菴詞一卷、和清真詞一卷、後村别調一卷、蘆川詞一卷、于湖詞三卷、洺水詞一卷、姑溪詞一卷、友古詞一卷、石屏詞一卷、海野詞一卷、逃禪詞一卷、空同詞一卷、介菴詞一卷、平齋詞一卷、文溪詞一卷、丹陽詞一卷、孄窟詞一卷、克齋詞一卷、芸窗詞一卷、竹坡詞三卷、聖求詞一卷、壽域詞一卷、審齋詞一卷、東浦詞一卷、知稼翁詞一卷、無住詞一卷、後山詞一卷、蒲江詞一卷、琴趣外篇六卷、烘堂詞一卷)

500000－8741－0005294　GJ5306(852.351/X460)
中興以來花庵絶妙詞選十卷　(宋)黄昇輯　明毛氏汲古閣刻本　五册

500000－8741－0005295　GJ5307(852.352/W173)
雙白詞八卷山中白雲詞續補一卷　(宋)姜夔　(宋)張炎撰　(清)王鵬運輯　**詞旨一卷**　(元)陸輔之撰　清光緒七年(1881)臨桂王鵬運刻四印齋所刻詞本　一册

500000－8741－0005296　GJ5308(852.352/Z730－2)
絶妙好詞箋七卷續鈔一卷詞選二卷續詞選二卷　(宋)周密輯　(清)查為仁　(清)厲鶚箋　清同治十一年(1872)會稽章氏刻本　四册

500000－8741－0005297　GJ5309(852.352/Z730－2)
絶妙好詞箋七卷續鈔一卷詞選二卷續詞選二卷　(宋)周密輯　(清)查為仁　(清)厲鶚箋　清同治十一年(1872)會稽章氏刻本　四册

500000－8741－0005298　GJ5310(852.37/C570)
國朝金陵詞鈔八卷　陳作霖輯　清光緒二十八年(1902)刻本　四册

500000－8741－0005299　GJ5311(852.37/C722)
浙西六家詞六種十一卷附一種八卷　(清)陳其年編　清嘉慶九年(1804)刻本　六册

500000－8741－0005300　GJ5312(852.37/C722－2)
浙西六家詞六種十一卷　(清)龔翔麟輯　清康熙龔氏玉玲瓏閣刻本　三册

500000－8741－0005301　GJ5313(852.37/F290)
詞覯六卷　(清)傅燮詷輯　清道光二十四年(1844)天尺樓抄本　二册

500000－8741－0005302　GJ5314(852.37/H497)
誦芬詩畧三卷　(清)黄炳垕撰　清同治九年(1870)刻本　一册

500000－8741－0005303　GJ5315(852.37/I－488)
白山詞介五卷　(清)楊鍾羲輯　清宣統二年(1910)刻朱印本　二册

500000－8741－0005304　GJ5316(852.37/K372)
粵西詞見二卷　況周儀撰　清光緒二十三年(1897)揚州蘇唱街聚文齋李姓刻字店刻本　一册

500000－8741－0005305　GJ5317(852.37/M241)
國朝常州詞録三十一卷　繆荃孫編　清光緒二十二年(1896)雲自在龕刻本　十册

500000－8741－0005306　GJ5318(852.37/M241)
國朝常州詞録三十一卷　繆荃孫編　清光緒二十二年(1896)雲自在龕刻本　十册

500000－8741－0005307　GJ5319(852.37/M241y)

雲自在龕彙刻名家詞十七種二十四卷 繆荃孫輯 清光緒江陰繆氏刻本 四冊 存十三種十九卷(立山詞一卷、竹鄰詞一卷、齊物論齋詞一卷、香草詞二卷、洞簫詞一卷、碧雲龕詞二卷附樂府餘論一卷、柳下詞一卷、萬善花室詞一卷、三十六陂漁唱一卷、汀鷺詩餘一卷、水雲樓詞二卷續一卷詩賸藁一卷、蘭紉詞一卷、瓠落詞一卷)

500000－8741－0005308 GJ5320(852.37/S216)
小檀欒室彙刻閨秀詞十集一百種一百十二卷附一種十七卷 徐乃昌編 清光緒二十一年至二十二年(1895－1896)南陵徐氏刻本 十二冊 存六集六十種七十卷(一集十種十卷、二集十種十二卷、三集十種十一卷、四集十種十一卷、五集十種十一卷、六集十種十五卷)

500000－8741－0005309 GJ5321(852.37/X225)
侯鯖詞五種五卷 (清)侯鯖編 清光緒十一年(1885)刻本 四冊

500000－8741－0005310 GJ5322(852.37/Z－429)
昭代詞選三十八卷 (清)蔣重光輯 清乾隆三十二年(1767)刻本 二十四冊

500000－8741－0005311 GJ5323(852.45/S453－5)
東坡小詞二卷 (明)黃嘉惠輯 明黃嘉惠刻本 一冊

500000－8741－0005312 GJ5324(852.45/S453－5)
山谷小詞二卷 (明)黃嘉惠輯 明黃嘉惠刻本 一冊

500000－8741－0005313 GJ5325(852.4516/S453－2)
東坡樂府三卷 (宋)蘇軾撰 朱祖謀編 清宣統三年(1911)吳興朱氏刻本 二冊

500000－8741－0005314 GJ5326(852.4516/Z750c)
清真集二卷補遺一卷 (宋)周邦彥著 清光緒刻本 二冊

500000－8741－0005315 GJ5327(852.452/L413)
筠溪樂府一卷 (宋)李彌遜撰 清抄本 一冊

500000－8741－0005316 GJ5328(852.452/U204)
夢窗詞四卷補遺一卷續補遺一卷 (宋)吳文英撰 清咸豐十一年(1861)刻本 四冊

500000－8741－0005317 GJ5329(852.4522/Z202－2)
樵歌三卷 (宋)朱敦儒撰 清光緒二十六年(1900)四印齋刻本 一冊

500000－8741－0005318 GJ5330(852.4523/S000)
辛稼軒詞十二卷 (宋)辛棄疾撰 (明)李濂評 明嘉靖二十四年(1545)何孟倫刻本 四冊

500000－8741－0005319 GJ5331(852.4526/Z190)
山中白雲八卷 (宋)張炎撰 清乾隆刻本 四冊

500000－8741－0005320 GJ5332(852.4526/Z190)
山中白雲八卷 (宋)張炎撰 清刻本 四冊

500000－8741－0005321 GJ5333(852.4526/Z190)
山中白雲八卷 (宋)張炎撰 清刻本 二冊

500000－8741－0005322 GJ5334(852.4526/Z－190－2)
山中白雲詞八卷詞源二卷 (宋)張炎撰 清光緒八年(1882)娛園刻本 一冊

500000－8741－0005323 GJ5335(852.4574/Z730)
草窗詞二卷補二卷 (宋)周密撰 清光緒二十六年(1900)无著盦刻本 一冊

500000－8741－0005324 GJ5336(852.466/I－497t)
陶情樂府四卷 (明)楊慎撰 清宣統三年(1911)峨陽精舍刻本 一冊

500000－8741－0005325 GJ5337(852.47/K128)
紅萼詞二卷 (清)孔傳鐸著 (清)顧彩評 清乾隆刻本 二冊

500000－8741－0005326 GJ5338(852.47/S013)
養默山房詩餘三卷 (清)謝元淮撰 清道光刻朱墨套印本 四冊

500000－8741－0005327 GJ5339(852.47/S324)
清夢龕二白詞不分卷 (清)沈傳桂撰 清道光二十五年(1845)刻本 一冊

500000－8741－0005328 GJ5340(852.47/Z228)
曝書亭詞鈔不分卷 (清)朱彝尊著 (清)李

富孫註　清光緒十四年至十九年(1888－1893)孝則抄本　二册

500000－8741－0005329　GJ5341(852.472/D194)
紫雲詞一卷　(清)丁煒撰　(清)朱彝尊選　清光緒八年(1882)刻本　二册

500000－8741－0005330　GJ5342(852.472/D194)
紫雲詞一卷　(清)丁煒撰　(清)朱彝尊選　清光緒八年(1882)刻本　一册

500000－8741－0005331　GJ5343(852.472/G324b)
彈指詞補遺一卷　(清)顧貞觀撰　**匏園詞一卷**　(清)顧景文撰　**清琴詞一卷**　(清)顧衡文撰　**栖香詞一卷**　(清)顧貞立撰　**井華詞一卷**　(清)顧皋撰　**繡餘詞一卷**　(清)朱蕙貞撰　清光緒十九年(1893)刻本　一册

500000－8741－0005332　GJ5344(852.472/S267)
蔭綠軒詞不分卷　(清)徐喈鳳撰　清康熙刻本　一册

500000－8741－0005333　GJ5345(852.472/S313)
重刻二鄉亭詞四卷　(清)宋琬著　清乾隆刻本　一册

500000－8741－0005334　GJ5346(852.472/V223)
梅村詞鈔不分卷　(清)吴偉業撰　清抄本　一册

500000－8741－0005335　GJ5347(852.472/W833)
曝書亭詞拾遺三卷志異一卷　(清)翁之潤撰　清光緒二十二年(1896)刻本　一册

500000－8741－0005336　GJ5348(852.472/Z－228)
曝書亭集詞註七卷　(清)李富孫纂　清嘉慶十九年(1814)刻本　二册

500000－8741－0005337　GJ5349(852.472/Z－228)
曝書亭集詞註七卷　(清)李富孫纂　清嘉慶十九年(1814)刻本　四册

500000－8741－0005338　GJ5350(852.472/Z－228－2)
曝書亭集詞註七卷　(清)李富孫纂　清嘉慶十九年(1814)刻本　四册

500000－8741－0005339　GJ5351(852.472/Z722)
迦陵詞全集三十卷　(清)陳維崧撰　(清)宋琬等選　清康熙二十九年(1690)刻本　六册

500000－8741－0005340　GJ5352(852.476/D130)
六影詞六種六卷　(清)鄧祥麟撰　清道光五年(1825)刻本　六册

500000－8741－0005341　GJ5353(852.476/L112)
清夢軒詩餘二卷　(清)釋了璞著　清道光十九年(1839)刻本　二册

500000－8741－0005342　GJ5354(852.476/S072)
小蘇潭詞六卷　(清)蕉南舊史撰　清道光元年(1821)刻本　二册

500000－8741－0005343　GJ5355(852.476/Z－730)
周氏止庵詞辨二卷介存齋論詞雜著一卷　(清)周濟撰　(清)譚獻評　清道光二十七年(1847)刻本　一册

500000－8741－0005344　GJ5356(852.477/B333)
空青館詞稾三卷　(清)邊浴禮撰　清道光十八年(1838)刻本　一册

500000－8741－0005345　GJ5357(852.477/D112)
荓緣詞三卷續編一卷　(清)丁至和撰　清咸豐十一年(1861)刻本[續編爲清同治七年(1868)刻本]　一册

500000－8741－0005346　GJ5358(852.477/D112)
荓緣詞三卷續編一卷　(清)丁至和撰　清咸豐十一年(1861)刻本[續編爲清同治七年(1868)刻本]　一册

500000－8741－0005347　GJ5359(852.477/I－498)
壽菊盦詞稿四卷　(清)姚輝第著　清咸豐二年(1852)刻本　一册

500000－8741－0005348　GJ5360(852.478/C742)
海棠香夢詞四卷和白香詞譜全集一卷　(清)陳壽嵩著　清光緒二十六年(1900)刻本　二册

500000－8741－0005349　GJ5361(852.478/D454)
詞鈔二卷　(清)杜貴墀撰　清光緒二十六年(1900)刻本　一册

500000－8741－0005350　GJ5362(852.478/I－407)
景石齋詞略一卷　(清)姚詩雅著　清光緒七

年(1881)羊城内西湖街富文齋刻本　一册

500000－8741－0005351　GJ5363(852.478/J444)
醉園齋臼花一卷　(清)蔣尃著　清光緒三十一年(1905)鉛印本　一册

500000－8741－0005352　GJ5364(852.478/J444)
替竹盦詞五卷　(清)蔣彬若著　清光緒三十一年(1905)鉛印本　一册

500000－8741－0005353　GJ5365(852.478/L796)
留雲借月盦詞五卷　(清)劉炳照撰　清光緒二十年(1894)刻本　二册

500000－8741－0005354　GJ5366(852.478/P314)
説劍堂集不分卷　潘飛聲撰　清光緒十四年(1888)刻本　一册

500000－8741－0005355　GJ5367(852.478/W128)
檗隝詩存十二卷别集五卷　(清)王以敏撰　清光緒九年(1883)刻本　四册

500000－8741－0005356　GJ5368(852.478/W128w)
懷荃室詩餘二卷　(清)王鑒撰　清光緒三十三年(1907)安慶正誼書局鉛印本　一册

500000－8741－0005357　GJ5369(852.478/X412)
苾芻館詞集六卷　(清)胡延撰　清光緒二十九年(1903)金陵糧儲道廨刻本　四册

500000－8741－0005358　GJ5370(852.478/X441)
天雲樓詞一卷　(清)胡薇元撰　清光緒二十八年(1902)刻本　一册

500000－8741－0005359　GJ5371(852.478/Y907)
剪紅詞草一卷　(清)惲毓巽撰　清宣統二年(1910)鉛印本　一册

500000－8741－0005360　GJ5372(852.478/Z－214)
湖天曉角詞二卷　(清)程霖壽撰　清光緒二十七年(1901)長沙㵣園刻本　一册

500000－8741－0005361　GJ5373(852.478/Z－284)
十韃詞鈔一卷　程頌萬撰　清光緒十八年(1892)刻本　一册

500000－8741－0005362　GJ5374(852.478/Z－792)
雙紅豆館詞鈔二卷　(清)周惺然撰　清光緒九年(1883)晉陽刻本　一册

500000－8741－0005363　GJ5375(852.48/L442)
湘瑟詞一卷　(清)李佳撰　清刻本　一册

500000－8741－0005364　GJ5376(852.48/S216)
皖詞記勝一卷　徐乃昌纂　清光緒三十年(1904)南陵徐氏小檀欒室刻本　一册

500000－8741－0005365　GJ5377(852.48/X144)
映盦詞一卷　(清)夏敬觀撰　清光緒三十三年(1907)刻本　一册

500000－8741－0005366　GJ5378(852.48/Z－230y1)
彊邨詞四卷　朱祖謀撰　清光緒三十一年(1905)徐鳳街刻本　一册

500000－8741－0005367　GJ5379(852.484/K372)
粤西詞見二卷　況周儀撰　清光緒二十二年(1896)金陵刻本　一册

500000－8741－0005368　GJ5380(853.2/C520)
青山館曲譜不分卷　(清)青山主人輯　清末抄本　四册

500000－8741－0005369　GJ5381(853.2/C545)
青藜書屋曲譜不分卷　(清)□□撰　清紅花欄抄本　三册

500000－8741－0005370　GJ5382(853.2/D528)
九宫譜定十二卷總論一卷　(清)查繼佐輯　清初金閶縁蔭堂刻本　六册

500000－8741－0005371　GJ5383(853.2/G397)
夢華閣曲譜不分卷　(清)寄情居士輯　清末抄本　四册

500000－8741－0005372　GJ5384(853.2/G532)
較準總綱曲譜不分卷　(清)□□輯　清道光晚香書屋抄本　七十二册

500000－8741－0005373　GJ5385(853.2/H434)
紅樓夢散套十六卷　(清)荆石山民填詞　清末蟾波閣刻本　六册

500000－8741－0005374　GJ5386(853.2/K508)
曲譜不分卷　(清)□□輯　清末抄本　二册

500000－8741－0005375　GJ5387(853.2/K508b)

曲譜不分卷　(清)□□輯　清末抄本　一册

500000－8741－0005376　GJ5388(853.2/K508c)
曲譜不分卷　(清)□□輯　清末抄本　二册

500000－8741－0005377　GJ5389(853.2/K508d)
曲譜會選不分卷　(清)□□輯　清末抄本　一册

500000－8741－0005378　GJ5390(853.2/K508e)
曲譜不分卷　(清)□□輯　清末抄本　一册

500000－8741－0005379　GJ5391(853.2/K508f)
曲譜不分卷　(清)□□輯　清末抄本　三册

500000－8741－0005380　GJ5392(853.2/L428)
天寶遺風不分卷　蘆香館主草定　清末抄本　四册

500000－8741－0005381　GJ5393(853.2/M270)
牡丹亭曲譜不分卷　(清)□□撰　清末抄本　一册

500000－8741－0005382　GJ5394(853.2/S316－3)
廣輯詞隱先生增定南九宮詞譜二十六卷　(明)沈璟撰　(清)沈自晉重訂　清光緒二十一年(1895)刻本　四册

500000－8741－0005383　GJ5395(853.2/T088)
調笙館曲譜不分卷　(清)□□撰　清調笙館抄本　三册

500000－8741－0005384　GJ5396(853.2/Y227)
趙氏昆腔工尺譜不分卷　(清)□□撰　清末抄本　二册

500000－8741－0005385　GJ5397(853.2/Y227)
曲譜不分卷　(清)□□撰　清末抄本　一册

500000－8741－0005386　GJ5398(853.2/Y227)
曲譜不分卷　(清)□□撰　清末抄本　一册

500000－8741－0005387　GJ5399(853.2/Y227)
蘇曲本全部不分卷　(清)□□撰　清末抄本　一册

500000－8741－0005388　GJ5400(853.2/Y227)
賞心樂事不分卷　(清)□□撰　清末抄本　一册

500000－8741－0005389　GJ5401(853.2/Y227)
昆腔吹譜不分卷　(清)□□撰　清末抄本　一册

500000－8741－0005390　GJ5402(853.2/Y227)
曲譜不分卷　(清)□□撰　清末抄本　一册

500000－8741－0005391　GJ5403(853.2/Y227)
趙氏昆譜不分卷　(清)□□撰　清末抄本　七册

500000－8741－0005392　GJ5404(853.2/Y227)
宫尺昆曲譜不分卷　(清)□□撰　清末抄本　一册

500000－8741－0005393　GJ5405(853.2/Y227)
昆腔笛譜不分卷　(清)□□撰　清末抄本　一册

500000－8741－0005394　GJ5406(853.2/Z－917)
煙雲閣曲譜不分卷　(清)□□撰　清末抄本　四册

500000－8741－0005395　GJ5407(853.257/I491)
納書楹曲譜正集四卷續集四卷外集二卷補遺四卷牡丹亭全譜二卷紫釵記全譜二卷邯鄲記全譜二卷南柯記全譜二卷　(清)葉堂撰　清道光二十八年(1848)本　二十册

500000－8741－0005396　GJ5408(853.257/I－491－4)
納書楹曲譜正集四卷續集四卷外集二卷補遺四卷牡丹亭全譜二卷紫釵記全譜二卷邯鄲記全譜二卷南柯記全譜二卷　(清)葉堂撰　清道光二十八年(1848)本　二十二册

500000－8741－0005397　GJ5409(853.27/W182)
遏雲閣曲譜初集不分卷　(清)王錫純輯　清光緒十九年(1893)鉛印本　十三册

500000－8741－0005398　GJ5410(853.341/C323)
唐詩别裁集二十卷　(清)沈德潛選　清刻本　十册

500000－8741－0005399　GJ5411(853.417/Z252)
三家曲三種三卷　(清)朱靜輯　清光緒二十六年(1900)瑤江朱氏刻本　二册

500000－8741－0005400　GJ5412(853.43/G800)

白石道人歌曲六卷别集一卷　（宋）姜夔撰　清宣統二年（1910）石印本　一册

500000－8741－0005401　GJ5413（853.4376/X493）
倚晴樓七種曲十二卷　（清）黄燮清撰　清刻本　六册

500000－8741－0005402　GJ5414（853.4376/X493－2）
倚晴樓七種曲十二卷　（清）黄燮清撰　清光緒三十三年（1907）海鹽開通新書局刻本　十册

500000－8741－0005403　GJ5415（853.452/W204）
夢窗詞二卷　（宋）吳文英撰　清光緒三十四年（1908）歸安朱氏无著盦刻本　一册

500000－8741－0005404　GJ5416（853.53/Z444）
義俠記不分卷　（明）沈璟作　清宣統元年（1909）抄本　一册

500000－8741－0005405　GJ5417（853.537/C777）
新鐫古今大雅北宫詞紀六卷　（明）陳所聞粹選　（明）陳邦泰輯次　明萬曆三十二年（1604）刻本　八册

500000－8741－0005406　GJ5418（853.537/S267）
梨花雪十二折首一折尾一折白頭新六折　（清）徐鄂填詞　清光緒十二年至十三年（1886－1887）上海大同書局石印本　二册

500000－8741－0005407　GJ5419（853.537/S820）
缾笙館修簫譜不分卷　（清）舒位撰　清道光十三年（1833）刻本　一册

500000－8741－0005408　GJ5420（853.557/W135－2）
新精訂西厢蒲東珠玉詩一卷　（明）張楷撰　明刻本　一册

500000－8741－0005409　GJ5421（853.557/W135－3）
樓外樓訂正妥註第六才子書六卷首一卷　（元）王實甫填詞　（清）金人瑞批評　（清）鄒聖脈妥註　清刻本　六册

500000－8741－0005410　GJ5422（853.577/W135－1a）
此宜閣增訂金批西廂記四卷首一卷末一卷　（元）王實甫撰　（清）金聖歎批　清刻朱墨套印本　四册

審音鑑古錄不分卷　（清）□□編　清道光十四年（1834）王繼善刻本　八册

500000－8741－0005411　GJ5423（853.61/S308）

500000－8741－0005412　GJ5424（853.61/W145）
新著紅書劍一卷雙義節一卷蘆花河一卷　（清）李世忠輯　清光緒刻本　三册

500000－8741－0005413　GJ5425（853.63/C793）
玉獅堂傳奇五種十卷　（清）陳烺撰　清光緒十一年（1885）武林刻本　四册

500000－8741－0005414　GJ5426（853.63/C793）
玉獅堂傳奇五種十卷　（清）陳烺撰　清光緒十一年（1885）武林刻本　十册

500000－8741－0005415　GJ5427（853.63/C793－1）
玉獅堂傳奇十種十五卷附悲鳳曲一卷　（清）陳烺撰　清光緒十七年（1891）刻本　十四册

500000－8741－0005416　GJ5428（853.63/L432）
笠翁十種曲二十卷　（清）李漁輯　清康熙刻本　十册

500000－8741－0005417　GJ5429（853.63/P397）
烏闌誓傳奇二卷附圖詩一卷　（清）潘炤撰　清嘉慶二十年（1815）恒古齋刻本　三册

500000－8741－0005418　GJ5430（853.63/Z－148）
六如亭二卷　（清）張九鉞撰　清道光七年（1827）刻本　二册

500000－8741－0005419　GJ5431（853.63/Z280）
紫簫記二卷　（明）湯顯祖撰　明末毛氏汲古閣刻本　二册

500000－8741－0005420　GJ5432（853.63/Z448－2）
藏園九種曲十三卷　（清）蔣士銓填詞　清乾隆刻本　十二册

500000－8741－0005421　GJ5433（853.63/Z448－2）
藏園九種曲十三卷　（清）蔣士銓填詞　清乾隆刻本　十册

500000－8741－0005422　GJ5434（853.63/Z－448－4）
藏園九種曲十三卷　（清）蔣士銓撰　清刻經綸堂本　十二册

500000－8741－0005423　GJ5435(853.631/L410)
一笠菴四種曲八卷　(清)李玉編　清乾隆五十九年(1794)刻本　四册

500000－8741－0005424　GJ5436(853.6357/G060－2)
繪風亭評第七才子書琵琶記六卷附釋義不分卷　(元)高明撰　(清)毛宗崗評　**才子琵琶寫情篇一卷**　(清)陳方平輯　清雍正映秀堂刻本　十四册

500000－8741－0005425　GJ5437(853.636/I110)
玉環記二卷　(明)□□撰　明末毛氏汲古閣刻本　二册

500000－8741－0005426　GJ5438(853.636/T363)
吳吳山三婦合評牡丹亭還魂記二卷　(明)湯顯祖撰　(清)陳同評　清同治九年(1870)刻本　四册

500000－8741－0005427　GJ5439(853.636/T363－2)
牡丹亭還魂記二卷　(明)湯顯祖撰　清宣統二年(1910)上海育文書局石印本　四册

500000－8741－0005428　GJ5440(853.636/T363－2)
牡丹亭還魂記二卷　(明)湯顯祖撰　(明)朱元鎮校　明萬曆刻本　四册

500000－8741－0005429　GJ5441(853.636/T363－3)
玉茗堂還魂記二卷　(明)湯顯祖撰　清乾隆五十年(1785)冰絲館刻本　二册

500000－8741－0005430　GJ5442(853.636/T363－3)
玉茗堂還魂記二卷　(明)湯顯祖撰　清乾隆五十年(1785)冰絲館刻本　四册

500000－8741－0005431　GJ5443(853.637/D120)
滄桑艷二卷　丁傳靖撰　清光緒三十四年(1908)刻朱印本　一册

500000－8741－0005432　GJ5444(853.637/D190)
擬進呈楊忠愍蚺蛇膽表忠記二卷　(清)丁耀亢撰　清同治十一年(1872)刻本　二册

500000－8741－0005433　GJ5445(853.637/G060－3)
新刻巾箱蔡伯喈琵琶記二卷　(元)高明撰　清宣統三年(1911)影印本　二册

500000－8741－0005434　GJ5446(853.637/G232)
揚州夢二卷　(清)嵇永仁撰　清同治十一年(1872)永州刻本　二册

500000－8741－0005435　GJ5447(853.637/K192－2)
桃花扇傳奇二卷　(清)孔尚任撰　清康熙刻本　四册

500000－8741－0005436　GJ5448(853.637/K192－3)
桃花扇傳奇四卷首一卷　(清)孔尚任撰　清光緒二十一年(1895)蘭雪堂刻本　五册

500000－8741－0005437　GJ5449(853.637/K614)
鶴歸來傳奇二卷　(清)瞿頡填詞　(清)周昂評點　清末刻本　二册

500000－8741－0005438　GJ5450(853.637/L403)
銀漢槎傳奇二卷　(清)李文瀚撰　(清)賀仲瑊正譜　清道光二十五年(1845)刻本　二册

500000－8741－0005439　GJ5451(853.637/L413)
鳳飛樓傳奇二卷　(清)李文瀚填詞　(清)陳僅正譜　(清)錫淳批評　清道光二十七年(1847)刻本　二册

500000－8741－0005440　GJ5452(853.637/L432x)
凰求鳳傳奇二卷　(清)李漁撰　(清)冷西梅客批評　清康熙刻笠翁十種曲本　二册

500000－8741－0005441　GJ5453(853.637/L730)
小蓬萊傳奇十種十卷　(清)劉清韻撰　(清)錢梅坡較訂　清光緒二十六年(1900)上海藻文石印本　一册　存一種一卷(黃碧簽一卷)

500000－8741－0005442　GJ5454(853.637/S267)
梨花雪十二折首一折尾一折　(清)徐鄂填詞　清光緒十一年(1885)石印本　一册　存五折

500000－8741－0005443　GJ5455(853.637/S347)
伏虎韜傳奇二十八齣末一齣　(清)沈起鳳撰　清抄本　一册

500000－8741－0005444　GJ5456(853.637/U293)
義貞記傳奇二卷　題(清)郁州山人填詞　清光緒五年(1879)文奎堂刻本　一册

500000－8741－0005445　GJ5457(853.637/W271)
儒酸福傳奇二卷　(清)魏熙元填詞　(清)汪繩武正譜　(清)倪星垣評文　清光緒十年

(1884)玉玲瓏館刻本　一册

500000－8741－0005446　GJ5458(853.637/X433)
鴛鴦鏡一卷　(清)黄韻珊填詞　(清)查竹洲訂譜　清末刻本　一册

500000－8741－0005447　GJ5459(853.637/X493)
桃谿雪二卷　(清)黄燮清填詞　(清)李光溥評文　(清)瞿傳鼎　(清)余炘正譜　清道光二十七年(1847)刻本　二册

500000－8741－0005448　GJ5460(853.637/Z－117)
芙蓉碣傳奇二卷　(清)張雲驤填詞　(清)王以慜評點　(清)吳孝緒按拍　清光緒九年(1883)刻本　一册

500000－8741－0005449　GJ5461(853.637/Z177)
夢中緣二卷　(清)張漱石填詞　(清)楊古林評點　清同治刻本　四册

500000－8741－0005450　GJ5462(853.637/Z－177)
夢中緣二卷　(清)張漱石填詞　(清)楊古林評點　清乾隆刻玉燕堂四種曲本　四册

500000－8741－0005451　GJ5463(853.637/Z－702)
補天石傳奇八卷　(清)煉情子填詞　(清)吹鐵簫人正譜　清道光十年(1830)静遠草堂刻本　四册

500000－8741－0005452　GJ5464(853.637/Z834)
淨土傳燈歸元鏡二卷　(明)釋智達拈頌　(明)釋德日閲録　清乾隆四十九年(1784)刻本　二册

500000－8741－0005453　GJ5465(853.7/W128)
審音鑑古録不分卷　(清)□□編　晚清至民國間抄本　六册

500000－8741－0005454　GJ5466(854.341/J421)
唐人五言排律詩論三卷　(清)蔣鵬翮編釋　清乾隆寒三草堂刻本　三册

500000－8741－0005455　GJ5467(854.41/Y833)
庶幾堂今樂二集二十八種二十八卷　(清)余治編　清光緒六年(1880)刻本　十册

500000－8741－0005456　GJ5468(854.78/Q070)
味雪樓詩集一卷　(清)慶鳳亭撰　清宣統三年(1911)鉛印本　一册

500000－8741－0005457　GJ5469(856.1/I－494)
赤牘清裁十一卷補遺四卷　(明)楊慎輯　明吳勉學刻本　二册

500000－8741－0005458　GJ5470(856.1/Z－722)
翰海十二卷　(明)沈佳胤輯　清光緒二年(1876)申報館鉛印本　八册

500000－8741－0005459　GJ5471(856.16/Z－743)
賴古堂尺牘新鈔二選藏弆集十六卷　(清)周在浚等選　清道光十九年(1839)刻本　六册

500000－8741－0005460　GJ5472(856.17/L736)
潛園友朋書問十二卷　(清)李鴻章等撰　清末影印本　四册

500000－8741－0005461　GJ5473(856.17/U227)
昭代名人尺牘小傳二十四卷　(清)吳修撰　清光緒三十四年(1908)上海集古齋石印本　二册

500000－8741－0005462　GJ5474(856.17/U227)
昭代名人尺牘二十四卷　(清)吳修撰　清光緒三十四年(1908)上海集古齋石印本　二十四册

500000－8741－0005463　GJ5475(856.17/U227)
昭代名人尺牘小傳二十四卷　(清)吳修撰　清光緒三十四年(1908)上海集古齋石印本　二册

500000－8741－0005464　GJ5476(856.17/U227)
昭代名人尺牘二十四卷　(清)吳修撰　清光緒三十四年(1908)上海集古齋石印本　二十三册

500000－8741－0005465　GJ5477(856.17/U227b)
昭代名人尺牘續集小傳二十四卷　陶湘輯　清宣統三年(1911)影印本　二十四册

500000－8741－0005466　GJ5478(856.17/U283)
國朝名人書札二卷　吳曾祺編　清宣統二年(1910)商務印書館鉛印本　四册

500000－8741－0005467　GJ5479(856.274/Y417)
惜抱尺牘八卷　(清)姚鼐撰　清宣統元年

(1909)小萬柳堂刻本　四冊

500000－8741－0005468　GJ5480(856.275/Y448)
音註隨園尺牘八卷　(清)袁枚著　(清)胡光斗箋釋　清末上海廣益書局石印本　三冊　存六卷(一至二、五至八)

500000－8741－0005469　GJ5481(856.276/X441)
胡文忠公遺集十卷首一卷　(清)胡林翼撰　清末刻本　六冊

500000－8741－0005470　GJ5482(856.277/L443)
十三峰書屋書札四卷　(清)李榕撰　清宣統三年(1911)志古堂刻本　四冊

500000－8741－0005471　GJ5483(856.278/L244)
黎文肅公書札三十卷　(清)黎培敬撰　清光緒十八年(1892)刻本　十冊

500000－8741－0005472　GJ5484(856.278/U232－2)
吳先生尺牘五卷補遺一卷諭兒書一卷　(清)吳汝綸撰　清末刻本　一冊　存二卷(四至五)

500000－8741－0005473　GJ5485(856.278/Y743)
春在堂尺牘五卷　(清)俞樾撰　清光緒十年(1884)成都志古堂刻本　四冊

500000－8741－0005474　GJ5486(856.278/Z439)
左太傅與陳少保書不分卷　(清)左宗棠撰　清光緒三十四年(1908)影印本　二冊

500000－8741－0005475　GJ5487(856.6/L308)
巧對錄八卷　(清)梁章鉅輯　清道光五年(1825)刻本　二冊

500000－8741－0005476　GJ5488(856.7/C850)
雅趣藏書不分卷　(清)錢書撰　清康熙四十二年(1703)刻朱墨套印本　二冊

500000－8741－0005477　GJ5489(856.7/Y874)
名家制義六十一家六十一卷　(明)俞長城撰　清刻本　十三冊

500000－8741－0005478　GJ5490(856.9/T013)
躉園課蒙草初編不分卷　(清)童琮編訂　清光緒二十九年(1903)刻本　一冊

500000－8741－0005479　GJ5491(856.9/T013)
躉園益幼篇二卷　(清)童琮編訂　清光緒三十一年(1905)刻本　一冊

500000－8741－0005480　GJ5492(856.9/W114)
詩禮堂雜纂二卷　(清)王又樸撰　清末刻本　二冊

500000－8741－0005481　GJ5493(856.9/Y833)
印雪軒隨筆四卷　(清)俞鴻漸撰　清道光二十七年(1847)刻本　四冊

500000－8741－0005482　GJ5494(856.9/Z134)
三餘雜志八卷　(清)張定鋆輯　清道光二十九年(1849)刻本　四冊

500000－8741－0005483　GJ5495(857/G675)
古今說部叢書十集二百六十六種　國學扶輪社輯　清宣統二年(1910)國學扶輪社鉛印本　六十冊

500000－8741－0005484　GJ5496(857/U149)
五朝小說四百五十三種四百六十七卷　(明)□□輯　清初刻本　五十二冊

500000－8741－0005485　GJ5497(857.04/I－420)
說類六十二卷　(明)葉向高輯　(明)林茂槐增刪　明刻本(卷一至七抄配)　十冊

500000－8741－0005486　GJ5498(857.1/C744－1)
唐代叢書六集一百六十四種一百七十卷　(清)王文誥輯　清嘉慶十一年(1806)刻本　三十冊　存六集一百六十三種一百六十九卷(初集:隋唐嘉話一卷、朝野僉載一卷、尚書故實一卷、中朝故事一卷、金鑾密記一卷、杜陽雜編三卷、幽閒鼓吹一卷、桂苑叢談一卷、劉賓客嘉話錄一卷、次柳氏舊聞一卷、大唐傳載一卷、開元天寶遺事一卷、開元傳信記一卷、大唐新語一卷、明皇雜錄一卷、常侍言旨一卷,二集:雲溪友議一卷、國史補一卷、因話錄一卷、劇談錄一卷、法苑珠林一卷、南楚新聞一卷、宣室志一卷、甘澤謠一卷、金華子雜編一卷、耳目記一卷、瀟湘錄一卷、玉泉子一卷、小說舊聞記一卷、摭言一卷、記事珠一卷、諧噱錄一卷、義山雜纂一卷、龍城錄一卷,三集:

嶺表錄異一卷、來南錄一卷、平泉山居草木記一卷、北戶錄一卷、終南十志一卷、洞天福地記一卷、北里志一卷、迷樓記一卷、海山記一卷、開河記一卷、吳地記一卷、南部煙花記一卷、洛中九老會一卷、教坊記一卷、湘中怨詞一卷、二十四詩品一卷、本事詩一卷、比紅兒詩一卷、貞娘墓詩一卷、書法一卷、畫學祕訣一卷、續畫品錄一卷、貞觀公私畫史一卷、歌者葉記一卷、嘯旨一卷、李謩吹笛記一卷、衛公故物記一卷、茶經三卷、十六湯品一卷、煎茶水記一卷、食譜一卷，四集：醉鄉日月一卷、花九錫一卷、紫花梨記一卷、耒耜經一卷、五木經一卷、肉攫部一卷、樂府雜錄一卷、羯鼓錄一卷、小名錄一卷、藥譜一卷、異疾志一卷、大藏治病藥一卷、夢遊錄一卷、三夢記一卷、妝樓記一卷、李泌傳一卷、李林甫外傳一卷、東城老夫傳一卷、馮燕傳一卷、高力士傳一卷、虬髯客傳一卷、奇男子傳一卷、蔣子文傳一卷、杜子春傳一卷、墨崑崙傳一卷、陶峴傳一卷、申宗傳一卷、靈應傳一卷、睦仁蒨傳一卷、柳毅傳一卷、仙吏傳一卷、英雄傳一卷、劍俠傳一卷、廣陵妖亂志一卷、周秦行紀一卷、梅妃傳一卷、楊太眞外傳二卷、長恨歌傳一卷，五集：紅線傳一卷、劉無雙傳一卷、霍小玉傳一卷、謝小娥傳一卷、牛應貞傳一卷、李娃傳一卷、楊娼傳一卷、章臺柳傳一卷、非烟傳一卷、揚州夢記一卷、杜秋傳一卷、龍女傳一卷、妙女傳一卷、神女傳一卷、雷民傳一卷、會眞記一卷、黑心符一卷、南柯記一卷、枕中記一卷、酉陽雜俎二卷、諾皐記一卷、支諾皐一卷、壠上記一卷、前定錄一卷、卓異記一卷、摭異記一卷、志怪錄一卷、集異記一卷、集異志一卷，六集：博異志一卷、幽怪錄一卷、續幽怪錄一卷、聞奇錄一卷、錦裙記一卷、靈應錄一卷、鬼塚志一卷、幻影傳一卷、幻戲志一卷、幻異志一卷、稽神錄一卷、冥音錄一卷、離魂記一卷、再生記一卷、冤債志一卷、尸媚傳一卷、奇鬼傳一卷、才鬼記一卷、妖妄傳一卷、東陽夜怪錄一卷、靈鬼志一卷、物怪錄一卷、靈怪錄一卷、人虎傳一卷、白猿傳一卷、獵狐記一卷、任氏傳一卷、袁氏傳一卷、夜義傳一卷、金剛經鳩異一卷、鸜鵒舍利塔記一卷）

500000－8741－0005487　GJ5499(857.1/C744－1)
唐代叢書六集一百六十四種一百七十卷（清）王文誥輯　清嘉慶十一年(1806)刻本　三十六冊

500000－8741－0005488　GJ5500(857.1/L301)
嘯亭雜錄十卷續錄三卷　（清）昭槤撰　清末上海申報館鉛印本　九冊

500000－8741－0005489　GJ5501(857.1/L746)
古今說海一百三十五種一百四十二卷　（明）陸楫輯　清宣統元年(1909)集成圖書公司鉛印本　十一冊　缺六種（說纂部：避暑漫抄、養痾漫筆、虛谷閒抄、蓼花洲閒錄、樂府雜錄、教坊記）

500000－8741－0005490　GJ5502(857.1/S031)
稗海四十八種二百八十八卷　（明）商濬輯　清康熙振鷺堂刻本　八十四冊

500000－8741－0005491　GJ5503(857.1/S031－2)
稗海四十八種二百八十八卷　（明）商濬輯　清康熙振鷺堂刻本　六十冊

500000－8741－0005492　GJ5504(857.17/S217)
黍子雜説不分卷　（清）黍子撰　清光緒三十年(1904)抄本　一冊

500000－8741－0005493　GJ5505(857.1/U210)
說鈴前集三十七種四十五卷後集十六種二十四卷　（清）吳震方輯　清嘉慶四年(1799)刻本　二十八冊　存二集五十一種六十五卷（前集三十七種四十五卷，後集：讀史吟評一卷、湖壖雜記一卷、談往一卷、板橋雜記三卷、簪雲樓雜說一卷、天香樓偶得一卷、蚓菴瑣語一卷、見聞錄一卷、冥報錄二卷、現果隨錄一卷、果報聞見錄一卷、曠園雜志二卷、述異記三卷、觚賸一卷）

500000－8741－0005494　GJ5506(857.1/U210)
說鈴前集三十七種四十五卷後集十六種二十四卷　（清）吳震方輯　清嘉慶四年(1799)刻本　四冊　存二集八種十卷（前集：臺灣紀略一卷、安南紀游一卷、峒谿纖志一卷、閩小紀

一卷、使琉球記一卷，後集：板橋雜記三卷、簪雲樓雜說一卷、談往一卷）

500000－8741－0005495　GJ5507（857.1/W140）
拾遺記十卷　（晉）王嘉撰　清末刻本　二冊

500000－8741－0005496　GJ5508（857.1/W210）
魏晉唐人百家小說二百九種二百十六卷　（明）□□輯　清初刻本　十五冊

500000－8741－0005497　GJ5509（857.1/Y880）
熙朝新語十六卷　（清）余金輯　清道光二年（1822）刻本　八冊

500000－8741－0005498　GJ5510（857.1/Z156）
博雅十卷　（北魏）張揖撰　清光緒三年（1877）刻本　一冊

500000－8741－0005499　GJ5511（857.1/Z748）
南北史捃華八卷　（清）周嘉猷撰　清光緒十年（1884）蕉心室刻本　八冊

500000－8741－0005500　GJ5512（857.12/H430）
天祿閣外史八卷　（漢）黄憲撰　清末刻本　四冊

500000－8741－0005501　GJ5513（857.121/T747－2）
清異錄不分卷　（宋）陶穀撰　清抄本　四冊

500000－8741－0005502　GJ5514（857.135/L708）
李卓吾批點世說新語補二十卷　（南朝宋）劉義慶撰　（南朝梁）劉孝標注　（明）何良俊增　（明）王世貞删定　（明）李贄批點　明萬曆十四年（1586）陳文燭刻本　五冊

500000－8741－0005503　GJ5515（857.135/L780－3）
世說新語三卷　（南朝宋）劉義慶撰　（南朝宋）劉孝標註　清光緒二十二年（1896）長沙刻本　六冊

500000－8741－0005504　GJ5516（857.135/L780－3）
世說新語三卷　（南朝宋）劉義慶撰　（南朝梁）劉孝標注　（明）王世懋批點　明萬曆刻本　六冊

500000－8741－0005505　GJ5517（857.135/L780－4）
世說新語補二十卷　（南朝宋）劉義慶撰　（明）何良俊增　清乾隆二十七年（1762）茂清書屋刻本　六冊

500000－8741－0005506　GJ5518（857.135/L780－4）
世說新語補二十卷　（南朝宋）劉義慶撰　（明）何良俊增　清乾隆二十七年（1762）茂清書屋刻本　六冊

500000－8741－0005507　GJ5519（857.135/L780－4）
世說新語補二十卷　（南朝宋）劉義慶撰　（明）何良俊增　清乾隆二十七年（1762）茂清書屋刻本　十六冊

500000－8741－0005508　GJ5520（857.135/L780－6）
世說新語三卷附佚文一卷校勘小識一卷校勘小識補一卷攷證一卷　（南朝宋）劉義慶撰　（南朝梁）劉孝標注　清光緒十七年（1891）思賢講舍刻本　六冊

500000－8741－0005509　GJ5521（857.135/L780－7）
世說新語補二十卷　（南朝宋）劉義慶撰　（明）何良俊增　清乾隆二十七年（1762）茂清書屋刻本　六冊

500000－8741－0005510　GJ5522（857.141/T080）
唐人百家小說□□卷　（明）□□輯　清初刻本　十一冊　存八十八卷（前定錄一卷、終南十志一卷、洞天福地記一卷、比紅兒詩一卷、義山雜纂一卷、嘯旨一卷、茶經三卷、十六湯品一卷、煎茶水記一卷、醉鄉日月一卷、金樓子一卷、顏氏家訓一卷、褚氏遺書一卷、齊民要術一卷、靈應錄一卷、妙女傳一卷、稽神錄一卷、揚州夢記一卷、杜秋傳一卷、龍女傳一卷、蔣子文傳一卷、杜子春傳一卷、奇男子傳一卷、虬髯客傳一卷、劉無雙傳一卷、霍小玉傳一卷、墨崑崙傳一卷、牛應貞傳一卷、紅線傳一卷、相鶴經一卷、相牛經一卷、禽經一卷、龜經一卷、夢書一卷、異林一卷、西周合譜一卷、海味索隱一卷、笑禪錄一卷、洞簫記一卷、廣寒殿記一卷、阿寄傳一卷、中山狼傳一卷、清尊錄一卷、昨夢錄一卷、譚輅一卷、戲瑕一卷、語怪一卷、傳載略一卷、該問錄一卷、洞微志一卷、芝田錄一卷、噞噮集一卷、吹劍錄一卷、碧雲騢一卷、投轄錄一卷、忘懷錄一卷、對雨編一卷、軒渠錄一卷、鼎錄一卷、尤射一卷、儒其格一卷、籟記一卷、竹譜一卷、月令問答一卷、詩品三卷、書品一卷、四體書勢一卷、書評一卷、古畫品錄一卷、筆經一卷、風后握奇經一卷附握奇經續圖一卷八陣總述一卷、相貝經一卷、相手板經一卷、相兒經一卷、探春歷記一卷、登涉符錄一卷、三輔決錄一卷、三國典略一卷、魏晉世語一卷、陸機要覽一卷、裴啟語林一卷、聞奇錄一卷)

500000-8741-0005511　GJ5523(857.151/T747)
清異錄二卷　(宋)陶穀撰　清刻本　四册

500000-8741-0005512　GJ5524(857.151/T747-1)
清異錄二卷　(宋)陶穀撰　清光緒元年(1875)陳氏庸閑齋刻本　二册

500000-8741-0005513　GJ5525(857.16/G310)
顧氏四十家小說不分卷　(明)顧元慶輯　清宣統三年(1911)上海國學扶輪社鉛印本　八册

500000-8741-0005514　GJ5526(857.16/K634)
剪燈新話二卷　(明)瞿佑著　明萬曆二十一年(1593)刻本　二册

500000-8741-0005515　GJ5527(857.16/L420)
皇明世説新語八卷　(明)李紹文撰　清抄本　二册

500000-8741-0005516　GJ5528(857.16/L431)
剪燈餘話三卷　(明)李楨撰　清咸豐元年(1851)刻本　三册

500000-8741-0005517　GJ5529(857.16/S162)
覓燈因話二卷　(明)邵景詹撰　清末刻本　一册

500000-8741-0005518　GJ5530(857.16/U274)
新刻京臺公餘勝覽國色天香十卷　(清)吳所敬輯　清刻本　四册

500000-8741-0005519　GJ5531(857.16/W147)
表異錄二十卷　(明)王志堅輯　清光緒二年(1876)陳氏刻本　四册

500000-8741-0005520　GJ5532(857.16/W147)
表異錄二十卷　(明)王志堅輯　清光緒二年(1876)陳氏刻本　二册

500000-8741-0005521　GJ5533(857.17/C741-5)
庸閒齋筆記十二卷　(清)陳其元撰　清宣統三年(1911)上海掃葉山房石印本　四册

500000-8741-0005522　GJ5534(857.17/C748)
敏求軒述記十六卷　(清)陳世箴輯　清道光三十年(1850)刻本　八册

500000-8741-0005523　GJ5535(857.17/G267)
閱微草堂筆記二十四卷　(清)紀昀撰　清道光十五年(1835)刻本　十册

500000-8741-0005524　GJ5536(857.17/G267)
閱微草堂筆記二十四卷　(清)紀昀撰　清道光十五年(1835)刻本　十二册

500000-8741-0005525　GJ5537(857.17/I492)
京塵雜錄四卷　(清)楊掌生著　清光緒十二年(1886)上海同文書局石印本　二册

500000-8741-0005526　GJ5538(857.17/L114)
漁磯漫鈔十卷　(清)雷琳等輯　清道光二十年(1840)刻本　六册

500000-8741-0005527　GJ5539(857.17/L114)
漁磯漫鈔十卷　(清)雷琳等輯　清乾隆五十九年(1794)刻本　六册

500000-8741-0005528　GJ5540(857.17/L301)
嘯亭雜錄十卷續錄三卷　(清)昭槤撰　清光緒六年(1880)刻本　七册　存六卷(雜錄一至三、五,續錄一至二)

500000-8741-0005529　GJ5541(857.17/L301)
嘯亭雜錄十卷續錄三卷　(清)昭槤撰　清末申報館仿袖珍板鉛印本　十册

500000-8741-0005530　GJ5542(857.17/L301)
嘯亭雜錄十卷續錄三卷　(清)昭槤撰　清末申報館仿聚珍板鉛印本　一册　存二卷(雜錄一至二)

500000-8741-0005531　GJ5543(857.17/L301-2)
嘯亭雜錄十卷續錄三卷　(清)昭槤撰　清宣統元年(1909)中國圖書公司鉛印本　四册

500000－8741－0005532　GJ5544(857.17/L308)
浪跡叢談十一卷續談八卷　(清)梁章鉅撰　清道光二十七年(1847)刻本　六册

500000－8741－0005533　GJ5545(857.17/L702)
嗇菴隨筆六卷末一卷　(清)陸文衡著　清光緒二十三年(1897)德清俞樾刻本　二册

500000－8741－0005534　GJ5546(857.17/M463)
青泥蓮花記十三卷　(明)梅鼎祚纂輯　清宣統二年(1910)北京自強書局石印本　四册

500000－8741－0005535　GJ5547(857.17/O480)
三岡識畧十卷　(清)董含著　清光緒申報館鉛印本　六册

500000－8741－0005536　GJ5548(857.17/P346)
思補齋筆記八卷　(清)潘世恩撰　清刻本　一册

500000－8741－0005537　GJ5549(857.17/S138)
冷淡生涯不分卷　(清)石海撰　清草香書屋稿本　十二册

500000－8741－0005538　GJ5550(857.17/U296b)
續客窗閒話八卷　(清)吳熾昌著　清光緒元年(1875)刻本　四册

500000－8741－0005539　GJ5551(857.17/W134)
古今記林二十九卷　(清)汪士漢輯　清乾隆五年(1740)汪世珂刻本　十六册

500000－8741－0005540　GJ5552(857.17/W143)
秋燈叢話十八卷　(清)王椷撰　清末刻本　八册　存十四卷(五至十八)

500000－8741－0005541　GJ5553(857.17/W143－1)
秋燈叢話十八卷　(清)王椷撰　清同治十年(1871)文盛堂刻本　八册

500000－8741－0005542　GJ5554(857.17/Y163)
廢言一卷　(清)于昌遂撰　清光緒抄本　一册

500000－8741－0005543　GJ5555(857.17/Z181)
柳溪叢語四卷　(清)張錫琦輯　清中期稿本　四册

500000－8741－0005544　GJ5556(857.18/C719)
藝苑叢話十六卷　(清)陳琰編　清宣統三年(1911)上海六藝書局石印本　四册

500000－8741－0005545　GJ5557(857.18/W124)
王伯恭先生筆記不分卷　王伯恭撰　清末民初抄本　二册

500000－8741－0005546　GJ5558(857.2/B160)
漢武帝内傳一卷　(漢)班固撰　**飛燕外傳一卷**　(漢)伶玄撰　**雜事秘辛一卷**　(漢)□□撰　**巴志一卷**　(晉)常璩撰　清末刻本　一册

500000－8741－0005547　GJ5559(857.2/G012)
穆天子傳六卷　(晉)郭璞注　(晉)陳逢衡補正　清道光二十三年(1843)刻本　七册

500000－8741－0005548　GJ5560(857.2/G012b)
穆天子傳六卷　(晉)郭璞注　**晉史乘一卷**　(清)汪士漢考校　清末刻本　一册

500000－8741－0005549　GJ5561(857.2/G012e)
穆天子傳六卷　(晉)郭璞註　清末刻本　一册

500000－8741－0005550　GJ5562(857.2/G012p)
穆天子傳六卷　(晉)郭璞注　清嘉慶十一年(1806)平津館刻本　一册

500000－8741－0005551　GJ5563(857.2/G012p)
穆天子傳六卷　(晉)郭璞注　清嘉慶十一年(1806)平津館刻本　二册

500000－8741－0005552　GJ5564(857.2/G012p1)
竹書穆天子傳六卷　(晉)郭璞注　清嘉慶九年(1804)鄂不館刻本　一册

500000－8741－0005553　GJ5565(857.2/G012t)
穆天子傳六卷首一卷末一卷　(晉)郭璞註　(清)檀萃疏　清末刻本　四册

500000－8741－0005554　GJ5566(857.2/G012z)
覆校穆天子傳六卷補遺一卷　(晉)郭璞注　清道光十二年(1832)刻本　一册

500000－8741－0005555　GJ5567(857.2/L324)
太平廣記五百卷目錄十卷　(宋)李昉撰　清

道光二十六年(1846)刻本　五十冊

500000－8741－0005556　GJ5568(857.2/L347)
池上草堂筆記八卷　(清)梁恭辰撰　清同治十二年(1873)金陵刻本　四冊

500000－8741－0005557　GJ5569(857.2/T363)
新鐫玉茗堂批選續豔異編十九卷　(明)湯顯祖撰　清刻本　四冊

500000－8741－0005558　GJ5570(857.2/T363)
虞初志八卷續虞初志四卷　(□)□□撰　(明)湯顯祖評點　(明)鍾人傑校閱　明梅墅石渠閣刻本　十二冊

500000－8741－0005559　GJ5571(857.231/G012－3)
山海經十八卷　(晉)郭璞傳　清乾隆黃晟槐蔭草堂刻本　四冊

500000－8741－0005560　GJ5572(857.231/G012－4)
山海經十八卷圖讚一卷訂譌一卷　(晉)郭璞傳　(清)郝懿行箋疏　清光緒十七年(1891)上海仿古齋石印本　六冊

500000－8741－0005561　GJ5573(857.231/G012－5)
山海經十八卷圖讚一卷訂譌一卷　(晉)郭璞傳　(清)郝懿行箋疏　清嘉慶九年(1804)刻本　四冊

500000－8741－0005562　GJ5574(857.231/G012－5)
山海經十八卷圖讚一卷訂譌一卷　(晉)郭璞傳　(清)郝懿行箋疏　清光緒七年(1881)刻本　四冊

500000－8741－0005563　GJ5575(857.231/G012－6)
山海經十八卷　(晉)郭璞傳　清乾隆四十八年(1783)靈巖山館刻本　四冊

500000－8741－0005564　GJ5576(857.231/G012－6)
山海經十八卷　(晉)郭璞傳　清乾隆項氏群玉書堂刻本　一冊

500000－8741－0005565　GJ5577(857.231/G012－7)
山海經十八卷　(晉)郭璞傳　清光緒三年(1877)浙江書局刻本　三冊

500000－8741－0005566　GJ5578(857.231/G012－7)
山海經十八卷　(晉)郭璞傳　清光緒三年(1877)浙江書局刻本　三冊

500000－8741－0005567　GJ5579(857.231/G012－8)
山海經廣注十八卷圖二卷讀山海經語一卷雜述一卷　(清)吳任臣注　清康熙六年(1667)刻本　五冊

500000－8741－0005568　GJ5580(857.231/G012－9)
山海經十八卷　(晉)郭璞傳　(明)吳中珩校　明刻本　二冊

500000－8741－0005569　GJ5581(857.231/G013－2)
山海經十八卷　(晉)郭璞傳　清咸豐元年(1851)刻本　四冊

500000－8741－0005570　GJ5582(857.231/G017－8)
山海經十八卷　(晉)郭璞撰　明萬曆李文孝大興堂刻本　四冊

500000－8741－0005571　GJ5583(857.231/S264)
山海經十八卷　(晉)郭璞傳　清光緒二十三年(1897)文瑞樓石印本　一冊

500000－8741－0005572　GJ5584(857.252/S428)
四朝聞見錄五卷附錄一卷　(宋)葉紹翁撰　清末刻本　八冊

500000－8741－0005573　GJ5585(857.27/P442－5)
聊齋志異新評十六卷　(清)蒲松齡撰　(清)王士禛評　(清)但明倫新評　清刻朱墨套印本　十二冊　存十二卷(一至十二)

500000－8741－0005574　GJ5586(857.27/C074)
見聞隨筆二十六卷　(清)齊學裘撰　清同治十一年(1872)刻本　十二冊

500000－8741－0005575　GJ5587(857.27/C074b)
見聞續筆二十四卷　(清)齊學裘撰　清光緒二年(1876)天空海闊之居刻本　九冊

500000－8741－0005576　GJ5588(857.27/C074b)
見聞續筆二十四卷　(清)齊學裘撰　清光緒二年(1876)天空海闊之居刻本　六冊

500000－8741－0005577　GJ5589(857.27/C761)
談古偶錄二卷　(清)陳星瑞撰　清光緒二年(1876)上海申報館鉛印本　二冊

500000－8741－0005578　GJ5590(857.27/F032)
蕉軒隨録十二卷續録二卷　(清)方濬師撰　清同治十二年(1873)退一步齋刻本　十四册

500000－8741－0005579　GJ5591(857.27/I407)
譚史志奇八卷　(清)姚彦臣輯　清光緒十四年(1888)刻本　四册

500000－8741－0005580　GJ5592(857.27/I407)
譚史志奇八卷　(清)姚彦臣輯　清光緒十四年(1888)刻本　四册

500000－8741－0005581　GJ5593(857.27/P442)
聊齋志異十六卷　(清)蒲松齡撰　清刻本　二册　存二卷(五、十一)

500000－8741－0005582　GJ5594(857.27/P442c)
聊齋志異十六卷　(清)蒲松齡撰　清刻本　八册　存九卷(一至四、六至十)

500000－8741－0005583　GJ5595(857.27/Y844)
蕉軒摭録十二卷　(清)俞夢蕉撰　清末申報館鉛印本　四册

500000－8741－0005584　GJ5596(857.41/V123)
景宋殘本五代平話八卷　(□)□□撰　清宣統三年(1911)刻本　二册

500000－8741－0005585　GJ5597(857.41/Y428)
删訂二奇合傳四十回　(清)芸香館居士編　清刻本　三册　存十二回(十二至十五、十九至二十二、三十二至三十五)

500000－8741－0005586　GJ5598(857.44/B504:5)
今古奇觀四十卷　題(明)抱甕老人輯　清同文堂刻本　一册　存三卷(三至五)

500000－8741－0005587　GJ5599(857.44/C514:3)
增評補像全圖金玉緣一百二十回　(清)曹雪芹撰　清末鉛印本　一册　存八回(六十五至七十二)

500000－8741－0005588　GJ5600(857.44/C514:9)
紅樓夢一百二十回　(清)曹雪芹撰　清光緒七年(1881)刻本　十八册

500000－8741－0005589　GJ5601(857.44/C514c)
紅樓夢圖詠不分卷　(清)曹雪芹撰　(清)改琦繪　清光緒五年(1879)刻本　四册

500000－8741－0005590　GJ5602(857.44/C514d)
讀紅樓夢劄記一卷　(清)端木埰撰　清末抄本　一册

500000－8741－0005591　GJ5603(857.44/C514h)
紅樓夢賦不分卷　(清)沈謙撰　清道光二十六年(1846)刻本　一册

500000－8741－0005592　GJ5604(857.44/C514)
增評補圖石頭記一百二十卷　(清)曹雪芹撰　(清)護花主人評　(清)大某山民加評　清光緒石印本　一册　存二十四卷(九十七至一百二十)

500000－8741－0005593　GJ5605(857.44/L658)
繡像繪圖廿四史通俗演義六卷首一卷　(清)吕撫輯　清光緒十三年(1887)鉛印本　六册

500000－8741－0005594　GJ5606(857.44/L675:10)
四大奇書第一種十九卷一百二十回　(明)羅貫中撰　清刻本　十九册

500000－8741－0005595　GJ5607(857.44/L675:5)
增像全圖三國演義六十卷一百二十回　(明)羅貫中撰　清光緒十四年(1888)上海鴻文書局石印本　十二册

500000－8741－0005596　GJ5608(857.44/L675b)
繡像漢宋奇書二種六十卷　(明)羅貫中撰　(清)金聖歎批點　清刻本　十四册　存二種四十三卷(忠義水滸傳一、四大奇書第一種一至四十二)

500000－8741－0005597　GJ5609(857.44/Ts184)
增像全圖東周列國志□□卷□□回　(明)馮夢龍撰　(清)蔡奡評點　清末民初石印本　一册　存一卷十六回(八卷:九十三至一百八回)

500000－8741－0005598　GJ5610(857.44/W142)
新刻金瓶梅詞話一百回　(明)蘭陵笑笑生撰　清康熙三十八年(1699)刻本　五册　存二十二回(四十至六十一)

500000－8741－0005599　GJ5611(857.44/Y217)

新刻繡像昇仙傳八卷五十六回 （清）倚雲氏撰　清刻本　一册　存一卷八回（八卷：四十九至五十六回）

500000－8741－0005600　GJ5612（857.46/C338）

新鐫批評出像通俗奇俠禪真逸史八卷四十回 題清心道人編次　清刻本　十七册　存七卷三十四回（卷一：一至二回、卷三至八：九至四十回）

500000－8741－0005601　GJ5613（857.46/F344）

增像全圖東周列國志二十七卷一百八回首一卷 （明）馮夢龍撰　（清）蔡界評點　清末民初上海廣益書局鉛印本　九册　存十八卷六十八回（卷一：一至四回、卷四至十三：十三至五十二回、卷二十至二十一：七十七至八十四回、卷二十四至二十七：九十三至一百八回，首一卷）

500000－8741－0005602　GJ5614（857.46/T447）

檮杌閒評五十卷五十回 （□）□□撰　清刻本　七册　存三十二卷三十二回（卷十四至十六：十四至十六回、卷二十二至五十：二十二至二十五回）

500000－8741－0005603　GJ5615（857.46/X244）

新鐫玉茗堂批點按鑑參補南宋志傳十卷五十回 （明）研石山樵訂正　清五雲堂刻本　十册

500000－8741－0005604　GJ5616（857.47/C382－2）

四雪草堂重訂通俗隋唐演義二十卷一百回隋唐演義像一卷 （明）齊東野人等原本　（清）没世農夫彙編　清康熙四雪草堂刻本　十四册　存十二卷五十五回（卷一至十二：一至三十二、三十八至六十回）

500000－8741－0005605　GJ5617（857.47/C740）

品花寶鑑六十回 （清）石函氏撰　清刻本　六册　存十六回（一至二、三十至三十四、三十七至四十二、四十八至五十）

500000－8741－0005606　GJ5618（857.47/D422）

新刻批評繡像平山冷燕六卷二十回 （清）天花藏主人撰　（清）冰玉主人評　清靜寄山房刻本　六册

500000－8741－0005607　GJ5619（857.47/D424y）

新刻天花藏批評玉嬌梨四卷二十回 （清）狄岸散人撰　清刻本　四册

500000－8741－0005608　GJ5620（857.47/L437）

迴文傳十五卷 （清）李漁撰　清道光六年（1826）刻本　六册

500000－8741－0005609　GJ5621（857.47/L454）

原本海公大紅袍傳十卷六十回 （明）李春芳撰　清同治三年（1864）刻本　十册

500000－8741－0005610　GJ5622（857.47/L454－2）

原本海公大紅袍傳六十卷六十回 （明）李春芳撰　清道光二十年（1840）刻本　十二册

500000－8741－0005611　GJ5623（857.47/P441）

新世鴻勳四卷二十二回 （清）蓬蒿子編　清刻本　二册

500000－8741－0005612　GJ5624（857.47/R447）

説唐前傳三卷二十回 （清）如蓮居士編　清刻本　三册

500000－8741－0005613　GJ5625（857.47/S136）

繪芳錄八十回 （清）西泠野樵撰　清末刻本　四册　存二十回（三十六至四十、四十六至五十五、七十六至八十）

500000－8741－0005614　GJ5626（857.47/S136）

繪圖繪芳錄八卷八十回 （清）西泠野樵撰　清光緒二十年（1894）上海書局石印本　八册

500000－8741－0005615　GJ5627（857.47/T729）

天雨花三十回 （清）陶貞懷撰　清嘉慶九年（1804）刻本　三十册

500000－8741－0005616　GJ5628（857.47/X410）

嶺南逸史十卷二十八回 （清）花溪逸士編次　（清）醉園狂客點評　清咸豐七年（1857）刻本　十册

500000－8741－0005617　GJ5629（857.47/Y845）

結水滸全傳□□卷□□回 （清）俞萬春撰　清末刻本　一册　存五卷五回（卷五至九：七十五至七十九回）

500000－8741－0005618　GJ5630(857.5/C734)
繡像芙蓉洞全傳十卷四十回　(清)陳遇乾撰　清道光十六年(1836)刻本　十册

500000－8741－0005619　GJ5631(857.5/F772)
鳳凰山七十二卷　(□)□□撰　清海陵軒刻本　三十二册

500000－8741－0005620　GJ5632(857.5/F772－d)
唐誌十卷　(□)□□撰　清抄本　五册

500000－8741－0005621　GJ5633(857.5/F780)
繡像風箏誤八卷三十二回　(清)竹齋主人輯　清嘉慶十五年(1810)刻本　六册

500000－8741－0005622　GJ5634(857.5/G438)
娱萱草彈詞三十二卷　(清)橘道人撰　清光緒二十年(1894)石印本　八册

500000－8741－0005623　GJ5635(857.5/G453)
來生福彈詞三十六回　(清)橘中逸叟撰　清同治九年(1870)聚錦堂刻本　十六册

500000－8741－0005624　GJ5636(857.5/I143)
繡像雙珠鳳全傳十二卷八十回　(清)一葉道人撰　清同治二年(1863)刻本　十二册

500000－8741－0005625　GJ5637(857.5/I－151)
繡像一捧雪全傳八卷三十二回　(□)□□撰　清澄碧軒刻本　四册

500000－8741－0005626　GJ5638(857.5/I－494)
廿一史彈詞註十卷　(明)楊慎撰　(清)張三異增定　(清)張仲璜註　**明紀彈詞註二卷**　(清)張三異撰　(清)張仲璜註　清康熙五十一年(1712)刻本　八册

500000－8741－0005627　GJ5639(857.5/L483)
繡像落金扇全傳八卷五十回　(清)吹竽先生撰　清同治十二年(1873)刻本　八册

500000－8741－0005628　GJ5640(857.5/M267)
錦上花四十八回　題(清)修目閣主人撰　清嘉慶十八年(1813)善成堂刻本　十二册

500000－8741－0005629　GJ5641(857.5/M587)
新鐫繡像描金鳳十二卷四十六回　(清)竹亭居士編　清光緒二年(1876)刻本　十二册

500000－8741－0005630　GJ5642(857.5/S240)
繡鞋記二卷　(□)□□撰　清道光十四年(1834)潘蘭亭懷德堂抄本　四册

500000－8741－0005631　GJ5643(857.5/S533)
繡像文武香球十二卷七十二回　(清)二酉室主任撰　清同治二年(1863)刻本　十二册

500000－8741－0005632　GJ5644(857.5/S722)
雙魚傳不分卷　(□)□□撰　清抄本　十册

500000－8741－0005633　GJ5645(857.5/T729)
天雨花三十回　(清)陶貞懷撰　清刻本　三十册

500000－8741－0005634　GJ5646(857.5/W237)
果報錄十二卷　(□)□□撰　清抄本　十二册

500000－8741－0005635　GJ5647(857.5/X384)
繡像新刻秘本玉夔龍全傳八卷　(□)□□撰　清光緒十九年(1893)刻本　十册

500000－8741－0005636　GJ5648(857.5/X388)
繡像還金鐲傳八卷五十四回　(清)吹竽先生編　清道光十三年(1833)刻本　八册

500000－8741－0005637　GJ5649(857.5/X412)
新刻真本唱口雙珠球全傳四十九卷　(清)黄子貞撰　清光緒三年(1877)刻本　十六册

500000－8741－0005638　GJ5650(857.5/Y125)
新編玉鴛鴦全傳三卷　(□)□□撰　清抄本　六册

500000－8741－0005639　GJ5651(857.5/Y1821)
新刻玉釧緣全傳三十二卷　(清)西湖居士撰　清道光二十二年(1842)刻本　六十四册

500000－8741－0005640　GJ5652(857.5/Z122)
再生緣全傳二十卷　(清)陳端生撰　清道光元年(1821)刻本　二十册

500000－8741－0005641　GJ5653(857.5/Z529)
中秋記三卷　(□)□□撰　清抄本　四册

500000－8741－0005642　GJ5654(857.5/Z714)
繡像孝義真蹟珍珠塔六卷二十四回　(清)周

殊士撰　清方來堂刻本　六冊

500000－8741－0005643　GJ5655(857.5/Z714－4)
孝義真蹟珍珠塔二十四回　(清)周殊士撰　清同治六年(1867)刻本　六冊

500000－8741－0005644　GJ5656(857.7/Z146)
南蘭文集六卷　(清)張恕撰　清光緒五年(1879)刻本　二冊

500000－8741－0005645　GJ5657(858.319/S975)
白鶴圖寶卷二卷　(清)陸仁軒撰　清抄本　二冊

500000－8741－0005646　GJ5658(858.4/G121)
木皮散人鼓詞一卷　(清)賈鳧西撰　**萬古愁曲一卷**　(清)歸莊撰　**乾嘉詩壇點將錄一卷**　(清)舒位撰　清光緒三十三年(1907)葉氏觀古堂刻本　一冊

500000－8741－0005647　GJ5659(858.419/C751)
湖廣荆州府永慶縣修行梅氏花綱寶卷二卷　(□)□□編　清光緒八年(1882)刻本　二冊

500000－8741－0005648　GJ5660(858.419/X224)
何仙姑寶卷二卷　(□)□□編　清光緒六年(1880)刻本　二冊

500000－8741－0005649　GJ5661(858.419/X473)
三世修道黃氏寶卷二卷　(□)□□編　清光緒五年(1879)刻本　二冊

500000－8741－0005650　GJ5662(858.419/Y143)
玉英寶卷二卷　(□)□□撰　清抄本　二冊

500000－8741－0005651　GJ5663(858.5/S486)
繡像十美圖四十卷　(清)松筠氏撰　清同治七年(1868)古越文雅堂刻本　六冊

500000－8741－0005652　GJ5664(858.5/C533)
浙江嘉興府秀水縣刺心寶卷二卷　(□)□□編　清光緒五年(1879)杭州瑪瑙經房刻本　一冊

500000－8741－0005653　GJ5665(858.5/G227)
結緣寶卷不分卷　(□)□□編　清宣統三年(1911)抄本　一冊

500000－8741－0005654　GJ5666(858.5/K733)
開家寶卷不分卷　(□)□□撰　明末清初抄本　一冊

500000－8741－0005655　GJ5667(858.5/L063)
龍圖寶卷不分卷　(□)□□撰　清光緒抄本　一冊

500000－8741－0005656　GJ5668(858.5/L374)
洛陽橋寶卷不分卷　(□)□□撰　清末民初抄本　一冊

500000－8741－0005657　GJ5669(858.5/L723)
太華山紫金鎮兩世修行劉香寶卷二卷　(□)□□編　清同治九年(1870)刻本　二冊

500000－8741－0005658　GJ5670(858.5/M443)
妙英寶卷一卷　(□)□□編　清末杭州昭慶慧空經房刻本　一冊

500000－8741－0005659　GJ5671(858.5/M633)
目蓮寶卷三卷　(□)□□編　清光緒二十年(1894)刻本　一冊

500000－8741－0005660　GJ5672(858.5/P867)
香山寶卷二卷　(宋)釋普明編　清末刻本　四冊

500000－8741－0005661　GJ5673(858.5/P867－3)
重刻觀世音菩薩本行經簡集二卷　(宋)釋普明編　清西湖昭慶慧空經房刻本　二冊

500000－8741－0005662　GJ5674(858.5/S148)
雪梅寶卷二卷　(□)□□編　清光緒瑪瑙經房刻本　二冊

500000－8741－0005663　GJ5675(858.5/S424)
散仙花寶卷二卷　(□)□□撰　清抄本　一冊

500000－8741－0005664　GJ5676(858.5/S942)
惜穀免災寶卷一卷　(□)□□編　清光緒二年(1876)刻本　一冊

500000－8741－0005665　GJ5677(858.5/U134)
五祖黃梅寶卷二卷　(□)□□編　清末刻本　二冊

500000－8741－0005666　GJ5678(858.5/X225)
香山摘要一卷　(清)王惠卿抄　清光緒十二年(1886)抄本　一冊

500000－8741－0005667　GJ5679(858.5/X263)
紅羅寶卷不分卷　(□)□□撰　清抄本　一冊

500000－8741－0005668　GJ5680(858.5/X433)
韓湘寶卷二卷　(□)□□編　清光緒二十年(1894)刻本　二冊

500000－8741－0005669　GJ5681(858.5/X433)
韓湘寶卷二卷　(□)□□編　清光緒二十年(1894)刻本　二冊

500000－8741－0005670　GJ5682(858.5/X443)
五祖黄梅寶卷二卷　(□)□□編　清光緒元年(1875)刻本　二冊

500000－8741－0005671　GJ5683(858.5/X637)
江南松江府華亭縣白沙邨孝修回郎寶卷一卷　(□)□□編　清光緒二十年(1894)蘇城瑪瑙經房刻本　一冊

500000－8741－0005672　GJ5684(858.5/Z114)
珠塔寶卷一卷　(□)□□編　清末刻本　一冊

500000－8741－0005673　GJ5685(858.5/Z171)
張氏三娘賣花寶卷一卷　(□)□□編　清光緒十九年(1893)刻本　一冊

500000－8741－0005674　GJ5686(858.5/Z477)
趙氏賢孝寶卷二卷　(□)□□編　清刻本　一冊

500000－8741－0005675　GJ5687(858.51/X354)
河東獅吼怕妻寶卷一卷　(□)□□編　清宣統二年(1910)朱墨抄本　一冊

500000－8741－0005676　GJ5688(858.6/G056)
廣東唱本十九種三十卷　(□)□□編　清末合刻本　四冊

500000－8741－0005677　GJ5689(859.478/L782)
濯絳宧存稾一卷　(清)劉毓盤撰　清光緒二十七年(1901)刻本　一冊

500000－8741－0005678　GJ5690(861.3/D262)
東海投桃集一卷附錄一卷　(清)俞樾撰　清光緒十七年(1891)刻本　一冊

500000－8741－0005679　GJ5692(8757.151/W109)
唐語林八卷附校勘記一卷　(宋)王讜撰　清光緒十九年(1893)湖北官書處刻本　四冊

500000－8741－0005680　GJ5693(884.021/C703－2)
秣陵集六卷附金陵歷代紀年事表一卷圖考一卷　(清)陳文述撰　清光緒十年(1884)淮南書局刻本　三冊

500000－8741－0005681　GJ5694(897.8/Q523)
虹橋老屋遺稿文四卷詩五卷　(清)秦緗業撰　清光緒十五年(1889)刻本　三冊

500000－8741－0005682　GJ5695(910/K732)
律音彙考八卷丁祭禮樂備考三卷　(清)邱之稑著　清道光十八年至二十年(1838－1840)䢵田刻本　五冊

500000－8741－0005683　GJ5696(910/X406)
樂律表微八卷　(清)胡彦昇撰　清乾隆刻本　六冊

500000－8741－0005684　GJ5697(911/C735)
聲律通考十卷　(清)陳澧撰　清咸豐十年(1860)粤東富文齋刻本　二冊

500000－8741－0005685　GJ5698(911.25/Y223)
御製補笙詩樂譜一卷附圖説　(清)高宗弘曆撰　清刻朱墨套印本　一冊

500000－8741－0005686　GJ5699(916.1/S234)
五知齋琴譜八卷附歷代琴式一卷　(清)徐祺鑒定　(清)周魯封匯纂　清刻本　八冊

500000－8741－0005687　GJ5700(916.11/C735)
琴律譜一卷　(清)陳澧撰　清刻本　一冊

500000－8741－0005688　GJ5701(918.2/S287)
荀勖笛律圖注一卷　(清)徐養原撰　清光緒七年(1881)武昌書局刻本　一冊

500000－8741－0005689　GJ5702(918.2/S289g)
管色考一卷　(清)徐養原撰　清刻本　一冊

500000－8741－0005690　GJ5703(931/G336)
篆學瑣著二十八種四十卷　(清)顧湘輯　清道光二十年(1840)海虞顧氏刻本　八冊

500000－8741－0005691　GJ5704(931/G336－1)
篆學瑣著二十八種四十卷　(清)顧湘輯　清光緒十四年(1888)虞山飛鴻延年堂刻本　八冊

500000－8741－0005692　GJ5705(931.7/G331)
文何印譜合璧不分卷　(清)顧沅編輯　清道光鈐印本　二冊

500000－8741－0005693　GJ5706(931.7/L022)
擷華齋古印譜不分卷　(清)劉仲山輯　清光緒二十一年(1895)尹彭壽尚志堂鈐印本　六冊

500000－8741－0005694　GJ5707(931.7/W120)
醉愛居印賞二卷　(清)王睿章篆　(清)徐逵照撰　清乾隆二十八年(1763)鈐印本　二冊

500000－8741－0005695　GJ5708(931.7/W148)
友石山房印存不分卷　(清)崔英文藏並編　清光緒八年(1882)鈐印本　八冊

500000－8741－0005696　GJ5709(932.18/C113)
百花詩箋譜(文美齋詩箋譜)一卷　(清)張兆祥編並繪　清宣統三年(1911)張氏文美齋彩色套印本　二冊

500000－8741－0005697　GJ5710(933.4/G838)
投壺圖説新發明書四卷　劍滄撰　清宣統二年(1910)抄本　一冊

500000－8741－0005698　GJ5711(938/L435)
景德鎮陶録十卷　(清)藍浦著　(清)鄭廷桂補輯　清同治九年(1870)刻本　四冊

500000－8741－0005699　GJ5712(938/Z362)
匋雅二卷　(清)陳瀏撰　清宣統二年(1910)上海朝記書莊石印本　四冊

500000－8741－0005700　GJ5713(938/Z362)
匋雅二卷　(清)陳瀏撰　清宣統二年(1910)上海朝記書莊石印本　四冊

500000－8741－0005701　GJ5714(940/S178)
佩文齋書畫譜一百卷　(清)孫岳頒等輯　清光緒九年(1883)上海同文書局石印本　十六冊

500000－8741－0005702　GJ5715(940/T743)
紅豆樹館書畫記八卷　(清)陶樑編輯　清光緒八年(1882)吳趨潘氏韡園刻本　六冊

500000－8741－0005703　GJ5716(941/D124)
神州國光集二十一集　鄧秋枚集印　清宣統三年(1911)神州國光社影印本　一冊　存一集(二十)

500000－8741－0005704　GJ5717(941/D446)
畫禪室隨筆四卷尾一卷　(明)董其昌撰　(清)楊補輯　清康熙刻本　四冊

500000－8741－0005705　GJ5718(941/L414)
甌鉢羅室書畫過目考四卷首一卷附一卷　(清)李玉棻編輯　清光緒上海江南圖書局石印本　四冊

500000－8741－0005706　GJ5719(941/L414)
甌鉢羅室書畫過目考四卷首一卷附一卷　(清)李玉棻編輯　清光緒二十三年(1897)刻本　四冊

500000－8741－0005707　GJ5720(941.1/X448)
國朝院畫錄二卷　(清)胡敬輯　清道光二十二年(1842)刻本　一冊

500000－8741－0005708　GJ5721(941.1/X448)
國朝院畫錄二卷　(清)胡敬輯　清道光二十二年(1842)刻本　一冊

500000－8741－0005709　GJ5722(941.1/X448n)
南薰殿圖像攷二卷　(清)胡敬輯　清道光二十三年(1843)崇雅堂刻本　一冊

500000－8741－0005710　GJ5723(941.1/X448n)
南薰殿圖像攷二卷　(清)胡敬輯　清道光二十二年(1842)崇雅堂刻本　一冊

500000－8741－0005711　GJ5724(941.1/X448n)
南薰殿圖像攷二卷　(清)胡敬輯　清道光刻本　一冊

500000－8741－0005712　GJ5725(941.1/Z167b)

欽定秘殿珠林石渠寶笈續編不分卷　(清)王杰等編　清光緒十四年(1888)開平譚氏影印本　四十册

500000－8741－0005713　GJ5726(941.1/Z167d)
西清劄記四卷　(清)胡敬輯　清嘉慶二十一年(1816)刻本　二册

500000－8741－0005714　GJ5727(941.2/L414)
甌鉢羅室書畫過目考四卷附一卷　(清)李玉棻編輯　清光緒二十三年(1897)刻本　四册

500000－8741－0005715　GJ5728(941.2/S113)
庚子銷夏記八卷　(清)孫承澤撰　清同治刻本　二册

500000－8741－0005716　GJ5729(941.2/W649)
辛丑銷夏記五卷　(清)吳榮光撰　清光緒三十一年(1905)長沙葉氏郎園刻本　五册

500000－8741－0005717　GJ5730(941.2/Z241)
鐵網珊瑚書品十卷畫品六卷　(明)朱存理集録　清雍正六年(1728)刻本　十六册

500000－8741－0005718　GJ5731(941.3/G044)
江村銷夏録三卷　(清)高士奇輯　清康熙三十二年(1693)刻本　三册

500000－8741－0005719　GJ5732(941.3/P713)
虚齋名畫録十六卷　龐元濟撰　清宣統元年(1909)申江刻本　十六册

500000－8741－0005720　GJ5733(941.3/S138)
庚子銷夏記八卷附閑者軒帖考一卷　(清)孫承澤撰　清乾隆二十六年(1761)鮑氏知不足齋刻本　四册

500000－8741－0005721　GJ5734(941.3/T737)
紅豆樹館書畫記八卷　(清)陶樑編輯　清光緒八年(1882)吳趨潘氏韡園刻本　六册

500000－8741－0005722　GJ5735(941.31/J432)
墨林今話十八卷書後一卷續編一卷　(清)蔣寶齡撰　清咸豐二年(1852)千頃堂刻本　六册

500000－8741－0005723　GJ5736(941.31/L726)
御定歷代題畫詩類一百二十卷　(清)陳邦彦輯　清康熙四十六年(1707)内府刻本　二十四册

500000－8741－0005724　GJ5737(941.31/Z117)
清河書畫舫十二卷　(明)張丑撰　清乾隆二十八年(1763)池北草堂刻本　十二册

500000－8741－0005725　GJ5738(941.32/G314)
過雲樓書畫記書四卷畫六卷附詩四十首　(清)顧文彬撰　清光緒八年(1882)蘇州元和顧氏刻本　四册

500000－8741－0005726　GJ5739(941.32/S180)
書畫跋跋三卷續三卷　(明)孫鑛著　清乾隆五年(1740)刻本　四册

500000－8741－0005727　GJ5740(941.32/X426)
東觀餘論二卷附録一卷　(宋)黄伯思著　清光緒邵武徐氏刻本　四册

500000－8741－0005728　GJ5741(941.5/S178－2)
佩文齋書畫譜一百卷　(清)孫岳頒等輯　清康熙四十七年(1708)内府刻本　四十册

500000－8741－0005729　GJ5742(941.5/S178－2c)
佩文齋書畫譜一百卷　(清)孫岳頒等輯　清康熙四十七年(1708)内府刻本　四十八册

500000－8741－0005730　GJ5743(941.5/S178－2)
佩文齋書畫譜一百卷　(清)孫岳頒等輯　清康熙四十八年(1709)刻本　六十二册

500000－8741－0005731　GJ5744(941.9/D304)
國朝書畫家筆録四卷　竇頌輯　清宣統三年(1911)蘇州文學山房木活字印本　八册

500000－8741－0005732　GJ5745(941.9/D304)
國朝書畫家筆録四卷　竇頌輯　清宣統三年(1911)蘇州文學山房木活字印本　八册

500000－8741－0005733　GJ5746(942/I434)
楷法溯源十四卷目録一卷　楊守敬編　清光緒三年(1877)刻本　十五册

500000－8741－0005734　GJ5747(942/I－434)
楷法溯源十四卷目録一卷　楊守敬編　清刻本　二册　存二卷(一、五)

500000－8741－0005735　GJ5748(942/Z－270)
墨池編二十卷　(宋)朱長文纂次　清雍正十一年(1733)朱氏刻本　十冊

500000－8741－0005736　GJ5749(942.1/G838)
漢溪書法通解八卷　(清)戈守智撰　清乾隆刻本　四冊

500000－8741－0005737　GJ5750(942.9/Z187)
國朝書人輯略十一卷首一卷　震鈞輯　清光緒三十四年(1908)金陵刻本　八冊

500000－8741－0005738　GJ5751(943/Y415)
欽定重刻淳化閣帖八卷　(清)于敏中等編　清抄本　四冊

500000－8741－0005739　GJ5752(943.2/C791)
御刻三希堂石渠寶笈法帖釋文十六卷　(清)陳焯編　清刻本　二冊

500000－8741－0005740　GJ5753(943.2/N144)
淳化祕閣法帖考正十二卷　(清)王澍撰　(清)汪玉球訂正　清雍正詩鼎齋刻本　四冊

500000－8741－0005741　GJ5754(943.32/W103)
快雨堂題跋八卷　(清)王文治撰　清末民初抄本　二冊

500000－8741－0005742　GJ5755(943.4/N885)
年大將軍真跡不分卷　(清)年羹堯書　清末民初石印本　一冊

500000－8741－0005743　GJ5756(943.4/W132)
明王守仁高攀龍兩大儒手帖不分卷　(明)王守仁　(明)高攀龍書　(清)彭尺木鑒定　清光緒三十二年(1906)國學保存會石印本　一冊

500000－8741－0005744　GJ5757(943.6/H270)
大代華岳廟碑不分卷　(北魏)寇謙之撰　清光緒三十三年(1907)影印本　一冊

500000－8741－0005745　GJ5758(943.7/P411)
十三經集字摹本不分卷　(清)彭玉雯纂　(清)萬青銓校　清道光二十九年(1849)江右彭氏刻本　五冊　存(大學、中庸、易經、書經、詩經、春秋、禮記、爾雅)

500000－8741－0005746　GJ5759(944/C533－2)
畫學心印八卷　(清)秦祖永評輯　清光緒四年(1878)刻朱墨套印本　四冊

500000－8741－0005747　GJ5760(944/Q844)
松壺畫贅二卷　(清)錢杜撰　清光緒十四年(1888)榆園刻本　一冊

500000－8741－0005748　GJ5761(944/Z133)
四銅鼓齋論畫集刻十二種　(清)張祥河輯　清宣統元年(1909)琉璃廠會文齋刻本　四冊

500000－8741－0005749　GJ5762(944.09/L633)
卧游錄四卷　(清)呂祖灋輯　清光緒二十九年(1903)刻本　一冊

500000－8741－0005750　GJ5763(944.098/R221)
任畏長畫傳四種不分卷　(清)任熊繪撰　清光緒十二年(1886)上海同文書局石印本　三冊　存三種(於越先賢傳、列仙酒牌、劍俠傳附續劍俠傳)

500000－8741－0005751　GJ5764(944.098/T331)
玉臺畫史五卷別錄一卷　(清)湯漱玉輯　清道光十一年(1831)錢塘汪氏振綺堂刻本　一冊

500000－8741－0005752　GJ5765(944.11/F448)
西清劄記四卷　(清)胡敬輯　清道光二十三年(1843)崇雅堂刻本　二冊

500000－8741－0005753　GJ5766(944.176/D477)
習苦齋畫絮十卷　(清)戴熙記　(清)年菱航編輯　清光緒十九年(1893)刻本　四冊

500000－8741－0005754　GJ5767(944.176/D477)
習苦齋畫絮十卷　(清)戴熙記　(清)年菱航編輯　清末至民國上海文瑞樓石印本　四冊

500000－8741－0005755　GJ5768(944.176/D477)
習苦齋畫絮十卷　(清)戴熙記　(清)年菱航編輯　清光緒十九年(1893)刻本　四冊

500000－8741－0005756　GJ5769(944.2/F448)
南薰殿圖像攷二卷　(清)胡敬輯　清道光二十三年(1843)刻本　一冊

500000－8741－0005757　GJ5770(944.9/C533)
桐陰論畫二卷首一卷續一卷畫訣一卷　(清)

秦祖永著　清光緒五年(1879)撫州饒玉成雙峰書屋刻本　四册

500000-8741-0005758　GJ5771(944.9/C533-2)
桐陰論畫二卷首一卷續一卷二編二卷三編二卷畫訣一卷　(清)秦祖永著　清同治三年至光緒八年(1864-1882)刻朱墨套印本　八册

500000-8741-0005759　GJ5772(944.9/D272)
宋元以來畫人姓氏錄三十六卷首一卷　(清)魯駿輯　清道光十年(1830)刻本　二十册

500000-8741-0005760　GJ5773(944.9/G825)
無聲詩史七卷　(清)姜紹書撰　清康熙五十九年(1720)刻本　二册

500000-8741-0005761　GJ5774(944.9/P441-1)
歷代畫史彙傳七十二卷首一卷總目三卷　(清)彭蘊燦編　清光緒八年(1882)刻本　二十四册

500000-8741-0005762　GJ5775(944.9/P441-1)
歷代畫史彙傳七十二卷首一卷總目一卷附錄二卷　(清)彭蘊燦編　清道光五年(1825)吳門尚志堂彭氏刻本　三十二册

500000-8741-0005763　GJ5776(944.9/S325)
宣和畫譜二十卷　(宋)□□撰　(清)毛晉訂　明毛氏汲古閣刻本　五册

500000-8741-0005764　GJ5777(944.9/X100)
圖繪寶鑑八卷　(元)夏文彥纂　清康熙借緣草堂刻本　四册

500000-8741-0005765　GJ5778(945.19/W171-3)
芥子園畫傳初集六卷　(清)王安節(王概)摹　清光緒三十四年(1908)章福記書局石印本　三册　存四卷(三至六)

500000-8741-0005766　GJ5779(945.3/R710)
石畫記五卷　(清)阮元撰　清道光十五年(1835)富文齋刻本　二册

500000-8741-0005767　GJ5780(945.4/Q853)
錢吉先生人物畫譜不分卷　(清)錢慧安畫　清宣統三年(1911)懷古山房石印本　一册

500000-8741-0005768　GJ5781(945.4/W244)
吳友如畫寶十二集　(清)吳友如繪　清宣統元年(1909)上海壁園會社石印本　二十四册

500000-8741-0005769　GJ5782(945.6/L617)
羅兩峯九秋圖册一卷　神州國光社編輯　清宣統元年(1909)神州國光社影印本　一册

500000-8741-0005770　GJ5783(945.6/S237)
晚笑堂竹莊畫傳不分卷　(清)上官周撰並繪　清乾隆八年(1743)刻本　二册

500000-8741-0005771　GJ5784(945.6/U244)
吳友如畫寶十二集　(清)吳友如繪　清宣統元年(1909)上海壁園會社石印本　六册　存四集(古今人物圖、海上百豔圖、海國叢談圖、古今叢談圖)

500000-8741-0005772　GJ5785(945.6/W117w)
王石谷谿山霽雪圖卷不分卷　(清)王翬繪　清宣統三年(1911)神州國光社石印本　一册

500000-8741-0005773　GJ5786(945.67/Z121)
海上名人畫稿不分卷　(清)張熊等繪　清光緒十一年(1885)上海同文書局石印本　一册

500000-8741-0005774　GJ5787(945.678/P322)
椒石畫册二卷　(清)潘椒石繪　清光緒四年(1878)石印本　一册

500000-8741-0005775　GJ5788(945.9/W171-3)
芥子園畫傳初集六卷　(清)王安節(王概)摹　清光緒二十九年(1903)上海通文書局石印本　二册　存四卷(一至二、五至六)

500000-8741-0005776　GJ5789(945.9/W171a)
芥子園畫傳初集六卷　(清)王安節(王概)摹　清宣統元年(1909)章福記書局石印本　一册　存二卷(三至四)

500000-8741-0005777　GJ5790(945.9/W171b)
芥子園畫傳初集六卷　(清)王安節(王概)摹　清光緒三十四年(1908)上海章福記石印本　一册

500000-8741-0005778　GJ5791(951.7/W313)
訒葊集古印存三十二卷　(清)汪啟淑輯　清乾隆汪氏開萬樓藍綠雙色套印鈐印本　十

六冊

500000－8741－0005779　GJ5792(847.4/G830)
句餘土音三卷甬上族望表二卷　(清)全祖望撰　清嘉慶十九年(1814)刻本　三冊

500000－8741－0005780　GJ5793(847.5/P452)
昨夢齋文集四卷　(清)彭泰來撰　清同治四年(1865)刻本　二冊

500000－8741－0005781　GJ5794(847.5/P452)
高要金石略四卷　(清)彭泰來撰　清蘇元暉刻本　一冊

500000－8741－0005782　GJ5795(847.7/L742)
屺雲樓集四種三十七卷　(清)劉存仁著　清咸豐至同治刻本　八冊　存三種三十一卷(屺雲樓詩選初集八卷二集四卷三集十二卷影春園詞一卷、勸學芻言四卷、詩經口義二卷)

500000－8741－0005783　GJ5796(847.6/Y445)
晚學齋文集十二卷　(清)姚椿撰　清咸豐二年(1852)刻本　三冊

500000－8741－0005784　GJ5797(847.6/Y445)
通藝閣和陶集三卷樗寮詩話三卷　(清)姚椿撰　**白石鈍樵集禊帖詩一卷**　(清)姚楗撰　清道光二十九年(1849)刻本　二冊

500000－8741－0005785　GJ5798(847.7/I－445)
晚學齋文集十二卷　(清)姚椿撰　清咸豐二年(1852)刻本　二冊

500000－8741－0005786　GJ5799(847.8/Z464)
青草堂集十二卷二集十六卷三集十六卷補集七卷　(清)趙國華撰　清同治十一年至光緒二十一年(1872－1895)濟南刻本　十六冊

書名筆畫字頭索引

一畫

二畫

三畫

四畫

五畫

六畫

七畫

八畫

九畫

十畫

十一畫

十二畫

十三畫

十四畫

十五畫

十六畫

十七畫

十八畫

十九畫

二十畫

二十一畫

二十二畫

二十三畫

二十四畫

二十五畫

二十九畫

書名筆畫索引

一畫

二畫

三畫

四畫

五畫

六畫

七畫

八畫

九畫

十畫

十一畫

十二畫

十三畫

十四畫

十五畫

十六畫

十七畫

十八畫

十九畫

二十畫

二十一畫

二十二畫

二十三畫

二十四畫

二十五畫

二十九畫